KB135716

전쟁과 동북아의 국제질서

전쟁과 동북아의 국제질서

역사학회 엮음

일조각

책머리에

역사학회歷史學會는 창립 이후 반세기가 넘는 시간 동안 한국의 역사학 발전에 크게 기여해왔다. 한국사 · 동양사 · 서양사를 아우르는 종합 학회로서 역사학회의 발자취는 6 · 25 한국전쟁 이후 숨가쁘게 달려온 한국 역사학의 발전 과정 그 자체라고 해도 과언은 아닐 것이다.

그런데 1980년대 이후 한국사 · 동양사 · 서양사 등 역사학 각 분야의 전문 학회들이 새롭게 등장하고, 각기 분립分立하여 운영되는 추세를 보이면서 종합 학회로서 역사학회의 위상은 새로운 도전에 직면하게 되었다. 역사학회는 이 같은 상황에서 한국사 · 동양사 · 서양사 연구자들의 개별성과 분립성을 극복하고 그들을 아울러 종합 학회로서의 위상을 다시 가다듬어야 하는 과제를 안게 되었다. 그리고 그러한 과제를 해결하기 위한 방안의 하나로서 삼사三史 연구자들이 같이 참여할 수 있는 공동연구의 장場을 마련하려고 시도했다. 그 시도의 첫 결실이 1996년 8월, '노비奴婢 · 농노奴隷 · 노예農奴—비교사적 검토'라는 주제로 양평에서 처음 개최된 공동 심포지엄이었다.

첫 심포지엄의 성과는 1998년 『노비 · 농노 · 노예—예속민의 비교사』(역사학특별심포지엄 1)라는 단행본으로 출간되어 학계 안팎으로부터 상당한 호평을 받았다. 또 단행본 출간 이후 공동 심포지엄은 역사학회의 연례 행사로 자리를 잡았고, 역사 연구자들의 상호 이해와 학문적 교류를 증진하는 장으로 주목받게 되었다.

이번에 출간하는 『전쟁과 동북아의 국제질서』 또한 역사학회 연례 심포지엄의 성과를 묶은 결과물이다. 이 책에는 모두 13편의 논문들이 실려 있다. 그 가운데 5편은 2003년 8월 14일 '전쟁과 국제질서'라는 주제로, 나머지 8편은 2004년 6월 18일 '공존 번영을 위한 동북아시아사의 반성적 성찰'이라는 주제로 열렸던 연례 심포지엄의 발표문들을 보완, 정리한 것이다. 두 차례의 심포지엄은 모두 서울대학교 호암 교수회관에서 개최되었는데 2003년에는 국사편찬위원회가, 2004년에는 한국학술진흥재단이 각각 후원했다.

그동안 역사학회 연례 심포지엄의 성과는 각각 별개의 단행본으로 출간되는 것이 관행이었지만, 이번에는 2003년과 2004년의 심포지엄 발표문들을 한데 묶어 출간하게 되었다. 그 이유는 두 차례의 심포지엄이 모두 한반도, 한국사를 둘러싼 역사 속의 국제질서를 다루고 있는 데다, 각 시대의 동북아의 국제질서가 대부분 전쟁이라는 격변을 매개로 변화되어갔다는 사실을 고려했기 때문이다. 이 같은 측면을 염두에 두고 책 전체의 제목을 '전쟁과 동북아의 국제질서'로 붙였다.

이 책은 원래 지금보다 훨씬 일찍 출간될 예정이었지만 필자들의 개인 사정에 따라 이제야 세상에 나오게 되었다. 하지만 지연된 시간만큼 필자들이 개별 논문의 내용을 좀더 알차게 보완할 수 있는 기회를 갖게 된 것을 위안으로 삼고 싶다.

이 책은 삼국시대부터 1950년 한국전쟁 시기까지의 장구한 시간 동안 한국사 안팎에서 전개되었던 국제질서의 다양한 모습들을 다루고 있다. 또한 역사상 한반도, 한국사를 둘러싼 국제질서의 엄혹한 현실과 그 같은 환경에서 살아남아 오늘의 우리를 있게 해준 선조들의 고투하는 모습이 담겨 있기도 하다. 더욱이 '북핵 문제', '독도 문제', '동북공정東北工程' 등으로 말미암아 한반도를 둘러싼 동아시아의 정세가 요동치고 있는 작금의 현실을 고려하면 이 책을 읽을 필요성은 더욱 크다고 하겠다.

책이 나오기까지 많은 분들의 노력이 있었다. 먼저 좋은 원고를 써주신 필자들께 감사드린다. 특히 총론을 써주신 조병한 교수께 감사드린다. 진작 마무리되었어야 할 과제를 인계받아 심려가 크셨을 김두진 현 회장께는 송구한 마음과 감사를 함께 표하고 싶다. 또 심포지엄 개최를 위해 재정 지원을 아끼지 않으신 국사편찬위원회와 한국학술진흥재단의 여러 분께도 감사드린다. 또 이번에도 어김없이 출판을 맡아주신 일조각一潮閣에도 깊이 감사드린다.

2006년 6월 25일

이태진李泰鎭

차례

제2부_전쟁과 근현대의 동북아 국제질서

총론 | 동북아 국제질서 속의 한국사

조병한 (서강대학교 사학과)

이 책은 역사학회가 2003년부터 2004년까지 두 차례에 걸쳐 진행했던 공동연구의 성과를 모아 간행한 공저이다. 역사학회는 2003년(회장 이태진 교수) 국사편찬위원회의 지원을 받아 '전쟁과 국제질서'라는 주제로, 2004년(회장 이태진 교수)에는 한국학술진흥재단의 지원을 받아 '공존 번영을 위한 동아시아사의 반성적 성찰'이라는 주제로 공동연구를 진행했다. 두 차례의 공동연구에는 모두 13명의 연구자들이 참여했는데, 두 차례 모두 '전쟁', '동아시아', '국제질서' 등 유사한 주제를 다루었던 것을 고려해 그 연구 결과를 함께 묶게 되었다.

이 책의 가장 큰 특색은 한국 · 중국 · 일본 삼국을 중심으로 한 동아시아 지역의 역사에서 주요한 국제질서 변동의 시기는 거의 빠짐없이 다루었다는 것이다. 공동연구에 참여한 필자들은 대체로 연구의 목표와 방법에 대해 공통의 인식을 갖고 있었고, 연구 목표에 따른 일관된 체계를 지닐 수 있도록 세부 연구주제들을 선정했다. 나아가 연구 진행의 점검 · 협조를 위해 공동연구 과정에서 두 차례의 심포지엄을 통해 중간발표의 기회를 가졌다.

이 연구의 공통 인식을 이룬 배경은 20세기 후반 이래 전 지구적 세계화 globalization의 추세 속에서 동아시아 지역이 새로운 세계 중심부의 하나로 부상하면서도 국제정치적 긴장이 가장 첨예한 지역이 되었다는 사실이다. 이러한 세계사적 대변국에 처하여 필자들은 이제 한국사도 과거 일국사一國史 차원의 민족주의적 시각을 탈피해 세계사, 동아시아사와의 전체적 맥락에서 접근할 필요가 있다는 데 공감했다. 동아시아 역사상의 국제질서와 전쟁을 연구주제로 삼은 공동연구에서 선정한 오늘날 가장 절실한 과제는 이 지역의 공동 발전과 평화를 위해 한국·중국·일본 삼국의 역사적 역할에 대한 반성적 인식을 모색하는 것이며, 그 방법으로서 근대 민족주의 사학이 갖는 일국사적 한계를 극복하는 문제가 제기되었다.

이 공동연구는 7세기 초 중국의 수隋·당唐제국 성립과 우리 삼국(고구려·백제·신라) 및 일본 고대국가까지 참전한 동북아시아의 대전쟁과 국제질서로부터 시작해, 2차 세계대전 후 국제적 냉전체제와 미국·중국 등이 개입한 한국의 6·25전쟁까지를 다룬 모두 13편의 개별 연구논문들로 이루어졌다. 이 책에 실린 공동연구 논문 13편을 시대순으로 배열하면 다음과 같다. (1) 7세기 동북아시아 국제질서의 변동과 전쟁(임기환), (2) 나·당전쟁과 나·일 관계(노태돈), (3) 11세기 후반~12세기 전반 동북아시아 국제정세와 고려(채웅석), (4) 14세기 후반 원·명 교체와 한반도(이익주), (5) 15·16세기 일본의 전국시대와 도요토미 정권—임진왜란의 재검토(박수철), (6) 정묘·병자호란과 동아시아 질서(한명기), (7) 19세기 서구적 세계체계와 동북아 질서 재편(조병한), (8) 일본의 동아시아 질서 재구축과 청일전쟁—청일조약 개정 외교를 중심으로(최석완), (9) 러일전쟁과 동아시아 국제질서(조명철), (10) 1차 세계대전과 국제질서의 재편성(정상수), (11) 동아협동체에서 대동아공영권으로(임성모), (12) 6·25전쟁기 미·중관계(정용욱), (13) 동서냉전체제와 한국전쟁—한국 분단체제·동북아 질서의 재편을 중심으로(정병준).

1. 2차 세계대전 후 동아시아의 변동과 세계체제

2차 세계대전 이후 한국을 둘러싼 동아시아의 지정학적 형세는, 일본 제국주의를 대체한 새로운 세계질서로 미국·소련 중심의 동서 냉전체제가 대두함에 따라 커다란 변화를 맞게 되었다. 패전국 일본의 제국주의는 물론 전승 연합국인 서유럽 제국주의도 동아시아 지도에서 종적을 감추었다. 그 대신 반식민지 상태에서 항일 국민혁명을 수행했던 중국의 공산화(1949)와 한반도의 6·25국제전쟁(1950)을 계기로 미국·소련 중심의 세계적 냉전체제가 확립되는 가운데 공산권 신흥강국으로서 중국의 국제 지위가 급속히 상승했다. 이에 따라 파시즘 전범국가 일본이 아시아 침략의 과오를 청산하지 않은 채 아시아 반공전선의 중심기지로서 미국 진영에 편입되는 과정에서 부활했다. 중국은 1959년 이래 마오쩌둥毛澤東 시대의 중·소 분쟁과 1972년 미·중 국교회복, 1979년 이래 덩샤오핑鄧小平의 개혁·개방에 따라 동아시아에서의 동서 냉전체제의 해체와 다극체제 형성에 주요한 역할을 했다. 개혁·개방 후에는 사회주의 시장경제를 표방하며 자본주의 세계질서에 참여했으며, 현재는 지속적인 고도 경제발전을 이룩하면서 거대 규모의 중화경제권을 거느린 다민족 대국으로 성장하고 있다. 한편 한국의 6·25전쟁에 편승해 경제부흥을 시작한 일본도 1960년대부터 미국의 안보 우산 아래 동아시아 지역경제의 고도성장을 선도하는 중심부 국가의 하나로 다시 부상했다. 이처럼 중국이 미국·소련과 더불어 지역 내 국제정치의 다극체제를 형성하고 일본이 제조업 중심의 수출무역 전략을 통해 세계 제2의 경제대국으로 급성장하는 동안, 1970년대 이래 냉전체제하의 양대 제국인 미국과 소련은 상대적 쇠퇴의 징후를 보이기 시작했다. 장기적 불경기에 빠진 미국은 베트남전쟁에서 철수하고, 사정이 훨씬 더 나쁜 소련은 아프가니스탄에서 철군하더니 1991년의 연방 해체를 향해 내리막길을 걸었다.

동아시아에서 냉전 구도 약화와 힘의 다극 분화는 범세계적 이데올로기 대립의 퇴조와 함께 중국 · 일본 양국의 지역적 국가 대립이 장차 표면화할 계기로 작용할 것이다. 21세기를 맞는 오늘의 장기적 안목에서 돌아볼 때 세계의 타 지역에 비해 가장 늦게 서구 문명과 부딪쳤던 동아시아 지역이 불과 1세기 사이에 가장 신속한 근대화를 이룩한 것은 매우 흥미 있는 일이다. 비록 20세기 전반까지 비서구권에서 근대화에 성공한 국가는 일본 하나뿐이었지만 식민지 · 반식민지에서 굴기한 한국 및 중국권 소국들이 20세기 후반에 신흥공업국NICS으로서 이룩한 성공 사례는, 제3세계의 경제적 이변으로 주목받았으며, 1980년대 이후 후발개도국인 중국의 개발 모델이 되고 있다. 그 결과 서구중심 근대화론의 이론모델이었던 과거 일본의 성공이 아시아의 예외가 아니라 동아시아 지역 또는 유교 문화권의 역사전통과 공통적 맥락에 있음을 추인하게 하는 근거가 되었다.

1989년 이후 소련 및 동유럽 공산권의 해체와 급속한 자본주의화는 세계적 냉전체제의 해체를 의미했을 뿐 아니라, 1980년대 이후 경제회복으로 연장된 미국 패권하에 1995년 세계무역기구WTO로 상징되는 전 지구적 세계화의 공간을 더욱 확대시키는 요인이 되었다. 1990년대에 본격화된 세계화는 1945년 2차 세계대전의 종결과 함께 유엔과 관세 및 무역에 관한 일반협정GATT · 브레튼우즈Bretton Woods체제(국제통화기금IMF, 세계은행IBRD)를 매개로 미국이 주도한 국제주의와 자유무역체제의 확대라는 측면을 갖고 있었다. 그러나 지금은 초국적기업에 의한 세계화와 정보화(컴퓨터) 기술혁명을 토대로 무역 · 금융은 물론 서비스 · 문화에 이르기까지 세계체제의 본질적 변화가 예고되고 있다. 이 같은 세계사적 전환의 징후 앞에 세계인의 위기의식과 저항도 심각한 상태이다. 즉 동서냉전 시기까지 증진되어왔던 서구형 복지국가제도와 후진국 제3세계의 발전이 후퇴하고, 지금껏 국내 복지정책과 국민경제, 국제경쟁에서의 보호주의의 견인차 역할을 하며 신성시되었던 근대 국민국가의 역할도 세계화에 침식되어 그 역량과 가치가 상대화되고 있다. 국민국가의 보호가 축소된 세계화 경제에서는 지역 내 국가 간 협력을 강화하고 초강대국인 '미제국'에 공동 대응하는 전략으로 유럽연합EU과 같은 지역권 국가 협력체의 구성이 요청되기도 한다. 그러나 지역공동체는 역내 국가 간 평등성과 세계와의 개방성이 필요하며, 2차 세계대전 이전과 같은 한 패권국가에 종속된 수직적 · 폐쇄적인 경제블록이 되어서는 안 된다.

제국주의의 침략을 받던 20세기 전반기까지의 식민지 · 반식민지 시대나 동서냉전에 의한 지역적 분단 시대의 동아시아에는 통일적 국제질서가 없었다. 그러나 중국이 개방되고 냉전체제 해체로 경제 · 문화 교류가 날로 확대되는 지금, 비록 미숙하지만 동아시아에도 지역협력체를 형성하려는 논의가 일어나고 있다. 실제로 동남아시아 10개국의 동남아국가연합ASEAN과 동북아시아의 한국 · 중국 · 일본 삼국의 협력이 시도되고 있다. 그럼에도 동아시아는 유럽연합은 말할 것도 없고 북미주나 이슬람권 같은 다른 지역권에 비해서도 지역공동체나 협력체 구성에 많은 장애가 있다. 우선 일제 침략의 역사문제와 자원 및 영토 분쟁, 경제 · 군사적 영향권 쟁탈 등의 문제로 19세기 이래의 중국 · 일본 간 국가 대립이 1990년대부터 재현되고 있다. 둘째, 세계적 패권국가인 미국의 동아시아 개입으로 미국 중심의 태평양권이 동아시아 국제질서와 중첩되고 있다. 아시아 · 태평양경제협력체APEC는 이를 상징하는 국제기구이며 동아시아 국가들만의 협력체 구성은 지체되고 있다. 셋째, 역내 국가 공동의 안보와 발전을 위해 협력체의 필요성이 높은 것은 사실이지만, 동아시아 지역 내에서는 아직도 배타적 민족주의의 파고가 세계 어느 지역보다 높다. 이는 이 지역 문화의 집단적 · 국가주의적 역사 전통과 관련이 있다. 넷째, 식민주의와 냉전이 남긴 동아시아의 분열적 구도는 한국의 남북분단과 북한 핵문제의 미해결 상황에 아직도 긴 잔영을 남기고 있다.

2000년대에 들어 국내 문제를 둘러싸고 1980년대까지의 냉전체제에 반대하는 분단극복론이 급속한 세력화를 이뤘지만, 이제 미국 중심의 세계화 및 동아시아 지역협력문제와 얽혀 한국의 진로는 매우 복잡한 전환기에 들어섰다. 동아시아의 중심 지위를 회복하려는 중국의 뿌리 깊은 중화中華주의 전통과 태평양권 동맹체에 근거를 두고 동아시아권에서 중국의 주도권을 견제하려는 미국 · 일본 사이에서, 남북 민족문제를 안고 있는 한국은 다시금 19세기 조선 말기와 같은 어려운 국제정치 상황의 변동에 직면해 있다. 다만 1960년대 이래 1980년대까지 30년간 산업화와 민주화에서 분발했던 우리 역사상 흔치 않았던 민족적 역량의 재확인에 희망을 둘 뿐이다.

20세기 말에 진행된 세기말 변동은 전 지구적 세계화라는 공간적 차원의 범주에 머물지 않고, 정보화 시대의 문명사적 전환에 따른 인류생활 차원의 범주에까지 영향을 미친다는 점에서 의미심장하다. 이러한 세계사적 · 문명사적 변화에 대해 인문학의 한 분야로서 역사학은 사회과학 전문분과에 비해 반응이 느리더라도, 그 인간학적 종합성으로 인해 변동에 대한 장기적 시각의 이해를 새로운 과제로 떠맡을 수밖에 없다.

2. 위기의 역사학—일국사를 넘어

한국의 역사학계는 일제 치하에서부터 민족문화운동의 일환으로 국학國學의 범주로서 국사학이 핵심이 되어 발전해왔다. 그러나 일본 통치의 영향 아래 일본 학계의 학문 분과제도가 도입된 결과, 국사와 더불어 동양사와 서양사가 대학과 학계에 병치並置된 것은 세계 학계에서도 특이한 사례이다. 서양사의 개설은 서구 근대문명을 뒤좇던 근대화의 이념에 따른 것이지만, 동양사는 근대 일본에서 발명된 제도로서 원래 '동양'이란 개념 자체가 한국이나 중국과는 관련이 없다. 즉 동양은 '동아'나 '동아시아'처럼 지역 개념도 아니고 구태여 지리 개념으로 '아시아'로 대치하더라도 아시아란 중국(유교)·인도(힌두교)·서아시아(이슬람) 등 여러 문화권의 집합일 뿐, 역사를 공유한 단일 지역권이 아니다. 아시아란 명칭이 유라시아 구문명권 중에서 비유럽권을 지칭하는 용어로 '오리엔트'와 함께 유럽 중심 오리엔탈리즘에서 유래하듯이, 동양이란 개념도 근대화에 성공한 일본이 서양문명에 대립하는 이른바 '일본문명'의 역사적 모태로서 중국·인도 문명을 결합한 문명권의 이름으로 처음 사용하기 시작했다. 19세기 후반부터 서구문명을 선택해 중국을 내쫓기로 결심한 일본 지식인들은 문명의 중심으로서 중화의 나라를 의미하는 중국이란 호칭을 버리고 지나支那로 격하시켰으며, 대신 동양이나 동아를 사용해 유럽식 근대화를 통해 문명화한 일본이 동아시아 지역 내의 지도자로 군림하도록 했던 것이다.

광복 후에 한국의 동양사는 국사의 한 부문인 교섭사 또는 관계사, 특히 한·중관계사로부터 발전하기 시작했다. 말하자면 일국사인 국사의 일부로서 그 보조학이었던 셈이다. 일본 동양사에서 발달한 두 영역이 중국사와 아울러 만몽사滿蒙史(만주·몽골) 중심의 북아시아사 및 중앙아시아사였는데,

중국 · 만몽 두 지역은 일본의 대륙침략 국책과 관련이 깊은 지역이다. 즉 광복 후 한국의 일국사인 국사학이 민족사관을 내걸고 서구 오리엔탈리즘의 일본 번안판이라 할, 일본문명사론 및 그 대척점의 '식민사관'을 극복하는 데 총력을 기울인 것도 후진국 역사학이 담당해야만 했던 탈식민화 시대의 과제였던 셈이다. 일본 국사학과 동양사학의 역사왜곡을 시정함으로써 한국의 국민국가 건설에 기여하는 것이 지난 반세기 동안 한국 역사학의 피할 수 없는 과제였다.

필자가 종사하는 한국 동양사 학계에서도 비록 한국사에 비해 뿌리는 얕지만 1970년 전후부터 중국사의 경우는 중국사 자체의 전문성에 관한 한 수준 높은 연구 성과가 집적되었다. 그러나 한국의 동양사학이 외국사로서 중국 일국의 연구로 전문화했을 뿐이라는 점에서는 일국사로서 한국사와 마찬가지 한계를 갖는다. 자국사에서 일국사 연구의 한계는 과도한 민족사 중심의 좁은 시계視界나 편견 · 배타성 등으로 표출될 수 있는 데 반해, 외국 일국사의 경우에는 이와는 다른 각도에서 주체나 현장감 등의 결여로 인한 몰가치와 피상적 관념성을 드러낼 수도 있다. 그래서 국가 간 비교사적 방법이 강구되거나 일국 대 일국이 아닌 자국사를 포함한 지역권 전체의 통합적 관점에 입각해 다층적 국가 간 관계의 연구의 필요성이 지적되기도 했다. 더욱이 한국에서도 1980년대 말부터 1990년대 이래 정보화 · 대중화와 아울러 국민국가의 틀을 넘어 세계화 · 지방화가 진행되었고, 아직도 근대가 끝나지 않은 시대에 근대를 넘어 문명의 전환을 예고하는 포스트모던적 징표들도 나타나 이제 국민국가 일변도의 민족사 · 일국사로는 이 시대와 문명의 급속한 변화를 따라잡을 수 없다는 주장도 제기되었다.

한국 역사학계의 학문적 축적이 광복 또는 6 · 25전쟁 종전부터 시작해도 이미 반세기를 넘은 시점에서, 매년 수행되는 『역사학보』의 '회고와 전망'

이나 기타 단편적 범위의 연구사 정리가 아닌 사학사史學史적 수준의 반성과 방법론적 탐색이 있을 법하다. 지난해 여름 역사학회에서 시도한 '광복 60년 한국 역사학의 성과와 과제'(2005. 8)는 한국 역사학 발전과정에 대한 장기적 회고 · 정리의 수준을 넘어선 것은 아니었지만, 개척 시대를 지나 성년이 된 한국 역사학의 자기 인식과 아울러 시대의 급변에 따른 반성적 의미가 있었다. 그럼에도 발표와 토론 내용에 시대의 요청과 그에 따른 새로운 학문적 과제로서 역사학의 새로운 영역이나 방법에 대한 분석적 성찰이 부족했던 것은 자인하지 않을 수 없다. 일제 시대부터 광복 후 오늘에 이르는 한국 역사학의 업적에 대한 연구사 정리가 미흡한 탓도 있겠으나, 그보다는 지금 우리가 겪고 있는 세계사적 · 문명사적 변동에 당혹하면서도 그 의미를 자신의 학문에 연관시켜 다룰 만한 사상적 성숙에 도달하지 못했기 때문으로 판단된다. 그러한 사상적 성숙에 이르는 데는 학자 개인의 노력을 넘어 세대의 연속성과 개별 학자 간의 협력이 더욱 필요하다.

그런 의미에서 학문단체로서, 학문세대로서 '학계'라는 것의 의미는 오늘날 과거 어느 때보다 중대하다. 현대의 역사적 전환점에서 인문학의 위기가 지적되고 역사학에도 장기적으로 해결되어야 할 많은 도전이 제기되었기 때문이다. 종래 역사학을 대표하던 역사학 내부의 정치 · 경제 · 사상 · 국제관계 등의 세부 영역들과 종합적인 국가사 · 민중사를 넘어 근래 다양한 방법적 시도들, 새 영역의 개척—이를테면 사회사 · 문화사 · 지방사 · 생활사, 나아가 기억의 역사 · 타자의 역사—등이 도입되고 있다. 그러나 전통적 역사학의 하부 영역들 사이의 높은 담장 사이에 상호 소통이 이뤄져야 새로운 방법을 실험하거나 이를 토대로 종합적 역사 연구와 서술을 시도할 수 있을 것이다. 일국사에 대한 비판은 한국사 · 동양사 · 서양사라는 전통적 역사학 내 영역 간 담장 헐기에서 중요한 측면이라 할 수 있다. 또 일국사에 대한 민족주의적 집착은 모든 역사학의 세부 영역을 국가사에 종속시킴으로써 타국의 역사를 자국사에 종속시킬 뿐 아니라, 일국 내에서도 사회를, 지방을, 개인을, 각 집단을 국가에 종속시키는 단순화의 폐단을 낳는다. 그것은 세계화 시대의 국가 외부 공간의 문제뿐 아니라 민주화 시대의 국가 내부 구조와도 관련된 것이다.

지난해 광복 60주년 한국 역사학의 회고는 한국 역사학의 시대적 과제에 부담을 느끼면서도, 아직도 식민사관 청산문제가 끝나지 않고 있다는 데 대해 상당수 참석자들이 동의했다. 그러나 세계사적 대세는 민족주의와 일국사의 유효성이 정점을 지나 비판대상이 되기 시작하고 있다. 그럼에도 우리 역사학계가 여전히 민족사관과 결별할 수 없었던 이유는 명백하다. 우선 국제환경의 문제로서, IMF 사태 이후 실감했듯이 밀려오는 세계화의 거센 바람과 지역화의 필요성에도 불구하고, 오늘날 한반도가 위치한 동북아시아에서는 중국과 일본이라는 두 강대국을 중심으로 민족주의 파고가 매우 높아가고 있다. 국내 학계에서도 21세기 한국이 놓인 국제적 환경에서 이념으로서 민족주의가 갖는 시의성 그리고 한국사 연구방향을 둘러싸고 민족사관이 갖는 학문적 유효성에 대해 논쟁이 시작되었다. 민족사관을 부정하는 급진적인 논의로는 국학(혹은 관학)으로서 한국 사학의 특수한 지위를 담보했던 '국사' 해체를 새로운 의제로 제기하는 주장도 나타났다. 역사학의 이념 및 방법의 문제로 제기된 이 논의는 역사학 내부의 하부전공 영역과 국민교육의 방향문제와 얽히고, 마침 터져나온 중국 · 일본과의 역사연구 및 역사교육 논쟁과도 관련해 한때 상당히 중요한 이슈로 떠올랐다. 이것은 2002년부터 최근 수년간 역사학회를 비롯해 한국사 · 동양사 · 서양사 · 역사교육 등 전국 역사학 단체들 대부분이 관련된 규모로, 국민교육으로서 중 · 고교 역사교육 방향과 역사교과서 개편문제를 둘러싸고 국사교육 강화인가 세계사

(동 · 서양사)를 포함한 역사교육 강화인가라는 쟁점으로까지 부각되었다. 그러나 정부와 민간사회는 국사교육 강화 쪽을 다시 선택했다.

이러한 논의의 배경에는 세계화 등 최근 국제사회와 문명의 변화에 대한 새로운 인식도 얼마간 작용했다. 그러나 일본과의 역사교과서 분규, 중국의 고구려사 등 동북공정東北工程에 따른 민족주의 파고가 한국 역사학계는 물론 국민여론에 압도적 영향력을 발휘했다. 20세기 동아시아 지역에서 민족주의는 좌우파의 구분을 초월해 지배적 사조를 이루었으며, 심지어 1980년대 한국 민주화운동의 귀착점도 서구적 자유주의보다는 대중적 민족주의였다. 민주화 이후 한국은 해묵은 남북 분단문제에서부터 2002년 월드컵 청년문화에 이르기까지 광범한 민족문제의 분출로 민족주의가 때늦은 전성기를 맞았다. 그러한 사조의 역사적 뿌리는 근대 국민국가 형성과정에까지 소급될 수 있는데, 동아시아에서 민족주의는 서구적 시민사회의 기초 없이 그 극단적 형태로서 반제국주의 사조와 깊은 관련을 갖고 전개되었기 때문이다. 반제국주의란 개념이 좌파를 넘어 근대 민족운동의 전략으로서 일반화된 사회적 맥락은, 바로 20세기 전반 동아시아의 식민지 · 반식민지적 상황과 좌우합작의 민족운동, 중국의 경우에는 국공國共합작의 국민혁명의 전통과 연결되어 있다.

이처럼 민족주의가 좌우파를 넘어 지배적 사조가 된 현상은 한국 근현대사의 해석을 둘러싼 최근의 민족사관 논쟁에서도 표출되고 있다. 지난해 『교수신문』에도 게재된, 이태진 교수와 이영훈 교수 등의 구한말 · 일제 시대 근대화 논쟁, 최근 『해방전후사의 인식』에 대한 『해방전후사의 재인식』 논쟁은 좌우파 민족주의와 자유주의 사학의 논쟁이라 해도 크게 잘못된 해석은 아닐 것이다. 여기서의 자유주의적 역사 해석이란 민족주의든 사회주의든 간에 집단적 이념의 개입에 반대하는 다원주의적 경향이란 점에서 사용한 개념이다. 이러한 논쟁의 시작은 세기말 이후 다시 격화된 국내 정치의 좌우 갈등 같은 냉전 해체 후의 때늦은 이념적 혼란과 아울러 새로운 세계사적 전환의 징후와 관련해 논쟁적 전통이 약한 한국 지식계, 특히 역사학계로서는 모처럼 있는 현실에 대한 학계의 직접적 반응이었다. 어쨌든 초국적기업과 미국이 주도하는 세계화 시대에도 아직 국민국가의 효용성이 존속하는 한 국민의 역사로서 민족사의 지위가 전적으로 부정될 수는 없는 것이 엄연한 현실이다. 그럼에도 민족사가 당연히 가져야 할 몫을 넘어 독점적 이데올로기로 작용할 위험이 있는 '민족사관'은 이제 역사학의 하부 영역으로서 민족사·국가사와는 분리하는 것이 학문적으로나 현실적으로 더 유효하다는 것이 필자의 판단이다.

3. 민족사관과 동아시아론·중화사론

민족이란 낱말이 핏줄(겨레)이나 고유문화(국수國粹) 같은 전근대적 유제와 긴밀한 연계성을 갖는 데는, 19세기 말 이래 동아시아 각국의 급속한 반외세적인, 극단적으로는 반제국주의적인 국민 형성과정에 유래하는 역사적 필연성이 있었음을 부인할 수 없다. 그러나 이제 근대화과정의 '민족 만들기', 집단적 기억의 선택에 의한 '역사 만들기'라는 민족신화의 부정은, 현대 서구의 탈근대주의 사조에서 비롯된 이론이라 해도 적어도 서구보다는 근대 민족주의가 급조된 동아시아 등 후진 지역의 실정에 더 맞는 논리인 듯하다. 물론 지역별·국가별 차별성이 있고, 특히 역사상 국가적 전통이 강했던 동아시아 삼국은 타 지역권·문화권에 비해 근대 국민국가 형성에 유리한 문화적·역사적 전통의 기초가 있었음은 사실이다. 그러나 근대 민족주의는 전통적 국가 개념과는 역사적 수준에 차이가 있고, 동아시아에서도 근대국가 형성과정에서 제국주의의 위협 아래 엄청난 규모의 전통의 개조나 재창조가 있었다는 사실을 간과해서는 안 된다. 홉스봄E. Hobsbawm에 의하면 18~19세기 근대 국민의 형성을 전후한 시기에 일찍이 시민사회의 전통을 형성했던 서구에서도, 상대적으로 후진적이었던 독일의 통일을 계기로 1870~1880년대 이후 언어문화 · 종족적 민족주의가 우세해졌다고 한다. 그때부터 2차 세계대전까지, 이른바 제국주의 시대가 세계사상 국민국가 이데올로기의 전성 시대였다. 동아시아의 민족주의는 오히려 서구와는 역순으로 전개되어 처음부터 그 사회적 기초가 없었던 '민주화'란 이념이, 과거 문화적 · 종족적 민족 형성의 과정에 종속되어 민족운동을 위해 집단적 대중동원을 분식하는 이데올로기로 기능했다.

그러나 진정한 의미의 민주적 국가 건설의 단계에 들어선 오늘의 시점에서 동아시아의 근대 민족 형성과정에 대한 좀더 정밀한 분석적 연구가 필요한데, 그 이유는 민주화에 저해되는 과거의 이 같은 언어의 혼란을 피하자는 데 있다. 그리하여 민주란 개념을 민족문제에서 분리해 새로운 시민사회 기초 위에 다시 정립해야 한다. 근대 국민의 형성에서 강력한 통합 기제로 등장한 근대 '국가'는 전근대의 통일 왕조와는 그 성격이 본질적으로 다르다. 또 국가라는 구체적인 현실적 실체가 근대 민족의 형성과정을 주도했지만, 그 역은 아니었다. 처음부터 극히 관념적인 이데올로기로 등장했던 '민족'이란 낱말은 근대국가의 형성과정에서 사회적 토대가 취약했던 국가일수록 국민 형성의 이데올로기로 동원되었다. 유사 이래 어느 전통적 제국보다 더 중앙집권적 통제 · 동원 기능을 갖는 근대 국민국가가 반민주적인 현대 파시즘국가까지 될 수 있었던 데는 이 신화화된 교조적 민족주의의 역기능이 작용했으며, 근대국가 자체에 그 책임을 추궁할 근거는 없다. 어쨌든 민족주의 신화로 인해 극히 배타적·전투적 국민 동원 기제로 발전한 1870~1880년대 이후의 국민국가들이 20세기 전반기에 1·2차 세계대전이라는 인류 역사에 유례없는 대량학살을 저지른 결과, 20세기 후반기부터 국가의 민주화와 아울러 식민주의적 블록경제의 해체, 국민국가를 넘어선 국제주의를 지향하는 사조가 강화되었고, 오늘날 21세기의 문턱에서는 국민국가 초극의 세계화 논의까지 제기되었다. 비록 과거 제국주의에 대한 후진국의 저항민족주의의 업적을 인정하더라도 오늘날 동아시아 국민국가들의 배타적 민족주의는 비판받을 여지가 있다. 특히 미국 다음가는 세계적 강대국으로서 중국과 일본의 적대적 경쟁, 더욱이 2차 세계대전의 전범국 일본의 국제적 책임의식의 부재는 지역 발전에 대한 부정적 요소이다. 이것이 바로 이 지역권의 협력체 형성 과제와 관련해 국민국가를 넘어선 동아시아 담론이 발생할 수밖에 없는 요인이다.

그런데 일국사 극복의 대안이 될 수 있는 동아시아론에 대해 비판적인 논리도 만만치 않다. 그 중요한 논거들을 살펴보면 첫째, 2차 세계대전 이전의 일본의 제국주의적 동양학이나 그 이전 전통 시대의 중국 중심 중화주의가 패권주의적 지역질서를 형성했던 부정적 역사상이다. 둘째, 동아시아 지역의 근현대 역사에서 하나의 통합적인 동아시아 세계란 실체가 최근까지도 존재한 적이 없다는 현실이다. 전통 시대로 소급하더라도 느슨한 조공·책봉관계나 약간의 경제상의 교역과 문화 교류는 있었지만, 이러한 교류를 통해 국가 간에 긴밀한 동시대적 상호 작용과 상호 의존 관계가 있었다는 의미에서의 유기적 국제관계는 존재하지 않았다는 주장이 있다. 이처럼 역사적·현실적 실체로서 유기적 세계의 전통이나 지역협력체가 존재한 적도 없는 동아시아 지역에 지역협력체를 만들려고 억지로 애쓰기보다는 각 국민국가들이 바로 세계화로 연결되면 그만 아닌가?

세계정부가 없는 세계화의 초기 단계에서 그 실질적 추진 주체인 미국의 패권주의를 두고 유럽과 이슬람권의 격심한 반발은 9 · 11 테러 이후 이라크 전쟁 등의 중동 사태에서 경험하고 있다. 심지어 세계화 시대라는데 '문명의 충돌'이란 과장된 이론이 나올 만큼 세계화의 전도가 만만치 않은 것도 사실이다. 세계화의 대안까지는 아니더라도 가장 선진적 지역공동체로서 유럽연합이 지역정부로의 확대 개편을 실험 중이지만, 현재로서는 국민국가들의 복잡한 이해관계를 조정하는 일이 쉽지만은 않다. 세계화의 중심적 추진 세력인 미국 자체도 북미 경제협력체로서 북미자유무역협정NAFTA을 결성하고 있다. 이런 추세를 돌아볼 때 동아시아 각국의 입장에서도 세계화와 동시에 지역협력체를 구성하는 노력이 국민국가의 이익에 적대적이라고 할 수는 없다. 특히 중국 · 일본 간의 대결을 완화하고 협력관계로 전환하는 문제는 두 당사국보다도 그 중간에 끼여 있는 상대적 약소국들에게 더 필요한 일로 보인다. 일본 제국주의의 대륙침략 시대에는 이른바 '동양 평화'를 위한 역내 협력이, 자국을 침략으로부터 보존하는 전략으로 한국과 중국 애국운동가들에게 설득력이 있었다. 일본의 침략적 '아시아주의'도 이러한 역내 약소국의 희망을 이용한 것이며, 일본의 지도권을 전제한 불평등성과 폐쇄성이 일본 아시아주의의 함정이었다.

그렇다면 오늘날의 동아시아론은 일본 일국사를 보강하는 관변 이데올로기 학문으로서 일제 시대 일본 동양학의 전통에 어떻게 대응할 것인가? 해방 후 한국 동양사는 자국사와의 통합적 시각을 갖는 동시에 일국사의 범위를 넘어서는 역사 연구법을 통해 진정한 지역학으로 성장해야 한다. 동아시아론은 동아시아 공동체나 협력체, 동아시아 세계 같은 현실적 · 역사적 실체의 존재를 전제로 해야만 성립하는 것이 아니다. 일국사를 넘어 지역 협력을 강화하는 방법으로서 동아시아론이 학문적 담론으로 성립할 근거는 충분하다. 또 동아시아 지역권과 문화권이라는 학문적 범주나 영역의 설정은 역내 각국의 역사를 연구하는 비교사적·통합적 방법으로서 일국사를 넘어서는 학문적 효용이 있다고 생각한다. 그리고 동아시아 지역은 오랜 전통 시대에 공통의 문화적 기반을 갖는 하나의 문화권으로 실제 존재했으며, 다만 유기적·통일적 세계상의 구축에서는 한계가 있었지만 각 방면의 국가 간 교류가 비교적 밀접했던 것도 사실이다. 도쿄제국대학東京帝國大學 사학과를 중심으로 청일전쟁 후 성립되기 시작한 일본 동양사학은 일본 동양학의 핵심 부문으로서, 그 제도는 광복 후 한국의 역사학 영역에도 영향을 주었다. 한국사의 대외관계사로 출발한 한국 동양사학은 외국과의 관계에서 한국사의 정체성을 밝히고 나아가 비교사적 관심에서 지역사의 연구에 기여하는 과제를 수행했으나, 중국과 북아시아 대륙의 역사를 우리 국가의 민족주의적 팽창에 연루시키는 데에는 회의적이었다. 해방 후 한국 동양학에서 일본이 사용했던 동양이나 동아가 아니라 동아시아가 지역권의 명칭으로 대두한 데에는 1950년대 말 이후 후진국 '근대화론'을 주도하던 미국 학계의 영향이 있었다. 어쨌든 동아시아 중심의 한국 동양사학은 최근 세계화 및 광역 지역화의 추세에 따라 학문 분과 구조조정의 일환으로 더욱 전문화와 동시에 통합화를 지향할 조짐을 보이고 있다.

일본 동양학의 기원으로 일본 중심의 아시아주의는 그 이상주의적 지류로 동아시아 삼국의 아시아 연대론도 있었으나, 아시아 침략의 계보를 이루는 팽창론이 그 주류를 형성하고 연대론도 최종적으로는 이에 흡수되는 것이 일반적이었다. 일본 동아시아론이 이 같은 침략으로 급속히 기운 데에는 도쿠가와德川 시대 고쿠가쿠國學 등에 기원을 갖는 메이지 시대의 국수주의 사조의 영향도 언급할 수 있으나, 그보다는 메이지유신明治維新 직후 1870년대 계몽주의자들을 중심으로 성장한 서구적 근대화론, 즉 '문명개화론'의 영향이 컸음이 지적되고 있다. 문명개화론의 이론적 선구자인 후쿠자와 유키치福澤諭吉가 중국의 구문명을 폐기하고 서구 근대문명을 도입하자는 근대 문명론에 입각해 일본을 서구와 대등한 지위로 격상시키려는 전략으로 아시아 멸시관을 심은 탈아입구론脫亞入歐論(1885)은, 지금까지도 지속되는 일본인의 독특한 세계관의 일부를 구성하고 있다. 일본 아시아주의의 저변에는 이 탈아입구적 문명개화론이 자리 잡고 있는 것이다. 중일전쟁 이후 일본의 동아시아론은 한국과 만몽·중국을 포함한 동북아로부터 동남아를 포함한 대동아로 확장하는 침략전쟁의 논리로 날로 그 범위를 확대했다. 일본 근대 동아시아론이 이 같은 범죄적 결말에 이르고 만 까닭은 근대 일본이 중국문명을 타자화하면서도 전근대의 일본 중화주의를 내면화하고, 서구 근대문명론의 아시아 차별 이데올로기(오리엔탈리즘)까지 표절하면서도 서구와 대항하는 과정에서 일본 민족주의에 의한 폐쇄적 지역블록체제를 확대했기 때문이다. 2차 세계대전 후 한때 일본 좌익의 영향으로 아시아로의 귀환을 통해 동양학을 지역학으로 개편했으나, 근대사 부문에서 일본 침략사의 은폐문제, 특히 한국사의 경우 고대사문제에도 식민사관의 잔재가 남아 아직도 삼국의 역사 분쟁의 불씨로 상존하는 실정이다.

한편 중국은 청일전쟁 이후 일제 침략과 2차 세계대전 후의 세계냉전으로 한국과는 1세기 동안 국가 간 관계가 두절되었는데, 우리가 한동안 잊고 있던 대국으로서 중국의 역사적 존재를 망각에서 다시 일깨워준 사건이 최근 고구려사 논쟁을 중심으로 한 동북공정이다. 2,000년 이상의 중화주의 전통을 갖는 중국 역사학계에서는 동양사나 동아시아학의 개념 자체가 발달할 수 없었다. 중국은 동아시아란 범위 안에 다 포괄할 수 없는 광대한 국가이므로 동아시아론이 지역적으로 폐쇄적일 수 없는 또 하나의 이유가 된다. 더욱이 아직도 근대화, 즉 국민국가 형성의 과제를 마무리하지 못한 중국에서는 아직 일국사 중심으로 타국의 역사는 중국과의 개별적 관계사만이 관심 대상이다. 20세기 초반 전통적 고증학考證學 등에다 서구 역사학의 이론과 방법을 접목한 근대 중국 역사학은, 그 성립과정에서 학파에 따라 국수와 국고國故라는 접근법의 차이는 있었지만 국학國學의 핵심 부문을 구성했다. 이것은 광복 전후 한국의 학계와도 유사하다. 중국의 마르크스주의 사학도 보편적 마르크스주의 이론의 중국사에의 구체적 적용이란 점에서 국학의 범위를 벗어난 것이 아니었다. 최근 1990년대 들어 시작된 중국 역사학계의 동북공정은 민족사와 변강사邊疆史를 기반으로 다민족 국민국가인 현대 중국의 통합을 역사적으로 정당화하는 데 목적이 있다. 북방민족 정복에 따른 다민족제국으로서 청淸제국의 판도를 계승한 오늘의 중화인민공화국은 청제국 통치권하의 여러 이민족의 분리주의를 막고 그들을 중국의 다민족 국민국가에 통합해야 하는 과제를 안고 있다. 이것은 중국 헌법에도 규정되어 있는 '통일적 다민족국가', '중화민족'의 일국사에서 오랜 중화주의 역사관이 지속되고 있음을 확인할 수 있다. 이 책에 실린 전근대 동아시아 국제질서의 올바른 이해를 돕기 위해, 다음 절에서는 중화주의와 관련해 조공·책봉질서에 대한 엄밀한 해석을 잠깐 시도해보았다.

4. 전근대 동아시아 국제질서와 조공·책봉질서

과연 동아시아 지역권에는 오랜 전통 시대에 구체적인 역사적 실체로서 하나의 동아시아 세계란 것이 존재했는가? 만약 지역세계의 역사적 실체가 존재했다면 오늘날 동아시아 협력체 구성에 장애 요인이 많은 것은 무엇 때문인가? 근대 이후 서구문명을 수용하는 과정에서 동아시아 각국을 연결하던 전통문화의 토대가 약화되거나 해체되고, 근대화의 발전 속도 불균형과 제국주의 외압에 따른 국민국가 간 경쟁 격화와 과도한 민족주의의 신화화가 19세기 말 이래 존재했던 것은 사실이다. 그리하여 같은 역내 국가 간에 일제의 침략과 중국 · 일본 대립 구도의 형성, 2차 세계대전 후 미국 · 소련 냉전 같은 세계적 분단 상황이 동아시아 지역에 아주 첨예한 형태로 집중되기도 했다. 그리스 · 로마의 지중해 세계나 유럽의 중세 기독교 세계와 근대 자본주의 세계경제, 오늘의 유럽공동체 같은 유럽 지역권의 역사는 그 밀도와 범위는 각기 다르지만 역사적 · 현실적 실체로서 하나의 세계였다고 할 만하다. 이와 유사한 역사적 실체로서 과거 동아시아에 존재했던 세계체제를 들자면 유럽 전체와 비견할 만큼 광대했던 역대 중화제국과 북아시아 유목민의 정복국가인 몽골제국 등을 들 수 있다. 전통 시대의 중국 왕조들은 중화주의 이데올로기를 통해 그 자체가 세계임을 표방하고, 그 변경 내외의 많은 이민족 또는 소수민족을 편입 통치하거나 동화시킴으로써 시대에 따라—통치영역의 신축은 있지만—장기 지속적인 제국체제를 형성해왔다. 그러나 전통 시대 최후의 중화제국이었던 청제국으로부터 그 영토의 대부분을 계승한 오늘날의 중국은, 거대한 대국이기는 하지만 타국과 형식상 대등한 주권을 갖는 근대적 국민국가로 재구성되어 전 지구적 세계의 지도적 국가 중 하나로 떠오르고 있다. 중국이 장래 '미제국'에 필적하는 제국으로 부활할 잠재력에 대해서는 아직 여러 가지 논란이 있다.

그럼에도 오늘날 한국 · 일본 등의 동북아시아 또는 베트남을 포함하는 동남아시아까지 확장된 광역 동아시아를 지역 범주로 할 경우, 전근대 동아시아에는 그 중심으로서의 중국과 동아시아 각국 사이에 한자 · 유교 · 불교 · 인쇄문화 등 많은 전통적 문화 기반이 공유되었음에도 불구하고, 정치 · 경제 · 문화 면의 동시대적 교류와 상호 작용은 하나의 세계로 보기에는 너무 느슨한 관계에 있었다. 세계체제론자인 월러스틴I. Wallerstein의 말대로 전근대 세계제국은 그 방대한 규모의 폐쇄적 정치·군사체제를 유지하는 데 자원을 집중할 수밖에 없었고, 중화제국의 경우 더욱 현저했던 중앙집권적 폐쇄성이 역내 주변국과의 관계를 소원하게 만들었을 것이다. 중국의 제국들 가운데 이 같은 제국의 폐쇄성을 가장 전형적으로 보여주는 것이 14세기 이래 19세기까지 존속했던 명明·청제국이었다. 이 시대에는 세계사에서 보기 드문 해금海禁(쇄국)체제가 강인하게 집행되었는데, 동시대의 조선과 17세기 도쿠가와 시대의 일본도 쇄국 상태에 있었다. 그러나 이 쇄국 시대에도 서구 중상주의重商主義 국가들이 동아시아 역내 무역권에 참여했고 경제적 측면에서 동아시아 지역권의 통합성은 크게 성장하고 있었다.

이처럼 전근대 동아시아 지역은 정치·경제·문화 등의 교류와 상호 작용이 상당한 수준으로 발전해 있었으며, 그 관계를 규제하는 공통의 외교 틀이 존재하고 있었다. 그것이 바로 조공朝貢·책봉册封질서였다. 조공·책봉 관계는 유교의 예교禮教를 따르는 문화주의(중화주의)를 바탕으로 정치적으로 황제와 중화제국체제의 정통성을 옹호하고 국제정치상의 영향력을 확보하기 위한 중국 중심 국제질서의 표현이었다. 조공·책봉질서에는 중국과 타국 군주들 사이의 군신君臣관계 등 상하 서열에 따른 예의가 규정되어 있었으나, 대부분의 역사적 사례가 보여주는 것처럼 각국 내정의 자주성은 보존되며 외교상의 의례가 그 기본적 성격이었다. 그런데 이 조공·책봉질서는 그 역사적 기원이 유교에서 이상화된 서주西周 시대의 분권적 봉건제까지 소급된다. 그러나 그 시대 중국의 천자天子와 지방 소국 군주(제후諸侯) 사이의 실질적 주종 의무관계로서 실재했던 조공·책봉제도는, 종주국과 번속국 간의 종번宗藩관계라는 종법宗法적 이념과 표리일체를 이루었다. 이는 후대 중국과 외국과의 국제질서로서 적용된 조공·책봉질서와 반드시 일치하는 것은 아니었다. 후대 외국과의 조공·책봉질서를 실질적 종번관계로 확대 해석하는 것은 황제와 제국의 정통성을 강조하는 중국 측의 유교 이데올로기적 이해에 지나지 않는다. 중국 중심의 유교적 종번 이념이 중국으로부터 사실상 독립된 주변국들에 구체적 내정간섭의 실력으로 작용하고 그 주권과 이해관계에 실질적 영향력을 미친 역사상의 사례는 사실상 드물었다. 시대별·국가별로 주종적 종번 이념이 특정 주변국에 실제 관철되는 경우도 있었으나 그것은 군사적 정복 시기와 같은 특수한 경우, 즉 제국의 물리적 힘이 외국을 완전 제압할 수 있는 특정 시기에 한한 특수한 현상이었다. 이를테면 몽골 원元제국 시기의 고려나, 임진왜란과 병자호란 시기의 조선과 중국의 관계가 그러하다. 따라서 전통 시대 동아시아의 국제관계에서 보편적이었던 조공·책봉질서를 주종적 종번 이념의 실질적 이행으로 일반화해서는 안 될 것이다.

그럼에도 조공·책봉제도와 종번 이념이 마치 같은 개념인 것처럼 때때로 혼동해서 사용되었던 까닭은 무엇인가? 먼저 씨족적 종법사회를 토대로 형성된 구체적 정치제도로서 주대 봉건제라는 역사적 생성물이 바로 그 종법 이념에 따른 종번 이념을 내포하고 있었다는 점을 들 수 있다. 또한 그러한 봉건제 천하질서를 주의 천자가 조공·책봉이란 의례儀禮 제도로 운용함에 따라, 국가들 간의 현실적 관계와는 별개로 적어도 그러한 제도의 어원과 이념적 기원에 관한 한 이들 개념들이 일체화되었다. 그러한 관념은 그 후 전제적 통일제국이 발전함에 따라 통일제국의 정통성을 떠받치는 이데올로기로서 후대의 중화제국들에서 계승·강화되었다. 고대의 전통을 존중하고 그 기원으로서 중화·중국을 존숭하는 유교적 사고에서는, 그 제도에 내포된 어원과 이념의 폭력성과 현실적 이해관계를 분리해 객관적으로 이해하는 데 곤란을 겪기 마련이다. 비슷한 종법적·유교적 사회와 문화구조를 가진 타

민족으로서 문화와 권력 양자에 모두 열세일 경우에는, 특히 중화와 이적夷狄(오랑캐)을 구별하는 문화주의로서 중화사상은 막강한 이데올로기적 힘을 갖는데 그 최악의 희생이 모화병慕華病이다.

한편 조선에서 조공·책봉질서는 사대事大관계로 이해되기도 했는데 사대와 종번, 두 개념의 어원상의 의미도 원래는 서로 다른 것이었다. 사대는 맹자孟子가 언급한 개념으로 그가 살았던 전국戰國 시대에 소국과 대국의 관계에서 소국의 존립과 국제 평화를 확보하기 위한 덕치의 이상과 아울러 현실적 외교원칙으로 제시된 것이었다. 다시 말해 종번관계가 통일적 세계질서 이념이 존재했던 서주 시대 중심국 천자의 도덕적 이념(왕도王道)이라면, 사대관계는 세계질서가 무너지고 대소 강약에 따른 패자覇者의 힘이 지배하는 전국 시대 약소국의 현실적 전략이었다. 그럼에도 조선에서 사대와 종번 이념이 같은 개념 범주로 혼용된 경우가 많은데, 특히 임진왜란 이후 서인西人·노론老論 당파에 오도되어 명조 중국에 대한 모화관념이 심화된 결과 그런 경향이 더 촉진되었던 것이 아닌가 한다. 어쨌든 한때 현실의 청제국을 친다는 북벌론에도 불구하고 중국으로부터 조선의 주체를 구별하는 조선 시대의 소중화 의식은 중국 중심의 대중화 세계의 테두리 안에 머물고 말았으며, 이는 국가적 자기발견의 한계로 작용했다. 한편 16세기 이래 중국에 대한 조공·책봉질서에서 이탈해 급기야 임진왜란을 일으켜 명조 중국 및 조선의 중화질서에 대항했던 일본은, 17세기 이래 도쿠가와 시대에 청조 중국 중심의 대중화권 바깥에 고립적 소중화권의 공존을 주장했다. 도쿠가와 시대의 고쿠가쿠 사상이나 근대 천황국체론의 기원을 이루는 미토水戶학파 유교의 형성은 그러한 국가의식의 성장을 반영하는 것이다.

이상에서 보았듯이 전근대 동아시아에서 조공·책봉질서의 이념인 유교적 중화주의는 중화와 이적(오랑캐)을 차별하는 중화제국의 존재와 관련이 있고, 중화주의는 한족 제국이 아닌 북방민족 정복왕조가 중국의 제국을 점거할 때 상당한 변질을 겪음으로써 동아시아 국제질서에도 커다란 변동이 초래되기도 했다.

5. 중화제국과 정복왕조

원래 중화제국과 중국 중심의 세계질서 이념으로 중국에서 산출된 중화주의 세계관은 결국 한국·일본·베트남 등 동아시아 각국이 공유함으로써 지역 내 국제질서의 원리나 제도로 작동할 수 있었다. 사실 중국 최초의 중화제국체제로서 중국 본토의 영역과 고전 문화, 한족이란 종족을 형성한 진秦·한漢제국 시대에는 세계질서의 이념적 원형이 창출되었으나, 중국 외부 제민족의 국가들이 미성숙했기 때문에 충분한 동아시아 국제질서가 형성되지는 않았다. 동아시아 국제질서가 충분히 성장한 것은 보다 번영한 두 번째 중화제국인 수·당제국의 시대였다. 당제국은 한족 중심의 중화제국이었지만 위진남북조魏晉南北朝 시대에 중국 내지로 침투한 북방 호족胡族 왕조들을 융합함으로써, 북방·내륙 아시아와 중국 본토에 걸친 개방적 '세계제국'의 체제와 동아시아 국제질서를 완전히 실현했다. 한국(통일신라)·일본 등 당대唐代 중국의 주변 제종족은 당의 정치·경제·문화적 영향하에 당과 경쟁하면서 성숙한 고대국가들을 형성했으며, 이 독립적이고 다양한 국가군을 바탕으로 동아시아 역사상 국제교류가 가장 활발했던 동아시아 국제질서가 형성되었다. 이 시기는 국제화된 시대로서 당 태종과 이백李白·두보杜甫의 시대이자, 고선지高仙芝와 혜초慧超·장보고張寶皐 그리고 엔닌圓仁의 시대였다.

9세기 이래 10세기의 당말 오대五代 이후는 중국의 혼란기로, 거란·여진 등 북방민족에 의한 정복왕조의 발전과 고려·일본 등 주변국들의 독립적 성장이 더욱 현저한 시대였다. 이 시대의 정복국가들은 중국 영토의 일부를 점거해 중국 왕조의 일부를 구성하면서도, 막북漠北(새외塞外)의 독자적 영토공간 구축과 아울러 북방민족의 한족에 대한 강한 차별화 의식으로 정복왕조 고유의 공간적·제도적 이중구조를 갖고 있었다. 그래서 아직 미숙했던 호족의 특성이 중화제국 내부에서 한족의 것과 완전 융합된 위진남북조 시대의 호한胡漢체제와는 다른 면이 있었다. 그리고 중화제국을 중심으로 형성된 조공·책봉질서가 국제정치상의 형식적 의례관계로 기능한다는 측면이 가장 현저히 표출된 시대이기도 했다. 중화왕조인 송조宋朝 중국은 북방민족의 정복왕조들이 제시한 형제·군신관계 등으로 역전된 외교 의례를 수용할 수밖에 없었고 일종의 변형된 조공 형태라 할 세폐歲幣를 그들에게 지불했다. 고려를 포함한 동아시아 국가들 사이에 명목적 조공관계는 있었으나, 사실상 대등한 입장에서 국경 분쟁을 둘러싼 외교협상이나 국제적 세력균형을 모색하는 국가 간 협상 사례들이 가장 많이 발생한 것도 이 시대였다. 그러나 국가 간 위계질서로서 중화주의의 차별적 세계관이 극복될 제도화의 계기는 아직 나타나지 않았다. 당대 후기 이래 발전된 해상무역을 바탕으로 동아시아의 경제교류가 가장 활발했던 때도 이 송대 및 다음의 세계제국 원대였다.

13세기의 중국을 중심으로 한 원제국은 유라시아 대륙의 대부분을 통합한 칭기즈칸의 대몽골제국의 일부이자 그 중심이었다. 원대는 서구와의 직접 교류가 이루어지기 전까지 비단길·초원길·바닷길을 통한 동서 교류가 전근대 세계사에서 가장 활발했던 시대이기도 했다. 원이 중국 왕조의 하나이면서도 동시에 중화제국의 이념과 제도를 초월한 유목제국의 이념과 제도를 끝내 지속한 것은 유의할 만하다. 원제국하에서 고려와의 관계는 조공·책봉의 형식적 외교 의례를 넘어서는 내정간섭과 종속적 특성이 강화되었고, 원의 몰락 후 고려가 내정의 주권을 회복한 뒤에도 명·청조 중국의 조선왕조에 대한 압력은 이전보다 강화되었다. 전근대 동아시아 국제질서의 이해를 위해서는 북방민족의 정복왕조가 중화제국의 제도와 조공·책봉질서를 이용했지만 그들 자신의 독자적인 종족의식·제도를 유지했기 때문에, 그 역사를 전적으로 중국사의 일부로서만 파악해서는 안 된다.

세계제국으로서 원제국의 정통성을 계승하면서도 한족 중심의 화이華夷론에 입각해 원제국을 부분적으로 부정한 주원장朱元璋의 명제국은, 내부적으로 유교(주자학朱子學)적 전제국가를 확립하고 대외적으로 몽골과 왜구倭寇를 대상으로 한 철저한 해금(쇄국)정책을 실시함으로써 근대 이전의 폐쇄적인 중화제국과 동아시아 국제질서의 최종 형태를 만들었다. 명조 중국을 중심으로 한 조선·일본, 동아시아 삼국의 거의 동시대적 해금체제는 동아시아 국제관계의 상호 소원疏遠함의 역사적 배경으로 학계의 주목을 받았다. 이 시대의 조공·책봉질서는 쇄국으로 인해 외교 교섭뿐 아니라 경제 교역과 문화 교류까지도 조공관계에 포섭되어 제약을 받았다. 최근 일본 동양사학계에서는 16세기 이래 중국의 남북 연해沿海지구를 중심으로 이 해금체제를 돌파하는 해외무역의 성장과, 서구 중상주의 국가들의 진출로 인한 남양南洋과 중남미에 걸친 중개무역을 바탕으로 새로운 지역질서 형성의 돌파구로서 은銀경제권이 형성된 것을 주목하기도 한다. 17세기 국내 농민반란과 북방민족의 압력으로 붕괴된 명을 대신해 중화왕조의 지위를 계승한 만주족의 청제국은, 강희제康熙帝 치세를 정점으로 몽골을 비롯한 북아시아·내륙아시아 전체를 점거해 중국 본토와 주변부(번부藩部), 두 공간으로 구성된 광대한 다민족제국을 구성했다. 그러나 이 거창하게 확장된 제국 경계선의 외부에 대해서는 명조의 폐쇄적 해금체제를 엄밀히 계승했다. 청조가 한족만의 중화제국이 아니라 광대한 이민족 지역을 통합한 다민족 연합체임에도 불구하고, 몽골 원제국과는 달리 중화제국의 범주에 분명히 귀속되는 근거도 이 중국 중심의 폐쇄적 체제와 그에 따른 만주족 자신의 궁극적 한화漢化에 있을 것이다.

이 같은 청조의 폐쇄적 중화주의와 한화 과정은 청제국의 공간적 · 제도적 이중구조에도 불구하고, 20세기 중화민국 건립(1912) 이래 중국의 근대 국민국가가 청의 영토를 계승 또는 합병하는 데 중요한 역사적 토대로 작용했다. 현대의 사회주의 중국은 역사상의 중화제국의 전통을 민족주의로 내면화하고 근대 제국주의 열강의 영토 분할에 저항해 이민족 정복왕조 청제국의 광대한 영역을 국민국가로 통합하는 데 커다란 성공을 거두었다. 94퍼센트가 한족인 이 대국은 현재도 헌법에 규정된 대로 '다민족 통일국가'로서 '중화민족'을 창출하는 과정 중에 있다.

6. 전근대 동아시아 국제질서와 한국의 위치

끝으로 이 책에 실린 13편의 개별 논문들의 내용을 압축, 소개하려 한다. 여기서는 편의상 전근대와 근현대 부분, 두 절로 나눠 정리해보았다. 중국 중심의 이념적 중화주의가 주변부 국가들에서 다양하게 작용하는 구체적 실태와 근대 이후 서구적 국제법 질서하에서 동아시아의 제국주의를 규정하는 지역적 특성으로서 전통의 지속성을 발견할 수 있을 것이다.

(1) 임기환의 글은 7세기 삼국통일전쟁의 배경으로서 당시의 국제정세를 파악하기보다는, 국제질서 변동의 한 결과로서 삼국통일전쟁을 파악하려 했

다. 그는 먼저 당시의 국가관계에서 조공·책봉질서는 외교사의 보편적 형식이었지만 그 구체적 내용에서는 양국 간의 상호관계와 전략에 따라 다양한 것이었다고 설명한다. 즉 남북조 시대의 북위北魏와 고구려의 조공·책봉관계에는 신속臣屬관계가 없었던 데 반해, 수의 통일 이후 중국이 고구려에게 종전과는 다른 종속관계를 요구하고 중국 중심의 일원적 국제질서를 수립하려 한 데서 전쟁의 원인을 찾을 수 있다는 것이다. 아울러 북방 돌궐突厥을 평정해 기미주羈縻州체제를 설립한 당이 고구려 공격전에서 한반도 삼국에 대해 이이제이책以夷制夷策을 사용했음에도 불구하고 고구려가 한반도 내의 동맹관계에 소홀했던 점과 수·당 중심의 국제질서에 삼국 간 역관계가 편입되는 과정 등을 설명하고, 동북아시아라는 국제적 범주가 이 지역 제민족의 성장으로 뚜렷이 형성될 수 있었음을 지적했다.

(2) 노태돈의 글은 신라의 삼국통일전쟁에서 고구려 멸망 직전(668) 당의 위협에 대처해 신라와 왜(일본) 사이의 국교재개가 이뤄지는 과정을 정밀하게 논증하려 한 매우 분석적인 글이다. 신라·당 전쟁의 경과를 설명하면서, 7세기 후반 천황제 율령체제로의 개혁을 수행한 일본 고대국가가 황제국으로 자처해 당을 이웃나라, 신라를 번국蕃國이라는 식으로 『일본서기日本書記』와 율령에 신라와의 관계를 상하 조공관계로 기술한 사실을 중시했다. 그리고 그것이 가능했던 역사적 배경이 신라·당전쟁으로 인해 배후의 적을 경계한 신라의 외교적 곤란이었다고 해석했다. 문제는 이로 인해 후대의 일본에서 한반도를 조공국으로 취급하는 중화주의적 역사인식의 왜곡이 발생하는 빌미가 생겼다는 점이다.

(3) 채웅석의 글은 일국 간의 관계가 아니라 각국 간의 다중적 관계로 국제질서를 이해할 필요가 있으며, 민족사의 자주성·진취성이란 관점이 과잉하면 국제정세나 외교정책을 둘러싼 정치세력의 분기에 대한 객관적 파악에

장애를 초래한다고 주장한다. 11세기 후반 고려가 북방민족인 요遼(거란)와 금金(여진)에 조공하는 사대정책에도 불구하고, 정세 변화에 따른 피해를 줄이고 외교를 다변화했으며 송의 중화문화를 존중하면서 국가의식을 고양하여 스스로 소중화 의식이 강했음을 지적했다. 한편 정파 분열과 관련해 공리적 신법파新法派(윤관尹瓘 일파)가 대외경략론자이면서 왕권파였던 데 반해, 내치론자內治論者들은 사족파士族派로서 사대를 받아들였음을 설명했다.

(4) 이익주의 글은 한국사학계의 대외관계사 연구가 '우리' 중심에 치우쳐 침략과 항전 등 상호 충돌의 사례를 강조함으로써, 과거 국가 간의 관계를 실제보다 적대적으로 인식할 위험성이 있음을 지적했다. 13세기 원제국은 단순히 중국왕조가 아니며 고려-몽골 관계도 조공·책봉관계만으로 설명할 수 없다는 학설(김호동金浩東설)에 대해, 몽골 유목전통에 따른 고유의 요구사항(육사六事)이 있었으나 고려에서는 몽골을 중국왕조로, 양국 관계를 기본적으로는 조공·책봉관계로 파악했다고 주장했다. 그리고 원-고려의 조공·책봉관계는 책봉이 형식적 추인이 아니라 실제로 행해졌으므로 그 전과는 차이가 있고, 종속성이 과거보다 강했음에도 불구하고 고려는 기본적으로 외국이었다고 설명했다. 또 14세기는 몽골제국 중심의 국제질서에서 명제국과 고려·일본 등 사이의 조공·책봉관계를 근간으로 하는 새 국제질서로 전환한 과도기로, 이 국제질서 변동을 배경으로 가능했던 조선 건국의 연구에는 일국사적 접근을 넘어설 필요가 있다고 주장했다.

(5) 박수철의 글은 일본의 도요토미 히데요시豊臣秀吉가 임진왜란을 일으킨 동기에 관해, 전국 시대 재지영주층과 백성층의 대두에 따른 신분상승 욕구를 역사적 배경으로 하여 도요토미의 공명설과 영토확장설을 결합해 설명했다. 도요토미는 무사계급의 폭력과 공의公儀를 자신의 정권에 집중했으며, 자신의 정통성 결여를 보완하기 위해 천황을 끌어들여 조선 국왕의 입조

를 요구하고, 일륜日輪(태양)의 아들로서 '무위武威'를 주장하며 명제국 정벌을 정당화했다고 한다.

(6) 한명기의 글은 16세기 후반~17세기 전반 동아시아 역사 변동과 관련해, 유럽세력의 동아시아 해역 진출과 조총·대포의 전래, 중국의 남북 연해에서 전개된 은銀 무역에 주목했다. 또 이 시기 두 차례에 걸친 청의 조선 침략인 정묘호란과 병자호란의 배경과 그것이 조선·명·청·일본에 끼친 영향을 구체적으로 지적했다. 그리고 임진왜란 당시 명군의 지원 때문에 명에 대한 조선의 복속이 심해진 것과 청의 조선 침략이 경제적 곤란에서 시작되었으나 청 태종의 황제 즉위에 따라 그 정통성 확보를 위해 명의 번국이었던 조선의 복속이 매우 중요해진 경위를 설명했다. 나아가 조선의 복속으로 청의 군사적 역량이 강화되고 조선의 대일 자세가 더욱 완화될 수밖에 없었던 것과 입관入關 이후 조·청관계가 변화되는 양상을 고찰했다.

7. 근현대 동아시아 국제질서의 변동과 한국의 위치

19세기 중엽 서구 근대문명의 제국주의 침략으로 동아시아 국제질서에 대전환이 일어난 이래 6·25전쟁에 이르기까지 동아시아 질서는 서구와 미국이 이끄는 전세계적 질서에 통합되는 한편, 하위 질서로서 지역 강국인 중국·일본 양국이 경쟁하는 새로운 국면이 출현했다. 19세기 후반 근대 초기에는 동아시아 근대국가들의 형성과정에서 서구의 개입에 따른 중화제국의 해체와 일본의 흥기가 주요한 흐름이었다. 20세기 초 일본의 제국주의적 발전에 따른 동아시아 국가들의 저항은 중국 국민혁명과 이를 억압하려는 일제의 침략전쟁으로 절정에 이르렀다. 동아시아에서 폐쇄적인 식민제국을 완성하려는 일본 제국주의는 1차 세계대전 무렵부터 영국 대신 세계적 패권국으로 발돋움하기 시작한 미국의 탈식민주의적 국제주의의 압력을 받게 되었다. 2차 세계대전의 패전으로 일본의 대동아공영권이 좌절된 후 동아시아는 미국 · 소련 중심의 세계적 냉전체제로 분단되었고, 한반도 분단의 양측에 부홍한 중국과 일본의 새로운 경쟁이 준비되어갔다.

(1) 조병한의 글에 따르면 1860년을 전후로 중국과 일본의 개항이 완결됨에 따라 동아시아의 전통적 조공질서는 서구 제국주의하의 조약체제를 통해 근대적 국제법질서로 전환되기 시작했다. 그러나 청일전쟁 패배로 청제국이 해체될 때까지 서유럽 제국주의의 상위 질서와 조공 · 책봉의 하위 질서가 한동안 공존하는 이중질서가 존재했다. 청조 중국은 낡은 중화제국체제를 유지하기 위해 해방海防개혁, 즉 양무洋務운동을 추진했으나, 조공국 조선의 위기에 개입해 이를 속국화하려다 청일전쟁에서 패배했다. 이후 메이지유신으로 근대국가의 국체 변혁에 성공한 일본이 청을 대신한 동아시아 지역 내 중심국으로서 식민제국의 길을 추진했다. 메이지유신의 본질은 서구적 문명개화에 있었고, 이 유신파에 해당하는 개념인 개화는 그 이전 단계의 개항과는 발전 단계에서 차이가 있었다. 그러므로 너무 지체된 개항으로 청 · 일본 양국의 내정간섭을 받아 개혁이 불가능했던 조선에서 개화파는 갑신정변을 주도한 급진 개화파에 한정되며, 청의 양무파 이홍장李鴻章과 명성황후明成皇后정권과 협력한 이른바 '온건 개화파'는 사실은 구체제 내의 개항파일 뿐이다.

(2) 최석완의 글에 의하면 19세기 후반 조약상 서구와의 대등관계를 확립하는 것이 목표였던 일본의 동아시아 외교는, 처음부터 조선은 물론 청과의 불평등관계 창출이 목표였다. 청일전쟁이 일어난 1894년 일본은 영국을 필두로 한 서구 열강과의 불평등조약을 대등조약으로 개정했으며, 다음 해 전

쟁의 종결에 따라 대등조약이었던 청과의 조약(1871)을 개정해 과거 동아시아의 중심이었던 청조 중국에게 불평등조약을 강요할 수 있었다. 이 조약에서 흥미로운 점은 일본이 주장한 조선의 독립은 청으로부터의 독립일 뿐 열강의 국제적 보장을 원하지 않았다는 것과 조선과 청의 지위를 동등하게 한 것이었다.

(3) 조명철의 글은 중국의 의화단義和團운동(1900) 진압 이후 러일전쟁이 준비되는 과정을 검토한 것이다. 일본 국내에서는 북방에서 남방으로 대륙정책을 전환하자는 논의가 있었으나, 러시아의 만주 진출에 따라 러시아와 일본이 만주와 한국을 각자의 세력권으로 서로 교환하자는 일본 측 제안이 이뤄졌다. 결국 친영 · 친러파의 대립 속에 영일동맹이 성립되고 러시아와의 조기 개전론이 대두되었다.

(4) 정상수의 글은 러일전쟁 후부터 1차 세계대전을 거쳐 워싱턴회의(1921) 체제에 이르는 동아시아 국제질서의 변동을 논한 것이다. 먼저 러일전쟁 후 일본의 한국 지배가 구미 열강의 승인을 받고, 러시아 · 일본 간에 만주 · 몽골의 세력권 분할에 관한 협정이 이뤄지는 것에 대해 다루었다. 나아가 1차 세계대전 중 일본이 중국에 강요한 산동山東 이권 등을 포함한 21개조요구를 둘러싸고 전개된 열강의 교섭과 1차 세계대전 말기 러시아혁명을 틈탄 일본의 시베리아 출병, 전후 베르사유체제 그리고 워싱턴회의에서 미국과 영국의 압력으로 고립된 일본이 중국 분할을 포기하고 해군군비 축소를 강요당하는 과정을 논하고 있다.

(5) 임성모의 글은 중일전쟁에서 태평양전쟁에 이르는 일본의 아시아 침략전쟁 확대과정에서, 침략전쟁의 이데올로기로 생산된 '동아신질서東亞新秩序'와 그것이 동남아로 확대된 '대동아공영권大東亞共榮圈'의 논리구조에 관한 것이다. 제2차 고노에近衛 성명으로 발표된 동아신질서(1938) 논의에는

여러 스펙트럼이 있다. 그중 일본 괴뢰인 만주국의 만주국협화회滿洲國協和會의 동아연맹론은 일본 · 만주국 · 지나支那 삼국을 중심으로 동아 각국의 국방 · 경제 통합을 성취하는 것이 목표였다. 일본주의를 비판하고 아시아연대의 원리에 입각한 동아협동체론은, 자본주의의 모순인 경제블록 관념을 부정하고 중국 민족주의에 공감해 새로운 국가연합에 도달한다는 좀더 이상주의적인 주장이었다. 그러나 협동체론은 곧 일본 군부와의 관련하에 대동아공영권론(1940)으로 확장되었는데, 그것은 동북아에서 동남아 · 태평양에 걸치는 광역권 구상으로 태평양전쟁의 침략 구도에 지나지 않았다.

(6) 정용욱의 글은 미국 · 중국 양국의 참전으로 국제전이 되었음에도 불구하고 서로 선전포고도 없었던 6 · 25전쟁 전후, 미국과 공산 중국의 관계와 전쟁의 경과, 정전회담의 쟁점 등에 대해 논했다. 중국국민당 통치하의 중국을 아시아 패권 전략의 근거지로 삼으려 했던 미국이 국공내전에서 중공의 승리로 인해 일본을 근거지로 삼게 되었으며, 중화인민공화국 성립 직후 중공의 티토J.B.Tito화를 기대했으나 중국과의 냉전에 이르게 되는 과정이 다뤄졌다.

(7) 정병준의 글은 2차 세계대전 종결 이후 미국과 소련의 점령정책으로부터 남 · 북한 정부 수립에 이르는 과정에서 국제냉전의 영향과 한국 분단의 과정을 탐색하고 있다. 미국은 국제적 우위에, 소련은 한반도 내부의 혁명적 상황(좌익의 우세)에 관심을 두었는데, 미국 · 소련 양측 점령정책의 이러한 차이가 남 · 북한의 정부 수립과정의 차이로 연결되었다는 논지가 흥미롭다. 1945년 4월 미국의 38도선 분할안이 소련의 동의를 받았고, 1946년 2월 북한에 사실상의 단독정권이 성립된 뒤 남한에서도 단정론이 제기되었다. 1947년 트루먼 독트린Truman Doctrine에 의한 미국의 봉쇄정책과 한반도 미 · 소공동위원회의 실패를 계기로 세계적 냉전이 국내 냉전의 격화로

연결되어갔다. 북한 측의 전면 남침에서 시작된 6 · 25전쟁은 국제냉전의 국내냉전으로의 전환이었으며, 한반도 분단의 고착화와 의식상의 내면화를 초래했다. 1947년 이래 6 · 25전쟁을 통해 일본이 미국 동북아질서의 중심으로 선정되었으며, 전쟁 중 스탈린I.V.Stalin의 소극성으로 인해 소련보다 중국과 북한의 동맹이 견고해지는 변화가 일어났다.

1950년대 초 6 · 25전쟁 이후 지금까지 반세기 이상이 흐르는 사이 한국과 세계의 역사는 엄청난 변화를 겪었다. 그동안 동아시아는 경제와 국제정치에서 세계 중심부 지역의 하나로 부상했으나, 아직도 세계에서 가장 격심한 변동이 예상되는 유동적이고 불안정한 지역이기도 하다. 냉전체제의 해체 이후 강대국으로 부상한 중국 · 일본의 경쟁이 격화되는 가운데 세계적 패권국 미국의 상대적 후퇴에 따라 앞으로 동아시아 지역의 탈중심 현상은 더욱 진전될 전망이다. 세계화 시대에 이르러서도 동아시아 각국의 민족주의는 첨예하고 식민주의와 냉전의 잔재는 아직도 지역 내 긴장의 불씨로 남아 있다. 국민국가의 전성기는 저물고 미래가 세계화 시대를 향해 열렸음은 분명하지만, 세계화의 진전을 지체시키는 현실적 요인은 많기 때문에 전환기에 적응할 국민국가의 새 역할이 탐색되어야 한다. 1960년대 이후 산업화 · 민주화에서 괄목할 업적을 이룬 역량을 바탕으로 미래의 한국은 아시아로 세계로 열린 개방적 동아시아 지역협력체를 구성하는 평등한 일원으로서 능동적 역할을 모색해야 할 것이다. 중화제국 · 몽골제국 · 일본제국 그리고 미국과 소련제국, 역사상의 제국들을 넘어 이상적 동아시아 국제질서가 21세기의 세계화 시대에는 가능할 것인가?

제1부

전쟁과 전근대의 동북아 국제질서

제1장 | 7세기 동북아시아 국제질서의 변동과 전쟁

임기환 (서울교육대학교 사회교육과)

1. 머리말

7세기는 5세기 이래 동아시아의 국제질서가 새로이 재편되는 시기였다. 그 재편 과정에서 한반도와 만주에서는 고구려와 백제가 멸망하였고, 신라가 한반도의 통일국가로 성장하였으며, 만주에서는 발해가 성립하였다.[1] 이

1 이 연구는 삼국통일전쟁과 동아시아 국제질서의 연관성을 파악하려는 목적에서 이루어졌다. 먼저 일반적으로 일컬어지는 '삼국통일전쟁'의 개념과 범주를 설정할 필요가 있다. 삼국통일 또는 삼국통합의 개념적 차이는 별도로 하더라도, 삼국통일전쟁이란 용어는 고구려 · 백제 · 신라의 삼국이란 범위에 한정되기 때문에, 이 개념으로 설명할 수 있는 역사상의 범주 역시 제한적일 수밖에 없다. 따라서 동아시아 국제정세의 변동이란 시각에서 삼국통일전쟁을 파악하기 위해서는 이와는 다른 용어와 개념이 필요하다. 이는 삼국통일전쟁의 배경으로 당시의 국제정세를 파악하는 것이 아니라, 국제질서 변동의 결과로서 삼국통일전쟁을 파악하는 관점을 포괄해야 한다. 더욱이 연구 대상 시기에 있어서도 당시 국제정세의 변동을 주도하는 중국 세력을 기준으로 볼 때, 唐대의 현상만이 아니라 隋 이래의 계기적 변화 과정도 염두에 두어야만 이 시기 동북아시아 차원에서 전개된 전쟁의 성격을 보다 명확하게 이해할 수 있을 것이다. 그러한 점에서 이 연구에서는 동북아시아의 관점에서 삼국과 수 · 당 간 전쟁의 제양상을 살펴보고자 한다. 다만 이러한 국제적 관점에서는 삼국 간의 대립상이 간과될 가능성이 큰데, 이런 점에도 주의를 기울이도록 하겠다.

러한 변화는 중국을 중심으로 하는 동아시아 국제질서의 재편 과정에서 나타났다. 당시 동북아시아에서 변동의 중심축은 중국 왕조와 고구려였는데, 국제질서 변동의 결과 중심축의 하나인 고구려가 소멸되었다는 것은 곧 그 변동과 재편의 진폭이 얼마나 컸는지를 짐작케 한다.

변동 이전, 즉 5세기 동아시아의 국제질서는 중국의 남북조南北朝와, 북아시아 초원지대의 유연柔然 및 서역의 토욕혼吐谷渾, 동방의 고구려를 중심으로, 이들 제국가 간 역관계의 연동성에 의해 세력균형이 이루어지고 있었다.[2] 이러한 국제질서에서 동북아시아의 고구려 · 백제 · 신라 및 말갈靺鞨 · 거란〔契丹〕 등의 제종족 세력은 적어도 북방과 중원 세력의 영향과 침투로부터 자유로운 상황에서 고구려 중심의 세력권을 형성하고 있었다.

그런데 6세기 중반 이후에는 이들 5세기 이래 국제질서 운영의 주인공들이 퇴진하는 변화 양상이 나타나기 시작하였다. 가장 강력한 세력을 구가하며 당대 국제질서의 중심적 역할을 하던 북위北魏가 분열되어(534), 북제北齊(550) · 북주北周(557)로 나뉘어 성립하였고, 남조에서는 양梁에서 진陳(556)으로의 왕조 교체가 일어났다. 초원의 유목세계에서는 유연이 쇠퇴하고 그 아래에 복속되어 있던 돌궐突厥이 신흥 세력으로 등장하여 초원지대를 차지하는 세력 교체가 이루어졌다(552). 한편 고구려의 세력권 내에서도 세력 변화의 양상이 나타났다. 즉 한반도 내에서 고구려가 한강 유역을 상실하고(551), 뒤이어 신라가 백제를 격파하고 한강 유역을 독차지하면서 한반도 내에서 정세 운영의 주도권을 장악하였던 것이다.

특히 뒤이은 중국에서의 정세 변화, 즉 북주에 의한 북중국의 통일(575), 북주에서 수隋로의 정권 교체(581), 수에 의한 진의 병합과 중국의 통일(588),

2 5~6세기 동아시아 국제질서에 대해서는 盧泰敦, 「5~6세기 東아시아의 國際情勢와 高句麗의 對外關係」, 『東方學志』 44, 1984 참조.

수의 멸망과 당唐의 등장(618)으로 이어지는 일련의 변동은 동아시아 세계에서 새로운 국제질서의 재편을 예고하는 것이었다. 5세기 이래 안정적인 동아시아의 국제질서는 가장 강력한 세력이라 할 수 있는 중국이 남북으로 분열되어 서로 상쟁함으로써 유지될 수 있었다. 그런데 중국 세력이 통일되어 그 강력한 힘이 외부로 뻗쳐 나갈 경우, 이제까지의 다원적인 국제질서는 급속히 변동될 수밖에 없었다.

이 글은 7세기 동북아시아에서 전개된 국제정세의 재편 과정에서 삼국과 중국 세력 사이에 벌어진 전쟁, 즉 고구려-수 전쟁, 고구려-당 전쟁, 나당연합-백제 전쟁, 나당연합-고구려 전쟁, 신라-당 전쟁의 추이와 그 성격의 변화 과정을 살펴보는 데 초점을 맞추었다. 전쟁은 국내외의 다양한 요인과 배경에 의해 발생하고 전개되지만, 이 글은 주로 동북아시아의 국제정세와 전쟁의 관계를 살펴보는 시론적 성격의 논고로 구상하였음을 밝혀둔다.

2. 수대 국제질서 변동과 전쟁

(1) 수대 국제질서의 전개 양상

534년에 북위가 동위와 서위로 분열된 후, 북중국에서의 상쟁은 북주와 북제의 다툼으로 이어지다가 575년에 북주가 북제를 정복함으로써 종식되었다. 북주에 의한 북중국의 통일로 다시금 동아시아의 정세는 변동이 예상되었다. 그런데 북주 내부에서 정권 교체가 일어났다. 581년에 양견楊堅이 한족 관료들의 지지 속에 북주정권을 탈취하여 수를 건국한 것이다. 문제文帝는 즉위한 후 인심을 수습하고 통치 기반을 다지기 위해 부역을 경감하고 법령을 간소화하였으며 여러 제도를 정비하였다. 이러한 체제 정비에 따라 수의 국력은 급속히 강해졌는데,[3] 이는 곧 대외 팽창으로 이어졌다. 588년에 수 문제는 강남을 통일하기 위해 50여 만 명의 대군을 출동시켜 이듬해 진을 정복하였다. 수의 진 병합은 당시 국제질서에 커다란 파장을 불러일으켰다. 중국 세력이 통일되어 그 강력한 힘이 외부로 뻗쳐 나갈 경우, 이제까지의 다원적인 국제질서는 급속히 변동될 수밖에 없기 때문이었다. 〈표 1〉은 『수서隋書』·『자치통감資治通鑑』·『삼국사기三國史記』에 의거하여 수와 주변 제국諸國과의 교섭 및 전쟁 관련 기사를 정리한 것이다. 여기에서는 이 표를 참고로 하여 수대 국제정세의 변동 과정을 기술할 것이다.

588년 수에 의한 중국의 통일은 주변 제국을 긴장시켰다.[4] 수 건국 초기에 한때 수와 충돌하던 토욕혼은 진의 멸망 소식을 접하자, 먼 지역으로 중심지를 옮기고 조공을 바치면서 수와 우호적인 관계를 유지하기 위해 노력하였다. 그러나 토욕혼은 실크로드를 장악하고 있는 서방의 요충이기 때문에 이 지역에 대한 수의 관심에서 벗어날 수 없었고, 결국 609년 양제煬帝의 친정親征으로 수에 복속되고 말았다.[5]

중국의 최대 적대 세력인 북아시아 초원 세력인 돌궐도 수의 위협을 받게 되었다.[6] 돌궐은 등장 후 북주와 북제의 대립·상쟁을 이용하여 급속히 세력

---

3 『隋書』 권2, 高祖紀에는 文帝의 통치 시기를 일컬어 "절약에 힘쓰고 부역을 균평하게 하여 창고가 가득 차고, 법령이 잘 시행되어 군자는 모두 살아감을 즐거워했고, 백성은 각기 그 생업에 안정을 찾아 …… 인물이 번성하고 朝野가 즐거워하여 20년간 천하가 무사하더라"고 평하였다. 물론 이 기록이 지나친 미화일 수도 있으나, 수가 당시 상당한 안정과 번영을 누리고 있었음을 짐작할 수 있다.

4 기토 기요아키鬼頭清明는 陳을 중심으로 고구려·돌궐·토욕혼에 의해 隋에 대한 封鎖連環의 포위진이 구성되어 있다고 보았으나(『日本古代國家의 形成과 東아시아』, 校倉書房, 1976, 69~71쪽), 호리 도시카즈堀敏一는 이를 부정하였다(「隋代 東아시아의 國際關係」, 『隋唐帝國과 東아시아世界』, 汲古書院, 1979, 118~119쪽).

5 『隋書』 권83, 吐谷渾傳.

6 이하 수와 突厥의 관계는 『隋書』 권84, 突厥傳에 의함.

〈표 1〉 수와 주변 제국과의 전쟁 · 교섭 ( )는 월

연도	수 연호	북방 · 서역 諸國		삼국 (전쟁 · 교섭)	삼국 왕력
		전쟁	교섭		
581	開皇1	토욕혼(8)	돌궐貢(9)	백제貢/封(10), 고구려貢/封(12)	(백)위덕왕21 (고)평원왕23
582	2	돌궐(4~6, 12)		백제貢(1), 고구려貢(1, 11)	
583	3	돌궐(2, 5), 토욕혼(4~6) **돌궐 동서 분열**	돌궐請和(6), 말갈貢(3)	고구려貢(1, 4, 5)	
584	4		동돌궐來屬(2), 말갈貢(2) 토욕혼(4), 거란(4, 5, 9)		
585	5		使동돌궐 沙鉢略(5)		
586	6		동돌궐貢(3)		
587	7		동돌궐貢(1)		
588	8	**陳병합**			
589	9			백제貢	
590	10		토욕혼來朝(7), 거란貢(11)	使고구려 -수 문제 璽書	(고)영양왕1
591	11		토욕혼貢(2), 使토욕혼(3), 말갈貢(7)	고구려貢(1, 5) 封고구려(3)	
592	12		토욕혼(2), 使토욕혼 · 말갈(2), 돌궐來降(12)	신라貢/封	(신)진평왕16
593	13		거란 · 해 · 실위貢(13), 말갈貢(7)		
594	14				
595	15		토욕혼貢(5)		
596	16		嫁토욕혼		
597	17	돌궐 都藍(6)	돌궐 啓民 來降·嫁(7, 11)	고구려貢(5)	(백)혜왕1
598	18			戰고구려(2~9), 백제貢(9)	(백)법왕1

599	19	돌궐 達頭 都藍 殺(12)	돌궐 啓民 來降		(백)무왕1
600	20	돌궐(4)	말갈貢(1)	고구려貢(1)	
601	仁壽1	돌궐			
602	2	돌궐			
603	3				
604	4		고창 · 돌궐貢	고구려貢	
605	大業1	거란	토욕혼來朝		
606	2			백제貢(3)	
607	3		양제巡幸 · 돌궐 啓民(4), 토욕혼 · 고창貢	倭-國書(7)	
608	4	토욕혼(7)	고창貢	백제 · 왜貢(3), 使왜(4)	
609	5	토욕혼(3) -양제親征	고창 · 토욕혼來朝(4)		
610	6		고창嫁(11)	왜貢(1, 6)	
611	7		돌궐 處羅 來朝(11)	백제貢(2)-請兵, 신라貢(2)-請兵	
612	8			戰고구려(1~7)	
613	9			戰고구려(4~6), 使신라(7)	
614	10			戰고구려(7~8), 백제 · 왜貢(6)	
615	11	돌궐 始畢(11)			
616	12	돌궐 始畢			
617	義寧1	돌궐 始畢(12)			

을 키워갔다. 그 후 북주가 북중국을 통일한 후에도 돌궐은 북주에 대한 군사적 압력을 늦추지 않았고, 이에 북주는 579년에 천금공주千金公主를 타발가한他鉢可汗에게 시집보내는 등 돌궐과 우호 관계를 맺기에 급급하였다. 이와 달리 수는 건국 초기부터 돌궐에 대하여 강경책을 구사하였다. 수는 581년에 북방에 장성을 축조하여 돌궐의 침입에 대비하는 한편, 돌궐의 사발략가한沙鉢略可汗을 무시하는 태도를 보였다. 수의 예우에 분노한 사발략가한과 친정인 북주를 멸망시킨 데 한을 품은 천금공주는 영주자사營州刺史 고보녕高寶寧과 통모하여 582년과 583년에 거듭 수를 침공하였으나 격퇴되고 말았다.[7] 그런데 당시 돌궐 내부에서는 소가한小可汗들의 분열과 권력 투쟁이 전개되고 있었다. 이러한 돌궐의 내분을 이용한 수의 이간책이 주효하여 583년에는 동돌궐과 서돌궐로 분열되었고, 수는 동돌궐을 공격하였다. 세력이 급격히 위축된 동돌궐의 사발략가한은 결국 수에 칭신稱臣하여 조공을 바치게 되었고, 천금공주도 수로부터 양씨楊氏 성姓을 하사받고 대의공주大義公主로 책봉받는 상황이 되고 말았다.

그 후 진을 병합하고 중원을 통일한 수는 589년 진의 최후의 황제가 쓰던 병풍을 돌궐의 대의공주에게 보내 그 위세를 과시하였다. 이에 공주는 병풍에 고국을 잃은 자신의 처지를 빗대어 진의 멸망을 한탄하는 시를 지었고, 이를 들은 수 문제는 돌궐에 대한 예우를 박하게 하였다고 한다. 이 사건은 수가 진을 병합함으로써 돌궐과 중원 세력 간 역관계에 커다란 변화가 나타났음을 상징적으로 보여준다.

이후에도 돌궐에 대한 수의 이간책은 계속되어 수는 당시 대가한大可汗으로 있던 사발략가한의 아들인 도람가한都藍可汗에 대항하는 계민가한啓民可汗을 적극 지원하였고, 결국 도람 세력은 자멸하고 말았다. 그 뒤 599년에는

7 『北齊書』 권41, 高保寧傳.

서돌궐에 쫓긴 계민가한이 수에 내항하자, 수는 다시 동돌궐에 대한 대규모 정벌을 시도하여 내몽골 사막으로 내쫓고, 내항한 계민가한 등의 동돌궐 잔여 세력을 복속시켰다.

〈표 1〉에서 보듯이 수는 건국 이후 서역(토욕혼)과 북방(돌궐)에 대한 적절한 대응책으로 대외적인 어려움을 크게 겪지는 않았다. 599년 동돌궐을 복속시킨 이후에는 현실적으로 대외적인 두통거리는 거의 사라진 셈이었다.

한편 한반도의 경우 백제와 신라의 존재는 처음부터 수의 관심 밖이었다. 백제는 581년 수의 건국 직후에 사신을 파견하였고 진을 병합한 후에는 적극적으로 대수 교섭을 모색하였다.[8] 수는 백제에 대해 매년의 입공入貢을 면제해주겠다는 등 유연한 자세를 보였는데, 이는 후술하듯이 고구려에 문제의 조서를 보내어 번신蕃臣의 절차를 지키지 않는다고 비난하였던 것과 비교된다. 신라는 594년에야 처음으로 수와 외교 관계를 맺었으나, 고구려의 대신라 공세가 강화되면서 611년에 걸사표乞師表를 보내는 등 수와의 교섭에 적극적으로 나섰다.[9]

이처럼 수에 의해 중국과 북방 세력이 통합되고 한반도의 백제와 신라도 수제국의 구심력을 좇아 수와 연결되자, 삼국 간의 상쟁에 중국 세력이 침투할 가능성도 높아졌다. 물론 수대에는 이러한 현상이 표면화되지는 않았다.[10] 백제와 신라가 대수 교섭에 적극적이었던 것과는 달리, 수는 백제나 신라를 대고구려 정책에 이용하려는 외교 전략을 구사하지 않았기 때문이다. 이는 무엇보다 양국이 지리적으로 국경을 접하고 있지 않아 현실적인 위협

8 『隋書』 권81, 百濟傳. 수가 중국을 통일한 해에 수의 軍船이 백제의 耽牟羅國에 표류하자, 백제는 이를 정중히 수에 송환하고 이와 함께 진의 병합을 축하하는 사절을 파견하였다.

9 『隋書』 권81, 新羅傳.

10 이러한 현상은 唐代에 나타나게 되는데, 당의 고구려 정벌전과 신라의 통일전쟁이 맞물려 전개된 현상이 그것으로 3절에서 검토하겠다.

이 되지 않은 점이 주된 이유지만, 북조의 전통을 계승한 수로서는 과거 북조와 교섭이 적었던 백제나 신라에 대한 기본적인 인식이 마련되지 않았다는 점도 작용하였다.

수에 의한 중원 통일로 이제까지 남북조의 분열 구조 위에서 전개되어온 고구려의 외교 전략은 깨지게 되었다. 고구려는 곧바로 수의 침입에 대한 군사적 대비를 갖추는 한편, 전통적인 외교 방식인 조공-책봉제에 의한 외교 교섭도 재개하였다.[11] 그러나 590년에 고구려에 보낸 수 문제의 새서璽書는 고구려에 대한 수의 변화된 인식을 잘 보여준다.[12] 새서에서는 피책봉국으로서의 고구려의 태도에 대한 수의 불만을 거론하고 있는데,[13] 이는 남북조 시기의 조공-책봉 관계와는 다른 국가 관계를 설정하려는 수의 입장을 드러낸 것이다.

사실 남북조와 고구려·백제가 맺고 있는 조공-책봉 관계는 외교 형식상 일정한 보편성을 갖고 있다 하더라도, 그 구체적인 내용에서는 다양한 층위와 내용으로 구성되어 있었다. 그것은 책봉국과 피책봉국의 상호 관계만이 아니라 책봉국과 피책봉국 각각이 갖는 서로 다른 전략과 인식에 의해 규정된 결과로서, 피책봉국인 고구려·백제의 자립성과 독자성에 대한 중국 남북조 왕조의 용인이었다. 고구려의 경우 남북조 양국과 모두 조공-책봉 관계를 맺었지만, 그 내용에는 상당한 차이가 있었다. 특히 고구려는 북위에

---

11 『隋書』 권81, 高麗傳.

12 수가 고구려에 文帝의 國書를 보낸 시기에 대하여 『三國史記』 고구려본기는 590년으로, 『隋書』와 『資治通鑑』은 597년으로 기록하고 있다. 申采浩는 597년설을 취하였지만(「朝鮮上古史」, 『丹齋申采浩全集』 上, 형설출판사, 1975), 당시 平原王과 嬰陽王대 고구려의 국내 정세나 대외 정책을 고려하면 590년일 가능성이 높다.

13 『隋書』 권81, 高麗傳, "왕은 해마다 使臣을 보내 朝貢을 바치며 藩附라고 일컫기는 하지만 誠節을 다하지 않고 있소. …… 藩臣의 예절을 지키고 조정의 正典을 받들어 스스로 그대 나라를 교화시키고 남의 나라를 거스리지 않는다면 길이 부귀를 누릴 것이며, 진실로 짐의 마음에 드는 일이오. ……"

대해 당시 유례를 찾기 어려울 정도로 지속적인 조공 관계를 유지하였지만, 조공을 국가 간 신속臣屬 관계로 인정하지는 않았다. 북위도 이러한 고구려의 태도를 받아들일 수밖에 없었다. 북위는 동북방에서 고구려에게만 책봉호를 주었는데, 이는 곧 고구려의 세력권을 보장하는 의미를 갖는다.[14]

그러나 중원의 통일 세력으로서의 수는 지금까지와는 다른 국제질서를 요구하였다. 특히 수왕조가 삼국의 왕에게 부여한 책봉호 구성을 보면 남북조시대에 주변 제국가의 현실적 지배력을 상호 인정하던 조공-책봉 관계의 성격이 변모하였을 가능성을 시사한다.[15] 그것은 바로 중국 중심의 일원적 국제질서의 수립이었다.

따라서 수가 조공-책봉이라는 형식을 통하여 관철하려는 세계질서는 기존에 고구려나 백제가 갖고 있던 조공-책봉관과는 현저히 다른 것이었다. 여기서 이념적으로 고구려와 수의 정면 충돌이 예상된다. 하지만 남북조 시기의 조공-책봉 질서에 본격적으로 참여하지 못하였던 신라의 경우에는 이 당시에 형성된 기왕의 조공-책봉 관계에 대한 독자의 전략이나 인식이 결여되어 있었을 것이다. 이러한 점이 신라가 수나 당이 요구하는 중국 중심의 일원적 조공-책봉관이나 국제질서를 손쉽게 받아들이는 배경이 되었다고 생각된다.

한편 고구려는 다시금 동북아시아지역에서의 패권과 세력권의 재건을 도

14 임기환,「南北朝期 韓中 册封-朝貢 관계의 성격」,『한국고대사연구』32, 2003.

15 수가 건국 직후 주변 국에 수여한 책봉호의 구성을 보면, 고구려 평원왕에게는 '大將軍 · 遼東郡公', 백제 威德王에게는 '上開府儀同三司 · 帶方郡公'이라는 책봉호를 각각 수여하였다. 수가 백제나 고구려에 수여한 책봉호는 훈관과 작호로 구성되어 있을 뿐, 남북조시대 내내 책봉호의 구성요소였던 군사권의 위상과 범위를 나타내는 '持節號 · 將軍號 · 都督諸軍事號' 등은 보이지 않으며, 특히 고구려의 경우 독자 세력권을 상징하는 東夷校尉를 수여받지 못하였다. 이러한 현상에서 보듯이 조공-책봉제를 둘러싸고 고구려와 수의 입장 차이가 나타나고 있는데, 이에 대해서는 여호규,「6세기말 7세기초 동아시아의 국제질서와 고구려 대외정책의 변화—대수관계를 중심으로」,『역사와 현실』46, 2002 참조.

모하고 있었다. 그래서 수의 공격을 받은 돌궐 세력이 약화되자 요해遼海지역의 거란·말갈에 대해 세력 침투를 꾀하였으며, 한반도 내에서는 한강 유역을 되찾기 위해 신라에 대한 공세를 강화하였다. 그중에서도 요해지역을 둘러싸고 수와 고구려의 갈등이 증폭될 가능성이 높아졌다.

요해지역이 동북아시아의 화약고와 같은 상황으로 바뀐 것도 6세기 중반 국제정세 변동의 결과였다. 552년 돌궐에 의해 격파된 유연의 잔여 세력이 동진 남하하여 요하 상류의 거란족을 압박하면서 이 일대와 북제의 북쪽 국경에 연쇄적인 파동이 일어났다. 이에 553년 북제의 문선제文宣帝는 거란족에 대한 대규모 친정을 감행하였다. 그는 거란을 대파하여 10만여 명의 포로를 잡고 이어서 요하 가까이 창려성昌黎城까지 순수巡守하며 요해 일대를 진동시켰다.[16] 북제의 이 지역 진출은 북주 및 돌궐과의 대결 때문에 단기간에 그쳤지만, 이로 인해 고구려와 북제의 긴장감이 한때 높아지기도 하였다.

그 뒤를 이어 요해 일대에 세력을 뻗쳐온 것이 돌궐이었다.[17] 돌궐의 요해지역 진출은 6세기 중엽에서 말엽까지 광범위하고 지속적으로 전개되었다. 북제의 공격으로 큰 타격을 받은 거란은 이어 돌궐의 세력이 거듭 요해지역으로 미쳐오자 그 세력이 크게 위축되면서, 돌궐의 압력을 피하려는 일부 세력이 고구려로 귀부해왔다.[18] 이를 계기로 고구려가 한때 주춤하던 요해 일대 경영에 적극적으로 나서면서, 580년을 전후한 무렵에는 이계찰利稽察 병단을 격파하는 등[19] 돌궐과 충돌하였다.[20] 돌궐 역시 사발략가한 때에 휘하

16 『北齊書』 권4, 天保 3·4년조.

17 고구려와 돌궐의 관계에 대해서는 盧泰敦, 「高句麗의 漢江流域喪失의 原因에 대하여」, 『韓國史研究』 13, 1976 ; 李龍範, 「高句麗의 遼西進出과 突厥」, 『史學硏究』 4, 1959 참조.

18 『隋書』 권84, 契丹傳, "當後魏時 爲高麗所侵 部落萬餘口求內附 止于白貔河 後爲突厥所逼 又以萬餘家寄於高麗 開皇四年 率諸莫賀弗來謁."

19 『隋書』 권84, 突厥傳, "往年利稽察大爲高麗·靺鞨所破."

20 고구려와 돌궐의 충돌을 처음 전하는 기사는 『三國史記』 고구려본기 陽原王 7년(551) 추9월조

의 피지배종족을 지배하는 지방관인 토둔吐屯을 거란에 설치하는 등 이 지역에 대한 세력 확대를 늦추지 않았다.[21]

고구려와 돌궐의 충돌은 말갈에 대한 지배권을 둘러싸고도 전개되었다.[22] 6세기 중엽 이후 물길勿吉 세력이 약화되면서, 북송화강 유역에 거주하던 속말말갈粟末靺鞨이 두각을 나타났다. 이때 돌궐은 속말말갈을 지원하여 고구려 변경을 침입케 하는 한편, 중국에 대한 조공 루트도 제공하였다. 돌궐은 또한 속말말갈 북쪽의 실위室韋에도 세력을 뻗쳐 이 지역에 토둔을 설치하고 고구려 서북지역에 압력을 가하였다. 실위는 일찍이 고구려가 철을 수출하면서 영향력을 행사하던 지역이었다.[23]

돌궐이 수에 격파되어 세력이 약화된 583년 이후 고구려는 부여성 일대를 거점으로 송화강 유역으로 세력 부식을 꾀하면서 속말말갈지역으로 진출하였다. 그 결과 고구려에 대항하던 돌지계突地稽가 속말말갈의 일부 세력을 이끌고 유성柳城(요녕성遼寧省 조양朝陽) 일대까지 내려와 수에 투항하였다.[24]

의 "突厥來圍新城 不克 移攻白巖城 王遣將軍高紇領兵一萬 拒克之 殺獲一千餘級"이란 부분이다. 요동 일대에서 고구려와 돌궐 세력의 충돌을 전하는 이 기사는 다른 문헌에는 전혀 전하지 않는 고구려 독자의 전승 자료에 의거하였다. 다만 충돌 사건이 발생한 양원왕 7년, 즉 551년을 그대로 받아들이기에는 곤란한 점이 있다. 돌궐이 유연으로부터 독립한 것은 552년 이후이며, 돌궐이 동몽골지역 일대에 있던 契丹 등의 諸族을 지배하기 시작한 때가 555~557년경이기 때문에, 요동 일대에서 돌궐과 고구려의 군사적인 충돌은 빨라야 555년 무렵이라고 볼 수 있다.

21 고구려와 돌궐의 충돌은 동몽골지역의 西剌木倫과 그 지류인 老哈河 유역과 大陵河 유역에서 세력을 형성하고 있던 거란 諸部에 대한 지배권을 둘러싼 쟁탈전으로 볼 수 있다(李龍範, 앞의 논문, 1959 참조).

22 이하 고구려와 말갈 관계 내용은 『隋書』 권81, 靺鞨傳에 의거함.

23 『隋書』 권84, 室韋傳.

24 『隋書』 권81, 靺鞨傳.

『太平寰宇記』 권71, 河北道 20, 燕州, "隋北蕃風俗記云 初開皇(581~600)中 粟末靺鞨與高麗戰不勝 有厥稽部渠長突地稽者 率忽賜來部・窟突始部・悅稽蒙部・越羽部・步護賴部・破奚部・步步括利部 凡八部勝兵數千人 自扶餘城西北 擧部落向關內附 處之柳城 柳城乃燕都之北."

突地稽의 동향에 대해서는 日野開三郎, 「隋・唐に歸屬せる粟末靺鞨突地稽一黨」, 『日野開三郎東洋史學論集—第15卷—東北アジア民族史』 中, 三一書房, 1991 참조.

거란과 말갈에 대한 지배권을 놓고 고구려와 돌궐이 각축을 벌이고 있을 때, 수도 서서히 이 지역으로 세력을 확대하였다.[25] 수는 582년 요서지역에서 반독립적인 세력을 형성하고 있던 고보녕 세력을 복속시키면서 요해 일대에 점차 세력을 부식시키기 시작하였다. 특히 583년에 돌궐이 동서로 분열되어 세력이 약화되자, 이듬해인 584년에 그때까지 돌궐의 지배하에 있던 거란의 주부主部, 즉 '막하불莫賀弗 다미多彌'가 거느리고 있던 거란 제부諸部가 수에 귀부하였다. 수의 힘이 적극적으로 미쳐옴에 따라 고구려의 지배를 받던 '거란의 별부別部'도 586년에 고구려를 등지고 수에 귀부하는 사태가 벌어졌고,[26] 수 문제 말기에는 4,000여 가의 거란 세력이 돌궐의 세력권을 이탈하여 수에 귀속하였다. 이처럼 고구려와 돌궐의 뒤를 이어 수의 세력이 거란지역에 미치게 됨에 따라 거란 내부에는 이들 세 세력과 연결되어 서로 상쟁이 일어나기도 하였다.

584~586년경에 고구려의 지배를 받고 있던 속말말갈의 돌지계 집단과 '거란 별부'인 출복부出伏部 등의 세력이, 584년에는 거란 주세력이 돌궐의 지배를 이탈하여 수로 귀부해간 사정은 요해지역에서의 수의 영향력이 증대되어간 사정과 연관된다. 수왕조 초기에 이 지역의 세력 확대에 힘을 쓴 인물은 위예韋藝·위충韋忠 형제였다. 특히 위예는 영주총관營州總管으로 있으면서 북방 민족과의 교역을 통해 크게 치부致富하기까지 하였다. 이는 요해지역을 둘러싼 쟁탈이 정치·군사적인 요인만이 아닌 경제적인 이득과도 연관되었음을 보여주는 증거이다. 595년 위예가 죽자 그 뒤를 이어 동생인 위충이 영주총관이 되었는데, 그 역시 말갈·거란을 회유·위무하여 복속시키

25 이하 거란과 수의 관계에 대해서는 『隋書』 권49, 契丹傳 ; 盧泰敦, 앞의 논문, 1976 ; 李龍範, 앞의 논문, 1959 참조.

26 『册府元龜』 권977, 外臣部-降附門, "隋高祖開皇六年 是年契丹別部出伏等背高麗率衆內附 納之安置於渴奚郝頡之北."

고 보다 적극적으로 요해 일대에 세력을 확대해갔다.[27] 593년에는 거란 · 해奚 · 습霫, 실위 등이 수에 사신을 보내는 등 요해 일대에서 수의 영향력은 날로 증대되어갔다.

이 과정에서 고구려와 수 사이에 충돌이 잦아진 듯하다. 590년에 수 문제가 고구려에 보낸 새서에서 고구려가 '말갈구핍靺鞨驅逼 계단고금契丹固禁' 하고 있다고 비난한 데서 알 수 있듯이, 수는 거란 · 말갈족에 대한 고구려의 세력 침투를 경계하고 있었다. 반대로 고구려로서도 당시 위충 등의 활동으로 인해 이 지역에서 수의 세력이 확대되는 것에 상당한 위협을 느꼈을 것이다.

이처럼 거란 · 말갈에 대한 지배권 다툼이 계속되면서 고구려와 수 사이에는 소규모 군사 충돌이 거듭되었다. 영양왕嬰陽王의 요서 출격이 있던 전해에도 이미 양국 사이에는 군사적 충돌이 있었고,[28] 598년의 고구려의 요서 공격은 이러한 일련의 충돌 과정에서 나타난 사건이었다.[29] 특히 영양왕은 요서 공격 시에 말갈군을 내세웠는데, 이때 동원된 말갈은 돌지계의 이탈 이후 고구려에 복속한 속말말갈임에 틀림없다. 이 전투는 말갈과 거란을 둘러싸고 전개되었던 그동안의 양국 간 쟁탈전을 상징적으로 보여주는 사건이었다.

이에 대응한 수의 1차 침공 이후에도 고구려는 요해지역으로의 세력 확대를 늦추지 않고 있었다. 605년에는 거란이 요서의 영주營州를 침공하였는데, 이는 거란에 대한 고구려의 영향력 강화와 무관하지 않다고 생각된다. 이때 수는 계민가한의 돌궐군을 동원하여 거란을 제압하였는데, 이 사건 역시 돌궐 · 거란 등과 연결된 요해지역의 주도권 다툼의 결과였다.

한편 고구려는 수의 위협에 대한 대응책으로 5세기 이래의 세력권을 회

---

27 『隋書』 권49, 韋藝傳 · 韋忠傳.

28 『隋書』 권81, 百濟傳.

29 『隋書』 권81, 高麗傳, "明年(598) 元率靺鞨之衆萬餘騎寇遼西 營州總管韋沖擊走之."

복 · 재구축하려고 시도하면서 다양한 외교 전략을 구사하였다.[30] 하나는 한반도의 백제와 신라에 대한 군사적인 공세이며, 다른 하나는 수를 견제하기 위한 왜 · 돌궐과의 동맹을 위한 교섭이었다.

우선 한반도 내의 정세를 보면, 고구려의 군사적인 압박으로 백제와 신라는 다시금 대수 교섭에 나서고 있었다.[31] 백제는 607년과 611년에 수에 사신을 보내어 고구려 정벌을 요청하였고, 신라 역시 611년에 수에 청병請兵 사절을 보냈다. 이에 수는 백제에 사신을 보내 고구려 정벌을 알리고, 613년에는 신라에도 사신을 보냈다. 심지어 608년에는 왜倭에도 배세청裴世淸을 파견한 바 있다. 이러한 수의 대응이 고구려 정벌에 백제나 신라를 동원하려는 외교 전략으로 보이지는 않지만, 삼국 간의 충돌에 중원 세력이 개입할 가능성을 보여주었다는 점에서 주목된다.

다음으로 고구려의 대돌궐과 대왜 교섭 전략을 살펴보자. 고구려는 특히 왜와의 외교 관계에 적극적이었는데, 570년(영양왕 원년)부터 여러 차례 왜에 사신을 파견하였으나,[32] 당시 왜정권이 고구려와의 관계 개선에 신중한 태도를 취해 교섭의 지속에 실패하였다.[33] 고구려와 왜가 본격적인 교섭을 재개하는 시점은 595년이다.[34] 이후 영양왕대에는 양국 간의 인적 · 물적 교

30 이 시기 고구려가 자기 세력권을 재건하려는 움직임은 溫達 설화에도 잘 나타나 있다. 온달은 평원왕대에 요동으로 뻗쳐온 북주군을 격파하는 데 큰 공을 세웠으며, 이어서 영양왕대에는 신라에게 빼앗긴 한강 유역을 되찾기 위하여 출전한 후 전사하였다. 이러한 온달의 행적은 당시 고구려정권이 취한 중국 세력에 대비하면서 신라를 압박하여 옛 세력권을 회복한다는 대외정책의 동향을 상징적으로 보여준다. 즉 대외 전략이다.

31 『隋書』 권81, 百濟傳 · 新羅傳 · 倭傳.

32 『日本書紀』, 欽明天皇 31년 4 · 5 · 7월조.

33 당시 고구려가 倭와의 교섭에 관심을 기울인 배경은 한반도 내에서 신라의 세력이 팽창하고 있던 정세 변화 때문이었다. 즉 신라를 견제하기 위해 그 배후에서 신라를 위협할 수 있는 일본과의 관계를 개선하려 한 것으로 짐작된다.

34 『日本書紀』 推古天皇 3년 5월조.

류가 빈번하였으며,[35] 특히 쇼토쿠聖德태자의 스승이었던 고구려 승려 혜자慧慈는 595년부터 20년간 왜에서 활동하면서 고구려의 대왜 외교에서 중요한 역할을 하였다. 그 결과 왜는 수의 고구려 정벌의 의중을 탐색하려는 목적에서 4차례에 걸쳐 수에 사신을 파견하였는데, 특히 607년에는 "일출처천자치서일몰처천자日出處天子致書日沒處天子"라는 왜왕의 국서가 수에 보내졌다. 이 국서 사건은 왜를 통하여 수의 동향을 떠보려고 했던 고구려의 외교 전략의 결과였다.[36] 수 양제는 왜의 국서 내용에 몹시 불쾌함을 감추지 못했으면서도, 왜에 사신을 파견하여 고구려를 견제하려 하였다. 이후 고구려가 수와의 전쟁에서 승리하자 왜는 고구려의 군사력을 높이 평가하게 되었고,[37] 그 뒤 고구려의 대왜 교섭에도 영향을 주었다.

고구려는 또한 북방의 돌궐과도 제휴하기 위해 노력하였는데, 607년 8월 유림楡林을 순행하고 돌궐의 계민가한을 찾아온 수 양제에게 그만 발각되고 말았다. 복속을 맹세한 돌궐의 땅에서 적대 관계에 있던 고구려 사신과 마주친 수 양제와 군신들은 상당한 충격을 받았다.[38] 더욱이 이해 말에 다시 왜의 국서가 수에 보내지자, 고구려에 대한 수의 의구심은 더욱 깊어졌다. 요해지역의 말갈과 거란을 압박하고, 왜를 배후 조정하고 있으며, 게다가 무엇보다 두려운 적인 돌궐과의 연결을 도모하고 있는 고구려를 수의 입장에서는 더 이상 남겨놓을 수 없는 최후의 적으로 인식하였을 것이다.

35 이후에도 고구려에서는 602년에 승려 僧隆·雲聰을 파견하고, 605년에는 불상 제조용 황금 300냥을 보냈으며, 610년에는 승려 曇徵·法定을 파견하는 등 지속적으로 적극적인 대왜 교섭에 나섰다. 이렇게 고구려와 수 사이에 긴장 관계가 계속되는 601~615년 기간에 고구려와 왜의 교섭이 증대하고 있음은 고구려의 대왜 교섭이 대수 전략과 밀접히 연관되어 있음을 시사한다.

36 李成市, 「高句麗와 日隋外交—이른바 國書 문제에 관한 一試論」, 『李右成教授 停年退職紀念論叢』, 교학사, 1990.

37 山尾幸久, 「遣唐使」, 『東アジアにおる日本古代史講座』 6, 1982, 205쪽.

38 『隋書』 권84, 突厥傳·長孫晟傳.

609년 토욕혼에 친정하여 이를 복속시켜 서쪽의 후환을 덜은 수 양제는 더 이상 기다릴 이유가 없었다. 612년 1월에 장문의 조서를 내리고 군사를 일으켜 고구려 정벌을 개시하였다. 이후 614년까지 매년 고구려 정벌에 나섰으나 모두 실패하였고, 오히려 무리한 정벌이 수의 멸망을 재촉하였다.

(2) 고구려-수 전쟁의 성격

고구려와 수의 전쟁이 갖는 성격과 의미를 몇 가지 짚어보자. 여기서는 후술할 고구려와 당의 전쟁이나 삼국통일전쟁과의 비교를 염두에 두고 살펴볼 것이다.

첫째, 이 전쟁은 고구려와 중원 세력 간에 이루어진 본격적인 첫 충돌이었다. 이는 중원에 통일국가가 성립되어 국제질서의 재편을 추구하면서 나타난 결과였다. 과거 위진 · 남북조 시기에도 중원 세력이 서역이나 북방 유목 세력과 맺고 있던 접촉의 경험과 동북아시아의 제국과 맺고 있던 교섭의 경험이 서로 달랐던 만큼, 중원의 통일 세력으로 등장한 수왕조도 일단 일차적인 관심은 북방과 서역에 기울었다.

그런데 북방과 서역이 중원 세력의 통제 아래에 들었을 경우, 동방지역에 대한 중원 세력의 동향이 어떠할지는 피차 경험해보지 못한 것이었다. 따라서 고구려와 수의 관계가 어떠한 모습으로 변동되어갈지는 예측하기 어려웠으며, 그런 점에서 양국의 충돌 및 수의 고구려 정벌은 비현실적 요인에 좌우될 가능성이 높았다.

예컨대 중국 중심의 천하관이나 황제의 권위를 실현시키려는 대의명분론 등이 그것이다.[39] 수 양제가 무리하게 고구려 정벌을 시도한 점도 이런 시각

---

39 수와 당이 고구려를 침공하게 되는 내부적 요인에 대해서는 朴漢濟, 「7세기 隋唐 兩朝의 한반도진출 經緯에 대한 一考」, 『東洋史學硏究』 43, 1993 참조.

에서 짐작해볼 수 있다. 이 시기 중화 중심의 천하관은 문제와 양제의 새서에서도 엿볼 수 있다.[40] 수문제 새서에 "짐이 천명을 받아 온 세상을 사랑으로 다스리매, 평원왕平原王에게 바다의 한구석을 맡겨 조화朝化를 선양하여 각기 자신의 뜻을 이루게 하고자 한다"라고 하면서, 고구려가 번신으로서의 책무를 다하지 않음을 꾸짖는 동시에 앞으로도 이를 지키지 않으면 정벌할 것을 경고하였다. 이렇게 문제 때만 해도 고구려에게 칭신稱臣을 요구하는 데에서 그쳤다.

그러나 돌궐을 굴복시키고 서역을 복속시킨 양제 때에는 천하관이 보다 현실성을 띠고 확대되었다. 고구려 정벌 시에 내린 수 양제의 새서에서는 "돌아보건데 중국의 땅이 잘리어 오랑캐의 부류가 되었다. 세월이 오래되어 악이 쌓여 가득 차니 하늘의 도가 음란한 자에게 재앙을 내리고 망할 징조가 나타났으며, 떳떳한 도를 어지럽히고 덕을 무너뜨림이 헤아릴 수 없다"라고 고구려의 실정을 꾸짖으며 백성들의 위무를 천명하였다. 더욱이 침공의 명분으로 "고구려의 경역이 본래는 중국의 군현"이라는 배구裴矩의 논리를 내세웠다는 점에 유의할 필요가 있다. 즉 고구려의 독자적 세력을 인정하지 않고 고구려지역까지 황제 지배체제의 확대를 추구한 것이다. 특히 이러한 관점에서 3차례의 고구려 정벌이 모두 수 양제의 친정이라는 점이 주목된다. 수의 중화 중심의 천하질서를 확대하려는 시도는 뒤를 이어 중국의 통일제국으로 등장한 당에 의해 더욱 현실화되었다.

사실 고구려로서도 4차례에 걸친 수의 침입을 격퇴하고 비록 전쟁을 승리로 이끌기는 하였지만 심각한 타격을 입었다. 전쟁에 따른 경제적 · 군사적 손실은 말할 것도 없거니와, 수와의 전쟁에 주력한 결과 신라에게 500여 리의 영토를 상실하였다. 당시 수에 대한 강경한 태도가 고구려로서도 유일한

40 『隋書』 권81, 高麗傳.

선택은 아니었을 것이다. 그럼에도 일찍부터 수에 대해 강경책을 유지하게 된 배경에는 5세기 이래 고구려 독자의 세력권을 유지하였던 경험이 작용한 것으로 생각된다. 즉 당시 고구려는 수와의 충돌에 대비하여 다시금 과거의 세력권을 회복하려는 의도를 드러내고 있었던 것이다. 남북조시대에 조공-책봉 관계를 통하여 중원왕조로부터 독자적인 세력권을 인정받았고 실제로도 독자적인 세력권을 운영한 경험을 갖고 있던 고구려로서는, 수가 요구하는 중화질서를 순순히 수용하기는 어려웠을 것이다.

둘째, 전쟁의 진행 과정에서 볼 때 전쟁의 당사자는 수와 고구려에 한정되었고, 다른 국가나 종족으로 확산되지는 않았다. 계민가한의 돌궐이 수에 신속하고 있기는 하였지만 이 전쟁에 군사적인 지원을 하지는 않았고, 서돌궐의 처라處羅가 원정에 동참하였지만 이는 상징적인 의미에 불과하였다. 한반도의 백제는 수에 사신을 보내어 고구려 정벌을 요청하였지만 막상 전쟁에는 전혀 관여하지 않았다. 오히려 겉으로는 수를 돕는다고 하면서 고구려와 내통하는 양면 외교 전략을 구사하였다. 이후 수를 물리친 고구려의 군사력을 본 백제는 친고구려 정책으로 돌아설 가능성이 높아졌다. 한편 신라는 군사를 내어 고구려 남부 국경을 공격하였지만 이 역시 고구려의 군사력이 서쪽에 집중된 틈새를 노린 신라 독자의 군사행동이지, 수와의 전략적 제휴에 의한 것은 아니었다.

즉 고구려-수 전쟁은 적대적인 두 중심축의 대결 양상에 그쳤으며, 동아시아 전체가 전쟁의 소용돌이로 휘말려 들어가지는 않았다. 이런 점에서 이후 고구려-당 전쟁의 성격과 비교된다. 따라서 만약 수가 멸망하지 않았다면 이 전쟁이 국제질서에 미치는 영향은 제한되었을 것이다. 그러나 가장 중심 세력인 수의 패망으로 이어지면서 이 전쟁의 후과는 그 어떤 전쟁보다 커져 갔다. 동아시아는 다시금 세력 재편기로 들어섰던 것이다.

한편 요해지역 제종족의 동향이 고구려와 수의 충돌을 야기시키는 원인이 되었다는 점이 유의된다. 즉 돌궐 세력의 요해지역으로의 진출 그리고 이 지역 일대의 거란과 말갈 등에 대한 지배권을 둘러싸고 고구려와 수 사이에 갈등이 커지면서 결국 양국 간의 본격적인 전쟁이 시작되었던 것이다. 거란과 말갈은 이후 고구려-당 전쟁 과정에서는 각기 양국의 중요 군사력으로 활동하였다.

셋째, 수가 주변의 강국인 돌궐과 토욕혼을 복속시키고 고구려에 대한 지속적인 공벌攻伐을 한 결과가 다른 주변 제국에 미친 영향이다. 5세기 이래 독자 세력권을 구축하고 있던 고구려와 토욕혼은 이제 그 영향력이 약화되어 이들 이외의 주변 세력이 성장하는 계기가 마련되었고, 그만큼 동아시아의 국제질서 변동의 요인이 다기화되었다.

한반도의 경우 고구려의 주도권이 약화되고 신라의 성장이 더욱 두드러지면서 삼국 간의 항쟁을 격렬하게 촉진하였고, 나아가 이러한 삼국의 항쟁에 중원 세력이 개입될 개연성이 높아졌다. 즉 중원 세력의 입장에서는 적대 세력과 동맹 세력이 구분되고 이를 통한 국제질서의 재편이 전개될 가능성이 높아졌는데, 이는 당대唐代에 현실화되었다. 돌궐의 경우는 내부 분열과 수의 공벌로 일찍이 그 세력이 약화되어 비록 수 멸망 직후 일시 세력을 회복하기는 하였으나, 과거 유연 등 북방 세력이 가졌던 위협성을 아직 중원 세력에게 보여주지는 못하였다. 중원의 최대 적대 세력인 북방 세력이 너무 쉽게 수나 당에게 굴복함으로써, 중원 세력이 용이하게 서역이나 동방으로 진출할 수 있게 되었던 것이다.

넷째, 수가 고구려를 침공한 배경과 원인에 대해서는 지금까지 다양한 견해가 제시되어 있다.[41] 일단 다른 요인은 접어두고 국제적인 배경으로는 고

41 기존의 견해에 대한 정리는 여호규, 앞의 논문, 2002 참조.

구려와 돌궐의 연결 가능성 그리고 요해지역에서 양국의 지속적인 충돌 등을 들 수 있다. 이것 외에 여기서 지적해두고 싶은 점은 요해지역에서 서서히 성장하고 있던 거란 · 말갈 등을 비롯한 제민족에 대한 통솔력이 갖는 경제적 이득의 가능성이다. 우선 영주총관 위예가 이 지역에서 교역을 통해 치부한 점을 고려할 필요가 있다. 또한 양제에게 고구려 정벌을 적극 권고한 인물은 배구인데, 그는 서역의 제국과 중국과의 교역을 감독하기 위하여 이 지역에 파견된 후 『서역도기西域圖記』를 저술하여 양제에게 서역에 대한 관심을 환기시켜 고창高昌이나 토욕혼 등을 복속시키도록 한 바 있다.[42] 이는 수의 고구려 정벌의 배경에 서역 진출의 경험이 영향을 주었을 것이란 상정을 가능케 한다.

여기서 주목해야 하는 것은 경제적 이익 그 자체보다는 그것이 요해 일대 제민족의 성장의 결과라는 점이다. 따라서 향후 요해 일대에서 이루어지는 중국과 고구려의 세력권 전쟁은 이들 제종족 세력의 향배와 연결될 가능성이 높아졌음을 시사한다.

3. 당대 국제질서 변동과 전쟁

(1) 당 초기 국제질서의 전개 양상

618년 수의 뒤를 이어 새로 건국된 당왕조 앞에 놓여져 있던 대외적 과제는 수의 멸망으로 해체된 중국 중심의 국제질서를 다시 구축하는 것이었다. 〈표 2〉는 『구당서舊唐書』 · 『당서唐書』 · 『자치통감』 · 『삼국사기』 등에 의거하여 당과 주변 제국諸國과의 교섭 및 전쟁 관련 기사를 정리한 것이다. 여

42 『隋書』 권7, 裴矩傳.

기에서는 이 표를 참고로 하여 당 초기에 전개된 국제정세의 변동 과정을 기술하도록 하겠다.

당 초기의 대외적 과제 중에서도 중국의 내란을 틈타 다시 강성해진 돌궐을 견제하는 것이 무엇보다 시급하였다. 당시 화북의 많은 지방 세력은 돌궐과 연결되어 칭신하고 돌궐의 봉호를 받들고 있었다. 이것은 당 고조高祖 이연李淵도 예외는 아니었다.[43] 따라서 당은 지방 세력을 진압하여 중국을 통일하는 과정에서 돌궐과의 대결을 피할 수 없었다.[44] 예컨대 620년에 돌궐과 연결되었던 유무주劉武周 세력을 정벌하여 그를 돌궐로 내쫓자, 돌궐의 힐리가한頡利可汗은 곧바로 당을 침공하였다. 622년에도 유흑달劉黑達을 격파하자 역시 돌궐은 유흑달과 더불어 다시 침입하였으며, 이후 돌궐은 626년까지 매년 당을 침공하였다. 특히 626년 당 태종太宗의 즉위 초에는 힐리가한이 10만 대군을 이끌고 장안長安 부근의 위수渭水까지 진입하여 당에게 심각한 위협을 주기도 하였다. 이처럼 당은 중국을 통일하는 과정에서부터 돌궐과 여러 차례 대결하지 않으면 안 되었으나, 돌궐과의 본격적인 투쟁은 중원의 통일을 완성한 628년 이후로 미룰 수밖에 없었다.

이러한 중국과 돌궐과의 관계에서 볼 수 있듯이 수왕조 말기부터 당에 의해 중국이 다시 통일될 때까지는 수왕조 때에 구축되었던 중국 중심의 국제질서가 해체된 시기였다. 이 점은 삼국과 당의 외교 관계에서도 살펴볼 수 있다. 625년과 626년에 백제 · 신라의 고구려 견제 요청에도 불구하고 당은

43 당시 화북의 많은 지방 세력, 예컨대 劉武周 · 李軌 · 薛擧 · 竇建德 · 梁師道 등의 세력은 돌궐과 연결되어 칭신하고 돌궐의 봉호를 받들고 있었다. 당을 건국하는 과정에서 李淵은 돌궐에 대해 신하를 칭하고, "만일 長安에 입성하게 되면 토지와 백성은 당에게 돌리고, 금 · 옥 · 비단은 돌궐에게 돌리겠다"라고 공언하는 실정이었다. 실제로 당 건국 초기에 돌궐은 사신을 장안에 파견해 재물을 거두어 갔고, 한편으로는 다른 지방 할거 세력으로 하여금 당을 견제하도록 조정하고 있었다.

44 이하 당과 돌궐의 관계는 『唐書』 권215, 突厥傳에 의함.

〈표 2〉 당과 주변 제국과의 전쟁 · 교섭 ( )는 월

연도	당 연호	북방 · 서역 諸國		삼국		삼국 왕력
		전쟁	교섭	전쟁	교섭	
618	武德1		서돌궐來降(7)			(고)영류왕1
619	2	돌궐(7)	서돌궐 · 고창貢(7)		고구려貢(2)	
620	3	돌궐(4, 8)	서돌궐 · 고창貢(3)			
621	4	돌궐(4)			고구려·백제·신라貢(7)	(백)무왕22 (신)진평왕43
622	5	돌궐(4, 8), 토욕혼(6, 8)			使고구려 -璽書(12)	
623	6	토번(4), 토욕혼 · 奚(5), 돌궐(6, 9)	돌궐 請和(10)		고구려貢	
624	7	돌궐(7, 8), 토욕혼(8)			백제貢(1, 7), 封고구려 · 백제 · 신라(2)	
625	8	돌궐(6, 8)	돌궐 請和(8)		신라貢	
626	9	돌궐(3)	돌궐 · 토욕혼 請和(8)		백제貢, 使고구려 · 백제 · 신라 -주자서(12)	
627	貞觀1				使백제 -璽書, 貢(8)	
628	2	토욕혼(1)	거란來屬(4)			
629	3	돌궐(8, 9, 11) -대정벌	설연타·고창·서돌궐貢(11)			
630	4	돌궐(3) -詰利 포로	말갈來屬(2), 거란來屬(1), 奚 · 실위來屬			

631	5				使고구려(8) -경관파괴 신라貢(11)	
632	6		토번 · 고창貢			(신)선덕왕1
633	7				백제貢(11)	
634	8	토욕혼(夏, 11, 12)-대정벌				
635	9	토욕혼(9)			封신라	
636	10					
637	11				백제貢(12)	
638	12	토번(8, 9)			백제貢(10)	
639	13	고창(12)	토번·고창 請入國學		고구려·신라貢, 백제 · 신라請入國學	
640	14	고창(8, 12) -고창滅	토번貢		고구려貢	
641	15	설연타(11, 12) -대정벌	토번嫁		使고구려 -陣大德	(백)의자왕1
642	16					(고)보장왕1
643	17				使고구려, 신라貢(9)	
644	18			고구려(7)	使고구려, 고구려貢(9), 백제貢(11)	
645	19	설연타(12)		고구려(1~10)		
646	20	설연타(1, 6, 7)			고구려貢	
647	21			고구려(3, 5, 7)		(신)진덕왕1
648	22	설연타(8, 9)	서돌궐貢(2), 거란 · 해來屬 (11)	고구려 (1, 4, 6, 9)	신라封(12)	
649	23	돌궐(11)				

650	永徽1	돌궐(6, 9) 車鼻포로, 서돌궐賀魯 叛			신라貢(6)	
651	2	서돌궐			백제貢	
652	3	서돌궐-정벌			고구려·백제· 신라-貢(1)	
653	4					
654	5		토번貢(8)	고구려+말갈 →거란(10)	왜貢(12), 신라 使	(신)무열왕1
655	6			고구려(2, 6)		
656	顯慶1					
657	2	서돌궐-정벌				
658	3	서돌궐(2) 賀魯 降		고구려(6)		
659	4	서돌궐(3)		고구려(3, 11)		
660	5	거란(5), 弓月 등 叛, 토번→ 토욕혼(8)		백제(3~11) 滅, 고구려(12)	신라上表(3)	
661	龍朔1	철륵 叛		고구려(1, 4, 7~ 9), 백제부흥군(3)		(신)문무왕1
662	2	弓月-정벌		고구려(2), 백제부흥군(2, 7)		
663	3	토번→ 토욕혼(6)		백제+일본(9)	封신라(4)	
664	麟德1					
665	2	토번(春)			고구려貢(10)	
666	乾封1			고구려(6~9, 12)		
667	2			고구려(9)		
668	總章1			고구려(1~10) 滅		
669	2	토욕혼(구원)				

670	咸亨1	토번→구차, 安西4鎭 폐지 (4, 윤4, 7)		고구려부흥군(4)		
671	2			고구려부흥군(7)		
672	3			신라, 고구려부흥군(冬)		
673	4	弓月 등(12)		신라, 고구려부흥군(5)		
674	上元1			신라(2)	신라使(1)	
675	2		토번請和(1)	신라(3)	신라貢	
676	儀鳳1	토번(7~8)				
677	2	토번(5, 12), 서돌궐				
678	3	토번(9)				
679	調露1	서돌궐(6, 9) 돌궐(10, 11)				
680	永隆1	돌궐(3, 7), 토번(7)				
681	開耀1	돌궐(1), 토번(5)				
682	永淳1	돌궐(2, 4, 6), 토번(秋)				
683	弘道1	돌궐 (2, 3, 5, 11)				

겨우 주자사朱者奢를 파견하여 삼국 간의 강화를 중재하는 데 그쳤으며, 이는 사실상 실패하고 말았다.[45] 당시 돌궐과의 대결이 급박하였던 당으로서는 고구려와의 관계를 악화시키지 않기 위해 고구려의 독자적 세력권을 인

45 『舊唐書』 권199上, 高麗傳 · 百濟傳 · 新羅傳.

정할 수밖에 없었던 것이다.[46]

628년에 당이 중국을 재통일하자, 동아시아의 국제질서는 새로운 국면으로 접어들게 되었다. 당시 돌궐에서는 힐리가한과 계민가한 사이에 내분이 계속되고 있었고, 더욱이 627년에는 돌궐에 예속되어 있던 철륵鐵勒·설연타薛延陀·회흘回紇 등이 모두 돌궐에 반기를 들었다. 기회를 잡은 당은 629년에 설연타와 동맹하여 동돌궐에 대한 대규모 정벌에 나섰다. 동돌궐은 여러 해 동안 내분이 계속되었고 또 대설의 재해를 입어 수많은 말과 양을 잃는 타격을 입은 터라, 제대로 힘 한 번 쓰지 못하고 대패하였다. 이듬해에는 힐리가한을 사로잡음으로써 사실상 동돌궐을 와해시켰다(630). 이때 돌궐을 비롯한 제번의 군장들은 당 태종에게 돌궐의 최고 군주인 '천가한天可汗'의 칭호를 올림으로써 당에 순종할 것을 맹세하였다. 그러나 당 태종은 이에 만족하지 않고 스스로 '황제천가한'이라 칭하여 명실공히 중원과 막북漠北의 최고 군주임을 자처하고, 남북몽골 일대의 북방 민족들을 도독부와 자사부로 편입시켜 소위 '기미체제羈縻體制'를 건설하였다.[47]

돌궐이 당에 복속되자 당과 고구려와의 관계에도 변화가 나타났다.[48] 630

---

46 당시 당이 고구려의 독자적 세력권을 인정한 것은 당 高祖의 다음과 같은 말이 잘 보여주고 있다. "명분과 실제 사이에는 모름지기 이치가 서로 부응하여야 되는 법이다. 고구려가 수에 칭신하였으나 결국 煬帝에게 거역하였으니 그것이 무슨 신하이겠는가. 내가 만물의 공경을 받고 있으나 교만하지는 않겠다. 다만 모든 사람이 편안히 살 수 있도록 힘쓸 뿐이지, 어찌 칭신하도록 하여 스스로 존대함을 자처하겠는가?"(『舊唐書』 권199, 高麗傳)

47 金浩東, 「古代遊牧國家의 構造」, 『講座中國史』 2, 지식산업사, 1989, 298쪽.
이후 돌궐족은 이전에 그들이 복속하고 있던 鐵勒 諸族과 함께 당의 羈縻支配를 받게 되는데, 이들에 대한 당의 통치는 매우 가혹하여 돌궐인은 중국인의 奴隷가 되었다고 기록할 정도였다. 따라서 돌궐족과 철륵족은 기미지배를 받는 약 50여 년 동안 여러 차례 당에 저항하면서 독립 항쟁을 벌여나갔다(丁載勳, 「突厥 第二帝國時期(682~745) 톤유쿠크의 役割과 그 位相」, 『東洋史學研究』 47, 1994, 51쪽).

48 고구려는 당 건국 직후인 591년에 당에 入貢한 것을 시작으로 거의 매년 당에 사신을 파견하였고, 당도 고구려와의 관계 개선에 적극적이었다. 그 결과 622년에는 수의 고구려 정벌 시 피차간에 사로잡은 포로들을 교환하는 등 우호적인 관계를 맺었다. 624년에는 고구려가 당에 冊曆의

년에 당이 돌궐을 격파하자 고구려는 이를 축하하는 사절을 보내고, 「봉역도封域圖」를 당에 바쳤다.[49] 이 「봉역도」의 내용은 알 수 없으나 아마도 자국의 영역을 표시한 지도였을 것으로 생각된다. 이때 봉역도를 당에 보낸 것은 신속 관계의 의미보다는 돌궐을 복속시킨 이후 고구려로 향할지도 모를 당의 공세를 예상하고 고구려의 영역과 세력권을 분명히 하고자 한 의도가 아닐까 추측된다.[50]

이후 고구려와 당 사이에는 긴장이 감돌기 시작하였다. 631년 당이 고구려가 수와의 전쟁에서 승리한 것을 기념하기 위하여 수 군사들의 유골을 모아 세운 경관京觀을 헐어버리자, 고구려도 즉각 이에 대응하여 부여성에서 요하를 따라 발해만까지 이어지는 천리장성을 16년간에 걸쳐 축조하였다.[51] 그리고 한동안 고구려와 당 사이의 외교 관계는 단절되었다.[52]

그런데 이때 천리장성의 축조는 거란과 말갈을 둘러싼 고구려와 당의 주도권 다툼과 연관지어볼 수 있다. 후술하듯이 고구려-당의 전쟁 과정에서 당은 주로 거란을 동원하였고, 고구려는 말갈을 동원하였다. 따라서 고구려는 송요분수령松遼分水嶺을 중심으로 하는 요하 중상류와 송화강 일대에 천리장성을 축조하여 거란의 침공을 방어하는 한편, 말갈의 이탈을 방지하였던 것으로 짐작된다.[53] 이후 고구려와 말갈의 군사동맹은 상당히 강고하였는데, 이러한 점에서 645년 안시성安市城전투에서 고구려의 지원군이었던

반포를 청하였고, 당도 榮留王을 '上柱國 遼東郡公 高句麗王'으로 책봉하는 한편 고구려에 道士를 보내 道教를 전하고 老子의 『道德經』을 강론케 하였다.

49 『舊唐書』 권199上, 高麗傳 · 百濟傳 · 新羅傳.

50 李龍範, 「高句麗의 膨脹主義와 中國과의 關係」, 『古代韓中關係史의 硏究』, 三知院, 1987, 225쪽.

51 『三國史記』 권8, 高句麗本紀 榮留王 14년(631)조, "春二月 王動衆築長城 東北自扶餘城 東南至海 千有餘里 凡一十六年畢功."

52 李龍範은 천리장성의 축조를 고구려가 팽창주의를 포기한 결과로 보고 있다(위의 논문, 201쪽).

53 余昊奎, 「高句麗 千里長城의 經路와 築城背景」, 『國史館論叢』 91, 2000, 190~191쪽.

고연수高延壽가 거느린 군대가 당 태종의 군대에게 패배한 뒤, 고구려군과 말갈군에 대해 당이 취한 차별적인 조치가 주목된다. 이때 당은 고구려인 포로는 내지로 끌고 가거나 방환한 것과는 달리 말갈군은 모두 생매장하였다.[54] 이는 대당전에서 고구려의 중요 군사력으로 활동한 말갈에 대한 경고라고 볼 수 있을 것이다.

물론 고구려가 당에 대해 시종 강경한 입장만을 취하였던 것은 아니다. 640년에 고구려는 그동안의 소원한 관계를 청산하고자 태자 환권桓權을 당에 사절로 파견하였고, 아울러 귀족들의 자제를 보내 당의 국학國學에 입학할 것을 청하는 유화적인 자세를 보이기도 하였다. 이 무렵에는 당도 고구려가 천리장성을 쌓는 등 적극적인 대비책을 강구하고 외교 관계를 단절하였음에도 불구하고 특별한 반응을 보이지는 않았다. 왜냐하면 당이 아직 서역 지방에 대한 통제력을 확보하지 못하고 있었기 때문이었다.

이 시기 당의 관심은 아직 서역에 쏠려 있었다. 당은 634년 대규모 정벌로 토욕혼을 멸하고, 640년에는 고창국을 정복하여 서역에 대한 지배력을 완전하게 확보하였다. 나아가 641년에는 돌궐을 대신하여 서북방의 위협적 존재로 떠오른 설연타마저 정벌하여 서방과 북방을 안정시켰다(〈표 2〉 참조). 이후 당의 눈길은 동방으로 향해 641년에 직방랑중職方郎中인 진대덕陳大德을 고구려에 파견하여, 고구려의 내정을 탐지하며 정벌의 기회를 엿보았다.

한편 왜를 둘러싸고 삼국 및 당의 외교전도 전개되었다. 630년에 고구려와 백제는 공동으로 왜에 사신을 파견하였고,[55] 왜는 630년 8월에 최초의 견당사遣唐使를 파견하였다. 당 역시 반고구려 진영으로 왜를 끌어들이기 위해 632년 왜 사신의 귀국 시에 고표인高表仁을 파견하였는데, 이때 신라는 왜의

54 『舊唐書』 권199上, 高麗傳 ; 『新唐書』 권219, 靺鞨傳.

55 『日本書紀』, 舒明天皇 2년 3월 · 8월 · 9월조.

사절단을 귀국시켜주면서 왜에 사신을 파견하였다. 이러한 외교전이 전개되면서 631년 백제는 풍장豊璋을 왜에 파견하여 다시 동맹 관계를 돈독히 하였고, 그 결과 조메이舒明 천황은 친백제적 외교 노선을 유지하였다.

고구려의 대왜 교섭의 성격이 변화된 시기는 642년 이후이다. 이는 641년 당의 설연타 정벌 이후 당에게 갖고 있던 고구려의 위기 의식을 반영한다고 볼 수 있다. 고구려는 당의 공격에 대비하기 위하여 한반도 내에서 백제와 동맹하여 신라를 압박하는 입장을 취하면서 다시 왜와의 교섭에 관심을 기울였다. 그리하여 656년 이후 고구려와 백제는 대규모 사절단을 왜에 파견하였다.[56] 아마도 나당연합에 따른 군사적 위기의식이 높아지면서 왜와의 군사적 협력 관계를 추진한 것이 아닌가 짐작된다.

이러한 대외정세의 변동 과정에서 고구려 내부에서도 정치적 변화가 일어났다. 642년 연개소문淵蓋蘇文은 정변을 일으켜 영류왕榮留王을 살해하고 보장왕寶藏王을 세워 정권을 장악하였다. 집권 직후 연개소문은 당에 대해서는 유화책을 구사하였으나, 신라에 대해서는 강경한 입장을 보였다. 642년 신라 김춘추金春秋의 강화 요구를 거절하였고 이후에도 신라에 대한 군사적 압박을 늦추지 않았다. 644년 신라의 요청으로 당의 상리현장相里玄奬이 중재에 나섰을 때에도 신라가 차지한 고구려의 옛 땅을 돌려줄 것을 조건으로 내세워 중재를 거부하였다. 이러한 연개소문의 대신라 정책은 과거 영양왕대의 대신라 정책과 맥락을 같이하는 것이었다. 그러나 당시의 국제정세로 볼 때 이러한 연개소문의 대신라 정책은 큰 실책이었다.[57] 당과의 전쟁을 앞두고 배후의 신라를 적대 세력으로 돌린 것은 이후 고구려 멸망의 대외적 요인이 되었다.

56 『日本書紀』, 齊明天皇 元年 · 2년 8월 · 6년 춘정월조.

57 노태돈, 「淵蓋蘇文과 金春秋」, 『한국사시민강좌』 5, 1989, 32쪽.

북방과 서방을 안정시킨 후 고구려 정벌의 명분을 찾고 있던 당에게 연개소문의 정변은 좋은 구실이 되었다. 연개소문은 당의 고구려 침략의 명분이 자신에게 맞추어지자 곧바로 대당 강경책으로 돌아섰는데, 이러한 강경노선이 오히려 그의 대내적인 정치적 입지를 강화하는 결과를 가져왔다. 대당 전쟁으로 내부 권력투쟁을 중단하고 중앙에서 대당 전쟁을 주도하게 되었고, 한편으로 지방의 군사력이 소실되어 전쟁 후 반대 세력의 저항력은 줄어들었기 때문이다. 즉 연개소문의 대당 정책은 국가의 생존 전략보다는 자신의 정권 유지에 목표를 두어 전개된 것으로 보인다.[58]

당은 645년 당 태종의 친정으로 고구려와의 전쟁을 시작하였으나, 결국 요동에서 더 진격하지 못하고 후퇴하고 말았다. 당 태종의 정벌이 있자 고구려는 말갈을 통하여 설연타와 제휴하려 하였지만, 설연타는 당의 위협 때문에 호응하지 않았다.[59] 그런데 당의 패배로 전쟁이 끝나자 그해 12월에 설연타는 당을 공격하였다. 이는 고구려 정벌에 나선 당의 배후를 공격한다는 의미에서 고구려와 설연타의 동맹 가능성을 시사한다.[60] 그러자 당은 이듬해 말갈 등을 동원하여 설연타를 공격하였고, 뒤이어 설연타에게 복속된 말갈 등을 속환시켰다.[61] 설연타에 대한 당의 공격은 고구려와 설연타의 연결을 차단하여 고구려를 대외적으로 봉쇄하기 위한 전략이었다.

1차 정벌에 실패하고 당 태종이 돌아간 후 고구려는 사신을 보내어 사죄

58 연개소문정권의 정치적 성격에 대해서는 임기환, 『고구려정치사 연구』 5장, 한나래, 2004 참조.

59 『舊唐書』 권199下, 鐵勒傳, "貞觀十九年(645) 謂其使人曰 語爾可汗 我父子並東征高麗 汝若能寇邊者 但當來也 夷男遣使致謝 復請發兵助軍 太宗答以優詔而止 其冬 太宗拔遼東諸城 破駐蹕陣 而高麗莫離支潛令靺鞨誑惑夷男 啗以厚利 夷男氣慴不敢動."

60 盧泰敦, 「高句麗 · 渤海人과 內陸아시아 住民과의 交涉에 관한 一考察」, 『大東文化硏究』 23, 1989, 244쪽.

61 『資治通鑑』 권198, 唐紀 14, 太宗, "貞觀二十年(646) 六月 乙亥 詔 …… 分道並進 以擊薛延陀 上遣校尉宇文法詣烏羅護 · 靺鞨 遇薛延陀阿波設之兵於東境 法帥靺鞨擊破之."

의 뜻을 밝혔으나, 당 태종은 이를 받아들이지 않았고 당 조정에서는 여전히 고구려 정벌에 대한 논의가 계속되었다. 이때 고구려에 대한 공격 전략이 바뀌었는데, 즉 대규모 정벌을 지양하고 소규모 군대를 끊임없이 파견하여 고구려를 피로케 한 뒤에 공격한다는 지구 전략이 채택되었다. 이는 수 양제의 정벌 이래 계속되는 전쟁에서 고구려의 국력이 서서히 피폐해지고 있음을 간파한 전략이었다. 이 전략에 따라 주로 요동지역에 대한 산발적인 공격이 이어졌으며, 649년 당 태종이 죽은 이후에도 이러한 대고구려 전략은 변함이 없었다.

그런데 이 시기 국제정세에서 또 다른 변화가 나타나고 있었다. 우선 한반도에서 삼국 간 역관계가 변화하였다. 백제가 친고구려 입장으로 돌아서고, 신라에 대한 대대적인 공세를 취하면서 신라는 위기를 맞았다. 고구려와 백제의 양면 공세에 시달리던 신라는 당과의 동맹에 힘을 기울였고, 당 역시 고구려의 배후에 있는 신라를 주목하면서 양국의 관계는 급속도로 밀착되어 갔다. 이처럼 적대 세력인 신라가 당과 긴밀한 관계를 맺는 상황 속에서, 백제는 외교적으로 고립된 상황을 벗어나기 위해 친고구려 정책으로 선회한 것으로 보인다. 고구려와 백제의 연결은 적극적인 군사동맹으로 발전하지는 않았으나, 642년 신라의 당항성 공격에서는 양국이 합동 작전을 전개하기도 하였다.[62]

고립된 신라는 648년 김춘추가 당으로 건너가서 백제 정벌을 위한 군사적 지원을 요청하였다. 이를 성사시키기 위해 김춘추는 당의 관복을 요청하고 자신의 아들을 당 조정에서 숙위케 하였으며 독자적인 연호를 버리고 당의 연호를 사용하는 등 적극적인 중화 정책을 추진하였다.[63] 한편 당도 이미 여

62 『三國史記』 권5, 신라본기5 善德王 11년 8월조.

63 金瑛河, 「신라의 삼국통일을 보는 시각」, 『韓國古代史論』, 한길사, 1988, 211쪽.

려 차례의 단독 작전에 의한 고구려 정벌이 실패한 후였기 때문에 신라와의 연합 작전의 필요성을 절실히 느끼고 있었다. 이에 양국의 이해 관계가 맞아떨어져 백제 · 고구려 정벌을 위한 나당 군사동맹이 체결되었는데, 이때 양국 사이에는 백제 · 고구려를 멸망시킨 이후에는 대동강 이남지역은 신라가 차지한다는 밀약이 맺어졌다.[64]

사실 백제는 640년대에만 하여도 고구려와 당 양국에 대해 양면 외교를 전개하고 있었다. 그래서 645년 당 태종의 고구려 정벌 시에 신라가 군사 3만 명을 파견하여 고구려 남변을 공격하는 등 적극적으로 당을 지원한 것과 달리, 무기 등을 헌상하는 등 소극적인 태도를 취하였다. 이에 당은 백제의 행보에 대해 의심의 눈길을 보냈으며, 백제도 고구려 정벌에 실패한 당에 대해 교섭을 잠시 중단하였다. 그 후 백제는 650년부터 다시 3차례에 걸쳐 매년 당에 사신을 보내는 등 당과의 교섭에 노력하였으나, 당은 이미 고구려를 견제하기 위한 신뢰성 있는 파트너로 신라를 선택한 뒤였다. 그리하여 백제의 대당 교섭은 다시 중단되었고 이는 결국 나당연합군에게 공격을 받게 되는 배경이 되었다.

이처럼 나당 군사동맹이 결성되기는 하였지만, 실제로 당의 군사력이 백제 정벌에 동원되기에는 당시 대외정세가 그리 순탄치는 않았다. 645년 이후 설연타의 공세가 거듭되자 당은 646년 회흘과 손을 잡고 이를 멸하였다. 650년에는 하로賀魯가 서돌궐을 이끌면서 당에 반기를 들었고, 당은 658년에야 철륵을 이용하여 하로를 사로잡고 서돌궐의 반란을 진압하였다.

물론 나당 군사동맹이 맺어진 이후에도 당의 고구려 공격은 계속해서 단독으로 수행되었다. 이는 신라의 힘을 빌리지 않고 고구려를 정벌함으로써

64 『三國史記』 권7, 신라본기 文武王 11년조.

장차 한반도에서의 주도권을 차지하려는 의도가 아니었나 짐작된다. 그러나 655~659년에 계속된 고구려 공격에서 별다른 성과를 거두지 못하자 마침내 당도 전략을 바꾸어 신라와 맺은 군사동맹 전략을 실천하였다. 백제 공략을 우선 순위로 결정한 나당연합군은 660년에 백제를 공략하여 멸망시켰고, 668년에는 마침내 고구려를 멸망시켰다.[65] 사실 당은 돌궐이나 설연타 · 서돌궐 등을 제압할 때도 이들과 적대적인 다른 세력을 이용하였다. 이것은 일종의 이이제이以夷制夷정책이라 할 수 있다. 이러한 맥락에서 생각할 때 당이 동방의 최종 목표인 고구려를 제압하기 위해서 신라와 손을 잡은 것은 당의 대외정책상 당연하다고 볼 수 있다.

그런데 고구려의 멸망 이후 신라와 당의 대립이 본격화되었다. 사실 나당연합군은 처음부터 내부 균열의 가능성을 갖고 있었다. 백제 멸망 후 노골적인 점령 의도를 드러낸 당은 백제 땅에 웅진도독부熊津都督府를 설치하고, 나아가 663년에는 신라를 계림대도독부鷄林大都督府라 하고 신라왕을 계림주대도독에 임명하여 형식적으로나마 신라마저 복속시킨 모양새를 취하기까지 하였다.[66] 게다가 664년과 665년에는 신라 문무왕文武王으로 하여금 웅진도독 부여융扶餘隆과 동맹을 맺고 상호 침략하지 못하도록 강요하였고,[67] 이후 노골적으로 백제 유민을 지원하여 백제지역에서 신라의 세력 확대를 견제하였다.

신라는 백제 유민들의 저항에다 당의 간섭까지 중첩되면서, 본래의 목적인 백제지역 장악에 고전을 면치 못하고 있었다. 이에 당의 관심을 고구려 정벌로 돌리기 위한 우회전략을 구사하기도 하였다. 그러나 아직 고구려 정

65 고구려 멸망 원인의 內紛論에 대한 비판과 국제적 배경에 대해서는 金瑛河, 「高句麗 內紛의 국제적 배경—唐의 단계적 戰略變化와 관련하여」, 『韓國史硏究』 110, 2002 참조.

66 『三國史記』 권6, 신라본기6 文武王 3년 4월조.

67 『三國史記』 권6, 신라본기6 文武王 4년 2월조.

벌이란 과제가 남아 있는 상황이었기 때문에 양국의 갈등이 표면화되지는 않았다. 하지만 668년에 당과 신라가 고구려를 공격하여 멸망시킨 뒤에는 상황이 달라졌다. 사실 신라는 당과 군사동맹을 맺었음에도 불구하고 당의 침략적 동향을 충분히 감지하고 있던 흔적을 찾아볼 수 있다. 백제 정벌 초기부터 양국 간에는 군사적 긴장이 조성되고 있었으며, 고구려 멸망 이후 공동의 군사 목표가 사라지면서 양국의 군사적 대결은 본격화되었다.

670년 7월경부터 신라와 당은 백제부흥군에 대한 입장 차이로 인해 불신이 극도로 높아지면서 마침내 나당전쟁이 시작되었다.[68] 특히 고구려 중앙정권이 붕괴된 후에도 고구려 전 영역에서 유민들의 대당 전쟁이 그치지 않았는데, 이때 신라는 은근히 고구려 유민들을 지원함으로써 당의 세력 확대를 견제하는 한편, 백제지역에 공세를 강화하였다.[69] 670년 4월에는 고구려 유민 검모잠劍牟岑의 거병과 한성漢城에서의 고구려국 재건이 전개되고 있었는데, 신라는 8월에 안승安勝을 고구려왕으로 책봉하고 한성의 고구려 유민 세력을 지원하면서 당군의 남하를 견제하려 하였다.[70] 신라가 당과의 전

---

68 『三國史記』 권6, 신라본기6 文武王 10년조, "七月 王疑百濟殘衆反覆遣大阿湌儒敦於熊津都督府 請和 不從 …… 擧兵討百濟."

69 668년 이후에는 당과 신라의 사정이 달라졌다. 670년부터 본격화되는 전쟁의 중심축은 신라와 당이므로 기본적으로는 나당전쟁으로 볼 수 있지만, 당시 백제나 고구려 유민의 활동도 고려할 필요가 있다. 즉 백제지역에서는 당과 백제 유민이 연결하여 신라에 대한 공세를 취하였고 반대로 한반도 북부지역에서는 고구려 유민과 신라가 연합하여 당을 상대로 전투를 치루는 상황이었으므로, 백제와 고구려의 멸망 이후에도 이전과는 동맹 관계가 바뀐 일종의 국제전의 양상으로 파악할 수 있다(梁炳龍, 「羅唐戰爭 進行過程에 보이는 高句麗遺民의 對唐戰爭」, 『史叢』 46, 1997).

70 신라는 安勝을 고구려국왕으로 책봉함으로써 상대적으로 신라왕의 위상을 높이게 되는 결과를 낳았다. 이는 당이 熊津都督府를 설치하여 백제를 지배하고, 나아가 신라마저 鷄林大都督府로 지위를 격하시킨 데 대한 대응조치로 이해할 수 있다. 사실상 신라왕이 타국에 대해 책봉의 형식을 취한 것은 이때가 처음으로, 이를 통해 형식적으로나마 당과 국제적으로 대등한 지위에 있음을 드러내려는 의도가 보인다. 金馬渚로 옮긴 뒤에도 신라가 報德國의 대일본 외교활동을 지원한 데에는 이러한 효과를 기대한 바도 있을 것이다.

쟁을 개시한 것도 670년 7월에 등장한 한성의 고구려국을 의식한 신라의 대당 전략일 가능성이 높다.

한편 670년을 전기로 하는 신라의 당에 대한 공세는 서역의 정세 변화와 밀접히 연관되었던 것으로 보인다.[71] 사실 660년부터 당의 군사력이 한반도로 집중되면서 빈틈이 생긴 서역에서는 곧바로 660년 궁월弓月 등 천산지역의 서돌궐 제부족이 반기를 들었으며, 661년에는 철륵도 서역에서 당에 도전하였다. 다급해진 당은 662년 한반도에서 군대를 돌려 설인귀薛仁貴 등을 파견하여 이를 진압하였다.

그러나 이미 서역은 당의 통제력에서 서서히 벗어나고 있었는데, 그 중심은 토번吐蕃이었다. 토번은 663년 이후 토욕혼에 대한 공세에 나섰다. 그러나 당은 토욕혼의 연이은 군사 요청에도 한반도에서 군대를 쉽사리 돌리지 못하였다. 665년에는 서돌궐도 내분을 청산하고 노실필弩失畢과 돌육咄陸이 연합하여 당으로부터 독립하였다. 요동과 한반도에서 당의 군사작전이 장기화되자 토번은 669년 9월부터 실크로드지역에 대한 공세를 전개하여, 670년 7월에는 설인귀의 10만 대군을 청해靑海지역에서 괴멸시키고, 안서4진安西四鎭을 장악하였다. 이렇게 서역의 전황이 급박해지면서 당의 주력이 서역으로 돌려지게 되자, 신라와 고구려의 유민들은 대당전쟁의 공간을 마련할 수 있었다.

신라는 백제지역에서 당군과 대결하여 671년에 소부리주所夫里州를 설치함으로써 백제지역을 완전히 장악하였다. 이러한 승리의 한쪽에는 한반도 북부지역에서 전개된 고구려 유민의 활동으로 육로에서 당군의 군사행동이 불가능해진 점도 중요한 배경이 되었다. 이에 당은 671년 안시성에서 고구

---

71 신형식, 「삼국통일의 역사적 성격」, 『통일신라사연구』, 1990.
이하 西域의 정세 변화는 서영교, 「羅唐戰爭史硏究」, 동국대학교 박사학위논문, 2000 참조.

려 유민들을 격파하고 요동 일대의 통제력을 확보한 후, 한반도로 진공하였다. 672~673년에 당군은 계속 남하하여 황해도 일대의 전선에서 연이어 고구려 유민과 신라군을 격파하였다. 그러나 신라-당 전쟁의 저울추는 675년 이후 신라 쪽으로 기울었다. 신라군은 675년에 이근행李謹行이 거느린 말갈의 20만 대군을 매초성買肖城전투에서 대패시키고, 676년 11월에 설인귀가 거느린 수군마저 기벌포伎伐浦전투에서 격파함으로써 당의 침공을 좌절시켰다. 당은 신라에 대한 더 이상의 공격을 중지하였고 안동도호부는 676년에 다시 요동으로 옮겨졌다. 이러한 나당전쟁의 종식에도 676년 이후 급박해지는 당과 토번의 전쟁, 토번의 동맹 세력인 서돌궐의 재홍 등이 중요한 국제적 배경을 이루고 있었다(〈표 2〉 참조).

(2) 고구려-당, 신라-당 전쟁의 성격

이상에서 살펴본 당 초기 국제정세의 변동을 통하여 당과 삼국 간에 전개된 전쟁의 성격에 대해 살펴보자.

첫째, 전쟁의 당사자나 참여자가 대거 늘어났다는 점이 주목된다. 본래 이 전쟁의 기본 축은 당과 고구려이다. 즉 당의 1차 고구려 정벌 때만 하여도 고구려와 당 양국만이 전쟁의 당사자로서 격돌하였을 뿐이다. 다만 과거 수 양제 때의 상황과 다른 점은 당이 돌궐과 거란을 동원하는 등 보다 다수의 세력 집단이 전쟁에 직접 참여하기 시작했다는 것이다. 이는 수대 이래 요해지역의 정세 변동이 보다 확산되고 있음을 뜻한다. 더욱이 고구려 국가의 해체는 거란과 말갈의 성장을 촉진하여 이들 제종족의 역사적 활동이 향후 크게 달라지게 되었다.

그런데 660년 백제 정벌 전부터는 신라가 이 전쟁의 또다른 중심축을 맡음으로써 전쟁 수행의 주체가 확대되었음은 물론, 이제 전쟁의 기본 축이 달라지고 있었다. 더욱이 백제 멸망 후에는 이 전쟁으로부터 거리를 둘 수밖에 없는 일본마저도 663년 대규모 군대를 보내 백촌강白村江전투에 참여하였다는 점은, 이 전쟁의 진폭이 얼마만큼 확대되고 있는지를 잘 보여준다.

이러한 변화의 양상은 앞서 언급한 바와 같이 신라·백제·왜 등 주변 제국은 물론 거란·말갈 등이 성장하여 이들이 갖는 국제적 위상이 달라지고 있었기 때문이며, 그만큼 국가 간 국제적인 연관성이 깊어지고 있음을 의미한다. 이 전쟁의 결과 동북아시아라는 국제적 범주가 보다 뚜렷한 모습으로 형성되는 배경을 여기서 찾아볼 수 있다.

둘째, 당이 660~670년 초반에 한반도에 군사력을 집중한 결과, 서역과 북방의 통제력이 약화되면서 토번의 성장과 돌궐의 재등장을 초래하였다는 점이다. 사실 660년 이후 당은 고구려를 멸망시키고 요동을 제압하는 등 동북아지역에서 소기의 목적을 어느 정도 달성하였지만, 이 지역에서의 장기간 군사행동으로 인하여 북방과 서역에서는 오히려 통제력을 잃어가고 있었다. 679년 동돌궐의 반란은 681년에 진압되었지만 여전히 남은 무리들에 의해 재흥이 기도되고 있었고, 692년에는 토번을 격파하고 안서도호부를 구차龜茲에 설치할 수 있었지만 695년에 다시 토번의 반격을 받는 등 격돌이 계속되었다. 이러한 북방과 서역의 동요는 다시 동북방에 영향을 주었다. 그 결과 696년 동북방에서 거란 이진충李盡忠의 반란을 계기로 말갈과 고구려 유민이 독립하여 698년에 발해渤海가 건국되었다.

이러한 정세 변화는 당을 중심으로 주변 제국의 역관계가 이전보다 깊은 연관을 갖고 전개되었음을 보여준다. 당의 대고구려전이나 대신라전의 경우에도 대체로 북방과 서역의 정세와 직·간접의 영향을 받고 있었음은 이미 앞서 살펴본 바이다(〈표 2〉 참조).

한편 680년 한반도에서 세력 재편이 끝났을 때, 동아시아의 정세를 보면 당을 중심으로 서역에서는 토번이 세력을 확대하였고, 북방에서는 동돌궐이 재흥하였으며, 동쪽에서는 신라 및 왜가 당과 교섭을 단절한 채 거리를 두고 있었다. 이후 토번과 돌궐은 주로 반당反唐적 태도를 보이고 있음에 반하여, 동북아시아의 사정은 점차 달라졌다. 신라는 당과의 통교 이후 시종 우호적이고 밀접한 외교관계를 유지하였다. 일본 역시 당의 율령체제를 수용하면서 친당적인 입장을 취하였고, 발해는 한때 당과 군사적 충돌까지 갔으나 기본적으로는 화평 관계를 유지하며 당 문물의 수용에 적극적이었다. 이렇게 동북아시아의 여러 왕조는 친중국 태도를 견지하였는데, 이는 수·당에 대하여 시종 적대 세력으로 남았던 고구려가 멸망한 뒤에 나타난 결과였다.

셋째, 삼국의 대외 관계 인식에 대해 살펴보자. 먼저 당의 제국적 팽창에 대해서는 여러 차례 중국 세력과 격전을 치루었던 고구려가 가장 분명하게 인식하고 있었을 것이다. 그럼에도 불구하고 고구려는 당을 견제하고 대항하기 위한 적극적인 동맹 전략을 구사하지는 않았다. 물론 고구려는 북방 유목 국가나 내륙아시아 국가와 동맹을 시도하기는 하였다. 그러나 정작 한반도 내에서의 동맹 관계에 대해서는 매우 소극적이었다. 한반도 내에서 이러한 고구려의 동향에는 과거 고구려 세력권에 대한 복고적 집착도 일조를 한 것으로 짐작된다. 6세기 이후 고구려의 대외 전략은 중국 세력에 대비하고 신라를 압박하면서 옛 세력권을 재건한다는 입장이었다.[72] 그런데 이제 국제정세가 변화하였는데도 이 전략에 유연성을 발휘하지 못하였다. 고구려와 백제의 동맹 관계도 지적되곤 하지만 그 추이를 보면 결코 적극적인 동맹은 아니었다. 고구려가 신라나 백제를 동맹 관계로 만들지 못한 데에는 4세기 이래 지속된 삼국 간의 갈등 관계가 영향을 주었을 가능성이 높다.

72 林起煥, 「후기의 정세변동」, 『한국사』 5, 國史編纂委員會, 1996.

백제나 신라 역시 수의 등장 시부터 고구려 정벌을 요청하는 외교 전략을 구사하였으며, 이것은 당대에도 계속되었다. 이러한 대당 외교는 곧 삼국 간 전쟁이 격화되면서 초래된 결과로, 삼국 간 역관계의 틀이 수·당 중심의 국제질서에 편입되는 계기가 되었다. 그 결과 삼국통일전쟁은 동북아시아 국제전의 양상을 띠게 되었다.

한편 삼국과 왜의 관계도 유의된다. 왜는 지리적으로 동북아의 정세 변동에서 한 발자국 떨어져 있는 상황이었다. 그런데 660년 이후 한반도의 정세가 국제전이라는 격변을 치루면서 왜의 국제적 입지가 부각되었다. 백제 유민은 왜에게 크게 의존하는 상황이었는데, 왜의 구원군이 백촌강전투에서 대패한 이후 백제 유민과 왜정권과의 관계는 이전과는 많이 달라졌을 것이다. 당의 웅진도독부는 백제 유민 견제를 위해 664년 이후 왜와의 교섭을 소홀히 하지 않았고 나당전쟁이 치열하게 전개되면서부터 신라도 668년 이후 대왜 외교에 적극적이었다.[73] 고구려 유민이 세운 보덕국報德國 역시 독자적으로 또는 신라와 연결되어 대왜 교섭을 지속하였다. 즉 나당전쟁의 전개 과정에서 일본을 둘러싸고 신라와 당, 백제 유민, 고구려 유민 사이에 외교전의 양상이 나타난 것이다.[74] 아마도 이 시기의 경험이 후일 일본 조정 내에서 삼국을 신속국으로 보는 인식이 형성되는 계기가 되었던 것으로 생각된다. 즉 삼국통일전쟁은 한반도와 왜와의 관계에서도 이전과는 다른 상황을 만들었던 것이다.

마지막으로 7세기 동북아시아에서 전개된 전쟁의 최종점으로 삼국통일전쟁이 갖는 의미를 짚어보자.[75] 그동안의 삼국 간의 갈등 구조는 왜를 포함하

---

73 『日本書紀』에는 668년(문무왕 8)이후 703년(聖德王 2)까지 27차에 걸친 신라의 使行 기록이 보인다.

74 盧泰敦, 「對唐戰爭期(669~676) 新羅의 對外官契와 軍事活動」, 『軍史』 34, 1997.

더라도 한반도를 중심 무대로 전개되었다. 그러나 당이 출현한 이후에는 비록 전쟁의 무대는 한반도였더라도, 국제질서의 변동 축은 중국이 중심이 되었다. 삼국을 넘어선 외부의 거대한 힘의 출현은 삼국의 운명을 바꾸었을 뿐만 아니라, 삼국인의 대외적 인식에도 어떤 형태로든지 간에 영향을 주었을 것으로 보인다. 물론 그것이 백제와 고구려의 멸망 이후 삼국민 간의 공동체 의식을 보다 강화하는 외적 조건이 되었는지는 아직 불투명하다. 다만 당시 삼국인이 가졌을 대당 위기 의식은 삼국 각각을 넘어선 하나의 범주를 형성하는 외적 배경이 되기에는 충분하였으리라 짐작된다. 예컨대 나당연합군의 백제 · 고구려 멸망 전쟁은 신라의 입장에서는 기존 삼국 간의 전쟁의 연장선에 있었다. 그러나 나당전쟁 과정에서는 백제나 고구려 유민들을 자국 편으로 끌어들이려는 의도에서 이전과는 달리 일종의 삼국통합 정책으로 이해되는 조치들이 시도되었는데,[76] 이는 결국 당이라는 갈등 구조가 배경이 되었던 것이다.

4. 맺음말

7세기 들어 나타난 동북아시아의 국제정세는 크게 두 가지 축을 중심으로 변동하고 있었다. 하나는 중국의 통일국가인 수 · 당과 고구려 사이에 이루어지는 동북아시아 세력권 장악을 둘러싼 전쟁이고, 다른 하나는 한반도 내에서 이루어지는 삼국 간의 전쟁이다. 이 두 가지 축은 서로 다른 구조를 가

---

75 신라의 삼국통합 정책에 대해서는 임기환, 「신라 삼국통합의 배경과 통합정책」, 『한신인문학연구』 1, 2000 참조.

76 예컨대 670년 고구려 유민인 안승을 고구려왕으로 삼았으며, 672년에는 백제 유민으로 구성된 白衿誓幢을 설치하였고, 673년에는 백제 관인들에게 신라 관등을 부여하는 조치가 이루어졌다.

졌지만, 고구려가 양쪽의 공통된 당사자라는 점과 나아가 수·당대의 국제정세가 중국 중심의 국제질서를 구축하는 방향으로 전개되었다는 점에서, 점차 하나의 축으로 통합되어가는 방향으로 걸어갔다. 그것은 당대唐代에 현실화되어 고구려-당 전쟁과 신라의 삼국통합전쟁이 결합되어 전개되었던 것이다.

그러나 고구려-수 전쟁에서 나타난 양상과 당대에 고구려-당, 신라-당 전쟁에서 나타난 양상에는 일정한 차이가 있는데, 이는 7세기 국제질서의 변동 및 재편 방향과 관련이 있다. 우선 국제질서 운영에 참여하는 국가나 제종족이 다양해지고 그 변동의 동인動因도 다기화되었다. 그리고 중국 중심의 국제질서 재편 과정에서 이를 둘러싼 다른 지역의 정세 변동과 밀접히 연관되는 양상도 두드러졌다.

660년 이후 삼국통일전쟁은 나당전쟁으로 종결되었는데, 이후 신라-당의 갈등 구조는 또 다른 국제질서 변동의 조건이 되었다. 700년 이후 발해의 등장이라는 국제정세의 변화에 따라 신라와 당 사이에 우호적인 외교 관계가 성립되었는데, 이것이 당이 동북아시아에 개입하여 얻은 최종적인 결과의 하나였다. 그러나 지속적으로 반당적 입장을 견지해간 서역이나 북방 세력과는 달리 이후 신라·발해·왜 등의 동북아시아 제왕조는 친당적 태도를 계속 유지하였다는 점에서 사실상 최선의 성과를 거둔 것이라고 볼 수 있다.

제2장 | 나 · 당전쟁과 나 · 일 관계

노 태 돈 (서울대학교 국사학과)

1. 머리말*

삼국통일전쟁의 대미를 장식한 나 · 당전쟁에 관해서는 그간 많은 연구가 행해져왔다. 하지만 여전히 이에 대한 연구에서 미진한 면이 없지 않은데, 이 시기 나 · 당 관계와 나 · 왜(일본) 관계의 상호 연관성에 대한 검토도 그중 하나이다. 왜는 663년 백제부흥운동을 지원하기 위해 한반도로 출병한 바 있고, 고구려 멸망 이후에도 왜의 동향은 한반도의 정세 진전을 이해하는 데 빠뜨릴 수 없는 요소이다. 이 글에서는 이러한 면에 대해 고찰해보려 한다.

먼저 나 · 당전쟁의 발발과 나 · 일 관계를 살펴보도록 한다. 구체적으로는 나 · 당전쟁의 발발을 앞두고 그간 적대적이었던 기존의 신라와 왜(일본)의 관계가 어떻게 바뀌었는지에 대해 살펴보자. 이는 나 · 당전쟁 발발의 구체적인 동인을 어디에 설정할 것인가라는 문제와도 연관될 수 있다. 이에 대한

---

* 이 글에서는 일본 고대 인명은 한자음 그대로, 그 밖의 일본 천황 명칭과 사건명은 일본식 발음으로 표기하였다.

논의는 평양성 함락 직전인 668년 9월에 도왜渡倭한 신라 사신의 성격에 대한 검토로부터 시작한다.

나·당전쟁 기간 중 신라는 고립무원의 상태에서 당제국과 결전을 벌여나가야 했다. 676년 표면상 전쟁은 일단락되었지만, 신라와 당의 이면적 대립은 그 뒤 7세기 말까지 지속되었다. 이런 상황하에서 신라는 그 배후의 일본과 어떤 관계를 맺었으며, 일본과의 교류에 신라와 당의 관계는 어떤 작용을 하였는지를 파악해보도록 한다. 나아가 당과의 대립 상태는 8세기에 접어들면서 변화가 있게 되는데, 나·일 관계 또한 그에 따라 새로운 면을 나타낼 수밖에 없었음을 조망해보도록 한다. 아울러 나·당전쟁 이래로 신라 조정이 지향하였던 대외정책의 기본축이 무엇이었는지를 생각해보자.

2. 나·왜 국교 재개와 나·당 개전

(1) 668년 9월 신라 사신의 왜국 방문

668년 9월 12일(계사癸巳) 신라사新羅使 사훼부沙喙部 급찬汲飡 김동암金東巖이 왜를 방문하였다.[1] 이 신라사에 대한 왜국의 대응을 『일본서기日本書紀』에서는 다음과 같이 전한다. 당시 왜 조정의 중신이었던 중신내신中臣內臣(겸족鎌足)이 26일(정미丁未) 승려 법변法辨과 진필秦筆을 김동암에게 보내 신라의 상신上臣 김유신金庾信에게 선사하는 배 1척을 전하였다. 이어 29일(경술庚戌)에는 왜왕 덴지天智가 포세신이마려布勢臣耳麻呂를 김동암에게 보

1 『三國史記』 新羅本紀 文武王 10년 12월조에, 이때 처음으로 倭에서 日本으로 국호가 변경되었다고 하였다. 아마도 이해 9월 신라에 파견된 일본 사신 阿曇連頰垂를 통해 이 사실이 신라에 알려졌던 것 같다. 이 글에서는 『삼국사기』의 기록에 따라 이 시기 이전의 경우는 왜로, 이후는 일본으로 표기하도록 한다.

내 신라왕에게 기증하는 배 1척을 전하였다. 그리고 11월 1일(신사辛巳)에는 신라왕에게 견 50필, 면 500근, 위韋 100매를 선물로 김동암 편에 보내었고, 김동암 등에게도 물건을 차등으로 주었다. 11월 5일(을유乙酉) 김동암이 귀국하였는데, 이때 일본은 소산하小山下 도수신마려道守臣麻呂, 길사吉士 소유小鮪를 송사送使로 보냈다.[2]

김동암의 방왜訪倭 목적이 무엇이었고, 구체적으로 그가 무엇을 말하였으며, 그것에 대한 왜 조정의 반응이 어떠하였는가에 대한 언급은 전혀 전해지지 않는다. 하지만 김동암에 대한 왜 조정의 응대를 볼 때, 김동암을 통해 제시한 신라 측의 제안에 왜 조정이 매우 우호적인 반응을 보인 것을 확인할 수 있다. 그 제안이 무엇이었는지는 추단하기가 간단치 않지만, 일단 적어도 신라와 왜가 국교를 재개한다는 데에 왜 측이 동의한 것을 확인할 수 있다. 실제로 이 방왜 이후 양국 간에 국교가 재개되어, 사신이 빈번히 왕래하였다. 신라와 왜는 657년 이후 국교가 단절되었고, 663년에는 한 차례 전쟁을 치른 바 있다.

이 점과 함께 주의되는 사실은 먼저 김동암이 방왜한 시점이 고구려 멸망 직전이라는 점이다. 고구려의 멸망은 668년 9월 21일 무렵이었다.[3] 그리고 김동암이 왜의 송사와 함께 귀국 길에 나선 것이 11월 5일이었으므로, 아마도 11월 말에는 경주로 돌아왔을 것이다. 그 뒤 나·당 간에 전쟁이 발발하였는데, 이것 역시 유의되는 사실이다.

이런 점들을 연결하면 자연히 김동암의 사행 목적을 추정해볼 수 있다. 즉 앞으로 있을 당과의 대결을 대비해서 배후에 있는 왜와 화평관계를 수립하려는 포석으로 김동암을 파견하였다는 추정이 그것이다. 당시 왜는 663년

2 『日本書紀』 권27, 天智天皇 7년 9월 壬午·丁未·庚戌條, 11월 辛巳.

3 『三國史記』 新羅本紀 門武王 8년 9월 21일조; 『資治通鑑』 권201, 唐紀 高宗 總章 元年 9月 癸巳.

백강구전투의 패배 이후 나·당동맹군이 일본열도를 침공해올 가능성에 대해 크게 우려하며, 일본 서부 각지에 백제 망명귀족의 역량을 활용해 이른바 조선식 산성을 쌓는 등[4] 방어책 수립에 골몰하고 있었다. 그리고 666년 정월에 이어 668년 7월에 고구려가 구원을 요청하는 사신을 왜에 파견하였기 때문에 고구려의 곤경을 익히 알고 있었고 백제 유민집단을 통해서도 이에 관한 정보를 들어서,[5] 조만간 있을 고구려의 멸망을 예측할 수 있는 상황이었다. 그러므로 평양성 함락에 이어 그 다음에 닥쳐올 수 있는 사태에 대해 우려하지 않을 수 없는 형편이었다. 이런 객관적 정세로 인해 김동암을 통해 전달된 신라 조정의 제의에 왜 측이 신속히 응대하여 우호적 반응을 보였다고 추정해볼 수 있다. 실제로 그간의 연구에서는 김동암의 사행에 대해 그렇게 추정하기도 하였다.[6] 즉 신라의 반당反唐을 전제로 한 양국 간의 화평과 국교 회복 제의와 그에 대한 왜의 동의였다는 풀이이다.

그런데 이런 견해는 어디까지나 나·당전쟁이란 뒷 시기의 사실에서 연역한 추론이며, 김동암의 사행 자체만 놓고 본다면 달리 생각할 여지가 있다는 반론이 제기될 수 있다. 이러한 주장은 다음과 같은 몇 가지 상황논리에 바탕을 두고 있다. 첫째, 668년 9월은 고구려 멸망 직전인데 이때는 당제국의

4 西谷 正,「朝鮮式山城」,『岩波講座 日本歷史』3, 岩波書店, 1994 ; 延敏洙,「西日本 지역의 朝鮮式 山城과 그 性格」,『韓國古代史論叢』8, 가락국사적개발연구원, 1996.

5 668년 4월 '백제'가 왜에 와 進調하였다 한다(『日本書紀』권27, 天智 7년 4월 乙卯). 이 '백제'는 反唐的인 백제가 아니고, 당의 羈縻하에 있는 백제 유민집단일 것이다. 당은 이 '백제'를 통해 왜에게 고구려 정세를 알려주고 왜가 고구려에 대한 지원을 하지 말 것을 설득하였을 것으로 추정된다(新藏正道,「白村江の戰後の天智朝外交」,『史泉』71, 1989).

6 松田好弘,「天智朝の外交について」,『立命館文學』1·2·3, 1980 ; 直木孝次郎,「近江朝末年における日唐關係の一考察—唐使郭務悰の渡來お中心に」,『末永先生米壽紀 念獻呈論文集』, 奈良明新社, 1985 ; 鄭孝雲,「天智朝 對外關係에 대한 一考察 —백강구전후의 대외관계를 중심으로」,『韓國上古史學報』14, 1993 ; 金恩淑,「백제부흥운동 이후 天智朝의 국제관계」,『日本學』15, 1996 ; 盧泰敦,「對唐戰爭期(669~676) 新羅의 對外關係와 軍事活動」,『軍事』34, 1997.

위세가 절정에 달한 때이고 신라군 수만 명이 오랜 동맹관계에 있던 당군과 어깨를 나란히 하여 평양성에서 전투 중이었다. 그러한 때에 신라가 반당 책동을 획책하고 있었다는 것은 그리고 왜가 그런 신라의 제안을 진의로 여기고 동의하였다는 것은, 이를 뒷받침해줄 보다 구체적인 증거가 없는 한 수긍하기 어렵다.

둘째, 663년 백강구전투 이후 당(웅진도독부 포함)은 왜에 수차례 사절을 파견하여 교섭하였고, 665년 왜도 수군대석守君大石 등을 당에 파견하는 등 양측 간에 교섭이 있었다. 그러한 교섭에서 논의된 구체적인 내용은 몰랐더라도 교섭 사실 자체는 신라 측도 인지하고 있었을 텐데, 신라가 불쑥 왜에 반당을 담은 메시지를 보내며 화해를 청하였을까. 그러기에는 양측 간의 그간의 반목과 대립의 골이 너무 깊었던 것은 아닐까. 663년의 패전과 이어 664년 이래로 수차례의 교섭을 통해 받은 당으로부터의 압력과 나 · 당동맹군의 우월한 군사력이란 현실에 조응해서, 왜 조정은 666년 정월과 668년 7월의 고구려 사신의 구원 요청을 외면하는 등 대당 협조 노선을 취하였다. 그러한 연장선상에서 668년 9월 당의 동맹국인 신라의 사절에 대해 우대를 하게 되었다고 보는 것이 합리적이라는 주장이[7] 가능하다.

셋째, 아무리 깊은 반감을 가졌다고 하더라도 대당제국에 신라가 국운을 걸고 도전하기에는 좀더 큰 국제적 계기가 필요하였다는 시각이 있을 수 있다. 토번吐蕃의 등장에 따라 당의 군사력이 서쪽으로 그 중심을 옮겨갈 수밖에 없었던 사실에서 나 · 당 개전의 계기를 찾는 주장이 그것이다.[8] 이런 시각에서는 김동암의 사행 때 왜에 반당 제의를 하였다고 보는 것은 나 · 당전쟁이란 결과에서 연역한 것으로서 당시의 신라 조정을 지나치게 단순하게

7 新藏正道, 앞의 논문, 1989.

8 徐榮教, 「羅唐戰爭의 開始와 그 背景」, 『歷史學報』 173, 2002a ; 「羅唐戰爭과 吐蕃」, 『東洋史學研究』 79, 2002b.

여기거나, 아니면 반대로 턱없이 영웅시하는 견해라고 비판할 수 있다.

이런 세 가지 상황논리 중 첫째와 셋째는 결국 같은 논리이다. 즉 대당제국의 위세와 그간의 나·당동맹의 상황을 볼 때, 668년 9월 당시에는 신라가 왜에 반당 제의를 할 상황이 못 된다는 것이다. 둘째의 경우 당과 왜 간에 여러 차례 교섭이 있었고, 666년 1월 태산에서 개최된 당 고종의 봉선封禪 의례에 왜의 사신이 참여하였던 것은 사실이다. 그러나 그 왜사가 왜의 조정에서 파견한 견당사遣唐使인지에 대해서는 논란이 많으며, 정식 사신이라 하여도 그것이 곧 왜의 조정이 당에 심복하여 협조 노선을 취하기로 하였다는 것을 반드시 의미하지는 않는다.

이렇게 볼 때 668년 9월 신라와 왜의 접촉이 반당을 매개로 한 양국 간의 화해와 국교 재개라고 보는 견해와, 그 반대로 절정에 달한 나·당동맹의 위세를 배경으로 나·왜 간의 국교 회복이라고 여기는 시각 중 어느 쪽도 개연성에 대한 추론 이상은 아니라고 할 수 있다. 그렇다면 김동암의 사행에 담긴 신라 조정의 뜻은 무엇이었을까. 이에 대한 구체적인 기록이 어느 쪽에서도 전해지는 것이 없으므로, 이어 벌어진 사실을 통해 그 답을 찾아보도록 하자. 나·당 간의 개전 시기에 대한 검토가 그것인데 만약 668년 9월 말 평양성의 함락이 있은 뒤 얼마 있지 않아 나·당 간의 개전이 있었다면, 그해 9월에 있은 신라와 왜 간의 교섭과 국교 재개는 반당을 공통분모로 한 것일 가능성이 크다. 신라가 장기간 적대적 관계에 있던 배후의 왜와 화해하지 않고, 면전의 당과 개전할 가능성은 상정하기 어렵기 때문이다.

(2) 나·당전쟁의 개전 시점

나·당 간의 군사적 충돌에 대한 구체적인 기록으로 『삼국사기三國史記』 신라본기新羅本紀 문무왕 10년조에 다음과 같은 기사가 전한다.

3월 사찬 설오유와 고구려 태□□ □연무가 각기 정병 일만씩 거느리고 압록강을 건너 屋骨□□□에 이르니, 말갈병이 먼저 皆敦壤에 와 기다리고 있었다. 4월 4일 이와 싸워 우리 군사가 크게 승리하여 죽인 숫자가 헤아릴 수 없을 정도였다. 이어 당병이 도착하니, 우리 군사는 물러나 백성을 지켰다.

즉 문무왕 10년(670) 3월에 신라군과 고구려 유민군이 합동으로 압록강 이북의 오골성烏骨城 방면으로 진격하여 말갈병을 격파하였다는 것이다.[9] 그런데 나·당 간의 군사적 충돌은 이보다 이른 시기에 이미 시작되었다. 문무왕 9년(669) 5월 신라는 당에 '사죄사謝罪使'로 각간角干 김흠순金欽純과 파진찬波珍飡 김양도金良圖를 파견하였다.[10] 이때 신라 조정이 '사죄'하여야 할 건이 무엇인지에 대해서는 언급이 없지만 다음 기록이 그것을 짐작케 한다.

(문무왕 10년) 정월 고종이 김흠순의 환국을 허락하였다. 김양도는 계속 억류되어 종내 감옥에서 죽었다. 이는 왕이 백제의 토지와 유민을 마음대로 차지하였기 때문에 황제가 책망하며 노하여 使者를 재차 억류하였던 것이다.[11]

이 기사에서 전하는 '사자를 재차 억류'하게 한 건과 처음 김흠순 등이 '사죄사'로 가게 된 건이 같은 유의 사건인지, 아니면 양자가 별개의 사건인지에 대해서는 분명하지 않다. 하지만 670년 1월 당 고종에게 보고된 사건은 신라가 백제지역을 공략한 것으로, 그에 대한 보복이 기사에 나타난 조처였다. 그렇다면 당 조정에 보고되기까지의 시간을 고려하면, 백제지역에 대한

9 그간 이 기사에서 전하는 내용에 대해 달리 해석하는 설이 제기되기도 하였다. 이 기사에서 전하는 압록강은 浿水의 착오라는 주장과(池內 宏, 「高句麗討滅の役における唐軍の行動」, 『滿鮮史硏究』 上世, 第二册 所收, 1949), 이 작전은 신라군이 당군 편에 서서 행한 것이라는 설(金壽泰, 「統一期 新羅의 高句麗遺民 支配」, 『李基白先生古稀紀念 韓國史學論叢』 上, 一潮閣, 1994) 등이 그것이다. 그러나 이 기사는 압록강 이북에서 있었던 나·당 간의 전투를 기술한 것이다(노태돈, 앞의 논문, 1997 참조).

10 『三國史記』 新羅本紀 文武王 9년 5월조.

11 『三國史記』 新羅本紀 文武王 10년 정월조.

신라의 공격은 늦어도 669년 연말에는 시작되었던 것이 분명하다. 그리고 앞에서 본 670년 3월에 있은 설오유薛烏儒와 고연무高延武의 압록강 이북지역에 대한 작전도 669년 종반에는 이미 준비에 들어갔다고 보아도 좋을 것이다. 이런 면을 고려할 때, 669년 5월 고위 귀족인 각간과 파진찬을 당에 '사죄사'로 파견할 정도의 중대한 사안은 백제지역에 대한 신라의 공략과 관계된 것 외에는 상정하기 어렵다. 아마도 백제지역 공략을 위한 탐색전을 벌였는데 당이 항의해오자 이를 무마하기 위해, 달리 말하면 당의 신속한 반격을 늦추고 또 정세 급변에 따른 신라인 자신들의 충격도 완화하면서 본격적인 공략전에 대비한 시간을 벌기 위해, 김흠순 등을 669년 5월에 '사죄사'로 파견하였던 것 같다.

김흠순 등을 파견한 뒤에도 신라군의 움직임이 계속되자 웅진도독부의 당인唐人들이 재차 이를 당 조정에 긴급 상황으로 보고하였다. 그러자 당 고종은 그때 당의 수도에 와 있던 신라 사신을 다시 억류하였다. 670년 정월에 그중 김흠순의 귀국을 허락하였는데, 이때 당 고종은 그에게 신라가 행하여야 할 구체적인 개선 조처를 명하고, 그것을 신라 조정이 충실히 집행할 때까지 김양도를 옥에 계속 가두어두었다. 김흠순은 670년 7월 귀국하여 당 고종의 명을 보고하였는데, 그 내용은 문무왕이 당장唐將 설인귀薛仁貴에게 보낸 서한에 전해지고 있다. 즉 신라가 차지한 구백제령을 모두 백제(웅진도독부)에 돌려주라는 것이었다.[12]

이렇게 보면 669년 4월경에는 신라군의 일부가 백제지역으로 잠입하여 작전을 벌였거나 구체적인 계획을 수립하였다는 것이 된다. 이는 668년 11월 5일 대고구려전에서 승리한 문무왕이 수도로 개선한 지 불과 5개월 뒤이

12 『三國史記』 文武王 11년 조.

다. 그 사이의 기간에 신라가 불가피하게 당에 대한 공격을 시도하여야 할 정도로 양국 간에 심각한 분쟁이나 갈등이 노정된 일은 없었다. 그렇다면 신라 조정은 이미 당에 대한 공격을 평양성 함락 이전부터 준비하고 있었다는 것이 된다.

다음으로 나 · 당 간 개전의 구체적인 계기로 토번에 의한 당의 서부지역 공격을 든 설에 대해 검토해보자. 확실히 이 시기 강성해진 토번과 당의 전쟁은 일찍이 진인각陳寅恪이 말했듯이 당의 군사력의 중심이 동에서 서로 옮겨가게 된 계기가 되었고,[13] 676년 당이 한반도에서 철수하게 된 원인의 하나가 되었던 것은 분명한 사실이다. 그러나 나 · 당 개전의 원인으로 작용하지는 않았다.

토번이 당에 대한 공격을 본격적으로 감행한 것은 670년 4월이었다. 이때 토번은 당의 서역西域 18주를 공략하였다. 이에 당은 하서河西 사진四鎭을 폐지하고 설인귀를 행군行軍대총관으로 한 10만 명의 원정군을 파견하였는데,[14] 설인귀는 그해 8월 청해靑海의 대비천大非川에서 크게 패배하였다. 설인귀는 고구려 멸망 직후인 668년 10월 안동도호로 임명되어, 2만 명의 군대를 휘하에 거느리고 평양에 주둔하였다. 그런 그의 차출과 토번전에의 투입은 당의 군사력의 중심이 서쪽으로 이동하였음을 상징적으로 말해준다. 그러나 토번의 대두가 적어도 나 · 당 간 개전의 동인으로 보기는 어렵다. 앞에서 보았듯이 설인귀가 토번전에 차출되기 이전인 669년부터 나 · 당전은 이미 시작되었다.

한편 이 점에 대해 달리 보는 견해가 있다. 즉 당이 평양성에 설치하였던

13 陳寅恪, 「外族盛衰之連環性及外患與內政之關係」, 『唐代政治史述論稿』, 商務印書館, 1944(上海古籍出版社, 1982). 黃約瑟도 같은 시각의 견해를 발표하였다(「武則天與朝鮮半島政局」, 『黃約瑟隋唐史論集』, 中華書局, 1997).

14 『資治通鑑』 권201, 唐紀 17 高宗 咸亨 元年 4월조.

안동도호부를 669년 요동의 신성新城으로 옮겼는데,[15] 이를 토번의 강성에 따른 대응책이었다고 보아 이미 이때부터 토번의 강성에 따른 여파가 한반도에 주둔한 당군에 영향을 미쳤고 또 안동도호부 이치移治에 따른 당군의 이동으로 야기된 군사력의 공백이 신라로 하여금 당에 대한 공세를 취할 수 있도록 하였다는 주장이 제기되었다.[16] 그래서 토번의 당에 대한 공격이 나·당전쟁 개시의 주요 동인이며, 나·당전쟁의 발발 시점은 구체적인 나·당 간 전투의 기록인 앞의 인용문에서 전하는 670년 3월 이후로 보아야 한다는 것이다.

하지만 이는 사실에 부합하지 않는다. 토번과 당은 660년대에 들어 천산남로天山南路와 타림분지지역의 서돌궐 제부諸部의 지배권을 둘러싸고 대립을 벌였으며,[17] 토욕혼吐谷渾 또한 갈등의 한 요소였다. 하지만 당과 토번 간의 본격적인 무력 충돌은 670년 4월에 들어서부터였다. 당이 토번의 강성을 경계는 하였지만 670년 4월 이전에는 어떠한 구체적인 군사적 공격을 가하지 않았고, 토번 역시 그러하였다. 토번의 당에 대한 공격 사례로 드는 다음의 사안도 실제로는 그런 내용이 아니었다. 즉 669년 9월 당 고종이 그간 토번에 쫓겨 내부來附해 와 있던 토욕혼을 다시 양주凉州 남산지역으로 옮기라고 하자, 당 조정 내에서 이에 대해 의논이 분분하였다. 이때 토욕혼을 양주로 이주시키면 다시 토번에 의해 침탈당할 것이므로 먼저 토번을 공격하여야 한다는 주장이 제기되었다. 하지만 이 주장은 흉년을 이유로 군대 동원을 반대하는 견해에 부딪쳐 실행되지 못하였으며, 그와 함께 토욕혼을 옮기자는 안도 결국 폐기되었다.[18] 그리고 안동도호부를 신성으로 옮긴 것을 토번

15 『舊唐書』 권83, 薛仁貴傳.

16 徐榮教, 앞의 논문, 2002a.

17 內藤みどり, 『西突厥史の研究』, 早稻田大學出版部, 1988, 262～304쪽 참조.

18 『資治通鑑』 권 201, 高宗 總章 2년 9월조.

과 연관 지워 논하지만, 안동도호부가 평양성에 있든 신성에 있든 간에 그 군사력을 토번전에 투입하려면 거리상 큰 차이가 없었다. 또 당시 당의 행군제도에서 설인귀가 토번전에 차출되었다 하여 안동도호부의 주둔군 2만 명이 모두 그를 따라 토번전에 투입되었던 것은 아니었다.[19] 도호부를 신성으로 옮긴 것은 다른 이유에서 비롯한 것으로 여겨진다.

당은 669년 2월 이후 고구려 고지故地에 새로이 부주현府州縣 편제를 시도하였다.[20] 이에 대한 고구려 유민들의 반발이 잇따르자, 이해 4월 당은 호강豪强한 고구려 유민 3만여 호를 강제로 당 내지로 이주시킬 것을 결정하고 5월에 이를 시행하였다.[21] 안동도호부의 신성으로의 이치도 이때의 강제 사민徙民과 유관한 조처였을 가능성이 크다. 신성은 요서와 요동을 연결하는 교통로 중 북로의 길목에 위치하며[22] 또한 북으로 부여지역과 통하는 요지였다. 이런 전략적 거점에 도호부를 옮기는 것은 고구려 유민을 강제 천사遷徙

19 당시 당의 행군제도와 兵員 구성 및 그 조달에 대해서는 孫繼民, 『唐代行軍制度硏究』, 文津出版社, 1995, 83~134쪽 참조.

20 總章 2년(669) 1월 "列遼東爲州縣"(『舊唐書』 高宗 總章 2년 1월조), 즉 州縣을 설치하였다고 하였다. 그러나 실제 이때 주현을 설치한 것은 아니었고, 그렇게 하겠다는 방침을 천명한 것을 기술한 것이 이 기사라고 여겨진다. 이어 2월에 李勣과 男生이 작성한 案을 奏請하자, 당 高宗은 그 案에 따라 府州縣을 설치하되 그 구체적인 시행 작업은 현지에 있는 遼東道安撫使 劉仁軌에게 일임하라고 명하였다(『三國史記』 地理志 4).
盧泰敦, 『고구려사연구』, 사계절, 1999, 222~227쪽.

21 『資治通鑑』 권201, 唐紀 高宗 總章 2년 4월조; 『舊唐書』 권5, 高宗 總章 2년 5월 庚子조; 李丙燾, 「高句麗의 一部 遺民에 대한 唐의 抽戶政策」, 『韓國古代史硏究』, 博英社, 1976.

22 요서의 營州에서 燕郡城을 지나 요동으로 나아가는 데는 세 가지 길이 있다. 하나는 북로인데, 武厲羅(通定鎭)를 거쳐 新城으로 나아가는 길로서 가장 평탄한 길이다. 중로는 懷遠鎭을 거쳐 遼澤을 건너 遼東城으로 나아가는 길이고, 남로는 연군성에서 汝羅守捉을 거쳐 漢代의 遼隊縣으로 이르는 길인데, 이 두 길은 요하 하류의 펄밭길을 건너야 하는 애로가 있고 특히 雨期에는 건너기 힘들다. 이런 도로 여건을 본다면 대규모로 民과 가축 등의 재산을 함께 옮기는 데는 북로가 가장 편리한데, 바로 그 길의 길목에 신성이 있었다. 신성은 또한 북으로 吉林과 農安 방면으로 각각 나아갈 수 있었다. 즉 고구려 북부지역과 그 주변의 말갈족들을 제압하는 데 전략적 거점이었다. 645년과 667년 당의 장수 이적이 이끈 침공군이 먼저 신성을 공략하려 하였던 것은 이런 면 때문이었다.

시키는 작업에도 유리하고 아울러 당이 북으로 말갈 부족들을 제압하고 고구려지역을 통할統轄하는 데도 유리하였던 것이다. 아무튼 도호부의 신성 이치와 강제 사민에 따른 고구려 유민들의 저항으로 인해 평양을 위시한 서북한지역 일대에 대한 당의 지배력이 크게 흔들렸다. 이런 상황은 신라 조정에 더없는 유혹이 되었다.

이렇게 보면 토번은 적어도 나·당전쟁의 '개전'과는 구체적인 관계가 없음을 알 수 있다. 나·당 간의 개전은 별다른 제3의 국제적 변수의 작용이 없는 가운데, 일차적으로는 당시 신라 조정의 정세 판단과 전쟁 의지에 의해 진행되었다. 나·당 간의 전쟁의 단초는 김양도와 김흠순이 '사죄사'로 파견된 669년 5월 이전에 열렸다고 볼 수 있다. 만약 신라가 이때 당과 개전을 하였다면 자연 그에 대한 준비는 그 전부터 하였을 것이므로, 668년 9월 왜를 방문한 김동암의 사행使行의 목표가 무엇이었는가가 분명해진다. 신라는 평양성 공략 후 부닥칠 다음 상황이 당과의 충돌일 것으로 예상하고, 그럴 때 왜가 어떤 태도를 취할지에 대한 타진과 나아가 왜와의 화해와 국교 재개를 모색하였다고 생각된다. 그러면 오랫동안 서로 대립하여왔던 신라와 왜가 어떤 면으로 인해 서로 화해하게 되었을까. 구체적으로 신라는 왜에 무엇을 제시하며 설득하려 하였을까.

(3) 나·왜 화해의 배경

양국 간 화해의 구체적인 계기나 요인은 무엇보다 양국 모두가 당의 위협에 직면하고 있다는 객관적 사실과 그리고 그런 점을 양국 지배층이 익히 인식하고 있었다는 데 있다.

나·당전쟁 기간 중 당장唐將 설인귀에게 보낸 문무왕의 서한에서, 신라가 당에 대항해 전쟁을 벌이게 된 것을 변호하면서 가장 강조한 부분이 신라를 당시 당에 피복속된 백제와 대등한 존재로 취급하는 당의 정책에 대한 비난이었다. 이는 달리 말하면 백제 영역을 당이 독식하고 나아가 신라마저 당의 기미주羈縻州로 편제하려는 것에 대한 항변이었다. 백강구전투 후 당은 부여융扶餘隆을 웅진도독에 봉하고 문무왕을 계림주대도독에 봉작한 후 양자를 당장唐將의 주도하에 회맹하게 하였다. 이는 신라를 몹시 자극하였고 나아가 신라의 근본적인 안위를 우려하게 만들었다. 실제 당시 당은 인근 국가와 종족들을 모두 복속시켜 기미주체제로 편제할 것을 지향하였다. 이러한 당의 정책의 궁극적인 지향점을 신라가 깨닫게 되면, 조만간 양국 관계에서 심각한 갈등은 피할 수 없었다. 백제 멸망 직후 당병이 내친 김에 신라를 공격하려 한다는 풍문이 돌아, 한때 신라 조정이 방어책을 강구하는 등 부산한 움직임을 벌였던 일이 있었다.[23] 이는 낭설에 불과한 것으로 판명되어 일시적인 해프닝으로 끝났지만, 신라 조정은 당의 정책의 궁극적인 목표나 그 성격에 대해 심각하게 생각하기 시작하였을 것이다. 다음 사례도 그런 의구심을 부채질하였을 것으로 여겨진다.

당의 장안長安에 있는 당 태종太宗 이세민李世民의 무덤인 소릉昭陵의 사마문司馬門 내에는 이세민의 공을 기리기 위해 정관貞觀 연간(627~649)에 사로잡혀 항복하였거나 귀화한 번장蕃長 14명의 석상을 만들어 세워놓았다. 이것들은 영휘永徽 연간(650~655)에 당 고종의 명에 의해 만들어졌는데,[24] 이 석상들 중에는 '신라낙랑군왕新羅樂浪郡王 김진덕金眞德'의 상이 있었다.[25] 진덕여왕은 당에 간 적이 없으니 진영眞影을 새긴 석상은 아니었을 것이다.

---

23 『三國史記』 金庾信傳 中.

24 『唐會要』 권20, "上欲闡揚先帝徽烈 乃令匠人 琢石寫諸蕃君長十四人 列於昭陵司馬門內."

25 『唐長安志』 卷中, 昭陵圖說, "諸蕃君長貞觀中擒伏歸和者 琢石肖形狀 刻其官名 凡十四人 突厥頡利可汗左威大將軍阿史那咄苾 …… 新羅樂浪郡王金眞德 ……"(宋元方志叢刊 1, 『長安志』, 中華書局, 1990, 212~215쪽).

아무튼 신라왕이 당에 의해 정복되어 그 영토와 주민이 기미주로 편제되어진 여러 유목민 국가나 집단의 추수酋帥와 같은 부류로 취급되어, 그 석상이 소릉 구내에 배열되어 있었다. 진덕여왕의 석상이 소릉에 배열되어 있다는 사실은 김인문金仁問이나 그 밖에 당 황실에 숙위宿衛하고 있던 신라 귀족과 사신을 통해 조만간 본국인들에게도 알려졌을 것이다. 나아가 그것이 내포한 의미를 점차 왕실 등 신라 지배층이 현실 속에서 재인식하였을 것이다. 또한 668년 무렵 웅진도독부하의 백제 측으로부터 "당이 선박을 수리하면서 겉으로는 왜국을 정벌하려 한다고 하지만 실제는 신라를 공격하려 한다"는 소식이 전해져, 신라 백성들이 불안해하였던 일이 있었다.[26]

이처럼 당과 동맹을 맺어 함께 전쟁을 치른 신라가 당의 공격 가능성에 대한 위협을 계속 느끼고 있었으니, 당 및 신라와는 적대적인 관계에 있었고 전쟁까지 치러 패전하였던 왜는 더욱 그러하였을 것이다. 그간 나·당 연합군의 진공에 방파제 역할을 해왔던 고구려는 이제 그 명맥을 다해가고 있었다. 고구려의 절박한 구원 요청을 외면한 채 사태의 진전을 예의 주시하고 있던 왜는 다음 차례는 왜일 수 있다는 가정이 점점 현실성을 띠고 압박해오자 조정에서는 점차 위기의식이 고조되었다. 그런 시점에 신라사가 왜국을 찾아왔다.

문제는 이때 신라사가 반당反唐을 함께하는 화해를 왜 조정에 제의하였다면, 무엇을 구체적인 논거로 하였을까이다. 이 면에 대해서는 당의 일본열도 침공 위협에 관한 정보일 것이라는 설이 유의된다. 663년 백강구전투 당시 당군에 사로잡혀 포로가 된 대반부박마大伴部博麻 등 5인의 왜인이 당에 끌

26 『三國史記』 文武王 12년 「答薛仁貴書」. 이 사건에 관한 기사가 총장 원년(668)에 있었다는 일 다음에 기술되어 있다. 이 기사에 이어 漢城州都督 朴都儒에 대한 당의 미인계 사건이 기술되었고, 그 다음에 함형 원년(670) 6월의 사건이 기술되어 있다. 그러므로 이 사건은 668년이나 669년에 있었던 것으로 추측된다.

려가 생활하고 있다가, 670년 알게 된 당의 '왜에 대한 계획'을 본국에 알리기 위해 대반부박마가 자신의 몸을 팔아 경비를 마련해 다른 4인을 귀국시킨 일이 있었다.[27] 이 일이 앞에서 말한 문무왕의 「답설인귀서答薛仁貴書」에서 전하는 "당이 선박을 수리하여 겉으로 왜국을 정벌 운운"하였다는 언급과 상통하는 내용이 있음을 들어, 실제 당시 당이 왜에 대한 원정 계획을 수립하였고,[28] 그 정보를 신라가 왜에 전해주면서 당의 위협에 공동 대응할 필요성을 피력하지 않았을까 하는 주장이다.[29] 왜를 정벌하려는 당의 계획이 실제로 있었는지 여부는 단정할 수 없지만, 당이 왜를 정벌하려 한다는 유의 풍문과 첩보는 당시 꽤 널리 유포되었을 것이다. 백강구전투 이후에도 유진군留鎭軍의 교대 병력이나 물자의 수송, 관인들의 왕래 등으로 당과 웅진도독부 간에는 상당량의 선박 왕래가 있었다. 그리고 664년 이후 당 및 웅진도독부와 왜 간에도 여러 차례 사신 왕래가 있었고, 665년에 파견된 당의 사신 유덕고劉德高 일행은 254명에 달하였다.[30] 이러한 대규모 인적·물적 왕래는 당시 불안한 상황하에서 자연 이러저러한 풍문을 낳게 마련이고, 그런 풍문은 쉽게 재당在唐 왜인이나 백제인, 신라인들 사이에 퍼져나갈 수 있었다. 그러므로 668년 9월 왜와의 국교 회복을 기도하던 신라 측이 그런 풍문을 활용하였을 개연성은 충분히 상정할 수 있다.

반당을 함께하자는 신라사의 화해 제의에 대해 왜 조정의 중신이었던 중신겸족中臣謙足이 적극 나서 이에 응하려 하자, 일각에선 이에 반대하는 이들도 있었다.[31] 아마도 신라사의 제의를 신라에 대한 왜의 경계를 느슨하게

---

27 『日本書紀』, 持統 4년 10월 乙丑조.

28 松田好弘, 앞의 논문, 1980.

29 金恩淑, 앞의 논문, 1996.

30 『日本書紀』 권27, 天智 4년 9월 壬辰조.

31 中臣(藤原)鎌足의 증손에 해당하는 藤原仲麻呂가 저술한 『家傳』 上에 전하기를 "七年秋九月

하려는 일종의 모략으로 간주하여 거부하려 했던 것 같다. 그럼에도 불구하고 왜 조정에서 신라의 제의에 적극 응하였던 데에는 몇 가지 요인이 작용하였다. 첫째, 신라의 제의는 왜에게는 매우 매력적이었다. 만약 신라가 대당 제국과 교전해준다면 그것은 그지없이 좋은 일이고, 그렇게까지 나아가지 않더라도 신라가 당에 적대적인 자세를 취하려는데 왜가 이를 미리 반대할 이유는 없었다. 둘째, 신라사가 전한 제의는 신라 조정의 합의가 뒷받침된 것이었다고 판단한 듯하다. 왜 조정의 반응으로 제일 먼저 나타난 조처가 중신겸족이 김유신에게 배 1척을 선사한 것이었다는 점이 유의된다. 이는 김유신이 문무왕의 외숙이고 당시 신라 조정의 중추였다는 사실을 중시하였음을 나타낸 것이지만, 아울러 실제 김유신이 이 계획을 추진하였기 때문으로 여겨진다. 668년 6월 대고구려전의 최종 공략전에 친히 출진하면서 문무왕은 대총관 김유신을 수도에 머물게 하였는데,[32] 아마도 수도에 남아 있던 그가 9월 초 왜에 사신을 파견하는 일을 주관하였을 것이다. 물론 김동암은 왕명으로 파견되었지만, 그것을 구체적으로 집행하는 데는 김유신이 직접 간여하였던 것이다. 즉 김동암의 제의에는 왕과 중신 김유신의 합의와 지지가 실려 있었으므로, 곧 왜 조정으로 하여금 그 제의의 진의眞意에 신뢰를 둘 수 있게 하였을 것이다.

신라의 반당 화해 제의는 왜로서는 '불감청고소원不敢請固所願'이었다. 그런 왜의 입장을 파악하고 있었기에 신라는 의표를 찌르는 정책을 능동적으

新羅進調 大臣郎 付使金東巖 賜新羅上卿庾信船一隻 或人諫之"라 하였다(竹內里三 編, 「家傳」 上, 『永樂遺文』 巻下, 東京堂, 1962). 즉 김유신에게 배 1척을 선사하는 것에 대해, 달리 말하면 신라와 화해하는 것에 반대하는 자가 있었음을 기술한 것이다(松田好弘, 앞의 논문, 1980 ; 연민수, 『古代韓日交流史』, 혜안, 2003, 231쪽).

32 『三國史記』 신라본기 문무왕 8년 6월조에서는 질병으로 인해 그렇게 조처하였다고 기록하였고, 김유신전 下에서는 '守國', 즉 수도에 남아 나라를 지키게 하기 위해서라고 하였다.

로 추진할 수 있었다. 실제로 그 이후의 나 · 일 관계는 그런 방향으로 전개되어갔다.

3. 나 · 당전쟁의 추이와 나 · 일 관계

왜와 화해를 하여 후고後顧의 염려를 줄인 신라는 이듬해 669년부터 당에 대한 탐색전을 벌여나가기 시작하였다. 그리고 669년 9월 왜에 사신을 보냈는데, 이는 신라의 입장을 다시 말하고 왜의 의사를 재확인하기 위함으로 여겨진다. 그런 뒤 669년 말 670년 초부터 본격적인 대당 작전을 벌여, 나 · 당 간에 전면전이 전개되었다.

670년 3월 압록강을 건너 작전을 펼쳤던 신라군과 고구려부흥군은 곧이어 당군에 밀려 후퇴하였다. 당군은 나아가 대동강 유역을 압박하여 고구려부흥운동군 검모잠劍牟岑 일파에게 후퇴를 강요하였다. 검모잠 일파는 재령 방면으로 남하하던 중 안승安勝을 사야도史冶島에서 맞이하여 왕으로 옹립한 뒤 신라에 구원을 요청하였다. 6월에는 앞으로의 진로를 둘러싼 갈등으로 안승이 검모잠을 죽이고 신라로 넘어갔다. 이렇게 보면 이해 초부터 진행된 신라군의 작전과 고구려부흥군의 움직임은 모두 실패로 끝난 것처럼 여겨지기도 한다.

그러나 위에서 언급한 서북한과 압록강 이북지역을 향한 신라군의 작전은 그 목적이 이 방면으로의 세력 확대라든가 방어선 구축에 있었던 것은 아니었다. 이는 일종의 양동작전과 같은 것으로 여겨진다. 즉 이해 신라 조정이 주력하였던 작전의 초점은 구백제지역 장악에 있었다. 이를 위해 만주 신성에 있는 안동도호부를 중심으로 한 당군의 주력을 그 방면에 묶어두려고, 3

월 압록강을 건너 작전을 벌였던 것이다.[33] 신라의 기습적인 공격을 받아 크게 당황한 이 방면의 당군은 이윽고 다시 공세를 취해 신라군과 고구려부흥군을 압록강 이남으로 밀어냈고, 이어 당 조정에서는 고간高侃과 이근행李謹行이 각각 이끄는 한군漢軍과 번군蕃軍 4만 명을 새로 투입하였다.[34] 하지만 당군은 안시성 등지의 고구려부흥군을 진압하는 것이 우선적인 과제였고, 더 이상의 본격적인 남진은 그 뒤로 미루어둘 수밖에 없었다. 당군은 671년 7월 고구려부흥군의 안시성을 공략하였고,[35] 고간과 이근행이 이끈 당군이 재차 평양에 진주하여 8개의 영을 설치한 것은 672년 7월이었다.[36] 그러는 사이에 문무왕이 직접 지휘하는 신라군의 주력은 670년 7월까지 구백제 영역의 대부분을 석권하였다. 궁지에 몰린 웅진도독부를 구원하기 위해 새로 대규모 파병을 하기에는 당은 군사적 여력이 부족하였다. 당은 고간과 이근행이 이끈 4만 군 이외에도, 이미 670년 4월 토번 토벌전에 설인귀를 장將으로 하는 10만의 군대를 동원한 상태였다. 그나마 토번 토벌전에 동원된 당군은 이해 8월에 대패하였고,[37] 그에 따라 오히려 당의 관중關中지역이 토번의 위협을 받는 형세가 되었다. 그런 가운데 당은 긴급 대응책으로 설인귀를 재차 등용하여 671년 여름 해상으로 웅진도독부를 지원하려 하였다.[38] 그러나 이해 10월 신라의 해군이 당의 운량선 70여 척을 격파하는 등 타격을 가하였기 때문에, 설인귀는 이번에도 문무왕과 서한을 주고받는 것 외에는 별다른

33 노태돈, 앞의 논문, 1997.

34 『新唐書』 권3 高宗本紀 咸亨 元年 4월조 ; 『資治通鑑』 권201, 唐紀 高宗 咸亨 元年 4월조.

35 『資治通鑑』 권202, 唐紀 高宗 咸亨 2년 7월조.

36 『三國史記』 문무왕 12년 7월조. 이에 앞서 문무왕 11년 9월조에도 같은 내용의 기사가 있으나 이는 중복 기사로, 당측의 기록과도 일치하는 문무왕 12년 7월조가 옳다.

37 『舊唐書』 권83, 薛仁貴傳.

38 행군총관 설인귀가 문무왕에게 서한을 보낸 것이 671년 7월 26일이니(『삼국사기』 문무왕 11년 7월조), 그가 한반도 전선에 투입된 것은 이해 상반기로 여겨진다.

전과를 올린 것 같지 않다.

이상에서 보듯 신라는 나·당전쟁 초반에 기선을 제압하여 눈부신 전과를 획득하였다. 또한 670년 8월에 안승 집단을 금마저金馬渚(지금의 익산)에 정착하게 한 뒤, 안승을 고구려왕으로 책봉하여 고구려 유민들의 포섭에서도 확실한 성과를 올렸다.

한편 일본은 669년 종반 당에 하내직경河內直鯨 등을 파견하였다.[39] 고구려 평정 축하를 명목으로 한 사신 파견이었지만, 실은 고구려 멸망 후의 당의 대외정책을, 특히 일본과 신라에 대한 그것을 탐색하기 위해서였을 것이다. 670년 9월에는 신라에 아담연협수阿曇連頰垂를 사신으로 파견하였다.[40] 이것은 아마도 새로운 정세를 파악하고, 나·당전쟁의 양상을 견문하기 위해서였을 것이다. 신라를 찾은 아담연협수와 당을 찾은 일본 사신의 귀국 보고에는 나·당 간에 실제 혈전이 벌어지고 있고 신라의 대당 전쟁 수행이 만만치 않게 진행되고 있다는 점 등이 포함되었으므로 일본 조정의 국제정세 인식에 큰 영향을 주었을 것이다.

한편 고립무원 상태에 처한 웅진도독부의 당 세력은 활로를 찾기 위한 방안으로 대일 교섭에 주력하였다. 그에 관해 전하는 『일본서기』의 기록을 보면 다음과 같다. 671년 정월 13일 웅진도독부에서 일본으로 "이수진李守眞 등을 파견하여 표를 올렸다." 2월 22일에는 "백제가 대구용선臺久用善 등을 보내어 조調를 바쳤다." 6월 4일에는 일본왕이 "백제 3부 사인使人이 요청한

39 『日本書紀』 권27, 天智 8年 是歲條. 『新唐書』 日本傳에서는 "咸亨 元年(670) 遣使賀平高麗"라 하였다. 한편 『册府元龜』 外臣部 朝貢 2에서는 "咸亨元年三月 倭國王遣使 賀平高麗"라 하였고, 그에 앞서 총장 2년(669) 11월에도 日本使 來到를 언급하였다. 양자가 모두 함께 출발하였다가 海難으로 각각 따로 도착케 된 河內直鯨의 일행인지, 별도로 파견된 사신인지는 분명하지 않으나 전자일 가능성이 높다.

40 『日本書紀』 권 27, 天智 9년 9월조.

바의 군사軍事에 대해 선宣하였다." "15일 백제가 예진자羿眞子 등을 보내어 조를 바쳤다." "7월 11일 당인 이수진 등이 백제 사인과 함께 돌아갔다."

이 기록에서의 '백제'는 반당적인 백제부흥운동세력은 아닌 것으로 생각되는데, 웅진도독부의 '당인 이수진'과 '백제 사인'이 함께 돌아갔다는 것이 그런 면을 말해준다. 여기서의 백제는 웅진도독부하에 귀속되어 있던 백제인 집단으로 여겨진다. 당은 이들을 동원하여 일본의 군사원조를 얻으려고 노력한 것이다. 그러나 이미 나·당전쟁의 진행 상황을 알고 있던 일본으로서는 당에 협력하여 신라와의 전쟁에 개입할 의사는 없었다. 그렇다고 당에 적대적인 태도를 굳이 표방하려고도 하지 않았던 것 같다.

그런 상태에서 11월 10일 다시 당의 대규모 선단이 일본을 찾았다. 당인 곽무종郭務悰이 이끈 600인과 백제인 사택손등沙宅孫登 외 1,400여 인 등 모두 합쳐 2,000여 인이 일본에 왔다. 이들의 성격에 대해서는 그간 논란이 분분하였는데, 사택손등 외 1,400여 인은 백제 멸망 때와 백강구전투 때 당군의 포로가 되었던 일본인과 백제인이라고 보는 설이 설득력을 지닌다. 이들 1,400인 중 상당수는 당으로부터 송환되어온 이들이었는데, 당 조정은 웅진도독부를 구원할 군대를 파견할 수 없는 상황에서 이들 포로를 일본에 보내주고 대신 군사원조를 얻어 위기에 대처하려는 의도였던 것 같다. 이때 마침 일본 조정은 덴지가 죽고 분쟁(진신壬申의 난亂)을 거쳐 덴무天武가 즉위하는 왕위 교체기여서 해결에 시간을 끌다가 이듬해 덴무 조정에 의해 포로를 속환하는 대가로 물자를 지급하는 선에서 마무리하였다.[41] 즉 군대를 지원하지 않고 대신 군사물자를 지원해주는 선에서 당과의 교섭을 마무리하였던 것이다. 이에 672년 5월 30일 곽무종 일행이 일본을 떠났다. 이후 702년 재차 견

41 松田好弘, 앞의 논문, 1980 ; 直木孝次郎, 앞의 논문, 1985.

당사를 파견하기 전까지, 일본과 당의 공식적인 접촉은 두절되었다.

한편 671년 정월 고구려 사신이 일본에 갔다. 이 '고구려'는 금마저에 자리 잡은 안승의 소고구려국으로,[42] 684년 소멸될 때까지 일본과의 교섭을 지속하였다. 금마저에 자리 잡은 지 1년도 채 되지 않은 시기에 일본에 사신을 파견한 것은 소고구려국의 의지와 능력만으로는 보이지 않는다. 이는 신라 조정의 요구에 따른 것으로 보아야 한다. 이 무렵 웅진도독부는 앞에서 보았듯이 '백제'를 동원하여 일본에 대한 외교적 노력을 쏟아붓고 있었다. 이런 당 측의 움직임에 대응하여, 신라는 고구려 유민집단을 통해 나·당전쟁의 상황과 고구려 유민들의 신라 지지를 알려 일본을 신라 측에 기울게 하려고, 적어도 일본이 당과 연결되는 것을 막으려 하였다. 그리고 671년 6월과 10월에는 신라 사신이 일본을 찾았다. 소고구려국과 신라의 사신이 전하는 나·당전쟁의 전황은 일본으로 하여금 당의 외교 공세에 차분히 대응할 수 있는 자료가 되었을 것이다. 11월 29일에는 일왕 덴지가 신라 사신을 통해 신라왕에게 "견 50필, 면 1,000근, 위韋 100매를 보내었다."[43] 아마도 이는 일본이 신라에 대한 신의를 표하는 의미로 보내진 것으로 여겨진다. 즉 이달 10일에 곽무종 등 2,000여 명을 실은 대규모 당의 선단이 일본에 도착하여 일본 조정과 어떤 것에 대해 교섭과 절충을 하고 있었는데, 이 사실은 아마도 당시 일본에 머물고 있던 신라 사신에게도 알려져서 신라사신은 상당한 의구심을 가졌을 것이다. 그런 상황에서 일왕의 선물은 신라 측의 의구심을 무마하기 위해 보내졌던 것이다. 이 시기 일본은 당과의 교섭에는 응하지만, 당에 군사적 지원을 하여 나·당전쟁에 직접 개입하게 될 가능성은 피하고 또한 이 과정에서 당의 요구를 거부함에 따라 당 측을 자극하여 충돌을 야기

42 村上四男, 「新羅と小高句麗國」, 『朝鮮學報』 37·38, 1966.

43 『日本書紀』 권 27, 天智 10년 11월 壬戌.

하는 것도 피하려는 신중한 자세를 취하였다. 그리고 당 측의 교섭 요구에 응하지만 일면으로는 신라 측과의 우호적 관계는 유지하려는, 달리 말하면 신라가 당과 항쟁하는 것을 저해하지는 않으려는 자세를 견지하였다. 671년 종반 당의 곽무종 일행과 교섭 절충하면서 동시에 신라 사신을 통해 신라왕에게 물자를 보내는 조처를 취하였고, 그리고 이듬해 긴 교섭 끝에 곽무종 일행에게 물자를 지원하여 무난히 되돌아가게 한 것은 이 시기 일본의 대외 교섭 자세의 단면을 말해준다.

이처럼 나·당전쟁의 전개와 함께 671년에는 신라와 소고구려, 당과 '백제'가 서로 자신들에게 유리한 방향으로 일본을 끌어들이려 외교전을 펼쳤고, 일본은 조심스레 정세를 관망하면서 자국의 안위에 유리한 방책을 신중히 모색하는 양상을 보였다. 그런 가운데 점차 분명해진 것은 이제 일본이 백강구전역戰役 이후 계속된 안보의 불안이란 굴레에서 벗어나게 되었다는 점이다. 즉 한반도에서 전개된 나·당 간의 혈전은 이제 양국 관계를 되돌이킬 수 없는 단계로 진입하게 만들었고, 그에 따라 일본 열도로의 당군 또는 나·당연합군의 침공이라는 악몽은 사라지게 되었다. 이제 일본은 한 걸음 비켜서서 한반도에서 전개되는 전쟁의 추이를 지켜보면서 내정內政 정비에 주력하는 입장이 되었다. 그런 가운데 지속된 나·당전쟁은 신라와 일본의 관계에 큰 영향을 미쳤다.

한편 672년 이후 나·당전쟁의 추이를 살펴보면, 672년 7월 평양에 진주하여 8개의 영營을 구축한 뒤 당군은 공세로 나섰다. 황해도 방면으로 당군이 남진해오자 백수성白水城에서 신라군과 고구려부흥군이 이를 공격하여 승리를 거두었다. 그러나 퇴각하는 당군을 쫓아 진격하다가 석문石門전투에서 당군의 역습을 받아 크게 패배하였다. 나·당전쟁 개전 이후 처음으로 겪는 대패에 신라 조정은 크게 당황하여 당군을 방어하는 방책 모색에 골몰하였다. 그래서 군사적으로는 야전野戰을 피하고 물러나 요충지를 방어하는 데 주력하였고,[44] 다른 한편으로는 당에 '사죄사'를 파견하고 당군 포로를 일부 송환하며 물자를 조공하여 외교적으로 당군의 공세를 완화하려 하였다.[45]

그러나 당군은 673년에 들어서도 공세를 강화하였다. 당군이 남하하여 고구려부흥군과 신라군을 압박하자, 9월 양측은 임진강 유역에서 혈전을 벌였다. 이 전투를 당 측[46]과 신라 측은[47] 각각 자국의 승리라고 기록하였다. 이에 대해 이 전투에 참가한 당군 사령관 고간에 관한 기록에서 이 전역에 그가 참여하였다는 사실 자체를 침묵하였고, 이 전투 이후 더 이상 그에 관한 다른 활동상이 전해지지 않는 점 등을 지적하면서, 이 전투는 당군의 패배였다는 설이 주장된 바 있다.[48] 그러나 고간 등 나·당전쟁에 참전하였던 주요 장수들에 대한 기록이 소략한 것은 그 뒤 당 조정에서 진행되었던 각종 세력 간의 대립과 정치적 갈등에 따른 결과로 그들에 관한 기록 자료가 적어졌기 때문이며, 전투 자체는 당의 승리였다는 반론도 제기되었다.[49] 전쟁의 승패에 관해 당사자들 간에 서로 다른 주장을 하는 경우는 고금을 통해 적지 않게 있어왔던 일로, 이 경우만의 특별한 것은 아니다. 일단 이 전투의 결과를 보면, 이후 당과의 전쟁에서 고구려부흥군이 전열의 전면에서 사라지게 되었다. 그런 면에서 보면 당 측으로서는 『신당서新唐書』 고려전高麗傳에서 전하듯 이 전투로 4년간에 걸친 고구려 유민의 반란을 평정하였다는 면에서

44 『三國史記』 金庾信傳 下.
45 『三國史記』 文武王 12년 9월조.
46 『新唐書』 高麗傳.
47 『三國史記』 新羅本紀 文武王 13년 9월조.
48 존 씨 제미슨, 「羅唐同盟의 瓦解」, 『歷史學報』 44, 1969.
49 拜根興, 『七世紀中葉唐與新羅關係硏究』, 中國社會科學出版社, 2003, 96~101쪽.

승리였다고 할 수 있다. 반면 『삼국사기』에서 전하듯, 이해의 전투에서 신라군은 임진강을 넘어 한강 하류지역으로 진출하려는 당군을 격파하였고, 이에 당군은 더 이상 남진하지 못하였다. 그러므로 신라 입장에서는 당군의 대공세를 임진강 선에서 저지하였으므로 승리라고 할 수 있다.

그 다음 해인 674년 정월 당은 유인궤劉仁軌를 계림도행군대총관으로 삼고 이근행과 이필李弼을 부총관으로 한 원정군을 재차 투입하는 한편, 문무왕에 대한 책봉을 취소하고 김인문을 신라왕으로 봉하여 그를 신라로 파송하려 하였다.[50] 그런데 이 무렵 당 조정에서는 측천무후則天武后가 정치에 깊히 간여하기 시작하였는데, 그녀는 '식병론息兵論'을 주창하며 동방으로의 팽창에 반대하는 입장이었다.[51] 아울러 이때 토번의 위협에 대한 대처가 당 조정의 당면 과제로 부각되어, 자연 한반도 내에서 신라와의 상쟁은 상대적으로 덜 급한 과제로 인식되었다. 그런 가운데 유인궤가 이끈 당군이 재차 한반도에서 공세를 취한 것은 다음 해에 들어서였다.[52]

675년 2월 유인궤는 공세를 펼쳐 칠중성七重城지역(지금의 경기도 연천)에서 신라군을 격파하는 등의 승리를 얻었으나, 전세에 큰 변화를 가져오지는 못하였다.[53] 곧이어 유인궤는 본국으로 돌아가고 대신 이근행이 안동진무대사

---

50 『舊唐書』 권5, 高宗 咸亨 5년 2월 壬午조 ; 『資治通鑑』 권202, 高宗 咸亨 5년 정월조.

51 黃約瑟, 앞의 논문, 1997.

52 유인궤를 鷄林道大總管으로 한 원정군은 674년 후반까지도 한반도에서 본격적인 작전을 벌일 태세를 갖추지 못한 것 같다. 부대총관에 임명된 衛尉卿 李弼이 674년 9월 궁중에서 열린 연회에 참석하였다가 갑자기 죽었던 일도 그런 면을 말해준다(『資治通鑑』 권202, 唐紀 高宗 上元 元年 9月 甲寅).

53 『新唐書』 권 108, 劉仁軌傳에선 유인궤가 이끈 당군이 674년 七重城을 공략하였다고 기술하고 있다. 필자도 이를 수용해 674년에 당군이 신라에 대한 공세를 취한 것으로 서술한 바 있다(노태돈, 앞의 논문, 1997). 그러나 주 52에서 말한 바처럼 674년에는 당군이 공세를 취하지 않은 것으로 보아야 한다. 『신당서』의 기록은 675년 2월에 있은 유인궤의 칠중성 공격을 착각하여 기술한 것이다. 그 점에서 필자의 앞 논문에서의 기술을 비판한 견해는 타당한 것이다(徐榮教, 앞의 논문, 2002b).

安東鎭撫大使가 되어 당군을 통섭하였는데 그런 상황에서 문무왕이 '사죄사'를 파견하니, 당은 이를 수용해 문무왕의 왕위를 복위하는 조처를 취하였다.[54] 그러나 이후에도 매초성買肖城(지금의 경기도 양주)에 본거를 둔 이근행의 당군은 한강 하류를 향한 압박을 계속하였다. 당군의 압박에 대한 신라군의 저항이란 형태로 전개되던 전쟁 양상은 675년 9월 매초성전투를 고비로 반전되었다. 매초성전투에서 패배한 당군은 퇴각하기 시작하였다.

나·당전쟁에 새로운 전기가 나타난 것은 676년에 들어서였다. 이해 봄 당 조정은 토번의 내분 상태를 틈타 대규모 원정군을 조직하려 하였다.[55] 그것이 그대로 실행되지는 못하였지만, 675년 9월 이후 한반도 중부지역의 매초성에서 패배한 뒤 퇴각하였던 이근행이 676년 토번전에 투입되었다.[56] 당시 당과 토번과의 싸움은 당과 신라와의 싸움과 서로 맞물려 있어 연동하는 면을 지녔다. 당 조정 입장에서는 토번과의 전쟁이 더 심각하고 중요한 전쟁이었으므로, 자연 토번과의 전쟁에 주력하기 위해 신라와의 전쟁에서 후퇴하는 방책을 취하게 되었다.[57] 물론 이런 면을 인정한다는 것이 곧 나·당전쟁에서의 신라의 승리가 토번과 당의 전쟁이란 제3의 다른 변수에 의해 주어진 우연한 산물일 뿐이라거나, 무승부의 종전이었다고 할 수는 없다. 그것은 근본적으로는 세계제국 당의 일방적인 패권 추구에 정면으로 저항하여 8년여에 걸친 전쟁을 벌여나간 결과로 얻은 값진 승리였다.

한편 668년 이후 신라와 일본과의 관계를 보면, 신라는 거의 매년 왜에 사신을 보냈다. 신라로서는 당과의 전쟁에서 밀리거나 하면 일본의 존재는 매

54 『新唐書』 권220, 新羅傳 ; 『資治通鑑』 권202, 上元 2년 2월조.
55 『舊唐書』 권5, 高宗本紀 上元 3년 윤3월조.
56 『舊唐書』 권199下, 靺鞨傳.
57 陳寅恪, 앞의 논문, 1944 ; 黃約瑟, 앞의 논문, 1997 ; 徐榮教, 앞의 논문, 2002b ; 拜根興, 앞의 책, 2003, 112~114쪽.

우 중요한 요소가 되었으므로, 혹여나 배후에서 딴 일이나 생기지 않을까 노심초사할 수밖에 없었다. 반면에 일본은 나 · 당 간에 벌어지고 있는 혈전의 현장에서 한 걸음 떨어져 있었고, 웅진도독부가 소멸된 뒤로는 당과 어떤 형태로든 접촉할 계기조차 없어진 상황이 지속되었던 만큼, 전쟁의 위험이 신라에 비해 훨씬 실감나지 않았던 게 사실이었다. 이에 따라 나 · 일 교섭 재개 초기에 보인, 신라왕과 대신에 선물을 보내는 등의 배려는 더 이상 베풀지 않게 되었고, 오히려 시간이 흐름에 따라 신라에 대해 고답적인 면을 보이기 시작하였다. 676년 나 · 당전쟁이 마무리 지어진 뒤에도 그러한 면은 이어졌다.

4. 676년 이후의 나 · 일 관계

676년 당군이 한반도에서 철수한 이후, 신라와 당 간에 화평관계가 곧바로 회복된 것은 아니었다. 당은 676년 안동도호부를 만주의 신성으로 철수하였지만 여전히 한반도에 대한 재침공 의도를 지니고 있었다. 실제로 2년 뒤인 678년에 다시 신라에 대한 대규모 원정 계획을 수립하였다. 그러나 이때 마침 토번이 안서安西 사진四鎭을 공략해오자, 토번을 제쳐두고 신라를 공격하려는 계획을 재상 장문관張文瓘을[58]위시한 당 조정의 많은 이들이 반대하여 결국 이 안은 폐기되었다. 이를 고비로 당의 신라 침공 기도는 더 이상 시도되지 않았다. 그러나 당은 신라의 대동강 이남지역에 대한 영유를 인정하지 않았다. 나아가 고구려 왕손과 백제 왕손을 각각 고려조선군왕高麗朝

58 『舊唐書』 권85, 張文瓘傳.

鮮郡王과 백제대방군왕百濟帶方郡王으로 봉해 당의 수도에 유거케 하였다.[59] 신라 입장에서 이러한 당의 조치는 때가 되면 이들을 앞장세워서 재차 원정군을 투입하겠다는 노골적인 위협으로 느껴졌을 것이다.

이런 정세하에 신라로서는 비록 676년 열전熱戰이 일단락되었다 하더라도 계속 긴장의 끈을 늦출 수 없었다. 신라는 당을 자극하지 않으면서 동시에 방어체제를 강화하는 데 주력하였다. 676년 이후에도 신라가 황해도 방면에 군현을 설치하지 않고 일종의 완충지대로 놔두었던 것도 그런 연유에서였다. 그리고 대내적으로는 군비 확충에 일로 매진하였다. 왕 직속의 중앙군단인 9서당誓幢 중 5개 서당이 676년 이후에 편성되었던 것은 그런 면을 단적으로 말해준다.[60]

당과의 불편한 관계가 지속되는 동안 신라와 당 간에 공식적인 접촉이 전혀 없었던 것은 아니다. 신문왕 6년(686) 2월 견당사를 파견하여 『예기禮記』와 『문장文章』을 청하자, 측천무후는 이에 응해 관계 서적 중에서 뽑아 적은 책 50권을 보내주었다.[61] 이때 당의 정삭正朔을 받아와 신라에서 이를 시행하였던 듯하다.[62] 효소왕 8년(699)에는 사신을 보내 조공하였고,[63] 신문왕과 효소왕이 즉위한 직후인 681년과 692년에는 당이 사신을 보내와 신왕新王을 책봉하였다. 이는 곧 신라 조정에서 선왕의 죽음과 신왕의 즉위를 알리는 사신을 파견함에 따라 당 황제의 책봉이 행해졌다고 보아야 한다.[64] 즉 기록상

---

59 『舊唐書』 高麗傳 · 百濟傳.
이들 양 郡王은 725년의 태산 封禪 때도 內蕃의 왕으로서 참여하였으므로, 8세기 초반까지도 존속하였음을 알 수 있다(『舊唐書』 권23, 禮儀 3, 開元 13년 11월 壬辰조).

60 徐榮教, 「九誓幢 완성 배경에 대한 新考察—羅唐戰爭의 餘震」, 『韓國古代史硏究』 18, 2000.

61 『三國史記』 神文王 6년조 ; 『舊唐書』 권199, 新羅傳.

62 權悳永, 『古代韓中關係史』, 일조각, 1997, 44쪽.

63 『三國史記』 孝昭王 8년조 ; 『冊府元龜』 권970, 外臣部 朝貢.

64 주 62와 같음.

에는 전해지지 않는 신라의 당에 대한 사신 파견이 더 있었다고 추측할 수 있다. 이렇듯 신라는 당의 정삭을 사용하고 책봉을 받는 등 당 중심의 국제질서에 순응하는 일면을 보였다. 하지만 그것이 곧 양국 간의 관계가 원만해졌음을 뜻하지는 않았다. 신문왕대에 태종 무열왕의 묘호를 둘러싼 양측 간의 갈등이라든가, 책봉을 받은 후 사은사謝恩使를 파견하지 않았던 사실 등은 양국 관계가 여전히 대립적인 면을 띠었음을 말해주며, 실제로 676년 이후 양국 간의 사신 왕래의 빈도는 다른 시기의 그것과 비교할 때 매우 적었다.

한편 당과의 대립관계 지속이란 상황은 신라 조정으로 하여금 일본과의 관계에 그만큼 더 유의할 수밖에 없게 만들었다. 이 시기 신라는 문무왕 해중릉 설화와 감은사 창건 설화 등이 말해주듯 일본에 대한 경계심을 늦추지 않았지만,[65] 다른 한편으로는 일본에 빈번하게 사신을 파견하여 밀접한 관계를 맺었다. 일본 또한 672년 곽무종 일행이 돌아간 이후 702년 견당사 파견을 재개하기 전까지 당과의 교섭을 두절하였고, 대신 신라와 긴밀한 교류를 하였다.

이 시기에 나·일 양국은 내적 체제 정비에 주력하였다. 신라는 이미 그전부터 진행되어오던 중앙집권체제 구축에 박차를 가해 686년 예작부例作府의 설치를 끝으로 중앙관서의 정비를 마쳤고, 684년 안승의 족자族子인 대문大文의 반란을 진압한 뒤 보덕국報德國을 해체함에 따라 전국을 주군현제로 편제하는 작업을 마무리하였다. 군사제도 또한 신문왕대에 확대 개편을 완료하였다. 일본은 덴무 천황 즉위 이후 당의 제도를 전범으로 한 율령체제 구축에 주력하였는데, 당과의 외교관계가 두절된 상황하에서 이를 수행하였으므로 자연 규범이 되는 필요한 문물 지식의 많은 부분을 신라로부터 도입하

65 『三國遺事』 권2, 萬波息笛條.

였다. 이 시기 나 · 일 양국 모두에서, 전쟁의 경험과 당과의 이면적 대치 상태라는 대외적 긴장은 중앙집권적인 체제 구축과 왕권 강화에 유효한 외적 요소로 작용하였다.

이처럼 나 · 일 양국은 비슷한 시대적 과제를 수행하면서 상호 밀접한 교류를 행하여, 이 시기 양국 관계는 전근대 한일관계사에서 독특한 면모를 띠는 한 시기를 이루었다. 이 시기 양국 간 사신 왕래는 〈표 1〉에서 보는 바와 같이 매우 빈번하였다(여러 형태의 송사送使는 〈표 1〉에 포함하지 않았다). 그런데 이처럼 외형적인 긴밀한 교류에도 불구하고 양국 간의 교섭관계가 반드시 시종 우호적이었다고만은 할 수 없다. 다른 한 면에서는 상호 갈등과 대립의 요소가 자라고 있었다. 무엇보다 양국 간 관계에 대한 양측의 인식 차이가 그것이었다. 그러한 면을 고찰하기 전에 먼저 〈표 1〉에 나타난 외형적 양상을 살펴보자.

〈표 1〉은 668년 나 · 일 간에 국교가 재개된 이후부터 700년까지를 대상으로 하였다. 700년을 하한으로 한 것은 702년에 일본이, 703년에는 신라가 당에 사신을 파견하였고, 이후 양국은 견당사를 지속적으로 파견하여 그 전과는 다른 양상을 나타냈기 때문이다.

〈표 1〉에서 보면 668년 이후 신라에서 일본으로 사신을 파견한 횟수는 22회이고, 일본에서 신라로의 사신 파견은 10회이다. 소고구려국이 일본에 사신을 파견한 횟수는 8회이고, 일본의 소고구려에 대한 사신 파견은 3회이다. 소고구려국의 대일 사신 파견은 앞에서도 말했듯이 신라 조정의 의지와 무관한 것은 아니었다. 특히 673년과 676년 이후의 사신 파견에는 소고구려 사신을 신라가 일본까지 호송해주었다. 이는 당의 해군으로부터 사신을 보호한다는 의미를 지닐 수도 있지만,[66] 전쟁이 종결된 이후에도 계속 송사를

66 田村圓澄, 「新羅送使考」, 『朝鮮學報』 90, 1979.

〈표 1〉 668~700년 사이 신라와 일본 간 사신 왕래

	신라에서 일본으로	일본에서 신라로	소고구려에서 일본으로	일본에서 소고구려로
668	○			
669	○			
670		△		
671	○ ○		☆	
672	○		☆	
673	○		☆	
674				
675	○ ○	△	☆	
676	○	△	☆	
677				
678	○(海難)			
679	○	△	☆	□
680	○		☆	
681	○	△		□
682			☆	
683	○			
684		△		□
685	○			
687	○	△		
689	○			
692	○			
693	○	△		
695	○	△		
697	○			
700	○	△		

붙였던 것으로 보아 무엇보다 소고구려국의 대일 외교를 신라 조정이 통제하려는 의도로 생각된다. 신라 조정은 고구려와 왜 간의 전통적인 우호관계를 활용하여 소고구려국 사신을 통해 신라와 일본 간의 관계를 원활히 하고, 나아가 나·당전쟁의 전황을 소고구려국 사신을 통해 전달하여 나·당전쟁에서 일본의 신라에 대한 우호적인 자세를 이끌어내려 하였던 것이다. 676년 이후에도 당과의 이면적 대립이 지속되고 있었기 때문에, 소고구려국은 신라의 대일 외교에서 여전히 일정한 효용성을 지녔다. 단 소고구려국의 외교가 신라 조정의 의도에서 벗어날 경우에 대비한 통제는 계속하였다.[67]

668~700년 사이에 양측의 사신 왕래를 보면, 신라 측이 22회의 사신 파견이 있었다. 거의 매년 사신을 파견한 셈이다. 그에 비해 일본 측은 10회이다. 신라 측이 훨씬 더 많은 사신을 파견하였는데, 이것은 양측 간의 교섭에 당과 직접 대치하고 있던 신라 쪽이 더 적극적이었고 관계 유지의 필요성을 더 절실히 느끼고 있었음을 말해준다.

다음으로 양측 간의 교섭 양태에 대해 살펴보면, 『삼국사기』에서는 7세기 후반의 나·일 교섭에 관한 언급이 없으며,[68] 8세기 중반 양국 간의 외교적 마찰과 그에 따른 갈등이 간략히 전할 뿐이다. 그에 비해 『일본서기』에서는 양국 간 교섭에 관해 좀더 구체적으로 전하는데, 이의 성격을 상하 조공관계로 기술하였다. 비단 이 시기뿐 아니라 『일본서기』에서 전하는 고대 한·일 관계사 전 시기에서 그런 식으로 기술하였다. 이는 8세기 초반 『일본서기』

67 신라 사신을 호송해왔을 경우, 대체로 그 送使의 귀국 기사가 따로 있는데, 『日本書紀』의 기사에서는 소고구려 사신을 호송해온 신라 송사의 귀환 기사가 보이지 않는다. 이 점을 주목하여 이는 신라 송사가 소고구려국의 사신과 함께 일본에서 행동을 같이함에 따른 것으로 이해한 견해가 있다. 만약 그렇다면 그만큼 신라 측의 통제가 심했음을 의미하여 유의된다(新藏正道, 「天武朝の對外關係と小高句麗」, 『日本書紀研究』 20, 塙書房, 1996).

68 7세기 후반 양국 간의 관계나 왜국에 관한 언급으로서는 문무왕이 唐將 설인귀에게 보낸 答信에서 663년 백강구전투 때 왜와의 교전 상황을 간단히 기술하고 있을 뿐이다.

편찬자의 사관이 그리고 그것의 배경이 되는 당시 일본 지배층의 역사의식이 거슬러 올라가 투영된 서술이라 하겠다. 이러한『일본서기』의 사관 형성에 결정적 영향을 끼친 것이 7세기 후반의 역사적 상황과 이 시기의 나 · 일 관계로 여겨진다.

7세기 후반 이후 일본은 천황을 정점으로 하는 율령체제와 그 이념을 구축해나가고 있었다. 그 일환으로 중화의식과 당의 의례를 수용하여 황제국으로서의 의식意識과 의식儀式을 갖추고자 하였다. 일본을 황제국으로 상정함은 자연 그 대칭점에 번국蕃國의 존재를 필요로 한다. 후자를 통해 전자는 그 존재의 정당성과 존엄성이 증명되어지기 때문이다. 당시 일본이 지속적으로 교류할 수 있는 나라는 사실상 신라 이외는 없었다. 자연 신라를 번국으로 상정하여, 그에 따른 의례와 제도를 구비하고자 하였다. 다음은 그런 의식의 단면을 전해준다.

古記云 御宇日本天皇詔旨 對隣國蕃國而 詔之辭.
問 隣國與蕃國 何其別 答 隣國者大唐 蕃國者新羅也.[69]

즉 신라는 하위의 번국이고 당은 대등한 인국隣國이라는 것이다. 이에 따를 경우, 자연 신라와의 교섭 의례는 번국과의 그것으로 규정되어졌다. 번국의 존재는 일본의 신민들에게 천황가의 정통성과 존엄성을 과시하는 기저가 되기 때문에, 일본 조정은 신라와의 교섭 의례를 매우 중시하였다. 대보大寶 원년(701) 춘정월에 있은 일본 조정의 의식을 서술하여

천황이 大極殿에 朝會를 받으니, 정문에 烏形幢을 세우고, 왼쪽에는 日像 青龍 朱雀의 깃발을, 왼쪽에는 月像 玄武 白虎의 旗를 세웠으며, 蕃夷의 使者가 좌우에

69 『令解集』 권31, 公式令詔書式條 古記.

늘어섰다. 이로써 文物 儀式이 두루 갖추어지게 되었다[70]

라고 하였다. 즉 일본 조정에서의 원단元旦 의식에서 번이蕃夷 사신의 참석이 불가결의 요소가 되었음을 말해준다. 대체로 이러한 새로운 의례와 제도는 701년과 723년에 각각 완성된 대보령大寶令과 양로령養老令에 반영되었던 것으로 여겨진다. 앞의 〈표 1〉에서 전하는 시기의 신라와 일본 간의 교섭 형식은 아직 대보령이나 양로령에서 전하는 의례 양식에 입각한 것은 아니었겠지만, 그것으로 향해 나가던 일본 측의 주장이 강조되어지던 시기의 것이라고 할 수 있다.

이 시기 이전 7세기 전반에 신라와 백제에서는 왜국을 대국으로 여기는 의식이 있었다.[71] 당시 백제와 신라가 상쟁을 벌이고 있던 상황에서 서로 왜의 지원을 받으려는 또는 왜를 자국에 비적대적인 세력으로 묶어놓으려는 시도를 하면서 왜를 대국으로 예우하였던 것이다. 자연 왜국도 백제나 신라에 비해 자국을 대국으로 여기는 의식을 가졌을 것이다. 하지만 그것은 어떤 정형화된 의례와 의식에 의해 규정된 형태는 아니었다. 대왕보다 상위의 칭호로서 천황이란 호가 사용된 것은 7세기 후반, 아마도 덴무조 이후로 여겨지고 있다. 왜의 대국의식은 660년 이후의 역사적 상황하에 더 강화되었던 것 같다.

왜왕 덴지는 661년 백제부흥군을 지원하여 부여풍扶餘豊을 귀국케 하면서 그를 백제왕으로 봉하였다.[72] 백강구전투 패배에 따라 왜왕이 책봉한 '제후'인 백제왕은 소멸되었지만 664년 부여풍의 동생인 선광善光이 백제왕이란

70 『續日本記』 大寶 元年 正月 乙亥조.

71 『隋書』 倭國傳, "新羅百濟皆以倭爲大國多珍物 竝敬仰之 恒通往來."

72 『日本書紀』 권27, 天智 즉위년 9월조.

칭호를 사용하였으며,[73] 이 칭호는 지토조持統朝(687~696) 때에는 '백제왕'이란 성姓(가바네カバネ)으로 성립하였다. '백제왕'이란 성을 지닌 이는 그 뒤 계속해서 일본 조정에 사환仕宦하였다. 8세기 초에는 약광若光에게 '고려왕'이란 성이 주어졌다.[74] '백제왕'이나 '고려왕'이란 성을 가진 자가 조정에 신하로 사환하니 일본왕은 황제로서의 위상을 가지게 되었다.[75] 7세기 후반 일본에 망명하여 온 이후 천황권에 기생하여 생존과 내일을 기약하던 백제와 고구려의 망명귀족들, 조공국의 위치에 서서 일본과 교섭을 하였던 '고려(소고구려국)'의 존재,[76] 당과 전쟁 중이거나 대립을 지속하는 상황하에서 일본과의 교섭에서 상대적으로 열세인 위치에 설 수밖에 없었던 신라의 위상 등이 어우러진 현실 속에서 일본 지배층의 대국의식은 한층 북돋아졌다. 아울러 그런 대국의식은 대내적으로는 율령에 바탕을 둔 중앙집권체제 정비의 진전에 의해 뒷받침되었다. 이제 일본 천황은 대내외적으로 초월적인 존재로 상정되었고, 그에 따라 신라와의 교섭에서도 상하관계의 의례가 요구되어졌다. 『일본서기』에서는 이 시기 양국 간 교섭의 성격을 '진조進調', '청정請政', '주청국정奏請國政'이란 표현이 나타내듯 상하 종번宗蕃관계의 그것으로 기술하였다. 이어 『속일본기續日本紀』에서도 그런 면은 이어졌다.

물론 이는 양측 간에 행해진 교섭의 내용을 일본 입장에서 일방적으로 그 성격을 규정하여 표현한 데 불과한 것일 수도 있다. 그런데 이 시기 적어도 일본에 간 신라 사신은 이런 일본 조정의 규정과 그에 따라 부과된 의식을 공식적으로 거부한 것 같지는 않다. 하지만 신라 조정이 이를 승인하거나 심

---

73 『日本書紀』 天智 3년 3월조.

74 『續日本紀』 大寶 3년 4월 乙未조.

75 筧敏生, 「百濟王姓の成立と日本古代帝國」, 『日本史硏究』 317, 1989.

76 盧泰敦, 「對渤海 日本國書에서 云謂한 '高麗舊記'에 대하여」, 「邊太燮博士華甲紀念史學論叢」, 三英社, 1986.

복心服하였던 흔적 또한 보이지 않는데, 오히려 그러한 일본 조정의 일방적 주장에 대한 신라 조정의 반응이 부정적이었음을 나타내는 면을 찾아볼 수 있다.

이 시기 신라는 일본과의 교섭에서 공식적인 외교문서를 보낸 적이 없고, 구두로 뜻을 전달하는 형태를 취하였다. 신라 자체에서 문서 행정이 일반화되었고 중국 왕조와의 교섭에서는 국서를 보내는 것이 상례화되었던 시기인데도, 일본과의 교섭에서는 사신이 구주口奏하는 형태를 취하였다. 이것은 8세기에도 동일하였다. 더욱이 이를 불만스럽게 여긴 일본 천황이 반드시 사신은 '표문表文'을 지참할 것을 요구하였으나,[77] 신라는 그 뒤에도 이에 불응하였다.

한편 668년 이후 일본과 밀접한 관계가 유지되고 있던 시기에 달리 말하면 당과의 대립관계가 지속되고 있던 시기에, 신라에서 사용되었던 연호가 당의 그것이었다는 사실이 주목된다. 안압지에서 출토된 "조로調露 2년(680) 명銘 전塼"이나, 나정蘿井 유적지와 망성리望星里 와요지瓦窯址 등에서 출토된 "의봉사년儀鳳四年(679) 개토皆土 명銘 기와", 천전리川前里 서석誓石의 "상원上元 2년(675)명銘"과 "상원 4년(677)명銘" 등이 그런 면을 말해준다. 이는 신라가 당에 대해 무력 항쟁을 하거나 엄중히 경계하면서도, 다른 한편으로는 공식적인 사신 왕래는 아닐지라도 당의 빈번한 개원改元을 파악하고 있을 정도로 여러 경로를 통해 당과 교류하면서[78] 당의 사정에 주의를 기울이고 있었음을 뜻한다. 아울러 당의 연호를 계속 사용한다는 것은 668년 이후에도 신라가 당 중심의 국제질서를 근본적으로 인정하고 있었다는 것을 의미한다. 신라는 당과의 전쟁 중에도 당과의 교섭에서 사대의 예를 취하였

77 『續日本紀』 권18, 天平寶龜 4년 6월 壬辰 ; 같은 책 권36, 寶龜 11년 2월 庚戌.

78 拜根興, 앞의 책, 2003, 110쪽.

는데, 지속적인 당 연호의 사용은 전후에도 그렇게 할 수 있음을 의미한다. 단 책봉국이 조공국의 안위를 위협하거나 내정을 간섭하지 않는 범위 내에서이다. 신라 조정이 인정한 조공책봉관계는 이런 것이었다. 당이 이 점을 인정하지 않는 데서 나·당 간의 전쟁과 갈등의 동인이 있었던 것이다.

아무튼 당 중심의 국제질서를 인정한다는 것은 곧 신라가 일본이 요구한 종번관계를 승복하지 않는다는 것을 의미한다. 다만 당시 당과의 대립 상태가 지속되는 상황에서 일본 조정의 요구를 정면으로 부정하기는 어려운 형편이므로, 일본에 간 신라 사신으로 하여금 상황에 따라 일본 조정의 의례 규정에 수동적으로 응하게 하였던 것이 당시의 실상이었다고 생각된다. 신라 조정이 상정하고 지향하였던 양국 관계는 교린관계였다. 이에 양국은 겉으로는 상호 밀접한 관계를 지속하면서도 그것의 성격에 대해서는 동상이몽을 하고 있었다. 이는 조만간 새로운 정세 진전에 따라 파열음을 내게 마련이었다.

8세기에 접어들면서 702년 6월 일본이 한반도 서해안을 경유하는 기존의 북로를 택하지 않고 남로로 672년 이후 처음으로 당에 사신을 파견하였다.[79] 신라는 703년 견당사를 파견하였으며, 이후 신라에서 당으로 매년 1차례 이상의 사신이 파견되는 등[80] 나·당 간에 긴밀한 관계가 맺어졌다. 한편 8세기에 들어서면서 발해가 급속히 성장해나갔다. 이러한 정세 진전과 함께 나·당전쟁기를 거치면서 형성되었던 그간의 나·일 관계를 새롭게 정립하는 문제를 둘러싸고 신라와 일본 간에 본격적으로 파열음이 터져나오기 시작하였다.

---

79 『續日本紀』 권2, 大寶 2년 6월 乙丑.

80 성덕왕 재위기간(702~737)인 36년 동안 신라에서는 당에 45차례에 걸쳐 사신을 파견하였다(權悳永, 앞의 책, 1997, 58~60쪽의 〈표 1-5〉 참조).

5. 맺음말

657년 왜는 신라에 사신을 보내 신라 사절에 딸려 왜의 사절과 승려를 당에 파견하고자 희망하였다. 그러나 신라는 왜의 요청을 거절하였다. 이를 계기로 신라와 왜 간의 공식적인 국교는 단절되었다. 신라로서는 신라-당 동맹이 확고하고 나·당동맹군의 백제 원정이 추진되고 있는 상황에서, 백제-고구려와 연결된 왜의 어정쩡한 입장을 더 이상 수용하지 않겠다는 의지의 표방이었다. 이후 신라와 왜의 관계는 대립과 663년의 백강구전투에 이르는 대결로 치달았다.

이것이 신라와 당의 관계가 신라와 왜의 관계에 직접 작용한 예라면, 668년 9월의 신라 사신이 왜를 방문한 것은 또 다른 예이다. 즉 평양성 함락 직전 신라는 왜와 화해를 추구하였는데, 왜가 이에 적극 응함으로써 신라와 왜의 국교가 재개되었다. 후고의 염려를 던 신라는 이듬해 669년부터 당에 대한 공세에 나섰다.

676년 당의 철군에 따라 전쟁은 종식되었지만, 당은 신라의 대동강 이남 지역 통합을 인정하지 않았고 당군의 재침再侵 위험은 상존하였다. 이에 대응해 신라는 군비 확장과 일본과의 우호관계 유지에 각별히 노력하였다. 그런 상황에서 신라와 일본은 긴밀한 교류를 하였다. 하지만 천황을 정점으로 한 중앙집권체제를 구축한 일본은 신라를 번국으로 규정하여 이에 상응한 의례를 요구하였다. 당과 대치하고 있던 신라로서는 이를 공식적으로 거부하기 어려운 상황이었으므로, 신라 사신을 통해 이에 수동적으로 응하는 형태를 취하였던 것 같다. 양국 간의 빈번한 교류의 이면에는 상대국을 각각 인국과 번국으로 여기는 서로 다른 인식이 깔려 있었다. 이러한 동상이몽은 이 시기 양국을 밀접하게 교류하게끔 만든 객관적인 요소인 당과의 불편한 관계라는 상황에 변화가 있게 되면 조만간 파열음을 내게 마련이었다. 이 또한 신라 · 당의 관계와 신라 · 일본 관계가 상호 밀접한 연관관계를 지니며 전개되었던 한 예이다.

이처럼 당과 일본에 대해 신라는 7세기 후반을 통해 우호와 전쟁이란 양극단을 오가며 관계를 맺었고 또한 나 · 당 관계와 나 · 일 관계는 역방향으로 서로 연동하는 면을 보였다. 그러한 격렬한 변화와 진통의 과정을 겪은 뒤 윤곽을 드러낸 신라 대외정책의 기본축은 사대교린事大交隣으로 구체화되었다. 이 중 당과의 '사대' 부분에서는 신라는 이미 7세기 전반부터 당과 조공책봉관계를 맺어왔으나, 당시 당이 추구하는 대외정책은 천하의 기미주화羈縻州化였다. 그에 따라 당과 신라 간의 안정적 관계로서 조공책봉관계가 자리 잡지 못하였다. 달리 말하면 피책봉국이 책봉국의 자의적인 무력 침탈을 저지할 수 있을 때 비로소 양자 간의 관계가 안정적일 수 있었다. 지속성을 지닌 조공책봉관계는 일방적인 관계가 아니고 쌍방적인 관계이며, 그것의 성립은 양자 간의 힘의 절충을 기본으로 하였다. 즉 조공국은 상하 형식의 전례典禮를 승복하고 책봉국 중심의 국제질서를 인정하는 반면, 책봉국은 조공국의 '자치와 자주'를 인정하는 선에서 균형을 찾는 절충이었다.

한편 신라와 일본과의 관계에서, 상대를 각각 인국과 번국으로 여기는 인식은 그 뒤 시기를 통해 양국 지배층의 의식의 기저에 관류하였고, 그것은 때에 따라 표면에 부상하여 격렬한 마찰을 야기하였다.

이처럼 7세기 후반 나 · 당전쟁을 전후한 시기를 통해 신라 조정이 취한 일련의 대외정책은 그 결과물로 신라의 한반도 통일을 가져왔고, 사대교린이라는 대외정책의 방향을 제시하였다는 면에서 역사적 의의를 지닌다.

---

* 이 글은 2003년도 한국학술진흥재단의 지원을 받아 이루어졌다(KRF-2003-044-A00002).

제3장 | 11세기 후반～12세기 전반 동북아시아 국제정세와 고려

채웅석 (가톨릭대학교 국사학과)

1. 머리말

11세기 후반부터 12세기 전반에 이르는 시기에 고려에서는 중앙지배층 사이에서 문벌화가 진행되는 한편, 외척과 국왕측근세력 등이 부각되어 정치적 갈등이 고조되었다. 국제관계상으로는 송宋과 통교가 재개되었고 이어 여진족이 홍기하여 요遼를 멸망시키고 북방의 강자로 등장하였다. 국내정치와 국제관계 양 측면에서 종래와는 다른 변화를 겪었는데, 이 두 측면은 서로 무관한 것이 아니라 정치세력의 구성과 정책방안 등을 매개로 밀접한 관련을 맺으면서 전개되었다.

선행연구에서는 이 시기의 국제관계에 대하여 주로 자주와 사대, 명분과 실리외교라는 분석틀을 가지고 접근하여 북진정책, 대거란 항쟁, 송으로부터의 선진문물 수입 등에 초점을 맞추어 연구하였다. 그러다가 최근에는 동북아시아 각국 사이의 관계가 일국 대 일국의 관계가 아니라 각국 간의 다중적 관계로 이해되어야 하며 그 세력관계가 각국의 국내정치와 연관된 측면을 다룰 필요가 있다는 점이 지적되었다.[1] 그리고 연구시야를 확대하여 천하관과 그에 따른 대외인식의 차이를 밝히거나, 책봉의례冊封儀禮의 내용에 천착하여 외교관계의 실제적인 내용을 살피기도 하였다.[2]

이 글에서는 선행연구의 성과들을 바탕으로, 국제정세 변화에 따른 동북아시아 각국의 이해관계 변동과 상호관계의 조정과정 그리고 그에 대응한 정책 수립방안을 둘러싸고 나타난 국내 정치세력의 분기 등에 대하여 고찰하려고 한다. 여기서는 국제관계상의 문제를 상세하게 고증하는 데 중점을 두지는 않고, 평화공존 때로는 실리를 추구하는 가운데 나타난 대외정책의 수립과 시행 양태들의 기조를 중심으로 고찰해보도록 한다.

대외관계사를 연구할 때 민족사의 자주성·진취성 확인이라는 관점이 필요하지만, 지나치게 과잉되면 당시의 국제정세를 객관적으로 파악하는 데 장애가 됨은 물론 외교정책을 둘러싼 정치세력의 분기 파악과 그 평가에 대하여 편향성이 생길 수 있다. 일제 강점기에 민족주의사관을 갖고 역사를 연구한 신채호申采浩가 칭제건원론·금국정벌론을 주장한 묘청妙淸파와 사대외교론을 주장한 김부식金富軾파의 정치적 대립에 주목하여 김부식파가 승리한 결과 한국사가 결정적으로 후퇴하게 되었다고 파악한 것이 대표적인 예이며, 그러한 시각은 아직도 영향을 끼치고 있다. 그렇지만 동북 아시아 각국 사이에 대립을 지양하고 공존 번영을 위하여 과거 역사에 대한 반성적 고찰은 필요하며, 그 일환으로 과거 역사에서 국가 간의 외교와 충돌 그리고 대외정책들이 어떤 역사적 배경과 이해관계 속에서 이루어졌는지에 대하여 보다 객관적으로 고찰해볼 필요가 있다.

1 朴宗基, 「高麗中期 對外政策의 變化에 대하여—宣宗代를 중심으로」, 『韓國學論叢』 16, 1993.
2 고려전기 중국과의 관계에 대한 연구사 검토는 김순자, 「총론—고려전기 대중국관계사 연구의 현황」, 『역사와 현실』 43, 2002 참고.

2. 11세기 후반 고려의 외교관계 다변화 모색

10세기 초에 홍기한 거란족이 유목사회인 초원지대와 농경지대인 요녕평원 · 연운 16주에 걸쳐 대제국 요를 건설하면서 동아시아의 국제관계는 이전과는 다른 구조를 갖게 되었다. 즉 초원의 유목국가, 남방의 농경국가라는 구분을 적용하기가 어렵게 되었다. 요는 정복국가로서 유목 · 농경세계의 통합을 지향하고 그에 알맞는 세계관 · 군주관 등을 보여주면서 국제관계의 중심에 섰다.[3]

990년 무렵 요는 탕구트의 이계천李繼遷에게 하국왕夏國王의 칭호를 주어 관계를 맺고, 그로부터 4년 후에는 고려에 침입하였다. 이어 송을 공격하여 1004년에 전연澶淵의 맹盟으로 화북의 일부를 할양받고 막대한 양의 세폐를 제공받는 조건으로 공식적인 화의를 체결하였다. 이후 11세기 중엽에 서하西夏와 송 사이에 긴장이 조성된 때를 틈타서 요가 송을 위협하여 세폐를 증액받는 등 기복이 있기도 했지만, 대체로 송과 요 사이의 관계는 평화적이었다.

고려는 성종~현종대 요로부터 군사적 위협을 받자 그때까지 통교해오던 송에 몇 차례에 걸쳐 지원을 요청했으나, 송은 평화관계를 유지하는 것이 최선이라며 거절하였다.[4] 이처럼 거란에 대한 견제역할 요청이 거절당하자 고려와 송의 관계는 소원해지고 단절되었다. 그렇지만 민간 차원의 교역은 그 후에도 활발하게 이루어졌다.

고려는 요와 수차례 전쟁 끝에 1019년(현종 10)에 화의를 맺었고, 이후 양국 사이의 관계는 비교적 평화관계를 유지하였다. 1029년 거란에서 대연림大延琳이 반란을 일으켜 홍요국興遼國을 세웠을 때 고려는 길이 막혔다고 하

3 金浩東, 「北아시아의 歷史像 구성을 위한 試論」, 『아시아문화』 3, 1987.

4 『고려사』 권3, 성종 13년 6월 · 목종 2년 10월; 같은 책 권4, 현종 6년 11월 甲戌 · 7년 정월 壬申.

여 요와의 관계를 일시적으로 단절하고 곽원郭元이 주동이 되어 압록강 동반東畔의 보장保障을 탈취하기 위해 공격하기도 하였지만, 홍요국의 거듭된 원조 요청에는 응하지 않았다.[5] 1031년 요의 성종이 죽고 필제匹梯가 동경東京에서 반란을 일으켰을 때에도 고려는 그 틈을 이용하여 요에 압록강 성교城橋를 제거하도록 요구하고, 그것이 거부당하자 유소柳韶 · 왕가도王可道 등이 그 성을 공격하여 파괴하자고 주장하기도 하였지만 조정의 논의 끝에 출병하지는 않고 단교하는 데 그쳤다.[6] 이후 1033년 고려가 북방에 천리장성을 축조하자 이에 대응하여 요가 정주靜州를 공격해오고 다시 고려가 송과의 외교 접촉을 시도하는 등 사태가 악화되었지만,[7] 얼마 지나지 않아 1037년(정종 3)에 종전처럼 평화 외교관계가 재개되었다.[8]

그런데 고려는 요에 정치적으로 사대하는 입장이었지만 공식적인 조공 · 사행使行무역만 인정하고, 국경에 각장榷場이나 매매원賣買院을 설치하려는 요의 시도에 대해서는 극력 반대하였다. 이것은 여·송 관계가 정부 간의 통교가 단절되었음에도 불구하고 민간교역이 활발하게 이루어졌던 것과는 매우 대조적이다. 당시 요는 형세적으로 가장 강국이었으며, 내륙루트를 통한 동서 간의 국제교역을 장악하였다. 요는 송과 국경교역을 하였을 뿐만 아니라, 은 · 비단 등을 세폐로 받아 위구르상인들의 손을 통해 국제교역에 투입하였다. 요가 고려를 공격한 것도 고려와 송, 여진이 연결하여 자신을 위협할 가능성을 차단하기 위한 목적[9] 외에, 요를 무도한 나라로 간주하여 적대

5 『고려사절요』 권3, 현종 20년 9월 · 11월 · 12월 · 21년 정월 · 7월 · 9월.

6 『고려사』 권94, 王可道 ; 『고려사절요』 권3, 덕종 즉위년 10월 · 11월.

7 『고려사절요』 권4, 정종 2년 8월 · 10월 · 정종 2년 7월.

8 『고려사절요』 권4, 정종 3년 9월 · 12월.
이상의 양국관계의 추이에 대해서는 朴宗基, 앞의 논문, 1993 참고.

9 『고려사』 권8, 문종 12년 8월 乙巳, "…… 昔庚戌之歲(현종 1, 1010) 契丹問罪書云 東結構於女眞 西往來於宋國 是欲何謀 ……."

시해온 고려를 자기의 영향권 아래 편입시켜서 안정적인 교역조건을 확보하기 위한 목적도 있었다고 생각된다. 요는 고려와 통교한 뒤 책봉사冊封使·재조보유사賫詔報諭使 외에도 고려와 중국왕조와의 관계에서는 보이지 않던 고려왕생일사高麗王生日使·횡선사橫宣使 등과 함께 동경유수東京留守가 보내는 지례사持禮使 등의 사신을 빈번하게 파견하였고, 이에 대응하여 고려에서도 사행을 자주 보내게 되면서 양국 간의 사행무역이 활발하게 이루어졌다. 요는 또한 고려의 반대에도 불구하고 각장무역을 끈질기게 요구하였다.

이러한 요의 입장과는 달리 고려로서는 양국 간의 국경교역 과정에서 북방지역에 요의 지배력이 강화될 수 있는 가능성을 경계하였고 또한 고려의 영향력 아래 있던 여진에 요의 지배력이 강화되는 것을 바라지 않았다. 그래서 현종 17년(1026) 동북여진으로 갈 수 있도록 길을 빌려달라는 거란의 요구를 거부하였고,[10] 정종 3년(1037)에는 서북로병마사西北路兵馬使가 요와 통하는 동여진 사람 55명을 체포하여 개경으로 압송하였다.[11] 또한 기왕에 내부內附했던 여진이 요에 투화投化하면, 붙잡아다가 심문하고 고려의 율律에 따라 처벌하였다.[12]

이렇게 11세기 초 이후 각국 사이에 부분적으로는 긴장과 충돌도 있었지만, 요의 군사적 우위와 송의 경제적·문화적 우위 그리고 고려와 서하가 균형추 역할을 담당하면서,[13] 여진족이 흥기하여 국제정세가 변화하기 전까지

당시 여진은 고려를 통하여 송과 통하고 있었다(李燾, 『資治通鑑長編』 권83, 大中祥符 7년 12월 丁卯 ; 같은 책 권86, 大中祥符 8년 11월 癸酉 ; 같은 책 권90, 天禧 원년 11월 癸亥 ; 같은 책 권94, 天禧 3년 11월 己卯 ; 張東翼, 『宋代麗史資料集錄』, 서울대학교출판부, 2000, 142~144쪽). 그리고 현종 원년 고려의 공격을 받은 여진이 요에 호소하였을 때, 요는 고려를 견제하고 동여진에 대한 영향력을 확대하려는 의사를 드러냈다(『고려사』 권4, 현종 원년 5월 甲申).

10 『고려사』 권5, 현종 17년 윤5월 甲子.

11 『고려사』 권6, 정종 3년 2월 己未.

12 『고려사』 권7, 문종 원년 2월 丁卯.

13 김한규, 『한중관계사』 Ⅰ, 아르케, 1999, 386쪽.

는 대외적 평화를 유지하려는 경향이 주류를 이루었다. 그런 가운데 고려는 대요 사대관계를 유지하면서도 스스로 또 하나의 천하질서의 중심이라고 의식하였다. 즉 고려는 스스로가 여진과 같은 북방종족들을 번蕃으로 삼아 통제하고 교화하는 주체라고 인식하였다.[14] 그런 인식은 정종 즉위년(1034) 이후 정례화된 소위 '팔관회적八關會的 질서秩序'로 나타났다.[15]

팔관회에서는 송 상인과 동·서번, 탐라耽羅의 사절들이 조하하고 공물을 진헌하는 절차가 마련되었는데, 이때 고려는 그들로부터 사헌私獻·조공의 형식으로 방물을 받고 고려의 상품과 중계무역품을 사여하였다. 이를 통해 고려의 대외교역 방식이 팔관회적 질서로서 의례화되었다고 이해할 수 있다. 즉 고려는 송의 경제력이 중심이 된 동아시아 교역망 속에 포섭되었으면서도 그 외곽에서 또 다른 교역망의 중심을 구성하였다. 그리고 조공-책봉관계가 국가 간의 교역의 의미와 정치적으로는 현 집권층에 대한 국제적 보증·안정을 의미하며 한편으로는 책봉 등에 따른 의례를 과시하여 대내적 권위를 획득할 수 있는 장치로 기능하듯이, 팔관회적 질서도 동일한 효과가 있었다. 팔관회적 질서는 당시 고려의 자존의식과 주변 이민족·국가들에 대한 영향력이 제도화된 것이며, 대외관계에서 사대외교와 공존하였다.

그런데 11세기 중반부터 고려의 대외관계가 변화하는 모습이 나타났다. 즉 문종을 중심으로 지배체제의 정비를 도모하면서 대요 사대관계에 치중되었던 외교관계에 변화를 모색하였다. 이제현李齊賢의 「문종사찬文宗史贊」에서는 문종대의 국제관계에 대하여 송은 포상하는 명을 주고, 요는 해마다 경수慶壽의 예를 닦았으며, 동쪽의 왜가 보배를 바쳤고, 북쪽의 맥貊은 살 터전을 얻어 백성이 되었다고 설명하였다. 다시 말하면 고려는 요와의 관계를 유

14 추명엽, 「고려전기 '번蕃' 인식과 '동·서번'의 형성」, 『역사와 현실』 43, 2002.

15 奥村周司, 「高麗における八關會的秩序と國際環境」, 『朝鮮史研究會論文集』 16, 1979.

지하는 한편, 그간 단절되었던 송과의 통교를 복구하고 일본과의 관계를 활성화하였으며 여진의 귀부를 적극적으로 받아들이는 등, 적극적·능동적으로 외교관계의 다변화를 꾀하였다고 볼 수 있다.

그런 변화를 가져온 배경을 살펴보자. 우선 첫째, 문종대에는 송으로부터 선진문물을 수용하려는 욕구가 강하였다.[16] 고려전기는 동아시아 역사상 중국왕조의 전통적인 종주권이 약화되고 그 주변 지역에서 국가의식 · 민족체의식이 고양된 시기였다.[17] 반면 국제적으로 선진 · 보편문화의 추구를 위한 문화적 외향성도 강하였는데, 고려도 예외는 아니었다. 고려전기 대외관계의 틀이 짜여지던 10세기 말 화풍華風 추구세력과 토풍土風 추구세력 사이에 대립을 겪으면서, 고려는 이후 어느 한쪽이 일방적으로 주도하지 못하고 균형감 있는 문화의식을 갖추게 되었다. 그런 가운데 문종은 문화적 강국인 송과의 사이에 국가 차원의 교류가 두절된 것에 불만을 품었다. 문종이 중화를 사모하는 꿈을 꾸고 지었다는 시가 송에 알려지기도 하였으며, 요에 가 있던 고려인과 역시 그곳에 사신으로 갔던 송인 사이의 접촉을 통하여 문종이 중국을 향모하고 있다는 뜻이 송에 전해지기도 하였다.[18] 문종 35년(1081)의

---

16 朴龍雲은 여 · 송관계사를 ① 제1기: 962(광종 13)~994년(성종 13) ② 제2기: 1071(문종 25)~1126년(인종 4) ③ 제3기: 1127(인종 5)~1173년(명종 3)으로 나누어 살피고, 제2기에는 고려가 요와 평화관계를 유지하면서 송의 선진문물을 받아들이는 데 주력한 데 비하여, 송은 고려를 이용하여 요를 견제하기 위한 정치적 · 군사적 목적에서 고려와 접촉했다고 파악하였다(「高麗 · 宋 交聘의 목적과 使節에 대한 考察」, 『韓國學報』 81 · 82, 1995 · 1996).

17 10~11세기 이후 각 지역에서 他者意識이 첨예화되어 중국 본토에서는 華夷思想이 대두하였고 중국 밖의 각지에서는 고유 문화에 자신감을 갖고 對抗中華나 小中華意識이라고 불리는 움직임이 생겨서, 독자적인 외교력과 군사력을 배경으로 중국 본토와 대등한 국제관계를 형성하게 되었다고 파악되고 있다(妹尾達彦, 「中華の分裂と再生」, 『岩波講座 世界歷史』 9, 岩波書店, 1999, 59쪽).

18 『蘇軾文集』 권72, 呂公弼招致高麗, "元祐 二年 二月 十七日 見王伯虎炳之言 昔爲樞密院禮房檢詳文字 見高麗公案 始因張誠一使契丹 於虜帳中見高麗人 私語本國主向慕中國之意 歸而奏之 先帝始有招來之意 樞密使呂公弼 因而迎合 親書箚子乞招致 遂命發運使崔拯遣商人招之 天下知罪拯 而不知罪公弼 如誠一蓋不足道也."

기록에 따르면 흑수·여진인의 경우와는 달리 재예를 가진 송인은 내투來投를 허용하는 것이 구제舊制로 제정되어 있다고 하였다.[19] 문종 때부터 예종 때까지는 문화적 능력이 뛰어난 외국인들을 적극적으로 초치招致하였다. 그 결과 실제로 귀화인들이 이 기간 동안 특히 많았는데, 송으로부터의 귀화인은 진사와 문예를 지닌 자가 제일 많았고 그 밖에 점술인·의원·악인 등이 있었다.[20] 여·송 관계에 대한 요의 견제라는 부담만 적다면 상인이나 귀화인을 통하는 데에 머물지 않고 정부 간의 채널을 통해 정부가 직접적인 주체가 되어 문물을 수용하는 것이 보다 바람직하였다.[21]

둘째, 국제관계의 역동성을 들 수 있다. 그간의 국제적 평화관계에도 불구하고 앞에서 본 것처럼 화해 일변도는 아니었고, 각국의 내부 사정도 대외적

葉夢得, 『石林詩話』(張東翼, 앞의 책, 2000, 481~483쪽), "高麗 自太宗後 久不入貢 至元豐初 始遣使來朝 神宗 以張誠一館伴 令問其復朝之意 云其國與契丹爲隣 每因契丹誅求 藉不能堪 國主王徽 常誦華嚴經 祈生中國 一夕忽夢至京師 備見城邑宮闕之盛 覺而慕之 乃爲詩 以記曰 惡業因緣近契丹 一年朝貢幾多般 移身忽到中華裏 可惜中宵漏滴殘 余大觀間 館伴高麗人 常見誠一語錄 備載此事."

『宋史』 권487, 外國 3 高麗 熙寧 2년, "徽又自言 嘗夢至中華 作詩紀其事."

19 『고려사』 권9, 문종 35년 8월 己未.

20 漢人들의 귀화 사례는 朴玉杰, 『高麗時代의 歸化人硏究』, 國學資料院, 1996, 34~35쪽의 表에 정리되어 있다.

21 고려가 당시 송과 국교를 재개하면서 의약을 구하거나 의원 파견을 요청하였던 것이 특징적이다. 金悌가 귀국할 때 고려의 요청에 따라 송에서 醫官 王愉·徐先 등을 파견하였으며, 문종 27년에는 사신 金良鑑 편에 의약과 畵塑工으로 본국인을 교육시킬 수 있는 사람을 보내달라고 요청하여 송은 이듬해 醫員助教 馬世安 등 8명을 보냈고, 33년에도 翰林醫官 邢慥 등을 파견하였다. 이런 일들은 문종의 신병 치료와 의학기술 전수를 위하여 고려의 요청에 의해서 이루어진 것이지만, 여·송 통교에 대한 거란의 의심을 덜려는 목적도 있었다고 추측된다.

예종대의 다음 기록에서는 당시 고려가 송에 의사 파견을 요청한 데에는 정치적 목적이 있었다는 사실을 송에서도 알고 있었음을 보여준다. "初高麗來求醫 上遣二醫往 是秋還 以其事及語錄奏聞 然後知實非求醫 乃彼知中國將與女眞圖契丹 因是勸止中國 謂苟存契丹 猶可爲國家捍邊 女眞虎狼 不可交也 宜早爲之備 上聞之不樂 後三年 遣使往聘 欲促其共擧 高麗雖恭順 終不得其要領而歸" (陳均, 『皇朝編年綱目備要』 3-28, 宣和 원년 정월 ; 張端義, 『貴耳集』 下 ; 張東翼, 앞의 책, 2000, 176~177쪽·180~181쪽). 이 글은 『宋史』 권487, 外國 3 高麗 宣和 4년條에도 실려 있다.

평화주의자들만이 득세한 것도 아니었다. 고려의 외교정책은 결과적으로는 평화주의의 틀을 벗어나지 않았지만, 내부적으로는 요에 대한 문제를 둘러싸고 강경론과 온건론 사이에 갈등이 있었다.[22]

전자는 송과 연결하여 요를 견제하고, 기회가 되면 요가 점거하고 있는 압록강 동쪽지역을 무력을 동원해서라도 바로 수복해야 한다고 주장하였다. 그리고 여진에 대해서는 기미주羈縻州를 설치하여 귀부歸附를 적극적으로 수용하는 한편, 군사적 정벌까지 불사하자고 제의하였다. 그들은 위력으로 상대국을 억제하는 방식을 주장하였으며 국가에 위협이 되는 요나 여진에 대하여 기회가 되면 군사행동을 불사하는 것을 의義라고 여겼다.[23] 이에 비하여 온건론을 지지하는 사람들은 상대국과 우호관계를 유지하면서 덕德으로 포섭하는 방식을 주장하였고, 군사행동을 벌여 정벌하는 것은 의를 잃는 것이라고 여겼다. 또 상대국의 재앙을 기뻐하는 것은 인仁이 아니고, 친선관계를 갖는 것이 의라고 인식하였다.[24] 이들은 요에 사대하고 송과는 비공식적 접촉을 유지하며 여진에 대해서는 일정한 거리를 두고 평화관계를 유지하자고 주장하였다.

11세기 후반 송과 고려에서 현실화된 대외경략책을 살펴보면, 주변의 여러 나라를 동시적으로 겨냥하지는 않았다. 송의 경우 신법新法추진론자들이 중심이 되어 우선은 서하를 겨냥하고 요에 대해서는 그들이 의심을 품지 않도록 하는 방향에서 추진하였고, 고려는 여진을 겨냥하고 요와는 평화를 유지하는 방향에서 경략을 추진하였다. 송은 요와의 사이에 화의관계가 지속적으로 유지된 데 비하여 서하와는 화 · 전이 교차하여 군사적 긴장 상태가

---

22 朴宗基, 앞의 논문, 1993.

23 『고려사』 권94, 郭元 ; 같은 책 권96, 尹瓘.

24 『고려사』 권97, 金黃元 ; 『고려사절요』 권3, 현종 20년 5월 ; 『補閑集』 권上, "睿宗乾統七年丁亥欲伐東藩 ……."

계속되었다. 고려도 요와의 관계가 비교적 안정적이었던 데 비하여 동여진의 경우 번으로서 취급해왔지만 수시로 그들이 일으키는 변경 문제와 동해안지역에 대한 해적 행위 때문에 고통받고 있었다. 그리하여 송과 고려는 각각 서하와 여진을 경략의 대상으로 삼으면서 요에 대해서는 평화관계를 유지하려 하였는데, 이것은 방편적인 것이었고 궁극적으로는 요도 경략의 목표로 삼았다고 여겨진다.[25]

뒤에서 상론하겠지만, 고려와 요 사이의 평화관계 속에서도 보주保州 문제를 둘러싸고 분쟁이 지속되었으며, 요는 문종 때에도 국경에 시설을 설치하여 고려를 자극하였다. 이에 대하여 문종이 항의 차원에서 적극적으로 대처하려는 자세를 보였음을 고려할 때, 당시 고려가 송과의 통교를 추진한 배경에는 문화적 목적 외에 송과 연결하여 요를 견제하려는 의도도 깔려 있었다고 생각된다.

문종 때 고려는 동여진에 대하여 화 · 전 양면책을 구사하였다. 문종은 여진의 귀부를 적극적으로 수용하였는데, 이전처럼 개별적으로 귀부하여 편호되는 사례도 많았지만 촌락이 통째로 편입되기를 원하는 사례가 많아진 것이 이 시기의 두드러진 특징이었다. 문종 27년(1073) 동북 국경에 인접했던 여진들이 귀부하여 군현을 설치해달라는 요청이 계속 잇따르자 특별히 종묘사직에 친행하여 고하고 사례하였다. 이런 귀부 추세는 서북면에서도 마찬가지였다.[26] 고려는 귀부한 여진촌락에는 주기朱記를 내려주고 기미주로 편제하였다.[27] 그리고 비록 그들이 이전에 요의 관작을 받았어도 귀부를 허용하고 고

25 이와 같은 송·요·서하 사이의 관계에 대해서는 李範鶴, 「王安石(1021~1086)의 對外經略策과 新法」, 『高柄翊先生華甲紀念論叢—歷史와 人間의 對應』, 한울, 1985, 712~715쪽 참고.

26 『고려사』 권9, 문종 27년 4월 丙子 · 5월 丁未.

27 『고려사』 권9, 문종 27년 9월 甲辰. 羈縻州라는 용어에 대해서는 金九鎭, 「公嶮鎭과 先春嶺碑」, 『白山學報』 21, 1976, 65~67쪽 ; 盧啓鉉, 『高麗領土史』, 甲寅出版社, 1993, 135~139쪽 참고.

려의 관작을 대신 내주었으며, 그들이 요와 교통하는 것을 금지하였다.[28]

이렇게 여진지역에 기미주를 본격적으로 설치하면서 고려의 척지拓地에 대한 의지가 높아졌을 것이라고 추측해볼 수 있다. 즉 귀부를 수용하는 것은 물론이고 변경을 약탈해올 때 방어를 위주로 하던 자세에서 벗어나 그들의 지역에 진공하여 평정하고 나아가 아예 축성과 사민徙民을 시행하여 국토로 편입시키는 방식을 택할 여지가 높아졌다. 문종 10년(1056)과 34년(1080) 김단金旦과 문정文正 등을 시켜 동여진을 토벌하게 하였는데 이때는 점령 후 귀환하는 방식이었지만, 뒤이어 숙종~예종 때 추진된 여진 정벌에서는 축성·사민하여 국토로 편입하는 방식을 택하였다.

여진에 기미주를 설치하거나 정벌한 것은 여진이 요의 영향권하에 있더라도 요의 영토, 신민으로 인식하기보다는 그들을 번으로 인식하여 어느 정도 정치적 자율성을 갖는 세력으로 인식하였기 때문으로 보인다. 고려는 여진 정벌 시에 요의 양해를 받는다기보다 통보에 가까운 조치를 취하였다. 그리고 완안부完顔部가 아직 요에 적대적이기 전에 이미 통교한 것도 같은 맥락이었다.

셋째, 변화하는 국제·사회 환경 속에서 국정운영상 왕의 리더십을 강화할 필요성이 제기되었고,[29] 그 목적을 달성하기 위한 수단의 하나로 대외관계를 왕이 주도적으로 풀어나가거나 대외적 자존의식을 높이면서 대외경략을 택할 수 있다는 점이다. 문종은 왕조 중흥 의지를 갖고 리더십을 강화하였다. 관제와 전시과제도를 개정하는 등 제도를 정비하였고, 흥왕사興王寺와 장원정長源亭을 창건하고 남경南京을 건설하였으며, 대외문제에 적극적으로

---

28 『고려사』 권6, 정종 2년 4월 乙丑·3년 2월 己未 ; 같은 책 권7, 문종 원년 2월 丁卯·8년 10월 乙未 ; 같은 책 권9, 문종 27년 5월 丁未.

29 채웅석, 「고려 문종대 관료의 사회적 위상과 정치운영」, 『역사와 현실』 27, 1998.

대처하였다.

고려는 고구려의 계승자로서 그 영토를 수복해야 한다는 강역의식을 갖고 있었고, 특히 압록강 동쪽 보주지역은 지리적으로 볼 때 마치 연운 16주가 송·요 관계에서 전략적 요충지로서 의미가 있듯이, 고려-요-여진-송 사이의 관계에서 요충지였기 때문에 고려는 이 지역에 대한 수복을 지속적으로 추구해왔다. 특히 공리주의적 의식이 강한 인물일수록 그것에 대해 적극적이었다. 요는 강동 6주를 고려에 돌려주었지만 이후에도 압록강 동쪽지역이 국제관계나 교역상 차지하는 지리적 중요성을 고려하여 보주抱州 등지를 차지하고 반환 요구에 불응한 채 지속적으로 관리하면서 고려와 충돌을 빚었다. 문종대에도 예외는 아니어서 요는 포주성抱州城 동쪽에 궁구문란弓口門欄과 우정郵亭을 설치하여 고려를 자극하였다.[30] 이에 대하여 고려는 사신을 파견하여 철회하도록 요구하였지만 요는 받아들이지 않았을 뿐더러 이후에도 송령松嶺 동북지역에 개간을 늘리고 암자庵子를 설치하는 등 국경 침범행위를 계속하였다. 문종은 요의 계속된 국경 침범행위를 묵과하지 않고 사신을 보내어 항의하도록 지시하였다. 이에 대하여 중서성中書省에서는 요의 새 황제가 즉위하여 책명을 더해준 데 대한 회사回謝를 하기 전에 국경 문제를 제기하는 것은 불가하다고 반대하였지만, 문종은 요가 성책을 쌓는 등 사태가 악화되기 전에 적극적으로 대처해야 하므로 사신을 보내라고 재차 지시하였다.[31] 대외문제에 임하는 문종의 적극적인 자세를 읽을 수 있다.

이처럼 고려가 문화적으로 선진문물의 수용, 국제관계상 요에 대한 견제, 정치적으로 왕의 리더십 강화 등의 필요성을 고려하여 문종을 중심으로 대송 통교 의사를 가지고 있었을 때, 마침 송에서도 1042년 요의 요구에 굴복

30 『고려사』 권7, 문종 8년 7월 · 9년 7월 丁巳.

31 『고려사』 권8, 문종 11년 4월 壬戌.

하여 증폐한 이후 연려제요론聯麗制遼論이 제기되었다.[32] 서하와 요가 제휴한 대송동맹 속에서 송은 양국에 막대한 세폐를 증여함에도 불구하고 국경 정세는 안정적이지 못하였다. 비록 송은 요와 화의를 맺어 경제적·문화적 번영이 가능했지만 막대한 양의 세폐 조달은 국가재정에 큰 짐이 되었으며, 그럼에도 불구하고 만약의 경우에 대비하기 위하여 변경의 군사력을 유지하기 위한 경비 조달에도 시달려야 했다. 그러므로 국제역학적 관계를 고려하여 이러한 상황을 타파하려면 고려와 관계를 맺어 요를 견제하는 것이 필요하다는 연려제요론이 주장되었다. 그들이 보기에 고려는 거란과 맞설 만큼 실력을 갖추었으며, 형세가 부득이하여 현재는 요에 신속臣屬하고 있지만 본의가 아니고 중국과 통교하기를 바라고 있다고 여겼다. 이어 신종대에는 신법을 추진하면서 서하를 공략하고 궁극적으로는 연운 16주를 수복하려는 대외경략책을 지향하였다.[33] 연운 16주는 단순히 고토 회복 대상에 그치는 것이 아니라 전략적인 차원에서 볼 때 유목민족이 장성을 넘어 화북지역을 장악할 수 있는 거점이 됨으로써 중국에 위협요소가 되고 있었다. 연려제요책에 대하여, 송이 고려와 동맹하여 자신을 공격하려는 의도로 요가 받아들일 우려가 있고 고려가 송의 정보를 알아내어 요에 제공할 가능성이 있다는 점 등을 들어 구법당舊法黨 측에서는 반대하였지만, 신법당新法黨은 정책으로 채택하여 고려와의 국교 재개를 추진하였다.[34]

---

32 『宋名臣奏議』 135, 邊防門 遼夏 7 富弼 上仁宗河北守禦十三策(張東翼, 앞의 책, 2000, 292~295쪽).

33 李範鶴, 앞의 논문, 1985.

34 申採湜, 「宋代 官人의 高麗觀」, 『邊太燮博士華甲紀念論叢』, 三英社, 1985 ; 李範鶴, 「蘇軾의 高麗排斥論과 그 背景」, 『韓國學論叢』, 15, 1992 ; 안병우, 「고려와 송의 상호인식과 교섭—11세기 후반~12세기 전반」, 『역사와 현실』 43, 2002.

구법당뿐 아니라 신법당 측에서도 고려가 송에 파견한 사신 중에 거란이 끼어들어 정보를 수집해 갈까 우려하였다(李燾, 『續資治通鑑長編』 권247, 熙寧 6년 10월 壬辰 ; 같은 책 권449, 元祐 5년 10월 癸丑 ; 張東翼, 앞의 책, 2000, 145 · 161쪽).

송이 고려와의 통교 복구를 시도하게 된 데에는 상인들의 의도도 크게 작용하였다. 잘 알려져 있듯이, 당시 동아시아에서는 송을 중심으로 한 국제 해상교역체계가 작동하고 있었다. 통교가 끊어진 기간에도 양국 간에는 상인들이 왕래하면서 교역활동을 벌였으며, 특히 송 상인들의 교역활동이 소위 사헌무역의 형태로 활발하게 이루어졌다. 그들은 교역관계를 정치적으로도 보장받을 수 있도록 공식적인 통교가 이루어지기를 강력하게 희망하였으며, 그것을 매개하는 데 적극적이었다.[35]

문종 12년(1058) 왕은 탐라耽羅와 영암靈巖에서 목재를 베어 큰 배를 만들어 송과 통교하려 하였다. 이때 내사문하성內史門下省에서는 송과의 통교는 요를 자극할 수 있고 공역을 일으키는 것은 민들을 피폐시킬 수 있으며, 우리나라의 문물례악文物禮樂이 이미 홍성하고 중국과는 상인들의 왕래가 잦기 때문에 굳이 무리하게 송과 통교할 필요가 없다고 반대하였다. 그 결과 이 계획은 실행에 옮겨지지 못하였다.[36] 하지만 그로부터 약 10여 년 뒤에 송과의 국교가 다시 열리게 되었다. 1068년 신종의 지시를 받은 송의 강회양절형호남북로도대제치발운사江淮兩浙荊湖南北路都大制置發運使 나증羅拯이 천주상인泉州商人 황신黃愼을 파견하여 국교 재개를 타진하였고,[37] 이에 문종이 호응하여 마침내 1071년(문종 25) 김제金悌를 파견하여 정식으로 통교를 복

---

35 다음에 설명할 것처럼 1067년 여 · 송 간의 통교 재개에는 송상 黃愼이 연락을 담당하였다. 인종 때 송의 군사지원 요청과 假道 요청을 고려가 거절한 후 여 · 송 간의 통교관계가 악화된 상태에서 송상 卓榮이 제공한 정보에 따라 고려에서 사신을 파견하기도 하였으며(『고려사』 권16, 인종 9년 4월 己丑), 인종 14년에는 송상 陳舒가 송이 서하 · 고려와 함께 대금동맹을 도모하려 한다는 정보를 전하여 이를 꺼리는 고려가 송에 불가함을 알리는 사신을 보내기도 하였다(『고려사』 권16, 인종 14년 9월 乙亥). 통교가 소원해졌던 의종 · 명종 때에는 송상 徐德榮 등이 여 · 송 간의 통교를 여러 차례 중개하였다(周必大, 『文忠集』 163, 「親征錄」 紹興 32년 4월 辛未 ; 張東翼, 앞의 책, 2000, 339쪽 ; 『고려사』 권18, 의종 17년 7월 乙巳 ; 『고려사』 권19, 명종 3년 6월 甲申).

36 『고려사』 권8, 문종 12년 8월 乙巳.

37 『고려사』 권8, 문종 22년 7월 辛巳.

구하게 되었다.[38] 이보다 3년 전에 고려는 남경에 궁궐을 창건하였는데, 이는 10년 전에 송과 통교하려 할 무렵 불교 · 풍수도참설을 이용하여 국가의 기업을 연장하기 위하여 홍왕사와 장원정을 창건했던 것과 동일한 상황이었다. 즉 대송외교의 재개가 국왕 중심의 국가발전계획의 일환으로 추진되었다는 의미를 읽을 수 있다.[39]

여·송 간의 통교 재개에 요는 당연히 견제하였다. 고려는 요를 의식하여 요의 책봉을 받았다는 이유로 송에 보내는 외교문서에 송의 연호를 쓰지 않고 갑자로 표기하였으며, 여·송 간의 사신 왕래루트를 이전에는 등주登州를 경유하다가 요를 피하기 위하여 명주明州를 경유하는 것으로 바꾸는 등 문제 발생의 소지를 피하려고 노력하였다. 그럼에도 불구하고 요는 여·송 간의 통교가 긴밀하게 이루어지는 것을 견제하였다.[40] 요는 문종 17년(1063)과 25년(1072) 두 차례에 걸쳐 고려에 대장경大藏經을 전해주는 등 회유책을 쓰는 한편, 고려와 송에 대하여 지계地界 획정을 요구하는 등의 수단으로 견제하려 하였다.[41] 요는 1072년부터 송의 국경에서 군사분쟁을 일으키고, 1074년에 하동과 하북에 걸쳐 지계 획정을 요구하여 이듬해에 송으로부터 땅을 할

---

38 송과 외교관계를 회복한 후 고려는 요를 의식하여 송의 연호를 사용하지는 않았지만, 사행 편에 송의 국내 사찰에서 신종을 祝壽하는 齋를 올리거나(『고려사』 권9, 문종 26년 6월 甲戌), 송 철종의 사망 사실을 듣고 고려 국내 사찰에서 薦福하려고 하는 등(『고려사』 권11, 숙종 5년 5월 辛巳) 성의를 보이려고 노력하였다.

39 鄭修芽는 이후 양국의 교류 과정에서 宋의 新法과 그 개혁이념이 수용되어 고려 정국에 큰 영향을 미쳤다고 파악하였다(「高麗中期 對宋外交의 재개와 그 의의—北宋 改革政治의 受容을 중심으로」, 『國史館論叢』 61, 1995).

40 『宋史』 권487, 外國 3, 高麗, "自王徽以降 雖通使不絶 然受契丹封册 奉其正朔 上朝廷及他文書 蓋有稱甲子者 歲貢契丹至六而誅求不已 常云 高麗乃我奴耳 南朝何以厚待之 使至其國 尤倨暴 館伴及公卿小失意 輒行捽箠 聞我使至 必假他事來覘 分取賜物 嘗詰其西向修貢事 高麗表謝 其略曰 中國三甲子方得一朝 大邦一周天每修六貢 契丹悟乃得免."

41 陶晋生, 「宋 · 高麗與遼三角外交關係」, 『宋遼關係史研究』, 聯經出版社業公司, 1984 ; 朴宗基, 앞의 논문, 1993 ; 김영미, 「11세기 후반~12세기 초 고려 · 요 외교관계와 불경교류」, 『역사와 현실』 43, 2002.

양받았다. 이 때문에 송은 1078년에야 고려에 국신사國信使 안도安燾 일행을 파견할 수 있었다. 요는 고려에 대해서도 지계 획정을 요구하였는데, 1074년(문종 28) 정융진定戎鎭 북쪽 관외關外에 탐수암探守庵을 설치하여 고려를 자극하고[42] 이듬해에 동경병마도부서東京兵馬都府署를 시켜 압록강 이동의 강역을 정하자고 요구하였다. 이에 따라 고려는 유홍柳洪과 이당감李唐鑑을 시켜 요의 사신과 함께 국경을 살펴 전하게 하였으나, 이때의 국경 획정은 결론을 내리지 못한 채 끝났다.[43] 1078년 고려가 사신을 보내어 압록강 이동의 땅을 달라고 요구하였으나 요는 거절하였다.[44]

요의 견제는 선종대에도 계속되었다. 선종 2년(1085) 의천義天이 도송渡宋하여 신법당이 집권한 송으로부터 환대를 받았지만, 고려와 요 사이의 관계에 갈등을 초래하였다.[45] 요는 압록강 안에 각장을 설치하여 현안거리를 만들어 고려를 압박하였다.[46] 요의 각장 설치는 교역 추구뿐 아니라, 당시 소식蘇軾 등 송의 구법당 측에서 여·송 간의 통교를 비판하면서 고려가 송에서 받아간 물자를 빼내어 요에 넘긴다는 의혹을 제기한 것을 의식한 것은 아니었을까? 마침 그 무렵 송에서는 구법당이 집권하여 고려와의 관계에 소극적으로 나와 사신단에 대한 예우를 낮추고 거부감을 보이기조차 하였다. 이러저러한 이유로 선종 3(원우元祐 1, 1086)~7년(원우 5, 1090) 동안 고려는 송에 사신을 파견하지 않았으며, 요에는 여러 차례에 걸쳐 고주사告奏使·밀진사

42 探守庵 설치에 대하여 『고려사』 권9, 문종 30년 8월 庚戌條에는 "有司奏 北朝於定戎鎭關外設置庵子 請遣使告奏毁撤 從之"라고 되어 있으나, 같은 책 권10, 선종 5년 9월條의 기록에는 문종 28년에 처음 설치된 것으로 나타난다.

43 『고려사』 권9, 문종 29년 7월 癸酉·己卯.

44 『遼史』 권23, 道宗 大康 4년 4월 辛亥 ; 같은 책 권115, 열전 45, 高麗 大康 4년, "王徽乞賜鴨淥江以東地 不許."

45 김영미, 앞의 논문, 2002, 65~70쪽.

46 『고려사』 권10, 선종 3년 5월 丙子·5년 2월 甲午·5년 9월·5년 11월 壬申 ; 이미지, 「高麗 宣宗代 榷場문제와 對遼관계」, 『韓國史學報』 14, 2003.

密進使 등을 보내어 문제를 해결하려고 하였다. 고려의 이러한 태도를 감안해서인지 요는 압록강의 정자와 각장을 철수하였다.[47]

한편 고려와 일본의 관계를 살펴보면, 1079년(문종 33) 고려의 예빈성禮賓省은 여 · 일 양국을 왕래하던 상인 왕칙정王則貞을[48] 통하여 대재부大宰府에 의사 파견을 요청하는 첩牒을 보냈다.[49] 이에 대하여 일본 조정에서는 찬반 양론이 갈렸는데, 결국 만약 치료효과가 없으면 일본에 수치가 될 것이라는 의견에 따라, 국사國使가 아닌 상인을 통하여 첩장을 보냈다는 점과 일본에 대하여 성지聖旨라고 칭한 점 등을 들어 의사 파견을 거절하였다.[50] 그리하여 정부 차원의 교섭은 더 이상 진척되지 못하였다.[51] 이 교섭이 실패했음에도 불구하고 여 · 일 간의 관계는 다른 시기보다 상대적으로 활발하게 이루어져서, 문종~선종대 『고려사高麗史』에 기록된 일본인의 도항은 20회에 달하였다. 도항한 일본인 중에는 일본국사日本國使 · 살마주사薩摩州使 · 일기도구당관壹岐島勾當官 · 대마도구당관對馬島勾當官 등 관인을 칭하는 경우가 많았는데, 이것은 사무역이 아니라 대재부체제의 일환으로 추진된 조공무역의 형식을 취한 교역이었음을 알려준다. 일본에서는 11세기에 대재부 부관과 대재부 관내의 재청관인 · 토호 들에 의한 동아시아 무역에로의 새로운 접촉이

---

47 『고려사』 권11, 숙종 6년 8월, "都兵馬使奏 今遼東京兵馬都部署移文 請罷靜州關內軍營 頃在大安中 遼欲鴨江置亭子及榷場 我朝遣使請罷 遼帝聽之 今亦宜從其請 制可."

48 王則貞은 문종 27년(1073) 7월에 고려에 와서 私獻한 기록이 있다. 그의 정체에 대해서는 大宰府에 거주하는 중국계 상인이라거나 일본여성을 母로 하여 住蕃商人으로서 博多 唐坊에서 태어난 土産唐人 출신의 상인 등으로 파악되고 있다(龜井明德, 「日宋貿易關係の展開」, 『岩波講座日本通史』 6, 岩波書店, 1995, 134~136쪽).

49 노명호 외 編, 「高麗禮賓省對日本牒」, 『韓國古代中世古文書硏究』 上, 서울대학교출판부, 2000.

50 이 교섭 과정에 대해서는 奧村周司, 「醫師要請事件に見る高麗文宗朝の對日姿勢」, 『朝鮮學報』 117, 1985 참고.

51 고려가 일본에 의사 파견을 요청한 것은 문종의 질병 치료에 도움을 받으려는 목적도 있었지만 그것을 기회로 하여 공식적인 외교관계를 활성화하려는 의도도 있었다고 보여진다(주 21 참고).

전개되었는데, 고려와의 관계도 그런 차원에서 이루어졌다고 평가된다.[52]

당시 고려는 앞에서 살핀 것처럼 팔관회적 질서를 운용하면서 일본과의 관계도 그 질서 차원에서 설정하였다. 선종 10년(1093) 연평도延平島 순검군이 송인 12명과 왜인 19명이 타고 있던 배를 나포했는데, 이 배에는 수은·진주·유황·법라法螺 등의 물건과 함께 궁전弓箭·도검·갑주 등의 무기류가 실려 있어 해적선으로 의심받았다.[53] 그런데 이 배는 해적선이라기보다는 당시 송 상인 주도하에 형성되었던 송·일 양국 혼성상인단이었을 가능성이 있다. 당시 일본이 고려나 송에 수출하던 물품 중에는 무기류가 있었기 때문에 배에 실려 있던 무기류도 그러한 무역품이었을 가능성이 있는데, 그들은 밀무역을 하다가 고려군에 적발되어 해적선으로 지목되어 처벌당한 것으로 보인다.[54] 고려정부는 이렇게 밀무역을 단속하면서 공식 외교채널이든, 팔관회적 질서를 통하든 간에 공식적인 관계를 강조하고 국가가 주도권을 쥐려고 하였다.

이상에서 살핀 것처럼 고려는 문종대부터 내적·외적 조건의 변화에 적극적·능동적으로 대응하여 외교의 다변화를 모색하였다. 그 과정에서 비록 요와 갈등을 빚기도 했지만 군사적 충돌로 이어지지는 않았고 기본적으로는 평화관계를 지속하였다. 그러면서도 고려는 군사적 대비태세를 소홀히 하지는 않았다. 대외적 강경파와 온건파 모두 이 점을 중시하였는데, 북방에 축성을 계속하고 군사력을 기르는 등 국방력을 강화하고,[55] 심지어는 요에 가는 사신의 겸종들을 장건한 장사將士 중에서 선발하여 강역과 관련된 일들을

---

52 三浦圭一, 「10世紀～13世紀の東アジアと日本」, 『講座日本史』 2, 東京大學出版會, 256～259쪽.

53 『고려사』 권10, 선종 10년 7월 癸未.

54 蔡雄錫, 「高麗前期 貨幣流通의 기반」, 『韓國文化』 9, 1988, 117～118쪽.

55 閔賢九, 「高麗前期의 對外關係와 國防政策—文宗代를 中心으로」, 『亞細亞硏究』 41-1, 1998(『高麗政治史論』, 고려대학교출판부, 2004에 재수록).

몰래 살피게 하기도 하였다.[56] 그런 가운데 12세기 초 금金이 홍기할 무렵까지 고려의 북방지역에 대한 군사적 대비태세는 잘 유지되었다.

3. 12세기 전반 금의 흥기에 따른 고려 지배층의 대응

(1) 금의 흥기에 따른 국제질서의 재편

11세기 후반 여·송이 통교를 재개하였지만 국제정세는 비교적 평화를 유지하였다. 그러나 12세기에 접어들어 여진이 강성해지면서 정세가 요동치기 시작하였다. 1101년 숙종은 당시 고려가 북으로 요와 교린하고 남으로는 송에 사대하며 동쪽에서는 여진이 세력을 키우고 있기 때문에 안민安民하는 것이 군국의 급무라고 상황을 파악하였다.[57]

그동안 퉁구스계의 여진족은 군소부족들으로 분립되어 요의 간접지배를 받고 있었는데, 그 가운데 송화강 유역에 자리 잡고 있던 완안부가 흥기하여 여진사회에 세력을 확대하기 시작하였다. 완안부는 수렵과 농경을 겸하여 물산이 풍부하고, 요와 경계가 닿아 교통이 빈번하여 그로부터 자극을 받아 정치적으로 성장할 가능성이 다른 부족보다 높았다. 영가盈歌(목종)와 오아속烏雅束(강종) 때에는 생여진의 부족들을 통일하고 남쪽으로 세력을 뻗쳐 갈라전曷懶甸지역까지 미쳐왔다.

완안부가 흥기한 초기부터 고려는 그에 대한 정보를 갖고 대처하였다. 숙종 7년(1102) 영가가 사신을 보내왔고 이듬해에는 고려가 사신을 파견하였다. 고려인 의사가 매개가 되어 접촉이 이루어져 초기에는 양자 사이가 우호

56 『고려사절요』 권6, 선종 10년 6월.

57 『고려사』 권11, 숙종 6년 8월 乙巳.

적이었다. 고려는 금은장金銀匠을 보내달라는 영가의 요청을 들어주기도 하고, 완안부가 소해리蕭海里를 격파하고 고려에 그 사실을 알려오자 축하사절을 보내기도 하였다.[58]

그러나 완안부가 고려 동북변의 여진사회에 세력을 뻗쳐오면서 충돌이 불가피해졌다. 그곳의 여진사회는 완안부나 고려가 다 같이 중시하는 곳이었다. 고려는 그 지역을 동번으로 취급하여 통제력을 발휘하고 있었고, 완안부로서는 고려와의 직접적인 교류나 여진사회의 통합을 위해서는 반드시 손에 넣어야 했다.[59] 숙종 9년 오아속이 별부別部 부내노夫乃老와 세력을 다투는 과정에서 정주 관외까지 진출하자 고려는 임간林幹과 윤관尹瓘 등을 시켜 정벌하도록 했다. 이때의 여진 정벌은 기병력의 열세로 실패하였는데, 그것을 거울 삼아 별무반別武班을 조직하여 예종 2년(1107) 다시 정벌을 단행하여 9성을 개척하기에 이르렀다. 군사적으로는 고려가 여진을 격파하고 9성을 확보하여 사민까지 실시하였지만, 여진의 계속된 화·전 양면의 공세 때문에 지키기가 어려워지자 여진으로부터 복종을 맹세받고 철수하였다. 결과적으로 보면 막대한 국력을 투입하고도 소기의 성과를 거두지 못함으로써 고려의 지배층 사이에는 여진경략에 실패하였다고 간주하는 분위기가 있었다. 그렇지만 군사적 대결을 거쳐 서로의 실력을 확인하고, 이후 금이 군사적으로 압도하는 국제정세의 전개 속에서 고려가 균형추로서의 역할을 계속할 수 있는 배경이 되었다.

점차 강성해지는 여진에 대응하기 위하여 요와 고려는 서로를 이용하려

58 『고려사』 권12, 숙종 7년 11월 丁未 · 8년 7월 甲辰.

59 『金史』 권135, 外國 下, 高麗, "(康宗) 四年 丙戌 高麗使使黑歡方石 來賀嗣位 康宗使盃魯報聘 且尋前約 取亡命之民 高麗許之 曰使使至境上受之 康宗以爲信然 使完顔部阿聒 烏林苔部勝昆 往境上受之 康宗畋于馬紀嶺乙隻村以待之 阿聒勝昆至境上 高麗遣人殺之 而出兵曷懶甸 築九城 康宗歸 衆咸曰不可擧兵也 恐遼人將以罪我 太祖獨曰 若不擧兵 豈止失曷懶甸 諸部皆非吾有也 康宗以爲然 乃使斡塞將兵伐之 大破高麗兵."

하였다. 고려는 숙종 때 여진 정벌에 일차 실패한 직후 김고金沽를 밀진사로 요에 파견하였다.[60] 사료상 그 사행 내용은 알 수 없지만 여진의 강성함을 알리면서 협공을 제의했던 것은 아닐까 추측된다. 예종 때 9성의 개척과 환부 시에도 요에 통보하였으며, 이에 대하여 요에서는 고려가 변이邊夷를 토벌한 것이라고 공식적으로 승인하였다.[61] 9성을 축성한 후 요에 보낸 외교문서에서 고려는, 여진의 궁한리弓漢里를 고려의 구지舊地라 하고 그곳에 살고 있는 사람들을 고려의 편맹編氓이라고 하면서 수복하고 축성하였다고 기재하였다. 이에 대하여 김연金緣(김인존金仁存)은 9성 반환을 주장하는 입장에서, 궁한리의 추장 중에는 요의 관직을 받은 자들이 많기 때문에 요가 반드시 문책할 것이라고 주장하였다.[62] 그러나 김연의 우려와는 달리 요는 고려의 군사행동을 승인하였다. 아직 여진이 요에 반기를 들기 전이었지만 요는 고려 동북변의 여진지역에 대해 영향력을 행사하기 어려웠던 듯하며, 고려를 통하여 여진을 견제하려 했던 것 같다.

완안부는 갈라전 확보 후 대요 공략에 나서, 1114년 요에 반기를 들고 군사행동을 시작하였다. 이에 대항하여 요는 고려에 협공 내지 군사지원을 요청하였지만, 고려는 이에 대해 원칙적으로는 호응하는 듯하면서도 실제적인 군사행동으로 나아가지는 않았다.[63] 예종 10년(1115) 벽두에 아구다〔阿骨打〕가 황제에 올라 국호를 금이라고 칭하였다. 그해에도 요가 청병請兵해왔는데, 고려 조정에서는 대부분의 관료들이 찬성하였지만, 척준경拓俊京·김부일金富佾·한충韓冲·김부식金富軾·민수閔修 등이 우리나라가 여진 정벌과 9성 개척·환부 과정에서의 후유증을 막 회복하는 단계이고 타국에 출병하

60 『고려사』 권12, 숙종 9년 11월.

61 『고려사』 권13, 예종 4년 2월 癸卯·4년 2월·12월·5년 정월 壬寅·5년 정월 己酉.

62 『고려사』 권96, 金仁存.

63 金在滿, 『契丹·高麗關係史研究』, 國學資料院, 1999, 359~360쪽.

는 것은 다른 빌미를 만드는 것이므로 장래의 이해득실을 헤아리기 어렵다고 반대하여 파병 여부를 결정하지 못하였다.[64] 이듬해에는 요의 운명이 위태로운 상황이라는 것을 고려조정에서 파악하고 요의 연호를 쓰지 않기로 결정하였으며,[65] 예종 14년에 요는 수년 만에 어렵사리 고려에 사신을 파견하여 연결을 시도하였으나 이미 대세는 기울어져 있었다.[66]

한편 휘종을 중심으로 한 송의 집권세력은 금과 연합해서 요를 협공하여 연운 16주를 회복하려고 생각하였다. 그리하여 마馬 무역을 내걸고 해로를 이용하여 사신을 아구다에게 보내 의사를 타진하였다. 마침내 1119년 금이 연경燕京지방을 획득하여 송에 양도하면 송은 대신 세폐를 제공한다는 조건으로 양국 사이에 협공밀약이 체결되었다.

송은 여진을 이용하여 요를 견제·협공하려는 계획을 고려의 중개를 받아서도 성사시키려고 하였다.[67] 그러나 송이 금과 연결하여 요를 협공하려는 움직임에 대하여 고려는 여러 경로로 송 측에 우려를 전달하였다. 1117년 이자량李資諒이 송에 사신으로 갔을 때 휘종은 여진과 연결해줄 것을 부탁하였지만, 이자량은 여진은 인면수심人面獸心이고 탐추貪醜하기 때문에 송과 통하는 것은 좋지 않다고 반대하였다. 이에 대하여 휘종의 측근 신하는 고려가 여진과의 교역을 독점하기 위해서 반대하는 것이라고 여겼다.[68] 1119년에도

64 『고려사절요』 권8, 예종 10년 8월.

65 『고려사절요』 권8, 예종 11년 4월.

66 『고려사』 권14, 예종 14년 8월 癸卯. 이때의 요의 사행도 고려에 군사적 협조를 요청하기 위한 것이었던 듯하다. 이것은 이듬해 2월 금이 요에 사신을 파견하여 고려에 乞兵한 것을 문책한 사실과(『遼史』 권28) 7월 고려에 보낸 요의 조서에서 "이렇게 의분을 가졌을 바에는 적을 소탕하기 위해 노력해야 할 것이며 원래 공동의 원수가 되어 있으니 이는 당연한 일이다"라고 쓴 사실로부터(『고려사절요』 권8) 추측할 수 있다.

67 李燾, 『續資治通鑑長編』 권322, 元豊 5년 정월 丙午 ; 같은 책 권322, 元豊 7년 12월 丁亥(張東翼, 앞의 책, 2000, 157쪽).

68 『고려사절요』 권8, 예종 12년 5월.

송에 요청하여 파견되어왔던 의원들이 귀국하는 편에 고려는 송이 여진과 동맹하여 거란을 도모하려는 것에 대하여, 요는 형제의 나라로서 변한邊扞이 될 수 있지만 여진은 낭호狼虎와 같아서 교린하는 것은 마땅하지 않다고 우려하는 의견을 전달하였으나 휘종은 수용하지 않았다.[69] 고려의 지배층은 요가 송과 평화관계를 맺은 이후 북방에서 송을 사실상 외호해왔다는 사실을 직시하고 세력균형에 입각한 기존 국제정세를 유지하는 것이 바람직하다는 입장을 송에 표시했던 것이다.

이후 금과 협공작전을 펴는 과정에서 송의 전략적 오류와 군대의 부실함이 드러났다. 내부적 역량 없이 외세를 끌어들임으로써 약점을 드러냈을 뿐만 아니라 세폐 지불을 미루고 요와 연락하여 금의 서부를 공격하는 등 약속을 위반하여 금이 송을 공격하는 상황으로까지 이어졌다. 금은 1124년에 서하를 신속시키고 이듬해에 요를 멸망시킨 다음 송을 정벌하는 군대를 일으켰다. 이전에 요와 서하가 제휴하여 송을 견제하던 단계에서 이제 금과 서하가 제휴하여 송을 치는 상황으로 바뀐 것이다. 금은 적극적으로 중원 진출을 도모하여 송을 남방으로 밀어내고, 서하는 청해 방면으로 진출하였다. 금은 송의 변경汴京을 공격하여 1127년 휘종·흠종 이하 중앙지배층들을 대거 사로잡아 갔으며, 이에 송은 양자강 남쪽으로 옮기고 고종이 즉위하였다. 이후 송·금은 공방전을 계속하다가 1142년 회수淮水를 국경으로 하고 송이 금에게 칭신稱臣하는 등의 조건으로 일단 화의가 성립하였다. 1153년 금은 연경으로 수도를 옮기고 요의 뒤를 이은 정복국가로 자리 잡았다. 이처럼 고려의 경고에도 불구하고 송은 금과 동맹하여 실지의 회복을 도모하다가 오히려

69 陳均, 『皇朝編年綱目備要』 3-28, 宣和 원년 정월(張東翼, 앞의 책, 2000, 176~177쪽) ; 張端義, 『貴耳集』 下(張東翼, 같은 책, 180~181쪽) ; 『朱子語類』 권133, 本朝 7 夷狄(張東翼, 같은 책, 332~334쪽) ; 『宋史』 권246, 외국 3, 高麗.

금에게 화북을 내어주는 결과를 초래하였다. 그리하여 북방 정복국가가 요 때보다도 더욱 남진한 상태가 되었을 뿐만 아니라, 금은 군君, 송은 신臣이 되어 과거에 송이 형, 요가 아우였던 남북의 형식상의 관계가 역전되었다.[70]

요와 대결한 데 이어 송과 대결하게 된 금으로서는 고려와의 관계에서 군사적 위협이 없는 한 새로운 전선을 만들기보다는 화평을 유지하면서 국제적 위상을 확보하는 것이 중요하였다. 금은 과거 요가 그랬던 것처럼, 고려와의 관계에서 군사적 긴장 없이 안정되고 금을 중심으로 하는 국제질서를 인정받기를 원했다.

금은 초기 성장 과정에서 고려의 여진 정벌로 인하여 군사적으로 대결해야 했지만 고려와 적대관계를 맺기보다는 화친관계를 원하였다.[71] 아구다는 요에 반기를 들면서 고려에 사신을 파견하였다.[72] 1116년(예종 11)에는 요가 금의 공격을 받아 물러갈 때 고려는 내원성來遠城과 포주성抱州城이 우리의 옛 땅이라며 영유권을 요구하여, 금으로부터 스스로 취하라는 답변을 얻어내어 사실상 인정받았다. 그리하여 고려는 포주를 의주방어사義州防禦使로 고치고 압록강을 경계로 삼아 관방을 설치하였다.[73] 1119년에는 고려가 북방의 정세 변화에 대응하여 장성을 증축하였는데, 금 변리邊吏가 중지를 요구하였으나 구성舊城을 보수한다는 구실을 내세워 따르지 않았다. 이에 대하여 아구다는 금의 관리들에게 고려를 침범하여 사단을 만들지 말고 다만 보루를 견고히 하고 정보를 널리 수집하는 데 그치라고 지시하였다.[74] 1123년(인종 1)에는 금이 고려에 파견한 사신이 고려 국경에서 박대를 받았는데,

70 금 · 송 간의 형식적 관계는 1165년 숙질관계로, 1206년 백질관계로 변화하였다.

71 『고려사』 권12, 숙종 9년 6월 甲寅 ; 같은 책 권12, 예종 원년 3월 丁酉.

72 『고려사』 권14, 예종 11년 4월 庚午.

73 『고려사』 권14, 예종 12년 3월 辛卯.

74 『고려사』 권14, 예종 14년 12월 ; 『金史』 권2, 太祖 阿骨打 天輔 3년 11월.

이에 대하여 금의 태종은 고려가 요의 사신을 맞는 예로써 자기 나라 사신을 맞는 것이 옳지만 금에 국상國喪이 있고 요주遼主가 아직 잡히지 않은 상태이니 억지로 요구하지 말고 귀환하라고 지시하였다. 이듬해에는 고려 국경 근처에서 해구海狗·해동청海東靑 등을 잡던 금나라 사람들이 고려의 공격을 받아 무기를 빼앗기고 모두 살해당하는 사건이 벌어졌다. 그러나 이를 보고받은 금 태종은 작은 사건으로 전쟁을 일으킬 수는 없다고 하면서 이후로는 봉명奉命이 아니면 함부로 가지 말라고 지시하였다. 또한 고려가 반망叛亡한 여진인들을 받아들이고 변비邊備를 강화하고 있는 것은 다른 계획이 있기 때문이라는 보고에 대해서도, 태종은 반망한 사람들을 받아들여 돌려보내지 않는 것은 통문通問하되 상식을 벗어나지 않게 하고 침범해오면 대응하되 먼저 고려를 범하지 말도록 하고 만약 이 명령을 어기면 비록 승리를 거두더라도 처벌하겠다고 지시하였다.[75] 금이 고려를 신중하게 대하는 태도를 엿볼 수 있다.

금은 이러한 태도를 취하는 한편, 금 중심의 국제질서를 인정받기 위해 외교적으로 고려를 압박하였다. 예종 12년(1117) 금은 고려에 글을 보내어 자신들이 과거에는 거란을 대국으로 고려를 부모의 나라로 섬겨왔지만, 현실적으로 거란을 거의 섬멸한 힘을 인정하여 금이 형, 고려가 아우가 되는 화친을 맺을 것을 요구하였다. 이러한 금의 요구에 대하여 고려조정은 논의 끝에 회답하지 않았다.[76] 2년 뒤 금은 다시 사신을 파견하여 북쪽 상경上京으로부터 남쪽 바다에 이르기까지 부족과 인민을 위무하고 안정시켰다고 통보해왔다.[77] 이것은 고려에게 자신들의 뜻에 따르도록 과시하는 의미이기도 하였

---

75 『金史』 권3, 太宗 吳乞買 天會 2년 5월 乙巳·7월 壬辰.

76 『고려사절요』 권8, 예종 12년 3월.

77 『고려사』 권14, 예종 14년 2월 丁酉.

다. 그해 고려가 금에 사신을 파견하였으나 국서에 금의 근원이 고려에서 나왔다는 말이 들어 있다고 하여 금이 수령을 거부하였고,[78] 이어 칭신과 서표誓表를 제출할 것을 요구하였다. 인종 3년(1125)에는 고려가 국서를 보냈으나 표문이 아니고 또 신臣이라고 쓰지 않았다 하여 이 역시 수령을 거부하였다. 이듬해에 고려가 마침내 칭신하고 표문을 보내기까지 여 · 금 사이에 국가관계의 위상을 놓고 마찰이 지속되었지만,[79] 군사적 적대관계로까지 번지지는 않았다.

물론 금이 고려에 대하여 군사적 방비를 하지 않거나 고려를 공격할 의사가 전혀 없었던 것은 아니었다. 1124년 요의 멸망을 눈앞에 둔 시점에 금은 남로군수南路軍帥 도모闍母를 시켜 갑사甲士 1,000명을 합소관로合蘇館路 발근勃堇 완안아실재完顔阿實賚에게 더 붙여주어 고려를 방비하게 하였다.[80] 1132년 금은 남경로평주군수사南京路平州軍帥司를 동남로도통사東南路都統司로 고치고 치소를 동경에 두어 고려를 진무하게 하였다.[81] 그 전해에는 금의 황제가 3만 명의 병력을 거느리고 동경東京에 도착하였는데 그 뜻을 알 수 없다는 첩보를 변경의 관리가 보내옴에 따라 고려조정에서 대책에 부심하기도 하였다.[82] 또한 해릉왕海陵王은 금을 중화풍의 국가로 바꾸려는 계획 아래 물산이 풍부한 송을 정벌하려 하면서, 자신의 목표는 송을 멸망시킨 후 곧이어 고려와 서하를 공격하여 천하를 통일하는 것이라고 언명하였다.[83]

---

78 『고려사』 권14, 예종 14년 8월 丁丑.

79 금은 1118년에 요를 압박하여 요와 고려 · 송 · 서하 사이에 왕복했던 書詔表牒들을 받아냈는데, 이것은 요를 중심으로 한 국제 외교질서를 파악하고 그것을 대신하려는 의도를 반영한 것이다(『遼史』 권28, 天慶 8년 2월).

80 『金史』 권3, 太宗 天會 2년 10월 丙寅.

81 『金史』 권24, 地理 上, 東京路.

82 『고려사』 권16, 인종 9년 8월 乙酉.

83 『金史』 권129, 佞幸 張仲軻, "海陵與仲軻論漢書 謂仲軻曰 漢地封疆 不過七八千里 今吾國幅員萬里 可謂大矣 仲軻曰 本朝疆土雖大 以天下有四主 南有宋 東有高麗 西有夏 若能一之 乃爲大耳 海

(2) 대외정책을 둘러싼 고려 정치세력의 분기

앞에서 금이 흥기한 이후 고려 주변의 국제정세가 크게 변화하는 모습을 개략적으로 살펴보았다. 요·금의 대결 과정과 송·금의 대결 과정에서 각국은 자기에게 유리한 상황을 만들기 위한 치열한 외교전을 벌였다. 그리고 대외관계를 둘러싼 방향설정 문제는 당시 각국에서 정치세력 간의 분기를 가져오는 중요한 이슈가 되었다.

따지고 보면 1세기가량 안정적이던 국제관계가 변동한 것은 각국의 내적인 정세 변화에 기인한 것이기도 하였다. 국제관계는 외교관계의 차원에만 머무는 것이 아니라, 앞 장에서 잠시 살펴보았듯이, 국내 정치상황과 밀접한 관계를 맺으면서 정치사를 규정하고 있었다. 당시 각국의 정치세력은 변화된 정세 속에서 외교관계 설정은 물론 대내적 개혁이라는 이중의 과제를 놓고 분화·대립하였으며, 그에 따른 각국 국내 정치세력 간의 역관계 변화에 따라 국제정세도 변화하였다.

숙종~예종 초에는 윤관 등이 중심이 된 공리주의적 신법개혁론자들과 최사추崔思諏·김인존金仁存 등이 중심이 된 인성론적 개혁론자들이 대립하였고, 전자가 중심이 되어 여진 정벌과 9성 개척을 추진하였다. 그러나 그것이 실패하고 그에 따라 왕의 리더십이 약화되자, 왕을 중심으로 대송 관계의 개선을 주도하고 문화군주로서의 면모를 세워 만회하려 하였다. 즉 예종은 중국의 선진문물을 적극적으로 수용하고 문화를 발전시키는 왕으로서 인정·지지받으려고 하였다.[84] 송에서도 신법파가 재집권한 뒤 예종 5년(1110) 고려왕에 대하여 황제의 친필조서를 보내고, 그동안 권權 자를 붙여오던 관례

陵曰 彼且何罪而伐之 仲軻曰 臣聞宋人買馬修器械 招納山東叛亡 豈得爲無罪 …… (海陵)旣而曰 朕擧兵滅宋 遠不過二三年然後 討平高麗夏國 一統之後 論功遷秩 分賞將士 彼必忘勞矣."

84 朴宗基, 「예종대 정치개혁과 정치세력의 변동」, 『역사와 현실』 9, 1993, 48~51쪽 ; 蔡雄錫, 「12세기초 고려의 개혁 추진과 정치적 갈등」, 『韓國史硏究』 112, 2001, 57~59쪽.

를 깨고 진왕眞王의 예로 대하는 등 고려와의 관계에 적극적으로 나왔다.[85] 고려는 송의 태학太學에 학생들을 파견하여 수학하게 하고, 대성악大晟樂과 의학기술 등의 문물을 수용하였다. 예종 11년 무렵에는 요가 여진의 공격을 받아 위태로운 상황이라는 것을 고려조정에서도 파악하고 그 연호를 쓰지 않기로 결정한 상태였기 때문에[86] 대송외교에서 요의 눈치를 볼 필요도 없었다. 예종 12년에는 궁내에 새로 건축한 보문각寶文閣과 청연각淸讌閣에 송 황제가 내려준 어필 서화 등을 수장하게 하여 신하들에게 관람시키고 과시하였다. 다음 해에는 예종 비 순덕왕후順德王后의 진전眞殿인 안화사安和寺의 편액을 송 황제에게 청하여 받았다.[87] 예종이 사망하자 송은 사신을 보내 치전致奠하면서 황제가 친제한 조위조서와 제문을 보내고 요가 거의 멸망하였으니 송으로부터 책봉을 받으라고 권고하였다.[88]

당시는 요의 힘이 약화되었기 때문에, 송과 긴밀하게 접촉하면서 선진문화를 받아들인다는 것에 대하여 고려의 지배층 사이에서 이견이 없었다. 그렇지만 신흥강국으로 등장한 금에 대한 외교 문제를 놓고는 의견이 대립하였다.

인종 4년(1126) 금이 신하의 예를 요구해오자 조정에서 격론이 벌어졌는데, 당시 권력을 잡고 있던 이자겸李資謙과 척준경의 주장에 따라 금이 강성한 형세를 고려하여 상표칭신上表稱臣하기로 결정하였다. 당시 분위기는 이에 반대하는 관료들이 다수였다고 하는데, 예종 초의 여진 정벌 때와 마찬가지로 태묘太廟에 고하고 점을 쳐서 결정하였다.[89] 금은 고려가 상표칭신하자

85 『고려사』 권13, 예종 5년 6월 癸未 · 7월 戊戌.
86 주 65와 같음.
87 『고려사절요』 권8, 예종 12년 6월 · 13년 4월.
88 『고려사』 권15, 인종 원년 6월 庚子.
89 『고려사』 권15, 인종 4년 3월 辛卯 · 乙未.

보주保州의 영유권을 인정해주는 것으로 화답하였다.[90]

대금 강경론은 숙종~예종 초의 여진 정벌론과 맥락을 같이하는 것으로 보인다. 앞에서 살핀 것처럼 당시 동여진을 무력을 동원하여 경략한 것은 단순히 무력시위나 응징의 차원에서 그치는 것이 아니라, 고토 회복 내지 식민 정책의 차원에서 추진되었다. 또한 9성을 쌓고 남계南界의 인민들을 사민하였는데, 이것은 여진족에 대한 정책이 그들이 투속해오면 기미주를 만드는 데 그치지 않고 무력으로 점령한 다음 내지와 같이 직접 통치하려는 적극적 통합·정복의지를 갖고 있었다는 것을 의미한다. 그것은 여진은 비록 이류이지만 귀화를 하여 판적版籍에 오르면 내국민과 동일하게 방헌邦憲을 적용시켜야 한다는 인식과 통할 수 있었다.[91] 그들은 자국 중심의 천하관 또는 다원적 천하관의 견지에서 고려왕이 진정한 천자라면 주변 사이四夷 지역에 왕도를 행사할 수 있어야 한다고 인식하였다.[92] 이것은 권력관계에서 왕권 중심의 논리가 될 수 있었고 풍수도참설을 이용하여 36국 조천설朝天說을 주장하는 것과 통하였다.[93]

그러한 차원에서 금이 칭신을 요구해왔을 때, 이전까지 정치적으로 복속되었고 문화적으로 열세에 있는 주변 오랑캐국가에게 도리어 신례를 하고 조공을 바치는 것은 국가적 수치라고 인식하였다. "여진은 본래 우리나라 사람들의 자손이기 때문에 신복臣僕이 되어 차례로 임금〔天〕에게 조공을 바쳐 왔고, 국경 근처에 사는 사람들도 모두 우리의 호적에 오른 지 오래되었는데, 어떻게 거꾸로 신하가 될 수 있는가"라고 한 윤언이尹彦頤의 발언에서 그

90 『金史』 권60, 交聘表上 太宗 天會 4년 6월, "高麗使奉表稱藩 優詔答之 仍以保州地賜."

91 『고려사』 권84, 刑法 1, 殺傷 靖宗 4년 5월.

92 金龍善 編著, 『高麗墓誌銘集成』(제3판), 한림대학교 아시아문화연구소, 2001, 尹彦頤墓誌銘, "於是 坐而論道 燮理陰陽 庶幾內則董正百官 外則鎭撫四夷 使王道復行 以致萬世無疆之休."

93 『고려사절요』 권9, 인종 6년 8월 ; 같은 책 권10, 인종 10년 3월.

런 인식을 읽을 수 있다.[94] 그리고 그간의 역사경험으로 본다면, 주변의 강국이 등장할 때는 한반도를 침략해온 것이 거의 관행이었기 때문에 새로 흥기하기 시작한 금이 침략할 가능성에 대비해야 한다는 주장은 설득력이 있었다. 위에 든 윤언이의 발언을 기록한 그의 묘지명墓誌銘에서는 그 문단에 이어 "(금의 요구에 굴복하여 약함을 보인) 바로 그 뒤 금의 군대가 우리를 침범하려 하였다"라고 기술하였다. 이렇듯 대금 강경론자들은 국제정세가 변동하는 상황을 이용하여 스스로 굴복할 것이 아니라 왕조의 존엄성을 지키고 국제관계에서 위상을 격상시킬 수 있는 조치의 필요성을 제기하였다.

이에 비하여 내치內治·내수內守를 강조하는 논자들은 대외적으로 평화관계를 강조하였다. 이들은 여진이 강성하기 전에는 그들이 투속해오는 것에 대하여 방기적放棄的 태도를 취하여 복속하면 받고 떠나가면 내버려두자는 소극적인 모습을 보였고,[95] 여진은 인면수심하기 때문에 사리를 알지 못하고 교화에 익숙하지 않으니 내국인과 같이 취급할 수 없다고 인식하였다.[96] 또한 인仁·의義의 유무를 기준으로 한 화이華夷의 구별을 강조하고[97] 대외적인 무력 사용을 피하였다. 그렇기 때문에 여진에 대하여 군사적 강공책을 쓰는 것에 반대하고 9성 개척과 같은 식민정책은 더더욱 반대하였다. 이들은 주변에 강력한 국가가 등장하여 압력을 가해왔을 때 평화를 지키기 위해서 필요하다면 형세를 고려하여 정치적 사대를 해도 좋다고 하였다. 김부철金富轍(김부의金富儀)은 예종 12년(1117) 금이 형제관계를 요구해왔을 때 수용할 것을 주장하면서, 한漢과 흉노匈奴, 당唐과 돌궐突厥, 송과 거란의 관계에서처

94 주 92의 尹彥頤墓誌銘.

95 『補閑集』 卷上, "睿王乾統七年丁亥 欲伐東蕃 …… 諫議大夫金緣 奏曰人主之愛土地 將以養民 豈宜爭地 使赤子肝腦塗地 願陛下許其地以禽獸畜之 服則撫 否則舍 吾民可得休息矣."

96 『고려사』 권84, 형법 1, 殺傷 靖宗 4년 5월.

97 『고려사』 권95, 崔沖, "夷狄人面獸心 不可以刑法懲 不可以仁義教."

럼 중국도 공주를 하가下嫁하고 칭신하거나 형제관계를 맺기도 하는 등 형세에 따라 사이四夷에 양보하기도 했다는 점을 지적하였다.[98] 금과의 관계 이전에 고려는 이미 거란에 사대외교를 함으로써 국제적 평화·안정 상태를 이룬 경험이 있었다. 그리고 바로 전에는 여진을 무력정벌하다가 실패한 경험도 있었고 요가 금의 공격으로 위태로운 지경에 빠진 것도 잘 알고 있었기 때문에 금을 형세상 대국으로 파악하는 것이 어렵지만은 않았을 것이다. 현실적으로 본다면 금이 강성하기 이전에 여진이 자주 국경과 동해안지역에 출몰하면서 약탈을 자행하는 것이 고려에 큰 골칫거리가 되었기 때문에, 분립적인 여진사회를 제어할 수 있는 세력이 등장하는 것이 고려로서는 반드시 불리한 상황만은 아니었다. 만약 그 세력과 관계를 개선할 수 있다면 약탈로 인한 피해가 줄어드는 것은 물론, 비정규전적 상황에 대비하는 비용도 줄일 수 있기 때문이다. 금의 강성 이후 여진부족들을 통제하여 고려의 국경과 동해안에서 여진이 출몰하고 약탈하는 현상이 없어진 것은 금과 평화관계를 맺은 데 따른 부수적 효과였다.[99]

이렇듯 내수론자들은 대외관계에서 무력대결을 피하고 식민息民을 통하여 국내적 안정과 평화를 확보하는 것이 무엇보다 중요하다고 주장하였다.[100] 이는 권력관계에서 덕을 매개로 하여 군-신-민의 상하질서가 유지되

98 『고려사절요』 권8, 예종 12년 3월.

99 요의 경우와 마찬가지로 금은 고려와의 사이에 각종 사신 왕래가 빈번하였고 이를 통하여 교역이 이루어졌다. 그리고 여·요 관계에서와는 달리 고려는 保州·靜州·定州 등지에서 榷場貿易을 허용하였다(朴漢男, 「高麗의 對金外交政策硏究」, 성균관대학교 박사학위논문, 1993, 159~192쪽) 따라서 이전에 여진족들이 개별적으로 고려로부터 사여받거나 해적행위로 조달하던 교역품들을 이제 공식적인 교역을 통하여 조달하게 되었다고 파악할 수 있다.

100 息民의 논리는 예종 4년 김인존이 9성을 여진에 환부하자고 주장한 건의와(『고려사절요』 권7, 예종 4년 5월) 예종 10년 요의 청병에 대하여 김부일·김부식·한충 등이 제기한 반대론(주 64와 같음) 등에서 찾아볼 수 있다. 『孟子』에 따르면 식민을 증진시킬 수 있다면 외부에서 온 군주에게도 복종할 수 있으며, 이는 수단과 방법을 가리지 않는 것도 아니며 비굴하거나 절의를 지키

어야 한다는 것과 통하여, 대외경략론자들이 왕권 중심의 논리를 가졌던 것과는 달리 사족 중심의 논리가 될 수 있었다. 물론 이들이 무력 사용에 반대하고 형세에 따라 사대를 주장하였다고 하여 국방력을 소홀하게 취급했던 것은 아니다. 김부의는 인종과 국방 문제를 논의하면서 군사행동을 삼가하되 방어를 위한 성곽시설의 정비, 무기 증강 등의 필요성을 역설하였다.[101]

결과적으로 고려는 금과 군사적 대결을 피하고 대신 사대하여 평화를 지키게 되었다. 형세론을 내세워 조공-책봉질서라는 동아시아의 전통적 국제관계의 형식을 받아들임으로써 금과 공존을 모색하자는 것이 이자겸을 중심으로 한 당시 집권세력의 전략적 선택이었다. 그렇지만 금과 평화관계를 맺기로 한 뒤에도 몇 가지 해결해야 할 문제들이 놓여 있었다.

첫째, 고려가 상표칭신한 뒤에 고려와 금 사이에는 과거 고려와 요 사이의 관계와 동일한 외교형식을 적용하기로 하였는데, 여기서 나아가 금은 새로운 외교형식으로 서표를 요구하고 고려에 유입된 여진인구를 송환하라는 조건을 걸어왔다.[102] 먼저 서표 문제는 금 황제에 대하여 송과 서하가 그랬던 것처럼 고려도 칭신의 맹세를 하고 그 맹약을 어기면 나라가 위태로워지고 자손이 끊어질 것이며 천지신명이 죄를 주어 왕위를 보전하지 못할 것이라는 서약을 하라는 것이었다. 여기에는 고려조정 내에 금에 대한 강·온 양론이 갈려 있다는 사정을 알고 관계를 분명히 할 것을 요구하는 의도가 개재되어 있었던 것으로 보인다. 서표 문제는 금이 만약 요구가 관철되지 않으면 친조親朝를 요구하겠다고 위협하자, 고려가 인종 7년(1129) 충신의 마음이

지 않는 행위로도 볼 수 없다고 하였다(梁惠王章句 下). 이런 논리에 따르면 현재의 화평 상태를 유지할 수 있는 것이 국가의 수치가 아니라 가장 상책이라는 것이다.

101 『고려사』 권97, 金富佾 附 金富儀.

102 『고려사』 권15, 인종 4년 9월 辛未·인종 6년 12월 壬申.
이 문제에 대해서는 朴漢男, 앞의 논문, 1993, 43~95쪽 참고.

청천백일靑天百日과 같으니 만약 어기면 신명이 죄를 줄 것이라는 내용을 담은 서표를 보내어 일단락되었다.[103] 인구송환 문제는 보주로와 고려 영내로 유입된 여진인구를 돌려보내야만 보주에 대한 고려의 영유권을 온전하게 인정해주겠다는 것이었다. 이 요구는 고려가 수용에 난색을 표시하는 데다가, 금의 일부 관료들도 송환 대상 인구들이 수십 년의 세월이 흘러 그 땅에 안착해 살고 있기 때문에 무리하게 송환하면 원망이 일 것이고 또 고려가 칭번하여 직공職貢을 잘하고 있는데 무리하게 송환하도록 강요할 필요가 없다는 주장을 제기하여 인종 8년에 해소되었다. 서표와 인구송환 문제가 양국 간에 심각한 갈등으로 커지지 않고 원만하게 해결된 데에는 금에서 유교정치를 지향한 완안조完顔勗·한방韓昉 등의 활동이 작용하였다.[104]

둘째, 금의 공격을 받은 송이 고려에 지원을 요청해온 것이다. 송은 과거에 연려제요책을 쓰려 했던 것처럼 연려제금책聯麗制金策을 쓰려고 하였다. 그래서 고려가 금에 상표칭신하던 1126년에 송은 고려에 사신을 파견하여 금을 정벌하는 군사를 일으켜줄 것을 요청하였다.[105] 이에 대하여 고려는 송의 군사가 금을 제압하기를 기다려 다소나마 위력으로 돕겠다고 원칙적인 대답만을 하였다. 인종 6년(1128)에는 송이 양응성楊應誠 등을 파견하여 금에 붙잡혀간 휘종·흠종을 구출하기 위하여 금에 갈 수 있도록 길을 빌려달라는, 이른바 가도假道를 요구하였다.[106] 이 요구는 금이 여·송의 밀착관계

---

103 『金史』 권125, 文藝 上 韓昉; 『고려사』 권16, 인종 7년 11월 丙辰.

104 『金史』 권66, 始祖以下諸子 完顔勗; 같은 책 권125, 文藝 上 韓昉.
한방이 서표 문제를 갖고 사신으로 왔을 때 고려의 관반은 김부의였는데, 둘 사이에 唱和한 시가 수십 편에 이르고 한방이 본국에 가서도 김부의를 異人이라고 말하는 등 관계가 돈독하였다(『고려사』 권97, 金富佾).

105 『고려사』 권15, 인종 4년 7월 丁卯.
송의 請兵과 假道 요구에 대해서는 안병우, 앞의 논문, 2002 참고.

106 『고려사』 권15, 인종 6년 6월 丁卯.

를 의심하게 만드는 계기로 작용할 수 있고 또 사신 통행을 위한 가도에 그치지 않고 군사행동으로 이어질 가능성이 있으며, 당시 고려의 불안정한 국내 사정상 일부 세력이 그것을 이용하여 모반을 꾀할 수도 있는 등의 문제 때문에 고려로서는 들어주기 어려운 것이었다.[107] 그리하여 고려에서는 김부일·김부식·최홍재崔弘宰·문공인文公仁 등이 나서서 불가함을 설명하였다. 이런 과정을 거치면서 송은 대금 관계에서 고려를 이용하는 것이 어렵다는 것을 알게 되어 이후 관계에서 소극적인 모습을 보였다. 더구나 금이 후기에는 남송과의 대결에서 우위를 차지하지 못하자, 남송으로서는 연려제금책의 필요성이 줄어들었다. 고려로서도 대금 관계의 안정에 중점을 두었고, 특히 무신정변 이후 남송과의 통교에 필요성을 느끼지 못하였다.

셋째, 대금 평화노선의 실현을 주도한 것은 이자겸을 중심으로 한 외척세력이었는데, 외척이 인종을 옹립하면서 장악했던 권력을 국왕에게 이양시키려는 움직임이 생겼다. 인종 4년(1126) 이자겸의 난은 김안金安·안보린安甫鱗 등이 주동하여 외척을 타도하고 왕을 중심으로 권력관계를 개편하려고 시도하다가 실패하여 번진 사건이었다. 그 후 외척세력이 제거된 뒤에는 김안·강후현姜侯顯 등이 인종의 측근세력으로서의 면모를 보였고, 묘청·백수한白壽翰 등 대내외적 정치적 위기의 해결방법을 풍수도참설에서 찾는 일단의 세력이 등장하여 여기에 결합하였다. 묘청을 중심으로 한 세력은 서경西京의 임원역지林原驛地는 음양가들이 말하는 대화세大花勢에 해당하기 때문에 그곳에 궁궐을 세워 왕이 거처하면 천하를 아우를 수 있고 금이 항복하며 주변 36국이 모두 복속할 것이라고 주장하였다. 또한 대동강에 신룡神龍

107 의종 2년 李深·智之用 등이 송인 張喆과 동모하여 秦檜에게 송이 금을 정벌한다는 명목으로 고려에 假道를 하면 내응하겠다는 모반계획을 담은 글과 고려지도 등을 보냈다가 발각되어 처벌당하였다(『고려사』 권17, 의종 2년 10월 丁卯).

이 침을 토하여 서기가 어렸으니 천심과 인망에 순응하여 금을 제압하자고 건의하였다.[108] 그들은 칭제건원과 서경천도 등을 통하여 국왕을 중심으로 체제 개편을 획기적으로 추진하려 하였으며, 36국 조공설과 금국정벌론을 제시하여 대외적으로 강경론을 주장하였다.[109] 윤언이처럼 칭제건원을 주장하더라도 서경천도론이나 금국정벌론에는 동의하지 않았다고 변명하는 경우도 있었지만,[110] 그 역시 사이四夷 진무鎭撫를 왕도王道의 행사로 간주하여,[111] 금에 사대한 이후로는 금을 호적胡狄으로 부르기를 꺼리면서 대외적으로 평화주의를 택한 김부식[112] 등과 대립하였다.

그동안 고려는 고구려의 계승자를 자임하면서 북방정책을 펴왔고 동·서번, 곧 여진의 진헌이 포함된 팔관회적 질서로 자존적 위상을 유지해왔는데, 금에 신복臣服하게 되면 이제 그러한 인식이 크게 손상을 받을 수밖에 없었

---

108 주 93과 같음.

109 36국 조공설은 숙종 원년 金謂磾가 남경천도를 주장할 때도 제기되었다(『고려사절요』 권6, 숙종 원년 8월). 또 의종 12년에도 劉元度 등이 풍수도참설을 이용하여 白州 兎山에 궁궐을 짓자고 주장하면서, 그렇게 하면 나라가 中興할 뿐만 아니라 7년 이내에 北虜, 즉 금을 정복할 수 있다고 하였다(『고려사』 권18, 의종 12년 8월 甲寅).

한편 36국 조공설과 금국정벌론을 보면 그것을 주장한 묘청세력은 독존적 천하관을 갖고 있는 듯 보이지만, 중화왕조에 대해서는 인정하는 자세를 보이고 있었다. "初邊報傳言 金人侵宋敗北宋師乘勝深入金境 於是 鄭知常金安奏曰 時不可失 請出兵應接宋師 以成大功 使主上功德載中國史傳之萬歲"(『고려사절요』 권9, 인종 5년 5월).

110 사실 금이 송을 치는 과정에서 괴뢰정권을 세울 때, 1127년 張邦昌을 楚國의 황제로 내세웠으며, 1130년에는 劉豫를 大齊皇帝로 삼고 阜昌이라는 연호를 사용하게 하였다. 이때 金帝와 齊帝의 관계는 父子관계로 정해졌다(外山軍治, 「金朝の華北支配と傀儡國家」, 『金朝史研究』, 同朋舍, 1964). 그리고 금이 고려에 보낸 詔書에서 高麗國皇帝라고 칭한 것을 보면(『帝王韻紀』 卷上, "臣嘗爲式目執事 閱都監文書 偶得金國詔書二通 其序皆云 大金國皇帝寄書于高麗國皇帝云云 此結兄弟之訂也") 당시 고려의 칭제건원이 대금 관계의 악화를 불러올 것이라는 김부식 등의 주장은 지나친 기우였을 가능성도 있다.

111 주 92와 같음.

묘지명에 따르면 윤언이는, 父 尹瓘이 여진 정벌에서 소기의 성과를 거두지 못한 것을 한스럽게 여기고 있었다.

112 『고려사』 권17, 인종 24년 김부식의 仁宗史贊.

다. 이에 묘청세력은 대금 강경론을 주장하고 대내적으로 개혁을 통한 왕조의 중흥을 내걸었다.

인종 5년(1127) 왕이 서경에 행차하여 유신維新의 개혁교서를 발표하였다. 민에 대한 부세 경감과 침탈 금지, 구휼기관의 정비와 비축, 사치 금지와 관리들에 대한 규찰, 교육과 관료선발제도 강화 등을 내용으로 하였는데, 여기에는 이자겸의 난 이후 개혁을 통하여 왕을 중심으로 지배질서를 회복하려는 의지가 담겨 있었다. 이자겸의 난으로 왕조의 위기를 겪은 터라서 지배질서를 회복하기 위한 개혁의 필요성은 새로 대두하기 시작한 인종의 측근과 묘청세력은 물론, 이자겸세력과 거리를 두었던 김부식 등의 유교관료들도 공감하고 있었다.[113] 그렇지만 유신개혁의 이념적 바탕이나 정치운영론 등에서 양자 사이에 큰 차이가 있었다.

묘청세력은 풍수도참설을 이용한 일종의 신비주의적·종교적 수단과 천도와 같은 비상한 수단들을 동원하여 정치적 주도권을 잡고 권력을 장악하려 하였다. 그러나 급박하게 돌아가는 국제정세 속에서 천도 문제로 정쟁을 야기하고 토목공사·종교행사에 막대한 인력 동원과 재정 지출을 하는 것은 무모하고 무책임한 행위였다. 여러 가지 종교적·신비적인 상징 조작을 통하여 인심을 끌려고 하였지만 시간이 가면서 속임수가 드러나고 풍수도참설을 따랐는데도 재해가 빈번하게 일어나자 묘청세력의 주장은 점차 설득력을 잃어갔다. 또한 금과 전쟁하게 되면 승패는 알 수 없다 하더라도, 국력동원 과정에서 특히 자신들의 세력기반인 서경을 비롯한 북방지역이 당연히 전쟁

---

113 오영선, 「인종대 정치세력의 변동과 정책의 성격」, 『역사와 현실』 9, 1993, 86~94쪽 ; 朴性鳳, 「高麗 仁宗朝의 兩亂과 貴族社會의 推移」, 『高麗史의 諸問題』, 三英社, 1986 ; 姜聲媛, 「妙淸의 再檢討」, 『國史館論叢』 13, 1990 ; 金禎權, 「高麗 仁宗 5年 詔書에 보이는 維新之敎」, 『湖西史學』 38, 2004.

의 피해를 가장 많이 입을 것이라는 점이 예견되었다.[114] 때문에 뒤에 그들이 권력장악에 실패하고 서경에서 반란을 일으켰을 때, 성주成州와 연주漣州 등의 경우 지역민들이 오히려 반란군 진영에서 파견한 인물들을 공격한 것처럼,[115] 북방지역민들도 그들의 주장에 찬성하지만은 않았다. 금국정벌론자들은 정세 파악에도 어두워서, 인종 5년(1127)에 금이 송에 패하여 송의 군대가 금의 경내로 깊숙히 진공했다는 정보가 전해졌을 때 정지상鄭知常과 김안 등은 때를 놓치지 말고 출병하자고 주장하였으나 이는 정보의 진위를 따지지 않은 섣부른 대응이라는 것이 금방 드러났다.[116] 제齊와 동맹하여 금을 협공하자고 건의하기도 하였는데,[117] 당시 제는 금이 유여劉予를 내세워 괴뢰국으로 세운 나라에 불과하였다. 또 묘청세력에 속했던 최봉심崔逢深은 금을 얕봐 자기에게 장사 1,000명만 주면 금에 들어가 황제를 잡아다 바칠 수 있다고 큰소리를 치고 다니다가 광망狂妄하다고 비판받기도 하였다.[118] 군사적 대비태세가 필요한 상황에서 묘청세력은 대금 관계와 관련하여 북방의 병장兵仗을 점검하고 군사적 승리를 기원하는 몇 차례 종교행사를 연 것 외에는 뚜렷한 전쟁대비책을 제시하지 않고 있었다.[119] 오히려 막대한 국력을 소요하는 천도 문제에 매달려 있었는데, 어쩌면 이들은 금국정벌을 실천적 차원에서 제기했다기보다는 그것을 내세워 국내의 긴장관계 조성을 의도하였는지도 모른다. 즉 금국정벌론은 실제 군사행동을 벌이려고 했다기보다 권력

114 이와 달리 姜聲媛은 대금 외교관계상 使行 行路에서 서경인들이 받는 고충과 피해 때문에 서경인들의 불만과 반발이 컸고, 이와 같은 상황에서 묘청 등의 자주적인 외교노선은 그 지역민의 전폭적인 지지를 받을 수밖에 없었다고 파악하였다(「妙淸의 再檢討」, 『國史館論叢』 13, 1990).

115 『고려사절요』 권10, 인종 13년 정월 癸丑.

116 『고려사절요』 권9, 인종 5년 5월 ; 같은 책 권96, 金仁存.

117 『고려사절요』 권9, 인종 7년 2월.

118 『고려사절요』 권9, 인종 9년 9월.

119 『고려사절요』 권9, 인종 7년 10월 · 8년 9월 · 8년 10월.

장악 전술 차원에서 제기하였을 가능성이 있다.[120]

인종 12년(1134) 무렵에는 묘청세력의 주장이 설득력을 잃고 김부식을 비롯하여 유교적 합리주의와 관료정치를 지향하는 세력의 논리가 힘을 얻어갔다. 그리고 두 세력 사이의 대립이 첨예화되어 인종 13년 묘청세력의 서경반란이 일어났다. 묘청세력의 반란은 단순히 서경세력과 개경세력, 자주파와 사대파, 풍수도참설을 내세운 세력과 유교적 합리주의를 내세운 세력의 충돌로만 이해할 수 없다. 이제까지 살펴본 것처럼 거기에는 대내적 개혁방안의 차이와 대외정세에 대한 대응방식의 차이가 내포되어 있었다.

묘청세력이 반란을 일으키자, 인종은 자신이 측근세력을 키우고 그들의 말만 듣다가 일을 그르치고 말았다고 반성하는 조서詔書를 발표하지 않을 수 없었다.[121] 반란을 진압한 이후 김부식을 중심으로 한 세력은 유교 관료정치를 도모하면서 정국을 주도하고 대외적 평화주의를 견지하면서 대금 사대관계를 주축으로 한 외교정책을 폈다.[122] 김부식은 인종에 대한 「사찬史贊」에서 "금이 갑자기 흥기하자 군신들의 의견을 물리치고 상표칭신하였으며 금의 사신을 예를 다하여 접대했기 때문에 금인들이 애경愛敬하지 않음이 없었다. 사신詞臣들이 응제應制하면서 북조北朝를 호적胡狄이라고 하면 놀라는 태도로 '대국에 신하로서 섬기면서 어찌 이렇게 무례하게 말할 수 있는가'

120 묘청세력의 서경 반란이 일어난 인종 13년, 송에서는 고려정부에 사신을 보내어 10만 명의 군대를 동원하여 반란 진압을 돕겠다는 뜻을 전해왔다(『고려사절요』 권10, 인종 13년 6월). 당시 송은 금과의 일차 화의가 성립되기 전이었는데, 송에는 묘청세력의 금국정벌론이 알려지지 않았거나 또는 송정부가 인지하였으면서도 그 가능성을 회의적으로 보았기 때문에 그런 태도를 취했을 것이다.

한편 李貞信은 인종이 묘청세력을 중용한 것은 궁극적으로는 금을 공격할 의사가 없으면서도 금의 압력이 가중된다면 송과 제휴하여 금을 공격할 수도 있다는 점을 나타냄으로써 금의 압력을 배제시키려고 한 것이었다고 파악하였다(「고려의 대외관계와 묘청난」, 『史叢』 45, 2000).

121 『고려사』 권16, 인종 13년 정월 乙丑 · 윤2월 壬戌 ; 『東文選』 권23, 仁王罪己教書.

122 주 112와 같음.

라면서 대대로 우호동맹을 맺어 변경에 근심이 생기지 않았다"라고 인종의 대금 외교자세를 높이 평가하였다.[123]

고려의 외교자세가 이렇게 변화하고 송의 소극적 대고려정책이 겹치면서 고려의 능동적이고 다변적인 외교자세는 더 이상 보이지 않게 되었다. 1142년(인종 20)에 금 · 송 간에 화의가 성립하였으며, 곧이어 금이 고려의 인종을 정식으로 책봉하고 고려는 금의 황통皇統 연호를 사용하기 시작하였다. 이후 여·송 간의 공식적인 통교는 끊어진 것은 아니었지만 매우 소원하게 이루어졌다.

4. 맺음말

고려전기에 송은 문화적 · 경제적으로는 강국이면서도 군사력으로는 동북아시아를 압도하지 못하였고 오히려 북방 정복국가가 우세한 상황이었다. 이때의 정복국가들은 내륙의 동서루트를 통한 국제교역에 열심이었다. 고려는 해로로 송을 통한 교역과 함께 육로로 요, 뒤에는 금을 통한 교역의 양 방향에 참여하였다. 그리하여 변화하는 국제환경 속에서 민족체의식이 고양되는 한편, 세계적 규모로 확대된 동서교역과 접속하였다. 이 현상은 뒤에 대몽골 울루스Ulus가 성립되고 그와 관계를 맺으면서 정점에 달하였다. 물론 고려중기까지는 내적으로 황제국을 지향하면서 국제역학적인 형세상 조공-책봉관계를 받아들였기 때문에, 원간섭기처럼 내적 · 외적으로 사대관계가 체화되는 단계와는 구별되어야 한다.

123 주 122와 같음.

문종대 이래의 고려 외교정책을 총괄해본다면, 주변 국가의 어느 한쪽에 치우치거나 적대적인 태도를 취하지 않고 견제와 균형을 지향한 외교를 추구하면서, 요 · 금의 교체와 같은 정세 변화에 능동적으로 대응하였다. 그럼으로써 정세 변화가 야기할 수도 있는 피해를 최소화하였으며, 오히려 선진 문물을 수용하고 국제교역을 확대하며 숙원이던 압록강지역을 확보하여 국토를 확장하는 실익을 거둘 수 있었다. 또한 우세한 나라에만 치우친 외교관계를 맺기보다 내적·외적 조건의 변화에 민감하게 대응하면서 외교 대상의 다변화정책을 적극적 · 능동적으로 펴서, 국제적인 위상을 강화하고 보다 다양한 문화권과 교류함으로써 문화를 발전시킬 수 있었다.

외교정책 수립의 방향은 국제정세의 변화는 물론 왕의 리더십 강화, 정치세력의 분기 등 국내정치 동향과 밀접한 연관을 가지면서 전개되었다. 당시 대외경략을 지향하는 공리주의적 대응방안과 내치內治와 식민息民 위주의 안정론적 대응방안이 공존하면서 시기에 따라 정국 주도권의 향방이 달랐다. 전자의 힘의 논리와 국가적 자존 확보 주장에 따라 국방력이 강화되었으며, 후자의 형세론적 사대론과 예禮 · 인仁 · 의義의 논리는 국제적 평화공존과 긴장완화를 지향하였다. 비록 9성 개척과 반환, 묘청세력의 대두와 반란 등에서 대외관계에 대한 인식 차이가 심각한 정쟁으로 나타나기도 했지만, 대외적 취약점을 드러내지는 않았다. 사실 북방국가들과의 관계에서 평화를 유지한 기간 동안에도 북변에 대한 군사적 대비태세를 늦추지 않고 있었다. 그런 가운데 국제관계상의 탄력적 대응을 잃지 않아, 요 · 금 교체에 따라 동북아시아 정세가 격변하고 중국대륙이 전화에 휩싸이는 와중에도 전쟁에 휘말리지 않았다.

* 이 글은 2003년도 한국학술진흥재단의 지원을 받아 이루어졌다(KRF-2003-044-A00002).

제4장 | 14세기 후반 원 · 명 교체와 한반도

이익주 (서울시립대학교 국사학과)

1. 머리말

1392년에 한국에서는 고려왕조가 멸망하고 조선이 건국되었다. 같은 해 일본에서는 약 60년에 걸친 남북조의 내란이 종식되었다. 그리고 이보다 조금 앞서 중국에서는 몽골족의 원元이 물러나고 한족의 명明이 중국대륙을 차지하는 원 · 명 교체가 있었다. 이처럼 14세기 후반에는 한국뿐 아니라 중국과 일본에서도 왕조가 교체되거나, 왕조가 교체되는 수준의 커다란 변화가 있었다. 그것은 곧 한 · 중 · 일 삼국으로 구성되는 동북아시아 국제질서의 대대적인 개편을 예고하는 것이었다.

중국에서 일어난 원 · 명 교체는 크게 보면 13세기 이래 존속해왔던 몽골 중심의 국제질서가 재편되는 것을 의미하였는데, 그것은 그 질서 속에 포함되어 있던 한국과 일본의 정치적 변화에도 적지 않은 영향을 주었다. 예를 들어, 조선 건국은 일국사一國史의 관점에서는 고려후기 사회변동의 결과이지만,[1] 중국 대륙의 정세 변동과 왜구의 출현 등 외부적인 요인들이 커다란 영향을 끼친 것도 부정할 수 없는 사실이다. 공민왕의 반원운동反元運動이 성공함으로써 고려는 비로소 내부적인 개혁을 추진할 수 있었고, 그 과정에서 조선 건국의 주체인 신흥사대부가 성장할 수 있었으며,[2] 홍건적과 왜구를 물리치면서 조선 건국의 또 다른 동력인 신흥무장세력이 대두하였던 것이다.

이와 같이 국제질서의 변화와 일국사의 변화는 서로 영향을 주고받는 관계에 있다. 이러한 점에 착안하여 이 글에서는 14세기 후반 한 · 중 · 일 세 나라의 역사 발전에 영향을 끼친 국제질서의 변화 양상을 살펴보고자 한다. 몽골제국의 쇠퇴로 말미암아 동요하던 동북아시아 국제질서는 1369년(공민왕 18) 고려와 명이 조공-책봉관계를 맺고, 1404년에는 일본과 명이 역시 조공-책봉관계를 맺음으로써 새로운 단계로 접어들게 되었다. 따라서 14세기 후반은 몽골 중심의 국제질서가 무너지고 조공-책봉관계를 근간으로 하는 새로운 동북아시아 국제질서가 수립되어가는 과도기라고 할 수 있다. 이러한 관점에서 이 글에서는 먼저, 13세기 후반부터 14세기 후반까지 약 100년 동안 존속했던 몽골 중심의 동아시아 국제질서를 정리하고, 이어 14세기 후반 이후 새로운 국제질서가 성립해가는 과정을 살펴볼 것이다.

한국사학계에서 대외관계사 연구는 주로 '우리'를 중심으로 다른 대상과의 관계를 밝히는 방식으로 진행되어왔다. 그러나 이러한 연구 방법은 일방적인 시각을 벗어나기 어렵고, 그 때문에 국제질서에 대한 객관적인 인식을 가로막는 문제가 있었다. 또한 대개의 경우 불가피하게 침략과 항전 등 상호

---

1 사회변동의 관점에서 조선건국의 역사적 의미를 밝힌 연구로는 韓永愚, 「朝鮮王朝의 政治 經濟 基盤」, 『한국사』 9, 국사편찬위원회, 1973 참조. 고려후기 사회변동의 내용은 李泰鎭, 「高麗末 朝鮮初의 社會變化」, 『震檀學報』 55, 1983 참조.

2 고려말의 개혁정치와 신흥사대부의 성장에 대해서는 이익주, 「공민왕대 개혁의 추이와 신흥유신의 성장」, 『역사와 현실』 15, 1995 ; 「고려말 신흥유신의 성장과 조선건국」, 『역사와 현실』 29, 1998 참조.

충돌의 사례들을 강조하게 됨으로써 과거 국가 간의 관계를 실제보다 적대적으로 인식하게 될 위험성이 없지 않았다. 따라서 이 글에서는 14세기 후반 한·중·일 삼국의 관계를 동아시아 국제질서 속에서 살핌으로써 국제관계에 대한 구조적인 이해에 다가가고자 한다.

2. 13세기 고려·원 관계의 성립과 동아시아 국제질서

(1) 고려·원 관계의 성립 과정

11, 12세기에 걸쳐 중국 북부의 거란·금金과 남부의 송宋·남송南宋 그리고 한반도의 고려를 중심으로 구성되었던 동북아시아의 국제질서는[3] 13세기 초 몽골의 흥기로 말미암아 대대적인 개편의 길로 들어선다. 몽골은 금과 남송을 차례로 멸망시키고 중국 대륙을 통합하였을 뿐 아니라 유라시아 대륙에 걸친 대제국을 건설함으로써 강력한 구심력을 갖는 국제질서의 중심으로 부상하였다. 이 과정에서 중국의 금·남송을 비롯하여 고려·서하西夏·베트남·일본 등 주변의 여러 나라들은 새로운 국제질서에 편입될 것을 강요받았는데, 그 방식은 주로 전쟁에 의한 것이었다.

고려는 1231년(고종 18)부터 1259년(고종 46)까지 약 30년 동안 몽골의 침략을 받아 항전을 벌였다. 1259년에 고려 태자가 입조入朝하는 조건으로 강화가 이루어졌고, 이듬해 태자(뒤의 원종)가 쿠빌라이를 만나 강화 교섭을 벌이게 되었다.[4] 이때 마침 고려에서 고종이 죽자 몽골에서는 태자를 고려 국

3 10~12세기 동북아시아 국제질서에 대해서는 박종기, 「고려시대의 대외관계」, 『한국사』 6, 한길사, 1994 참조.

4 고려와 몽골의 강화 과정에 대해서는 李益柱, 「高麗·元關係의 構造에 대한 硏究—소위 '世祖舊制'의 분석을 중심으로」, 『韓國史論』 36, 서울대학교 국사학과, 1996a 참조.

왕에 책봉하였다. 이러한 조치는 쿠빌라이의 막료였던 염희헌廉希憲과 조양필趙良弼 등의 건의에 따른 것으로,[5] 태자가 고려에 돌아와 즉위한 뒤에 정식으로 책봉이 행해졌다.[6] 이어서 몽골은 중통中統으로 건원建元하였는데 고려에서도 이 연호를 사용하도록 하였으며,[7] 1262년(원종 3)부터는 해마다 역曆을 하사하는 등[8] 전통적인 조공-책봉관계의 형식을 갖추어갔다. 몽골의 이러한 정책은 앞으로 몽골과 고려의 관계가 조공-책봉관계로 나아가게 될 것임을 예고하는, 적어도 고려에서 그렇게 인식하기에 충분한 것이었다.

그렇다면 쿠빌라이의 등장과 함께 몽골의 대외정책이 주변국들과 조공-책봉관계를 맺는 방향으로 변화한 것인가? 이 문제에 대한 학계의 의견은 통일되어 있지 않다. 먼저 쿠빌라이 카안의 즉위를 전후한 시기의 몽골 정치사를 한지파漢地派와 본지파本地派의 대립으로 설명하는 경우에는,[9] 쿠빌라이의 즉위가 곧 한지파의 승리를 의미하며 그로부터 몽골이 중국의 정복왕조로 성격이 변화하였고 정복과 지배에서도 '이한법치한지以漢法治漢地'의 방침을 채택하였다고 본다. 이에 따른다면 중국의 정복왕조로서 원이 고려 등 주변 나라들에 대해서 전통적인 조공-책봉관계를 재현하려 하였다는 추론이 가능할 것이다. 그리고 이러한 견해는 그동안 이 시기를 연구하는 한국사 연구자들에게 널리 받아들여진 것이 사실이다.

그러나 최근에는 몽골사에 대한 새로운 관점이 제시되고 있다. 즉 몽골제

5 『高麗史』 권25, 世家 25, 元宗 원년 3월 丁亥, "江淮宣撫使趙良弼言于皇弟曰 高麗雖名小國 依阻山海 國家用兵二十餘年 尙未臣附 前歲太子倎來朝 適鑾輿西征 留滯者二年矣 供張疎薄 無以懷輯其心 一旦得歸 將不復來 宜厚其館穀 待以藩王之禮 今聞其父已死 誠能立倎爲王 遣送還國 必感恩戴德 願修臣職 是不勞一卒 而得一國也 陝西宣撫使廉希憲亦言之 皇弟然之."

6 『元史』 권4, 本紀 4, 世祖 中統 원년 6월, "高麗國王王倎遣其子永安公僖 判司宰事韓即 來賀即位 以國王封冊 王印及虎符賜之."

7 『高麗史』 권24, 世家 24, 元宗 원년 8월 壬子.

8 『元史』 권208, 列傳 95, 高麗傳, 世祖 中統 3년(元宗 3) 정월, "賜示直曆 後歲以爲常."

9 주채혁, 「몽골-고려사 연구의 재검토」, 『애산학보』 8, 1989, 25쪽.

국은 중국의 원조元朝를 포함해서 러시아와 중동지역의 여러 울루스Ulus들을 아우르는 것이었으며, 그 국호인 '대원大元'도 실은 중국에 자리 잡은 하나의 울루스를 한정해서 가리키는 것이 아니라 전체 '대몽골국Yeke Monggŏl Ulus'의 한자식 호칭이라는 것이다.[10] 이러한 견해에 따른다면 몽골은 중국왕조가 아니며, 따라서 고려-몽골 관계도 조공-책봉관계로 설명하는 것이 불가능해진다. 결국 이 경우에는 고려-몽골 관계를 한·중관계사의 맥락에서 통시적通時的으로 연구하는 것은 무의미하고, 몽골사의 관점에서 공시적共時的으로 접근해야 할 필요가 절실해진다고 할 수 있다.

현재로서는 위의 두 가지 견해 가운데 어느 하나를 선택하기란 쉽지 않아 보인다. 전자의 경우, 몽골사를 한족漢族의 시각에서 왜곡시켰다는 혐의에서 벗어나기 어렵고 이 점에서 분석틀로서의 한계를 분명히 가지고 있다. 그러나 후자의 견해도 중국의 원조를 포함하는 대몽골국의 운영원리, 예를 들어 원조 및 각 울루스들의 상호관계가 분명하게 밝혀져 있지 않고, 고려·몽골(원) 관계사에 한정한다면 그것이 고려와 대몽골국의 관계인지, 아니면 고려와 대몽골국의 일부인 카안 울루스와의 관계인지 판단하기가 어렵다. 왜냐하면 당시 고려·몽골 관계에서 한편의 당사자였던 고려인들은 철저하게 몽골을 중국왕조로서 인식하고 있었기 때문이다.[11]

몽골의 침략이 시작된 초기에 이미 고려에서는 몽골과 사대관계를 수립하여 전쟁을 피하자는 주장이 제기되었는데, 1232년(고종 19) 강화 천도를 논의하는 자리에서 유승단兪升旦이 '이소사대以小事大'를 명분으로 천도에 반대하고 몽골과 강화할 것을 주장한 것이 그 예다.[12] 그때까지 고려가 송뿐 아니라 거란이나 여진에 대하여 사대를 해왔던 경험으로 볼 때 이러한 주장은

---

10 金浩東, 「몽골帝國史 硏究와 '集史'」, 『慶北史學』 25, 2002, 345~346쪽.

11 채웅석, 「원간섭기 성리학자들의 화이관과 국가관」, 『역사와 현실』 49, 2003 참조.

12 『高麗史』 권102, 列傳 15, 兪升旦.

당연한 것이었다고도 할 수 있다. 또한 강화가 성립된 뒤에 국왕이 몽골로부터 책봉을 받고, 몽골 연호를 사용하고, 역을 하사받는 등 일련의 과정도 모두 사대관계의 연장으로 인식될 가능성이 큰 것이었다.

한편 고려와 몽골의 강화 초기에 조공-책봉관계의 수립과 함께 고려 측에서 중요한 성과로 인식했던 것이 토풍土風의 유지를 보장받은 것이었다. 즉 원종이 몽골에서 귀국한 직후에 몽골에서 고려의 요청을 받아들이는 형식으로 '불개토풍不改土風'의 원칙이 합의되었다.[13] 풍속의 유지는 몽골이 모든 정복지역에 대하여 허용한 것이었고, 따라서 고려에 예외적인 특혜를 베푼 것이 아니라는 지적도 있지만,[14] 당시 고려에서는 토풍의 유지를 풍속이나 법제의 문제로 한정시키지 않고 종묘와 사직, 즉 왕조의 존속으로 확대해서 이해하고 있었음이 주목된다.

예를 들어, 1323년(충숙왕 10) 이제현李齊賢은 원의 중서성中書省에 올린 글에서 원종의 공로를 나열하는 가운데 "구속舊俗을 고치지 않았고, 그럼으로써 종묘와 사직을 보전하였다〔不更舊俗 以保其宗祧社稷〕"라고 하였고,[15] 1335년(충숙왕 후4)에 이곡李穀은, "(세조가) 조서를 내려 장려하기를 '의관衣冠과 전례典禮는 조풍祖風을 떨어뜨리지 말라' 고 하였으므로 그 풍속이 지금까지 불변하니, 오늘날 천하에 임금과 신하가 있고, 백성과 사직이 있는 곳은 오직 삼한三韓뿐이다〔故其俗至今不變 方今天下有君臣有民社 惟三韓而已〕"[16]

13 『元高麗紀事』 世祖 中統 원년(元宗 원년) 6월, "復降詔 諭倎曰 卿表請附奏六事 一皆允兪 衣冠從本國之俗 上下皆不更易 行人惟朝廷所遣 禁止餘使不通行 古京之遷遲速 要當量力 鴨祿之撤屯戍秋以爲期 元設達魯花赤一行人等 俱勅西還 其自願託迹於此者十餘輩 事須根究 今後復有似此告留者 斷不準從."

14 김호동, 「쿠빌라이 政權의 確立과 高麗의 政治的 位相」(미발표 원고), 50~51쪽. 이 원고는 2003년 11월, 서울대학교 학술연구비 지원 연구과정의 결과보고서로 제출된 것이지만, 아직 공간되지 않았으므로 이 글에서는 부득이 미발표 원고를 인용하였다.

15 『高麗史節要』 권24, 忠肅王 10년 정월.

16 『高麗史節要』 권25, 忠肅王 후4년 윤12월.

라고 하였다. 이것은 모두 원간섭기의 고려인들이 토풍의 유지와 왕조의 존속을 연결시켜 인식하고 있었음을 보여주는 사례들이다. 이제현과 이곡은 원간섭기의 성리학자로서 화이론적 천하관에 바탕을 두고 원에 대한 사대를 정당화하였는데,[17] '불개토풍' 이야말로 그러한 인식을 낳는 첫걸음이 되었던 것이다.

물론 '불개토풍' 의 원칙에 합의했다 하더라도 그에 대한 몽골과 고려의 인식에는 차이가 존재할 수 있었다. 마찬가지로 강화 초기에 몽골과 고려가 조공-책봉관계의 형식을 갖추어갔다 하더라도 그에 대한 인식의 차이까지 전혀 없었다고는 할 수 없다. 그러한 인식의 차이는 양국 관계가 진전되면서 점차 현실로 드러나게 되었는데, 그것을 가장 극명하게 드러낸 것이 바로 '6사六事' 의 문제였다.

몽골은 강화가 성립된 뒤 1262년(원종 3)부터 고려에 납질納質·적민편籍民編·치우置郵·출사려出師旅·전수량향轉輸糧餉 등을 요구해왔다.[18] 이것은 몽골이 '조종祖宗으로부터 신부新附한 국가에 요구하던' 것으로, 말하자면 조공-책봉관계의 성립 이전에 이미 자리 잡고 있던 몽골의 유목전통에서 비롯된 것이었다. 따라서 당시 몽골과의 관계를 조공-책봉관계의 연장으로 인식하고 있던 고려로서는 이 요구를 절대로 받아들일 수 없었고, 갖가지 이유를 들어 그 실행을 뒤로 미룸으로써 몽골의 요구를 사실상 거부하였다. 몽골은 1268년(원종 9)부터 납질·조군助軍·수량輸糧·설역設驛·공호수적供戶數籍·치置다루가치〔達魯花赤〕 등 '6사' 의 이행을 촉구하며 고려를 압박해왔고,[19] 결국 1270년(원종 11)에 '6사' 가 실행되었다.[20]

---

17 채웅석, 앞의 논문, 2003, 103~109쪽.

18 『高麗史』 권25, 世家 25, 元宗 3년 12월 乙卯.

19 『高麗史』 권26, 世家 26, 元宗 9년 3월 壬申.

20 원종 11년에 '6事' 가 실행되었음은 李益柱, 『高麗·元關係의 構造와 高麗後期 政治體制』, 서울

그러나 이때는 원종이 무신정권에 의해 폐위되었다가 몽골의 도움으로 복위하고 또 몽골 군대를 앞세워 무신정권을 붕괴시킨 직후였으므로 몽골의 요구를 거부하기 어려운 사정이 있었다. 따라서 고려에서는 충렬왕이 즉위한 뒤 이를 둘러싼 교섭을 재개하여, 1278년(충렬왕 4) 국왕의 친조를 통해 '6사' 가운데 공호수적과 치다루가치 등 두 조항을 시행하지 않기로 합의하였다.[21] 이 두 가지는 '6사' 가운데 왕조 유지와 가장 밀접하게 관련된 것이었기 때문에 고려 측에서 거부의사를 분명히 했던 것으로 보인다. 이 두 가지가 철회됨으로써 향후 고려 · 몽골 관계에서 '6사'가 갖는 의미도 상당히 달라졌고, 그것은 두 나라의 관계가 기본적으로 조공-책봉관계의 범위를 벗어나지 않는, 적어도 당시 고려에서 그렇게 인식할 수 있는 조건이 되었다고 할 수 있다.

다만 고려 · 몽골 간의 조공-책봉관계는 이때까지 고려가 경험했던 다른 중국왕조와의 조공-책봉관계와는 뚜렷한 차이점이 있었다. 먼저 고려 국왕에 대한 책봉이 '실제로' 이루어졌다는 점을 들 수 있다. 즉 고려전기 송 · 거란 · 금의 책봉은 고려 왕위를 추인追認하는 형식적 의례에 불과하였지만 이제는 몽골이 책봉을 통해 고려 왕위를 결정하게 되었던 것이다.[22] 그리고 바로 이것이 1278년에 몽골이 다루가치를 폐지하고 이후 고려에 관리를 상주시키지 않은 상태에서 고려의 내정에 간섭할 수 있는 근거가 되었다.

대학교 박사학위논문, 1996b, 50쪽에서 논증하였다.

21 『高麗史』 권28, 世家 28, 忠烈王 4년 7월 戊戌.
충렬왕 4년 親朝外交의 성과는 金惠苑, 「忠烈王 入元行績의 性格」, 『高麗史의 諸問題』, 三英社, 1986, 816쪽 참조.

22 沈載錫, 『高麗國王 冊封 硏究』, 혜안, 2002, 183쪽에서는 원의 고려 국왕에 대한 책봉이 이전 시기의 追認에서 '任命'으로 변화하였고, 이는 冊封의 규제력이 現實化하였음을 뜻한다고 보았다. 그리고 이러한 차이에 주목하여 고려 · 몽골 관계를 冊封-朝覲體制로 규정하였는데, 여기서 말하는 책봉-조근체제가 일반적인 책봉-조공관계(조공-책봉관계)와 본질적으로 다른 것인지는 의문이다.

또 한 가지 특징은 왕실혼인을 통해 고려 국왕이 몽고 황실의 부마로서 존재하였다는 점이다. 이것은 몽골제국 안에서 고려 국왕의 지위를 규정하는 매우 중요한 요소였음이 틀림없고, 이러한 측면을 강조하는 입장에서는 고려의 영토와 인민을 부마에게 분봉된 투하령投下領으로 파악하여 고려를 몽골제국의 '일분권세력一分權勢力'으로 간주하기도 한다.[23] 하지만 당시 고려가 몽골제국 안에서 특이하게 국가를 유지하고 있었던 사실을 간과해서는 안 된다. 고려 국왕과 부마의 두 지위 가운데 전자가 우선하는 것이었음은 1275년(충렬왕 1)에 몽골이 충렬왕을 '외국지주外國之主'로 규정한 다음 기록에서 확인할 수 있다.[24]

> 왕이 詔使가 온다는 소식을 듣고 西門 밖에 나가 맞이하였다. 왕이 원의 공주와 결혼하였으므로 비록 조사라도 성 밖에 나가 맞이한 적이 없었는데, 舌人 金台가 원에 갔을 때 중서성 관리가 말하기를 "駙馬王이 조사를 맞이하지 않는 것이 전례가 없다고는 할 수 없지만, (충렬)왕은 外國之主이니 조사가 이르면 맞이하지 않아서는 안 된다"라고 하였다. 이에 이르러 처음으로 (조사를) 맞이하였다.

즉 충렬왕은 몽골황실의 부마이기에 앞서 '외국지주'였고, 따라서 고려는 몽골의 '외국'으로 인식되었던 것이다. 이처럼 고려 국왕이 부마였다는 사실이 고려 국왕의 지위나, 고려 · 몽골 관계에 근본적인 변화를 불러오는 것은 아니었다고 생각된다.

그럼에도 불구하고 국왕이 몽골황실의 부마가 되고, 몽골이 국왕을 '실제로' 책봉하며, 내정 간섭이 이루어졌던 고려 · 몽골 관계를 조공-책봉관계로 볼 수 있을까 하는 의문은 여전히 남는다. 그러나 전근대의 한 · 중 관계를

23 森平雅彦, 「駙馬高麗國王の成立—元朝における高麗王の地位についての豫備的考察」, 『東洋學報』 79-4, 1998 ; 「高麗王位下の基礎的考察」, 『朝鮮史研究會論文集』 36, 1998.

24 『高麗史節要』 권19, 忠烈王 원년 5월.

조공-책봉관계로 설명하는 경우, 조공과 책봉을 서로 교환함으로써 성립된 관계로서 '조공-책봉관계' 또는 '책봉-조공관계'는[25] 일차적으로 그 형식에 따른 것일 뿐, 그 실질적인 내용은 당연히 시기마다 다양한 양상을 띠었다. 따라서 고려·몽골 관계도 기본적으로는 조공-책봉관계로 볼 수 있으며, 위의 특징들은 조공-책봉관계의 시대적 양상으로 설명할 수 있을 것이다.[26]

(2) 13, 14세기 동아시아 국제질서

고려와 몽골의 강화가 성립한 시기에 베트남과 일본 역시 고려와 유사한 경험을 하였다. 베트남의 경우, 1257년 몽골군의 침략으로 한 차례 전쟁을 치른 후 이듬해 강화를 맺었는데,[27] 강화의 조건으로 몽골에서는 의관과 전례, 풍속을 모두 '본국지제本國之制'에 따르도록 하겠다는 약속을 했다.[28] 『고려사高麗史』에 의하면 이것이 고려의 예를 준용한 것이었다고 한다.[29] 이어서 베트남에서 3년 1공貢을 약속하고 몽골에서 안남국왕安南國王을 책봉함으로써 조공-책봉관계가 수립되었으며,[30] 역을 하사하는 절차가 뒤따랐

---

25 김한규, 『한중관계사』 I, 아르케, 1999, 26쪽.

26 고려와 조공-책봉관계를 맺은 '몽골'은 유라시아 대륙에 걸친 몽골제국 전체가 아니라, 그 일부로 옛 금·남송지역을 차지한 카안 울루스, 즉 중국의 元朝에 한정된다. 앞으로 몽골제국의 내부 구조에 대한 연구를 기다려보아야 하겠지만, 현재로서는 고려·몽골 관계를 전통적인 한·중 관계의 틀 밖에서 설명할 수 있는 다른 방법은 없는 것으로 보인다. 고려와 몽골의 관계를 조공-책봉관계로 설명할 수 있다면, 당시 고려 국가의 존립이 갖는 역사적 의미를 제대로 평가할 수 있고 또 고려에 대한 몽골의 수탈과 고려의 몽골에 대한 종속 정도를 실제보다 강조할 위험도 피할 수 있을 것이다.

27 베트남과 몽골의 관계에 대해서는 유인선, 『새로 쓴 베트남의 역사』, 이산, 2002, 144~151쪽을 참조하였다.

28 『元史』 권209, 列傳 96, 外夷 2, 安南 世祖 中統 원년 12월, "以孟甲爲禮部郎中 充南諭使 …… 持詔往諭之 其略曰 …… 凡衣冠典禮風俗 一依本國之制……."

29 『高麗史』 권36, 世家 36, 忠惠王 즉위년 윤7월 庚寅, "王寄書太師右丞相曰 …… 中統元年 詔諭安南國有曰 本國風俗一依舊制 不須更改 況高麗比遣使來請 已經下詔 悉依此例."

30 『元史』 권209, 列傳 96, 外夷 2, 安南 世祖 中統 2년, "孟甲等還 光昺遣其族人通侍大夫陳奉公

다.[31] 여기까지는 고려와 같았고 또 전통적으로 중국왕조와 조공-책봉관계를 맺어왔던 베트남으로서도 큰 거부감 없이 받아들일 수 있었을 것이다.

그러나 몽골에서 쿠빌라이 정권이 안정된 뒤인 1267년부터 '6사'를 요구하기 시작하자,[32] 베트남에서도 고려와 마찬가지로 이를 둘러싼 갈등이 일어났다. 몽골이 베트남에 요구한 '6사' 가운데는 '군장친조君長親朝'의 조항이 들어 있었는데, 베트남에서는 특히 이것이 문제가 되었던 것으로 보인다. 베트남은 국왕 친조의 요구를 받아들이지 않았고, 1281년에 몽골에서는 국왕을 대신하여 입조한 쩐지아이陳遺愛를 안남국왕安南國王에 책봉함으로써[33] 양국의 충돌이 시작되었다. 고려의 경우 국왕 친조가 '6사'에 포함되어 있지 않았지만, 몽골의 요구를 받아들여 1264년(원종 5)에 친조를 실행한 것과[34] 대조되는 상황이었다.

이로부터 몽골은 1283년과 1284년, 1287년 등 세 차례에 걸쳐 베트남을 공격하였지만 끝내 베트남을 굴복시키지는 못하였다. 전쟁 중에 몽골은 계속해서 국왕의 친조를 요구했지만,[35] 베트남은 몽골에 공물을 보냈을 뿐 국왕의 친조 요구는 받아들이지 않았다. 1294년 쿠빌라이의 죽음과 함께 몽골

…… 詣闕獻書 乞三年一貢 帝從其請 遂封光昺爲安南國王."

31 『元史』 권209, 列傳 96, 外夷 2, 安南 世祖 至元 2년 7월, "使還 復優詔答之 仍賜曆及頒改元詔書."

32 『元史』 권209, 列傳 96, 外夷 2, 安南 世祖 至元 4년 9월, "未幾 復下詔諭以六事 一君長親朝 二子弟入質 三編民數 四出軍役 五輸納稅賦 六仍置達魯花赤統治之."

33 『元史』 권209, 列傳 96, 外夷 2, 安南 世祖 至元 18년 10월, "是月 詔以光昺旣歿 其子日烜不請命而自立 遣使往召 又以疾爲辭 止令其叔遺愛入覲 故立遺愛代爲安南國王."

34 『高麗史』 권26, 世家 26, 元宗 5년 5월. 당시 국왕이 친조하는 문제를 둘러싸고 고려조정에서도 물론 논란이 있었다. 그러나 원종은 몽골과 和親의 유지를 명분으로 하는 李藏用의 주장을 받아들여 친조하기로 결정하였다. 당시 고려에서는 국왕의 친조가 몽골과 이미 맺은 조공-책봉관계를 본질적으로 훼손하는 것이란 인식이 그리 강하지 않았음을 알 수 있다.

35 『元史』 권209, 列傳 96, 外夷 2, 安南 世祖 至元 25년 11월, "以劉庭直 李思衍 萬奴等使安南 持詔諭日烜來朝"; 29년 9월, "遣吏部尙書梁曾 禮部郎中陳孚 持詔再諭日烜來朝."

의 베트남 원정 의도는 포기되었고, 이후 두 나라 사이에는 사신 왕래가 계속되었다. 그러나 이렇게 해서 성립된 몽골과 베트남의 관계는 이미 몽골의 의도에서 벗어난 것으로, 베트남은 몽골 중심의 세계질서에 편입되지 않았다. 이러한 사실은 몽골이 베트남 국왕에 대한 책봉을 행하지 않았던 데서 확인할 수 있다.

몽골의 안남국왕 책봉은 1261년에 처음 행해졌지만, 1281년에는 국왕이 아닌 쩐지아이를 안남국왕에 책봉하여 베트남과 갈등을 불러일으켰다. 그런데 이러한 관행이 오히려 굳어져, 1285년 몽골이 베트남을 침략했을 때 쩐익딱陳益稷이 항복하자 다음 해에 그를 안남국왕에 책봉하였고, 1335년에는 그의 아들을 다시 안남국왕에 책봉하였다. 그러나 쩐익딱 부자는 베트남의 국왕이 아니었다. 반면 실제 베트남의 국왕들은 몽골로부터 안남국왕에 책봉되지 않았다.[36] 한편 몽골 측에서는 베트남의 사신을 조공사로 간주하였지만,[37] 이것은 몽골의 일방적인 생각이었을 것이고 베트남에서는 오히려 몽골과 자신을 대등한 관계로 인식했을 가능성이 크다. 결국 몽골과 베트남 사이에는 조공-책봉관계가 성립하지 않았고, 이러한 점에서 당시 베트남은 몽골 중심 세계질서의 바깥에 존재했다고 할 수 있을 것이다.

일본의 경우, 고려와 몽골의 강화가 이루어진 뒤인 1266년(원종 7)부터 몽골이 고려를 통해 일본을 초유招諭하기 시작하였다.[38] 이때 일본에 전달된 몽골의 국서에서는 일본으로 하여금 내조來朝할 것을 요구하였는데, 이 역시 고려의 예에 따라 조공-책봉관계의 수립을 의도한 것이었다. 그러나 잘 알려져 있는 것처럼 당시 일본은 몽골의 요구를 거부하였고, 결국 1274년과

36 山本達郎, 『ベトナム中國關係史』, 山川出版社, 1975, 142쪽.

37 『元史』 권209, 列傳 96, 外夷 2, 安南, "自延祐初 元以及至治之末 疆場寧謐 貢獻不絶."

38 『高麗史』 권26, 世家 26, 元宗 7년 11월 癸丑 ; 『元史』 권208, 列傳 95, 外夷 1, 日本 世祖 至元 3년 8월.

1281년 두 차례에 걸쳐 일본을 공격하였지만 모두 실패함으로써 몽골과 일본 사이에는 공식적인 관계가 성립하는 데 이르지 못하였다. 두 나라 사이에 교역은 물론 승려나 학자 등 민간의 교류도 비교적 활발하게 이루어졌지만, 이것은 정치적 관계인 조공-책봉관계와는 무관한 것이었고, 일본 역시 베트남과 마찬가지로 몽골 중심의 세계질서에 편입되지는 않았다.

따라서 쿠빌라이 카안의 즉위 이후 동아시아지역에서 몽골이 주도하는 세계질서에 편입된 나라는 고려가 유일하였다. 당시 몽골의 지배층은 정치적 복속 여부를 기준으로 지상의 모든 사람들을 카안의 지배에 복종하는 속민屬民, il irgen과 그렇지 않은 역민逆民, bulgha irgen으로 양분했는데,[39] 이 기준에 따른다면 고려는 '속민', 베트남과 일본은 '역민'에 각각 해당할 것이었다. 이 때문에 고려는 몽골제국의 동쪽 변방에 위치하여 인접한 '역민', 즉 일본을 방어하는 구실을 하게 되었다. 몽골의 일본 초유와 침략에 고려가 동원된 것을 비롯하여 일본 침략이 실패로 끝난 뒤에도 경상도와 전라도의 남해안지역에 진변만호부鎭邊萬戶府가 설치되고 몽골군이 모두 철수함으로써 방왜防倭의 책임은 고려에 일임되었던 것이다.

몽골제국 내에서 고려의 독특하고 유일한 지위는 동아시아뿐 아니라 몽골제국 전체에서도 인정되었던 것으로 보인다. 1310년(충선왕 2)에 원무종元武宗이 충렬왕의 시호를 내리는 제서制書에서 "내가 보건대, 지금 천하에서 백성과 사직을 가지고 왕위를 누리는 것은 오직 삼한뿐이다"라고 한 것은[40] 그러한 사실을 잘 보여준다. 물론 여기 언급되어 있는 '천하'가 중국의 원조를 중심으로 조공-책봉관계로 묶여 있는 동아시아지역을 가리키는 것인지, 아

39 김호동, 앞의 미발표 원고, 48쪽.

40 『高麗史』 권33, 世家 33, 忠宣王 2년 7월 乙未, "元降制 追贈王三代 制曰 …… 朕觀今天下 有民社而王者 惟是三韓."

니면 대몽골국 전체를 가리키는 것인지는 단언하기 어렵다. 하지만 최근 김호동 교수는 "심지어 1306년경에 완성된 『집사集史』에서도 고려Gôlî를 '독자적인 왕국mulk-i ālîhada'이라고 부르고 있어, 이 점은 동아시아뿐만 아니라 몽골제국 전역에 걸쳐 공히 인정되던 것이었음을 알 수 있다"라고 하여[41] 고려가 몽골로부터 국가로서 독자성을 인정받았음을 확인해주었다.

그러나 몽골족 중심의 세계질서 속에서 고려의 지위가 '유일한' 것이었다는 점은 몽골에서 볼 때 문제가 될 수 있었다. 몽골제국 안에서 고려의 지위는 그 자체가 역사적 산물이었으므로 작위적으로 변경시킬 수는 없었지만, 그렇다고 하더라도 몽골의 일상적인 행정업무 등에서 언제나 예외를 인정할 수도 없었기 때문이다. 이러한 이유에서 몽골은 고려의 특수성을 인정하면서도 일반적인 행정체계 속에서 고려의 지위를 규정할 필요가 있었고, 정동행성征東行省의 존속은 바로 그러한 이유에서 이루어진 것이었다.

정동행성은 처음에는 일본 원정을 위해 설치되었지만, 몽골에서 일본 원정을 포기한 뒤에도 계속 남아 원조의 11개 행성 가운데 하나가 되었다.[42] 그러나 정동행성이 다른 행성들과 비교할 때 많은 차이가 있었다는 사실은 일찍이 고병익 선생이 충분히 설명한 바 있다.[43] 또한 선생이 원이 정동행성을 설치한 목적을 "고려의 원제국내에서의 지위를 규정 · 확정하자는 것"이었다고 결론지은 것은[44] 몽골제국 안에서 고려의 유일한 지위를 감안할 때 더욱 타당한 견해였다고 생각된다. 정동행성을 고려 · 원 간의 공식적인 연락기관으로 본 것[45] 역시 타당한 견해라고 할 수 있는데, 사실상 원과 고려 사

41 김호동, 앞의 미발표 원고, 52쪽.

42 『元史』 권91, 志 41上, 百官 7, 行中書省.

43 高柄翊, 「麗代 征東行省의 硏究」 上 · 下, 『歷史學報』 14 · 19, 1961 · 1962 ; 『東亞交涉史의 硏究』, 서울대학교출판부, 1970.

44 高柄翊, 위의 책, 1970, 291쪽.

이의 문서 왕래는 정동행성을 통해 이루어졌을 가능성이 크다. 따라서 정동행성을 원이 고려의 국정을 관리 또는 감시하기 위해 설치한 것으로 이해하고, 그로부터 고려 · 원 관계의 형식과 내용을 설명하는 것은[46] 원에 대한 고려의 종속 정도를 사실보다 강조하게 될 위험이 있다.

3. 14세기 후반 동아시아 국제질서의 개편

(1) 고려말의 대원 · 명 관계

13세기 후반부터 약 100년 동안 비교적 안정적으로 지속되던 몽골 중심의 세계질서는 14세기 후반부터 와해되기 시작하였다. 그중에서도 몽골제국의 중심이라고 할 수 있는 카안 울루스, 즉 중국의 원조元朝는 1350년대부터 중국 남부지방에서 일어나기 시작한 한족의 반란으로 말미암아 붕괴의 길로 들어섰다. 원조의 혼란은 즉시 고려에 알려졌고, 공민왕은 반원운동을 일으켜 원의 간섭에서 벗어나는 데 성공하였다.

당시 원의 쇠퇴상은 공민왕이 즉위하기 전 원에서 숙위하면서 이미 목격했을 것이고, 무엇보다도 1354년(공민왕 3) 고우성高郵城전투에 조군하는 과정에서 직접 확인되었다. 이때 원에서는 장사성張士誠을 공격하기 위해 고려에 군대를 요구하였는데, 이 자체가 원의 쇠퇴를 보여주기에 충분한 것이었다. 더욱이 원이 고우성 공격에 실패하고 이후 한족 농민군에 대한 공격을 포기한 채 주요 지역만을 지키는 수세로 돌아선[47] 사실이 원에 파견되었던 사람들

45 高柄翊, 앞의 책, 1970, 292쪽.

46 김한규, 앞의 책, 1999, 508~509쪽.

47 韓儒林(主編), 『元朝史』 下, 人民出版社, 1986, 108쪽.

편에 고려에도 알려졌다. 고려의 반원운동은 이때부터 모색되기 시작한 것으로 보인다. 1355년(공민왕 4) 왕의 측근 인물이던 정지상鄭之祥이 원의 사신을 가두고 "국가에서 이미 여러 기씨奇氏들을 죽이고 다시는 원에 사대하지 않기로 했다"며[48] 다음 해에 있을 반원운동을 정확하게 예견한 것은, 이미 특정 집단을 중심으로 반원운동이 계획되고 있었음을 짐작케 한다.[49]

1356년(공민왕 5년) 5월 고려에서는 반원운동이 전격적으로 단행되었다. 이어 6월에는 원의 지정至正 연호를 정지함으로써 원과의 조공-책봉관계를 청산할 것 같은 태세를 보였다. 원은 고려에서 일어난 이러한 변화를 인정할 수밖에 없었고, 이로써 약 100년 동안 유지되었던 고려 · 원 관계는 이제 새로운 단계로 접어들게 되었다. 그것은 원의 간섭을 배제한 가운데 원의 연호를 사용하고,[50] 정기적으로 사신을 파견하는 등 형식적인 조공-책봉관계를 회복하는 것으로 실현되었다.[51] 이러한 상태는 원의 입장에서 본다면 베트남의 경우와 마찬가지로 고려가 몽골제국의 질서로부터 이탈하였음을 의미하였다.

고려의 반원운동과 관련하여 한 가지 간과할 수 없는 점은 그것이 일어난 시점이다. 1356년의 상황은 원조의 쇠퇴가 이미 돌이킬 수 없는 정도였음이 결과적으로 입증되었지만, 그 당시로서는 확신하기 어려웠던 것 또한 사실이다. 게다가 원조의 쇠퇴가 분명하다고 해도 다른 어떤 세력이 중국을 차지

---

48 『高麗史節要』 권26, 恭愍王 4년 2월.

49 閔賢九, 「高麗 恭愍王의 反元的 改革政治에 대한 一考察—背景과 發端」, 『震檀學報』 68, 1989, 68~69쪽.

50 反元運動 중에 元의 至正 연호를 정지하였는데, 공민왕 18년에 또다시 지정 연호를 정지하였다는 기록이 있다(『高麗史』 권41, 世家 41, 恭愍王 18년 5월 辛丑). 따라서 그 사이에 지정 연호를 다시 사용하였음을 알 수 있는데, 그 시기는 고려 · 원 간에 반원운동으로 인한 갈등이 진정되는 공민왕 5년 10월로 추정된다.

51 金順子, 『麗末鮮初 對元 · 明關係 硏究』, 연세대학교 박사학위논문, 1999, 20~21쪽.

할지는 아직 예측할 수 없는 상황이었다. 여기에 더하여 고려 국내의 사정도 반원운동을 단행하기에는 많은 어려움이 따랐다. 당시 이제현을 비롯한 신흥유신新興儒臣들은 갑작스런 반원에 대해 심정적으로 동의하지 않았으므로, 국왕과 소수의 국왕 측근세력이 중심이 되어 반원운동을 추진할 수밖에 없었다.[52]

이러한 안팎의 어려움에도 불구하고 그처럼 이른 시기에 반원운동을 일으켜 성공할 수 있었던 것은 지금으로서는 공민왕의 정치가로서의 자질에 힘입은 것이라고 밖에는 할 수 없지만, 아무튼 이로 말미암아 고려는 원조의 붕괴, 더 나아가 몽골제국 질서의 붕괴에 일정한 역할을 하게 된 셈이었다. 반원운동이 성공한 뒤인 1357년(공민왕 6)부터 장사성을 비롯하여 중국 강남의 군웅群雄들이 사절을 보내와 제휴를 모색한 것도[53] 고려의 이러한 역할을 인정했기 때문이라고 할 수 있다.

고려의 반원운동 이후에도 원조와 고려 사이에 조공-책봉관계는 유지되었지만, 고려가 반원조적反元朝的인 강남 군웅들과 교류한 데서도 나타나듯이 양국 관계는 그야말로 형식적인 것이었고, 고려에서 칭제건원稱帝建元 등을 통해 사대관계의 형식을 적극적으로 부정하지 못하는 한 불가피한 것이기도 하였다. 따라서 중국에서 주원장朱元璋이 다른 군웅들을 제압하고 1368년(공민왕 17) 원의 대도大都를 함락시키자 곧 명에 대한 사대를 결정한 것은 당연한 귀결이라고도 할 수 있다.

1369년(공민왕 18) 4월에 명의 사신이 도착하여 명의 건국과 홍무제洪武帝

52 閔賢九, 「高麗 恭愍王代의 '誅奇轍功臣'에 대한 檢討—反元的 改革政治의 主導勢力」, 『李基白先生古稀紀念韓國史學論叢』 上, 一潮閣, 1994 ; 이익주, 앞의 논문, 1995, 34쪽.

53 반원운동 이듬해인 공민왕 6년부터 20년까지 고려와 중국 江南 群雄들과의 교류 상황은 李泰鎭, 「14세기 동아시아 국제정세와 목은 이색의 외교적 역할」, 『牧隱 李穡의 生涯와 思想』, 一潮閣, 1996, 52~53쪽의 〈표 3〉 공민왕대 중국 강남 군웅들과의 사신 교류 일람표 참조.

의 즉위를 알렸고,[54] 다음 달 고려에서는 지정 연호를 정지하고 명에 사신을 파견하였다.[55] 그리고 다음 해 5월 명에서 공민왕을 고려 국왕에 책봉하고 대통력大統曆을 보내왔으며,[56] 1370년(공민왕 19) 7월부터는 고려에서 홍무洪武 연호를 사용하기 시작함으로써[57] 조공-책봉관계가 수립되었다. 이때 명에서는 고려뿐 아니라 베트남, 점성占城과 일본 등 주변 국가들에도 조공을 요구했는데,[58] 고려·베트남·점성이 거의 동시에 이에 응함으로써 명 중심의 세계질서가 형성되는 데 기여하였다.

이처럼 고려의 자발적이고 적극적인 외교를 통해 성립된 고려·명의 조공-책봉관계는, 1374년(공민왕 23)에 공민왕이 시해당하고 명사明使 살해 사건이 일어나면서 급격히 악화되었다. 고려에 대한 명의 압박은 공민왕 생전에도 이미 있었던 일로, 1371년(공민왕 20) 요동遼東을 경유하는 공로貢路를 폐쇄했는가 하면,[59] 1373년(공민왕 22)에는 고려가 원의 잔여세력과 내통하면서 명을 정탐하고 있다는 이유로 공물 회수를 제한하여 3년 1공貢을 요구한 적이 있었다.[60] 우왕 즉위 후에는 공민왕의 시호와 무엇보다도 우왕의 책봉을 구실로 고려를 압박하더니 1379년(우왕 5)부터는 과도한 공물을 강요하기 시작했고, 결국 1388년(우왕 14)에는 철령위鐵嶺衛 설치를 통보해옴으로써 양국 사이에 전쟁 위기가 연출되기에 이르렀다.

명이 고려를 압박한 데에는 당시 명의 요동 경략이 배후로 작용하였다는

---

54 『高麗史』 권41, 世家 41, 恭愍王 18년 4월 壬辰.

55 『高麗史』 권41, 世家 41, 恭愍王 18년 5월 辛丑 甲辰.

56 『高麗史』 권41, 世家 41, 恭愍王 19년 5월 甲寅.

57 『高麗史』 권41, 世家 41, 恭愍王 19년 7월 壬寅.

58 檀上寬, 「明初の海禁と朝貢—明朝專制支配の理解に寄せて」, 『明淸時代史の基本問題』, 汲古書院, 1997, 206쪽.

59 金順子, 앞의 논문, 1999, 41쪽.

60 『高麗史』 권44, 世家 44, 恭愍王 22년 7월 壬午.

견해가 지배적이다.[61] 고려·명의 조공-책봉관계가 성립된 뒤 처음으로 명이 고려를 비난하면서 요동의 나하추納哈出와 내통하고 있음을 지적한 것이나, 명의 압박으로 인한 고려·명의 외교적 마찰이 명의 요동 공략과 시기적으로 일치한다는 점에서 이 견해는 기본적으로 타당하다. 그러나 1387년(우왕 13) 6월에 명이 나하추세력을 진압하고 요동을 차지한 뒤에도 고려에 대한 압박은 오히려 한층 강화되어 철령위 설치를 통보해오기에 이르렀는데, 이 점은 당시 명이 원을 몰아내고 중국을 차지한 뒤 새로운 국제질서를 모색하는 과정에서 고려와 외교적 마찰이 일어났음을 보여주는 것이라고 할 수 있다.

명이 철령위 설치를 추진한 근거는 그곳이 원의 개원로開元路에 속했던 지역, 즉 원의 영토였다는 점이었다.[62] 이것으로 미루어본다면 명은 원의 영토를 회복하려 하였고, 따라서 요동 및 고려에서 원의 정책을 계승하려 하였다고 해석할 수 있다. 그러나 고려 측이 이에 반대하면서 제시한, 이곳은 본래 고려의 영토였고 원대에 개원로에 속하기는 했지만 공민왕 때 이미 고려 영토로 회복되었다는 논리에 대하여[63] 명은 적극적으로 대응하지 않았다. 더욱이 이를 둘러싸고 고려의 요동 정벌이 실행에 옮겨졌음에도 불구하고 위화도 회군 후 명은 이 문제를 더 확대시키지 않고 자신들의 요구를 철회하였다. 이러한 추이는 명이 원의 정책을 그대로 계승하려 했다기보다는, 새로운 대외정책을 수립해가는 과정에서 원대의 경험을 참고하기도 하고 또 그로 인해 발생한 시행착오를 인정하여 정책에 반영한 것 같은 인상을 준다.

고려 우왕대에 명의 대고려 정책에서 또 한 가지 원의 영향으로 거론되는

61 李泰鎭, 앞의 논문, 1996, 73쪽 ; 김한규, 앞의 책, 1999, 567쪽 ; 金順子, 앞의 논문, 1999, 39~42쪽 ; 朴元熇, 『明初朝鮮關係史硏究』, 一潮閣, 2002, 283~284쪽.

62 『明太祖實錄』 권187, 洪武 20년 12월 壬申.

63 『高麗史』 권137, 列傳 50, 禑王 14년 2월.

것이 막대한 공물을 강요하는 약탈적인 성격이다.[64] 한 통계에 의하면 우왕 즉위 이후 12년 7월까지 12년 동안 고려가 부담한 공물이 공마貢馬 9,849필, 금 100근 300냥, 은 1만 2,000냥, 각종 세포細布 2만 5,500필이었다고 한다.[65] 또한 1379년(우왕 5) 명이 고려에 요구한 공물 액수는 당년은 세공마歲貢馬 1,000필, 다음 해부터는 해마다 금 100근, 은 1,000냥, 양마良馬 100필, 세포 1만 필이었다.[66] 이 자료만으로는 당시 고려의 부담 능력에 비추어 이것이 어느 정도의 부담이었는지는 가늠하기가 쉽지 않다. 참고로 1379년 고려가 명에 공물로 보낸 것이 금 31근 4냥, 은 1,000냥, 백세포白細布 500필, 흑세포黑細布 500필, 잡색마雜色馬 200필로,[67] 요구액에 크게 못 미쳤다. 이 밖에도 당시 고려에서 명에 보낸 각종 문서에는 명의 요구가 고려의 부담 능력을 크게 상회하는 것이었음이 드러나 있다.

명에 대한 공물의 양을 종전 몽골에 대한 공물과 비교하는 것 또한 쉽지 않다. 몽골이 고려에 대해 공물의 종류와 액수를 정해놓고 요구한 적이 거의 없기 때문이다. 다만 몽골의 제1차 침략이 종식된 직후인 1231년(고종 18) 12월에 몽골에서 요구한 물량이 군인 100만 명의 의복과 진자라眞紫羅 1만 필, 수달피水獺皮 2만 개, 대마大馬 1만 필, 소마小馬 1만 필 등이었던 것이 참고된다.[68] 이것은 고려말에 명이 요구한 공물액과는 비교가 되지 않을 정도로 많지만, 실제로 고려에서 납부한 것은 황금 70근, 백금 1,300근, 유의襦衣 1,000벌, 말 170필과 수달피 977령領(1만 9,540개)에 불과하였다.[69] 몽골과

64 全海宗, 『韓中關係史 硏究』, 一潮閣, 1970, 22쪽.

65 김순자, 「고려말 대중국관계의 변화와 신흥유신의 사대론」, 『역사와 현실』 15, 1995, 126~128쪽.

66 『高麗史』 권134, 列傳 47, 禑王 5년 3월.

67 『高麗史』 권134, 列傳 47, 禑王 5년 10월.

68 『高麗史』 권23, 世家 23, 高宗 18년 12월 甲戌.

69 『高麗史』 권23, 世家 23, 高宗 18년 12월 庚辰 · 19년 4월 壬戌.

아직 강화가 성립되기 전인 전쟁 중의 공물액이 이 정도라면, 조공-책봉관계에 있던 명의 요구가 얼마나 과중한 것이었는지를 미루어 짐작할 수 있다.

더욱이 몽골의 공물 요구는 1259년에 강화가 이루어진 뒤부터 눈에 띄게 줄었다. 물론 원종 때까지도 한 번에 호동好銅 2만 근을 요구한 것을 비롯하여[70] 충렬왕 초에 이르기까지 목재나 철, 금 등 필요한 물품을 수시로 구색하였지만, 1276년(충렬왕 2) 남송 점령 이후로는 고려의 공물 부담이 크게 경감되었다.[71] 예를 들어 금과 인삼의 경우, 1277년(충렬왕 3) 고려는 채금採金과 공삼貢蔘을 면제해줄 것과 특히 인삼에 대해서는 산지에 따라 시기를 맞추어 납부하게 해줄 것을 요청하였는데,[72] 아마 이것이 받아들여진 듯 이후로는 금이나 인삼을 공납한 사례가 많지 않고, 그 형식에 있어서도 몽골에서 일방적으로 요구하는 것이 아니라 고려의 재량으로 납부했던 것으로 보인다. 이 역시 고려말 명에게 금 · 은은 나지 않으므로 액수를 정하지 말고 재량에 맡겨달라고 요청했다가 거부당한 것과[73] 대비된다.

앞에서 언급하였듯이 원조를 중국의 왕조가 아니라 세계제국의 일부로 본다면, 그 성립뿐 아니라 원조 멸망 후 중국에서 일어난 원 · 명 교체의 의미도 재음미되어야 한다. 이 문제는 앞으로 더 넓은 지평에서 연구되어야 하겠지만, 적어도 동아시아사의 관점에서 본다면 명은 원을 계승한 국가가 아니었다. 고려(조선)와의 관계도 고려말 공물과 철령위 문제를 둘러싼 갈등을 거쳐 조선초에는 표전表箋 문제를 둘러싸고 대립한 끝에 1400년(정종 2) 1년 3공貢의 원칙이 정해지고, 이듬해 고명誥命과 인신印信의 문제가 해결됨으로써 비로소 안정을 찾게 되었다. 그러나 조선과 명의 관계는 공식적인 사행

70 『高麗史』 권25, 世家 25, 元宗 3년 9월.

71 李益柱, 앞의 논문, 1996b, 58쪽.

72 『高麗史』 권28, 世家 28, 忠烈王 3년 4월 · 7월 丁未.

73 『高麗史』 권134, 列傳 47, 禑王 5년 10월 · 6년 2월.

이외의 민간 교류가 허용되지 않았는데,[74] 이러한 폐쇄성은 원대의 개방성과 극명하게 대비되는 것이었다. 그리고 명의 이러한 폐쇄성의 저변에는 주원장세력의 성격이 깔려 있었지만, 명초 새로운 국제질서를 모색하는 과정에서 고려의 요동 정벌 시도와 왜구 등 주변 요소들이 영향을 주었을 가능성도 부인하기 어렵다.

(2) 국제질서의 동요와 왜구

14세기 후반 동아시아의 역사적 상황을 검토할 때 특징적인 현상 가운데 하나로 들 수 있는 것이 왜구倭寇이다. 『고려사』에는 충정왕 2년(1350)에 "왜구의 침략이 이로부터 시작되었다〔倭寇之侵始此〕"라는 기록이 있고,[75] 실제로 이해부터 고려와 원의 연해지역에 왜구가 빈번하게 출현하였다. 왜구란 13~16세기에 일본의 규슈九州·쓰시마對馬·이키壹岐 등을 근거지로 하여 한국과 중국 연안을 침략했던 일본인 해적을 가리키는데, 그중에서도 14세기 후반의 왜구는 동아시아 국제질서의 동요와 밀접한 관련이 있다.

왜구에 대해 그동안 한국학계에서는 발생 원인과 침략 양상 및 피해 상황, 대응 방식 등을 정리하는 방향으로 연구가 진행되어왔다. 그러나 최근 일본학계에서는 '왜'와 '일본'을 동일시할 수 없다는 점을 전제로, 왜구를 '국적·민족을 초월한 인간집단'으로 보는 견해가 제시되었다.[76] 이러한 일본학계의 동향이 국내에는 왜구의 구성을 고려(조선)인으로 설명하려는 것으로 소개되었고, 그에 대한 반론의 하나로 왜구의 발생 원인을 일본 국내의 정치 상황에서 찾으려는 견해가 제시되었다.[77]

74 全海宗, 앞의 책, 1970, 22쪽.

75 『高麗史』 권37, 世家 37, 忠定王 2년 2월.

76 村井章介, 『中世倭人傳』, 岩波書店, 1993(이영 옮김, 『중세 왜인의 세계』, 小花, 1998).

77 이영, 「高麗末期 倭寇構成員에 관한 考察 — '高麗·日本人連合'論, 또는 '高麗·朝鮮人主體'論

즉 일본에서 1336년에 시작된 남북조 대립의 와중에서 1349년에 쇼군將軍 아시카가 다카우지足利尊氏의 서자인 아시카가 다다후유足利直冬가 규슈로 들어와 세력을 확장하자, 이에 불안을 느낀 쇼니 요리히사少貳賴尙가 병량미를 확보하기 위해 조직적으로 고려를 침략한 것이 왜구라는 설명이다. 이러한 견해는 14세기 후반에 왜구가 빈번하게 출현한 직접적인 원인을 밝히는 데 도움이 될 것으로 믿는다. 그러나 왜구가 일본뿐 아니라 고려(조선) 및 원(명)과도 밀접하게 관련되어 있는 만큼, 왜구의 출현을 가능케 한 동아시아 국제질서의 변화에도 주목해야 한다.[78]

왜구가 극성을 부리던 14세기 후반은 지난 100년 가까이 안정적으로 유지되었던 몽골 중심의 국제질서가 붕괴되기 시작한 것과 시기적으로 일치한다. 또한 13세기 이후 일본이 몽골 중심의 국제질서에 편입되지 않고 있었던 점을 감안한다면, 왜구의 고려 및 중국 해안 침략은 몽골 중심 국제질서에 대한 외부로부터의 공격을 뜻하는 것이기도 하다. 따라서 왜구는 고려의 반원운동과 마찬가지로 동아시아 국제질서 붕괴의 산물이면서, 동시에 그 붕괴를 가속화시키는 역할을 했다고 할 수 있다.[79]

왜구가 일본의 국내 사정 때문에 발생한 것이라고 해도, 그로 인해 고려가

의 비판적 검토」, 『韓日關係史硏究』 5, 1996 ; 「'庚寅年 倭寇'와 일본의 국내정세」, 『國史館論叢』 92, 2000.

78 이영, 「전환기의 동아시아 사회와 왜구—경인년 이후의 왜구'를 중심으로」(『韓國史硏究』 123, 2003)에서는 14세기 말 한국의 고려-조선 왕조교체, 중국의 원-명 교체, 일본의 남북조 내란 종식 등의 정치적인 변화에 있어서 삼국 공통의 배경과 원인으로 왜구를 들고 있다. 이러한 견해에는 충분히 동의할 수 있지만, 여기서 더 나아가 왜구가 한국 · 중국 · 일본 각국의 정치적 변화뿐 아니라 동아시아 국제질서의 재편에 작용한 점을 함께 고려할 필요가 있고 또한 몽골 중심의 국제질서가 붕괴되면서 '경인년 이후의 왜구'가 발생할 수 있었던 측면에도 주목할 필요가 있다. 이러한 관점에 선다면, 동아시아사의 시야에서 왜구에 대한 좀더 다양한 해석이 가능할 것으로 생각된다.

79 檀上寬, 앞의 논문, 1997, 208쪽에도 이러한 관점이 제시되어 있다.

장기간에 걸쳐 막대한 피해를 입었던 것은 무엇보다도 고려의 국방력이 약화되어 있었기 때문이다. 당시 고려는 몽골 중심의 국제질서에 편입되어 독자적인 국방력을 갖추지 못한 채 원의 군사적 보호에 의존하고 있었으므로,[80] 고려의 국방력 약화는 근본적으로 원의 쇠퇴와 연결된 것이라고 할 수 있다. 한편 원에서는 14세기 후반부터 농민봉기가 전국적으로 발생하고 있었고,[81] 그러한 상황에서 고려에 대한 왜구의 침략이 본격화되자 이를 제국질서에 대한 위협으로 인식하지 않을 수 없었을 것이다. 이 때문에 충정왕을 폐위시키고 공민왕을 고려 국왕에 책봉하여 '동번東藩'의 안정을 꾀하였지만,[82] 이러한 조치는 고려의 정치적 혼란을 더 이상 악화시키지 않는 것일 뿐 군사력으로 압도하지 못하는 한 왜구 근절은 불가능한 일이었다.

실제로 공민왕이 즉위한 뒤에도 왜구의 고려 침략은 계속되었고, 나아가 그 침략의 범위가 산동山東반도를 중심으로 중국의 동남해안으로 확대되었다. 이 때문에 고려와 명은 왜구 금압禁壓을 위해 일본의 막부幕府와 외교적 교섭을 시도하였는데, 이러한 노력은 몽골족이 쇠퇴한 뒤 동북아시아에서 새로운 국제질서가 수립되는 데 적지 않은 영향을 끼쳤다. 먼저 고려는 1366년(공민왕 15) 일본 교토京都의 무로마치室町막부에 사신을 보내 왜구를 막아줄 것을 요구하였고,[83] 이에 대해서 일본에서도 승려를 보내와 보빙報聘하였다.[84] 이때 양국 간의 공식적인 외교교섭은 몽골·고려연합군의 일본 침략

---

80 이 사실은 충렬왕 17년(1291) 哈丹賊이 침입해왔을 때 고려가 원에 도움을 요청했던 데서 알 수 있다(『高麗史』 권30, 世家 30, 忠烈王 17년 2월 丁亥).

81 韓儒林(主編), 앞의 책, 1986, 83쪽.

82 李益柱, 앞의 논문, 1996b, 215쪽.

83 『高麗史』 권41, 世家 41, 恭愍王 15년 11월 壬辰.
이때 고려 사신이 京都의 무로마치막부에 파견된 사실은 『師守記』·『善隣國寶記』 등 일본 측 자료에서 확인된다(張東翼, 『日本古中世 高麗資料硏究』, 서울대학교출판부, 2004, 43쪽 참조).

84 『高麗史』 권41, 世家 41, 恭愍王 17년 정월 戊子.

이후 85년 만에 처음 있는 일이었다. 명에서도 역시 1368년(홍무 1) 일본 규슈의 정서장군征西將軍 회량친왕懷良親王에게 사신을 보내 조공을 요구하면서 동시에 왜구 금압을 요구하였는데,[85] 이 역시 몽골의 일본 침략 후 최초의 공식적인 사신 파견이었다.

그러나 당시 일본에서는 교토의 무로마치막부나 규슈의 정서부征西府 모두 왜구를 막을 힘이 없었으므로, 따라서 고려와 명의 외교적 노력은 성공할 수 없었다. 이에 고려는 왜구와 힘겨운 싸움을 벌였고, 그 싸움의 과정에서 이성계李成桂를 비롯한 신흥무장세력이 성장하여 결국 그들에 의해 조선 건국의 군사적 기반이 형성되었다. 한편 명에서는 왜구뿐 아니라 장사성·방국진方國珍 등 원말 군웅의 잔여세력을 진압하기 위해 1371년(홍무 4)부터 해금海禁을 실시하였는데, 이 해금은 이후 16세기 후반에 이르기까지 약 200년 동안 명의 가장 특징적인 대외정책이 되었다.[86] 그리고 1380년대에 최고조에 달했던 왜구의 침략활동은 1392년에 무로마치막부의 쇼군 아시카가 요시미쓰足利義滿가 남북조 통합에 성공한 뒤 왜구를 단속하면서 점차 퇴조하기 시작하였다.[87]

남북조의 분열을 통합한 아시카가 요시미쓰는 1401년 명에 사신을 보내 입공入貢하였고, 1404년 명으로부터 일본 국왕에 책봉되었으며, 이어 감합무역勘合貿易의 형태로 조공무역이 전개됨으로써 명과 일본 사이에 조공-책봉관계가 수립되었다. 일본사에서 중국왕조와의 이러한 관계는 거의 전례가 없는 일이었으며,[88] 명으로서는 고려(조선)·베트남에 이어 일본과 조공-책

85 명초기의 명과 일본의 외교교섭 과정에 대해서는 村井章介, 『アジアのなかの中世日本』, 校倉書房, 1988, 제VI장 日明交渉史の序幕 참조.

86 檀上寬, 앞의 논문, 1997, 206~208쪽.

87 朴元熇, 앞의 책, 2002, 265쪽.

88 岸本美緒, 「明帝國の廣がり」, 『明清と李朝の時代』(世界の歴史 12), 中央公論社, 1998, 66쪽.

봉관계를 맺는 데 성공함으로써 동아시아에서 자신들이 의도하는 '중화질서中華秩序'의 외연을 확대하는 성과를 거두었다. 이와 동시에 1404년에는 조선과 일본의 무로마치막부 사이에 국교가 수립됨으로써[89] 조공-책봉관계를 통해 명을 중심으로 조선과 일본을 아우르는 동아시아 국제질서가 완성되었다.

4. 맺음말

14세기 후반은 동북아시아에서 그때까지 약 100년 동안 존속해왔던 몽골 중심의 국제질서가 붕괴되고 새로운 질서가 수립되어가던 시기이다. 중국에서 몽골족이 쇠퇴하면서 한족의 반란이 일어나 결국 명의 건국과 원·명 교체가 진행되었고, 고려의 반원운동과 왜구의 성행은 몽골 중심의 세계질서가 붕괴됨으로써 가능했던 것이지만 동시에 그 붕괴를 촉진시키기도 하였다. 그 가운데 고려에서 일어난 반원운동과 명과의 조공-책봉관계 수립, 공물을 둘러싼 갈등, 철령위 문제로 인한 요동 정벌 시도 등은 새로 중국을 차지한 명의 대외정책 수립에 영향을 끼쳤다.

새로운 국제질서를 수립해가는 과정에서 일어난 한·중·일 삼국의 갈등은 15세기 초에 비로소 정리되는 것으로 나타난다. 1401년에 명과 일본 사이에 조공-책봉관계가 수립되었고, 뒤이어 1404년에 조선과 일본 사이에 국교가 성립함으로써 명 중심의 국제질서가 완성되었다. 그러나 이때 성립한 동아시아 국제질서는 13세기 몽골족 중심의 국제질서를 그대로 계승한 것이

89 『太宗實錄』 권8, 太宗 4년 7월 己巳, "日本遣使來聘 且獻土物 日本國王源道義也."

아니었다. 우선 원·명 교체로 인해 중국의 영토가 현저하게 줄어들었고, 그것은 곧 '세계'의 축소로 나타났다. 이것은 몽골족이 유라시아 대륙에 걸친 대제국을 건설하고 운영하면서 주변 나라들과 관계를 맺고 있을 때와는 아주 다른 상황이었다.

'세계'의 축소로부터 가장 먼저 나타난 변화는 중국왕조로서 명의 폐쇄성이 강화된 점이었다. 명은 앞선 원의 개방성을 계승하지 못했음은 물론이고—영락제永樂帝 때를 예외로 하고는—수·당 이후 중국왕조들이 보였던 개방성조차 따라가지 못하였다.[90] 이것은 주변 국가들에도 직접적인 영향을 주었고, 특히 경제적·문화적 교류가 활발하게 이루어지지 못하는 결과를 낳았다. 그리고 이것은 한·중·일 삼국의 국제질서가 형식적으로는 조공-책봉관계를 갖추고 안정을 유지하였지만, 실제로는 활발한 교류가 이루어지지 않은 채 경직되는 원인이 되었다.

국제질서의 폐쇄성이 강화되면서 명을 중심으로 중화질서가 강조되기 시작하였다. 중국에서 당이 멸망한 뒤 한족의 통일왕조가 수백 년 만에 들어섰고, 특히 남송 멸망 이후 한족 왕조가 단절되었던 점을 고려한다면 명의 건국으로 한족 중심의 혈통적·문화적 우월주의로서 중화주의가 팽배하는 것은 당연한 일이라고 할 수 있다. 따라서 조선을 비롯한 주변 국가들은 명과의 관계에서 실질적인 교류가 중단된 가운데 명의 중화주의와 이념적으로 관계를 맺어야 했다. 그리고 이것은 곧 한·중관계사에서 조선·명 관계의 한 특징이 되었다고 할 수 있다.

---

90 스기야마 마사아키杉山正明는 明이 元(몽골제국)에 비해서 內向的이고 退行的이었다고 규정하였다〔杉山正明, 『モンゴル帝國の興亡』, 講談社, 1996(임대희·김장구·양영우 옮김, 『몽골세계제국』, 신서원, 1999, 368~371쪽 참조)〕.

* 이 글은 2003년도 한국학술진흥재단의 지원을 받아 이루어졌다(KRF-2003-044-A00002).

제5장 | # 15 · 16세기 일본의 전국시대와 도요토미 정권

—'임진왜란'의 재검토

박수철 (전남대학교 사학과)

1. 머리말

1592년 3월 13일 도요토미 히데요시豊臣秀吉는 조선을 침략하기 위해 약 16만 명에 달하는 일본군을 9개 부대로 편성하였다.[1] 이윽고 4월 13일(일본력日本曆으로는 12일) 고니시 유키나가小西行長의 일본군 선봉부대가 부산포를 급습하였고 전쟁의 서막이 올랐다. 이 침략전쟁을 위해 히데요시는 663년 금강(백촌강白村江)전투 이래 일본 역사상 최대의 원정군을 동원하였으나 결국 패배로 끝났다. 그로부터 시간이 흘러 4백 십수 년이란 아득한 세월이 흘러갔다. 흘러간 세월을 감안한다면 어쩌면 이제 우리는 임진왜란을 그저

1 『毛利家文書』 3(大日本古文書本) 885 · 886號. 제1진은 고니시 유키나가小西行長를 중심으로 한 1만 8,700명, 제2진 가토 기요마사加藤清正 등 2만 2,800명, 제3진 구로타 나가마사黑田長政 등 1만 1,000명, 제4진 시마즈 요시히로島津義弘 등 1만 4,000명, 제5진 후쿠시마 마사노리福島正則 등 2만 5,100명(北島萬次, 『豊臣秀吉の朝鮮侵略』, 吉川弘文館, 1995, 35쪽에 의거하여 수정. 원문서에는 2만 5,000명), 제6진 고바야카와 다카카게小早川隆景 등 1만 5,700명, 제7진 총대장 모리 데루모토毛利輝元 등 3만 명, 제8진 우키타 히데이에宇喜多秀家 등 1만 명, 제9진 호소카와 다다오키細川忠興 등 1만 1,500명으로 총 15만 8,800명이다.

머나먼 옛날이야기의 하나로 치부해버릴 수도 있을 듯한데 한국의 현실은 아직 그렇지 못하다. 아주 오랜 이야기인 임진왜란과 히데요시는 아직도 우리들의 기억 속에 생생하고 선명한 침략의 '흉터'로 남아 있다.

한국에게는 '악惡' 그 자체인 히데요시지만 일본에서의 평가는 전혀 다르다. 일본의 '영웅'이자 서민에게 친근함을 주는 '선량'한 인간 그 자체이다. 그런데 유념할 점은 히데요시가 처음부터 일본 민중들의 인기를 독차지한 것은 아니었다는 사실이다. 즉 히데요시 역시 정권을 차지하고 있었을 때는 많은 비판과 저항에 직면하였다. 교토京都에는 도요토미 정권을 비판하는 비방문이 나붙었으며 해외 침략전쟁에 대한 불평의 목소리도 자못 높았다. 살아생전 전혀 인기가 없었던 히데요시지만 도요토미 가문이 몰락해버린 에도江戶시대에 들어와서는 180도로 바뀌었다. 그것은 에도시대 일본 민중의 현실 지배체제에 대한 불만과 관련이 있다. 즉 에도막부체제에 대한 민중의 반감이 에도막부의 창시자 도쿠가와 이에야스德川家康 폄하로 이어졌고 다시 이것은 이에야스에게 멸망당한 히데요시에 대한 동정으로 이어졌다. 민중들은 히데요시의 아들(도요토미 히데요리豊臣秀頼)을 죽여 '주군'을 '배신'하고 권력을 '찬탈'한 이에야스를 비판하였다. 이 과정을 통해 현실정치에 불만을 품은 에도시대 일본 민중은 카타르시스를 느꼈다.[2] 미려한 문장으로 유명한 오제 호안小瀨甫庵의 『다이코키太閤記』[3]가 널리 읽혔고 나중에는 『에혼타이코키繪本太閤記』(1797년 개판, 1802년 완성)라 하여 삽화까지 첨가된 도요토미 일대기가 유행하였다. 이 과정에서 몇 가지 가공의 에피소드가 첨가되어 히데요시의 이야기는 더욱더 민중적인 요소를 띠어갔다.

---

2 小和田哲男, 『豊臣秀吉』, 中央公論社, 1985.

3 다이코太閤란 원래 은퇴한 간파쿠關白(천황을 보좌하는 최고관직)를 지칭하는 보통명사였는데, 후일 도요토미 히데요시가 유명해지면서 다이코=도요토미 히데요시가 되었다. 우리나라 사람들이 '세종' 하면 한글을 창제한 세종대왕을 떠올리는 것과 유사하다.

그러나 막부 권력자 측에서 보면 민중들의 히데요시 회고는 통치에 방해만 될 뿐이었다. 히데요시를 거론하면 자연히 도쿠가와 이에야스의 배신을 이야기하지 않을 수 없고 그것은 에도막부의 정통성을 심각히 침해하는 사안이었다. 그리하여 에도막부는 여러 번 각종『다이코키』서적을 발간 금지 처분하였고, 8대 쇼군將軍 도쿠가와 요시무네德川吉宗시대에는 "이에야스 및 도쿠가와씨에 대한 것을 묘사해서는 안 된다"라고 아예 법령으로 금지하기도 하였다.[4] 그러나 히데요시의 인기를 막을 수는 없었다.

물론 에도시대 히데요시의 인기 상승 원인은 에도체제에 대한 민중들의 반감 때문만은 아니었다. 그들에게는 히데요시의 입신출세 스토리도 매우 매력적이었다. 에도체제 성숙기인 17세기 말이 되면 도시화가 진전되고 상업이 발전하면서 민중들의 생활도 풍족해졌다. 심지어 "사무라이侍라 하여 귀하지 않고 조닌町人(도시상인 · 상공업자)이라 하여 천하지 않다"[5]라는 말이 있을 정도로 민중의 지위와 실력이 상승하였다. 그러나 그럼에도 불구하고 이들이 지배층(무사)으로 상승할 수 있는 길은 거의 없었다. 그리하여 "미천한 가장 하층 출신으로 나(히데요시)의 기량에 의해 최고 최상의 위계에 도달"[6]한 히데요시의 출세담은 '사농공상'의 신분이 고정된 에도시대 민중들에게 강렬한 대리만족을 주었다. 즉 15 · 16세기 전국시대라는 커다란 사회혼란 속에서 얼마든지 기존 신분체제를 뛰어넘을 수 있었던 히데요시시대에 대한 향수였다. 바로 여기에 히데요시의 이야기가 오히려 그의 사후인 에도시대에 확대 재생산된 중요한 이유가 있다.[7] 근대 메이지유신明治維新 이후

4 小和田哲男, 앞의 책, 1985, 31쪽.

5 神坂次郎,『元祿御疊奉行の日記』, 中央公論社, 1984, 2쪽.

6 松田毅一 · 川崎桃太 譯,『フロイス日本史』2, 中央公論社, 1981, 199쪽.

7 오늘날 일본사회에서 '샐러리맨의 우상'으로 히데요시를 거론하는 경우도 따지고 보면 기본적으로 입신출세라는 점이 핵심이다. 히데요시는 출생신분과 배경으로 인해 서민성을 많이 갖고

히데요시가 다시 한 번 부각된 것도 그가 '대륙팽창'이라는 당시 일본사회의 당면과제에 아주 잘 부합되는 인물이라는 점이 주된 원인이었겠지만, 그 이면에는 이와 같이 에도시대를 통해 지속적으로 민중 사이에 형성되어온 히데요시의 '영웅'관이 깔려 있었다는 점에 유의하여야 할 것이다.

한편 한국에 있어 그저 옛이야기의 하나로 삼을 수도 있었던 '악인' 히데요시 이야기가 다시 부각된 것은 일제 식민지배의 여파 때문이다. 현재까지 이어지는 일제 식민지배로 인한 폐해가 없었다면 임진왜란이나 히데요시는 그다지 부각되지 않았을지도 모르고, 옛날 금강전투처럼 그저 머나먼 과거의 한 사건으로 남았을지도 모른다. 그런 점에서 끊임없이 재생산되는 임진왜란에 대한 선명한 '기억의 각인刻印'은 아직도 한국사회에 일제 청산이 완결되지 않고 남아 있음을 말해준다.

여기서 생각해볼 문제가 '임진왜란壬辰倭亂'이란 명칭이다.[8] 임진왜란이란 글자 그대로 임진년에 왜가 난을 일으켰다는 것이다. 그런데 '왜倭'라는 비하 명칭에서 알 수 있듯이 이 속에는 주관적인 감정이 내포되어 있다. 즉 객관적으로 상대방을 파악하지 않고 무시하거나 경멸한다. 여기에는 국가와 국가 간의 대등한 전쟁이란 시각은 존재하지 않고 그래서 임진왜란을 삼포왜란三浦倭亂처럼 왜구의 분탕질 차원에서 파악한다. 그러나 임진왜란은 당시 조선과 일본이 국력을 걸고 싸웠던 국가 간 전쟁이라는 점에서 기본적으로 성격을 달리한다. 아이러니하게도 한국과 일본은 인접한 국가임에도 불구하고 전쟁이 한 번도 없었던 특이한 관계이다. 과연 전쟁이 없었을 정도로 양자의 사이가 매우 좋았는가 하면 물론 그것은 결코 아니었다. 양국 간에

있었고 이로 인해 권위주의적인 지배자와 다른 모습으로 일본 민중에게 다가갔다.

8 '임진왜란'의 대안으로 '壬辰戰爭'이란 명칭을 제안한다. 이 점에 대한 상세한 설명은 이 글 맺음말 부분 참조.

전쟁이 없었던 것이 아니라 단지 양국의 충돌을 '전쟁'이란 명칭으로 부르지 않고 있을 뿐이다. 왜 전쟁이란 명칭을 사용하지 않는가. 이것은 매우 중요한 문제이다.

여기에는 여러 요인이 있을 수 있겠지만 그 출발에는 서로가 상대방을 객관적 실체로 인정하지 않는 시각이 있다. 예로부터 일본은 조선을 조공국으로 조선은 일본을 만이蠻夷의 나라로 보아왔는데, 이처럼 상대방을 비하하는 태도는 오늘날에도 여전히 해소되지 않고 있다. 일제의 식민지배는 양측의 관념을 더욱 증폭시켜놓아 당분간 상당히 오랜 기간 동안 이러한 관념은 불식되지 않을 것이다. 임진왜란이란 용어의 잔존은 이러한 관념의 산물이자 다시 그 관념을 강화시키는 데 일조하고 있다. 우리 사회는 '악인'으로 히데요시를 위치 지우면서도 그가 왜 그러한 행동을 하였는지와 같은 구조적인 문제는 사실 잘 알지 못한다. 임진왜란에 관한 많은 연구가 있음에도 불구하고 정작 도요토미 히데요시 그 자체에 관한 전문 연구서, 안내서 한 권 없는 것이 우리 사회의 현실이다.[9] 이것은 철저한 무시로 일관해온 결과에 다름 아니다. 이러한 입장에 심정적으로 동감하는 바는 크지만, 21세기를 맞는 오늘날 이러한 입장을 여전히 고수하는 것이 과연 한국사회에 바람직한가 하는 문제는 좀더 생각해볼 여지가 있다.

이러한 인식문제, 명칭문제를 포함하여 이 글에서는 그중에서도 특히 임진왜란의 전제가 되는 전국시대戰國時代 이후 일본사회의 성격, 침략전쟁에

9 한국사를 전공한 연구자의 시각에서 임진왜란을 분석한 연구는 방대한 연구실적을 자랑한다(국방군사연구소, 『韓國軍事史論文選集』 5(왜란 · 호란 편), 1999, 권말에 실린 「'倭亂' · '胡亂' 연구논저목록」 참조). 한편 일본사를 전공한 한국 연구자들이 이 부분에 대해 관심을 갖기 시작한 것은 1990년대 중반 이후부터이다. 몇몇 뛰어난 논문은 있지만 연구는 대체로 아직 미약한 편이다. 임진왜란에 관한 일본 내 연구는 기타지마 만지北島萬次의, 「豊臣政權の朝鮮侵略に關する學說史的檢討」, 『豊臣政權の對外認識と朝鮮侵略』, 校倉書房, 1990에 집대성되어 있다. 또 이를 포함한 국내외 연구는 김문자, 「전쟁과 평화의 근세 한일 관계—임진왜란과 통신사」, 『기억의 전쟁』, 이화여자대학교출판부, 2003에 잘 정리되어 있다.

나선 도요토미 정권의 논리구조에 관한 중요 연구를 중심으로 몇 가지 문제를 재검토해보려 한다.

2. 전국시대의 성격과 도요토미 정권

1467년(오닌應仁 1) 오닌應仁의 난이 발발한 이후 1568년(에이로쿠永祿 11) 오다 노부나가織田信長가 무로마치室町막부 마지막 쇼군 아시카가 요시아키足利義昭를 받들고 수도 교토로 상경하기까지 각지의 지역정권이 서로 각축을 벌인 약 100여 년간을 통칭 전국시대라고 한다. 이 시기는 일본사회가 중세에서 근세로 넘어가는 이행기이자 과도기였으며 커다란 사회적 변혁이 나타난 시대였다.[10]

전국시대의 출발은 1467년 유력가문의 하나인 하타케야마씨畠山氏 상속문제를 둘러싸고 촉발된 분쟁에서 기인하였다. 이미 무로마치 장군가의 상속문제로 악화 일로에 있던 당대의 실력자 호소카와 가쓰모토細川勝元와 야마나 모치토요山名持豊가 군사적으로 충돌하였다. 동군과 서군으로 나누어 벌인 이 전쟁에서 동군은 24개국 16만 명의 병사를, 서군은 20개국 9만 명(나중에 오우치씨大內氏의 2만 명이 합류하면서 11만 명)의 병사를 모아 교토 일대에서 격렬한 전투를 벌였다. 1477년 최종적으로 전쟁이 종결되기까지 이 10년간의 전투를 통해 무로마치막부는 비록 붕괴되지는 않았으나 더 이상 전국 정권이라 할 수 없는 권력체로 전화하였다.[11] 예를 들어 오닌의 난이 종

10 박수철, 「전국대명연구의 동향과 과제―그 성격규명을 중심으로」, 『서울대동양사학과논집』 17, 1993 참조.

11 이러한 통설에 대해 약화되기는 하였지만 전국시대에도 무로마치室町막부가 중앙정권으로서의 일정한 권한을 행사했다는 반론(今谷明, 『室町幕府解體過程の研究』, 岩波書店, 1985)도 있

결된 1477년(분메이文明 9) 9월 이후에 이르면,

근래 천하(일본)에 좋은 일이 없다. 近國(교토 인근지역)인 近江(오미), 三乃(미노美濃), 尾帳(오와리尾張), 遠江(도토미), 三河(미카와), 飛驒(히다), 能登(노토), 加賀(가가), 越前(에치젠), 大和(야마토), 河內(가와치) 등은 전부 쇼군의 명령에 응하지 않고 연공 등을 일체 바치지 않는 國(지역)이다. 그 외 紀州(기슈紀伊), 攝州(셋슈攝津), 越中(엣추), 和泉(이즈미) 등은 國中(지역 내)의 난으로 인해 연공 (수납)을 거론할 게재가 아니다. 한편 쇼군의 명령이 미치는 지역은 播磨(하리마), 備前(비젠), 美作(미마사카), 備中(비추), 備後(빙고), 伊勢(이세), 伊賀(이가), 淡路(아와지), 四國(시코쿠) 등이다. (그러나 이곳도 사실상) 일체 쇼군의 명령에 따르지 않고 있다. (즉) 비록 守護(슈고)가 쇼군의 명령을 따라 守護代(슈고다이, 슈고 대리역) 이하에게 그 실행 명령을 하달하더라도 현지에서는 쉽게 관철되지 않고 있다. 그리하여 (결국) 일본국은 전부 쇼군의 명령에 따르지 않게 되었다.[12]

이처럼 쇼군의 명령조차 무시되는 상황에 직면한 무로마치체제의 이완은 가속화되었다. 나아가 1493년(메이오明應 2) 2월 호소카와 마사모토細川政元(가쓰모토의 아들)가 쿠데타를 일으켜 아예 쇼군 아시카가 요시키足利義材(요시타네義稙)를 교토에서 쫓아내는 일이 발생하였고 이후 무로마치 쇼군은 이곳저곳의 유력자를 찾아 떠도는 '유랑하는 쇼군'[13]의 지위를 감내해야 했다.

일찍이 동양사학자 나이토 고난內藤湖南은 전국시대의 출발점인 오닌의 난이 갖는 역사적 의의에 주목하여 오닌의 난이야말로 일본역사상 분기점이 되는 획기적 사건이라고 평가하였다.[14] 그는 그 이유로 두 가지를 들었다. 첫

다. 그러나 아시카가 쇼군이 교토에 상주하지 못했다는 점에서 단적으로 알 수 있듯이 오닌應仁의 난을 계기로 막부권력이 급격히 쇠락한 것은 틀림없는 사실이다.

12 『大乘院寺社雜事記』(增補續史料大成本) 文明 9년 12월 10일조.

13 杉山博, 『日本の歷史』 11(戰國大名), 中央公論社, 1971, 21쪽.

14 內藤湖南, 「應仁の亂について」, 1921〔地理歷史學會에서 강연. 뒤에 『歷史の思想』(現代日本思想大系 27), 筑摩書房, 1965에 재록〕.

째, 새로운 지배층의 등장이다. 나이토에 따르면 에도시대에 번성한 약 260여 개 다이묘大名(영주) 가문의 유서를 살펴보면 대부분이 오닌의 난을 전후한 시기로 거슬러 올라간다. 즉 오닌의 난 이후 극심한 사회변동 과정에서 고·중세 이래의 명망가, 기존 귀족·무사 가문 대부분이 몰락하고 이들을 대신한 새로운 영주세력(도고土豪·묘슈층名主層)이 등장하여 에도시대 지배층으로 부상하였다. 둘째, 아시가루足經 등 서민층의 대두이다. 이들이야말로 전국시대 이래 현재까지 이르는 대규모 사회변동을 가져온 주역이며 에도시대 조닌의 원류였다. 나이토는 이러한 사실을 근거로 현재 일본을 알기 위해 일본역사를 연구할 때 고대 역사는 필요가 없으며 오닌의 난 이후의 역사를 알면 그것으로 족하다면서, 그 이전의 일본역사는 마치 외국의 역사와 같다고 주장하였다.

오닌·분메이文明의 난이 기존 무로마치 막부체제를 와해시키는 데 가속도 역할을 한 것은 사실로 보인다. 그러면 이러한 사회변동의 힘은 과연 어디에서 나왔는가. 그 근원에는 고쿠진國人, 도고, 묘슈 등 재지영주층과 백성층의 강렬한 신분상승(출세) 욕구가 있었다.

오닌의 난이 발발한 직후인 1470년 8월 난은 수습될 기미를 보이지 않고 오히려 가와치河內 야마토大和로 확대되었고, 8월 4일 서군은 동군 하타케야마 마사나가畠山政長의 거점인 가와치지역을 공략하였다. 이때 야마토국大和國의 재지영주인 오치씨越智氏도 이에 동참하였다.[15] 그런데 야마토국의 재지영주가 다른 지역으로까지 군사행동을 전개한 것은 선례가 없는 이례적인 행위였다. 야마토국의 사실상의 지배자인 고후쿠지興福寺 다이조인大乘院 주지 진손尋尊은 이에 대해 "이즈미和泉 슈고守護를 목적으로 한 것이라

15 森田恭二, 『大乘院寺社雜事記の硏究』, 和泉書院, 1997, 77쪽.

고는 하지만, 국민國民(재지영주)으로서는 과분한 생각이다"라며 재지영주층의 신분상승 욕구를 비판하였다.[16] 이와 비슷한 예는 무수히 많다. 1560년대 재지영주들로 구성된 이가국伊賀國 소고쿠잇키惣國一揆(재지영주 연합체)는 내부 협의를 통해 타국에서 국경지역에 성을 쌓았을 경우 "아시가루의 신분으로 그 성을 빼어 충성을 다하는 백성이 있으면 과분한 포상을 내리고, 그 자는 사무라이로 삼을 것이다"라는 원칙을 정하기도 하였다.[17] 실력과 실적만 있으면 얼마든지 신분을 바꿀 수 있는 '하극상'이라는 전국시대의 특질이 잘 드러나 있다.

이러한 사회변동의 결과물로서 출현한 새로운 국가체제가 이른바 근세 막번幕藩(막幕은 막부幕府, 번藩은 지방영주)체제이다. 막번체제라는 명칭이 정착된 것은 1945년을 전후한 시기로 후루시마 도시오古島敏雄의 정의가 널리 인정된 것을 계기로 한다.[18] 그는 태합검지太閤檢地(히데요시의 토지조사), 도수령刀狩令(히데요시의 무기몰수령), 통일정권 도쿠가와체제의 확립 과정을 통해 상대적으로 독자적인 권한을 행사하던 번藩(다이묘)을 막부가 확고히 장악한 체제를 막번체제라 정의하였다. 그 후 연구가 보다 진전됨에 따라 일본 근세 막번체제(내지 막번제 국가)는 무사와 백성의 신분을 고정시킨 병농분리제兵農分離制, 미米를 단위로 연공과 군역의 통합적 지배를 도모한 석고제石高制, 기독교·해외왕래 금지를 축으로 이루어진 쇄국제鎖國制란 세 가지 편성원리로 구성되었음이 밝혀졌다.[19]

---

16 『大乘院寺社雜事記』 文明 2년 8월 5일조.

17 「伊賀惣國一揆掟書」, 『中世政治社會思想』 上(日本思想史大系), 岩波書店, 1972, 413쪽.

18 「幕藩體制」, 『世界歷史事典』, 平凡社, 1953 ; 佐佐木潤之介, 「幕藩制사회의 성립」, 『일본근대사론』, 지식산업사, 1981, 38쪽.

19 '막번체제란 병농분리제를 민중 지배의 원리로 하고 석고제를 토지소유의 원칙으로 하여 국가적·민족적 기틀을 쇄국제로써 굳게 한 막부 및 번의 정치체제'(佐佐木潤之介, 「幕藩制國家と東アジア」, 『日本史を學ぶ』 3(近世), 有斐閣, 1976, 3쪽)라는 입장이다.

이와 같이 통설에서는 히데요시 시기에 근세 막번체제의 원형이 성립된 것으로 보아왔는데 근년에는 이것을 히데요시 시기에 둘 것이 아니라 그보다 앞선 전국시대 이래의 사회변동과 관련하여 파악해야 한다는 주장이 새롭게 제기되었다. 그 대표적인 예가 비토 마사히데尾藤正英의 주장이다.[20]

비토는 먼저 "일본역사를 돌아볼 때 무라村와 마치町의 주위에 호濠와 책柵이 둘러쳐진 것은 야요이彌生시대와 오닌의 난 이후 백 년간의 전국시대, 두 번에 불과하다"라는 사하라 마코토佐原眞의 주장에 주목하여 이 두 시기의 역사적 변혁성을 강조한다. 이 두 시기는 무질서한 상황을 극복하고 새로운 질서가 형성되는 시기였다. 보다 넓은 지역을 통할하는 새로운 정치적 권력이 출현함으로써 마을 간에 더 이상 서로 대립·항쟁할 필요가 없어졌고 마을을 둘러싼 방어시설도 사라졌다. 비토에 따르면 야요이시대(무소유에서 소유로 이전하는 시기) 이후 4~6세기(고분古墳시대)에 걸쳐 통일국가 형성이 진전되어 7세기에 완성(일본 고대국가의 성립)된다. 이 체제는 나라奈良, 헤이안平安시대를 거쳐 점차 변질되어 12세기말 무가정권(가마쿠라鎌倉막부)이 성립하였지만 기본 골격은 계속 유지되었다. 이 질서가 붕괴되고 무질서로 넘어간 것이 바로 15·16세기 전국시대였다. 따라서 새로 성립된 에도시대의 국가체제는 일본사상 7세기 고대국가에 병렬할 수 있는 제2의 통일국가이며 이는 일본역사를 전과 후로 양분할 수 있는 획기적 사건이었다.[21]

현재 비토와 같은 주장을 펴는 연구자는 의외로 매우 많다. 예를 들어 도요토미시대를 강조한 제 선행연구를 '급격한 대변혁'설에 기초한 것이라 비

20 尾藤正英,「はじめに」,『江戸時代とはなにか—日本史上の近世と近代』, 岩波書店, 1992.

21 나이토 고난說의 새로운 부활이다. 비토는 고대 일본어와 근대 일본어의 구분을 14, 15세기 무로마치시대에 두는 일본어학의 통설도 적극적으로 수용하고 있다. 또 사상사 측면에서도 중세와 근세 사이에 커다란 단절이 있다고 지적하였다(위의 책, 42~50쪽).

판하고 '완만한 변혁'설을 제기한 연구도 있으며,[22] 기존 연구의 주장과 달리 중세촌락의 제 질서, 권리, 제도 등이 근세초기까지 기본적으로 계승되고 있었음을 밝힌 연구도 있다.[23] 이처럼 전국시대와 일본 근세사회의 '연속성'을 강조하는 연구가 증가하고 있으며 근세 막번체제의 핵심 요소인 석고제와 병농분리제에 대해서도 새로운 의견이 제시되고 있다.

종래 생산고(수확량)를 기준으로 세금을 부과한 것으로 파악해온 근세의 석고제가 사실은 전국시대의 관고제貫高制와 마찬가지로 수확량이 아니라 연공年貢을 기준으로 부과하였다는 연구나,[24] 도량형 통일과 세금징수 증액을 위해 도요토미 정권이 도입한 교마스京枡(평방 약 14.8cm, 깊이 약 8.1cm)가 사실 용량적으로는 전국시대의 마스枡와 차이가 없고, 오히려 그것을 보증하는 형태로 도입하였다는 연구는[25] 전국·근세사회의 연속성을 지지한다. 또 도요토미 정권을 근세권력으로 파악하는 데 있어 핵심적인 역할을 해온 석고제가 과연 전국적으로 실시되고 있었는가 하는 의문을 표시하면서, 전국 다이묘의 토지지배 방식이 도요토미시대에도 상당 부분 그대로 유지되고 있었다는 연구도 있다.[26]

---

22 神田千里,『信長と石山合戰—中世の信仰と一揆』, 吉川弘文館, 1995.

23 久留島典子,「中世後期の'村請制'について」,『歷史評論』488, 1990 ; 稻葉繼陽,「村の侍身分と兵農分離」〔『戰國時代の莊園制と村落』, 校倉書房, 1998(初出 1993)〕; 藤木久志,『村と領主の戰國世界』, 東京大學出版會, 1997.

24 池上裕子,「織豊期檢地論」,『日本中世史研究の軌跡』, 東京大學出版會, 1988.

25 稻葉繼陽,「中世社會の年貢收納枡」,『戰國時代の莊園制と村落』, 校倉書房, 1998 所收.

26 太閤檢地의 경우 1589년(天正 17) 미노국美濃國 검지에서 그 전형적인 원칙이 보이는데, 300步=1段(종래 360보), 전답〔田畠〕의 良否를 상·중·하·하하의 4단계로 평가, 교마스京枡의 사용〔上田 1段의 고쿠모리石盛(=斗代, 경지·집터의 段당 표준수확량)는 1석 5두〕 등이었다. 그런데 도요토미 정권기 우에스기씨上杉氏의 경우 永樂錢에 의거하여 段당 연공고를 기재하고 면적 측정은 하지 않았으며, 다테씨伊達氏의 경우 이전에 태합검지가 채택한 석고 표시 300보=1단제를 고쳐 다시 貫高 표시 360보/1단으로 한 데서 알 수 있듯이 전국시대의 유제가 많이 남아 있었다(三鬼清一郎,「太閤檢地と朝鮮出兵」,『岩波講座日本歷史』, 1975, 91～92쪽).

히데요시의 도수령 등 병농분리정책이 과연 얼마나 실제 집행되었는가 하는 점에도 의문이 제기되고 있다. 이러한 주장을 하는 연구자들은 병농분리를 가져온 가장 기본적인 정책이라 할 수 있는 백성 무장해제 규정도 17세기 말까지는 백성·조닌의 대도帶刀 그 자체를 법적으로 금압禁壓한 흔적은 없고, 작은 칼〔脇指〕의 소지 휴대에 대해서도 길이, 색깔 등 형상에 관한 표식규제 이외에는 별다른 규정이 없었다고 주장한다.[27] 이렇게 볼 때 도요토미 정권에 의해 시행되었다는 병농분리도 당시 실상과 다른 허상일 가능성이 있다. 히데요시 시기에 실시된 태합검지와 병농분리정책을 통해 중세사회가 질적으로 변화하였다는 전국시대와 근세사회의 '단절'을 지적해온 기존 통설은 재검토해야 할 시점에 처해 있다.

3. 도요토미 정권의 지향과 임진왜란

(1) 원인=공명설

도요토미 정권은 과연 무엇을 지향하였는가. 분열된 전국사회를 통합한 히데요시의 목적은 무엇이었으며, 히데요시가 왜 국내통합에 그치지 않고 대외침략의 길을 밟아나갔는가. 도요토미 정권의 지향점과 임진왜란의 원인에 관해서는 현재 제 설이 분분한 실정이다.

우선 임진왜란의 원인은 대체로 ① 무역·상업 등 경제적인 면을 중시하는 견해('감합무역勘合貿易 부활'설 등), ② 히데요시 개인의 입장을 강조하는 견해(아들 쓰루마쓰鶴松의 요절설, 공명설功名說), ③ 영주계급의 이익이나 도

27 藤木久志, 『豊臣平和令と戰國社會』, 東京大學出版會, 1985.

요토미 정권의 구조적 측면을 강조하는 견해(영토 확장설, 도요토미 정권의 전제성專制性 강조)로 나눌 수 있다.[28]

①은 명과의 화의 교섭 과정에서 감합무역 부활이 제기되고 있다는 점이 근거이다. 1593년(분로쿠文祿 2) 도요토미 정권은 명에게 화평和平 조건의 하나로 '관선官船 · 상박商舶 왕래'를 제시하였다. 그러나 도요토미 정권이 당초부터 감합무역을 의도한 것은 아니었고 나중에 외교 교섭을 하는 과정에서 필요에 의해 추가로 제기한 것에 불과하다는 반론도 있다.[29] 물론 히데요시가 무역문제에 깊은 관심을 갖고 있었던 것은 사실이고 개연성은 있지만, 무역문제를 직접 언급한 사료를 찾을 수 없다는 것이 약점이다.[30]

②의 경우는 히데요시가 직접 자신의 침략 동기를 밝히고 있다는 점에 무엇보다 큰 매력이 있다. 히데요시는 조선에 문서를 보내 자신의 침략 의도를 설명하고 그 이유를 "가명佳名을 삼국三國에 남기고 싶을 따름"이라 적시하였다.[31] 그러나 과연 침략의 원인을 오로지 히데요시의 결단이란 일개 개인

28 北島萬次, 앞의 논문, 1990 ; 김문자, 앞의 논문, 2003 참조.

29 이러한 비판을 받아 근래 새로운 형태의 주장이 제기되었다. 예를 들어 이 시기 동아시아는 銀을 중심으로 활발한 경제활동이 전개되고 있었는데 정치 · 군사적 관점에서 조선 조정이 일본과의 공식적인 무역행위를 금지하자, 무역에 많은 관심을 갖고 있던 도요토미 히데요시가 이를 해결하기 위해 침략에 나섰다는 것이다(村井章介, 「임진왜란의 역사적 전제」, 『남명학연구』 7, 1998). 이 주장은 감합무역 부활설과 달리 이를 직접 언급한 사료가 없어 정황론에 치우쳐 있는 점이 약점이다.

30 히데요시는 중국을 정복하면 천황을 중국으로 옮기고 중일무역의 중심지인 寧波에 자신의 거주지를 두겠다는 정권 구상을 밝히고 있다(北島萬次, 『朝鮮日日記 · 高麗日記』, そしえて, 1982, 71쪽). 히데요시가 무역을 중시하였다는 반증으로도 볼 수 있으나 필자는 그와 동시에 이곳을 거점으로 天竺 정복의 의지를 밝힌 점에 주목할 필요가 있다고 생각한다. 즉 영토 확장을 목표로 한 것이라 해석할 수도 있다.

31 이케우치 히로시池內宏는 ① 조선국왕에 보낸 國書의 마지막에 "내가 다른 것을 원하는 것이 아닙니다. 단지 佳名을 삼국에 알릴 따름입니다"라는 구절과 ② 히데요시의 서기 오무라 유코大村由己가 "고려(조선)국에 알린 취지는 일본왕궁에 와서 내년 중이라도 대면할 수 있도록 하라는 것이다. 받아들여지지 않더라도 후대까지 이름을 남길 수 있다는 것이다"라는 사료를 근거로 功名說을 제시하였다(『文祿慶長の役』(正編第1), 南蠻州鐵道, 1914).

차원의 문제로만 환원시킬 수 있는가 하는 문제가 발생한다. 이처럼 기존 공명설은 사회구조적인 측면에서 접근하지 않고 히데요시의 개인적인 야망이나 망상 차원으로 국한하는 데 최대 약점이 있다. 그러나 필자는 이러한 히데요시의 공명심 주장에 임진왜란의 진정한 원인이 숨어 있다고 본다. 공명설을 제기한 기존 연구의 문제점은 공명심을 단순히 히데요시 개인 차원으로 환원시키는 데 있다. 그러나 히데요시의 공명심은 결코 히데요시 개인 차원에만 국한된 것이 아니라 당시 무사집단의 일반적인 지향이자 그들의 정서가 반영된 구조적인 산물이었다. 예를 들어 임진왜란에 참가했던 시마즈씨島津氏는 그 후 자신들의 기록 문서를 모아 『정한록征韓錄』이란 책을 편찬하였다. 여기에는 "오호라. 시마즈씨의 이름이 이미 중화中華에 드러났다", "근래 우리 선조는 조선정벌에 참가하여 이역異域에 무위武威를 떨쳐 우리 가문의 공업功業을 세웠고 그럼으로써 이름을 사해四海에 퍼지게 하였다"라며 공명을 내세우고 있다.[32]

그러면 당시 영주들은 왜 공명에 집착하였을까. 이 당시에는 공명심이 단순한 개인의 명예문제로 끝나는 것이 아니었기 때문이다. 공명은 영주들에게 영지(경제)의 축소 또는 확대, 가문의 존속 등과도 관련된 사활이 걸린 문제였다. 영지 몰수와 가문御家 단절 처분을 받은 규슈九州 다이묘 오토모 요시무네大友義統의 경우는 그 대표적인 사례의 하나이다.

임진왜란 당시 황해도 봉산鳳山에서 평양과 한양의 연락책을 맡았던 요시무네는 평양에서 고니시 유키나가가 전사하였다는 소식을 잘못 전해 듣고 서둘러 봉산에서 철수하였다. 이로 인해 퇴각하는 데 어려움을 겪은 유키나가는 이 사실을 히데요시에게 보고하였다. 이 보고를 받고 크게 화를 낸 히

32 北島萬次, 앞의 논문, 1990, 17쪽.

데요시는 요시무네의 영지를 몰수하고 그 처분을 모든 다이묘에게 알렸다. 즉 요시무네와 같은 겁쟁이를 일본에서 일찍이 본 적이 없고 또 그 비겁함은 "삼국(조선 · 명 · 일본)에까지 알려졌기" 때문에 몰수 처분한다는 것이다.[33] 용감하여 전공을 세운(공명을 떨친) 자에겐 많은 보상을 내리지만 반대로 그렇지 못한 자에겐 가차 없이 처벌이 내려지는 시스템인데, 이와 비슷한 예는 많이 있다. 진주성 공략에 즈음하여 가토 기요마사加藤清正가 부하들을 불러 모아놓고 "이 싸움에서 다른 사람보다 뛰어난 공명功名을 거두는 자에게는 급분給分(영지 배분)을 백 배 이상으로 하겠다"라고 한 것도 공명심과 보상의 상관관계를 잘 말해준다.[34] 공명은 단순히 개인 차원의 명예, 심리문제가 아니라 구조적이며 경제적으로 사활이 걸린 문제였다.

이렇게 볼 때 ② 공명설과 ③ 영토 확장설은 사실 별개의 내용이 아니다. 현재는 ②가 무시되고 주로 ③의 주장만이 통설적 위치를 점하고 있지만, 필자가 보기에는 ②와 ③은 동전의 앞뒷면 관계이다. 사실 임진왜란의 원인으로 ③을 명확하게 지적한 사료는 존재하지 않는다. 그러나 '공명'과 관련된 사료는 무수히 존재한다. 영주계급의 영토 확장이란 ③의 지향은 구체적인 사료로 나타날 때 ② 공명이란 이름으로 표출되고 있다.

24년간 일본에 거주하였던 예수회 선교사 프로이스L. Frois는 바로 이 점을 지적하였다. 당시 전쟁에 부정적이었던 세력은 그 근거로, 첫째 히데요시 반대세력이 이것을 계기로 궐기할 수 있다. 둘째 일본인은 타 민족과 전쟁할 훈련이 되어 있지 않아 중국의 언어 · 지리를 전혀 모른다. 셋째, 내지內地에

33 『島津家文書』 2(大日本古文書本) 954號. 기타지마 만지는 이러한 다이묘大名의 改易을 히데요시가 "다이묘를 공포에 떨게 하여 조선군역을 채찍질한 것"(北島萬次, 「임진왜란과 진주성 전투」, 『남명학연구』 7, 1997)으로 보고 있으나, 이것은 한 측면을 강조한 것에 불과하다. 功名을 통한 보상과 개역을 통한 영지 몰수는 동전의 앞뒷면과 같은 관계이다.

34 「九鬼文書」(위의 논문, 46쪽 再引).

영지를 소유한 영주의 경우 항해할 수 있는 선박과 선원이 없다. 넷째, 설령 재력이 있다 하더라도 선박, 장비에 필요한 무기, 식량, 탄약을 구입하기까지 정해진 시일이 너무 촉박하다 등을 들었다.[35] 이러한 반대파의 주장에 대해 히데요시는 다음과 같이 반박하였는데, 여기에 '공명'과 영토 확장의 상관관계가 매우 정확하게 지적되고 있다.

> 나는 일본왕국, 즉 천하의 君主로 충만한 쾌락, 재보, 번영을 누리고 있음에도 스스로 이것을 방기하고 세계사상 유례가 없는 명예롭고 경탄할 만한 일을 나의 힘으로 성취하고자 한다. 일동은 이 기도와 渡航에 나를 따라야 하고 만일 목숨을 잃는다 하더라도 그것은 나와 함께 영원히 기념되고 찬미될 것이(다). …… 일이 순조롭게 달성되면 새로운 정복에 의해 획득된 諸國, 봉록, 유리한 영지를 줄 것이며 너희는 많은 즐거움 속에 여생을 보낼 것이다.[36]

요컨대 구조적인 차원의 공명功名을 임진왜란의 원인으로 보아야 한다.

(2) '도요토미평화령'의 검토

그럼 임진왜란을 일으킨 도요토미 정권의 성격을 어떻게 보아야 하는가. 이 문제와 관련하여 근년 일본 내 제 성과를 집대성하였다고 평가할 만한 견해가 후지키 히사시藤木久志의 이른바 '도요토미豊臣평화령'이다.[37]

후지키는 도요토미 정권의 출현을 주로 군사 정복활동과 관련지어 파악하는 기존의 선행연구를 비판하는 데서 출발한다. 즉 기존 연구는 히데요시의 군사 정복 과정을 지나치게 과대평가하고 있는데, 실제 히데요시에 의해 멸

35 松田毅一 · 川崎桃太 譯, 앞의 책, 1981, 204쪽.

36 위의 책, 205～206쪽.

37 藤木久志, 앞의 책, 1985.

망된 전국다이묘는 고호조씨後北條氏 하나에 불과하므로 도요토미 정권의 군사적 강압성과 권력의 전제적 성격을 강조하는 것은 타당하지 않다.[38] 오히려 도요토미 정권은 군사행위·활동을 적극적으로 금지하는 조치를 취하고 있었다. 그 증거가 도요토미 정권이 반포한 총무사령惣無事令(다이묘·영주 간 전투 금지령), 훤화정지령喧嘩停止令(마을·집단 간 싸움 금지령), 도수령(무기몰수령), 해적정지령海賊停止令(왜구적 약탈 상황 금지령)이란 네 가지 법령이다. 도요토미 정권은 1587년(덴쇼天正 15) 규슈정전령九州停戰令(시마즈씨와 오토모씨大友氏 간의 분쟁 금지령)과 동년 12월에 발포한 간토關東, 오슈奧州지역 다이묘 간 분쟁금지령(「關東奧兩國惣無事之儀」)' 등을 통해 다이묘의 군사 행동을 제한하고 지역분쟁을 해소하였다. 즉 '총무사령'은 다이묘 간의 분쟁 해소 다시 말해 다이묘의 평화이고, 촌락 간에 분쟁을 금지한 '훤화정지령'은 촌락의 평화이며, 백성의 무기 몰수를 규정한 '도수령'은 백성의 평화이며, 해적의 약탈행위와 왜구적 상황을 금지한 '해적정지령'은 바다의 평화였다.

이것이 바로 이른바 후지키의 '도요토미평화령'의 골자인데 논란의 소지는 평화라는 개념이다. 후지키에 따르면 이때의 '평화'는 현대적 의미의 평화가 아니다. 유럽중세사에서 보이는 가家의 평화·특별평화(프리데friede) 또는 12세기 중기 독일의 제국평화령(란트프리데landfriede)·무기규제와 같은 것이며, 이 평화의 반대편에는 중세사회에 일반화되어 있는 사전私戰(페데fehde), 즉 복수敵討, 전투合戰, 경계에 따른 분쟁·다툼 등이 존재한다. 도요토미 정권은 이러한 만연화된 분쟁을 종식시키고 민중들에게 평화를 가져다주었다. 도요토미평화령의 출현에는 일본 중세사회에 광범위하게 퍼져 있

38 鈴木良一, 『豊臣秀吉』, 岩波書店, 1954 ; 永原慶二, 『日本の中世國家』, 日本放送出版協會, 1980(뒤에 『日本中世の社會と國家』로 개제).

는 사전의 세계, 이른바 중세 재지사회의 자력구제 관행과 이를 극복하기 위해 분쟁종식(즉 '평화')을 간절히 원하는 민중의 소망이 깔려 있었다.[39]

후지키의 주장은 전국시대에 대한 일부 선행연구의 성과를 바탕으로 하였다. 특히 전국시대 '영국領國평화령'이라고 할 수 있는 훤화양성패법喧嘩兩成敗法과 국질國質·향질鄕質규제법에 대한 연구,[40] 도요토미시대에 반포된 '천하의 모든 분쟁 금지天下悉ケンクワ御停止'령은 사실상 중세 촌락 간 쟁론을 금지한 자력구제규제법自力救濟規制法의 연장에 있다는 연구를[41] 더욱 발전시킨 것이다. 이들 연구를 바탕으로 후지키는 도요토미 히데요시의 전국통합이야말로 평화에 이르는 길이며 중세 최후 단계에 이르러 광범위하게 나타난 영국평화령의 총괄로 보았다. 그 결과 도요토미 정권에 있어 군사적 집중과 전쟁 수행체제는 권력의 재판권 집행과 평화 침해를 회복하기 위한

39 흔히 일본 중세사회를 自力救濟사회라 한다. 이것은 스스로 분쟁을 해결해야 한다는 의미이다. 이는 중세 공권력의 한계를 단적으로 말해주는 것으로 개인과 개인, 집단과 집단 간의 끊임없이 반복되는 피의 복수를 연상하는 것이 보편적이다. 후지키가 주장하는 도요토미평화령豊臣平和令=통일권력에 의한 자력구제의 원리 전면 부정이란 사실도 일본 중세 재지사회가 가혹한 보복주의에 지배받던 세계였다는 통념에 의거한 것이다. 즉 가혹한 보복을 피하기 위한 민중의 염원이 平和로 귀결되어 통일권력의 정책을 지지하는 형태로 나타났다는 것이다. 후지키가 도요토미 정권의 喧嘩停止令을 "천하의 법이란 권위로 밀어붙일 수 있었던 역사적 근거의 하나는 이 법이 중세 토착의 가혹한 자력 법의 지배에서 농민을 해방하는 역할을 담당하였다는 점"에 있다고 한 것도 이 때문이다. 그런데 이러한 통설은 근년 점차 부정되고 있다. 중세 재지사회 내에도 싸움을 회피하기 위한 여러 가지 사회적 제어장치 및 시스템이 존재하였음이 확인되었다. 가령 손익이 균형 상태에 도달하였다고 쌍방이 주관적으로 느낀 시점에서 분쟁은 종결되었으며 또한 그 해결의 공평성을 담보하기 위해 종교적 초월자에게 위임하는 경우도 있어, 흔히 생각하는 것과 같이 무조건적인 피의 악순환이 전개된 것은 아니었다(村井章介, 「中世の自力救濟をめぐって—研究狀況と今後の課題」, 『歷史學研究』 560, 1986). 따라서 중세 자력구제사회를 전제로 하여 도요토미평화론을 주장한 후지키설은 재검토할 여지가 많다.

40 勝俣鎭夫, 『戰國法成立史論』, 東京大學出版會, 1979. 자력구제 관행을 금지하고 싸움을 하면 이치와 상관없이 양자 모두 처벌한다는 喧嘩兩成敗法이나, 손해를 입었을 경우 동일 지역(國이나 鄕)에 사는 다른 사람의 재물을 압수하는 종래의 관행을 금지한 國質·鄕質규제법은 지역통합을 목표로 하였던 전국다이묘 권력의 대표적인 지역분쟁 해소책이다.

41 野野瀨紀美, 「豊臣政權下の水論と村落」, 『ヒストリア』 70, 1976.

수단에 불과하며 이를 본질 또는 핵심으로 볼 수 없다는 결론에 도달하였다.

그런데 이러한 후지키의 주장을 따라가다 보면 임진왜란을 일으킨 침략자 히데요시 상像은 없어져버린다. 오히려 전국시대라는 일본 국내 지역분쟁을 종식시키고 나아가 동아시아의 분쟁까지도 종식하려 한 '평화'의 수호자 히데요시의 이미지만 부각될 따름이다. 그 결과 조선에서 자행한 무수히 많은 약탈·방화·만행 등의 침략행위는 어디론가 사라져버렸다. 과연 도요토미 정권은 '평화'를 지향한 권력인가.

후지키 '평화령'론이 갖고 있는 가장 큰 문제점은 분쟁종식 과정에 동반된 전쟁의 폭력성을 배제하고 있다는 것이다. 즉 분쟁종식 과정에서 나타난 무수한 전란, 그 속에서 전개된 헤아릴 수 없는 방화·약탈·참상 등 전국시대 이래의 참혹한 실상과 폭력행위에는 매우 관대하다.

오다 노부나가를 따라 각지에서 전쟁을 수행하고 있던 히데요시는 수공水攻, 병량미 차단 등을 통해 무수한 인명을 살해하였다.[42] 1582년(덴쇼 10) 노부나가가 죽은 후에도 같은 해 6월, 아케치 미쓰히데明智光秀와의 전투, 1583년 라이벌 시바타 가쓰이에柴田勝家와의 전투, 1584년 도쿠가와 이에야스와의 전투, 1585년 기이紀伊 시코쿠四國 평정, 1587년 규슈 평정전쟁을 수행하였고, 지루한 외교전 끝에 1590년(덴쇼 18) 대규모 군사를 동원하여 간토 고호조씨를 멸망시켰으며 다테 마사무네伊達正宗의 동북지역도 굴복시켰다. 이로써 일본 통합을 완수한 히데요시는 곧바로 전쟁 준비에 착수, 불과 2년 후인 1592년(덴쇼 20, 분로쿠 1) 조선을 침략하였다. 이처럼 1598년(게이초慶長 3) 죽기 전까지 히데요시의 전 생애는 전란의 연속이었다고 해도 과언이 아니다. 비록 전국시대와 같은 지역권력(다이묘) 간 영역분쟁은 사라졌지만

42 「天正記」, 『太閤史料集』, 人物往來社, 1965. 다카마쓰성高松城 水攻과 미키성三木城 병량 차단 공격은 그 대표적 사례이다.

통합을 수행하는 과정에서 무사계급의 폭력성 자체가 해소되거나 사라진 것은 아니었다. 도요토미 정권의 국가적 '폭력' 집중을 강조하면서 전국다이묘의 공의公儀를 부정함과 동시에 도요토미 정권에 의해 이루어진 공의 독점을 본질로 파악해야 한다는 반론이 있듯이,[43] 후지키와 같이 도요토미 정권의 지향점을 '평화령'에서 찾을 수 있을지는 의문이다. 임진왜란까지를 시야에 넣고 전체적인 관점에서 조망하려 한다면 도요토미 정권의 지향을 '평화=사전私戰 금지 · 분쟁종식'이 아닌 다른 논리구조에서 찾아야 할 것이다.

(3) 침략의 논리

히데요시는 국내통합 과정에서 천황을 적극적으로 이용하였다. 1589년(덴쇼 17) 고호조씨 정벌을 제 다이묘에게 밝힌 히데요시의 취지에 따르면 "호조北條가 근년 공의公儀를 업신여기고"라고 하면서, "천도天道의 정리正理에 어긋나고 제도帝都에 대해 간모奸謀를 꾀하니 어찌 천벌을 받지 않겠는가", "요컨대 보천普天의 아래下, 칙명勅命을 위반하는 무리를 빨리 주벌誅罰하지 않으면 안 된다"라고 하여 권력의 정당성을 천황天皇에서 찾았다.[44] 천황의 권위는 도요토미 정권의 다이묘정책에 있어 '핵'이었다. 히데요시는 전국다이묘가 복속의 뜻으로 인질을 내고 천황 알현의 명목으로 교토에 와서 자신을 만나면 기존 지배권리를 그대로 보장해주고 그렇지 않으면 정벌하였다. 알현의 요구를 받아들여 히데요시에게 신종臣從의 뜻을 표한 도쿠가와 이에야스는 살아남았고 이를 거부한 고호조씨는 멸망하였다. 따라서

43 永原慶二, 앞의 책, 1980. 미즈바야시 다케시水林彪는 중세인민이 平和願望을 갖고 있다는 想定은 통일권력에 대한 긍정적인 평가만을 가져올 뿐이며, 후지키설이 모든 논의를 국가와 백성에 국한시킴으로써 개별 영주권력 對 촌락 백성이란 계급문제를 경시하고 있다고 비판하였다(水林彪, 「一九八五年度歷史學硏究會大會報告批判 全體會」, 『歷史學硏究』 594, 1985).

44 北島萬次, 앞의 논문, 1990, 92~93쪽.

후지키의 주장처럼 히데요시가 무력을 배제한 '평화'로운 방법만을 지향한 것으로 볼 수는 없다. 히데요시는 천황 권위를 매개로 '항복→지위 보장, 거부→정벌'이란 서로 다른 두 가지 선택방식을 갖고 있었다.[45]

그런데 히데요시는 이러한 방식을 외국에도 그대로 적용시키려 하였다. 간토는 물론이거니와 아직 규슈조차 평정되지 않은 1586년(덴쇼 14) 6월 16일 히데요시는 쓰시마對馬 도주島主 소 요시시게宗義調에게 "일본지역은 동으로 히노시타지역日下(간토)까지 모두 장악하여 천하를 평정하였다. (앞으로) 지쿠시筑紫(규슈)에도 군대를 보내려 한다. 그때 고려(조선)도 (협조) 병력을 파견하도록 명령을 해두어라"[46]라는 지시를 내렸다. 히데요시가 조선을 쓰시마에 복속된 나라로 오인하였기 때문에 이런 지시를 내린 것인데,[47] 조선이 이 명령에 따를 리 만무하였다. 그러자 1587년(덴쇼 15) 6월 1일 히데요시는 다음과 같은 의지를 피력하였다.

> 고려국(조선)이 여러 물품과 중요 인질을 진상하겠다는 뜻을 쓰시마에 전해왔다고는 하나 아직도 진상품이 도착하지 않고 있다. (이것은) 우리나라의 명성에 관한 것이므로 고려국왕이 參內(천황을 알현하는 것)해야 한다는 뜻을 전하도록 (쓰시마 도주에게) 명령해두었다. 만약 (조선국왕의 알현이) 늦으면 그 나라로 병력을 보내 처벌할 것이다.[48]

이어 보름 뒤인 6월 15일 소 요시시게에게 "(조선)국왕이 일역日域(일본)에 참내하러 상경하면 모든 것을 이전처럼 할 것(기존 지배권 인정)이나, 만약 늦

45 오다 노부나가의 충절 보호, 적대 탄압의 논리도 이와 유사하다(朴秀哲, 「織田政權における寺社支配の構造」, 『史林』 83-2, 2000).

46 「宗家文書」, 『朝鮮日日記·高麗日記』, 23쪽.

47 北島萬次, 앞의 논문, 1995, 16쪽.

48 「本願寺文書」, 『朝鮮日日記·高麗日記』, 24쪽.

어지면 즉시 도해渡海하여 주벌할 것이다"[49]라는 문서를 내렸다. 조선에도 '항복→지위 보장, 거부→정벌'의 논리를 관철시키려 한 것이다.

도요토미 정권은 끊임없이 영지 확장을 지향하였다. 지속적인 영토 확대 전쟁을 통해서만이 다양한 구성원의 이해관계를 조정하고 그들의 불만을 잠재울 수 있었기 때문이다. 히데요시가 정권초기부터 명을 침략하려 한 것은 그런 점에서 조금도 이상하지 않다. 1585년(덴쇼 13) 7월 간파쿠關白(천황 보좌역)에 취임한 히데요시는 그해 9월 부하 히토쓰야나기 스에야스一柳末安에게 명 정복의 포부를 피력하였다. 히데요시는 가토 미쓰야스加藤光泰의 토지를 빼앗아 이를 스에야스에게 주면서 그 경위를 설명하였다.

> 원래 20석에 불과한 자(가토 미쓰야스)에게 500석, 1,000석씩 여러 번 나누어 주었고 지금은 2만 관에 해당하는 요충지 大柿(오가키大垣)성을 주었고 덧붙여 7,000석에 代官(연공징수 · 관리자) 자리도 주었다. 作內(가토 미쓰야스)는 히데요시가 일본국은 말할 나위 없이 唐國(중국)까지 지배할 것이라 생각하여 히데요시를 따랐을 것이다. 부하에게 나누어주는 知行(지배지)은 엄격히 이루어져야 하는데 (미쓰야스는 자신이) 지행보다 많은 군대를 거느리고 있다고 하면서 臺所(히데요시의 직할 토지)의 대관 자리를 달라고 하였다. 아무리 히데요시와 막역한 사이라고는 하나 이러한 요구는 도를 지나친 것이다.[50]

일개 무사에 불과하였던 가토 미쓰야스는 히데요시를 따라 전쟁을 수행하는 과정을 통해 대영주로 성장하였다. 여기에 도요토미 정권의 군사동원 방식이 잘 드러나 있다. 히데요시의 부하들은 도요토미 정권의 끊임없는 영토 확장의 주역이며 확장에 따른 이익을 히데요시와 공유하고 있었다. 이 과정

---

49 「宗家文書」, 『朝鮮日日記 · 高麗日記』, 24쪽.

50 「伊予一柳文書」(森田專之助氏 所藏) ; 岩澤愿彦, 「秀吉の唐入りに關する文書」, 『日本歷史』 163, 1962.

에서는 철저히 실력이 중시되었다. 전쟁터에 나가 공을 세워야 살아남을 수 있는 경쟁체제였으므로, 능력이 있는 자는 우대받고 그렇지 못한 자는 도태되었다.[51] 가토 미쓰야스가 분에 넘치는 군대를 소유하지 않을 수 없었던 이유도 여기에 있었다.

1582년 6월 오다 노부나가의 자살 이후 후계자 자리를 계승하였지만 처음부터 히데요시에게 정권의 정통성이 있었던 것은 아니었다. 여기서 히데요시는 천황을 끌어들였다. 그는 천황을 보좌하는 간파쿠에 취임하였고 천황과의 일체성을 강조하기 위해 자신이 천황의 낙윤落胤이라는 황윤설皇胤說도 제기하였다.[52] 즉 천황을 내세워 국내 불만세력을 장악하는 방식이었다.

그런데 천황 권위의 효용성은 일본 통합이 가시화됨에 따라 점차 약화되었다. 특히 1588년(덴쇼 16) 무로마치의 마지막 쇼군 아시카가 요시아키의 승려 출가로 인한 무로마치 쇼군권력('공의公儀')의 최종 소멸, 1590년(덴쇼 18) 마지막 저항세력이었던 고호조씨의 멸망 등으로 인해 천황 권위의 필요성은 더욱 저하되었고, 더욱이 명으로 영토를 확장할 때 국내용에 불과한 천황의 권위는 별다른 효용성이 없었다. 여기에 천황 권위와는 별도인 새로운 논리가 필요하였다.[53] 바로 히데요시를 천황의 아들(황윤설)이 아닌 '일륜日

---

51 예를 들어 1593년 東北 오슈奧州지역의 다이묘 난부 노부나오南部信直는 나고야名護屋(임진왜란 당시 규슈의 전진기지)에서 가미가타上方(교토 오사카지역)군세의 조직원리를 보고 "上(方)은 고모노小者(종자)라도 주인에게 奉公을 잘하면 신분을 올려준다. 그것을 본 자는 나도 뒤떨어지지 말아야지 하고 봉공을 한다"(『秋田縣史資料』 고대중세 편, 448쪽)라고 하여 出資와 가문을 중시하는 자신의 출신지역과 비교하고 있듯이, 도요토미 정권 내부의 신분상승(출세) 욕구는 히데요시가 일본을 통합할 수 있었던 핵심원리였다. 그리고 이러한 신분상승 욕구는 이 글의 주 16 · 17에서 알 수 있듯이 전국시대 이래 近畿지역에서 널리 확인된다.

52 박수철, 「豊臣秀吉은 왜 將軍(쇼오군)이 되지 못했나—일본 역사의 한 단면과 특질」, 『전남사학』 21, 2003.

53 1590년(天正 18) 난부 노부나오는 무쓰陸奥의 호족 에자시씨江刺氏에게 도요토미 정권의 金山통제에 따를 것을 충고하면서 다음과 같이 말하고 있다. "天下 모든 산하는 兩 영주(남부 에자시씨)의 물건이 아닙니다. 어쩔 수 없습니다. 마에다 도시이에前田利家의 영지도 엣추越中의 金山

輪(태양)의 자子'로 위치 지우는 논리의 등장이었다.[54]

'일륜의 자'설은 당시 널리 유행하던 '천명天命', '천도天道'론이 발전한 것으로, '천하天下의 일을 무엇이나 노부나가에게 맡긴 이상 누구에 (명령에) 따를 필요 없이 상의上意를 얻을 필요도 없이'[55]라는 데서 알 수 있듯이 종래 천에 대한 관심과 지향을 히데요시 시기에 더욱 발전시킨 것이다. 천황 권위의 의존에서 벗어나 이를 극복하고 독자적인 '무위武威'권력을 확보하려는 무가세력의 움직임은 노부나가 이래 꾸준히 나타났는데 히데요시는 이를 더욱 계승·발전시켰다.[56]

1591년(덴쇼 19) 포르투갈령 인도총독에게 대명 침략을 통보한 편지를 보면 "이때를 맞아 성주聖主(천황)의 칙명을 환중寰中(일본 국내)에 전하고 양장良將의 위威를 새외塞外(외국)에 떨쳐 …… 대명국大明國을 다스리고자 한다"[57]라고 하여, 국내통치(천황의 역할)와 국외점령(무사의 역할)을 나누어 구분하고 있는 것이 주목된다. 국외로의 확장이란 새로운 상황에 직면하여 종래 천

御奉行(히데요시 부하)이 관장하며, 사도佐渡·에치고越後·가이甲斐·시나노信濃 모두 다 그와 같으며 우리만이 그런 조치가 취해진 것이 아닙니다"(『盛岡市史』 第2分册 ; 朝尾直弘, 「豊臣政權論」, 『岩波講座日本歷史』 근세 1, 岩波書店, 1963, 173쪽). 金광산에 한정하기는 하나 '천하의 물건은 히데요시의 것'이라고 인식하고 있는 부분이 주목된다.

54 1590년 11월 히데요시는 조선통신사를 만났다. 그 후 조선국왕에게 답서를 썼는데, 여기에 "제가 태아였을 때 저의 어미가 日輪이 태내에 들어오는 꿈을 꾸었습니다. 점쟁이가 말하길 '햇빛이 미치는 바가 비추어 임하지 않는 바가 없다. 장년에 반드시 팔방에 仁德을 듣게 하고 사해에 위명을 입을 것이라고 하였습니다"라는 구절이 있다. 기타지마 만지는 히데요시의 '日輪의 子' 주장이 동아시아지역에서 널리 보이는 感生帝說의 일종으로 중국에 새로운 정복왕조 수립을 꾀한 히데요시의 지향점으로 해석하였다(「豊臣政權の對外認識と東アジア世界」, 『豊臣政權の對外認識と朝鮮侵略』, 校倉書房, 1990, 9쪽).

55 「足利義昭·織田信長條書」(奧野高廣, 『增訂織田信長文書の硏究』 上, 吉川弘文館, 1988) 209號.

56 朝尾直弘, 『將軍權力の創出』, 岩波書店, 27~31쪽. 히데요시가 간파쿠가 되기 위한 필수 조건으로 '검을 맡아', '천하를 따르게 하는'(『駒井日記』 文祿 3년 4월 13일조) 일을 든 것도 武威를 핵심요소로 하는 무가권력의 본질을 말해주는 것이다.

57 『異國往復書翰集』 11〔石毛忠, 「戰國·安土桃山時代の思想」, 『體系日本史叢書』 23(思想史 2), 山川出版社, 1984, 188~189쪽〕.

황의 역할을 뛰어넘어 대외로 무위武威(양장의 위)를 실현시킬 수 있는 새로운 논리가 필요하였다. 히데요시의 '일륜의 자(태양의 아들)'론은 이러한 움직임의 귀결이다.

천황 권위를 이용하여 일본 국내통합을 이루어나가던 히데요시에게 그것이 달성되었을 때 천황 권위와 일체화에 머무르는 황윤皇胤의 논리는 더 이상 매력이 없었다. 여기서 '장년에 반드시 팔표인풍八表仁風(팔방八方의 끝까지 인덕仁德의 교화를 미침)을 듣고 사해에 위명을 입을 것' 이란 '일륜의 자'가 등장하여 무가 히데요시의 위치가 재정립되었다.[58] '항복→지위 보장, 거부→정벌' 의 논리는 계속되었지만 대외적으로 일본을 대표하는 자는 더 이상 천황이 아니라 '태양의 아들' 히데요시였다.

전국시대 이래 일본사회는 혼란기에 편승하여 제 구성원이 신분상승과 그것을 통한 경제적 이익 실현(영토 확보)에 몰두하였다. 백성은 전공을 세워 무사로 성장하려 하였고 무사계급은 "일본국은 말할 나위 없이 당국까지 지배할 것이라 생각하여 히데요시를 따랐을 것"이라는 데서 알 수 있듯이 영지 확대에 힘썼다. 그 과정에서 겁쟁이〔臆病者〕라 낙인찍힌 자는 하루아침에 모든 영지와 생명을 잃었기 때문에 구성원들은 좋건 싫건 간에 '공명'을 추구할 수밖에 없었다.[59]

이러한 움직임을 기반으로 끊임없이 확대되어가던 '태양의 아들' 히데요시와 그의 추종자들의 지향이 임진왜란이었던 것이다. 그러나 이러한 영토

---

58 히데요시와 도쿠가와 이에야스를 사후에 각각 호코쿠다이묘진豊國大明神, 도쇼다이곤겐東照大權現으로 추앙하여 신으로 받든 것도 이러한 움직임의 확대라 생각한다. 이 점에 대해서는 박수철, 「근세초 일본의 '쇄국'과 神國思想」, 『일본어문학』 23, 2004 참조.

59 1598년(慶長 3) 가토 요시아키加藤嘉明에게 준 히데요시의 朱印狀을 보면 "재지영주(國持)로 겁쟁이(臆病者)가 있으면 그 영지를 몰수(闕所)하고 이 방침을 다이묘(國主)에게도 통보하여 처리하도록 할 것"(「水口加藤文書」; 朝尾直弘, 앞의 논문, 1963, 187쪽)이라 하였는데, 이것은 당시 일반화된 방침이었다.

확대 지향은 히데요시의 죽음과 전쟁에서의 패배로 무산되었다. 이후 일본 사회는 더 이상의 영토 확대를 포기하고 다시 축소(쇄국제)하는 방향으로 선회하게 된다.

4. 맺음말—임진전쟁

한국사회에서 임진왜란이란 용어가 일본에서는 '분로쿠文祿 · 게이초慶長의 역役', 중국에서는 '만력조선역萬曆朝鮮役(만력일본역萬曆日本役)'이라 불려지고 있다. 임진왜란이 16세기 동아시아 질서를 근본적으로 뒤흔든 대사건이었음에는 틀림없으나 한·중·일 삼국 간에 공통되는 명칭이 없는 것이 현실이다.

한국에서는 임진왜란이란 명칭이 꾸준히 사용되었으나 일본은 여러 번 변천을 거듭해왔다. 에도시대에는 '조선정벌', '정한'이 일반적인 명칭이었고 이 속에는 조선에 대한 멸시감이 깔려 있었다. 이미 에도시대 전기인 17세기 간에이寛永 연간(1624~1643)에 후지와라 세이카藤原惺窩의 제자 호리 마사오키堀正意가 『조선정벌기朝鮮征伐記』를 편찬하였으며, 규슈의 다이묘 시마즈씨도 참전參戰을 기록한 『정한록征韓錄』을 남겼다.[60] 이러한 조선 멸시관은 일본 제국주의시대에 부활하여 고착화되어, '조선정벌' 사관이 정립되었고 일본 국위 고양, 식민지배의 정당화에 이용되었다. 1945년 패전 후 이러한 '정벌사관'은 많은 비판에 직면하였고 대부분의 논리가 극복되어 임진왜란은 히데요시의 조선정벌이 아닌 무모한 '침략전쟁'에 불과하였음이

60 北島萬次, 앞의 논문, 1990.

밝혀졌다. 그러나 최근 후지키 히사시처럼 이것을 히데요시의 폭력적 침략 과정으로 보기보다는 분쟁종식 과정의 연장선에서 파악하는 연구도 있어 추후 논쟁의 불씨는 여전히 남아 있다.

한편 한국의 경우, 1990년대 국사편찬위원회가 간행한 『한국사』의 '임진왜란사' 부분이 '과거와는 달리 보다 과학적이고 객관적인 시각의 연구성과가 반영되어 있다는 점'[61]이 지적되었듯이, 기본적으로 바람직한 방향으로 나아가고 있다. 이순신을 성웅시하는 성웅聖雄사관은 이미 어느 정도 극복된 것으로 보이고 아울러 '임진왜란 승패론'적 시각도 뛰어넘어,[62] 이제는 임진왜란의 명칭문제를 포함하여 현재 우리 사회에 강고하게 뿌리내리고 있는 인식 전반에 대해 검토해볼 시점이 아닌가 생각한다.

최근에는 7년전쟁이란 명칭으로 임진왜란을 서술하는 경우가 있는데[63]필자는 감정이 선행하는 임진왜란이란 명칭보다는 이 용어가 좀더 객관적이라고 생각한다. 또 임진왜란의 성격을 '국제적 전쟁'[64]으로 파악하는 견해도 기본적으로 타당하다. '왜란'이란 용어에 국한하지 않고 삼국을 황폐화시킨 국가 간의 전쟁이며 동아시아에 새로운 국제질서를 만든 국제전쟁이라 정의하면서 '도요토미 히데요시의 1·2차 침략전쟁', '도요토미 히데요시의 1·2차 해외침략'이란 명칭을 제시한 견해도 경청할 만하다.[65]

61 조원래, 「임진왜란사 연구의 회고와 전망」, 『새롭게 다시보는 임진왜란』, 국립진주박물관, 1999. 75쪽.

62 허선도, 「임진왜란론 ―올바르고 새로운 인식」, 『천관우선생환력기념한국사학논총』, 정음문화사, 1985.

63 서인한, 「길고 긴 7년전쟁」, 『새롭게 다시보는 임진왜란』, 국립진주박물관, 1999, 75쪽.

64 李啓煌, 『文祿・慶長の役と東アジア』, 臨川書店, 1996, 1쪽.

65 김문자, 앞의 논문, 2003, 182쪽. 다만 '도요토미 히데요시의'라는 수식어를 덧붙여 '도요토미 히데요시의 제1·2차 침략전쟁'으로 표기하는 것은 재고를 요한다. 자칫 임진왜란을 히데요시 개인 문제로 한정시킨다는 인상을 줄 수 있기 때문이다.

물론 이것은 조심스럽고 매우 민감한 부분이기는 하지만 필자는 이제 우리 사회도 조금 더 여유를 갖고 이러한 문제를 바라볼 수 있게 되었다고 생각한다.[66]

66 이러한 입장에서 필자는 임진왜란을 대신할 새로운 명칭으로 한·중·일 각국에 모두 통용될 수 있는 '壬辰戰爭'이란 용어를 제시한다. 壬辰이란 干支는 이 시기 한·중·일의 공통된 시간 표시이며 삼국에 모두 통용될 수 있다. 萬曆이나 분로쿠文祿·게이초慶長와 같이 어느 특정한 국가의 연호가 아니라는 점에서도 매력이 있다. 7년전쟁은 임진왜란이란 용어가 우리 사회에서 너무나 익숙하기 때문에 갑자기 7년전쟁이란 명칭으로 비약하기에는 어려운 점이 있다. 임진전쟁이란 용어는 이러한 문제도 해결할 수 있다. 만약 정유재란을 염두에 두고 양자의 차이점을 부각시키고자 한다면 '임진·정유전쟁'이라는 명칭도 가능할 것이다. 오해를 피하기 위해서 덧붙이면 전쟁이란 용어를 사용한다고 해서 침략이란 본질이 없어지는 것은 아니다.

* 이 글은 2003년도 한국학술진흥재단의 지원을 받아 이루어졌다(KRF-2003-044-A00002)(2004년 6월 말 탈고).

제6장 | 정묘·병자호란과 동아시아 질서

한명기 (명지대학교 사학과)

1. 머리말

1636년 12월, 청군의 침략으로 시작하여 1637년 2월 조선의 항복으로 귀결된 병자호란丙子胡亂은 조선사뿐 아니라 당시 동아시아의 정세 전반에 대단히 큰 영향을 끼친 사건이었다. 조선은 청淸에 대한 항복을 계기로 그들에게 신속臣屬을 약속하고 명明과 맺었던 기존의 사대관계를 청산해야 했다. 또한 수많은 사람들이 포로로 끌려감으로써 속환贖還 문제를 둘러싼 사회경제적 난관에 봉착하게 되었고, 청을 '오랑캐'로 여겨왔던 사회적 인식 속에서 현실적으로 청에게 신속하게 됨으로써 발생하는 정신적 충격 또한 만만치 않았다.

명은 병자호란을 통해 청을 지척에서 견제할 수 있는 유일한 거점이었던 가도椵島의 동강진東江鎭을 상실하고 유일한 동맹국이었던 조선을 잃게 됨으로써, 향후 다가올 청과의 군사적 대결이 더욱 버거워질 수밖에 없었다. 반대로 청은 조선과 동강진을 제압함으로써 후고後顧의 여지를 없애고, 명에 대한 공격에 본격적으로 전념할 수 있는 계기를 맞게 되었다. 따라서 병자호란의 발생과 그 귀결로서의 조선의 항복은 명청교체明淸交替의 흐름 속에서 대단히 중요한 의미를 갖는다고 하겠다.

그렇다면 병자호란—정묘호란丁卯胡亂을 포함하여—의 발생과 조선의 항복은 이른바 명청교체기 동북아시아 정세에 구체적으로 어떤 변화를 몰고 왔는가? 근래에는 조선 · 명 · 청 · 일본이 어우러져 전개되고 있던 16세기 후반~17세기 초반 동아시아사의 변동을 단순히 정치 · 군사적 동인動因이 아니라 은, 인삼, 생사生絲 등 국제적인 상품을 매개로 중국의 남과 북 주변에서 벌어지고 있던 국제교역의 성세盛勢와 관련하여 설명하려는 시도들이 나타나고 있다.[1] 더욱이 16세기 초반 포르투갈과 스페인으로 대표되는 유럽 세력의 동아시아 해역 진출 과정에서 동아시아 · 동남아시아 · 유럽 · 남아메리카를 잇는 은 무역이 성행했던 것, 포르투갈인에 의해 일본과 중국에 전래된 조총과 대포 등이 조선 등지로 퍼져나가고 그것이 궁극에는 일본 전국내전戰國內戰의 종결, 임진왜란壬辰倭亂의 전개, 명청교체의 향방에 뚜렷한 영향을 남겼던 것 들을 고려하면, 병자호란을 단순히 '청의 조선 침략' 정도의 차원에서가 아니라 동아시아사 전체의 시각을 염두에 두고 고찰해야 할 필요성이 커진다고 하겠다.

이러한 측면들을 염두에 두면서 필자는 이 글에서 정묘 · 병자호란의 발생과 그 이후의 상황 전개가 당시 조선 · 명 · 청 · 일본 등 동아시아 각국 사이의 관계에 어떤 영향을 남겼는지를 살펴보았다. 구체적으로는 먼저 호란 발생의 원인遠因이자 전주前奏로서 임진왜란이 17세기 초 명청교체 과정에서

1 李泰鎭, 「國際貿易의 성행」, 『한국사시민강좌』 9, 1991 ; 岸本美緒, 「東アジア · 東南アジア傳統社會の形成」, 『岩波講座世界歷史』 13 所收, 1998) ; 岸本美緒, 『東アジアの'近世'』, 山川出版社, 1998 ; 岸本美緒 · 宮嶋博史, 『明淸と李朝の時代』, 中央公論社, 1998 등.

어떤 역할을 했는지를 '명군의 조선 참전'이 남긴 파장을 중심으로 살펴보고, 이어 1627년의 정묘호란이 조선과 후금後金, 조선과 명 관계에 미친 파장과 영향에 대해 살펴보았다. 나아가 1636년의 병자호란이 조선과 청의 관계에 미친 영향을 검토하고, 마지막으로 정묘호란과 병자호란이 조선과 일본 관계에 미친 파장을 살핌으로써, 미흡하나마 두 전쟁을 동아시아사 전체의 시각에서 자리매김해보려고 시도했다.

2. 호란의 전제로서의 임진왜란 그리고 재조지은

청이 병자호란을 일으켜 조선을 굴복시킨 것은 조선의 건국 이후 이어져 온 명과 조선의 공식적인 관계가 단절되는 결정적인 계기가 되었다. 그런데 1583년 누르하치〔奴兒哈赤〕가 거병한 이래 후금의 성장과 요동 장악, 대청大淸으로의 변신, 병자호란의 발발, 입관入關 등 일련의 격변이 진행되는 과정에서 조선과 명, 조선과 후금(청)의 관계를 상당 부분 규정한 것은 1592년부터 7년 동안 진행된 임진왜란이 남긴 파장이었다. 임진왜란 시기 명군이 조선에 참전했던 것은—15세기 이래 '책봉-조공 체제의 전형'으로 불릴 정도로 각별했던—명과 조선의 기존 관계가 질적으로 변화하고, 조선이 후금의 실체를 인식하고, 나아가 왜란 이후 가시화된 명·청 대결의 소용돌이 속으로 말려드는 계기가 되었다.[2]

명이 조선에 군대를 보내 참전했던 사실은 왜란 당시 위기에 몰린 조선 지배층에 의해 '망해가던 나라를 다시 세워준 은혜〔再造之恩〕'로서 인식되었

2 韓明基, 「16, 17세기 明淸交替와 한반도—再造之恩, 銀, 쿠데타의 변주곡」, 『明淸史硏究』, 2004, 60~62쪽.

다. 그리고 그것은 화이론華夷論에 입각한 세계관을 가지고 있던 조선의 지배층에 의해—명군이 남긴 민폐民弊 등 수많은 부작용에도 불구하고—결코 잊어서는 안 되는 차원의 '은혜'로까지 숭앙되었다.[3]

명이 임진왜란에 참전한 것은 '북경의 울타리'인 요동을 보호하기 위한 목적에서 비롯된 것이었다. 하지만 일본군이 예상 밖으로 강하고 전쟁이 장기화되면서 명은 이제 조선을 단순한 번국藩國이 아니라 명 자체의 '노지虜地'이자 '구변九邊'으로 생각하게 되었다. 나아가 명은 임진왜란의 경험을 통해 조선의 안위가 명의 안위와 직결되어 있는 상황을 새삼 인식하고, '쇠망의 기미가 누적된 나라〔積衰之國〕'인 조선이 '강하고 사나운 나라〔强悍之國〕'인 일본과 인접하고 있는 현실 속에서 조선의 방어를 위해 고민할 수밖에 없었다.[4]

임진왜란이 끝난 이후에도 조선을 둘러싼 주변 환경은 녹록치 않았다. 왜란을 통해 '군사 강국'으로 떠오른 일본의 위협이 여전히 그치지 않는 와중에 서북 방면에서는 여진족의 누르하치가 굴기崛起하여 조선을 긴장시키고 있었다. 왜란 직후의 피폐해진 상황 속에서 조선은 전형적인 '북로남왜北虜南倭'의 위협에 노출되었고, 그 같은 상황에서 자강自强은 쉬운 일이 아니었다. 때문에 임진왜란 직후에도 안보安保 차원에서 명에 대한 의존 심리는 여전할 수밖에 없었다.[5] 조선은 실제로 임진왜란 이후 대일對日 교섭 과정에서

3 임진왜란이 끝난 이후 조선 지식인들 가운데는 임진왜란을 아예 '再造'라고 부르는 경우도 있었다(高尚顔, 『泰村集』 권4, 「效嚬雜記」, "再造之後 士大夫崇信術士 雖久遠祖墳 更擇吉地 遷葬安厝……").

4 (明) 王在晉, 『海防纂要』 권3, "薊遼總督邢玠奏 經略事竣 恭進禦倭圖說 …… 但臣私憂過計 切謂中國防九邊之夷 如日本久稱强悍 乃與積弱不振朝鮮爲隣 且蓄忿含怨 能保始終之不逞 萬一稍有擧動 則若海防 若海運 若地理 若倭情 皆兵家所不可廢."

5 『事大文軌』 권46, 「北虜構釁乞命勅諭奏」(萬曆 34년 2월 9일), "臣身曲被聖上再造之恩 臣常感激 報效無路 而不幸南虞未已 北警遽急 雖欲竭心隄防 誠恐勢分力弱 無以自保於灰燼之餘 不籲號於天地父母 實難弭患於疆場之外……."

명의 위세를 차용하려고 시도했다. 한 예로 조선은, 왜란 당시 일본으로 끌려간 피로인被擄人들을 송환하는 교섭을 벌이면서 피로인들이 '천조天朝의 적자赤子' 임을 강조하여 일본을 압박하려고 시도하기도 했다.[6]

하지만 왜란 무렵의 명은 언제까지나 '조선의 후견인' 역할에 몰두할 수 있는 처지가 아니었다. 1593년 1월 벽제碧蹄전투 패전 이후 전황戰況이 소강상태로 접어들고, 일본과의 강화협상 또한 지지부진해지면서 명 내부에서는 조선 출병의 장기화에 따른 재정 부담을 우려하는 목소리가 터져 나왔다. 더욱이 왜란 이후 동북지역에서 누르하치의 동향이 불온해지면서 명의 전략적 관심은 조선보다 만주 쪽으로 옮겨갈 수밖에 없었다. 이 같은 상황 때문에 명군 지휘부는 조선의 자강自强을 강조했고, 그것은 조선 지배층에 대한 정치적 압박으로 이어졌다.[7]

실제 정유재란丁酉再亂이 진행되고 있던 1597년 12월, 명의 병과급사중兵科給事中 후경원侯慶遠은 "조선 군신君臣들에게 자강하려는 의지가 없다"라고 질타했고, 경략經略 형개邢玠는 "조선으로 하여금 명이 베푼 재조지은再造之恩을 배신하지 못하도록 해야 한다"라고 강조했다.[8] 주목되는 것은 이 무렵 명군 지휘부가 처음으로 '재조지은'이라는 용어를 사용했다는 점이다. 명은 한편에서는 조선에게 '자강'을 채근하고, 다른 한편에서는 조선에 대해 '시혜자施惠者'로서의 자부심을 노골적으로 드러내었던 것이다.

---

6 慶暹, 『海槎錄』 丁未(1607) 1월 12일, "夫國之所以爲國 以其民也 況弊邦之民 實是天朝之赤子也 今兩國要結新好 不於此時盡還被擄男婦 則貴國雖稱改前代非者 其誰知之."

7 한명기, 『임진왜란과 한중관계』, 역사비평사, 1999, 61~67쪽.

8 『明神宗實錄』 권317, 萬曆 25년 12월 辛酉, "先是 兵科右給事中侯慶遠論 朝鮮君無堅志 臣有避心 宜令督臣明問國王 若勉力圖存 有進無退 中國不惜財力以赴 若自輕其社稷 不羞竄伏 中國卽當還師 不與倭爭 其速審擇 毋持兩端 至是 總督邢玠據其回咨奏言 朝鮮君臣先以賊勢重大 故上下逃奔 屈于力之不逮 亦非甘心于倭者 今我兵于青山等處 屢戰屢捷 有轉虛爲强之勢 乞憐殘破之苦 令其臣民共期雪恥 庶同心戮力 可無負再造之恩矣."

이렇게 조선에 대해 '보답'을 바라는 분위기는 명 내정의 난맥상과 누르하치의 군사적 위협이 커지는 것과 맞물려 증폭되었다. 임진왜란이 끝날 무렵부터 명 내부에서 불거지기 시작한 광세礦稅와 상세商稅의 폐단은[9] 조선에도 변형된 형태로 전가되었다. 선조 말년부터 광해군대에 걸쳐 명이 압록강 부근에서—조선의 혁파 요구에도 불구하고—중강개시中江開市를 존속시키라고 강요하고, 조선에 파견되었던 명의 태감太監 출신 칙사勅使들이 수만 냥의 은화를 요구하여 착복했던 사례들은[10] 그 두드러진 실례라고 할 수 있다.

명은 이후에도 자신들이 '조선에 대한 원조〔東援〕'를 베풀었음을 강조하고, 조선을 본격적으로 후금과의 전쟁 속으로 끌어들여 이용하려 했다. 이것은 명의 전형적인 이이제이以夷制夷정책으로서, 명은 예의 재조지은을 내세워 조선의 '보은報恩'을 정당화하려 했다.[11] 이 같은 와중에 1623년 조선에서 서인西人 정파를 중심으로 '광해군의 난정亂政'과 '재조지은 배신'을 응징한다는 명분으로 인조반정仁祖反正이 일어나면서 삼국 사이의 정세는 또 한 번의 전환기를 맞게 되었다.

임진왜란 시기에 명군의 참전과 맞물려 형성된 '재조지은'은 이제 조선 내부에서는 정권 교체의 명분으로까지 이용되었고, 그에 따라 17세기 초반 조선-명, 조선-후금 관계에 영향을 줄 만큼 중요한 변수로 자리 잡게 되었던 것이다.

---

9 吳金成,「明末 · 淸初의 社會變化」·「明 · 淸代의 國家權力과 紳士」,『講座 中國史』IV, 지식산업사, 1989.

10 한명기, 앞의 책, 1999, 198~223쪽.

11 『明熹宗實錄』권13, 天啓 원년 8월 庚午, "時 經略熊廷弼疏言 三方建置須聯合朝鮮 宜得一智略臣前往該國 督發江上之師 就令權駐義州 招募逃附 則我兵與麗兵 聲勢相倚 與登萊音息時通 斯于援助有濟 …… 其糧餉則發銀平賣于朝鮮東山一帶 諒該國懼賊倂呑之禍 感我拒倭之恩 必不忍推託."

3. 정묘호란의 발생과 조선 · 후금 그리고 명

1627년(인조 5) 후금이 정묘호란을 도발했던 것은 종래의 일반적인 설명처럼 '인조반정 이후 조선의 새 정권이 취했던 이른바 숭명배금崇明排金정책 때문'만이 아니었다. 조선의 새 정권은 인조반정 이후 '배금'의 기치를 내걸기는 했지만 후금에 대해 실질적으로 적대정책을 취하지 않았고, 명과 후금 사이의 대결 속으로 직접 말려드는 상황도 애써 회피하려고 노력했다. 더욱이 반정 이듬해인 1624년 이괄李适의 난亂이 일어나 서울이 함락되는 등 우여곡절을 겪은 이후에는 내정을 추스르기에도 급급한 상황이었다.[12]

이 같은 상황에서 정묘호란은, 당시 격화되고 있던 명과 후금의 대결 구도의 여파가 조선으로 전가되는 형태로 일어났던 사건이었다. 즉 후금 정권은 명과의 대결에 본격적으로 나서면서 야기되었던 경제적 곤란을 극복하고, 바로 '턱밑'에서 자신들을 견제하던 가도 동강진의 모문룡毛文龍을 제거하기 위한 목적에서 정묘호란을 도발했다.[13]

달리 말하면 모문룡의 '존재'와 그와의 '관계' 때문에 조선은 정묘호란을 겪을 수밖에 없었다. 인조반정 직후, 청천강 이북에서 압록강에 이르는 조선의 서북지역에는 가도에서 올라온 한인漢人들이 설치한 둔전屯田들이 곳곳에 산재해 있었다. 이에 후금은 수시로 군사를 보내 한인 농군들을 납치하고, 둔곡屯穀을 불태우거나 약탈해감으로써 조선과의 군사적 긴장이 높아지고 있었다.[14]

---

12 한명기, 앞의 책, 1999, 361~368쪽.

13 金鍾圓, 「정묘호란 시 후금군의 출병 동기」, 『東洋史學硏究』 12 · 13 합집, 1978 ; 劉家駒, 『淸朝初期的中韓關係』, 文史哲出版社, 1986, 2쪽.

14 『狀啓謄錄』 天啓 4년 9월 1일, "義州府尹柳裵馳報內 昨日酉時量 本府留駐唐千總韓啓陽馳通內 鎭江城近處屯田 賊兵來犯 擄掠農軍 焚蕩屯穀是如爲白去乙 …… 當日辰時量 賊兵數百餘騎 馳到

당시 조선 조정은 후금과 사단이 발생하는 것을 회피하려 했지만—서북지역에서 모문룡 휘하의 한인들이 출몰하고 있는 상황에서는—조선의 의지대로 이루어질 수 있는 것이 아니었다. 반정이라는 비정상적인 수단을 통해 집권했던 인조 정권은 명의 승인과 인조의 책봉冊封을 받아내는 과정에서 모문룡의 도움이 절실했고, 실제 봉전封典 과정에서 그의 협조를 얻어내기 위해 둔전 설치 요구 등을 수용했다.[15] 조선 영토 안에 한인들의 둔전이 설치되고, 한인(요민遼民)들이 그곳으로 몰려들게 되면서 청천강 이서以西지역은 사실상 그들의 소굴이 되고 말았다. 그 와중에 정작 평안도 주민들은 고향에서 쫓겨났을 뿐 아니라 한인들의 살육과 약탈에 시달리고 있는 형편이었다.[16]

이 같은 상황에서 후금은, 모문룡을 접제接濟하고 한인들을 받아들였던 조선에 대해 반감을 품을 수밖에 없었다. 그리고 그것은 결국 정묘호란으로 이어지고 말았다. '예기치 않은' 후금의 침략을 받은 조선은 군사적으로 밀릴 수밖에 없었다. 결국 해마다 목면 1만 5,000필, 명주 200필 등을 세폐歲幣로 제공하고, 후금이 제시한 '형제관계'를 받아들이는 선에서 강화講和를 맺었다. 어쨌든 조선은 당시 거듭된 패전으로 수세에 몰렸던 입장에서 최소한의 굴욕과 경제적 부담을 통해 전쟁을 끝낼 수 있었다.[17]

후금 또한 정묘호란 당시 조선과의 전쟁을 오래 끌 수 있는 처지가 아니었다. 후금은 조선에 장기간 머물 경우, 명과 몽골로부터 배후를 위협받게 되는 위험을 의식할 수밖에 없었던 데다 조선에서 부로俘虜들을 충분히 획득했

中江越邊 唐屯田三處燒焚 …… 毛將設屯處 早知有此患 而今始發動 沿江上下出沒搶掠之患 想自此不絶 防軍絶少 在我無可恃之勢 極爲可慮."

15 『仁祖實錄』 권1, 인조 1년 3월 丁未.

16 金瑬, 『北渚先生別集』, 「體府啓辭」, "啓曰 問安使李尙吉引對時 以西民等不便屯田事陳達矣 思還故土 乃人之常情 旣還其土 各尋舊巢 情理之所必至也 但淸川以西 已作遼人之窟 若不屯聚一處 以爲守望相助之計 則非但遼人侵掠殺越有所不堪 雖我人弱肉强食之患 難保其必無."

17 柳在城, 『丙子胡亂史』, 國防部戰史編纂委員會, 1986, 98~113쪽.

다고 여겨 조선과의 강화를 받아들였다.[18]

정묘호란이 화친으로 종결된 이후 조선은 후금의 가장 중요한 경제적 후원자가 되었다. 후금은 조선이 지급을 약속한 세폐 이외에도 의주義州와 회령會寧 등지에서의 개시開市, 각종 물자의 교역, 자신들이 끌고 간 조선인 포로들의 속환을 요구했다.

1627년 6월, 만주지역에서 심각한 기근이 발생한 이후 곡물과 생필품을 교역해달라는 후금의 요구는 해마다 커졌다. 1628년(인조 6) 이후 후금은 조선에 사신을 보내 미곡을 비롯하여 과일과 약재 등을 교역해줄 것을 강력히 촉구했다.[19] 이후 후금의 교역 요구 품목은 농우農牛, 청포靑布, 종이, 채색 등 생필품 전반으로 확대되었다.[20] 뿐만 아니라 누르하치가 죽은 뒤 후금의 칸〔汗〕으로 즉위한 홍타이지〔皇泰極, 弘他時〕는 조선에 『통감通鑑』, 『춘추春秋』, 『주역周易』, 『예기禮記』 등을 요청하여 받아내기도 했다.[21] 명과의 전쟁 때문에 물자의 유입이 끊어진 가운데 식량 자급을 위한 농경화를 진전시키기 위해서는 농우가 필수적이었고, 또 당시 칸으로 막 즉위했던 홍타이지의 입장에서는 자신의 왕권 강화를 꾀하는 과정에서 유교경전을 비롯한 서책을 확보할 필요성이 커졌기 때문이다. 특히 즉위 직전 권력 서열 4위에 불과했던 홍타이지는, 즉위 이후에도 여전히 강력한 부족적 전통에 입각해서 자신을 견제하려 했던 형제 '버일러〔貝勒〕'들을 억누르고, 한인 관료들을 등용하여 자신의 권력 기반을 강화하는 과정에 있었기 때문에[22] 조선으로부터의 서책

18 (淸) 魏源, 『聖武記』 권6, 「國初征撫朝鮮記」, "初 朝鮮之求成也 諸貝勒等議 以明與蒙古兩敵環伺 國兵不可久出 且俘獲已慊 願宜許其成 而阿敏慕朝鮮國都城郭宮殿之壯 不肯旋師."

19 『仁祖實錄』 권18, 인조 6년 1월 丙寅 · 戊辰.

20 『仁祖實錄』 권24, 인조 9년 2월 丙午 ; 같은 책 권30, 인조 12년 12월 辛亥.

21 『仁祖實錄』 권21, 인조 7년 10월 甲戌.

22 石橋崇雄, 『大淸帝國』, 講談社, 2000, 95~98쪽.

도입은 불가결한 것이라고 할 수 있다.

실제 1626년 누르하치 사거死去 이후 홍타이지는 "나는 명과의 화의를 바라지만 명이 원하지 않기 때문에 전쟁을 하고 있다"며 농경과 직조를 독려하고, 새로 정복한 지역의 민들을 안집安集하라고 지시하는 등[23] 내실을 다지는 데 골몰하고 있었다. 나아가 몽골 제부諸部에 대한 경략에 치중했다. 이러한 상황에서 후금은 조선이 공급한 물자들을 자국의 소비용뿐 아니라 몽골 등지에서 전마戰馬 등을 교역하는 재원으로 활용했다.[24] 요컨대 정묘호란 이후의 후금에게 조선은 '경제적 생명선'이 되었다고 할 수 있다.

조선이 정묘호란을 맞아 위기에 처했을 때 명은 어떤 태도를 보였는가? 당시 명은 조선에 대해 이렇다 할 원조를 할 수 있는 처지가 아니었다. 명은 이미 1621년 요동 전체를 후금에게 빼앗겼기 때문에—호란 당시 설사 조선을 군사적으로 원조하겠다는 의지가 있었더라도—육로를 통해서는 조선에 원군을 보낼 수 없었다. 따라서 명이 조선을 군사적으로 도우려면 수군水軍을 이용하거나, 산해관山海關을 나와 후금군의 배후를 공략하는 수밖에 없었다. 실제 호란 발생 직후 명의 병부상서兵部尙書 풍가회馮嘉會와 등래순무登萊巡撫 이숭李崇 등은 각화도覺華島, 천진天津, 등래登萊 등지의 수군을 동원하여 모문룡과 합세하여 후금을 공격할 것을 건의했고, 황제 역시 대책을 세우라고 지시했지만[25] 요동순무遼東巡撫 원숭환袁崇煥의 반대 등으로 말미암아[26] 조선에 대한 직접적인 군사 원조는 실행되지 못했다.

---

23 『淸太宗實錄』 권5, 天聰 3년 6월 乙丑 ; 같은 책 권6, 천총 4년 2월 壬申.

24 『淸太宗實錄』 권8, 天聰 5년 7월 庚子, "大軍渡遼河 上召集諸將諭曰 …… 及與朝鮮通市所得貨物 盡與蒙古 易其馬匹 興師致討 此行倘荷天佑 克奏厥功……."

25 『熹宗實錄』 권77, 天啓 7년 3월 戊子 ; 같은 책 권78, 天啓 7년 4월 庚子.

26 袁崇煥은 당시 후금이 명군을 유인한다고 판단하여 動兵에 소극적이었다(『熹宗實錄』 권78, 天啓 7년 4월 丁巳).

일찍이 유몽인柳夢寅은, 조선이 호란을 맞이할 경우 명이 조선을 돕는 것은 불가능하다고 예언한 바 있었다. 그는 임진왜란 당시에는 일본군이 남쪽에서 북상했기 때문에 서북으로부터 명의 원병이 투입될 수 있었지만, 누르하치는 서북으로부터 침략해올 것이기 때문에 원군 투입로가 막힐 것이라고 보았고 또 명이 멀리 떨어져 있는 조선을 위해 코앞에 있는 누르하치와 모험을 벌이지는 않을 것이라고 전망했다.[27] 결국 유몽인의 예언은 정확하게 들어맞은 셈이다.

이 같은 상황에서 명이 조선을 도울 수 있는 거의 유일한 방법은 당시 가도에 있던 모문룡의 동강진을 활용하여 후금의 배후를 위협하는 것뿐이었다. 하지만 모문룡은 후금군의 '공격 대상'이었기 때문에 섬에 머물면서 관망할 뿐 후금군과의 접전을 회피했다. 접전은 고사하고 청천강 이서지역에 출몰했던 모문룡 휘하의 명군은 호란이 빚어지는 동안 조선인들에 대한 대대적인 살육을 자행했다.[28]

그럼에도 모문룡은 명 조정에 자신이 조선을 도와 후금군에게 대승을 거두었다고 허위 보고를 일삼는 한편, 조선에 대해서는 후금과 강화를 체결한 것을 질타했다.[29] 정묘호란이 끝난 이후 모문룡은 '후금과 강화했다'는 것을 빌미로 조선에 대한 경제적 징색徵索을 일삼았다. 당시 본토로부터 멀리 떨어진 해도海島에 웅거하고 있던 모문룡에 대한 절제를 제대로 할 수 없던 명 조정은 모문룡의 존재를 '요동 수복을 위한 근거지'보다는 '조선이 후금 쪽

27 柳夢寅,『於于集』권3,「送別咸鏡監司張好古晩詩序」, "向者倭寇之變 賴天朝得復疆土 夫不能自强 向人求哀 可一而不可再 況彼倭自南而北 猶假西兵以却之 今此之寇 其來必自西北 援兵之路梗矣 雖欲致天兵之救 其能飛渡海耶 又況天朝之於撻虜 門庭之寇也 其能捨門庭之虜 而救域外屬國耶 其勢必不能也."

28 『承政院日記』21책, 인조 6년 5월 18일, "(鄭)忠信曰 …… 大槪死者 三千餘人矣 且淸川以西之民 則雖或不死於胡賊 而皆死於唐兵 極爲慘惔矣."

29 한명기, 앞의 책, 1999, 384~390쪽.

으로 기울어지는 것을 견제하기 위한 거점'으로 파악하고 있었다.[30]

이러한 배경 때문에 모문룡이 머물고 있던 가도는 정묘호란 이후 병자호란이 일어날 때까지 명 본토-조선-후금을 연결하는 무역의 거점이 되었다. 모문룡은 강남 등지로부터 항행하는 상선들에게서 세금을 거두어 막대한 부를 챙겼고,[31] 조선 상인들 또한 가도를 드나들면서 무역에 종사했다. 특히 이 시기 후금이나 일본 상인들이 얻고 싶어 했던 중국산 비단이나 청포 등의 직물은 가도를 왕래하던 조선 상인들에 의해 중개되었다. 즉 후금 상인들은 명과의 전쟁으로 판로가 막힌 인삼 그리고 조선에서 사로잡은 포로 등을 밑천으로 조선에게서 곡물과 청포 등을 얻어내고, 일본 상인들은 은을 밑천으로 중국산 비단을 얻어냈던 것으로 보인다. 이에 더하여 모문룡이 인조반정 당시 명 조정이 인조를 승인하는 데 협조했던 '공로'를 내세워 조선에게서 징색했던 막대한 양의 곡물 또한 모영毛營의 군비 혹은 무역 자금으로 전용되었을 개연성이 높다. 비록 병자호란 종전 직후인 1637년의 일이지만 가도를 점령했던 청군이 섬 안에서 은 3만 1,000냥, 망소단蟒素緞 4만 3,000필, 모청포毛青布 18만 7,000필 등을 노획했던 것은[32] 정묘호란 이후 조선-명-후금 관계에서 가도가 지니는 '중개무역의 거점'으로서의 성격을 확실히 보여준다.

당시 김상헌金尙憲 등 조선의 척화파斥和派들은 조선이 스스로 '상국明의 물건들'을 호지胡地에 넘겨서는 안 된다고 비판했고,[33] 또 조선은 실제 후금

30 (明) 周文郁,『邊事小記』권4,「條陳移陣揭帖」, "朝鮮雖弱 亦我一藩籬也 協我未足以制奴 叛我遂足以資敵 鮮之不可棄也明甚 邇年遼道阻絶 而不失包茅之貢者 以鐵山有兵 旣彌其外叛之心."

31 일찍이 이나바 이와키치稻葉岩吉는 위와 같은 모문룡의 행적을 명 멸망 이후 타이완을 근거로 활약했던 鄭芝龍, 鄭成功 부자에 비견한 바 있다(『支那近世史講話』, 日本評論社, 1938, 47쪽).

32 「克皮島俘獲數目」,『淸代檔案史料叢編』14, 中華書局, 28~29쪽(岩井茂樹,「十六・十七世紀の中國邊境社會」, 小野和子 編,『明末淸初の社會と文化』所收, 京都大學 人文科學硏究所, 1996, 658쪽에서 재인용).

33 『仁祖實錄』권17, 인조 5년 12월 戊午.

과의 개시에 별다른 관심이나 열정을 보이지 않았다. 당시 후금이 조선에 대해 봄, 여름, 가을에 걸쳐 개시하고 수시로 각종 물자의 제공을 요청했던 데 비해, 조선은 봄, 가을 2회의 개시만을 고집했다.[34]

하지만 정부 차원의 이러한 소극적인 태도에도 불구하고, 모문룡이 주둔하고 있던 가도를 왕래하고 있던 조선 상인들은 명 본토의 물자를 후금과 일본에 공급하는 데 중요한 역할을 담당하고 있었다. 요컨대 후금은 정묘호란을 통해 조선을 경제적 탈출구로서 활용하는 데 성공했고, 명은 모문룡을 통해 조선을 적절히 견제하면서 동시에 모문룡에 대한 '접제接濟 기지'로 활용했다.

또한 명 내부에서는 조선이 후금과 강화를 맺은 것을 빌미로 "조선이 후금 오랑캐에게 정성을 바치고 있다"는 등의 비방이 흘러나왔다. 동시에 원숭환 등은 조선의 명으로 가는 사행로使行路를 등주登州를 경유하던 것에서 각화도覺化島를 경유하는 것으로 바꾸는 조치를 취했다. 당시 각화도를 경유하는 사행로에서는 파도가 험악하여 사행선의 침몰 사고가 빈번하게 일어나고 있었다. 즉 명의 공도貢道 변경은 결국 조선이 후금과 강화한 것에 대한 불만의 표시이자 조선에 대한 일종의 견제 조처라고 할 수 있다. 조선은 이에 대해 사행로의 원상 복구를 요청하면서 후금과의 강화가 종묘사직을 보전하기 위한 기미羈縻 차원의 권도權道였음을 강조했다.[35] 이처럼 정묘호란을 계기로 조선에 대한 명의 의구심 또한 커졌던 것이다.

하지만 인조반정 이후 불안한 인조의 왕권을 강화하고, 흐트러진 내정을

34 『仁祖實錄』 권18, 인조 6년 2월 庚申.

35 張維, 『谿谷先生集』 권22, 「辨誣奏本」, "今又非故不競而款于奴等語 准此行據議政府狀啓該臣等竊詳本國貢道 舊從遼左 自奴氛作惡 旱路斷絶 朝廷許開海道 以便朝聘往來無間 已近十稔 今忽申嚴海禁 遏登道而繇覺華 …… 丁卯之難 本國猝被奴搶 兇鋒逼近 宗社阽危 因伊賊索和 權與羈縻 以緩燒眉之急 …… 略無絲毫遜屈 業已具實陳奏 皇鑑下照 深察小邦本情."

추스르기에 겨를이 없던[36] 조선은 대외적으로 명, 명 조정의 대리자인 가도 그리고 후금 등 어느 쪽에 대해서도 관계를 악화시킬 수 있는 처지가 아니었다. 또한 북방의 위협이 점증하는 상황에서 일본에 대해서도 유연하게 대처해야 했다. 이 같은 와중에 조선은 정묘호란 이후 명 본토에서 온 책봉조사冊封詔使들의 은 징색, 모문룡에 대한 군량 공급, 후금에 대한 세폐 제공, 쓰시마對馬島 등이 요구하는 물화에 대한 공급 들에 시달려야만 했다.[37] 그리고 이 같은 중층적인 경제적 부담은 병자호란이 조선의 항복으로 종결될 때까지 지속되었다.

4. 병자호란이 조선 · 청 · 일본에 미친 영향

(1) 병자호란에서 청이 얻은 것

청이 병자호란 당시 조선의 항복을 받아냄으로써 얻은 것은 무엇인가? 청은 조선의 항복을 받으면서 '명과의 관계를 끊을 것', '왕자, 제신諸臣의 아들들을 질자質子로 보낼 것', '해마다 세폐를 바칠 것', '포로 가운데 도망자를 송환할 것' 등 모두 12가지에 이르는 조건을 제시했다.[38] 이것은 조선을 명으로부터 확실히 떼어내고 조선의 내정에 대한 감시 장치를 마련함으로써, 장차 본격적인 정명전征明戰에 대비할 의도에서 비롯된 것이었다.

36 1624년 이래 인조는 '李适의 亂', '李仁居의 모반 기도', '柳孝立 역모 사건', '李忠慶 역모 사건' 등이 끊임없이 일어나는 와중에, '啓運宮 服制', '元宗追崇' 등을 관철시켜 왕권을 확립해야 하는 힘겨운 상황을 맞고 있었다.

37 『仁祖實錄』 권28, 인조 11년 12월 甲戌, "民生之困於重賦 莫此時若也 上事天朝 兼濟島衆 北輸虜幣 南塞倭求 區區民力 固已不堪 …… 此民之所以重困而國將隨斃者也."

38 『仁祖實錄』 권34, 인조 15년 1월 戊辰.

1) 군사적 효과

청이 병자호란을 통해 조선을 항복시킨 '효과' 가운데 가장 먼저, 두드러지게 나타난 것은 바로 군사적 측면이었다. 이것은 구체적으로 조선의 수군과 화기수火器手들을 명과의 전쟁에서 활용할 수 있게 되었다는 것을 뜻한다.

일찍이 1619년 '살이호薩爾滸전투' 이후 명과 후금이 조선의 향배向背에 신경을 썼던 가장 큰 이유는 조선의 수군 때문이었다. 임진왜란을 통해 조선 수군의 우수성이 알려진 가운데 명은 조선이 후금에게 넘어갈 경우, 후금이 조선 수군을 이용하여 압록강을 출발하여 발해만渤海灣을 거쳐 강남지역까지 위협하는 상황이 전개될 것이라고 보았다.[39] 후금 또한 이러한 사실을 간파하고 1631년(천총天聰 5) 이래 조선에게 전함과 수군을 제공해달라고 간청한 바 있었다.[40] 하지만 조선은 전함과 수군을 제공해달라는 후금의 요구를 거부했다. 뿐만 아니라 1633년 등래登萊에서 반란을 일으킨 뒤 수군과 선단을 이끌고 후금에 투항하려 했던 공유덕孔有德 일행을—명의 요청을 받아들여—토벌하는 데 동참하기도 했다. 후금은 자연히 조선의 이 같은 태도 때문에 심각한 반감을 품었다. 청 태종은 1636년 병자호란을 일으키면서 조선의 '공유덕 토벌 시도'를 개전開戰의 명분으로 제시하기도 했다.[41]

실제 공유덕과 그가 이끄는 병력과 선단이 후금으로 투항한 뒤, 후금은 수군 전력戰力을 보유하게 되었고 이들은 1636년 병자호란 당시 조선을 굴복시키는 데 중요한 역할을 했다. 청 수군은 1637년 1월 22일, 조선이 '철옹

---

39 (明) 姜曰廣, 『輶軒紀事』, 丙寅 7월 庚辰, "鮮人乘汎走舸 疾如風雨 萬一生心 爲虜用命 但命一將領之來侵 則我淮揚青登 盡無寧宇矣."

40 『淸太宗實錄』 권8, 天聰 5년 5월 辛丑.

41 『淸太宗實錄』 권32, 崇德 원년 11월 己巳, "皇帝諭將士曰 今者往征朝鮮 非朕之樂於興戎也 特以朝鮮敗盟 納我逃人 獻之明國 孔耿二王來降於我 彼興兵截殺 我師旣至 彼乃抗拒 且遇我使臣 不以舊禮 賚去書詞 拒而不視……."

성' 으로 여기던 강화도를, 상륙작전을 감행하여 함락시켰다. 이어 청 태종은 병자호란에서 항복을 받은 직후 철수하는 길에 공유덕의 수군 선단에 유림柳琳과 임경업林慶業이 이끄는 조선 선단을 합세시켜 가도를 점령하는 데 성공했다. 조선 측의 기록에 따르면 당시 가도를 함락시키는 데 결정적인 역할을 한 것은 조선군이었다.[42]

1642년 금주錦州가 함락되어 홍승주洪承疇 등이 청으로 투항한 이후, 명은 청이 조선 수군을 이용하여 등래지역으로 공격해오는 상황을 가상하고 전전긍긍했던 것으로 보인다. 금주 상실 직후인 1643년 2월, 명은 철산취鐵山嘴에서 등래로 이어지는 해로에 수군 3,000명을 배치하여 청이 조선 수군을 이끌고 등주 쪽으로 공격하는 것을 차단하려고 시도했다.[43]

1639년부터 1642년 당시 명은 청군의 금주 공략을 막기 위해 1641년 이부시랑吏部侍郎 홍승주를 총독군문總督軍門으로 삼아 13만 명의 병력을 동원해 송산松山에서 청군의 포위를 풀도록 조처했다. 그런데 당시 홍승주의 휘하 병력은 청군의 포위망을 거의 풀 수 있는 직전까지 갔지만, 조선의 정밀한 화포 때문에 결국 뜻을 이루지 못했다. 이 때문에 당시 명군 지휘관들은 청군보다 조선군의 수급首級을 획득하는 병사에게 더 많은 상금을 걸었을 정도로 조선군에게 원한이 높았다고 한다.[44]

실제 청 태종은 조선군 화기수들을 독전하기 위해 당시 심양瀋陽에 억류되어 있던 소현세자昭顯世子 일행을 금주까지 불러들였고, 혹시라도 조선군의 사격이 정밀하지 못할 경우 소현세자 일행을 채근하는 등 극도의 집착을 보

42 羅萬甲, 『丙子錄』, 「雜記亂後事」.

43 任堕, 『水村集』 권9, 「記任廷益生還始末」, "癸未二月 吳都督定摠兵馬得弘領舟師三千 把守鐵山嘴前洋黃城島 蓋遮截淸人率朝鮮戰船 入犯登州之路也."

44 麟坪大君, 『燕途紀行』 中, 1656년 9월 8일, "是役也 淸主徵吾東數千精砲 替戍四五年 摠能射命中 明師論功 虜頭半百金 麗頭倍之."

였다.[45] 결국 1642년 청군의 포위를 풀지 못했던 홍승주와 조대수祖大壽 등이 모두 청군에 투항함으로써 금주전투는 청의 승리로 끝났다. 실제 홍승주는 청에 투항한 이후 '대릉하大陵河전투'의 패전 원인을 오로지 조선 때문으로 돌리고 조선에 대해 악감정을 드러냈다.[46] 인평대군麟坪大君은 '사용하지 말아야 할 곳'에서 화기수들을 사용했다고 한탄했지만,[47] 청은 조선군 화기수들을 적절히 활용하여 산해관으로 나아가는 전략 요충인 금주를 장악하는 데 성공했다.

임진왜란 직후부터 이미 조선 화기수들의 성가聲價는 명에까지 알려져 있었다. 왜란 당시 일본군과의 전투를 통해 조총의 위력을 절감했던 조선은 이후 항왜降倭 등을 통한 조총 제조와 사격기술 연마에 노력하여 광해군 연간을 지나면서 조총 제작과 화기수를 이용한 전력 운용에 상당한 성과를 거두었다.[48] 이미 1619년 조선군이 명의 압력에 밀려 '살이호전투'에 참전했을 당시 명장明將 유정劉綎 등이 조선 화기수들을 속히 들여보내라고 닦달한 바 있다.[49]

화포나 조총에 대해 원초적으로 공포심을 지니고 있던 후금은 결국 병자호란 이후 역으로 조선의 화기수들을 이용하여 명을 공략하는 데 활용했던 것이다. 나아가 1651년(효종 2)과 1658년(효종 9) 이른바 나선정벌羅禪征伐 당시 조선 화기수들을 징발하여 러시아의 흑룡강黑龍江 진출을 막아낸 것은[50] 병

45 『辛巳年西行時治行事件』(奎 9891), 9월 4일, "范文程比巴加隣博氏等 以帝意來言曰 柳廷益帶來砲手 不爲善放 技藝不精乎 抑有他故乎 須送行中官高之人嚴飭云 不得已依其令 卽遣宣傳官 致帝命於諸將官及軍人等處."

46 『孝宗實錄』 권6, 효종 2년 2월 戊辰.

47 인평대군, 앞의 책, 같은 조, "東方將卒 縱怯淸人威令 含羞赴敵 國家數百年養兵 未用於當用之時 反用於不當用之地 嗚呼惜哉."

48 宇宙川武久, 『東アジア兵器交流史の研究』, 吉川弘文館, 1993, 425~430쪽 ; 春名 徹, 「アジアにおける銃と砲」, 『アジアのなかの日本史』 VI 所收, 東京大出版會, 1993, 173~176쪽.

49 한명기, 앞의 책, 1999, 262쪽.

자호란을 통해 조선에서 얻은 청의 군사적 성과가 상당히 오랫동안 지속되었음을 의미한다고 하겠다.

2) '제국 통합'의 상징적 효과

청이 병자호란을 통해 조선으로부터 항복을 받아낸 것은 홍타이지 즉위 이후 제국帝國을 지향하던 청의 입장에서는 정치적으로도 대단히 중요한 의미를 지니는 것이었다. 홍타이지는 1636년 황제로 즉위하면서 만몽한滿蒙漢을 아우르는 제국의 황제를 표방했다. 이제 더 이상 동북 변방의 여진부족을 이끄는 수장(칸)이 아니라 명실상부한 제국의 황제임을 과시하려 했던 것이다. 실제로 1636년 4월 18일, 그의 황제 즉위 식장에는 만주족의 장군과 신료들뿐 아니라 한족 출신의 항장降將, 몽골에서 온 버일러 들이 도열해 있었다. 그들은 홍타이지에게 각각 만주문, 몽골문, 한문으로 '관온인성寬溫仁聖'이라는 존호를 바치고 복종할 것을 맹세했다.[51]

당시 홍타이지가 '추대' 형식으로 황제 자리에 오르는 과정에서 특히 주목되는 것은 몽골과의 관계이다. 1634년 몽골의 릭단〔林丹〕 칸이 죽자, 후금군은 릭단 칸의 아들 어르커 콩고르의 투항을 받아들였다. 릭단 칸은 몽골에서 칭기즈 칸의 정통성을 잇는 정치적 권위를 갖고 있었으므로, 이때 홍타이지는 릭단 칸이 지니고 있던 옥새玉璽를 획득함으로써 몽골을 병합하고 지배할 수 있는 정치적 권위의 상징을 얻게 되었다. 그리고 그것을 계기로 만몽한을 아우르는 '추대' 속에서 '천명의 획득자'로서 황제 자리에 오를 수 있었다.[52]

---

50 朴泰根, 「朝鮮軍의 黑龍江 出兵(1654~1658)」, 『韓國史論』 9, 국사편찬위원회, 1985.

51 石橋崇雄, 「清初皇帝權の形成過程」, 『東洋史研究』 53-1, 1994, 102~103쪽.

52 盧基植, 『後金時期 만주와 몽고 관계 연구』, 고려대학교 사학과 박사학위논문, 1999, 188~195쪽.

그런데 제국을 표방하는 청의 입장에서 문제는 조선이었다. 조선은 정묘호란 당시 후금과 강화하고 형제관계를 받아들였지만 그것은 어디까지나 기존의 명과의 군신관계를 전제로 놓고 설정한 '내키지 않는' 형제관계였다. 즉 조선은 정묘호란 당시 '명 중심의 중화적 세계질서'가 용인되는 차원에서 후금과 화의를 맺었던 것이다. 따라서 후금이 그것을 넘어서려 할 경우—후금이, 조선이 생각하는 '의례적'이고 별로 '내키지 않는' 형제관계를 진짜 '형'과 '아우'의 관계로 받아들이려 할 경우—조선은 그것을 거부했고, 자연히 양국 관계는 파열음을 낼 수밖에 없었다.[53]

병자호란 직전까지 조선은 청을 여전히 오랑캐로 여겼을 뿐 아니라—만몽한이 모두 황제로 추대했던—홍타이지를 황제로 인정하는 것을 거부했다. 홍타이지의 즉위식이 열린 식장에서—청군에게 무수한 구타를 당하면서도—홍타이지에게 배례拜禮하는 것을 끝까지 거부했던 조선의 춘신사春信使 나덕헌羅德憲과 이확李廓의 저항은 가장 상징적인 것이었다.[54] 조선의 태도는 칭제건원稱帝建元을 통해 이민족 세계를 아우르고, 명에 대해 독립적 세계의식을 과시하고, 나아가 본격적으로 맞서려고 시도하는 청의 의도에 근본적으로 '재를 뿌리는' 것일 수밖에 없었다. 청말의 사가史家 위원魏源이, 1636년 홍타이지를 황제로 추대할 때 오로지 조선만이 그것을 거부했기 때문에 홍타이지가 조선에 대한 친정親征을 결정하고 그 사전 포석으로서 명을

53 1633년 孔有德 등의 귀순 당시 '부모국'인 明에는 열 차례나 군량을 보내고, '형의 나라'인 後金에는 한 차례도 보내지 않았다고 질책하는 다음의 기록에서 이 같은 분위기를 느낄 수 있다. "七年賜倧書 責以減我歲幣 匿我逃人 侵我葠畜之罪 并議罷遣使 專互市 是夏 明毛文龍所部副將孔有德耿仲明尙嘉喜等叛明 而舟師二萬人 自登州渡海來降 遣使徵糧朝鮮曰 爾國視明猶父 十輸其粟我今旣爲兄 獨不可與一次乎 倧不從 俟孔耿已歸瀋陽 獨我朝將吏在舟 始發粟往濟"(魏源, 『聖武記』 권6, 「國初朝鮮征撫記」).

54 羅萬甲, 『丙子錄』, 「始初委折」.

공격했다는 지적은[55] 이 같은 배경에서 주목된다.

따라서 청의 입장에서는 국초부터 임진왜란을 거치면서 '충순忠順한 명의 번국藩國'으로 자임해온 조선을 복속시키는 것이 대단히 중요했다.

조선이 자신들을 이적시夷狄視하여 부정하고 명과 '끈끈한 관계'를 유지하는 기반이 '재조지은'에 있다는 것을 인식한 청은 그것을 부정하기 위한 노력을 기울였다. 그리고 그 노력은 후금(청)이 처한 내외의 여건에 따라 단계적이고 점진적으로 시도되었다. 1619년 '살이호전투'에 참가했던 조선군 지휘관 강홍립姜弘立은 후금군에게 투항하면서 자신들의 참전 명분을 "왜란 당시 명이 베푼 은혜 때문"이었다고 주장했다.[56] 당시 누르하치는 조선군의 투항을 받아들이면서 조선이 내건 '재조지은'의 명분을 인정해주는 태도를 보였고, 동시에 강홍립에게 자신들은 명과는 다른 존재임을 밝히면서 향후의 향배를 분명히 하라고 촉구한 바 있었다.[57] 정묘호란 직후까지도 후금은 조선과 명의 우호관계를 문제 삼지 않았다. 1628년 10월, 홍타이지는 조선 사신 정문익鄭文翼 등을 접견할 때 조선과 명 사이에 200년 동안이나 우호적인 관계가 지속되었음을 거론하고, 그것을 바로 단절할 필요는 없다고 했다.[58] 이것은 조선을 다독여 경제적 증여를 얻어냄으로써 사회경제적으로 내실을 다지기 위한 의도에서 나온 것이었다.

---

55 (淸) 魏源, 『聖武記』 권1, 「開國龍興記」 一, "天聰十年(崇禎九年)四月 群臣以功德隆盛 恭上尊號曰 寬溫仁聖皇帝 改元崇德 國號大淸 時 上年四十有八矣 …… 惟朝鮮不肯推戴 且有違言 上將親征之 先伐明以挫其援."

56 『淸太祖實錄』 권6, 天命 4년 3월 甲申.

57 『淸太祖實錄』 권6, 天命 4년 3월 甲辰, "爾朝鮮以兵助明 吾知非爾意也 迫於其勢 有不得已 且明曾救爾倭難 故報其恩而來矣 …… 夫普天之下 不一其國 豈有令大國獨存 小國盡亡者乎 明大國也 意必奉若天道 乃變亂天紀 恣加橫逆 虐苦與國 王豈不知之 我聞明主之意 欲令其諸子 主我滿洲及爾朝鮮 辱我二國實甚 今王之意 將謂我二國素無怨讐 遂與我合謀以仇明耶 抑旣已助明 不相背負耶 其詳告我."

58 『仁祖實錄』 권19, 인조 6년 10월 壬寅.

하지만 공유덕 등의 귀순으로 수군과 홍이포紅夷砲를 획득하는 등 군사력이 더욱 커진 병자호란 직전 무렵이 되면 청의 태도는 근본적으로 달라졌다. 청 태종의 즉위 사정을 적어놓은 『병자년사월등한대위당丙子年四月登汗大位檔』의 4월 11일 조에 "조선국을 항복시켰다"라는 구절이 수록된 것에서도 알 수 있듯이[59] 청은 이제 조선을 확실히 복속시키려고 시도했다. 그리고 조선의 항복이 단지 '시간 문제'가 되었던 1637년 1월, 남한산성에서 농성하고 있던 조선 조정이 예의 '재조지은'을 내세워 명과의 관계를 단절할 수 없다고 강조하자, 청은 답서에서 "명이 조선을 돕기 위해 천하의 병력을 동원했다"는 조선 측 국서의 문구를 문제 삼았다. 즉 청은 '명 또한 천하 국가 가운데 하나일 뿐'이라고 규정한 뒤 조선의 이러한 표현을 망령된 것이라고 비난했다.[60]

이렇게 조선이 강조하는 '재조지은'의 의미를 축소하여 명을 '상대적 존재'로 격하시키려고 시도하는 한편, 청 태종은 항복을 받아주는 조건으로 인조의 출성出城을 강요하여 결국 그에게서—만몽한의 신료들이 지켜보는 가운데—3차례에 걸친 삼배구고두三拜九叩頭의 항례降禮를 받아냈던 것이다.[61] 요컨대 청 태종은 병자호란을 통해 인조의 항례를 이끌어냄으로써 만몽한의 제신은 물론, 최후까지 '충순한 명의 신료'임을 자임했던 조선으로부터도 복종을 이끌어낸 '비중화非中華 세계 전체의 수장'임을 과시하는 데 성공했던 것이다.

---

59 石橋崇雄, 앞의 논문, 1994, 102쪽.

60 『清太宗實錄』 권33, 崇德 2년 1월 丁巳, "勅諭朝鮮國王李倧曰 …… 又云 壬辰之難 旦夕且亡 明國神宗皇帝動天下之兵 拯濟生民於水火之中 夫天下大矣 天下之國多矣 救爾難者 止明朝一國耳 天下諸國之兵 豈盡至耶 明與爾國誕妄過大之言 何以終不已耶."

61 당시 인조는 최악의 경우라도 세자를 대신 내보내거나 청 태종이 귀환할 때 성 위에서 遙拜하겠다고 제의했다(한명기, 「丙子胡亂 패전의 정치적 파장」, 『東方學志』 119, 2003, 56~57쪽).

(2) 병자호란이 조선에 남긴 것

1) 청의 강압정책의 추이

병자호란을 맞아 조선이 결국 청의 '무조건 항복' 요구를 받아들였던 것은 이후 조선사회 전반에 깊고 넓은 상처를 남겼다. 우선 삼배구고두라는 치욕적인 항례를 행할 수밖에 없었던 인조와 조정의 권위는 땅에 떨어졌고, 이후 조선과 청의 관계는 철저히 청의 의도대로 관철될 수밖에 없었다. 나아가 조선의 대청 정책은 그때그때 청의 태도나 대조선 행보에 따라 종속적으로 결정되었다.[62]

호란 이후 청은 조선을 통제하기 위해 우선 인조를 압박하고 '길들이는' 방식을 사용했다. 청은 심양으로 끌고 간 '소현세자 카드'를 이용하여 때때로 '인조의 입조入朝'나 '왕위 교체론' 등을 흘려 인조를 압박했다. 청은 또한 조선 신료들에 대해서도 강압적인 통제를 꾀했다. 항복을 받아주는 조건으로 척화파 신료들을 묶어 보내게 하고, 시임時任 관료들의 자제들을 인질로 끌고 갔다. 질자들의 부친이 벼슬에서 갈리면 질자도 교체하도록 했거니와 이처럼 자제들이 심양에 잡혀 있는 상황에서는 조선 조정이 반청 행보를 보이기는 현실적으로 어려웠다.

청은 또한 조선을 무장해제시키고, 이후 조선의 동향을 감시하기 위해 광범한 감시망을 확보했다. 조선 출신 반역자들을 역관으로 활용하고 수시로 여러 부류의 첩자들을 통해 조선의 동향을 파악했다. 뿐만 아니라 당시 청 조정에 출사했던 한족 출신 이신貳臣들에게 청의 대조선 정책 수행 과정에서 일정한 역할을 담당하도록 했다.[63] 이신들은 명 조정에 출사出仕했던 시절의

62 이 절의 내용은 주로 한명기, 앞의 논문, 2003에 의거하여 서술했다.

63 貳臣에 대해서는 岡本さえ, 「貳臣論」, 『東洋文化硏究所紀要』 68, 東京大學 東洋文化硏究所, 1967 ; 한명기, 「17세기 초 · 중반 朝淸關係와 貳臣」, 『北方史論叢』 8, 고구려연구재단, 2005 참조.

경험을 통해 조선 사정이나 조선인의 생리를 잘 알고 있었던 데다 이신이라는 '핸디캡'을 만회하기 위해 청조에 적극적으로 충성하려 했으므로 이들의 활동은 대청 관계에서 조선의 입지를 더욱 위축시켰다. 공유덕, 범문정范文程, 홍승주 등의 이신들은 병자호란 당시 조선을 군사적으로 굴복시키는 데 기여했을 뿐 아니라 종전 이후에도 청조의 대조선 정책 결정 과정에 깊숙이 개입했다.[64]

병자호란 이후 계속된 청의 강압정책은 1644년 입관入關을 계기로 다소 완화되었다. 입관 직후 청은 치발령薙髮令을 시행하고, 강남지역의 반만세력反滿勢力을 초무하여 경제 중심지를 장악해야 하는 등 만만치 않은 내부적 과제를 안고 있었다.[65] 하지만 일단 명이 멸망했다는 현실은 조선에 대한 태도에 변화를 가져오게 만들었다. 입관 직후 청은 소현세자의 귀환을 허락하고, 평소 '요주의 인물'로 감시해왔던 신료들의 서용敍用을 허락했으며, 세폐의 분량을 경감해주고, 원단元旦·동지冬至·만수절萬壽節마다 조선이 개별적으로 바쳐야 했던 예물들을 일괄적으로 원단에 납입토록 허용했다. 또 청사淸使가 조선에 들어와 입경할 때 그들의 편의를 위해 청천강, 임진강 등에 다리를 놓던 관행을 중지하도록 하는 등[66] 입관 이후 조선에 대한 청의 유화적인 조처들은 여러 측면에서 나타났다.

이러한 분위기에서 더 나아가 1645년 11월 청은 조선에 보낸 유시문諭示文에서 '중외中外의 일통一統을 달성했'고, '사해四海가 전부 청 황실의 적자赤子'라고 하는 등[67] 과거 명이 조선에 군림할 때 보였던 태도를 그대로 모방

---

64 한명기, 앞의 논문, 2005, 267~277쪽.

65 吳金成, 「睿親王 攝政期의 淸朝의 紳士政策」, 『한우근박사정년기념사학논총』, 지식산업사, 1981, 723~727쪽 ; 石橋崇雄, 앞의 책, 2000, 118~120쪽.

66 『淸順治實錄』 권36, 順治 5년 1월 戊申.

67 『淸順治實錄』 권21, 順治 2년 11월 己酉, "諭朝鮮國王李倧曰 今中外一統 四海爲家 各國人民 皆

하는 자세를 취했다.

2) '친청'과 그에 대한 반발의 추이

이러한 청의 압박과 통제 분위기 속에서 인조는 친청親淸적인 자세로 일관했다. 그는 호란 직후 주화파主和派를 중심으로 조정을 새롭게 구성하고, 과거 척화론자와 주화론자 사이에서 동요하던 태도를 버리고 청의 요구에 철저히 순응했다. 인조는 병자호란의 항복을 계기로 '반정에 의해 추대된 군주'라는 자신의 원초적 약점을 벗어던지려는 행보를 보였다고 할 수 있다.

인조의 친청 행보 아래서 최명길崔鳴吉 등 주화파가 대청 외교의 주도권을 장악하게 되었다. 주화파가 이끌던 비변사備邊司는 명이 보내온 서신을 받는 것을 기피하는가 하면 명과의 접촉 사실을 대부분 청 조정에 보고했다.[68] 1638년(인조 16) 7월, 청이 조선으로 도망친 포로들을 송환하지 않는다고 질책하자 비변사는 "독사가 물면 지체 없이 팔뚝을 자를 수밖에 없다"라고 전제한 뒤, 강과 인접한 여러 곳을 조사해서 도망자들을 원천적으로 봉쇄하여 청의 뜻대로 따르자고 주장할 정도였다.[69]

병자호란 이후 인조와 비변사의 친청 행보가 지속되자 그에 대한 비판이 터져 나왔다. 1640년(인조 18) 6월, 응교應敎 조석윤趙錫胤 등은 인조에게 월왕越王 구천句踐을 본받아 자강을 위한 정치를 펼치라고 촉구했고,[70] 1643년 유백증兪伯曾은 친청 행보를 지속하는 인조에게 "그렇다면 당초 인조반정을 한 이유는 무엇이냐?"라고 비판의 직격탄을 날리기도 했다.[71] 1644년(인조

朕赤子 務令得所 以廣同仁."

68 『仁祖實錄』 권36, 인조 16년 4월 庚戌.

69 『仁祖實錄』 권37, 인조 16년 7월 癸亥.

70 『仁祖實錄』 권40, 인조 18년 6월 癸酉.

71 『仁祖實錄』 권44, 인조 21년 9월 丁巳.

22)에는 반정공신 출신인 심기원沈器遠에 의해 모반사건이 일어났다. 심기원 등은 "병자호란 이후 인조가 천하에 죄를 지었다", "소현세자에게 전위傳位하려고 했다"라고 말하여 친청 정책에 대한 반감을 드러내기도 했다.

1644년(인조 22) 명이 망하고, 청이 중원을 차지한 뒤부터 사대부사회에서는 명에 대한 의리를 지킨다는 차원에서 스스로를 '숭정처사崇禎處士', '대명거사大明居士'로 칭하면서 은거하는 인물들이 나타났다.[72] 청이 중원을 차지한 뒤에도 인조가—국왕으로서의 권위가 실추된 채—친청 정책을 지속하자 조정 안팎에서는 출사하는 것을 회피하는 풍조가 번져갔다. 인조는 출사를 기피하는 신료들의 행태를 가리켜 "벼슬살이를 좋아하지 않는 것이 곧 중국을 잊지 않는 것이고 스스로 고상하게 행동한다고 여기는 것"이라고 비아냥거렸다.[73] 이러한 분위기는 이후에도 '출사出仕', '재조在朝' 문제 등을 둘러싸고 '산림山林'들의 행태와 관련된 논란으로 이어진 것으로 보인다.[74]

요컨대 인조는, '왕위 교체론' 등을 흘리면서 압박해오는 청의 강압책에 맞서 자신의 왕권을 지키기 위해 청에 순응하는 태도를 보였다. 하지만 그것은 반청 정서를 지닌 사대부들의 격렬한 비판에 직면할 수밖에 없었다.

(3) 정묘 · 병자호란과 일본

임진왜란을 겪은 뒤 조선사회에서는 일본에 대한 적개심이 높아갈 수밖에

72 朴壽春(1572~1652), 金是榲(1598~1669) 등이 대표적인데 이들의 행적은 각각 『菊潭集』과 『錦翁集』에 수록되어 있다.

73 『仁祖實錄』 권38, 인조 17년 2월 己酉, "上謂知經筵李景奭及兩司曰 …… 若今之人 朝解官夕下鄕 孰爲國家任事哉 …… 何敢厭避自便 至於此耶 彼之爲言曰 不樂仕宦者 乃不忘中原 自謂高行 殊不知先念本國 然後次及中原之爲是也."

74 한 예로 1664년(顯宗 4) 11월 淸使들이 왔을 때, 병자호란 당시 淸軍에게 祖母를 잃었던 修撰 金萬均이 '청사들을 맞이할 수 없다'라는 명분을 내세워 조정에서 사퇴한 행동을 놓고, 宋時烈 일파와 徐必遠 일파 사이에 '出仕 문제'를 둘러싼 격렬한 논쟁이 벌어진 바 있다.

없었다. 한 예로 1607년(선조 40) 이른바 회답겸쇄환사回答兼刷還使가 일본에 갈 때 지참했던 국서에는 "의리상 일본과 더불어 하늘을 함께 이고 살 수 없다〔義不與貴國共戴一天〕"라는 표현이 들어가 있을 정도였다.[75] 이 같은 분위기에서 조선은 전란 이후 일본과의 통교를 재개하는 데 당연히 소극적일 수밖에 없었다. 더욱이 명군의 원조 아래 전란을 치렀기 때문에 왜란 직후 조선은 대일 정책을 자율적으로 펼칠 수 없었다. 당시 조선은 명의 요동도사遼東都司에게 일본의 동향을 정기적으로 보고해야 했고, 조선에 남아 있던 명군 지휘관들은 조선의 대일 교섭에 간여하고 있었다.[76]

조선의 대일 접촉이나 교섭 태도가 소극적이었던 것과는 달리 일본, 특히 쓰시마는 매우 적극적이었다. 조선과의 무역이 '경제적 생명선'이나 마찬가지였던 그들은 조선과의 통교 재개를 위해 필사적으로 매달렸다. 종전 직후인 1599년(선조 32) 이들은 국교 재개 교섭을 위해 사자 가케하시 시치다유梯七太夫와 요시소에 사콘吉副左近 등을 조선에 보냈는데 이들은 귀환하지 못했다. 1600년에 파견했던 유타니 야스케柚谷彌介 등도 역시 쓰시마로 귀환하지 못했다.[77] 이 사건은 조선 측의 대일 적개심이 극심했던 것과 아울러 통교 재개에 대한 쓰시마 측의 열망을 잘 보여준다.

이처럼 대일 적개심이 큰 것은 분명 사실이었지만 조선은 결국 일본과의 국교를 재개했다. 쓰시마 측의 호소와 협박이 계속되는 와중에 '도쿠가와 이에야스德川家康는 도요토미 히데요시豊臣秀吉와는 달리 조선을 침략하지

---

75 田代和生, 『書き替えられた國書—德川・朝鮮外交の舞臺裏』(中公新書 694), 中央公論社, 1983, 32쪽.

76 『邊例集要』 권1, "萬曆二十年後六年戊戌冬 關伯平秀吉身死 乃撤兵入歸 我國與倭絶和 己亥正月 島主平義智 送人請和 而天將不……."

77 田中健夫, 「鎖國成立期における朝鮮との關係」, 『中世對外關係史』, 東京大學出版會, 1975 ; 山本博文, 『對馬藩江戶家老—近世日朝外交をささえた人びと』(講談社 學術文庫 1551), 講談社, 2002, 17～18쪽.

않았다'라는 명분을 내세워 '내키지 않는' 가운데 일본과의 통교를 재개했던 것이다.[78]

17세기 초, 서북방에서 후금의 군사적 위협이 커져가면서 조선에서는 대일 적개심이 고조되던 와중에서도 일본과 우호관계를 유지하고, 그들을 이용해야 한다는 현실론이 고개를 들었다. 특히 후금군의 침략에 대비하여 조총과 화약 등의 무기류를 일본으로부터 도입하고, 임진왜란 당시 조선에 투항했던 항왜인降倭人의 자손들을 선발하여 부대를 만들어야 한다는 주장이 대두되었다.[79] 나아가 1626년(인조 4)에는 훈련도감訓鍊都監 등에서 필요한 유황硫黃을 왜관을 통해 조달하려는 논의가 제기되었다.[80]

1627년 정묘호란이 실제로 발생하자 조선의 대일 정책은 더욱 유화적으로 바뀔 수밖에 없었다. 후금의 침략으로 왕조의 존망이 위태롭게 된 상황에서 일본과 갈등을 유발하는 것은 있을 수 없는 일이었기 때문이다. 정묘호란 발생 직전, 서변西邊에서의 긴장이 높아졌을 무렵 조선 조정은 그 사실을 왜관과 일본인들이 알지 못하도록 숨기려고 했다.[81] 하지만 이미 전쟁의 발생이 기정 사실이 되어가고 있던 상황에서 언제까지나 숨길 수는 없었다. 실제 조선 조정은 1627년 2월 27일, 동래부사東萊府使 유대화柳大華를 통해 일본에 서계書契를 보내 호란의 발생 사실을 알리고, 전쟁이 끝날 때까지 연례 무역선의 파견을 일시적으로 중지해줄 것을 요청했다. 조선이 일본에 전란 발생 소식을 알린 것은 명에게 보고한 것보다 더 빠른 것이었다.[82]

---

78 山本博文, 앞의 책, 2002, 17～20쪽.

79 鈴木信昭, 「李朝仁祖期をとりまく對外關係」, 『前近代の日本と東アジア』 所收, 吉川弘文館, 1995, 434～435쪽.

80 『承政院日記』 14책, 인조 4년 윤6월 7일.

81 『東萊府接倭狀啓謄錄可考事目錄抄册』 丁卯 1월, "西報緊急事 秘諱倭人處 各官守令皆領兵上去 倭供雜物不爲送納."

82 鄭成一, 『朝鮮後期對日貿易』, 신서원, 2000, 42～47쪽.

실제 정묘호란을 겪으면서 조선의 대일 위기의식은 더욱 커질 수밖에 없었다. 특히 조선이 후금의 침략을 받았다는 소식을 듣고 도쿠가와막부德川幕府가 '조선을 구원한다'는 명목으로 다시 침략해올지도 모른다는 의구심이 커져가고 있었다. 그래서 후금과의 강화가 성립된 이후, 쓰시마에게 조선이 전란을 평정했다는 것과 후금군이 철수하고 있다는 사실을 통고하여 일본의 개입을 막으려고 시도했다.[83]

정묘호란 이후인 1628년(인조 6) 도쿠가와막부는 쓰시마주對馬島主에게 조선 정세 탐색을 위한 사절을 파견할 것과 필요하다면 조선에 원병을 파견할 용의가 있다는 사실을 통고하라고 지시했다. 쓰시마는 막부의 이 같은 지시를 빌미로, 조선이 처한 수세적 상황을 이용하여 자신들의 이익을 극대화하려는 정책을 취했다. 그것은 1629년(인조 7) 임진왜란 이후 금지되어 있던 왜차倭差의 상경을 허락해달라고 강청하는 것으로 구체화되었다.[84] 임진왜란의 '악몽'을 기억하고 있는 조선 조정은 처음에는 이를 거부했지만 이귀李貴 등이 내세운 "서북과 남동 양단에서 동시에 적을 만들 수는 없다"라는 주장에 밀려 결국 허용하고 말았다. 실제 서울로 들어온 왜차 겐포玄方는 "중국을 도와 오랑캐를 치고 조공로를 열려고 한다"라고 떠벌렸다. 인조는 이례적으로 왜차 겐포 등의 거처에 예관을 보내 잔치를 베풀고, 그동안 쓰시마가 요구해온 공무목公貿木을 지급하겠다고 약속했다.[85] 나아가 쓰시마는 당시 왜차의 입경을 통해 1609년(광해군 1) 기유약조己酉約條 때 약속했던 공무목과 정사년丁巳年(1617)의 미수분까지 받아내는 성과를 거두었다.

1636년에 일어난 병자호란 또한 조선과 일본, 정확히는 쓰시마와의 관계

83 『仁祖實錄』 권15, 인조 5년 3월 己卯.

84 田代和生, 「寛永六年對馬使節朝鮮國上京一'御上京之時每日記'とその背景」 一, 『朝鮮學報』 96, 1980.

85 『仁祖實錄』 권20, 인조 7년 4월 丁丑 · 壬午 ; 같은 책 권20, 인조 7년 5월 己亥.

에 미묘한 파장을 미쳤다. 1637년 2월, 왜관의 일본인들은 청군의 침략 사실을 파악하여 쓰시마에 보고했고, 쓰시마는 다시 군대를 동원하여 조선을 원조하겠다는 풍문을 흘리기도 했다. 하지만 조선은 그러한 왜관의 제의를 거부하는 한편, 조선군이 누차 청군을 격퇴하여 그들이 화의和議를 요청하면서 퇴각했다고 짐짓 '조선의 건재함'을 과시하려 했다.[86]

하지만 조선의 항복 사실이 일본인들에게 알려지고, 그에 따라 조선의 수세가 노출되면서 조선의 대일 자세는 다시 변화될 수밖에 없었다. 물론 병자호란 이후에도 일본에 대한 전통적인 적개심과 재침再侵 가능성에 대한 의구심은 여전히 지속되고 있었다.[87] 그와 동시에 병자호란 이후에는 좀더 적극적으로 쓰시마와 일본을 이용하여 청을 견제하려는 움직임이 나타났다. 한 예로 병자호란 직후인 1638년(인조 16) 집의執義 조경趙絅은 일본을 '30년간 사귀었던 우방'이라 지칭한 뒤 일본의 군사적 도움을 얻어 청에 대해 복수하자는 주장을 폈다.[88]

정묘호란과 병자호란은, 임진왜란의 경험을 통해 일본을 '영원히 하늘을 함께 이고 살 수 없는 원수'로 여기고 있던 조선 조정의 태도를 일정 부분 변화시켰다. 그런데 그 과정에는 쓰시마가 지닌 조선에 대한 탁월한 정보 수집 능력과 계획적이고도 집요한 공작이 자리 잡고 있었다. 쓰시마는 명청교체기에 조선이 위기에 빠지면 먼저 '원병援兵' 파견을 주선하겠다는 제안을 하고, 조선이 위기를 벗어나면 '막부의 방침을 어기고서라도 무기를 보내겠다'는 등의 '성의 표시'를 통해 당시 조선과의 사이에 해결되지 않던 무역상

86 『東萊府接倭狀啓謄錄可考事目錄抄册』 丁丑 2월 · 3월, "倭聞賊勢 飛報島中 稱欲發兵赴援云 諭以我當不日討平 不必送援云 …… 倭人問賊退與否 答以我兵四集 累次敗之 賊乞和而退云云."

87 『承政院日記』 63책, 인조 16년 1월 29일, "又曰 古者對馬島皆草屋 今則盡是瓦室 江湖亦極豊治 無乃有符堅之志乎 (任)絖曰 此賊巧黠甚矣 安知其必不動兵 陰雨之備 不可緩也."

88 『仁祖實錄』 권36, 인조 16년 5월 乙亥.

의 현안들을 해결하는 수법으로 일관했다.[89]

병자호란을 통해 조선을 굴복시킨 청 또한 일본의 동향에 대해 깊은 관심을 갖고 있었다. 1637년 1월, 이른바 '성하지맹城下之盟'을 맺을 때 청 태종은 조선으로 하여금 일본 사신을 입조入朝시키도록 요구했다.[90] 이어 1638년 5월에는 조선이 일본의 동향을 자신들에게 제대로 보고하지 않는다고 힐문했다.[91]

이 같은 상황에서 조선은 일본의 동향을 선택적으로 보고했다. 1639년 9월 조선은, 병자호란 이후 일본이 조선의 수세를 이용하여 조선에 대해 무리하게 경제적 요구를 일삼는다는 것을 알렸다. 즉 일본 내부에서 조선을 해치려는 논의가 무성한데 쓰시마주가 조선을 위해 그러한 주장들을 힘써 무마하고 있다는 것, 이것을 빌미로 조선에게 공갈을 자행하여 각종 물자들을 얻어내려 하고 있는 실상을 보고했던 것이다.[92]

조선의 보고 내용은 청에 대해 조선이 일본으로부터 위협받고 있는 상황임을 강조하는 것이다. 조선은 이후 더 나아가 이 같은 '일본의 위협'을 명분으로 병자호란 당시 청이 금지한 성지城池의 수리와 축성 등을 시도하기도 했다. 1650년(효종 1) 1월, 조정은 '일본의 동향이 우려된다〔倭情可慮〕'는 명분을 내세워 병자호란 이후 방기되었던 남한산성 등의 수리를 시도했다. 하

---

89 米谷 均,「十七世紀前期日朝關係における武器輸出」, 藤田 覺 編,『十七世紀の日本と東アジア』, 山川出版社, 2000, 59~60쪽.

90『淸太宗實錄』권33, 崇德 2년 1월 戊辰.

91『瀋陽狀啓』인조 16년 5월 18일.

92『淸太宗實錄』권48, 崇德 4년 9월 乙丑, "而大君左右用事之人 需索貴國土産者甚多 …… 乙亥以後 未給之物 一一追給 然後兩國可保無事矣 薩摩州太守主和琉球 肌前州太守主和南蠻 每歲所得不貲 而島主名爲主和貴國 所得零星 視二州何如哉 自貴國被兵之後 日本國中 訛言甚多 年少喜事之輩 希望功賞 造不測之言 處處蜂起 而島主竭力周旋 以爲貴國誠信 貴國何以盡知之說 島主謂我等曰 今所請送船事 若未蒙許可 則不必强請 卽速回棹 直告大君 庶免主和朝鮮之責 恐喝之言 不一而足等情具啓."

지만 청은 이러한 사실을 인지했던 직후 바로 대학사大學士 기충격祁充格을 사문사査問使로 파견하여 조선 조정을 힐책했다. 기충격은 조선이 일본으로부터 공격받을 경우 청군의 구원이 곧바로 이루어질 것임을 단언하고, '왜정가려倭情可慮'는 다만 핑계일 뿐 조선은 청의 내정이 안정되지 못한 것을 빌미로 딴마음을 품고 있다고 맹렬히 비난했다.[93] 청은 또한 순치제順治帝 명의로 보낸 유시문에서 '왜정가려'를 핑계로 군사를 정비하려 했던 것은 인조대 이래의 '상투적인 수법'이라고 비아냥거린 뒤 "조선이 평소 일본과 화호和好하여 싸움을 일으킬 일이 없음에도 불구하고 일본에게 핑계를 대고 있다"라고 질책했다.[94] 청은 이미 당시 조선과 일본의 관계에 대해서도 거의 정확한 정보를 갖고 있었던 것이다.

이처럼 청이 조선의 재무장과 무기 획득을 엄격히 감시하는 상황에서 조선은 쓰시마를 통한 일본으로부터의 무기 획득에 관심을 가질 수밖에 없었다. 특히 일본산 조총과 유황에 대한 관심이 대단히 높았다. 이에 조선 조정은 유황이나 장검長劍 등의 구입을 비밀리에 타진했지만 병자호란 직후 일본 측은 '원론적인 수락' 의사만을 밝힐 뿐 적극적으로 응하지 않았다.[95] 일본의 이러한 소극적 대응은 자연히 양측 사이에서 유황 등 무기류의 밀무역密貿易을 촉발시켰다.

요컨대 두 차례에 걸친 호란을 겪으면서 임진왜란 이후 굳어진 조선의 일본에 대한 원한과 반감은 상대적으로 감쇄될 수밖에 없었다. 이후 조선 조정은 쓰시마와 '왜관 문제'를 비롯한 대일 관계 전반에서 대체로 유화적인 입장을 취했다. 하지만 일본에 대한 유화책은 커다란 경제적 대가를 치러야 하

93 『淸順治實錄』 권47, 順治 7년 1월 壬午.
94 『淸順治實錄』 권49, 順治 7년 7월 壬子.
95 米谷 均, 앞의 논문, 2000, 62~63쪽.

는 결과를 가져왔다. 조선후기 이래 경상도지역에서 거둬들이는 부세의 절반이 왜관으로 들어가서, 국가의 유지를 위한 재용財用은 오로지 호남에만 의존하고 있다는 지적은[96] 그것을 반증하는 것이었다. 그리고 그것은 임진왜란을 치욕으로 여기고, 그 같은 치욕을 안겨준 '영원히 함께할 수 없는 원수'인 일본에게 복수해야 된다고 생각하고 있던 지식인들에게는 통분과 고뇌를 안겨주는 사안이기도 했다.[97]

5. 맺음말

정묘·병자호란의 발생과 항복은 한마디로 명청교체기를 맞아 펼쳐졌던 조선의 대외정책이 총체적으로 실패한 데서 비롯된 것이었다. 그리고 그것은 1592년 임진왜란 당시 명군의 조선 참전으로 야기된 일련의 정치적·사회사상적 파장과 맞물려 있는 것이기도 하다.

조선은 1627년, 인조반정 이후 내정을 추스르는 데 여념이 없던 상황에서 정묘호란을 맞이했다. 후금에 대해 뚜렷하게 적대적인 자세를 보이지 않았지만 모문룡에 대한 접제 등 친명적인 자세를 보였던 데다—조선으로부터 경제적 지원을 얻어내는 것이 시급했던—후금의 의도가 맞물리면서 침략을 당하게 되었던 것이다. 이 같은 위기에서 조선은 내키지는 않았지만, 명과의

96 『承政院日記』 1001책, 영조 22년 4월 24일, "(元)景夏曰 我國 全以湖南支過 嶺南則賦稅半歸於倭館 湖南則非但財用有關於國家 以人才言之 亦多矣."

97 李聖肇, 『靜默堂集』 권7, 「倭國記」, "我邦不幸與之爲隣 宣廟壬辰 倭擧國而來聲言 侵犯天朝 假道於我邦 宣廟播遷到義州 控于天朝 請兵討之 而八路塗炭 五廟灰燼 宣靖兩陵遭罔極之變 彼乃不共戴天之讐也 我國無力 不能跨海掃滅之 尙爲交隣之國 作倭館於東萊 接待以禮 開市交易 嗚呼痛哉 嗚呼痛哉."

기존 관계를 유지하는 바탕에서 후금과 강화를 맺었다.

후금은 침략을 통해 조선으로부터 세폐 지급과 개시 설행設行의 약속을 받아내고, 형제관계 수립에 성공함으로써 전쟁을 일으킨 목표를 달성했다. 명은 정묘호란 당시 조선에 대한 군사적 지원 논의가 있었지만 실현시키지는 못했다. 명 내부에서는 조선과 후금의 강화를 부득이한 것으로 이해하는 입장도 있었지만, 일각에서는 원숭환을 중심으로 조선의 향후 행보를 의심하는 입장이 나타나기도 했다. 이것은 결국 조선 사행의 공도貢道를 변경하는 조처로 나타나 조선을 압박하기에 이르렀다.

일본은 정묘호란의 발생을 통해 가장 큰 이익을 보았다. 쓰시마는 조선을 돕는다는 명분으로 병력 파견과 무기 지원설을 흘리면서 조선의 수세守勢를 이용하려 했다. 그들은 실제로 1629년, 임진왜란 이후 금지되었던 왜사倭使의 상경을 관철시키고, 조선으로부터 공작미公作米의 미수분까지 받아내는 성과를 거두었다.

요컨대 조선은 정묘호란을 통해 '북로남왜'로부터 동시적인 위협에 놓여 있는 지정학적 현실을 새삼 절감하게 되었고, 그 같은 조건 아래서 어쩔 수 없이 일본에 대해 유화적인 태도를 취할 수밖에 없었던 것이다.

1637년 조선의 항복으로 귀결된 병자호란 역시 동아시아 4국 정세에 심대한 변화를 미쳤다. 청은 조선을 군사적으로 굴복시켜 '후고의 여지'를 제거했을 뿐 아니라, 조선의 수군과 화기수들을 동원하여 명을 공격하는 데 활용할 수 있게 되었다. 병자호란이 끝난 직후, 16년 동안 청의 서진西進을 견제하는 등 '목에 걸린 가시'와도 같던 가도의 동강진을 함락시킬 수 있었던 것은 조선을 굴복시켰기에 가능했던 일이었다. 청은 또한 조선을 신복臣服시킴으로써, 자신들이 명과 맞서는 '만몽한'을 아우르는 제국임을 과시할 수 있는 확실한 명분을 확보했다.

병자호란을 통해 조선의 약세를 목도한 일본은, 정묘호란 당시와 마찬가지로 '조선에 대한 군사 원조론'을 흘리면서 조선의 상황을 예의 주시했다. 조선은 그 같은 상황에서 일본에 대해 우호적인 자세를 보일 수밖에 없었다. 항복 직후, 일본을 '오래된 우방'이라 지칭하면서 일본에 군사 원조를 요청하자는 주장이 제기되었던 것은 그 단적인 모습이었다. 다른 한편에서는, 청의 감시와 강압 때문에 군사적으로 무장해제되었던 상황을 타개하기 위해 일본 위협론(왜정가려론)을 흘리면서 일본을 이용하여 청을 견제하려는 움직임이 나타나기도 했다.

병자호란 이후 지속된 청의 강압적인 감시와 통제정책 아래서도 조선 지식층은 청에 대한 심복心服을 거부했다. 1644년 명이 망한 이후 조선 지식인들이 '숭정처사', '대명거사' 등을 자처하면서 은거 생활에 들어갔던 것은 잘 알려진 일이다. 나아가 조선은 가능한 한 청과의 접촉이나 간섭을 부를 수 있는 사안이 발생하는 것 자체를 회피하려 했다.

하지만 시간이 흐르면서 조선은 점차 청에 의해 순치되어갔다. 비록 효종 연간 '복수설치復讐雪恥'를 강조하면서 북벌론北伐論이 제기되었지만, 이는 당시 정점頂点으로 치닫고 있던 청의 국력과 조선 내부의 사회경제적 피폐상을 고려하면 실현되기 어려운 것이었다. 더욱이 극히 정교했던 조선에 대한 청의 정보망의 존재나, 조선 정책 입안과 시행 과정에서 한족 출신 이신들이 활약했던 것은 조선의 '반청'을 어렵게 했던 것으로 보인다.

1644년 입관 이후 자신감이 커진 청은 조선에 대한 압박을 완화했고, 이러한 분위기 아래서 조선의 청에 대한 태도 또한 변화의 조짐을 보였다. 한 예로 1672년(현종 13) 이후, 조선은 명대의 사서인 『양조종신록兩朝從信錄』에서 인조반정을 '찬탈簒奪'이라고 기술한 내용을 고쳐달라고 청에 요청했다. 명을 위해 '복수해야 할 대상'인 '오랑캐 정권' 청에게 명대의 곡필曲筆을 수

정해달라고 했던 것은 분명 아이러니였다.[98]

이러한 추세를 볼 때 숙종, 영조대 대보단大報壇을 창설하여 설제設祭하는 등 대명의리론對明義理論을 고취하려 했던 조선의 동향과 의도를 당시의 청이 다 알고 있었다는 지적은 주목된다.[99] 또 18세기 초 강희제康熙帝가 조선이 명을 끝까지 배반하지 않은 것을 찬양했던 것에서 보이듯이[100] 청은 망해버린 명에 대한 조선의 충절을 '청에 대한 충절'로 환치시켜 생각할 만큼 자신감이 커졌다. 그리고 조선 내부에서는 이제 "명은 조선을 지나치게 수탈하여 망할 지경으로 몰았는데 청제淸帝의 은택을 입어 회복되었다"라는 이야기까지 나올 정도가 되었다.[101]

요컨대 병자호란이 끝난 지 100년 가까운 시간이 흐르면서 조선사회에서는 병자호란과 명청교체를 바라보는 시각에서 미묘한 변화의 조짐이 나타나고 있었다.

---

98 한명기,「17·18세기 韓中關係와 仁祖反正」,『韓國史學報』13, 高麗史學會, 2002, 31~39쪽.

99 桑野榮治,「朝鮮小中華意識の形成と展開」,『國家理念と對外認識』所收, 慶應義塾大出版部, 2001, 171쪽.

100『淸康熙實錄』권227, 康熙 45년 10월 丁酉, "諭大學士曰 觀朝鮮國王 凡事極其敬愼 其國人皆感戴 ……且彼更有可取者 明之末年 彼始終未嘗叛之 猶爲重禮之邦也."

101 安錫儆,『霅橋集』권7,「擬大庭對策」, 亞細亞文化社, 영인본, 657~658쪽, "苟能全有天下者 皆天子也 天下之主也 或起華夏 或起夷狄 皆天之所與也 人之臣附者 亦何擇之有哉 …… 且大明之於朝鮮 苛刻多責而貢斂繁重 國爲之懸竭而幾於亡矣 賴淸帝之寬大簡易 廉於納貢而朝鮮少完 百年庇蘱實有長育之恩 若丁卯之寇 丁丑之難 則以此而爲可亡也."

제 2 부

전쟁과 근현대의 동북아 국제질서

제1장 | 19세기 서구적 세계체계와 동북아 질서 재편

조병한 (서강대학교 사학과)

1. 머리말

근대 이전 동아시아에서 전통적 세계질서의 존재를 상정한다면 그것은 중국 중심의 화이적華夷的 조공朝貢질서였다. 이 질서가 무너지고 서유럽 제국주의의 압력에 따라 전면 개항開港과 조약체제條約體制가 완성된 것은 국가별로 시간적 낙차落差와 진행과정의 차이가 있는데, 이것이 후일 각국의 개혁과정에 영향을 준 주요 요인 중 하나가 되었다. 그리고 19세기 후반 동아시아 각국과 서구 열강 사이에 불평등조약체제가 성립되고 이념적으로 서구 국제법 질서가 중화적中華的 국제질서를 대체했다 하더라도, 불평등조약과 더불어 바로 동아시아에서 서구 제국주의 지배하의 식민지 · 반식민지 체제가 결정된 것은 아니었다. 중 · 일 양국이 전면 개항한 1860년 전후부터 청일전쟁 이전까지 30여 년 동안 동아시아 각국 간에 서구 제국주의 외압에 저항해 근대화 개혁을 추구할 경쟁적 상황이 조성되었다. 1860년대까지는 영국 중심의 자유무역 제국주의 시기로서, 동아시아에서 영국 중심의 무역질서와

이를 유지하려는 열강 간의 협력체제가 지속되었으므로 직접적 식민지 지배의 위협은 아직 약했다고 할 수 있다. 따라서 이 지역 내 경쟁도 근대 동아시아 3국의 운명을 결정하는 데 궁극적 요인인 서구의 압력에 못지않은 직접적 요인으로서 대단히 중요한 의미를 갖는다.

사실 청조淸朝의 중화제국中華帝國이 서유럽 근대 국민국가들에 굴복한 결과 1870년대부터 주변의 변강邊疆과 조공권朝貢圈을 잠식당하기 시작했다고는 해도, 점차 좁아지는 전통적 조공질서는 동아시아 역내에서 한동안 공존했다. 그리고 이 구질서를 해체하는 과정에서도 서유럽보다는 동아시아 역내에 국토를 갖는 일본 · 러시아의 경쟁적 침략이 가장 치열했으며, 중화제국의 지역 내 영향력이 동아시아에서 최종적으로 소멸한 것은 청일전쟁에서 일본과의 경쟁에 패한 결과였다. 개항이 너무 늦었던 조선의 경우는 1880년대부터 청 · 일 양국의 내정간섭으로 개항 초기부터 근대화 경쟁에 제약이 많았다. 이상의 시각에서 근대 서구 제국주의의 영향과 아울러 과거 중화적 질서하에 있던 동아시아 지역 내 국가들의 전통적 국제인식과 개항 후 서구의 충격하에 일어난 세계관의 변동이 연구의 대상이 될 것이다. 또 청일전쟁으로 중화제국이 해체된 후 동아시아의 새 국제질서에서, 옛 중화질서를 대체한 신흥 일본 국민국가의 후발 제국주의와 선진적 서유럽 제국주의라는 세계적 차원의 상위 질서가 공존하며 상호 갈등하는 이중구조가 형성된 사실도 중요한 현상이다. 그러나 20세기 초 이래 조선을 병합한 일본 제국주의의 팽창과 이에 저항한 중국 국민혁명의 진행과정에서 동아시아 국가들 사이의 국제질서에는 전통적 중화주의의 자기중심적 · 차별적 세계인식이 여전히 존속하고 있었다.

이 글은 19세기 동아시아 3국의 근대사에서 가장 중심적 주제라 할 청일전쟁에 이르는 과정을 중심으로, 한국 · 중국 · 일본 3국 중 청조 중국 측에 더 비중을 두고 서술되었다. 중국에 치중된 이런 글쓰기 방법은 당연히 한계가 있으나 중국사 전문 연구자로서 필자가 제한된 지면에서 광범한 주제를 다루는 가능한 방법일 수도 있다. 그리고 청일전쟁 자체보다는 그 배경으로서 동아시아 3국의 국내외 정세 변동에 역점을 두었고, 19세기 후반 동아시아 국제질서를 중층적인 상하의 두 질서로 양분해 세계적 지배질서로서 서구 제국주의와 그 세계질서 아래에서 중국과 일본의 경쟁을 중심으로 한 지역질서의 변동과정과 구조를 검토하고자 했다. 19세기 동아시아 국제질서에서 조선의 지위는 중국·일본과의 비교사적 시각에서 상당 부분 이해될 수 있기 때문이다. 또 하위 질서로서 동아시아 지역질서의 변동과정에서는 서구의 조약체제나 국제법 질서가 이념이나 외교 전략으로서 일정한 영향을 미쳤으나 그 영향력은 상당한 제약을 받았고, 중화질서 같은 동아시아의 전통적 세계관과 공존, 충돌하는 현실에도 유의했다.

동아시아 3국의 근대를 시기구분하면 아편전쟁부터 20세기 초두의 러일전쟁 전후까지를 제1단계로 파악하는 것이 타당하다. 동아시아에서 제국주의적 조약체제가 성립된 이래 근대화 개혁을 추진한 일본이 지역 제국주의 국가로 확립된 시기가 바로 러일전쟁이며, 이후 그때까지 지배적이던 서구 제국주의 내에서도 큰 변화가 불가피해졌기 때문이다. 또 개항 후 반세기를 버티던 청조 중화제국이 청일전쟁의 결과 반식민지로 전락한 후 러일전쟁 전후에 이를 대체할 근대 국민국가 수립을 위한 공화혁명共和革命이 격화되었고, 조선을 둘러싼 중국·일본·러시아의 경쟁이 일본의 승리로 종결되고 조선이 사실상 일제의 식민지로 확정된 것도 러일전쟁 때였다. 1910년의 한일합병, 1911년의 중국 신해辛亥공화혁명과 이듬해 청조의 멸망, 1912년의 일본 메이지明治시대의 종결은 러일전쟁에서 일어난 사건들의 마무리 과정이라 할 수도 있다. 즉 동아시아 근대에서 19세기의 사실상의 종결은 1904

년부터 1912년 전후였던 것이다. 그리고 그 시기는 근대 후기의 새로운 출발점이기도 했다.

2. 청조의 근대 조약체제 수용과 양무관료의 개혁

(1) 청제국의 개항과 중화질서의 저항

14세기 후반 이래 명·청조 중국과 조선 왕조, 17세기 이래 일본 도쿠가와 막부德川幕府가 실시한 해금海禁정책은 각국의 국내적 통일을 강화하는 데 기여했다. 그러나 16세기 이래 동아시아 해상에 나타난 서유럽 중상주의重商主義 국가들의 서세동점西勢東漸 물결은 19세기 중엽 1차 산업혁명을 완성한 영국과 청조의 아편전쟁을 계기로 마침내 동북아시아에서 본격적인 팽창의 단계에 들어섰다. 시민혁명과 산업혁명을 거치면서 형성된 근대 국민국가로서 19세기 서구 열강의 압력은 전근대 세계에서는 매우 높은 수준의 전통문명과 견고한 국가기구를 보유했던 동아시아 3국인 중국과 조선·일본으로서도 불가항력이었고, 이 외압이 몰고 온 전면적인 구체제의 위기에 대응해 조만간 개혁이 불가피한 대세를 이루게 되었다. 동아시아의 전통적 세계질서를 상정한다면 화이 관념과 조공·책봉冊封체제로 대표되는 중화적 질서라 할 수 있다. 아편전쟁 이후 청일전쟁에 이르는 시기에 동아시아 국제질서로서 중화적 질서의 해체는 서구 열강에 지배된 조약체제의 성립과 서구의 도전에 대응한 동아시아 각국의 근대화 경쟁에 따른 일본의 급속한 성장, 이 두 가지 현상으로 상징될 수 있다.

동아시아에서 국제질서의 변동은 ① 아편鴉片전쟁(1840~1842)으로부터 제2차 아편전쟁(1856~1860)이 끝난 북경조약北京條約(1860)까지 중국·일본 양국이 근대 조약체제에 완전 편입되는 과정, ② 북경조약 이후 조약체제하의 중국·일본 양국의 개혁정권 출범, ③ 일본의 타이완 침공(1874) 이후 조선의 임오군란壬午軍亂(1882)까지 중국·일본 해상 경쟁의 시작, ④ 임오군란 이후 청일전쟁(1894~1895)까지 조선에서의 중국·일본 경쟁, ⑤ 청일전쟁부터 러일전쟁(1904~1905)까지 일본 제국주의의 형성기의 5단계로 구분해볼 수 있다. 일본의 대외 팽창과 일본을 주된 가상 적敵으로 한 청조 중국의 해방론海防論이 시작된 제3단계에 조선도 일본의 압력으로 개항(1876)했지만, 사실상 서구 각국과의 전면 개방은 제4단계가 시작되는 1882년에 실현된다. 이러한 조선의 개방 지체遲滯가 갖는 역사적 의미는 매우 중대하다. 양무洋務파의 초기 변법變法론자 왕도王韜에 의해 신속히 중국·일본에 소개된 프러시아-프랑스전쟁(1870)은[1] 1870년대 독일 통일 이후 제국주의 세계체제의 서막을 상징하는 사건으로서, 이후 동아시아에서도 구미歐美 열강의 제국주의 압력이 본격화되었다.

명·청 왕조에 이르러 최후의 단계에 들어선 중화제국은 당唐·원元(몽골)에서 전형적으로 나타난 세계제국으로서의 국제적 개방성과 문명의 우월성이 약화되고, 경직硬直된 방어적 세계주의 중화관념을 유지한 채로 현실적으로는 동아시아 중심의 지역제국으로서 폐쇄적·국지적局地的 경향이 강화되었다.[2] 그 결과 북방 유목민의 군사 위협과 동남 연해의 무역상·해적海賊에

1 王韜의 『普法戰紀』는 일본에 수입되어 일본 軍部에서 1879년과 1887년에 간행되었고, 그도 일본 방문에서 지식인들의 대환영을 받았다. Paul A., Cohen, *Between Tradition and Modernity: Wang Tao and Reform in Late Ching China*, Harvard Univ. Press, 1974, pp.100~101.

2 唐代 세계제국의 보편성·국제성에 대해서는 唐代史硏究會 編, 『隋唐帝國と東アジア世界』, 汲古書院, 1979, 26~29쪽 참조. 주체가 북방민족인 蒙古族 정복왕조 元도 세계제국으로서 보편성과 국제성에서는 당과 마찬가지이다. 그러나 漢族의 明과 滿洲族 정복왕조 淸은 한족과 북방민족의 통합이란 측면에서 청의 규모가 훨씬 크다 해도 邊疆과 연해의 폐쇄성에서 당·원과 다른 동아시아의 국지성을 띤다.

대한 방어적 경계선과 통제정책이 강화되었다. 명대의 장성長城 구변九邊이나 만주 · 몽골까지 확장된 청제국의 변강, 즉 번부藩部 지역의 성립,[3] 청 강희康熙 · 옹정雍正 대에 유목민 후방에 대두한 새 북방민족 러시아와 체결한 네르친스크(1689) · 캬흐타(1727) 같은 사실상 대등한 국경조약, 14세기 이래 명 · 청대에 계속된 연해의 해금(쇄국鎖國)정책은 모두 그러한 근세 중국 제국체제의 성격을 대표하는 정치 현상이었다. 이 같은 명 · 청 양 대의 연속성 속에서 두 왕조의 차이점을 들자면 명조가 한족漢族 왕조임에 반해, 청조는 만주족 정복왕조이기 때문에 만리장성萬里長城을 넘어 북아시아 · 내륙아시아의 광범한 주변부 민족을 이번원理藩院하의 '번부'로서 중국 통치권 내에 편입해 지배를 강화하고, 육부六部의 예부禮部에서 관리하는 조공국 · 호시국互市國들과 구분한 것을 들 수 있다.[4] 또한 명대 전기의 왜구倭寇 같은 밀무역 및 해적 현상으로 인해 해상교역의 전면 금지로 시작된 해금정책은 명말 및 강희제 후기(1684) 이래 완화되었으나, 건륭乾隆 대(1757) 이후 서구에 대한 통제무역인 광동무역체제廣東貿易體制가 성립되었다.[5] 그러나 영국과의 아편전쟁에서 패배한 청조는 서구에 대한 광동무역체제를 포기하고 자유무역과 대등외교를 약속하지 않을 수 없었다.

그러나 남경南京조약(1842) 이후에도 청조는 여전히 조약체제를 보편적 국제질서로 보지 않았고, 약 20년간 국내 관료 · 신사층紳士層의 압도적인 배외적排外的 청의淸議의 명분론과 개항장에서의 외압에 의한 현실적 기미羈縻정책 사이에서 동요하고 있었다. 아편전쟁 때 임칙서林則徐 등 주전主戰 청의론

---

3 肖立軍,『明代中後期九邊兵制硏究』, 吉林人民出版社, 2001 ; 馬汝珩 · 馬大正主 編,『淸代的邊疆政策』, 中國社會科學出版社, 1994.

4 崔晶姸,「理藩院考」상 · 하,『東亞文化』20～21, 1982～1983, 133～153쪽 ; 片岡一忠,『淸朝新疆統治硏究』, 雄山閣, 1991, 24～33쪽.

5 陳尙勝,『閉關與開放一中國封建晩期對外關係硏究』, 山東人民, 1993.

자들과 반대편에 선 목창아穆彰阿 · 기영耆英 등의 유화적宥和的 타협론자들의 계보는 그 후 북경조약 체결로 조약체제가 청조 중앙의 전면적 공인을 얻기까지 파벌적 대항관계로 발전해갔다.[6] 전통적인 화이론적 세계인식에서는 평등한 외교 관념 자체가 결여되어 대외정책은, 조공제도하의 통상을 미끼로 삼거나 배외적 민정民情을 이용하거나 외국 간의 분열을 이용해 오랑캐로써 오랑캐를 제압한다는 '이이제이以夷制夷' 전략을 구사하는 데 지나지 않았다.[7] 따라서 대등국 간의 조약이란 것도 여전히 서양 이적夷狄을 회유懷柔하는 전통적인 화이론적 기미정책의 새로운 방편으로 등장했을 뿐이었다.

아편전쟁 후 청조는 외교 및 통상의 완전 개방을 위한 서구의 조약개정 요구에 대해 비협조적 정책을 계속 견지했으며, 배외정책은 황제뿐 아니라 광범한 제국 관료 · 신사층의 명분론적 여론인 청의의 지지를 받고 있었다. 이것은 영국이 제2차 아편전쟁을 도발하고 수도권 진격을 강인하게 추구한 배경이 되었다. 북경조약 이후 청의 완전 굴복과 조약체제의 확립에는 영국-프랑스 연합군의 군사 침공과 아울러 영국을 중심으로 이에 편승한 프랑스 · 미국 · 러시아 4개국의 공조외교의 압력이 작용했다.[8] 아편전쟁에서 동남 연해에 한정되었던 중국의 개항장이 북경조약의 결과 비로소 양자강揚子江 유역의 중국 내부와 북방 연해까지 확대됨으로써 중국의 개항이 완성되었다. 또 하나 주목되는 사실로 17세기 이래 몽골 후방의 북방민족(북로北虜)으로 분류되어 이번원의 관할하에 있던 러시아가—아편전쟁 후에도 서구와 분리되어 있었으나—제2차 아편전쟁을 틈타 흑룡강黑龍江 이북과 연해주沿海州를 탈취하고 북경조약의 중재자로 개입함으로써, 외교 기구 · 방식과 경

6 James M. Polachek, *The Inner Opium War*, Harvard Univ. Press, 1992, pp.63~99 · 177~193.

7 王爾敏,『中國近代思想史論』3쇄, 華也出版社, 1982, 10~11쪽.

8 中國史學會主 編,『第二次鴉片戰爭』三, 上海人民出版社, 1978, 285쪽, 直隸總督譚廷襄等奏(咸豊 8년 3월 25일) ; 같은 책, 310쪽, 工部尙書文彩奏(동년 4월 2일).

로 등에서 영국 · 프랑스 · 미국 중심의 서구 해상국가들의 조약체제에 합류한 것을 들 수 있다.[9]

1840년대에서 1850년대에 걸친 두 전쟁 사이의 20년간은 청제국의 만滿 · 한漢 이중체제에 서양인이 개입한 중中 · 서西 이중체제가 형성된 시기라는 지적이 있다. 이 견해에 의하면 중 · 서 이중체제는 전통적 중국 왕조의 한족 · 북방민족(호한胡漢) 이중체제의 연장선상에서 청조에 수용된 것이며, 북경조약 후 시작된 양무운동洋務運動의 '중체서용中體西用' 이념도 이 같은 중 · 서 이중체제를 토대로 형성된 정책적 표현이라는 것이다.[10] 조약항條約港체제나 중국 내 협력자(매판買辦)들, 해관海關 총세무사總稅務司제도 등 서양인 관리 채용 및 서양 기업企業 수용 그리고 북경조약 이후 1860년대의 불평등조약 용인과 중 · 서 협조외교 등이 중 · 서 이중구조의 역사적 표현으로 간주되었다. 이 같은 불평등조약 수용을 용이하게 하는 문화적 · 심리적 요인으로서 중국의 유교적 '문화중심주의'에 따른 화이론에 이중적 논리구조가 내재한다는 사실을 지적할 수도 있다. 이질적 문화권의 민족에 대해 중화와 이적(오랑캐)의 존비尊卑를 차별하는 '화이대방華夷大防'의 관념이 배외적 저항의 명분이 될 수도 있으나, 한편으로는 중국이 이적을 동화하는 '화이일통華夷一統'의 관념도 공존했다.[11] 따라서 천자(황제)의 왕조에는 국경이 없

9 坂野正高, 「北京における對露交涉機構の變貌—天津條約(1958年)調印から」, 『近代中國硏究』 제3집, 東京大學出版會, 1959, 5～8쪽.

10 John K. Fairbank, 'Synarchy under the Treaties', in Fairbank ed., *Chinese Thought & Institutions*, the Univ. of Chicago Press, 1957, pp.216～230. 원래 아편전쟁에서 서구 열강에 의해 강요된 조약체제를 청조가 수용한 논리도 夷狄에 대한 전통적 懷柔정책의 이념적 · 제도적 틀 속에서 정당화된 것이었다. 따라서 기존의 중화주의적 세계관에 대한 수정은 거의 없었다고 할 수 있다. 이는 佐藤愼一, 『近代中國の知識人と文明』 第1章 「文明と萬國公法」, 東京大學出版會, 1996, 56～59쪽 참조.

11 陳連開, 「中國 · 華夷 · 蕃漢 · 中華 · 中華民族」, 費孝通等, 『中華民族多元一體格局』, 中央民族學院出版社, 1989, 79～80쪽.

다는 '천조무외天朝無外'나 이적도 똑같이 천자의 덕치로 다스린다는 '일시동인一視同仁'의 세계주의적 관념이 중화제국체제의 정통성을 주장하는 이념으로 널리 쓰였다.

아편전쟁 종결 직후 나온 위원魏源의 『해국도지海國圖志』는 오랑캐로써 오랑캐를 제압한다는 '이이제이'와 아울러 오랑캐의 앞선 기술을 배우자는 '사이장기師夷長技'를 통해 서구를 제압하려는 견해를 제시해, 당시로서는 전통적 경세론經世論의 새로운 발전으로 평가할 만하다. 이 책에서 서구문명의 근대 기술과 총포·군함 등 군수산업軍需産業 도입을 통한 양무운동의 선구 이론을 발견할 수 있지만, 근대적 외교 관념은 기대할 수 없다.[12] 다만 아편전쟁 이후 중국의 국방 전략에서 해방海防의 중요성이 매우 높아져 과거 전통시대에 절대적 비중을 차지했던 북방 유목민에 대한 내륙 변강의 방어, 즉 새방塞防(육방陸防)과 비등한 지위를 갖게 된 점이 주목된다.[13]

『해국도지』에서 영국 중심의 서유럽 지역에 대한 군사적·역사지리적 탐구가 시작되고, 서구를 저지하는 해방 전략의 외곽 방어망으로서 일본 및 동남아시아 등 과거 조공권 국가들과의 정치적·통상적 관계가 중시되었다는 지적도 있다.[14] 또한 서구 각국은 로마 가톨릭 세계에서 분화되어 상업국가들의 분열된 세계라는 세계인식이 흥미를 끈다.[15] 영국에 대한 묘사에서 남양南洋을 비롯해 지구를 일주하는 무역거점을 설치하고 상商과 병兵이 서로

---

12 王家儉, 『魏源對西方的認識及其海防思想』, 臺灣大學, 1964, 122~125쪽.

13 Jane K. Leonard, "Chinese Overlordship and Western Penetration in Maritime Asia: A Late Ch'ing Reappraisal of Chinese Maritime Relations", *Modern Asian Studies* 6-2, 1972, pp.151~152 · 155~156 · 158.

14 Jane K. Leonard, ibid., p.160 · 165, pp.170~173 ; *Wei Yuan and China's Rediscovery of the Maritime World*, Harvard Univ. Press, 1984, pp.141~142 · 145~146 · 197~199 ; 王家儉, 위의 책, 33~36 · 69쪽.

15 Jane K. Leonard, op.cit., 1972, pp.154~155.

도와 웅대한 세력이 되었다는 인식은 후일 양무파의 세계인식의 출발점이 되었다.[16]

북경조약체제를 성립시킨 양무파 관료들은 대개 아편전쟁 당시의 명분론적 청의의 입장에서 출발했으나, 태평천국太平天國 내전과 제2차 아편전쟁 과정에서 주로 전쟁과 협상의 현장 체험을 갖고 서구 군사력의 불가항력을 깨달아 외교적 전략으로서 조약체제의 가용성을 받아들이는 현실주의적 입장으로 전환한 인물들이었다. 제2차 아편전쟁 중 수도 함락이 임박한 시점까지 천진天津(1858)·북경조약의 협상을 담당했던 세력도 북경 관료계의 강대한 주전론의 압력 아래 있었으며, 조약 성립 후에야 그들을 중심으로 양무파가 형성되는 급속한 정치적 입장의 전환이 일어났다.[17] 양무파 관료들은 자강自强과 화약和約의 병행을 표방하며, 함풍咸豊 대의 숙순肅順 등 북경의 극단적 주전파와 하계청何桂淸 등의 강절江浙 지역 유화론자들에게 정치적 희생을 강요한 대가로 권력을 장악했다. 그리고 유화적 조약체제를 국제질서로 공인한 바탕 위에 강절 지구 태평군의 진압에 영국·프랑스 군대의 지원을 받고, 해방정책의 강화 수단으로 새로운 서구 군비체계를 도입하는 양무개혁을 추진해갔다.[18] 초기의 양무파를 대표하는 두 계열로 북경의 공친왕恭親王(혁흔奕訢)·문상文祥 계열과 양자강 일대의 증국번曾國藩·좌종당左宗棠·이홍장李鴻章 등의 상군湘軍·회군淮軍 계열을 들 수 있는데, 그 중심은 차츰 지방의 상·회군계로 이행되었다. 1870년대 이후 운동의 제2단계

16 魏源, 「圓圖橫圖敍」, 『海國圖志』 60권본(成文出版社 영인, 道光 丁未 古微堂 刊), 권2, 1앞; 「大西洋歐羅巴各國總叙」, 『海國圖志』 4, 권24, 卷首 1앞~2앞.

17 坂野正高, 「總理衙門の設立過程」, 앞의 『近代中國硏究』 제1집(東京大學出版會, 1959), 20~34쪽. 咸豊帝의 熱河 피란 이후 주전론이 현저히 약화되었으나, 북경조약에 임한 恭親王은 북경과 열하의 주전파를 의식해 매우 조심스럽게 접근했다.

18 曺秉漢, 「초기 洋務論의 형성과 上海 지역」, 『中國近現代史硏究』 16, 2002.

에 들어서는 특히 직례총독直隷總督 북양대신北洋大臣 이홍장 중심의 회군계가 양무운동의 새 발전 단계에서 주축이 되었다.

대등외교 관념에 기초한 조약체제는 제국 방위를 위한 해방체제에 종속되고, 서구 자유무역을 보증하는 수단으로서 포함砲艦의 위력으로 보호되는 불평등조약이었다. 따라서 조약체제는 서구 열강에 한정되는 신형의 외교 범주로서 신설된 총리각국사무아문總理各國事務衙門(총리아문總理衙門)에서 관할되고, 제국의 전통적 영향권인 동아시아 지역 내에서는 여전히 예부 중심의 조공·책봉관계 및 이번원에 의한 번부藩部(후일의 변강)제도가 유지되는 이중구조가 청일전쟁 때까지 존속했다.[19] 청일전쟁에서 하나 남은 최후의 조공국 조선이 이탈함으로써 완전 소멸될 때까지 날로 위축되어간 조공권은 한동안 중화질서와 제국체제의 상징적 존재로 기능했다. 즉 북경조약 이후 '동치중흥同治中興'이란 체제 부흥을 위한 보수적 정치개혁론의 큰 흐름 속에서 양무파는 조약체제와 국제법 질서를 전통적 조공질서와 공존하는 형태로 수용한 것이다. 서양과의 관계는 아편전쟁 뒤에도 쓰이던 '이무夷務'가 아니라 '양무'로 표기되었으며, 영국 공사는 조공국이 아니라 대등국의 사절로서 청조 황제에게 삼궤구고례三跪九叩禮를 거부하도록 명기되었다.[20] 상군 영수로 양무운동의 창시자인 증국번은 서구와의 외교에 신의를 강조하고, 외역外域·이족異族에게 위신을 세우는 데는 맹자孟子의 "자기에게 돌아

---

19 종래의 외무 담당 지방大官으로서 廣東에 이어 上海의 欽差大臣을 인정하지 않고 北京의 外國公館 설치에 대비해 북경 중앙의 外政기관 설치를 요구하는 영국 공사의 압력에 따라, 북경조약 당사자인 主和派 공친왕 등의 건의로 1961년 1월 총리각국사무아문의 설립이 결정되었다. 禮部·理藩院과 구분해 軍機處의 分局으로 설립되었으나 설치 당시는 임시 기구의 성격으로 인정되었고 太平天國 동란 등 비상 시국에서 구미 열강의 협조정책으로 가까스로 지탱할 수 있었다. 이는 坂野正高, 앞의 논문, 1959, 43·51~61·68~75쪽.

20 高橋孝助, 「中華帝國の近代化と再編」, 歷史學硏究會 編, 『講座世界史3 民族と國家—自覺と抵抗』, 東京大學出版會, 1995, 273~274쪽.

가 구하는〔反求諸己〕” 자강이 불가피함을 강조했다.[21] 신의 외교로 ‘이이제이’의 기미 전술을 배격하고 자강의 방법으로 서양 과학을 발견해서 비교적 체계적인 중체서용론을 전개한 최초의 이론가는 『교빈려항의校邠廬抗議』(1860)의 저자인 풍계분馮桂芬이었다.[22] 그러나 풍계분을 비롯한 양무운동의 세계관은 중화제국의 권역圈域과 서구 국제법 권역으로 양분된 이중구조를 갖고 있었다.

(2) 국제법 질서의 수용과 양무운동

한편 국가주권의 자주독립과 평등성을 전제로 한 서유럽의 근대국가 이념은 조약체제와 국제법에도 부분적으로 반영되어 있었다. 아편전쟁 이래 영국이 중국을 비롯한 동아시아에 강요한 조약체제의 핵심적 의도는 자유무역과 이를 보호하기 위한 서구적 법률체계였으며, 새 조약질서의 개척과 유지를 위해 포함砲艦외교가 동원되었다. 이러한 체제를 자유무역 제국주의라 부른다.[23] 서양 정보의 체계적 수집으로 정평 있는 아편전쟁의 강경파 임칙서는 국제법의 일부 내용을 번역해 서양과의 외교에 처음 이용한 인물로 알려져 있다.[24] 그러나 그것은 중국이 이민족과의 관계에서 전통적으로 사용해온 이이제이라는 기미 전략의 한 부분으로 이용되었을 뿐이다. 제2차 아편전쟁 이후 서구와의 조약체제를 항구적 국제질서로 인정하고 서구 국가들을 대등국으로 인정함에 따라 중국에서 처음으로 근대적 외교 관념이 나타났으며, 국제 간의 보편적 공법公法으로서 국제법도 외교 규범으로 수용하게 되었다.

21 曾國藩, 「書札」 권30, 18앞, 覆應民齋觀察(『曾文正公全集』, 鴻文書局本, 1888).

22 曺秉漢, 앞의 논문, 2002, 24～33쪽.

23 小風秀雅, 「アジアの帝國國家」, 小風秀雅 編, 『アジアの帝國國家』, 吉川弘文館, 2004, 53～55쪽.

24 楊國楨, 『林則徐論攷』, 福建人民出版社, 1989, 29～30쪽.

북경의 양무교육 기관인 경사동문관京師同文館의 총교습總敎習 마틴W.A.P Martin이 1864년 『만국공법萬國公法』이란 이름으로 번역, 출간한 미국인 휘턴H. Wheaton의 『국제법원리*Elements of international law*』에는 공법의 뜻, 국가 주권(자치자주권自治自主權), 국가의 자연권, 국가 간 평등 교제(사절교환 · 조약체결권), 국가의 교전권交戰權 · 중립권 · 화약권 등의 내용이 포함되었다. 그러나 이 책은 국가주권의 불가침성을 주장하는 한편으로 자주국의 식민 정복이나 영사재판권領事裁判權 등을 인정했고, 중국이 서구와 맺은 화약, 즉 불평등조약도 국제법의 범주로 수용한다는 약점이 있었다.[25] 마틴이 번역한 또 다른 책 『공법편람公法便覽』(1878)에는 공법公法의 공公이란 일국의 사私가 아니고 또 한 시대에 국한되지 않는다는 뜻으로 해석되었으며, 공법이 "의리義理로 표준을 삼으며", "천지자연의 이의理義"라는 설명도 있었다. 그러나 공법은 채택에 강제성이 없고 전권자주국全權自主國에만 적용되며, 공법의 이의에 대한 각국의 견해가 일치하지 않는 현실도 있음을 지적했다.[26] 또한 보편적 공법으로서 국제법의 기원이 중국 고대의 분열 시기인 춘추시대의 회맹會盟 · 입약立約과 연관되고 공자孔子의 『춘추春秋』 포폄褒貶에 비견되었으며, 종횡가縱橫家 사상에 세력균형(균세均勢)의 법이 들어 있다는 주장도 나타났다.[27] 이처럼 국가주권의 자주 · 평등을 규정한 국제법의 보편적 세계질서 이념은 19세기 말 제국주의 지배질서를 타파할 역량이 없는 중국 개혁가들이 중국의 미래를 기탁하는 이상이 되었다.

이상적 만국공법에서 실제로는 동아시아를 비롯한 비서구권 국가들이 배

25 田濤, 『國際法輸入與滿淸中國』, 濟南出版社, 2001, 35~48쪽.

26 田濤, 위의 책, 69~72쪽.

27 田濤, 위의 책, 79~83쪽에 보이는 마틴의 견해. 『春秋』를 世界 大同의 公理 · 公法을 촉진하는 萬世 大法으로 여긴 유신파 康有爲가 국제법과 『춘추』의 相補 작용을 주장한 것은 같은 책, 226~228쪽 참조.

제된다는 현실은 정관응鄭觀應 등 양무파의 초기 변법론자들도 인지하고 있던 사실이었다.[28] 1870년대에 불평등조약체제의 모순에 대한 그들의 비판적 인식은, 비록 힘의 강약에 좌우되는 국제법의 현실에도 불구하고 국가 간 평등을 규정한 국제법의 규범의식을 전제로 성립한 것이었다.[29] 1976년 최초의 해외 상주 외교관으로 양무파 관료 곽숭도郭崇燾가 영국 · 프랑스에 파견되고 1870~1880년대에 관세자주권 · 치외법권 철폐 등 국권과 중상주의적 국가 이익의 수복을 주장하는 논의도 나타났다.[30] 그러나 국제법 원리에 따른 조약개정을 위해서는 반드시 서구적 법률체계에 부합하는 법률개혁이 요구되었는데,[31] 이 같은 수준의 개혁은 청제국의 체제 내 개혁이라 할 수 있는 양무운동으로서는 곤란한 과제이기도 했다. 청일전쟁의 패배로 양무운동이 좌절되자 근대 민족주의의 발흥에도 불구하고 이제 반식민지 상황에서 정부 차원의 조약개정의 실천은 불가능했고, 결국 20세기 초 민간 대중운동과 국민혁명의 과제로 남겨졌다.

19세기 후반 청조에서 외교 전략으로 자주 이용된 것은 국제법과 아울러 서구 열강 간의 세력균형에 관한 이론이었다. 사실 19세기 후반 열국 경쟁의 제국주의시대에 적용할 외교 전략으로 중국 고대의 분열시대인 춘추전국이 고전적 참고 대상으로 양무·변법론자의 관심을 끈 것은, 진秦 · 한漢 이래 장

28 公法(국제법)세계의 이상은 鄭觀應, 「論公法」, 『易言』(『鄭觀應集』上册, 上海人民出版社, 1982 수록), 67~68쪽. 국력이 지배하는 국제정치에서 겉치레로 이용되는 공법의 현실 비판은 「邊防七」, 『盛世危言』(위의 책), 808~809쪽.

29 佐藤愼一, 『近代中國の知識人と文明』, 제1장 「文明と萬國公法」, 東京大學出版會, 1996, 50~52쪽.

30 崔熙在, 「洋務運動期 民族意識 發展의 一端 同治末 · 光緖初의 國權과 華僑問題 認識을 중심으로」, 『東洋史學硏究』 85, 2003, 176~187쪽.

31 治外法權의 폐지를 위해 중국 · 서양 법률의 현격한 차이를 극복할 필요성은 이미 양무파의 초기 변법론자들이 제기하고 있다. 이는 薛福成, 「籌洋芻議」, 丁鳳麟 등 편, 『薛福成選集』, 上海人民出版社, 1987, 528~529쪽 참조.

기 지속의 전제적 통일제국시대에 주변 이적에 대한 '이이제이' 전략의 유용성이 1860년대 이후 의심받게 된 국제인식의 변화를 반영한다. 또 하나 주목되는 것은 이 시대의 역사적 대변동에 관해, 양무파 및 초기 변법론자는 화이 격절隔絶의 천하로부터 화이 연속聯屬의 천하로, 청일전쟁 패전 후의 변법파는 중화中華 대일통大一統의 천하로부터 열국 병립(경쟁)의 천하로 바뀌었다는 인식을 갖고 있었다는 지적도 있다.[32] 그러나 양자의 구별은 이러한 설명만으로는 아직 불명확하다. 좀더 부연하면 변법의 경우는 열강의 중국 분할 상황에서 중국의 망국이 임박했다는 위기의식과[33] 중화제국이던 중국이 해체해 서양 및 세계 각국과 균질의 일개 국가가 되었다는 각성이 있었다.

당시 동아시아의 국제정치는 구미세력과 동북아 지역세력 두 차원의 구조로 설명될 수 있다. 구미 열강의 형세를 보면 청일전쟁 이전까지는 대체로 아편전쟁 이래 중국에서 지배적 영향력을 확보한 영국의 우위가 흔들리지 않았고 따라서 중국에 대한 정책에서 열강이 영국을 중심으로 협력, 공동보조를 취하는 상황이 지속되었다. 1870년대 독일 통일 이후 유럽·서아시아·아프리카에서 영국이 독일·러시아·프랑스 등의 열강과 치열한 세력경쟁에 휘말린 것과 달리, 중국 및 동아시아에서의 영국의 우위는 오래 유지된 편이었다. 그래도 서북의 중앙아시아 변경에서 영국과 러시아, 북양해군北洋海軍 건설 등의 양무 교섭에서 영국과 독일 사이의 작은 경쟁이 1870~1880년대에 존재하기는 했다.[34] 한편 서구 제국주의 세계질서하의 하위 범주로서 동아시아 지역세력 간에 조선을 둘러싼 중국과 일본 그리고 러시아 3

32 佐藤愼一, 앞의 책, 1996, 74~77·98~102쪽.

33 閔斗基, 「戊戌改革運動의 國際的 環境―聯英日論을 중심으로」, 『中國 近代改革運動의 研究』, 일조각, 1985, 217~241쪽.

34 劉伯奎, 『新疆伊犁外交問題研究』 중판, 臺灣學生書局, 1981, 31~33·35~37·107~109쪽; 海軍司令部 編輯部, 『近代中國海軍』, 海潮出版社, 1994, 140~150쪽.

국 간의 대립이 있었다. 이 시기 동아시아에서의 국제법과 세력균형의 관계는 청조 양무파의 중심인물 이홍장의 조선정책에서 잘 드러난다. 1879년 일본의 류큐琉球 병탄에 서구 열강이 개입하지 않은 사실을 두고 공법(국제법)의 효력에 대해 조선 측 관료(이유원李裕元)의 회의가 있었지만, 이홍장의 권고와 국제적 알선으로 이뤄진 조선과 미국 등 서구와의 수교 조약(1882)은 국제법과 열강의 세력균형론에 대한 이홍장의 이해를 나타내는 대표적인 사례이다. 그는 "공법은 서양에서 정해져 동방에서 반드시 시행되는 것은 아니다. 다만 각국이 공공의 항구에서 통상하면 일국이 독점할 수가 없고 (일국이) 이를 점거하면 반드시 떼지어 일어나 다툴 것이다"라고 주장했다.[35] 이것은 서구 자본주의 국가들이 상업적 이익을 중시하며 국제법의 효용이 세력균형을 바탕으로 적용될 수 있음을 강조한 논리라 할 수 있다.

북경조약에 의한 개항과 조약체제의 완성 이후 1860년대부터 1880년대에 걸치는 시기는 한편으로 중국·일본 양국이 근대화 경쟁에 돌입한 시기라 할 수 있다. 청조의 양무운동과 1860년대 일본의 도쿠가와막부 타도(도막倒幕)운동(1864~1868)과 1868년 이후의 메이지유신明治維新은 19세기 후반 양국의 근대화 경쟁과 관련해 비교사적 가치가 있다. 중국·일본 양국에서 거의 같은 시기에 진행된 두 운동의 시간적 병행으로 인해 비교사 연구에 소홀한 기존 학계에서는 양자를 같은 수준에서 비교하기 일쑤였고, 일본의 메이지유신은 중국의 양무운동과 같은 개혁 단계를 조기에 극복하고 출현한 것이라는 사실이 흔히 간과되었다. 중국의 양무에 해당되는 일본의 개혁 단계는 막부 말기(막말幕末) 개항 후 1850~1860년대에 도쿠가와막부와 조슈長州·사쓰마薩摩 등 서남부 번藩들 간에 전개된 해방을 위한 경쟁적 군수산

35 中央硏究院近代史硏究所 編, 『淸季中日韓關係史料』 1, 中央硏究院近代史硏究所, 1972, 400쪽; 王彦威·王亮 編, 『淸季外交史料』 권29, 書目文獻出版社, 1987, 30쪽.

업 건설의 단계였다. 다만 1860년대 이후 시작된 중국의 양무운동과는 달리 일본의 유신은 이 단계를 짧은 기간에 통과해 다음의 전면적 국체國體개혁, 즉 중국은 실패한 이른바 변법 단계로 순조로운 발전을 성취했다.[36]

중국의 양무운동과 막말 일본의 군사개혁은 기본적으로 해방 전략으로 추진된 것이며 따라서 그 운동의 성격은 전통적 국가체제, 즉 중국의 황제집권적 제국(왕조)체제, 일본의 봉건 막번幕藩체제를 유지하는 것을 전제로 한 방어적 전략에 머물 수밖에 없었다. 이런 개혁은 전체적으로는 전통적 체제를 온존한 채 서구의 문물제도가 잠정적 전략의 방편으로서 부분적으로 도입, 수용되는 이중구조를 나타낸다. 따라서 양무운동은 그 장기적 축적에도 불구하고 서구 문물제도의 수용이 군사적 · 기술적 수요를 중심으로 제약을 받는 구조적 제약을 벗어나기는 쉽지 않았다. 그럼에도 양무운동은 두 단계의 발전을 통해 한때 일본의 유신과 강력한 경쟁관계를 이뤘다. 1860년대에 총포와 전함을 제작하는 관영官營의 병기창과 조선소에서 출발해, 1870년대부터 1880년대까지는 회군계 이홍장 집단의 주도하에 매판買辦자본과 같은 민간자본을 흡수하면서 관이 지도 · 감독하는 관독상판官督商辦 기업과 북양해군의 건설이라는 양무운동의 정점에 도달했다. 개혁 범위가 강병强兵에서 '구부求富', 군수산업에서 민수民需산업으로 확장된 것은 사실이나, 이때의 민수산업은 해방을 위한 군수공업에 제약을 받아 중상주의적 국책으로까지 발전하는 데는 장애가 있었다.[37] 양무운동에서는 개혁 부문이 구체제 보강을

36 일본도 서양 과학기술의 수용만 주장하는 단계를 지나 明治維新의 政制개혁 사상으로 발전했음을 주장한 사상사 연구로 閔斗基, 「中體西用論考」, 『中國 近代改革運動의 研究』, 일조각, 1985, 12～19쪽 참조.

37 양무파 내의 초기 變法論者들도 대표적 양무기업 경영방식으로 관료가 상인을 지배하는 官督商辦을 부정하지는 못했다. 이는 李時岳 · 胡濱, 『從閉關到開放』, 人民出版社, 1988, 400～403쪽 참조.

위한 해방 전략에 제약되어 신·구 두 부문이 인재와 제도 면에서 서로 분리된 채 공존하고, 새 부문이 정통성을 얻지 못하는 현상이 오래 지속됐다는 점에서 메이지유신과는 달랐다. 이는 전국적 국가권력을 장악할 개혁주체가 형성되지 못하고 개혁파들이 전통적 관료제에서 소외된 주변적인 신설 양무기구나 개항장에 고립된 결과였다.

이러한 개혁의 한계에도 불구하고 후술하듯 양무운동의 군사적 성과는 상당한 것이었다. 1850년대 태평천국 이래의 전국적 반란은 1870년대에 종결되었고 1880년대 초에는 광대한 신강新疆 변경이 수복되었다. 뒤이은 청-프랑스전쟁(1884~1885)도 과거의 조공국 베트남을 포기한 실패한 전쟁이기는 했으나, 해상의 패배와는 달리 지상전에서는 프랑스군을 반격해 격파하는 전과를 올리기도 했다. 그러나 이 전쟁으로 수구적 청의가 강화되고 양무운동의 성과를 과신함으로써 서태후西太后 등 청조 보수파가 전후의 양무사업을 정체시키고,[38] 이것이 오히려 1880년대 말 이후 일본과의 군비 역전과 청일전쟁의 참패라는 더 큰 실패를 초래하는 원인이 되기도 했다. 물론 양무파 내부에서 서구의 제도에 주목하고 중상주의적·국가주의적 논의를 시작한 '초기 변법론자'라는 소수 이론가들이 분화하기 시작한 것은 사실이나, 그들도 이홍장 중심의 양무관료들이 주도하는 양무파 진영 내에서 조언자의 지위에 머물러 있었다. 그들의 개혁론은 실천적으로 양무운동을 이탈할 수 없었을 뿐 아니라, 사상의 구조나 범위라는 측면에서도 1895년 청일전쟁 후 변법파 강유위康有爲 등의 전면적 변법운동이나 그 모델이었던 일본의 메이지유신과는 구별될 필요가 있다.[39]

---

38 Lloyd, E. Eastman, *Throne and Mandarins: China's Search for a Policy during the Sino-French Controversy 1880-1885*, Harvard Univ. Press, 1967, pp.202~220.

39 李時岳·胡濱, 앞의 책, 1988, 383~482쪽 ; 曺秉漢,「康有爲의 變法사상과 近代 法治 官僚制」,『東亞硏究』37, 1999, 258~272쪽.

양무파, 특히 그 이론가로서 초기 변법론자들에게도 제도개혁의 주장이 있었으나 강유위 등의 변법파가 그 이전의 미숙한 변법 관념과는 다른 점은, 부분적 · 고립적 개혁이 아니라 각종 제도를 상호 연관된 체계 속에서 파악하고 전반적 · 유기적 개혁을 주장한 것이다. 바꿔 말해 근대 서구적 요소의 수용이 기술적 범위나 제도의 부분적 · 행정적 개선에 그치지 않고 법치 · 관료제와 같은 정체政體개혁의 수준에 도달했고,[40] 그 이면의 이데올로기에는 민권 · 평등 같은 관념의 초보적 형태가 내포되어 있었다.[41] 이는 중화제국의 붕괴 이후 제국주의적 영토 분할 상황에서 망국의 위기를 구하기 위한 일부 유신파 신사층의 운동에서 출발했다. 청일전쟁 패전 후 계속 항전을 주장한 광범한 신사층의 청의는 과거의 수구파 관료의 명분론적 청의와는 달리 근대 민족주의의 성격을 띠기 시작했다.[42] 그들의 변법자강은 양무자강과는 달리 왕조 중흥이나 해방 · 육방이 아니라 보국保國 · 보종保種 · 보교保敎를 표방했다. 양무와 변법이란 용어가 청말의 개혁에 적용된 배경을 살펴보면, 중국의 자강을 위한 서구 방식의 차용 이른바 '차법借法' 개혁이 주로 서양에 대한 외면적 해방 수준에 중점이 있으면 양무라 하고, 양무 단계에서는 전통적 개혁(경세經世)의 영역에 머물던 내정의 제도 전반에까지 서구 방식의 차용이 적용되면 변법이라 구별할 수 있다.

양무운동이 근대화 경쟁에서 일본의 메이지유신보다 낙후한 결과 청일전쟁의 참패로 청제국은 반식민지화되고 한때 제국주의 열강에 의한 분할 위기에까지 직면했다. 청일전쟁 패전 후 메이지유신을 본받은 강유위 등의 변법운동을 1898년의 쿠데타(무술정변戊戌政變)로 압살한 청조의 서태후 정부

40 曺秉漢, 앞의 논문, 1999, 261～262쪽.

41 閔斗基, 「中體西用論考」, 앞의 책, 1985, 44～45쪽.

42 John Shrecker, "The Reform movement, Nationalism and China's Foreign Policy," *Journal of Asian Studies*, Vol. 24, No. 1, Nov. 1969.

는, 반근대적인 민중 배외운동인 의화단義化團운동(1900)과 제휴해 제국주의 분할에 대항하려다 거의 멸망의 위기에 직면한 다음에야 1901년부터 변법(신축辛丑개혁)을 다시 추진했다. 그러나 만주왕조체제의 유지가 궁극 목적인 이 비효율적 개혁은 대중적 저항을 통제, 흡수할 능력이 없었다. 결국 양자강 유역과 동남 연해 각 성을 중심으로 이 개혁에 참여했던 전국 신사층과 신군新軍의 반란으로 발전한 끝에, 역설적으로 입헌 공화혁명(1911)의 길로 방향을 틀고 말았다.

3. 청조의 해방海防체제와 조선 위기

(1) 중화제국의 해방체제와 변강 재편성

원래 중국 중심의 중화적 국가 · 세계관은 유교적 예 문화를 기준으로 한 중화와 이적 간의 '문화' 상의 종적 서열 구분뿐 아니라, 중국 중심으로 주변 민족을 통제 또는 동화하려는 '대일통' 세계제국(천하국가天下國家)의 '정치' 이념과도 밀접한 관련을 갖고 있었다. 그런데 이 중화주의의 조공 · 책봉질서는 유교에서 이상화된 상고의 주대 봉건제, 즉 종번宗藩관계를 본보기로 국제질서의 이념적 제도화를 통해 국내 통치에서 중국 황제체제의 정통적 권위를 강화하고, 주변 국가 · 민족에 대한 정치 · 군사적 통제의 비용을 줄이는 장치였다고 할 수 있다. 세계적 보편성을 주장하는 중화제국의 이념에도 불구하고 실제로는 역사상 그 실제적 통치 범위는 제한적이고 시대에 따라 영토의 신축伸縮이 있었다. 때로는 화이 간 세력의 역전으로 청조처럼 주변 북방민족이 중국을 지배한 정복왕조의 형태로 중화제국이 실현된 경우에는 내부의 종족 간 갈등이 지속되었다.[43] 게다가 중국과 조공국 군주들 간의 예적 신분 관계를 매개로 상하의 종적인 국제질서를 규정한 중화질서에서는, 근대적인 대등한 국가주권이나 그 국가주권에 관련된 명확한 영토·국경 개념이 결여되어 있었다. 또 하나 유의할 것은 중화적 조공질서가 중국을 중심으로 일원적으로 기능한 것이 아니라 조선·일본·베트남 등 주변 국가들도 각기 소중심(소중화小中華)으로서 중화 의식을 공유함으로써, 수용뿐 아니라 자립·저항의 과정도 존재했다는 지적이다.[44] 이처럼 조공질서는 그 다원적 성격으로 인해 동아시아 지역권 전체에 걸쳐 국제질서의 일반 원리로 기능할 수 있었다. 그리고 조공관계와 종번관계는 중국 측에서는 당연히 이념적으로 일체화된 관념이었으나 실제의 역사 현실에서는 서로 구분되는 것이 마땅하다. 청대의 경우 중국 본토와 만주를 중심으로 한 동심원적 구조의 세계질서에서, 조공국은 제일 안쪽에서부터 군현지배 지역, 서남 소수민족의 토사土司, 북방 및 내륙아시아의 몽골·티베트 등의 번부 순으로 느슨해지는 청조 통치권의 외곽에 위치해 있었고, 다만 대등한 무역관계인 호시국보다는 안쪽 동심원에 위치해 청조의 정치적 영향이 상대적으로 컸다.[45] 그런데 조공국에 대한 중국의 영향력도 시대와 국가별로 다양했다.

이처럼 전통시대의 동아시아 조공질서에서 국가 간의 차별적 서열관계는 종번관계로 이념화되었음에도 불구하고 대개는 사실상 명목적인 의례적 관계로서 개방적·평화적 지역질서의 원리로 작용했다. 물론 전근대의 유교적 중화주의가 군사적 정복과는 달리 그 자체로서 정치적 예속의 논리가 아니

43 중화제국과 조공국 간의 외교적 臣屬관계는 실질적 지배관계와 무관하며, 북방민족과 한족 사이의 민족적 대립을 내포한 정복왕조가 중화제국으로서 正史에 편입되는 역사적 경위는 李成珪, 「中華帝國의 팽창과 축소—그 이념과 실제」, 『역사학보』 186, 2005, 102～129쪽 참조.

44 濱下武志, 『朝貢システムと近代アジア』, 岩波書店, 1997, 5쪽 ; 민두기, 「동아시아의 실체와 전망」, 『시간과의 경쟁』, 연세대학교출판부, 2001, 40～47쪽.

45 片岡一忠, 앞의 책, 1991, 24～26쪽 ; 濱下武志, 위의 책, 9～11쪽.

었음은 분명하다. 그러나 근대 이후 아시아의 중심으로서 중국과 일본의 대국 의식에 국가 간 지위를 차별하는 전통적 중화주의 세계인식의 잠재적 작용이 지속되는 현상은 유의할 만하다. 명明·청淸제국 이후 중앙집권적 전제국체專制國體와 유교의 이데올로기적 정통론이 강화됨에 따라 이를 대외적으로 방위하기 위한 폐쇄적 해금(쇄국)체제가 견고해졌고 외국에 대한 중화주의적 조공관계의 규제는 더욱 엄격해졌다.[46] 그러나 16세기 이래 중화제국은 남양(동남아)을 통해 동진東進해온 중상주의적 서구 해상국가들과 북방 몽골 후방의 러시아제국이라는 강대한 외부세력에 포위되기 시작했다. 당시는 근대적 국가주권과 국경 개념이 아직 불명확했으나, 몽골과 러시아, 왜구(일본)와 서구에 대한 육방陸防 및 해방海防이라는 변경방위(변방邊防)정책과 관련해 변계邊界의 중요성이 과거보다 높아졌다. 러시아와의 국경 조약은 가장 대표적인 사건이다. 특히 17~18세기 청제국의 확장에 따라 유교 경세학자들에 의한 역사지리학에서 몽골과 오늘날의 신강을 중심으로 한 서북사지학西北史地學이 흥기한 것은[47] 이러한 현상을 반영한다.

해방 전략에 얽매인 초기 양무운동의 개혁 범위와 세계인식은 1867년(동치同治 6) 서구의 조약개정 요구에 대한 양무파 관료의 대응에 잘 반영되어 있다. 양무의 최고기관인 총리각국사무아문(총리아문)이 각 성 총독·순무巡撫(독무督撫)들에게 보낸 자문 요청에서 개정 논의 대상은 7개 항목이었다. 서양 사절의 황제 알현(입근入覲)·중국 사절의 해외 파견·전신電信과 철로 건설·서양인의 내지 통상 및 기선의 내하內河 항행航行·서양인의 소금전매 참여·탄광 개발·천주교 포교가 거론되었는데,[48] 증국번의 경우 서양 사

46 全海宗, 『韓中關係史硏究』, 일조각, 1970(1990년 중판), 6~7쪽. 명·청대 海禁정책에 따른 조공체제의 성질 변화로, 조공이 종래의 외교뿐 아니라 무역·문화교류까지 포괄하는 것으로 폐쇄적 성격이 강화되었다.

47 胡逢祥·張文建, 『中國近代史學思潮與流派』, 華東師範大學出版社, 1991, 34~52쪽.

절 입근 · 중국 외교관 파견 · 천주교 포교 · 탄광 개발에는 찬성하고 나머지는 반대했다.[49] 즉 그는 서양에 대한 근대적 외교제도 수용에 찬성하고, '속번屬藩'인 중국권과 대등국인 비중국권(구미歐美)으로 세계를 양분했다. 중국 소농체제를 옹호해 자본주의 시장의 위협을 통제하려는 이러한 증국번의 입장은, 자본주의적 양무기업을 해방의 군사 목적으로 도입하면서도 연해의 개항장에 한정하는 양무운동의 이중구조에 반영되었다.

동아시아 지역에서 16세기 이래 중국의 조공권에서 벗어나 있던 고립국 일본과 청조 사이에 1871년(동치 10) 이뤄진 수교修交는, 일본을 서양과 마찬가지로 비중국권의 대등국으로 인정하면서도 편무적片務的 치외법권 · 최혜국조관最惠國條款 같은 불평등 조항을 배제해 서양 국가들과는 구별했다. 이 조약 협상에서 중국 측(이홍장)이 양국의 상호원조 조항을 넣어 연대론聯帶論적 기대가 컸던 데 반해, 일본 측은 이 조항은 물론 서구식 불평등조약을 청조에 관철할 수 없었던 데 대한 불만이 있었다.[50] 서양과의 조약개정을 목표로 부국강병을 추진하던 메이지 일본은 1874년 타이완 침공을 계기로 중국 양무파의 직접적 가상 적敵이 되었고, 1870년대 중국 해방체제 강화와 양무개혁의 경쟁 대상으로 부상했다.[51] 양무운동의 발전에 따른 양무파 내부의 보수 · 진보 분화는 일본의 타이완 침공을 계기로 전개된 해방 · 육방 논쟁에서 집중적으로 표현되었다.[52] 이홍장의 해방론이 육방론에 비해 상대적으로

48 『籌辦夷務始末』(民國19년, 故宮博物院) 同治朝, 卷50, 29앞～35앞, 總理衙門信函(同治 6년 9월 乙丑).

49 『籌辦夷務始末』, 권54, 2앞～3앞, 曾國藩奏(同治 6년 11월 壬申).

50 田濤, 앞의 책, 2001, 266쪽. 일본 측 입장은 時野谷勝, 「明治初年の外交」, 『岩波講座 日本歷史 15』 近代 2, 岩波書店, 1962, 220～221쪽.

51 李鴻章, 『李文忠公全集』(吳汝綸 編, 文海出版社 영인, 1965년 재판), 「奏稿」 권19, 44뒤～45뒤, 籌議製造輪船未可裁撤摺(同治 11년 5월 15일).

52 崔熙在, 「1874-5년 海防 · 陸防論의 性格」, 『東洋史學硏究』 22, 1985.

더 진보적이었다 해도 그의 개혁은 원칙적으로 이념이 결여된 공리적功利的 수준에 머물렀고, 청류파清流派 같은 청조 내부의 수구적 정파의 저항을 극복할 역량이 부족했던[53] 점에서 육방론과 마찬가지로 제국체제 옹호라는 한계를 벗어난 것은 아니었다.

이 같은 취약성에도 불구하고 양무개혁이 얻은 성공적 측면도 무시할 수 없다. 우선 군사개혁을 통해 양무파는 1860년대에 태평천국과 화북 염군捻軍을 진압했고, 1870년대에는 높아가는 제국주의 파고 속에서도 서북 회교回敎민란을 진압하고(1878), 러시아가 점거한 이리伊犁를 둘러싼 반환 외교에 성공(1881)을 거둬 신강 지역을 확보할 수 있었다. 나아가 청조는 타이완과 신강을 성으로 개편해 내지內地와 같은 행정제도를 시행했다. 또한 일본과 러시아에 대항해 종전 애매했던 변경에 방위선을 설정하고 한족을 이주시키는 등, 이를 중국 본토(내지)와 일체화하고 사실상 한화했으며, 균질적 영토지배로 재편했다. 이 정책은 조공국 조선이 이탈한 청일전쟁의 패배 후 20세기 초에는 만주의 동삼성東三省, 동티베트의 서강성西康省 설치로 확대되었다.[54] 이는 17세기 이래 청이 정복한 내륙 이민족의 번부 지역을 중국의 소수민족 변강으로서 실질적 영토로 통합해가는 과정의 시작이었다. 그리고 변강 지역의 통합과정에서 상·회군계 한족 관료집단의 역할은 청조의 한화 및 만주족·한족 통합의 심화와 병행하는 현상이기도 했다. 양무운동은 이홍장 자신이 고백한 대로 서양 열강을 상대하는 데는 부족해도 국내 반란을 진압하는 데는 충분할 정도의 정권 강화를 가져왔다.[55] 청제국의 영토 수복

53 閔斗基, 「戊戌改革運動과 清流派·洋務派의 關係」, 『中國 近代改革運動의 硏究』, 일조각, 1985, 111～124쪽.

54 茂木敏夫, 「中華帝國の解體と近代的再編成への道」, 東アジア地域研究會·片山裕·西村成雄 編, 『東アジア史像の新構築』, 青木書店, 2002, 27～28쪽.

55 曺秉漢, 「海防體制와 1870년대 李鴻章의 洋務運動」, 『東洋史學硏究』 88, 2004, 143쪽.

과 재편성에서 이 같은 양무파의 군사적 성공은 서구 제국주의의 침략을 받는 상황에서는 놀라운 성공이라 할 수 있고, 이는 청류파나 상군계 양무파 좌종당의 경우처럼 1880년대에 양무운동의 제한된 성과를 과신하는 보수적 경향을 강화시켰다.

한편 1870~1880년대 육방의 상대적 성공에 비해, 이홍장 중심의 해방 건설은 매우 복잡하고 장기적인 과제였다. 타이완 사건 후 일본을 가상 적으로 삼은 청은 북양해군 건설에 박차를 가해 1880년대 한때는 일본을 위압하는 수준에 이르기도 했다.[56] 그러나 청조는 일본의 류큐 병합에 소극적으로 대처하고, 베트남에서는 종래의 종주권을 내세워 프랑스와 전쟁까지 벌였으나 결정적 패전도 하지 않은 상황에서 청류파나 상군계의 강경론보다 이홍장 일파의 유화정책을 채택해[57] 종주권을 포기했다. 이처럼 서구 열강에 대해 타협을 일삼는다는 비난을 받던 이홍장도 최후의 조공국 조선에서는 전통적 종주권을 빌미로 일본과 러시아 등 인접 강국을 저지하고 중국의 영향력을 강화하는 데 비상한 집요함을 나타냈다. 처음에는 조공국 조선의 '내치 자주'를 내세워 조선과 서구 각국의 충돌(양요洋擾)에 불개입 의사를 표했던 이홍장은, 1879년부터 조선 외교에 개입해 구미 각국과의 개항을 주선함으로써 세력균형 전략으로 일본·러시아의 침투를 견제하기 시작했다.[58]

(2) 조선 속국화정책과 일본과의 경쟁

서구 중심 근대 제국주의질서의 압력하에 전통적 지역제국으로서 청조의 조선정책은 전통적 조공질서로부터 1860~1870년대의 과도기를 지나 1880

56 王屛, 『近代日本的亞細亞主義』, 商務印書館, 2004, 63쪽.

57 李恩涵, 『曾紀澤的外交』, 中央研究院近代史研究所, 1966(1982년 재판), 224~242쪽.

58 權錫奉, 『淸末對朝鮮政策史研究』, 일조각, 1986(1992년 중판), 48~64쪽.

년대 이후의 속국화정책으로 3단계의 변천과정을 거쳤다. 1882년 임오군란을 계기로 이홍장의 회군이 한성(서울)에 진주함으로써 수하의 원세개袁世凱를 통해 조공질서하의 의례적 종번관계를 실질적 종속관계로 전환하려는 속국화정책을 추진했으며 그것이 10여 년 후의 청일전쟁으로 귀결되었다. 근대 초기 청조 관료들은 조선 · 류큐 · 베트남 등 동아시아 조공국에 대해 번속藩屬 · 번봉藩封 · 번복藩服 · 외번外藩 · 동번東藩 · 속방屬邦 · 속국이란 용어를 빈번히 사용하고 있으나, 원래 전통적인 조공 · 종번관계는 조선처럼 상대적으로 중국의 정치적 영향력이 큰 경우라 해도 근대의 속국 개념과는 달리 명목적인 의례관계가 일반화된 형태였다. 그럼에도 제국 방위를 위한 정치적 · 군사적 필요가 증대될 경우에는 일시적으로 정치적 · 군사적 영향력을 강화하는 명분으로 작용할 수도 있다. 특히 조선 문제는 청조 중국의 현존 제국체제의 존망存亡에 관련된 위기의 핵심으로서 이홍장의 해방정책에서 그 전략적 비중이 날로 높아갔다. 이에 따라 전근대적 종번관계는 조선에서 중국이 열강, 특히 일본에 대한 우선권을 확보하는 전략적 지렛대로 그 기능이 재인식되었고 조약체제하의 근대적 속국 개념과 접합해 1880년대 이홍장의 조선 속국화정책의 토대가 되었다.

1860년대 조선 대원군大院君시대의 2차 양요로부터 1880년대 초 임오군란에 이르는 시기에 조선 문제는 일본과의 근대화 경쟁 속에서 청조 체제위기의 진원지가 되었으며, 이에 따라 청의 조선 문제 개입의 정도가 심화되었고 전통적 조공질서의 변질도 불가피했다. 조선에서 중국의 해방 위기를 초래한 경쟁자는 서구 열강이 아니라 지역권 내부의 일본과 러시아, 그중에서도 일본이었다. 이미 1871년 청일수호조규清日修好條規 교섭 전후에 이홍장은 일본이 제조 · 제철 · 철로 · 연병練兵 등에서 "서양을 한결같이 모방해 뜻이 작은 데 있지 않으나" 자국 내 국론 분열로 중국을 도모할 의도는 없으며[59], 그들의 서양식 제철 · 조선이 "서양을 도모하기보다 자기보존을 위한 계책" 이라고[60] 낙관적 해석을 했다. 일본을 대등국으로 인정한 근거는 "일본이 스스로 강대국, 동문同文의 나라로 자부하는데" 분규를 피하기 위해 통상 · 세칙稅則만은 태서泰西 제국의 예例로 대할 필요가 있다는 중국번의 견해에 잘 드러나지만,[61] 서구가 부과했던 불평등 조항을 일본이 중국에 실현하려는 방자한 요구는 거절했다.[62] 일본과의 연대를 기대했던 이홍장의 일본관은 1870년대 중엽 타이완 사건을 고비로 악화되어 서양보다 일본이 청조 해방 전략의 주대상이 되었다.[63]

조선 문제에서 일본에 대한 양무관료의 경계는 더 소급할 수 있다. 양무관료들은 대원군 쇄국 시기(1864~1873)에 조선과 프랑스 · 미국과의 무력충돌(양요)에서, 침공 당사자인 서구보다 오히려 그 틈을 타 일본이 미국 · 프랑스와 결탁해 조선에 침입할 가능성을 더 경계했다.[64] 또한 조선이 중국의 속국이지만 종래 정교政敎 · 금령禁令을 스스로 주지해왔으니 중국이 조선 개항 문제에 개입할 수 없다는 논리로 서구와 조선 양측에 이용되지 않도록 경계하고,[65] 장래 일본의 조선 침입 가능성과 이에 대비할 전비의 부족을 우려했다.[66] 일본이 조선에 도발한 강화도(운양호雲揚號) 사건과 조선과 일본 간

---

59 李鴻章, 『李文忠公全集』, 「朋僚函稿」 권11, 27앞~뒤, 復王補帆中丞(同治 10년, 10월 13일). 영주제를 철폐한 廢藩置縣으로 국론이 분열되어, 일본에 중국을 도모할 마음은 없으며 중 · 일 양국이 통상과 조약 체결 이후 각자 强兵으로 근본을 견고히 해 일본에 대한 우려가 없어지고 서양인이 엿보는 일도 적어지기를 희망했다.

60 위의 책, 「奏稿」 권19, 45앞~뒤, 籌議製造輪船未可裁撤摺(同治 11년 5월 15일).

61 『籌辦夷務始末』 권80, 9뒤~11뒤, 大學士兩江總督曾國藩奏(同治 10년 1월 己酉).

62 『李文忠公全集』, 「譯署函稿」 권1, 22앞~뒤, 論東使議約(同治 10년 7월 15일).

63 『李文忠公全集』, 「朋僚函稿」 권14, 4앞~5앞, 復沈幼丹節帥(同治 13년 4월 18일).

64 權錫奉, 『淸末對朝鮮政策史硏究』, 일조각, 1986, 49~57쪽.

65 『籌辦夷務始末』 권84, 24앞~뒤, 恭親王等又奏(同治 10년 11월 己亥).

66 『籌辦夷務始末』 권99, 34뒤~36앞, 浙江巡撫楊昌濬奏(同治 13년 11월 癸卯).

병자수호조규丙子修好條規의 체결이 있던 해인 1875~1876년에도 이홍장은 조선과 일본 간의 군사충돌에 개입하기를 회피해, 조선의 일본과의 통상 여부는 조선의 자주에 맡겨도 종래 종주국으로서 중국의 체제에는 손상이 없다 했고, 조선을 권유해 예로써 일본과 수교하여 분쟁이 예방되기를 희망했다.[67] 조선이 독립국으로 규정된 조선·일본 간 수교과정에서 청일수호조규의 "소속방토所屬邦土"란 구절의 해석을 두고, 조선의 지위에 대한 청조 총리아문과 일본공사 모리 아리노리森有禮 사이에 논쟁이 있었는데, 이때 청조는 조선이 속국이나 자주임을 주장했다.[68] 이 시기에는 러시아가 점거한 이리의 반환을 둘러싼 청·러시아 간 긴장 국면과 일본의 류큐 병합으로 조선 정세에 위기 상황이 조성되었는데, 중국의 조공권 내에서 조선의 지정학적 전략상의 중요성은 류큐·베트남 등 여타 국가에 비할 바가 아니었다.[69]

육방·해방 논쟁에서 서북 내륙보다 동부 연해 방위의 중요성을 강조했던 이홍장으로서는 러시아·일본 양국에 의한 조선의 병탄은 성경盛京(요녕遼寧)·길림吉林·직례直隸(하북河北)·산동山東의 울타리 철거와 같았으며, 동삼성(만주滿洲)과 경기京畿 지역의 위기를 초래하는 것이었다.[70] 류큐와 이리 위기를 배경으로 조선 정세에 대한 위기의식은 양무관료에게는 매우 절박한 것이었다. 이미 1860년대에 청조 관료는 영국·프랑스 등 서구의 전쟁 목적이 선교와 통상에 있는 데 반해, 일본의 전쟁은 영토에 목적이 있으며 일본이 중국에 이웃해 있다는 사실이 더욱 절실한 우환이라고 판단한 적이 있다.[71] 영토적 야심이나 국경의 근접이란 위협적 조건은 러시아도 마찬가지

---

67 『李文忠公全集』, 「譯署函稿」 권4, 30뒤, 論日本派使入朝鮮(光緖 元年 12월 23일).
68 茂木敏夫, 앞의 논문, 2002, 30쪽.
69 權錫奉, 앞의 책, 1986, 63~67쪽.
70 『李文忠公全集』, 「奏稿」 권38, 46뒤, 朝鮮通商西國片(光緖 6년 9월 27일).
71 『籌辦夷務始末』 권47, 23앞~뒤, 恭親王等又奏(同治 6년 2월 己亥).

였다. 1879년 이래 조선을 둘러싼 위기적 상황 인식은 많은 양무관료들이 공유한 것으로서 조선이 구미 열강에 개항하도록 권유, 인도하는 적극적 개입 정책으로 청조의 정책이 전환하는 배경이 되었다.[72]

조선 관료와의 접촉을 통해 이홍장은 1882년 조선이 서구 열강 중 가장 먼저 미국의 슈펠트R. W. Shufeldt 제독과 국교를 열도록 외교적 교섭을 중재했다. 조선에 서양 각국과의 조약체제 수용을 권하는 그의 논리는 소국이 서구 각국과의 통상을 통해 공법(국제법)과 열강의 세력균형을 이용할 수 있다는 것이었다.[73] 이 같은 슈펠트의 중재정책은 일본・러시아 양국의 조선 장악이라는 해방 위기를 사전에 차단하려는 적극적 개입정책의 출발점이었다. 조미조약에서 이홍장이 "조선은 중국의 속방으로서 종래 내치・외교상 자주할 수 있었다"라는 조항을 넣고자 노력한 시도는 그해 일어난 임오군란 이후의 조선 속국화정책을 예고하는 것이었다. 당시 주일공사 하여장何如璋은 서구가 조약에서 조선의 자주를 인정함으로써 속국의 명목을 잃을 가능성을 염려한 끝에, 조선을 몽골・티베트 같은 번부로 만들어 내치・조약권을 중국이 주지할 것을 희망했다. 동아시아의 전통적 조공국을 지칭하는 중국의 '속방' 개념을 근대 서양의 속국과 비교하면서, "태서의 속국도 정치적 자주를 누리는데(주정치主政治) 매번 아시아의 공헌貢獻(조공)국을 속토屬土라 논할 수 없다고 한다"라고 불평하고, 서양의 통례에 따르면 속국과 반자주국은 타국과의 조약체결권을 그들을 통할하는 국가에 맡기며 양국 간 전쟁에서 국외중립局外中立을 지킬 수 없다고 했다.[74] 실질적 속국화를 주장하는 이 같

72 權錫奉, 앞의 책, 1986, 67～75쪽. 前福建巡撫 丁日昌이 올린 최초의 제안은 『洋務運動文獻彙編』 제2책, 世界書局 영인, 1963, 394～395쪽, 海防應辦事宜 16條(光緖 5년 4월 25일) 참조.

73 權錫奉, 위의 책, 94～95쪽.

74 何如璋, 「主持朝鮮外交議」, 中央研究院 近代史研究所 編, 『淸季中日韓關係史料』 2, 中央研究院 近代史研究所, 1972, 文書番號 342, 光緖 6년 10월 16일, 總署收出使大臣何如璋等函 附件, 439뒤～442앞.

은 강경론은 군사적 열세에 처한 이홍장의 현실외교에 채택되지 않았다. 그러나 조선과 미국의 수교를 중재한 이홍장의 종주권 주장은 미국의 반대에 부딪쳤을 뿐 아니라, 병자수호조규 이래 청일전쟁까지 시종일관 조선과 청의 조공관계를 단절하려는 일본의 팽창주의적 대륙정책과도 충돌할 수밖에 없었다.

임오군란 후 청군이 조선에 주둔하고 내정 · 외교상의 간섭이 강화되면서 '속국 자주'의 논리는 폐기되었다. 열강의 세력균형을 바탕으로 전통적 조공관계를 근대 조약체제에 적용함으로써 속국화정책을 추구한 이홍장 중심의 현실외교는, 그래도 임오군란을 계기로 대두된 청의파의 배외적 명분론을 억제하고 진행된 것이었다. 강경한 청의는 일본에 대항해 조선 병합, 일본 동정東征 또는 조선의 외교 · 군사권 장악 등을 주장했다.[75]

1870년대 말에 이르면 이홍장과 조선 정부 사이에 조선의 서구와의 개항 문제가 논의되면서 이와 관련해 조선 · 중국 양국 간의 전통적 해금 · 조공관계를 근대 외교 · 통상관계의 틀 속에서 재조정할 필요가 생겼다. 이러한 양국 간의 협상은 군란 후 조청상민수륙무역장정朝淸商民水陸貿易章程(1882)으로 실현되었다. 장정에는 중국의 종주권이 기재되고 청 상인의 조선 내지 무역이 인정됨으로써 전통적 조공관계의 경제적 측면도 변질되었다.[76] 다시 말해 동아시아의 전통적 조공관계가 국권의 자주성을 바탕으로 한 서구의 근대적 국제 관념과 충돌하는 가운데, 청제국의 해방정책은 속국화에서 그 출로를 찾은 것이다. 1880년대 영국과 러시아는 이러한 청의 조선 종속화정책

75 芝原拓自,『日本近代化の世界史的位置—その方法論的研究』第6章「洋務派の對外政策と日本 · 列强」, 岩波書店, 1981, 428~430쪽. 조선에 출동한 淮軍 吳長慶의 막료 張謇의「朝鮮善後六策」, 翰林院 侍講 張佩綸 등이 대표적이다.

76 이 협상과정은 金鍾圓,『근세 동아시아관계사 연구』, 혜안, 1999, 291~349쪽 ;「朝淸商民水陸貿易章程에 대해서」,『歷史學報』32, 1996 참조.

을 묵인하는 입장이었고, 청일전쟁에서 영국은 조선에서 청조 우위의 현상 유지를 희망해 중재에 나서기도 했다.[77]

4. 일본의 근대국가와 제국주의의 대두

(1) 일본의 메이지유신

아편전쟁 이래 중국의 패배와 강요된 개항과정을 지켜본 일본의 도쿠가와 막부는 청조 중국보다 10여 년 늦게 미국 페리Perry함대 내항(1853)에 따른 다음 해 화친조약으로 개항과정(1854~1858)에 들어갔으나, 전쟁 없이 단기간에 교섭과정을 끝내고 중국과 거의 같은 시기에 서구와의 조약체제를 완전 수용했다. 비교적 평화적인 일본의 개항과정도 도움이 되었으나 당시 서구 제국주의의 국제정세로 인해 일본에 대한 외압은 중국에 비해 약한 편이었고, 일본에서의 불평등조약도 중국의 북경조약에 비해 상대적으로 유리한 것이었다.[78] 한편 일본은 개항과정에서 대외전쟁을 회피했음에도 불구하고 개항 및 해방 문제를 둘러싼 국내 내전 상태에 신속히 빠져들었다. 1858년 안세이 5조약安政五條約에 따른 서구와의 무역 개방이 일본에 끼친 사회경제적 충격은 중국의 경우보다 훨씬 심각한 것이었으며,[79] 개항 후 일본 경제의

---

77 濱下武志, 「日清戰爭と東アジア—戰爭の論理 · 戰後交涉 · 歷史記述」, 小風秀雅 編, 『アジアの帝國國家』, 吉川弘文館, 2004, 222쪽.

78 永井秀夫, 「開國と明治維新」, 歷史學硏究會 編, 『民族と國家』, 東京大學出版會, 1995, 243쪽. 協定關稅 · 治外法權 · 最惠國條款 같은 기본적 불평등 조항은 공통되었지만, 외국인의 內地通商 · 기독교 포교 · 아편 수입이 금지된 점에서 일본의 조약이 유리했다. 그 밖에 조약과는 별개로 중국의 太平天國 內戰에 대한 서구의 개입 결과로 초래된 서구의 租界 · 海關 지배 같은 상황이 일본에는 없었다는 차이점도 지적할 수 있다.

79 芝原拓自, 앞의 책, 1981, 제1장 참조. 시장 규모는 중국보다 작으나 인구당 서양 면제품의 수입량은 일본이 더 컸다.

재편성도 급속히 진행되었다. 해방을 위한 서구 기술과 관영 군수공업을 추진하는 과정에서 막부와 서남부 번藩들 사이에 경쟁적 지방할거 국면이 형성되었다.[80] 개항 이후 반외세 주체세력으로 등장했던 존왕양이파尊王攘夷派가 1864년 전후 막부타도(도막)운동으로 발전함에 따라, 이 도막파倒幕派의 성격은 점차 서구문명에 대한 실용적 수용을 통한 부국강병 · 해외 팽창 노선으로 전환해 메이지유신의 주체세력이 되었음은 널리 알려진 사실이다. 왕정복고라는 전통적 명분을 걸고 막부를 타도한 이 정변은 실은 국체개혁을 시도하는 급진적 개혁운동이었다.

존왕양이파와 같은 명분론적 · 정통주의적 배외세력은 유교적 · 주자학적 문화 토대가 일본보다 훨씬 두터운 중국과 조선에서도 주류를 이뤄 청조에서는 청의파(또는 청류파), 조선에서는 위정척사파衛正斥邪派로 불렸다. 그러나 근대 일본은 존왕양이파가 실용적 · 국가주의적 자기발전을 통해 도막운동에서 단기간의 무장투쟁으로 정권을 탈취해 강력한 집권적 개혁정부를 성립한 점에서 조선 · 청의 집권층과는 다른 양상을 보였다. 하급 무사가 중심이 된 유신정부는 왕정복고의 군사적 '쿠데타'와 뒤이은 단기간의 내전(보신戊辰전쟁) 승리(1867~1868)로 집권했으며, 그 개혁의 성공도 수구파 무사(사족士族) 특권층 및 반근대적 민중봉기(잇키一揆)의 압력을 제압, 흡수하면서 실현한 것이다.[81] 그러나 메이지유신은 반서구 저항운동에서 출발한 개혁주체가 집권 전후에 점차 세계인식을 확대해가는 데에 발맞춰 단계적으로 발전해간 것이었다. 이처럼 쿠데타정부의 자체 진화와 의도적 기획에 의해 한 세대 안에 이뤄진 혁명적 개혁은 세계사에서도 희귀한 사례로, 쿠데타와 민

---

80 幕府에 대항한 지방 藩의 독자적 富强化 노력을 조슈長州의 志士 다카스기 신사쿠高杉晋作는 大割據라 불렀다. 이는 石井孝, 『明治維新의 舞臺裏』, 岩波書店, 1973, 46~47쪽 참조.

81 遠山茂樹, 『明治維新』, 岩波書店, 1979, 152~179쪽.

중혁명, 개혁과 혁명 사이의 개념 구분을 혼란시킬 정도의 한 전형적 사례를 제공했다. 그럼에도 이 개혁의 혁명성을 복고적 전통의 재창조와 결합시킨[82] 유신은 19세기의 근대화 실패로 인해 20세기 민중혁명의 신화를 갖게 된 한국·중국과 극명한 대조를 이룬다.

그런데 막부의 개항을 반대해 궐기했던 메이지정부의 주체가 일단 서구의 불평등 조약체제를 수용할 수밖에 없었다는 것은 자신의 태생적인 국가적 주체의식에 어긋나는 커다란 모순이었다. 이 모순은 유신정부가 19세기 후반 일관된 국가목표로 추구한 부국강병과 이를 토대로 한 조약개정, 즉 서구열강과 대등한 근대국가의 수립을 통해 해소되어야 했다. 막부 타도 전쟁을 수행 중이던 1868년 1월의 고유告諭에서 이미 도막파는 신정부에 의한 조약 이행을 선언하면서도, 만국공법에 의한 외국 교제와 아울러 "병비를 충실히 해 국위國威를 해외 만국에 빛낼" 것이며 아울러 불평등조약을 시정할 것을 명시했다. 이듬해 오쿠보 도시미치大久保利通가 주도한 신정부 고위직의 맹약盟約에서도 대의명분을 그르치고 사사로이 조약을 맺어 국체를 크게 손상한 구막부를 비난하고, 명분을 바로잡아 국체를 유지할 것이며 전국의 힘을 합쳐 황위를 선양하고 국가주권(국권國權)을 확장할 것이라고 했다.[83] 이처럼 유신정부 초기부터 절대주의적 천황제 국체 개념과 국가주권을 해외로 확장시키려는 팽창주의가 형성되고 있었다. 한편 일본이 근대 진보관념을 도입한 사상적 계기로서 문명개화도 막부 말기 1860년대 말에 출현해 유신정부 수립 직후인 1870년대 전반기부터 계몽주의 사조로 전개되었다. 기본적으로 서구화인 문명과 개화는 동의어로 유행했다.[84]

---

82 牧原憲夫, 「巡幸と祝祭日—明治初年の天皇と民衆」, 松尾正人 編, 『明治維新と文明開化』, 吉川弘文館, 2004, 146～155쪽.

83 芝原拓自, 『世界史のなかの明治維新』, 岩波書店, 1977, 13～17쪽.

84 渡邊浩, 「進歩と中華—日本の場合」, 溝口雄三 · 濱下武志等 編, 『アジアから考える(3) 近代化

메이지정부는 정권수립 직후인 1871년부터 거의 2년에 걸쳐 사절단과 유학생을 포함한 100여 명의 이와쿠라 도모미岩倉具視가 이끄는 사절단을 유럽 · 미국에 파견하여, 1870년대 초부터 부국강병을 위한 식산흥업殖産興業 · 문명개화의 서구화 개혁 노선을 더욱 철저히 확장해갔다.[85] 정한征韓 논쟁(1873~1874)에 따른 무사지배층 내부의 분열 위기를 수습한 세이난西南 전쟁(1877)까지는, 오쿠보 도시미치 주도하의 유신정권은 근대국가 수립을 위한 국가 통일과 기본적 체제정비를 이뤘으며, 이를 토대로 1881년의 정변 이후에는 재야의 불평 무사 · 호농豪農층의 자유민권운동을 제압, 흡수하면서 이토 히로부미伊藤博文 등 차세대 사쓰마 · 조슈 번벌(삿초 한바쓰薩長藩閥)의 지배하에 국민국가 형성을 위한 최종 단계의 개혁과정에 들어섰다. 1880년대부터 청일전쟁까지 정부의 민간자본 육성을 통한 산업혁명의 시작과 함께 근대적 법제 정비, 전국적 국민교육과 국민의무 상비군제도의 정비가 진행되었고, 일본형 '절대군주'라 할 입헌천황제 국체와 근대 관료제 등 근대적 국민국가로의 체제 재편이 완성 단계에 이르렀다. 한편 대외적으로 1871년 청조와의 근대적 대등조약으로 청일수호조규를 체결한 이래 유신정권은 타이완 사건(1874) · 조선의 무력 개항(1876) · 류큐 병합(1879) 등 국권의 대외팽창을 꾸준히 시도했다. 조선의 임오군란을 계기로 1880년대부터는 조선에서의 영향력 확장을 둘러싼 청조와의 경쟁이 날로 격화하는 가운데 강력한 육 · 해군 군비확장정책을 추진하는 한편, 서구와의 조약개정 외교에서

像』, 東京大學出版會, 1994, 136~137 · 157~158쪽. 문명개화의 개념에 대해서는 大久保利謙, 「文明開化」, 『岩波講座 日本歷史15』 近代 2, 岩波書店, 1962, 253~255쪽 참조. 文明開化란 용어는 후쿠자와 유키치福澤諭吉의 『西洋事情外篇』(1867)에서 처음 사용되었으며, 進化論은 그보다 뒤에 도입되어 일본에서 진보 관념의 출현과는 무관하다. 이것이 清末 嚴復의 『天演論』(1896)에서 소개된 진화론이 중국에서 진보 관념의 발생과 관련을 갖는 것과 다른 점이다.

85 松尾正人, 「明治維新と文明開化」, 『明治維新と文明開化』, 吉川弘文館, 2004, 74~86쪽.

도 그 핵심인 영국과의 교섭을 1894년 청일전쟁 개전 전야에 일단락 지었다.

(2) 조약체제에서 아시아 제국주의 국가로

거의 동 시기에 시작된 청의 양무운동과 일본의 도막운동 및 메이지유신에서 보듯이 1860년대 중엽부터 일본은 이미 청조 중국보다 더욱 급진적인 개혁에 진입하고 있었다. 그럼에도 주목해야 할 사실은 1840년대부터 1860년대까지 30년간 일본은 서양의 실정과 문화에 대한 고급 정보를—18세기 이래 난학蘭學(홀란드학)의 전통이 있었음에도 불구하고—중국에서 발간된 저서나 번역서, 잡지 등의 간행물에 크게 의존하고 있었다는 것이다. 중국의 개항이 좀더 이르고 서구의 통상과 포교가 중국에 더욱 집중되었기 때문이었다. 위원의 『성무기聖武記』·『해국도지』 같은 저서를 비롯해 상해 묵해서원墨海書院, 양무사업인 경사동문관 및 강남제조국江南製造局 번역국飜譯局 등의 서양인 선교사와 중국 사인士人의 번역물·잡지 등은 대개 다음 해나 수년 내로 일본에 수입되어 번각·번안·번역·편역되어 나왔다. 그러나 이들 정보는 원산지인 중국보다는 수입국인 일본에서 더욱 즉각적이고 열광적인 반응을 불러일으켜 일본의 지식인이 청제국의 무반응을 개탄할 지경이었다.[86] 또한 일본의 개혁사상가 사쿠마 조잔佐久間象山이나 그 제자 요시다 쇼인吉田松陰은 중국의 서양 관련 서적을 탐독하면서도 1850년대에 이미 위원의 해방론을 넘어서는 서양 인식과 개혁론의 수준에 도달했다. 이들은 연해방어보다 공해상의 공격전, '이이제이'의 비현실성, 막부 타도 등의 사상을 전개했다.[87] 특히 중국 번역본으로 같은 해 수입된 『만국공법』을 비롯해 막부 말, 메이지 초에 일본에서 잇달아 번역된 국제법은 메이지정부의 불평등

86 王曉秋, 『近代中日文化交流史』, 中華書局, 1992, 27～54쪽.

87 위의 책, 41～43쪽.

조약 폐지 및 국권 회복을 위한 외교에 크게 기여했다.[88]

서구 근대의 조약체제에 편입된 일본의 막부 말기 내전에서 이 조약체제에 대한 저항파가 영국의 지원을 받으며 막부 타도에 성공해 메이지정부를 조직했으나, 이들 역시 불평등조약을 일단 수용할 수밖에 없었다. 그러나 1868년 메이지정부는 수립 당초부터 이미 내정과 외교에서 강력한 집권적 근대국가 수립을 지향했다. 양이의 불가능함을 알고 개항을 인정한 유신정부는 '만국과 병립, 대치한다'는 국가주권(국권)의 독립과 대외 팽창을 추구했다. 그들은 국제질서를 군사・기술・경제적 힘의 우열로 파악하는 한편, 막부 말기 양학자 니시 아마네西周・후쿠자와 유키치福澤諭吉 등은 물론 5개조 서문誓文에 나타나듯이 유신정부 지도자들도 만국공법(국제법)을 '우내宇內(천하)의 공법', '천지의 공도公道'로 이념화함으로써 협소한 양이론을 벗어나 불평등조약하에서 국권회복을 지향하는 논리로 적용했다.[89] 왕정복고 선포 직후 내전 중인 1868년 1월 이미 유신정권은 조약의 폐해는 공의에 따라 개혁하고 외교는 '우내의 공법'에 의거할 것이라고 국내에 통고했다.[90] 따라서 메이지정부는 성립 직후부터 조약체제 철폐를 위한 조직적 국가 건설과 근대 외교를 진행하기 시작했다. 정부 수립 3년 만인 1871년 12월부터 1873년 9월까지 1년 9개월에 걸친 대규모의 이와쿠라 사절단이 첫 번째 방문국으로 미국에 도착하자마자 착수한 일이 불평등조약에 대한 조약개정 교섭이었다. 그 후 4차에 걸친 서구와의 조약개정 교섭은 서구 열강이 조건으로 요구한 문명국으로서의 근대적 입법체계의 확립을 비롯해[91] 근대국가로

88 王曉秋, 앞의 책, 1992, 52～53쪽.

89 永井秀夫, 앞의 논문, 1995, 248～249쪽.

90 松尾正人,「明治維新と文明開化」, 앞의 책, 2004, 32쪽.

91 永井秀夫, 위의 논문, 242쪽 인용 ; 長谷川正安・利谷信義,「日本近代法史」,『岩波講座現代法14 外國法と日本法』, 岩波書店, 1966 ; 臼井勝美,「條約改正と朝鮮問題」,『岩波講座 日本歴史17』近

서 일본 국체의 근본적 변혁과 부국강병의 실현이 뒷받침된 것이었다. 어쨌든 메이지정부는 당시 동아시아 제국주의의 중심이던 영국을 비롯해 구미 각국과의 부단한 조약개정 노력 끝에, 청일전쟁 직전인 1894년 7월 이토 히로부미 내각하에서 주권을 제약하는 어떠한 전제조건 없이 불평등조약체제 철폐라는 국가 목표를 달성했다.

이 같은 일본의 불평등조약 폐지의 성공은 국제법의 주권 평등의 원칙을 목표로 내세워 교섭에 임하면서도 메이지정부 수립 이래 부국강병정책을 끈질기게 추진한 성과였다고 할 수 있다. 이러한 양면정책은 이미 이와쿠라 사절단에서 서구 제국의 국정과 문명을 시찰해 체득한 것이었다. 또한 서구 문명국에서 국민의 자주·자치와 민간산업 발달의 중요성을 인식했으며, 만국공법은 소국이 준수하는 도리이고 대국은 군사력으로 국권을 지킨다는 국제정치의 현실도 파악했다.[92] 근대국가의 민족주의 원리를 재빨리 터득한 일본은 서구와의 평등을 국가 목표로 추구하면서도 일찌감치 같은 동아시아 지역권 내의 이웃국가들에 대해서는 서유럽과 같은 위치에서 불평등조약을 강제하려는 팽창주의적 국권외교를 추진해갔다. 1871년 메이지정부가 자신의 실력을 넘어 중국과의 수교 조약에서 서구와 같은 불평등조약을 요구하다 실패한 사실은 앞서 언급되었지만, 1876년 조선과의 수교에서는 서구보다 더 열악한 기만적 불평등조약을 관철했다. 이러한 일본의 근대적 국권외교는 서구에 대한 양이론적 개국론의 연장선에서 발전한 것으로, 한편 전통적 화이 차별의 의식도 존속해 있었다고 할 수 있다.[93] 조선을 상대로 강화도 사

代 4, 岩波書店, 1962, 105～108쪽. 한편 국수적 일본주의가 발생한 1880년대에 조약개정의 수요를 위해 피상적 서양풍이 유행한 로쿠메이칸鹿鳴館시대의 근대주의 현상이 흥미롭다.

92 田中彰, 「岩倉使節團の歐美認識と近代天皇制—'美歐回覽實記'を中心に」, 小西四郎·遠山茂樹 編, 『明治國家の權力と思想』, 吉川弘文館, 1979, 122～152쪽.

93 時野谷勝, 앞의 논문, 1962, 219쪽.

건을 일으킨 일본의 주청공사 모리 아리노리는 조·일 수교를 둘러싼 청조와의 담판에서 조선이 청의 속국이라는 중국 측 주장을 부정하는 한편, 조선에 대한 일본의 포함외교를 정당화했다. 또한 수년 전에 체결한 청일수호조규에 대한 불만과 개정의 필요를 지적하면서 이홍장이 소극적 해방책을 위해 이용하려는 조약과 국제법이 국제관계의 현실에서 무용함을 강조했다.[94] 국제법은 당시 청에서는 약소국이 강대국인 서구의 강권에 대응하는 호신부로 인식되었으나, 아직 근대화의 출발점에 있던 소국 일본은 부패한 대국인 청제국을 상대로 이미 공세적攻勢的 외교 전략을 시도하고 있음을 인지할 수 있다.

막부 말기 개항을 강요하는 서구의 외압에 직면해 일본 지식계의 아시아 인식은 개항 전후 일찍이 아시아, 즉 동문의 청 및 조선과의 연대론과 아시아로의 해외 팽창주의라는 두 입장이 배태하고 있었다. 두 사조 중 1860년대 청조가 서양에 굴복한 이후에는 팽창주의가 우세해졌는데, 요시다 쇼인의 계보를 잇는 정한론이 대표적이다.[95] 아시아 연대론도 메이지유신의 성공에 따라 점차 일본 주도의 패권주의 경향이 더욱 강화되었다. 표면상 상반되어 보이는 이 두 입장도 사실 일본 중심의 중화주의 경향을 공유하는 한, 서구 외압의 정도나 자국 및 아시아 국가들이 처한 상황에 따라 얼마든지 상호 전화轉化·치환置換이 가능했다. 중국에 대한 일본 지도층의 멸시적 태도는 막부 말 개항 후 조슈번長州藩의 다카스기 신사쿠高杉晋作 등을 실은 일본 기선 센자이마루千歲丸의 상해 시찰(1862)까지 소급할 수 있는데, 당시 영국·프랑스군에게 수도 북경을 점령당하고 태평천국 내전의 혼란 중에 상해조차 서양의 속지나 다름없는 상태에 있던 청조 중국은 이미 동아시아 중화질서

94 石井孝, 『明治初期の日本と東アジア』, 有隣堂, 1982, 337~339쪽.

95 劉天純, 『日本對華政策與中日關係』, 人民出版社, 2004, 65~75쪽.

의 중심도 아니었고 쇠약한 부패 국가에 지나지 않는 것으로 비쳤다.[96] 중국 중심의 전통적 동아시아 질서에 대한 메이지정부의 도발은, 신정부 수립 전후 국가·세계관의 변화에 따라 일본이 동아시아 지역권 내에서 새 국교관계 형성을 요구하는 출발점에서부터 이미 시작되었다. 일본이 청조에 서구식 불평등조약을 요구하다 관철되지 못한 청·일 수교(1871), 메이지 일본의 천황제 국체를 받아들이지 않는 조선에 대한 정한 논쟁(1873)은 그 과정을 잘 보여주는 사례이다.

근대국가의 이념과 국제법 질서를 터득한 메이지 일본은 타이완 사건에서 이미 국제법을 이용한 공세적 외교를 통해 중국의 이홍장이나 총리아문의 외교를 궁지로 몰았다. 당시 일본 영토도 아니었던 류큐인들의 피살 사건을 트집 잡아 미국의 고취하에 일으킨 타이완 원정으로 일본은, 중국 해군력의 약점과 국제법 지식의 빈약함을 이용한 성공적 외교를 통해 류큐에 대한 일본의 기득권을 강화했다. 류큐 문제에서 이용된 만국공법은 1875~1876년 조선 개항을 둘러싼 청·일 간 협상에서도 이용되었다.[97] 메이지정부가 서구식 불평등조약체제를 처음 조선에 강요한 병자수호조규는 국제법질서를 내세워 조선이 '자주독립국'임을 규정함으로써, 조선과 중국 간의 전통적 조공질서를 단절하는 데 가장 역점을 두었다. 1880년대 이후 조선을 둘러싼 중국과 일본의 경쟁에서 청의 조선 속국화정책이 강화되는 가운데 조선이 자주국이라는 국제법 원리는 일본이 청일전쟁을 도발하는 최대 명분이 되었다. 마침내 전쟁 초기 일본군 강점하에 조선의 궁정쿠데타와 내정개혁(갑오개혁甲午改革)을 통해 조선과 중국의 조공관계는 영원히 단절되었다.

---

96 王曉秋, 앞의 책, 1992, 109~125쪽 ; 劉天純, 앞의 책, 2004, 49~56쪽.

97 金光玉, 「近代 開港期 日本의 琉球·朝鮮政策」, 『港都釜山』 11, 1984, 7~15쪽 ; 양수지, 「류큐왕국의 멸망—왕국에서 오키나와현으로」, 하정식·유장근 편, 『근대 동아시아 국제관계의 변모』, 혜안, 2002, 217~222쪽.

조선을 둘러싼 중국과 일본의 경쟁 기간 중 근대 일본은 중국과 아시아에 대한 적대적 우월감을 심화시켰는데, 이를 대표하는 가장 전형적인 사례를 막부 시기 난학으로부터 양학으로 전환해 당시 서구화론의 선두에 섰던 계몽주의자, 후쿠자와 유키치에게서 찾을 수 있다. 막부 말기 이래 일본은 서구 국가들의 경쟁을 일본 역사상 전국시대에 유비類比하고, 군사적 서열관계로 파악하거나 문명의 우열에 따른 야만·반개半開·개화의 3단계 또는 4단계의 서열관계로 인식했다.[98] 후자는 1870년대 서구 계몽주의의 문명사관을 수용한 것으로 이 같은 문명의 서열화는 그 직후 사회진화론(가토 히로유키加藤弘之)의 영향으로 인한 국가주의 강화[99]와 함께 일본의 근대화 경쟁과 팽창주의를 위한 동력이 되었다. 재야 계몽주의의 대표자로서 진보적 문명론을 전개한 후쿠자와 유키치는 문명과 비문명, 서양과 동양이라는 두 관념을 중심으로 1880년대 초반 동양맹주론東洋盟主論과 탈아입구론脫亞入歐論을 제창했다.[100] 그중 탈아입구론은 러일전쟁 이전까지 일본 대외정책의 주조를 이룬 서구 지향적 추세를 대표하는 논리로서, 동아시아의 전통적 중화주의 질서를 배격하고 근대 서구문명의 신질서에 동참하려는 것이었다. 탈아입구론의 역사적 배경은 임오군란 이후 조선을 둘러싼 청조 중국과의 주도권 경쟁에서 청조가 우위를 차지한 상황, 특히 후쿠자와 자신이 후원한 조선 개화파의 갑신정변甲申政變이 청군의 개입으로 실패한 데 대한 청과 그 영향권하

98 佐藤誠三郎, 「幕末·明治初期における對外意識の諸類型」, 佐藤誠三郎·R. ディングマン 編, 『近代日本の對外態度』, 東京大學出版會, 1974, 21～23쪽.

99 일본 啓蒙사상과 1870년대 말 이후 進化論의 반작용에 대해서는 王克非, 『中日近代對西方政治哲學思想的攝取—嚴復與日本啓蒙學者』, 中國社會科學出版社, 1996, 20～32쪽.

100 佐藤誠三郎, 위의 책, 40～49쪽. 서양에 맞서는 문명국으로서 동양의 식민지화를 막기 위해 일본이 동양, 특히 조선을 지도한다는 東洋盟主論은 壬午軍亂 이후 청조 중국의 군사력 강화로 인한 일본과의 대항관계 때문에 脫亞入歐論으로 후퇴했으며, 동아시아 주도권의 확립을 위한 군비 확충이 주장되었다.

의 보수적 조선정부에 대한 적대적 인식이 표출된 것이었다. 또한 그가 국가독립의 수단으로 여긴 서구문명의 대극對極에 있는 존재로서 유교 이데올로기 및 아시아에 대한 혐오가 반영되어 있다.[101] 이보다 앞서 발표된 동양맹주론은 근대 문명을 대표하는 일본이 동양의 지도적 역할을 자임하는 논리였다. 두 논리는 모두 서구 근대문명의 수용을 전제로 아시아에서 일본의 우월성을 주장하는 공통성이 있으나, 중국 · 조선의 일본에 대한 협력 여부에 따라 상호 전환이 가능한 논리임을 알 수 있다. 그런데도 초기의 조선 개화파가 친일의 함정에 걸려든 것은 바로 이 근대주의 문명론에 대한 피상적 이해 때문이었다고 할 수 있다. 계몽사조나 진화론은 중국에서는 약 20년 늦게 청일전쟁 패배 후인 1890년대 말 변법운동 시기에 도입되어[102] 20세기 초 쑨원孫文 등 신해공화혁명의 정신적 배경으로 작용했다.

청조의 양무운동으로 인한 중국의 군사력 강화는 일본의 경계 대상이었으나 청은 한때 일본의 아시아 연대의 대상으로 거론되기도 했다. 그러나 아시아의 근대화에서 일본의 지도적 지위가 강조됨에 따라 연대론이 변질되고 중국에 대한 적대감이 심화되었는데, 그 계기는 임오군란 후 조선을 둘러싼 양국의 경쟁 격화였다.[103] 타이완 사건 이후 이홍장의 주도하에 창설된 청의 북양해군은 청 · 프랑스전쟁이 끝난 1885년 무렵에는 해군위문海軍衙門의 성립으로 상징되듯이 중국 근대의 해군 역사상 절정기에 달했다. 청-프랑스전쟁을 틈타 일어난 1884년 갑신정변에서 반청 자주를 지향하는 친일 경향

---

101 橋川文三, 「福澤諭吉と岡倉天心」, 竹內好僑川文三 編, 『近代日本と中國』 上, 朝日新聞社, 1974, 18~19쪽.

102 1896년 완성되어 2년 후 간행된 엄복의 『천연론』 번역, 저술은 서구사상을 직접 도입한 경우인데, 그의 사회진화론에 대한 분석은 Benjamin Schwartz, *In Search of Wealth and Power: Yen Fu and the West*, Harvard Univ. Press, 1964 참조. 그러나 20세기 초 일본의 영향을 받은 계몽주의자 梁啓超의 대중적 영향이 더욱 컸다.

103 松本三之介, 『近代日本の知的狀況』, 中央公論社, 1974, 92~104쪽.

의 개화파는 이홍장 휘하의 청조 북양군(원세개)에게 압살되었다. 정변 후 천진조약으로 청은 일본이 요구한 조선 주둔 청·일본 양군의 철수에 동의했으나, 현지의 총리교섭통상사의總理交涉通商事宜 원세개를 통한 조선 내정간섭은 청일전쟁으로 그가 몰락할 때까지 지속되었다. 이홍장이 주도한 속국화정책하에서 조선은 대등국으로서 서양과의 외교관계 발전을 견제당하고 중국 이외의 외채外債 도입도 억제되었다. 조선 해관海關은 중국 해관의 일부로 편입되었고 청의 상인은 개항장뿐 아니라 수도 한성을 비롯한 국내 각처에서의 내지 통상에서 일본과 경합했다.[104] 1880년대 조선을 둘러싼 경쟁은 청과 일본이 중심이었으나 이들을 견제하려는 조선의 동향을 이용한 러시아의 남하 움직임도 또 하나의 변수였는데, 영국의 거문도巨門島점거 사건(1885)은 조선에서 러시아에 대응한 서구의 개입으로 주목된다. 원래 1870년대까지 러시아를 주적主敵으로 경계하던 일본은 임오군란을 계기로 청을 주적으로 삼은 육·해군의 거국적 군비확장과 작전계획을 추진했다. 특히 일본 군국주의의 원류인 야마가타 아리토모山縣有朋는 1888년 러시아의 시베리아철도 완성에 대비한 군비확충을 주장했고, 2년 뒤에는 완전한 국가독립을 위해 주권선 외측에 이익선을 설정해 대륙 진출의 논리를 전개했다.[105]

1894년 조선의 동학 농민봉기 진압과 조선 내정개혁을 명분으로 한 일본의 계획된 전쟁 도발로 인해 7월 말 청일전쟁이 일어났고, 이후 전통적 청제국의 해방 전략은 근대국가 일본의 팽창주의에 참패함으로써 열강 공동의 반식민지로 몰락했다. 청군의 조선 파병을 조선 측이 요청한 과정에서 청 측

104 김정기, 「청의 조선정책(1876～1894)」, 한국역사연구회, 『1894년 농민전쟁연구』 3, 역사비평사, 1993 ; 李陽子, 『朝鮮에서의 袁世凱』, 신지서원, 2002 ; 濱下武志, 「朝貢と條約—東アジア開港場をめぐる交涉の時代 1834-94」, 溝口雄三 · 濱下武志 등 編, 『アジアから考える(3) 周緣からの歷史』, 東京大學出版會, 1994, 273～300쪽 참조.

105 劉天純, 앞의 책, 2004, 96 · 117～121쪽.

(원세개)의 압력과 월권이 밝혀지고[106] 또 일본의 이토 히로부미 내각이 출병 초기부터 무쓰 무네미쓰陸奧宗光 외상의 치밀한 개전외교를 추진해간 과정에 대해서는 많은 연구가 있다.[107] 어쨌든 1880년대 이래 중국 북양군의 군비 증강을 경계해 결국 1890년대에 군사적 우위를 확보한 일본의 일관성 있는 군비확충과 치밀한 개전외교 및 개전 시의 전략적 선제공격은 당시 중국의 양무파와는 매우 대조적이었다. 속방인 조선의 보호를 명분으로 한 청조의 출병에 대항해 출병 시기와 병력 동원에서 일본은 사실상 기선을 제압했으며, 개전 명분에서 조선·청의 종번관계를 부인해 청의 출병을 조선의 자주권 침해로 비난했다. 청의 동시 철병 요청에 대해서는 조선의 내정개혁을 구실로 거부하면서 조선 궁정을 점령해 쿠데타를 단행하고 청에 대한 개전에 돌입했다. 당시 국제정세는 일본·미국을 제외하고는 대개 청의 종주권을 묵인하고 일본의 개전을 방관하는 상태였으며, 영국의 경우 청의 붕괴에 반대해 조선과 동아시아에서의 현상 유지를 바랐으나 최근 일본과의 조약개정과정에서 양국 관계는 아주 우호적인 관계로 발전해 있었다.[108]

한편 청조는 서태후 및 청의파 관료에 의한 수구 경향의 강화로 1880년대 후반부터 양무파의 군비증강이 정체되어 있었다. 조선에 파병한 개전 전후에도 북양대신 이홍장이 현상유지책에 집착하고 끝까지 영국, 특히 러시아의 중재에 기대를 건 결과 개전 초기 전쟁 준비의 총체적 부실을 초래했다. 또 청조의 정국은 청의파(제당帝黨)의 강경론과 이홍장 등(후당后黨)의 현상유지책 사이에 정책적 통일도 없었다.[109] 결국 작전의 주도권은 방어적인 청

106 이태진, 『고종시대의 재조명』, 태학사, 2000, 194~223쪽.

107 中塚明, 『日清戰爭의 硏究』, 青木書店, 1968, 110~163쪽.

108 關捷, 「甲午中日戰爭期の東アジアの國際關係」, 東アジア近代史學會 編, 『日清戰爭と東アジア世界の變容』 上, ゆまに書房, 1997, 103~119쪽.

109 戚其章, 『甲午戰爭國際關係史』, 人民出版社, 1994, 63~70·146~148쪽.

조와는 달리 시종일관 공세적 전략을 구사한 일본 측에 넘어가 있었다. 너무 지체된 개항 이후 중국 · 일본의 내정간섭, 특히 청의 속국화정책으로 인해 변변한 국내 개혁도 없었던 조선은 청일전쟁을 계기로 일본군에 의한 쿠데타 정국 속에 실패한 갑오개혁에 착수했다. 그럼에도 전쟁 후 일본에 대한 러시아 · 프랑스 · 독일의 삼국간섭과 러시아 · 일본 간 세력균형을 이용해 조선이 잠정적으로 일본의 손아귀를 벗어나 대한제국大韓帝國을 선포하고(1897) 청조와 대등한 한청통상조약韓清通商條約(1899)을 체결한 것은[110] 개항 이래 분쟁의 불씨가 되었던 중국에 대한 전통적 조공질서의 최종적 청산이란 점에서는 주목할 만하다.

청일전쟁의 승리로 일본의 근대 국민국가 만들기는 대외적으로 그 성공을 서구 열강에게 인정받았으며, 한편으로 동아시아 제국주의 질서에는 세계적 차원의 변동이 일어났다. 청일전쟁 직후 삼국간섭을 계기로 일어난 유럽 열강의 중국 분할은, 1897년 독일의 산동 교주만膠州灣 점거를 시발점으로 중국 및 동아시아에서 열강 간의 경쟁을 격화시켜 지금까지의 영국 중심의 공조共助체제가 무너졌다. 중국 분할 경쟁에서 가장 첨예한 모순은 후진적 제국주의 국가였던 러시아가 중국의 의화단동란을 틈타 만주를 점거함으로써 중국 영토 분할에 반대하는 영국 · 미국과 대립하게 된 것이었다. 열강의 중국 분할 경쟁은 일본에도 영향을 미쳐 제국주의로의 길을 준비하는 계기가 되었고 이른바 '지나支那분할론'과 '지나보전론'의 논의가 일어났다.[111]

한편 세기말 동아시아에서 주도권을 상실해가던 영국과 청일전쟁 후 출현한 신흥 지역세력 일본이 접근해 1902년 영일동맹을 맺었고, 미국이 태평양

110 原田環, 「日清戰爭による朝清關係の變容」, 東アジア近代史學會 編, 『日清戰爭と東アジア世界の變容』 上, ゆまに書房, 1997, 138～151쪽.

111 古屋哲夫, 「アジア主義とその周邊」, 古屋哲夫 編, 『近代日本のアジア認識』, 京都大學 人文科學研究所, 1994, 52쪽.

권의 강력한 신흥 제국주의 국가로 등장해 러시아를 견제하게 되었다.[112] 20세기 초 동아시아 국제정세의 이 같은 큰 변화 속에서 영국·미국의 지원을 받은 일본은 러일전쟁에서 강대국 러시아의 남하를 성공적으로 봉쇄했다. 청일전쟁에서부터 러일전쟁까지 아직 제국주의 국가로 전환하는 과도기에 있던 일본은, 국내 자본주의 발전의 수준이 미숙한 데다 동아시아 지역권 내의 조선과 만주 분할을 둘러싼 러시아와의 대립으로 영국·미국 중심의 서구 선진 자본주의의 지원에 의존하지 않을 수 없었다. 러일전쟁 이후에야 일본은 제국주의 국가로서 조선과 남만주에 식민지 기반을 확보하고 서구로부터 독립된 제국주의 노선을 추구하게 되었다.

러일전쟁의 결과 동아시아 지역권 내 군사적 분할세력으로서 가장 위협적인 침략국의 지위는 러시아에서 일본으로 넘어갔다. 러일전쟁 중 일본의 후원자로서 일본의 조선 분할, 식민지화를 인정했던 영국과 미국은 이제 역설적으로 만주와 중국 본토에서 과거 러시아보다 더욱 강력해진 일본 제국주의에 직면하게 되었다. 제1차 세계대전 이후 동아시아에서 일본 제국주의를 봉쇄하는 주역을 맡은 것은 영국의 우위를 점차 대체해간 미국이었다. 1909년 만주 하얼빈에서 조선 독립군 소속의 안중근安重根이 조선 식민지화의 선봉 이토 히로부미를 저격한 총성은 일본 제국주의의 새 시대를 국제사회에 경고하는 상징성을 갖는 사건이었다. 중국 및 러시아와 대항하는 기간 동안 탈아입구의 친서방 노선이 주류였던 일본은 청일전쟁에서 러일전쟁 사이의 과도기를 거쳐 러일전쟁 후에는 일본 중심의 아시아주의 대륙정책에 착수했다.[113] 다시 말해 1870년대 정한론 이후 1880년대 이래 일본 중심의 근대화 지도라는 아시아 연대론에서 출발해 러일전쟁 이후에는 서양에 대립하는 아

112 小風秀雅, 「アジアの帝國國家」, 앞의 책, 2004, 68~78쪽.

113 古屋哲夫, 앞의 논문, 1994, 49~62쪽.

시아주의가 일본 제국주의의 이데올로기로 형성되기 시작해 탈아입구와 합류한다.

5. 맺음말—한국 개화파의 개념과 관련하여

서구 제국주의는 동아시아에 전통적인 화이적 조공질서를 파괴하고 그것을 서구 문명국의 국제법 질서와 연계된 불평등조약체제로 대체시켰다. 그러나 화이적 국제질서가 근대적 국제질서로 전환하는 과정에서도 전통적 화이질서의 관념은 근대적 조약체제 속에서 끈질긴 작용을 계속했다. 다시 말해 근대국가와 국제법 질서로의 지향이 명백해졌음에도 불구하고 동아시아에는 국가 간의 차별적 상하질서를 보편적 질서로 인식했던 전통적 화이 관념이, 서구 제국주의의 압력하에서 자신의 제국체제 또는 국권을 방어하려는 전략으로서 여전히 기능했던 것이다. 청조 중국은 19세기 후반 전통적 중화제국의 지역질서를 유지하려는 노력을 계속했으며, 메이지유신 후 일본의 근대국가는 점차 일본 중심의 '아시아주의'를 형성하며 구제국 청조를 대체하는 지역적 제국주의를 발전시켰다. 불평등조약체제에서 동아시아 각국은 서구 제국주의 압력에 저항하는 국내의 근대화 개혁을 추진하지 않을 수 없었으며, 이에 따른 중국 · 일본 간 근대화 경쟁의 격화는 동아시아 지역질서의 커다란 변동을 가져왔다. 중국에서 일본으로 지역 내 중심이 급속히 이동한 19세기 후반의 동아시아는 중화적 질서에 따른 전통적 제국체제와 국제법 질서를 추구한 근대적 국민국가, 식민지 · 반식민지와 일본의 근대적 제국의 형성이라는 상호 모순적 역사 현상이 동시에 병행, 착종하는 상태에 있었다.

1840년 아편전쟁 이래의 개항과 조약체제가 완성된 1860년대 이후 중국의 양무운동은 전통적 지역제국의 국가체제(국체國體)를 유지하려는 방어적·폐쇄적 해방 전략에 궁극 목적을 두고 군수산업과 북양해군 건설을 중심으로 진행된 개혁과정이었다. 그러나 이홍장 중심의 양무파 관료집단은 불평등조약체제의 현상을 적극적으로 개정할 의지는 없었다. 오히려 근대 서구 제국주의의 압력하에 국제법과 세력균형을 해방체제의 현상을 유지하기 위한 외교전술로 이용했다. 한편 서구 근대문명의 충격으로 동아시아에서 전통적인 중화적 국제질서가 쇠퇴하고 지역 내 강국인 일본 및 러시아의 도전이 거세지는 가운데, 중국은 조공관계를 근대 조약체제 속에 존속시켜 그들의 해방海防 전략에 이용하기 시작했다. 중국 중심의 종번관계의 이념을 강조해 의례적 조공체제를 실질적 종속관계로 변질시키는 속국화정책을 추진한 것이다. 중국과 거의 같은 시기에 개항한 일본의 메이지유신은 팽창주의적 근대국가를 형성하기 위해 서구를 본보기로 혁명에 가까운 국체개혁을 단행했다. 대외적으로는 서구 열강과의 불평등조약체제를 철폐하고 대등한 문명국의 국제법 질서에의 참여를 개혁의 궁극 목적으로 삼으면서도, 동아시아의 조선·중국에 대해서는 시종일관 근대 문명에서의 우월감을 갖고 민족주의적인 공세적攻勢的 팽창주의를 강화했다. 국제법과 세력균형은 제국주의시대의 동아시아에서 새 외교 전략으로 등장했으나 약자가 강자에 대해 기대하는 만국공법으로서 이상화된 국제법은 약자에 대한 강자의 힘의 외교 앞에서는 무력할 수밖에 없었다.

중국·일본에 비해 20여 년 이상 개항이 지체된 조선은 중국·일본 양국, 특히 초기에는 청조의 내정간섭으로 개항 초부터 국내 개혁의 기회를 확보할 수 없었다. 그 결과 서구 제국주의의 상위 질서 아래 지역권 내 국제질서의 재편과정이 조선 문제를 둘러싸고 전개되어 이것이 지역 내 국가들 간의 국제적 위기 상황을 조성했다. 아편전쟁 이래 제2차 아편전쟁 및 이와 동 시기의 태평천국 동란 같은 중국의 위기 상황은, 조선 정부에서도 연행사燕行使·의주부義州府 등을 통해 그 정보를 비교적 상세히 보고받고 있었다. 그리고 거대하고 빠른 이양선異樣船의 출몰과 천주교 전파로 서양에 대한 위기의식이 심화되고 있었다.[114] 이처럼 중국의 동란과 서양 침입이라는 동아시아 위기 국면의 정보를 갖고 있었으므로, 적어도 북경이 함락되고 함풍 황제가 열하熱河로 도망한 1860년 이후에는 조선의 위기의식이 심화되었을 것이다. 그럼에도 엄격한 신분제 사회였던 조선은 특권 세습귀족인 노론 양반층의 세도勢道정치(안동安東 김씨金氏)로부터 이에 대항한 대원군 집정기(1864~1873)에 걸쳐 14세기 말 이래의 전통적 해금(쇄국)이 중국보다 더 철저히 유지되었다. 조선에서 개항론의 발생은 1850년대 말 이래 『해국도지』 등의 청조 서적을 통해 서양 사정에 접하고 병인양요丙寅洋擾(1866) 이래, 특히 1871년 미국과 충돌한 신미양요辛未洋擾 이후 실학實學의 계승자 박규수朴珪壽·오경석吳慶錫 등을 통해 시작되었다.[115] 그러나 이들 개항론자들의 사상은 얼마 안 가 1880년대 초 청의 양무개혁을 본뜬 개항파, 즉 온건 개혁파와 메이지 일본과 같은 근대국가를 지향하는 급진 개혁파인 개화파로 분화되었다. 따라서 1860~1870년대에 형성된 조선의 개항론자들은 청조 위원의 『해국도지』 수준에서 그리 멀지 않은 양무론을 수용할 단계였고, 개화파의

114 閔斗基, 「19세기 후반 조선왕조의 대외 위기의식—제1·2차 中英戰爭과 異樣船 출몰에의 대응」, 『東方學志』 52, 1986 ; 『시간과의 경쟁』, 연세대학교출판부, 2001, 120~133쪽.

115 李光麟, 「海國圖志의 韓國 傳來와 그 影響」, 『韓國開化史硏究』, 일조각, 1969(1999년 全訂版), 3~18쪽 ; 愼鏞廈, 『初期 開化思想과 甲申政變 硏究』, 지식산업사, 2000, 22~67쪽 ; 李光麟, 『開化派와 開化思想 硏究』, 일조각, 1989(1992년 중판), 33~35쪽. 조선 개화파의 등장 시기를 朴珪壽가 淸朝 使行에서 돌아온 1870년대 전반기라 했다가 魏源의 『海國圖志』에 따라 申櫶이 水雷砲를 제작한 1860년대 후반으로 소급시키고 있다. 또한 청 양무운동의 自强과 일본에서 유래한 開化란 용어가 동시에 조선에 들어왔으나, 개화란 용어가 더 유행했다고 지적했다.

수준에는 아직 이르지 않았을 것이다. 중국에서 번역된 만국공법(국제법)에 관한 서적이 1870년대에 이미 들어왔으나 1880년대 초가 되어서야 활용되기 시작했고, 청조 양무파의 초기 변법론자 정관응의 『이언易言』(1871)도 1883년에서야 조선 정부에 의해 번각되어 널리 유포되었다.[116]

또한 1876년 일본과의 개항을 거쳐 1882년 구미와의 전면 개항을 앞둔 1881년에 이르러서야 조선은 일본에 관료 시찰단인 신사유람단紳士遊覽團과 소수 유학생을, 청의 양무파 군수기업인 천진기기제조국天津機器製造局에 영선사領選使 인솔하의 유학생단을 파견함으로써 고종 정부의 개혁정책이 가동하기 시작했다.[117] 임오군란 이후 개혁파는 일본 메이지유신을 본보기로 지향하는 김옥균金玉均 등의 개화파와 청조 양무파에 접근하는 민비 척족戚族 및 온건 개혁파(개항파) 사이에 정치적 분열이 시작되었다.[118] 그런데 이 두 파 가운데 사실은 김옥균 등 이른바 한국사학계의 이른바 '급진 개화파' 만이 그 사상과 실천에서 개화파 범주에 넣을 수 있다. 청과의 종속관계에 반대하고 전통적 소중화의식을 거부한 국가주의 의식, 이에 따른 전면적 체제개혁이야말로 개화사상의 핵심 요소이기 때문이다.[119] 개화란 용어는

---

116 李光麟, 『韓國開化史의 諸問題』, 일조각, 1986, 148~156쪽 ; 앞의 책, 1969(1999년 전정판), 4~18쪽. 『해국도지』의 유입은 매우 빨라 초간 익년(1845)이었으나, 1870년대 중엽 일본과의 개항 때까지도 조선은 『해국도지』의 수준에 머물러 있었다. 『易言』은 1880년 청의 주일공사관 관원 黃遵憲의 『朝鮮策略』과 함께 전해졌다고 한다.

117 領選使 파견의 목적과 경과는 權錫奉, 앞의 책, 1986, 149~184쪽 참조. 紳士遊覽團에 대해서는 鄭玉子, 「紳士遊覽團考」, 『역사학보』 27, 1965, 126~135쪽 참조. 청·일본 양국 중 특히 일본에의 대규모 조사 시찰과 유학이 훨씬 큰 영향을 미쳤음은 姜在彦, 『新編韓國近代史硏究』, 한울, 1982(1995년 판), 75~80쪽.

118 愼鏞廈, 앞의 책, 2000, 67~76쪽. 청 李鴻章의 大院君 납치에 협력한 온건 개혁파(金允植·魚允中)와 이에 반대한 金玉均 등 개화파의 모순에 대해서는 李光麟, 『開化期硏究』, 일조각, 1994(1997년 중판), 146~147쪽.

119 趙景達, 「金玉均から申采浩へ－朝鮮における國家主義の形成と轉回」, 歷史學硏究會 編, 『講座世界史7 近代を人はどう考えてきたか』, 東京大學出版會, 1996, 335~339쪽.

1881년 일본 시찰단의 견문 결과 처음 도입된 것으로, 논리적인 개화의 해설은 그 후 일본 유학생 출신인 유길준兪吉濬에 의해 이뤄졌다.[120] 원래 일본 메이지유신의 '문명개화'라는 구호는 서구 계몽주의적 문명관에 유래한 개념이었다. 따라서 청의 양무파의 자강운동에서 본보기를 찾는 온건 개혁관료를 마찬가지로 한국사학계에서 '온건 개화파'라 부르는 것은[121] '개화'라는 술어의 본래 의미에[122] 합당하지 않다. 앞에서 이미 언급한 것처럼 청의 양무와 일본의 유신은 본질적으로 상이한 수준의 개혁이었다. 더욱이 청조식 개혁을 지향하는 민씨閔氏 및 김윤식金允植·어윤중魚允中 등의 온건 개혁파는 임오군란에서 청군을 끌어들인 이후 청의 속국화정책에 따라 그 주체적 개혁의 의미와 성과가 퇴색하고 말았다. 청조의 양무 방식을 선호하던 온건 개혁파 일부가 급진적 개화 노선으로 합류한 것은 청일전쟁 중 일본의 쿠데타 정권하에서 추진된 갑오개혁 때였다.

일본의 지원을 기대한 친일적 개화파의 사상적 결함과 실천적 착오가 조선 근대화에 역풍을 초래한 것은 사실이다. 그러나 조선 개화운동의 역사적 현실의 한계를 인정한다고 해도 역사적 범주로서 개화 또는 개화파의 개념을 엄밀히 규정하는 것은, 그 반대파로서 정부의 보수적 실권파인 민씨 척족 및 온건 개혁파와의 차별성을 인식하는 데 도움이 될 것이다. 또 청의 속국화정책에 불만은 있으나 적극적 항거가 불가능했던 보수적 실권파에[123] 비

---

120 李光麟, 앞의 책, 1989(1992년 중판), 25~26쪽.

121 李光麟, 앞의 책, 1969(1999년 전정판), 35~38쪽 참조. 文明開化란 용어와 일본 이와쿠라岩倉 사절단의 歐美 시찰, 自强이란 개념과 黃遵憲의 『朝鮮策略』의 관련이 지적되고 있다.

122 개화파의 대표적 이론가인 兪吉濬은 文明開化란 영어로 civilization과 enlightenment(계몽)를 의미한다고 했는데, 그 정의는 일본의 계몽주의자 후쿠자와 유키치의 저서 『文明論之槪略』의 설을 따른 것이다. 이는 李光麟, 「兪吉濬의 문명관」, 『韓國近現代史論攷』, 일조각, 1999, 10~11쪽 참조.

123 이태진, 앞의 책, 2000은 개화파의 친일적 한계, 고종(閔妃) 정부의 淸·日 외세에 대한 저항을 강조한다.

해, 개화파가 전통적 '사대' 외교를 반대하고 근대적 국가주권의 각성에 앞장섰다는 사실은 그 개혁의 근대성을 반영하는 것이다. 개화파의 역사적 한계는 중국 · 일본 양국에 비해 터무니없이 지체된 개항으로 인한 사상적 · 사회적 준비의 부족, 전국적인 유교 사림에 기반을 가진 수구적 · 배외적 위정척사운동과 동학 등 민중의 저항운동에 포위되어 고립된 현실에 있었다. 조선 개화파의 역량은 당시 중국 · 일본 양국의 개혁세력인 양무파나 유신파에 비해 현저히 미약했다. 그럼에도 조선 개화파가 1880년대 초 개항 직후 수년 사이에 급속히 형성되고 때 이른 쿠데타에 나선 사실은, 제국주의시대의 근대화 압력과 조선의 위기 상황이 중국 · 일본에 비해 얼마나 절박한 것이었는지를 반영한다.

1894년 청일전쟁은 한국 · 중국 · 일본 3국 간의 근대화 경쟁에 따른 동아시아 지역권 내 질서 개편의 분수령이 되었다. 구제국체제 수호를 위한 방어적 성격을 띤 청조 양무파의 해방 전략은 근대국가 일본의 공세적인 국가주의 팽창 앞에 치명적 패배를 당해 반식민지 지위로 확정되었다. 일본은 청일전쟁 후에 서구적 국제법 질서 속에 참여할 수 있었고 10년 뒤 러일전쟁의 승리로 제국주의 국가로의 전환과정을 완성했다. 19세기 말, 20세기 초 동아시아 3국의 성패는 근대화 개혁의 경쟁에서 결정된 것이었다. 사실 1870년대 이후 중국 양무운동의 확대는 후술하듯 일본과의 해방 경쟁이 주된 외적 동인이 되었다. 그러나 일본의 메이지유신은 서구를 따라잡아 근대적 주권국가로서 서구권에만 적용되는 대등한 국제법적 세계질서에 동참하려는 노력에서 출발했으므로, 청조와의 경쟁은 처음부터 중국 중심의 동아시아 질서를 해체하고 일본 중심으로 개편하는 데 목적이 있었다. 청일전쟁의 결과 조선에서 청이 추방됨으로써 동아시아의 전통적 조공질서는 최종적으로 소멸되었다. 러일전쟁으로 지역 내 국제관계는 거시적으로 서유럽 제국주의 세계질서 아래 종속된 상황에서 일본 중심의 지역 내 제국주의의 성립이라는 이중구조가 형성되었다. 러일전쟁 이후는 만주 및 중국 본토에 대한 동아시아 지역권 내 직접적 분할세력으로 러시아가 봉쇄된 대신, 일본이 러시아 이상의 위협세력으로 대두함으로써 직접 분할에 반대하는 온건한 영국·미국 제국주의와의 모순이 날로 악화되었다. 제1차 세계대전을 고비로 동아시아에서 강대한 일본 제국주의를 저지하는 역할은 태평양권의 중심 세력인 미국이 담당하게 되었다.

청일전쟁의 또 하나의 결과는 중국과 조선에서 양무운동 단계를 넘어 근대국가를 지향하는 전면적 근대화운동이 19세기 말에서 20세기 초에 역사의 주류를 형성하게 되었다는 점이다. 중국의 변법운동과 청조 신축개혁, 조선의 갑오개혁, 독립협회운동과 대한제국의 광무개혁光武改革이 바로 그것이다. 그러나 이 개혁들은 메이지유신처럼 성공으로 연결되지 못한 채 제국주의 세계질서에 저항하는 국민혁명 내지 독립혁명, 즉 20세기 '혁명 신화'의 시대로 전환하고 말았다. 이러한 식민지·반식민지의 혁명 현상은 근대 일본이 메이지유신의 혁명성에도 불구하고 20세기에 제국주의적 팽창을 추구해 혁명이 부정된 것과 대조를 이룬다.

19세기 동아시아에는 비록 불평등조약체제이기는 하지만 근대적 국제질서가 도입되었다. 그러나 청조는 여전히 기존 종번관계를 조약체제와 결합시켜 국가주권의 평등성을 인정하지 않는 화이적 상하관계를 해방 전략으로 지속시키려 했다. 또한 근대국가 일본의 제국주의는 서구 계몽주의 문명관에 따라 근대 문명국의 이름으로 반개화나 야만(미개未開)으로 규정된 주변 민족에게 근대의 식민지·반식민지로서 더욱 혹독한 종속을 강요했다. 근대의 이러한 서구 중심의 차별적 문명관은 유교문화에 따른 전통적 중화주의의 국가 간의 상하 서열관계와 친화성이 많다. 다만 근대 제국주의의 외압이라는 위기 상황하에서 국가적 경쟁의 격화에 따라 중화적 · 문명적 차별의식은 타국에 대한 침략을 정당화하는 이데올로기로 전화될 수 있었다.

러일전쟁 후 일본 제국주의의 조선 및 대륙 침략이 본격적 단계에 들어섰음에도 불구하고 유럽 백인종세력인 러시아를 이긴 아시아 입헌국 일본의 위신은 대단한 것이었다. 청일전쟁 직후 변법파에 의해 시작된 중국의 일본 유학 열조는 러일전쟁 전후에 최고조에 달했으며, 일본은 청조 중국의 근대화 개혁의 본보기이자 신해공화혁명의 혁명가들을 양성하는 거점이기도 했다.[124] 그러나 남만주에 진출한 일본의 중국 분할 시도는 1900년 이래 영국 · 미국 중심의 동아시아질서에 대해 러시아보다도 더욱 큰 위협 요인으로 등장했다. 직접적 식민지 분할에 반대해 영국 · 미국이 추진한 중국 문호개방 및 기회균등은 중국의 영토보전을 통한 반식민지 중국의 공동관리체제였던 것이다. 또한 19세기 말, 20세기 초 일본 제국주의의 발전과정에서 침략논리로 기능했던 동아시아 위기는 '조선의 지정학적 치명성'과 '국가적 취약성'이 언제나 빌미가 되었음에 유의할 필요가 있다.

124 王曉秋, 앞의 책, 1992, 349~359쪽.

* 이 글은 2003년도 한국학술진흥재단의 지원을 받아 이루어졌다(KRF-2003-044-A00002).

제2장 | 일본의 동아시아 질서 재구축과 청일전쟁
—청일조약 개정 외교를 중심으로

최석완 (대진대학교 일본학과)

1. 머리말

메이지유신明治維新 이래 근대 일본의 외교 현안은 크게 두 가지였다. 하나는 막말에 체결된 구미 열강과의 불평등 조약을 상호 대등한 내용의 조약으로 개정하는 일이었고, 다른 하나는 중국을 중심으로 하는 동아시아의 전통적인 화이 질서를 일본을 중심으로 하는 근대적 국제 관계로 재편하는 일이었다. 그리고 이러한 외교 현안은 청일전쟁이 발발하기 직전에 체결된 「영일통상항해조약」(1894. 7)과 「청일강화조약」(1895. 4), 「청일강화조약」의 6조에 근거하여 체결된 「청일통상항해조약」(1896. 7)에 의해 해결되었다.

이처럼 동아시아 질서의 재편이라는 일본의 외교 목표가 청일전쟁기에 거의 달성되었기 때문인지, 종래 대부분의 연구는[1] 일본이 청일전쟁을 준비하

1 中塚明, 『日清戰爭の硏究』, 青木書店, 1968 ; 藤村道生, 『日清戰爭』, 岩波書店, 1973 ; 信夫清三郎 編, 『日本近代史』 I , 毎日新聞社, 1974 ; 芝原拓自, 『日本近代化の世界史的位置』, 岩波書店, 1981 ; 藤原彰, 『日本軍事史』 I , 日本評論社, 1987 ; 大石嘉一郎, 『自由民權と大隈・松方財政』, 東京大學出版會, 1989 ; 森山茂德, 『日韓併合』, 吉川弘文館, 1992.

게 된 계기나 그 과정을 규명하는 일에 집중하는 경향이 있었다. 그 결과 일본은 늦어도 1880년대 중반까지는 대청 대결 방침을 결정하고 이에 필요한 군비 확장 정책을 추진한 끝에 개전에 이르렀다는 통설적 견해가 성립하였다. 그러나 이러한 청일전쟁 자체에 대한 연구 집중은 일본의 팽창주의를 규명하는 긍정적인 역할을 한 반면에, 상대적으로 일본이 추진했던 청과의 조약 개정 문제를 소홀히 다루게 함으로써 결과적으로는 청일전쟁에 대한 보다 명확한 이해를 방해하는 역효과를 낳은 것도 사실이다. 청일조약 개정의 실패를 청일전쟁 발발의 원인으로 이해하거나,[2] 「청일강화조약」의 6조(청 · 일본 간의 신조약 체결을 약속한 조항) 및 「청일통상항해조약」의 체결을 청일전쟁의 부산물적 성과로 평가하는 연구는[3] 바로 그러한 역효과의 산물로 생각된다.

그래서 최근의 연구가[4] 일본의 동아시아 외교는 대청 대결이 아닌 청일 협조에 중점을 둔 비팽창주의였다고 주장하면서, 청일전쟁을 우발적 전쟁으로 규정한 점은 주목할 필요가 있다. 이러한 연구는 사료의 해독이나 논리 전개

---

2 津田多賀子, 「日清條約改正の斷念と日清戰爭」, 『歷史學硏究』 652, 1993.

3 「청일강화조약」과 「청일통상항해조약」을 정치외교사적 관점에서 총체적으로 분석한 것은 호리구치 오사무堀口修의 일련의 연구이다. 이 연구는 청일조약 개정을 청일전쟁의 목적의 하나로 지적하면서도 이를 포함한 전쟁 목적 및 전후 구상은 처음부터 명확했던 것이 아니라, 전쟁 기간 중 강화 조건 등을 마련해가는 과정에서 구체화되었다고 설명한다. 즉 청을 중심으로 하는 종래의 전통적인 동아시아의 국제 질서를 일본을 중심으로 재편하려는 일본정부의 기도는 청일전쟁을 계기로 구체화되기 시작하였고, 그 내용 중의 하나가 바로 청일조약의 개정이었다는 것이다. 그러나 이러한 주장은 「청일강화조약」 및 「청일통상항해조약」의 의의를 전쟁 전에 추진된 청일조약 개정 외교와의 관련 속에서 논하고 있지 못하다는 점에서 한계를 갖는다.

堀口修, 「下關講和談判における日本の通商要求について」, 『中央史學』 2, 1979 ; 「'日清通商航海條約' 締結交涉について」, 『中央史學』 7, 1984 ; 「日清講和條約案の起草過程について(I)(II)」, 『政治經濟史學』 230 · 231, 1985 ; 「'日清媾和條約'及び '日清通商航海條約' について」, 東アジア近代史學會 編, 『日清戰爭と東アジア世界の變容』 下, ゆまに書房, 1997.

4 大澤博明, 「天津條約體制の形成と崩壞——一八八五～一八九二」, 『社會科學硏究』 43-3 · 4, 1991 ; 「日清共同朝鮮改革論と日清開戰」, 『熊本法學』 75, 1993 ; 高橋秀直, 『日清戰爭への道』, 東京創元社, 1995.

면에서 치명적인 문제점을 안고 있는 것이 사실이지만,[5] 일본의 외교에 대한 이해의 폭을 확대시켰다는 점에서는 일정한 역할을 하였다고 볼 수 있다.

그러나 일본의 동아시아 외교의 성격을 대청 개전 노선의 성립 여하를 중심으로 규명하려는 이상과 같은 종래의 연구 경향은 과연 얼마나 유효한 것일까? 출발 당시 일본의 동아시아 외교는 조선은 물론 청과의 불평등 관계의 창출을 목표로 삼고 있었다. 다시 말하면 일본은 전쟁보다는 불평등 조약 체결이라는 외교적 수단에 의해 동아시아의 패권을 장악하려는 보다 현실적인 외교 노선을 중시하고 있었다. 일본의 동아시아 외교의 성격을 규명하고, 나아가 청일전쟁의 의의를 보다 명확히 하기 위해서는 무엇보다 먼저 이러한 출발 당시의 일본 외교 노선의 전개 과정을 면밀히 검토하는 일에서부터 시작해야 한다.

이 글에서는 이러한 문제 의식하에 일본의 대청 조약 개정 외교가 전개되는 과정을 살펴보고자 한다. 아울러 이러한 동아시아 질서의 재편 정책과 관련하여 청일전쟁이 어떠한 의미를 갖는지도 재조명해보도록 하자.

2. 청일전쟁 전의 개정 외교

(1) 개정의 시도와 좌절

1871년에 체결되어 1873년에 비준을 거친 「청일수호조규」는 상호 간의 영사재판권을 인정하는 반면, 내지통상 및 최혜국대우를 불허하는 상호 균등주의에 입각하여 체결된 조약이었다. 그러나 일본정부 내부에는 처음부터 청일조약의 상호 대등주의에 불만을 품은 목소리가 강하였다. 조약이 체결

5 최석완, 『日清戰争への道程』, 吉川弘文館, 1997.

된 후 비준되기까지 상당한 시일을 요했던 이유가 바로 여기에 있다. 그 후 일본정부는 기회가 닿을 때마다 청일조약을 청과 열강 사이에 체결된 불평등 조약과 같은 내용으로 개정하려 했지만 청의 반발로 실현되지는 못하였다. 그러다가 1886년에 접어들면서 열강과의 조약 개정 교섭이 본궤도에 올라 개정이 낙관시되자 청에 대한 교섭을 서두르기 시작하였다.[6]

당시 외무대신이었던 이노우에 가오루井上馨가 크게 염려했던 점은 청일조약이 개정되지 않은 상태에서 열강과의 조약 개정이 이루어질 경우, 열강이 최혜국대우 조항을 빌미로 일본과의 조약 개정을 무효화하는 사태가 벌어질 수 있다는 것이었다.[7] 1886년 3월 이노우에는 청국 주재 공사 시오타 사부로鹽田三郎에게, 「일청수호조규통상장정개정초안日淸修好條規通商章程改正草案」을 전하면서 청 측과 담판할 것을 지시하였다. 시오타 공사는 이노우에의 초안에 약간의 수정을 더하여 같은 해 9월 청 측에 이를 전하고 담판에 들어갔다. 그러나 시오타가 자인했듯이 초안의 내용이 일본에게 일방적으로 유리했기 때문에 청의 반발은 필연적이었다.[8]

일본 측이 제시한 초안의 핵심은 1조의 3항 및 부약附約(시오타의 초안에서는 전조專條)에 집약적으로 반영되어 있다. 3항은 청 · 일본 간의 통상장정과 관련한 내용이고, 부약은 법권과 관련한 내용이다. 먼저 3항을 보면, 일본에 재류하는 청국인은 일본정부가 "체맹締盟 각국의 인민을 위해 설정한 통상장정을 준수"하고, 청국에 재류하는 일본인은 청국정부가 "체맹 각국의 인민을 위해 설정한 통상장정을 준수"해야 한다고 규정되어 있다. 이는 상호균등주의에 입각한 것처럼 보이지만 일본의 의도는 전혀 다른 곳에 있었다.

6 外務省 編, 『日本外交文書』 19, 日本國際連合協會 發行, 1951, 159~160쪽.
7 『日本外交文書』 19, 159~161쪽 ; 같은 책 20, 131~132쪽.
8 『日本外交文書』 19, 124~129 · 184~185쪽 ; 같은 책 20, 150~157쪽.

즉 일본은 조약 개정을 통해 열강에 대한 해관세율이 상향 조정될 것에 대비하여, 청국인에 적용하는 세율을 미리 상향 조정하려고 했다.[9] 반면 청국에 재류하는 일본인은 청국과 열강 간의 통상장정에서 규정하고 있는 상대적으로 낮은 세율을 적용받게 된다. 따라서 이 문제에 대해 청국이 반발한 것은 당연했다.

청국 공사 서승조徐承祖는 1886년 5월 26일 이노우에와 회담하는 자리에서, 일본이 열강과 조약을 개정하는 과정에서 세율을 얼마로 할 것인지도 모르는 상황에서 청이 무작정 그 세율을 적용받겠다고 약속할 수는 없다며 반발하였다. 그러자 이노우에는 열강이 가장 신경을 쓰는 부분은 일본과의 관세율을 가능한 한 낮게 책정하는 것이므로 청이 염려하지 않아도 세율은 청에게 유리할 것이라는 궤변을 늘어놓았다.[10]

한편 일본은 3항을 관철시킴으로써 청으로부터 내지통상권을 획득하려 하였다. 이노우에의 초안에서 "개항개시부開港開市府에서 상업하는 자"라고 되어 있는 부분을, 시오타의 초안에서는 "통상구안通商口岸 및 통상성진通商城鎭에서 무역하는 자"로 바꾸었는데, 이는 내지통상권의 획득을 노린 이노우에의 지시에 따른 것이었다.[11] 청도 이러한 일본의 의도를 간파하고, '성진城鎭'의 표현을 쓸 경우 내지통상권을 양여하는 인상을 주게 되므로 이를 삭제해야 한다고 주장하였다. 또 3항의 내용이 '일체균점一體均霑'의 의미를 내포하고 있는 점에 주목하고 이의 수정을 요구하기도 하였다.[12] 이러한 청의 반응을 감안한다면, 일본에게는 3항을 이용하여 열강과 같은 최혜국대우를 보장받을 수 있는 여지가 있었던 것으로 보인다. 단 일본은 최혜국대우

9 『日本外交文書』 19, 159~160쪽.
10 『日本外交文書』 19, 162~163쪽.
11 『日本外交文書』 19, 160쪽.
12 『日本外交文書』 20, 148쪽.

조항을 초안에 명시하지는 않았다.[13]

일본은 또한 부약을 이용하여 청의 영사재판권을 철폐할 생각이었다. 부약에는 일본이 열강과 교섭해서 재판권에 관한 조항을 개정하게 되면, 일본에 재류하는 청국 인민에게도 이를 적용한다는 내용이 들어 있었다. 이노우에는 열강의 영사재판권이 철폐된 상황에서 청의 영사재판권만 남게 되면, 청의 지위만이 탁월해질 뿐만 아니라 열강의 치외법권도 부활할 가능성이 있다고 염려하였다. 그래서 청의 치외법권을 철폐하는 문제에 대해서도 세심한 주의를 기울였던 것이다.[14]

그러나 물론 일본은 청국에 대해 보유하고 있는 영사재판권을 포기할 생각은 없었다. 일본은 청이 반발할 경우에는 근대화의 논리를 이용하여 이를 묵살할 방침이었다. 이노우에 외무대신은 시오타 공사에게 보낸 1887년 4월 11일자 훈령에서, 만약 청국이 전국을 개방하는 대가로 일본의 영사재판권 철폐를 요구한다면, 청의 법률이나 행정 등이 서구화될 때까지는 응할 수 없다는 논리로 대항하라고 지시하였다. 또 아오키 슈조靑木周藏 외무차관도 5월 4일자 훈령에서, 만약 청이 영사재판권을 포기하는 대신에 열강처럼 일본 재판소에 청국인 판사의 임명을 요구한다면, 서구의 법률주의에 정통할 때까지는 응할 수 없다는 논리로 대항하라고 지시하였다.[15]

이상에서 살펴보았듯이, 이노우에 외무대신 당시에는 청으로부터 열강 이상의 권익을 뽑아내기 위해 적극적으로 노력한 흔적은 보이지 않는다. 그러나 여기서 주의해야 하는 사실은 이노우에 및 아오키의 훈령에서 알 수 있듯이, 청의 근대화에 대한 판단 기준은 어디까지나 일본에게 있다는 점을 분명

---

13 『日本外交文書』 21, 101쪽.

14 『日本外交文書』 20, 131～132쪽.

15 『日本外交文書』 20, 131～132 · 157～158쪽.

히 한 것이다. 이는 청일조약이 불평등 조약으로 개정될 경우 그것이 반영구화될 가능성이 있음을 시사해준다.

이노우에 외무대신의 대청 조약 개정 방침은 후속 내각에 충실히 계승되었다. 구로다 기요타카黑田淸隆 내각(1888. 4~1889. 10)의 외무대신인 오쿠마 시게노부大隈重信는 이노우에의 초안을 토대로 개정안을 마련하여 청의 영사재판권을 철폐하기 위해 노력하였다. 그러나 시오타 공사가 앞서 인정했듯이, 개정안의 내용이 일본에게 일방적으로 유리한 이상 청이 이에 응할 리 만무하였고 결국 청과 일본의 담판은 결렬되었다. 그러자 오쿠마 외무대신은 "심상尋常의 수단手段"을 통한 개정은 불가능하다고 보고, 1888년 9월 11일자 훈령을 통해 담판의 중지를 지시하였다. 이러한 오쿠마의 태도는 청일조약의 개정을 영일조약 개정의 전제 조건의 하나로 암시하던 영국의 입김을 의식한 것으로 보인다.[16]

어쨌든 통상적인 외교 담판을 포기했다는 점에서 오쿠마의 자세는 무력을 통한 해결을 예정한 것으로 해석될 수도 있다.[17] 그러나 일단 일본의 대외 정책은 개정 문제의 해결을 위한 대청 무력 대결 쪽으로 흘러가지는 않았다.

한편 이러한 오쿠마의 강경한 태도는 열강과의 조약 개정 외교와 무관하지 않았다. 오쿠마는 1888년 11월 30일에 체결된 일본과 멕시코 간의 조약에서, 재일 멕시코인들에게 내지를 개방한다는 조항을 삽입시키면서 이에 대한 균점을 요구하는 영국 · 프랑스 등의 요구를 거절하였다. 오쿠마는 최혜국대우도 무조건적인 균점을 보장하는 것이 아니라며, 일멕조약에의 균점을 원한다면 먼저 재일 영국인들이 일본의 법률에 복종하는 일이 선행되어야 한다는 강경한 자세를 드러냈다. 나아가 오쿠마 외상 당시 일본에서는 조

16 『日本外交文書』 21, 42 · 85~87 · 92~94 · 107~108 · 110~112쪽.

17 津田多賀子, 앞의 논문, 1993.

약 폐기론이 등장하였고, 이는 1892년 포르투갈에 대한 영사재판권의 폐지 선언으로 이어졌다. 이처럼 일본의 조약 개정 외교는 열강에 대해 강경한 입장을 드러내기 시작했고, 이는 대청 조약 개정 외교에서도 담판의 중지라는 강경한 모습으로 나타났다.[18]

(2) 개정 방침의 전환

제1차 야마가타 아리토모山縣有朋 내각(1889. 12~1891. 4)이 성립한 이후 청일전쟁에 이르기까지 청·일본 간의 조약 개정 담판은 중단되었다. 이는 오쿠마 시게노부 외무대신 당시의 대청 강경책이 지속되었음을 의미한다. 또 일본은 청의 영사재판권만을 철폐하고 조약 개정 후에도 청국인과 구미인을 차별 대우한다는 방침을 고수하였다.[19]

그러나 청과의 조약 개정 교섭이 중단된 이상 기존 외교 전략에 변화를 꾀할 수밖에 없었다. 그래서 일본정부는 1889년 12월 10일에 열린 각의에서, 구주歐洲 5대국 및 청과의 개정 담판을 동시에 추진할 것을 결정하기도 하였다.[20] 그 후 1891년 4월 4일에 열린 각의에서는 먼저 열강과의 조약을 개정한 후 이러한 기정 사실을 바탕으로 청에 대해 불평등 조약의 체결을 요구하기로 방침을 수정하였다.

따라서 이후 일본정부는 열강과의 조약 개정 문제에 집중하였다. 그러는 가운데 영국이 시베리아 철도를 의식하여 일본의 조약 개정 요구에 호의적인 반응을 보이자, 일본은 조약 개정을 조기에 달성하고자 노력하게 된다. 나아가 일본은 이러한 교섭이 성과를 거두기까지는 어떠한 급격한 변동도

---

18 최석완, 「일본정부의 동아시아질서 재편정책과 청일전쟁」, 『東洋史學研究』 65, 1999, 219~222쪽.

19 『日本外交文書』 21, 101쪽 ; 같은 책 24, 48쪽 ; 같은 책 25, 558쪽.

20 『日本外交文書』 22, 333쪽.

동아시아 지역에서 일어나지 않기를 바랐다.[21]

제2차 이토 히로부미伊藤博文 내각(1892. 8~1896. 8)은 1893년 7월 8일에 개최된 각의에서 조약 개정 방침을 보다 명확하게 확정하였다.[22] 각의의 내용을 정리해보면, 조약 개정 교섭은 거의 완전한 대등주의에 입각하여 추진하되 먼저 영국·독일·미국과의 교섭을 시작한 다음에 러시아·프랑스 등의 순서로 넘어갈 것이 결정되었다. 일본의 조약 개정 문제에 큰 영향력을 행사하는 나라부터 담판을 개시하기로 한 것이다. 이날의 각의에서는 청과의 조약 개정 문제에 대한 언급이 없는데, 그 이유는 앞에서 살펴본 바와 같이 청일조약의 개정을 열강과의 조약 개정 이후의 과제로 남겨두었기 때문으로 판단된다.

각의의 결정에 따라 무쓰 무네미쓰陸奥宗光 외무대신은 이토 히로부미 수상 및 독일 주재(영국 주재 공사를 겸직) 공사 아오키 슈조와 협력하면서 영국과의 조약 개정 담판에 몰두하였다. 그 결과 1894년 4월 5일에 도착한 전신에서 아오키 공사는 조약 개정이 타결될 가능성이 높다고 보고하였다. 그러자 일본정부에서도 낙관적인 전망이 나타났다. 같은 날 내무대신 이노우에 가오루는 이토에게, 영국과의 조약 개정 담판은 잘 진행되고 있으며 미국과의 교섭 전망도 밝다는 의견을 나타냈다. 그 후 아오키는 5월 14일에 영국이 영사재판권을 폐지하겠다는 의사를 표명했다고 전해왔으며, 이 소식을 접한 무쓰 외상은 아오키의 성공을 축하하는 전문을 발송하였다.[23]

---

21 이러한 자세가 단적으로 드러나는 것이 防穀令 사건과 관련한 일본정부의 태도이다. 일본정부는 이 문제를 해결하는 과정에서 가능한 한 청과의 충돌을 회피하는 것이 동아시아 패권 정책을 전개하는 데 있어 유리하다는 판단을 내리고 있었다(최석완, 「제국의회 개설기의 청일 협조 문제」, 『日本歷史硏究』 12, 2000).

22 『陸奥宗光關係文書』 九二-1, 國立國會圖書館憲政資料室.

23 『日本外交文書』 27-1, 38쪽 ; 伊藤博文關係文書硏究會 編, 『伊藤博文關係文書』 1, 塙書房, 1973, 259쪽 ; 「日英條約改正記事」, 大山梓 他 編, 『條約改正調書集成』 下, 原書房, 1991, 249·

이처럼 열강과의 조약 개정 담판이 비교적 순조롭게 진행되자, 청일조약을 개정하는 문제가 외교 현안의 하나로 다시 부상하였다. 아오키 공사는 무쓰에게 보내는 5월 8일자(6월 25일 착) 서간[24]에서 청과의 조약 개정 문제는 어떻게 처리할 생각이냐면서, 이와 관련하여 대략 다음과 같은 견해를 전달하였다.

> 열강이 일본의 조약 개정 요구를 받아들인다면, 청으로 하여금 담판에 의하건 또는 파기라는 수단에 의하건 간에 이를 억지로 승낙하게 할 수는 있다. 그러나 청의 영사재판권을 폐기시키더라도 청국인을 내지에 거주시킬 수는 없다. 이것은 예측할 수 없는 화근이 될 수 있기 때문이다. 열강과의 조약 개정 담판이 아직 정리되지 않은 시점에서 별지와 같은 안을 만들어 청 측을 적절하게 속이거나 또는 칭찬하거나 화나게 하면서 농락하고, 열강과의 조약 개정이 달성된 다음에 깜짝 놀라게 한다면 대단히 흥미로운 상황이 되지 않겠는가. 나의 제안을 살펴봐주기 바란다. 청을 제외한다는 것은 진부하다. 청과의 문제를 해결하지 않는다면 열강과 맺은 조약은 실제로 공약에 불과하게 될 것이다.

이 내용은 아오키 자신이 외무대신으로 있던 시절에 각의에서 결정된 바 있는 대청 조약 개정 방침[25]을 재현한 것이다. 즉 영일조약이 개정되어 영국의 영사재판권이 철폐되고 영국인들이 자유롭게 일본의 내지에 들어갈 수 있는 권리를 획득하는 경우에도, 일본은 청이 보유한 영사재판권의 철폐만을 인정할 뿐 청국인들에 대한 내지 개방은 절대로 할 수 없다는 것이다. 다시 말하면 아오키는 조약 개정을 통해 영국 · 일본 간의 국제적 지위가 같아진다면 청 · 일본 간의 국제적 지위는 영국 · 청 간의 상하 관계와 똑같은 형태로 바뀌어야 마땅하며, 또 이를 개정이든 파기든 확실한 방법을 통해 명문

273～274쪽.

24 「日英條約改正記事附錄」, 大山梓 他 編, 『條約改正調書集成』 下, 原書房, 1991, 51～53쪽.

25 『日本外交文書』 24, 53쪽.

화할 수 있도록 준비해두어야 한다고 무쓰에게 요구하였던 것이다.

아오키가 말하는 별지,[26] 즉 청일의정서의 초안은 바로 그러한 내용을 담고 있다. 이에 따르면 청·일본 양국은 일단 상대국에 대해 보유하고 있는 영사재판권을 폐지하고 상대국의 법률에 복종할 것을 약속하는 것으로 되어 있다. 그러나 그 전제 조건으로 열강과의 조약 개정이 달성된 나라부터 상대국이 보유하고 있는 영사재판권을 철폐시키고 자국의 법률에 복종시킬 수 있다는 별도의 조항을 마련해두었다는 점에 주의해야 한다. 이는 상호 균등주의에 입각한 것처럼 보이지만 실은 일본에게 일방적으로 유리한 것이었다. 일본은 열강과의 조약 개정이 낙관시되는 단계에 이른 반면, 청은 아직 열강과의 조약 개정이 본격화되지 않은 상태였기 때문이다. 아오키의 조약 개정 전략은 결국 이노우에 외상 때와 동일함을 알 수 있다.

아오키의 의견이 무쓰에게 전달되기까지의 기간, 즉 5월 초순에서 6월 하순에 이르는 기간은 조선에서 청일전쟁의 가능성이 점점 고조되고 있던 시기이다. 알려진 바와 같이 동학농민전쟁이 격화되었고, 이를 계기로 청과 일본 양국이 조선에 파병함으로써 일촉즉발의 사태가 조성되었다. 그러나 일본정부는 청과의 무력 충돌을 예정하면서도, 이를 조약 개정의 수단으로 처음부터 활용할 생각은 아니었던 것으로 보인다. 이는 무쓰가 영국의 요구를 대폭 수용해서라도 조약 개정 교섭을 조기에 끝마칠 수 있도록 최선을 다하라고 아오키에게 수차례에 걸쳐 지시한 점을[27] 통해 간접적으로 확인할 수 있다. 아오키는 무쓰의 지시에 따라 영국과 교섭을 서두른 끝에 드디어 1894년 7월 16일 「영일통상항해조약」에 조인하는 데 성공하였다. 이로써 일본은

---

26 이 별지는 『陸奧宗光關係文書』(九四-30)에 수록되어 있는, 1894년 5월 8일자 무쓰 무네미쓰에게 보내는 아오키 슈조의 서간 속에 들어 있다.

27 「日英條約改正記事」, 앞의 책, 1991, 285~288·293~294·296쪽.

법권과 세권의 일부를 회복함으로써 막말 이래의 불평등 조약 체제에서 탈피하였다.

이때부터 청일전쟁을 청과의 조약 개정에 이용하자는 의견이 등장하기 시작하였다. 상해上海 총영사로 재임 중이던 오고에 시게노리大越成德는 무쓰 외상에게 보내는 7월 12일자 의견서에서, 청일전쟁에서의 승리를 바탕으로 현행의 청일조약을 개정하거나 특약을 체결하여 청에 대한 일본의 권익을 열강과 같은 수준으로 끌어올려야 한다고 주장하였다. 오고에는 구체적으로 일본인이 청국 내지에서 물품을 구입할 수 있는 권리와 개항장의 수를 열강만큼 늘려줄 것 등을 요구해야 한다고 강조하였다.[28] 단 이러한 주장은 아직 열강을 능가하는 권익을 청에게 요구하려는 자세가 보이지 않는다는 점에서 청일전쟁 발발 이후에 등장하는 의견들과는 차이가 있었다.

3. 청일전쟁과 불평등 조약 체제

(1) 조약안의 정비

1) 정비 방침의 설정

1894년 7월 23일 일본의 경복궁점령사건을 계기로 시작된 청일전쟁은 대체로 일본에게 유리하게 전개되었다. 그러는 가운데 일본정부는 청 · 일본 양국 간의 강화조약안과 통상항해조약안을 마련하는 일에 착수하였는데, 영국이 일본의 강화 조건을 타진한 것이 직접적인 계기가 되었다.

1894년 10월 8일 오후 주일 영국 공사 트렌치P. Le P. Trench는 영국정부의 명령에 따라 무쓰 무네미쓰 외상을 방문하였다. 이 자리에서 트렌치는 청

28 『日本外交文書』 28-1, 196~197쪽.

일전쟁의 강화 조건으로 열강에 의한 조선 독립의 보장과 청의 일본에 대한 군비 배상을 제시하고, 영국정부는 이미 이 문제에 관해 다른 열강과 논의를 마친 상태라고 말하였다. 이에 대해 무쓰는 사안이 중대한 만큼 정부에서 논의를 거칠 필요가 있다면서 즉답을 피한 다음 후일 회답할 것을 약속하고, 히로시마廣島에 체재 중인 이토 히로부미 수상에게 즉시 이 사실을 알렸다. 그러고 나서 그는 강화 조건의 대체적인 내용을 갑, 을, 병의 세 가지 안으로 정리하여 같은 날 밤 이토에게 발송하고 의견을 물었다.[29]

각 안의 내용을 살펴보면 먼저 갑안에서는, 첫째 청국으로 하여금 조선의 독립을 확인시키고 이후 조선의 내정에 간섭하지 않는다는 영구적인 담보로써 여순구旅順口 및 대련만大連灣을 일본에 할양시킬 것, 둘째 청국으로 하여금 일본의 군비를 배상시킬 것, 셋째 청국은 구주 각국과 체결한 현행 조약을 기초로 하여 일본과 신조약을 체결할 것 등을 규정하였다. 그리고 이상의 조건들을 실행할 때까지 청국은 일본정부에 대해 충분한 담보를 제공해야 한다는 점을 명시하였다. 을안에서는 첫째 열강에 의한 조선 독립의 담보, 둘째 타이완 전도全島의 할양을 각각 요구하고, 마지막 부언 부분에 기타 조관條款은 갑안과 같다고 덧붙였다. 마지막으로 병안은 일본정부가 강화의 조건을 확언하기에 앞서 청국정부의 의향을 파악할 필요가 있다는 내용이었다.[30]

이상에서 무쓰가 제시한 강화 조건은 트렌치의 그것보다도 훨씬 가혹하였음을 알 수 있다. 그렇다면 무쓰가 이렇게 강경한 자세를 드러낸 이유는 어디에 있는 것일까. 무쓰는 이에 대해 앞의 8일자 서간에서[31] 대략 다음과 같이 설명하고 있다.

---

29 春畝公追頌會 編, 『伊藤博文傳』 下, 小松綠, 1940, 140～146쪽 ; 『日本外交文書』 27-2, 474～475쪽.

30 春畝公追頌會 編, 위의 책 下, 1940, 140～141쪽.

31 春畝公追頌會 編, 위의 책 下, 1940, 144～146쪽.

일본에 주재 중인 독일, 미국, 러시아 공사와 접촉한 결과 영국이 다른 열강과 강화 조건에 관해 논의를 마쳤다는 트렌치의 말은 신빙성이 없다. 또 여러 가지 정황으로 보아 영국정부가 당장 본격적인 간섭을 시도하기는 어려울 것으로 보인다. 그러나 영국의 동향 뒤에는 중재를 요청하는 청의 계략이 숨어 있는 것 같으며 또 일단 간섭이 개시된 이상 머지않은 장래에 열강의 간섭이 본격화되는 것은 필연적이다. 따라서 간섭이 본격화되지 않은 바로 지금 일본이 진정으로 노리는 바를 먼저 공표한다면 이것 또한 하나의 방책이 될 수 있다.

서간의 말미에서 무쓰는 열강의 간섭이 본격화되기 전에 하루라도 빨리 청 영토의 일부를 점령해둘 필요가 있다고 강조하였는데, 이는 일본의 요구 조건을 관철시키기 위한 카드로 점령지를 활용할 속셈이었음을 말해준다. 요컨대 무쓰는 요구 조건을 최대한 밝히는 것이야말로 열강의 간섭을 견제하면서 청과의 강화 교섭을 유리하게 이끌 수 있는 방안이 된다는 판단에서, 강경한 요구 조건을 제시했던 것이다.

그렇다면 이 세 가지 안들 가운데 무쓰의 본심은 어디에 있었는지 확인해 보자. 그의 설명에 따르면[32] 먼저 병안은 적당한 기회가 찾아올 때까지 강화와 관련한 논의를 연기시키기 위한 지연책에 지나지 않았다. 그리고 을안은 강화 문제와 관련한 열강의 간섭을 조속히 잠재우기 위한 하나의 방안으로 마련된 것이었다. 무쓰는 조선의 독립을 보장하는 문제에 열강이 일정한 역할을 할 수 있도록 유도한다면 청일 강화 문제와 관련한 열강과의 논의가 조속히 마무리될 수 있다고 보았다. 그러나 열강에 의한 조선 독립의 보장은 무쓰의 본심이 아니었다. 이는 무쓰가 "조선의 독립을 구주 각국으로 하여금 담보케 하는 것은 단연코 피해야 할 방안"이라고 강조한 대목에 잘 나타나 있다. 한편 무쓰는 을안에 타이완 전도의 할양을 삽입시킨 사정에 대해서

32 春畝公追頌會 編, 앞의 책 下, 1940, 143쪽.

는 다음과 같이 설명하였다. 즉 사태가 을안에 따라 전개되어 열강에 의한 조선 독립의 보장이 실현된다면, 갑안에서 말하는 "조선의 내정에 간섭하지 않는다는 영구적인 담보로써"라는 명분이 설득력을 잃게 되어 '여순구 및 대련만'을 할양받기가 어려워지므로, 이에 대비해서 타이완 전도의 할양을 명시했다는 것이다. 여기에는 영토 할양에 대한 무쓰의 강한 욕구가 그대로 드러나 있다.

무쓰의 본심은 갑안에 있었다. 무쓰는 갑안이야말로 "일본정부가 바라는 바의 극도極度를 명언"한 것으로, 열강이 조선의 독립을 보장하는 사태를 확실하게 배제하기 위한 방안이라고 강조하였다.[33] 갑안의 내용은 일본정부가 구상하던 동아시아의 불평등 체제가 어떠한 구조였는지를 암시해준다는 점에서 대단히 중요하다. 따라서 이 문제는 다음의 3-(2) 조약 체제의 구조에서 좀더 자세히 살펴보기로 하고, 여기에서는 먼저 갑안의 세 번째 내용에 관해 검토해보자.

이 내용은 청과 일본 간의 불평등 조약 체제를 창출하기 위해 제시한 것이다. 다시 말하면 청과 일본의 관계를 일본을 우위에 두는 상하 관계로 재설정하고 이를 국제적으로 공인받겠다는 의지를 표명한 것이다. 청일전쟁 직전 아오키 슈조 공사가 지적하였듯이, 열강과의 조약 개정만으로는 일본을 중심으로 한 동아시아 국제 질서의 창출이라는 외교적 목표는 달성될 수 없었다. 따라서 무쓰는 「청일 강화조약」 속에 양국의 불평등 관계를 내용으로 하는 신조약의 체결을 보장시키려 했던 것이다. 이러한 새로운 청일조약의 체결은 갑안과 을안에서 동시에 강조되고 있듯이, 일본정부가 강화 조건을 상정하는 과정에서 가장 중요하게 여기던 문제였다.

무쓰의 서간을 받은 이토 수상은 "영국 공사에의 회답안 중 갑호에 동의"

33 春畝公追頌會 編, 앞의 책 下, 1940, 143쪽.

한다는 뜻을 전함으로써 무쓰의 기대에 부응하였다. 다만 이토는 갑안의 첫 번째 요구 사항에 대해, "타일他日 아군이 한 걸음 더 전진한 상태에서 발표해야 할 것"이라며 다소 조심스러운 자세를 드러냈다. 또 세 번째 요구 사항인 청 · 일본 간에 신조약을 체결하는 문제에 대해서도 "구주 각국과 체결한 현행 조약을 기초"로 한다는 대목은 열강의 시기를 초래할 우려가 있으므로 이를 일단 삭제하는 것이 좋겠다는 신중한 자세를 보였다.[34]

그러자 무쓰는 전자에 대해서는 동의하였으나 후자에 대해서는 반대 의견을 나타냈다. 즉 "단순히 통상항해조약의 신정新訂이라고만 한 채 그 기초를 예정해두지 않는다면 개담開談"에 임하여 도리어 "총체적인 지장"을 일으킬 우려가 있다면서 반대하였다. 나아가 외국인 법률고문 데니슨H. W. Denison의 의견을 인용하여, 일본은 이미 영국과 대등한 조약을 체결한 상태이기 때문에 "이번에 새롭게 청과 신조약을 정결訂結함에 즈음해서 그 기초를 구주와 청국과의 조약에서 취하더라도 결코 구주 각국의 시기를 초래할 리가 없으며, 도리어 당연한 요구"로 인정받을 것이라고 주장하였다. 다만 첫 번째 사항에 대한 발표를 연기한다면 다른 사항에 대한 발표도 모두 연기하지 않을 수 없다고 지적하면서, 따라서 영국이 만약 회답을 재촉해온다면 일단 시일을 끌어볼 생각이라고 말하였다.[35]

이상에서 무쓰와 이토가 강화 조건을 공표하는 시기와 정도를 놓고 약간의 견해차를 드러내긴 했으나, 갑안의 취지에 대해서는 완전히 동의하고 있음을 확인할 수 있다. 즉 일본정부는 조선에 대한 배타적 보호권의 획득(3-(2) 조약 체제의 구조에서 상술), 청 영토의 할양 그리고 청일 불평등 관계의 수

34 伊藤博文關係文書硏究會 編, 앞의 책 7, 1973, 303~304쪽 ; 무쓰 무네미쓰 외무대신이 이토 히로부미 수상에게 보낸 1894년 10월 11일자 서간(『陸奧宗光關係文書』 八一-2).

35 주 34와 같음.

립을 강화 조건에 포함시키자는 공통의 목표를 설정하였던 것이다.

그 후 영국 공사 트렌치는 물론 러시아 · 미국 · 독일 공사 등이 영국의 강화 조건 제안에 대한 회답을 재촉하자, 무쓰는 이토에게 임시로 회답안을 만들어 대응하자고 제안하였다.[36] 이렇게 해서 무쓰와 이토는 회답안을 정리한 후 각의의 승인을 거쳐, 10월 23일 이를 트렌치에게 전달하였다. 회답안의 내용은 현재로서는 담판을 하더라도 만족할 만한 결과를 얻기 어려운 상황이기 때문에 강화 조건을 제시할 수 없다는 것이었다.[37]

영국의 조정이 실패로 돌아간 다음에 11월에 들어와 청 · 일본 간의 강화 문제를 조정하려고 나선 것은 미국이었다. 무쓰는 당초 미국의 조정에 대해 다소 냉담한 반응을 보였는데, 그 이유는 청에게 군사적으로 더 강한 타격을 가한 뒤에 강화 문제를 논의하는 것이 유리하다는 계산 때문이었다. 그러나 시간이 지나면서 무쓰는 무한정 전쟁을 계속할 수는 없고 또 일본의 입장을 대변해줄 수 있는 나라는 미국 이외에 없다는 판단에 따라 미국에 중재를 의뢰하였다. 11월 하순, 청 · 일본 양국에 주재하는 미국 공사를 통해 청의 강화 조건이 일본정부에 전달되었다. 그 내용은 조선 독립의 승인과 일본에 대한 전쟁 비용의 배상이었는데, 이는 앞서 영국 공사 트렌치가 일본 측에 제시했던 것과 동일한 내용이었다. 따라서 무쓰와 이토는 당연히 청의 제안을 거절하였다. 일본은 청이 진정으로 강화를 원한다면 무엇보다 먼저 정당한 자격을 갖춘 전권위원을 임명해야 하며, 양국 전권이 만난 자리가 아니면 일본의 강화 조건을 밝힐 수 없다는 입장을 밝혔다.[38]

---

36 무쓰 외무대신이 이토 수상에게 보낸 1894년 10월 19일자 서간(『陸奥宗光關係文書』 八一-2).

37 伊藤博文關係文書研究會 編, 앞의 책 7, 1973, 305～306쪽 ; 『日本外交文書』 27-2, 485～486쪽 ; 陸奥宗光 著 · 中塚明 校注, 『蹇蹇錄』, 岩波書店, 1992, 208쪽.

38 『日本外交文書』 27-2, 491 · 521～525쪽 ; 伊藤博文關係文書研究會 編, 앞의 책 7, 1973, 309쪽 ; 陸奥宗光 著 · 中塚明 校注, 위의 책, 216～220쪽.

2) 조약안의 정비

한편 일본정부는 무쓰의 갑안 및 을안을 기초로 강화조약안과 통상항해조약안을 마련하기 시작하였다.[39] 이들 조약의 안은 대략 1894년 11월경부터 거의 동시에 기초되기 시작하였는데, 최종안이 완성되기까지는 각각 여러 차례의 수정을 거쳤다. 먼저 강화조약의 최종안은 1895년 3월경에 완성되어, 4월 1일 청국 측 전권 이홍장李鴻章에게 전달되었다.[40] 통상항해조약의 최종안인 「일청양국통상항해조약안日清兩國通商航海條約案」은 1895년 8월경에 완성되어, 청국 주재 공사 하야시 다다스林董에게 훈령과 함께 전달되었다.[41]

강화조약안과 통상항해조약안을 마련하는 과정에서 결정적인 영향을 미친 것은 통상국장 하라 다카시原敬와 정무국장 고무라 주타로小村壽太郎의 의견서이다. 먼저 하라의 의견서인 「일청조약의 건日清條約ノ件」[42]에는 수호조규, 통상장정 그리고 무역세칙에서 규정해야 할 내용들이 상세하게 서술되어 있다. 그 가운데 무엇보다 주목되는 것은 강화조약 및 그 후에 체결될 조약과 관련하여 반드시 지켜야 할 방침으로서 제시된 3가지 전제 조건이다. 즉 청일조약에는 일본 국민이 청국에서 누려야 할 권리와 이익만을 규정할 것, 치외법권은 일본만이 보유할 것, 최혜국대우 조항은 반드시 조약 중에 명문화하고 이에 근거하여 열강이 누리고 있는 혜택을 무조건적으로 균점할 것을 전제 조건으로 못 박았다. 하라는 청·일본 간에 체결될 신조약은 그 내용이 어떠하든 간에 반드시 불평등한 내용이 되어야 한다는 원칙을 제

---

39 陸奧宗光 著・中塚明 校注, 앞의 책, 1992, 207쪽.

40 『日本外交文書』 28-2, 1951, 331~334쪽 ; 「講和條約(三)」, 伊藤博文 編, 『機密日清戰爭』, 原書房, 1967, 231~240쪽.

41 http://www.jacar.go.jp(國立公文書館アジア歷史資料センター):A01200802200 ; 『日本外交文書』 28-1, 210~214쪽.

42 『陸奧宗光關係文書』 一〇五-9.

시하였는데, 이는 앞서 이토와 무쓰가 합의했던 강화 조건의 취지를 충실하게 반영한 것이다.

다음으로 주목되는 것은 통상장정에서 규정해야 할 내용으로 제시된 조항들이다. 여기에는 청으로부터 열강 이상의 권익을 뽑아내고, 나아가 이를 바탕으로 통상 면에서 열강에 비해 상대적 우위를 차지하려는 욕구가 곳곳에서 확인된다. 청이 수출입 화물에 대해 관세 이외의 세금을 부과하지 못하도록 한 점, 청의 화폐 제도를 점차 일본 화폐와 동일하게 개정할 것을 요구한 점 그리고 청이 일본에 수출하는 면화나 잠견蠶繭에는 수출세를 부과하지 못하도록 한 점 등이 그것이다. 이러한 내용들은 청과 열강, 청과 일본 그리고 청에서의 열강과 일본의 경쟁 관계를 면밀하게 분석한 결과를 토대로 한 것이다. 마지막으로 하라는 "이번에 체결할 조약은 일본에게 가장 이익이 많기 때문에 이를 무기한 조약으로 할 수 있다면 그 이익이 더욱 크겠지만", 만약 그렇지 못할 경우에는 15년 기한으로 해도 상관이 없다는 견해를 나타냈다. 그리고 이어서 "단 개정 협의가 이루어지지 않을 때는 구조약舊條約을 계속한다는 규정을 마련해두는 것이 종래의 경험에 비추어볼 때 무엇보다 필요하다"고 덧붙였다. 요컨대 하라는 청일 불평등 관계뿐만 아니라 통상 면에서 열강에 대한 상대적 우위를 반영구화시키자고 주장하였던 것이다.

열강을 능가하는 권익을 획득하려는 일본정부의 욕구는 고무라의 의견서 「청국에서의 통상 특권의 확장清國ニ於ケル通商特權ノ擴張」[43]에서 더욱 노골적으로 드러난다. 고무라는 북경北京·사시沙市의 개항, 북경-천진天津 간의 철도 부설, 의창宜昌-중경重慶-서주敍州 간의 항로 개설 등 열강에게 부여되지 않은 새로운 권익을 요구하자고 주장하였다. 이러한 내용 가운데 철도 부

43 『日本外交文書』 28-1, 193~196쪽. 여기에는 고무라 주타로의 의견서가 1894년 3월에 작성된 것으로 나와 있으나, 내용으로 보아 1895년 3월이 맞다.

설을 제외한 대부분의 내용은 수정을 거쳐 곧바로 강화조약안에[44] 반영되었고, 사시의 개항 등 일부 요구 조건은 「청일강화조약」에까지[45] 살아남았다.

한편 이러한 의견서들 가운데 특히 청에게 화폐 제도의 개혁을 요구한 대목은 내정 간섭의 성격이 짙다고 볼 수 있는데, 이것은 최초의 통상항해조약안인 「일청조약안日淸條約案」[46]에서도 확인할 수 있다. 이 안은 대략 1894년 말에서 다음 해 초 사이에 작성된 것으로, 전체적인 내용은 앞에서 언급한 하라의 3원칙을 충실히 반영한 것이다. 그 가운데 5조를 보면, "대청大淸 황제 폐하는 국무대신 가운데 한 사람이나 또는 한 아문衙門의 장관을 책임 있는 외무대신에 임명하고, 다른 나라에서 그 관직에 부여하고 있는 일체의 직권을 그 대신에게 대임시키는 것에 동의한다. 그리고 대일본大日本 황제 폐하의 외교관은 위의 고관과 완전히 동등한 위치에 서서 응접한다"라고 되어 있다. 이러한 노골적인 내정 간섭은 이후 통상항해조약안이 수정되어가는 과정에서 자취를 감추지만, 일본의 의도가 궁극적으로는 청에 대한 정치적 간섭까지를 전망하는 것이었다는 점에서 주목된다.

그러나 열강이 청·일본 간의 강화 문제에 간섭을 개시한 상황에서, 그들을 능가하는 권익을 청으로부터 뽑아낼 수 있을지는 대단히 불투명하였다. 앞서 이토의 우려대로라면 일본은 현실적으로 청과 불평등 조약을 체결하여 열강과 동등한 수준의 권익을 확보하는 일조차 버거운 상태였기 때문이다. 그렇지만 여기서 간과해서는 안 되는 사실은 열강은 이미 청으로부터 최혜국대우를 보장받고 있었다는 점이다. 이는 일본이 청으로부터 획득하는 새로운 권익은 당연히 열강에게도 균점될 수밖에 없었음을 의미한다. 이상과

---

44 伊藤博文 編, 『機密日淸戰爭』, 原書房, 1967, 202～213 · 231～240쪽 ; 『日本外交文書』 28-2, 331～334쪽.

45 『日本外交文書』 28-2, 363～368쪽.

46 『陸奧宗光關係文書』 一〇五-5.

같은 사정을 종합해보면 결국 일본정부가 청일조약안에 열강 이상의 권익을 보장하는 조항을 포함시킨 이유는, 열강의 이해를 대변하려는 목적이 있었기 때문이라고 말할 수 있다. 그럼으로써 일본정부는 청·일본 간의 불평등조약 체제를 수립해가는 과정에서 예상되는 열강의 견제를 사전에 차단하려고 했던 것이다. 실제로 무쓰는 1895년 4월 3일 영국·프랑스·미국·러시아에 주재 중인 일본 공사에게[47] 청에 대한 일본의 통상상의 양여 요구는 열강의 이익에 부합한다는 점을 적극적으로 홍보하라고 지시하였다.

한편 여기에서 또 한 가지 중요한 사실은 일본이 열강 이상의 권익을 확보하게 될 경우에 그것이 갖는 정치적·경제적 의미는 대단히 클 수밖에 없다는 점이다. 요동반도遼東半島의 할양은 청국 영토 분할 경쟁에서 주도권 장악을 위한 포석이 될 수 있으며,[48] 통상 면에서의 권익 확보는 경제 면에서의 주도권 장악으로 이어질 가능성이 있었다. 그러한 의미에서 하라가 앞서 "이번에 체결할 조약은 일본에게 가장 이익"이 많다고 지적한 점 그리고 고무라가 설사 열강이 최혜국조관을 근거로 일본의 권익을 균점하더라도 청·일본 간의 무역 현황을 고려할 때 "실제로는 아국의 상품이 주요한 지위"를 점유하게 될 것이라고 단언한 점은[49] 시사하는 바가 크다.

그러나 결과적으로 일본은 하야시 공사가 실토한 것처럼,[50] 열강 이상의 권익을 확보한다는 목표를 달성하지는 못하였다.

47 『日本外交文書』 28-1, 727~728쪽.

48 이미 야마가타 아리토모는 1893년의 「軍備意見書」(大山梓 編, 『山縣有朋意見書』, 原書房, 1966, 215~222쪽)에서, 머지않은 장래에 청국 분할 경쟁이 본격화될 것을 예견하고 이에 대비해야 한다고 주장한 바 있다. 또 아오키도 1890년 5월 15일자 의견서인 「東亞列國之權衡」(『日本外交文書』 23, 538~543쪽)에서, 조선은 물론 청국 영토의 일부를 일본의 주권 아래 편입시켜야 한다고 주장하였다.

49 『日本外交文書』 28-1, 196쪽.

50 『日本外交文書』 29, 486쪽.

(2) 조약 체제의 구조

그러면 일본은 동아시아 국제 질서를 어떠한 구조로 재편할 예정이었는지, 조약안의 내용을 중심으로 검토해보자. 먼저 조선 문제부터 살펴보자. 이 문제는 무쓰 무네미쓰의 갑안을 보다 면밀하게 분석하는 과정에서 자명해질 것이다.

갑안에서 우선 주목되는 것은 첫 번째 조항의 전반부인 "청으로 하여금 조선의 독립을 확인"시킨다는 부분이다. 이것은 조선이 독립국이라는 사실을 청에게 확인시켰다는 점에서 조선 독립 정책의 완성을 의미하는 것으로 볼 수 있다. 그러나 여기서 무쓰가 말하는 조선의 독립이란 청으로부터의 독립을 말하는 것일 뿐, 국제 사회의 보장을 받을 정도로 완벽한 것이어서는 곤란하다는 의미가 내포되어 있다. 이는 앞서 언급했듯이, 무쓰가 "조선의 독립을 구주 각국으로 하여금 담보케 하는 것은 단연코 피해야 할 방안"이라고 강조한 점을 통해 확인할 수 있다.

이처럼 만약 청과 열강이 조선 문제에 간여할 수 있는 여지가 극도로 제한된다면 이는 당연히 일본에게 유리하게 작용할 수밖에 없다. 당시 일본정부는 오토리 게이스케大鳥圭介 공사와 그 후임인 이노우에 가오루 공사를 통해 조선의 내정 개혁에 깊숙이 간여하고 있던 상태였기 때문이다. 일본정부는 이미 내정 개혁에 대한 간섭은 보호권을 획득하는 지름길이 된다는 판단을 내리고,[51] 이러한 판단하에 1894년 6월 조선의 내정 개혁을 추진할 것을 결정하였다.[52] 뿐만 아니라 8월에는 조선을 보호국화하는 것이 기본 방침임을 확인하였다.[53] 요컨대 갑안의 첫 번째 조항의 전반부에는 조선에 대한 보호

---

51 최석완, 「청일전쟁과 일본의 조선 침략—조선 보호권 획득책의 정착」, 한일역사공동연구논집 편, 『한일관계사연구논집』 7, 경인문화사, 2005.

52 『日本外交文書』 27-2, 206～207쪽.

53 『日本外交文書』 27-1, 646～649쪽 ; 陸奥宗光 著 · 中塚明 校注, 앞의 책, 1992, 158～160쪽.

권을 배타적으로 획득하겠다는 그동안의 정책적 의지가 투영되어 있었던 것이다.

다음으로 주목되는 것은 갑안의 첫 번째 조항의 후반부, 즉 여순 및 대련을 할양받는 문제이다. 갑안의 규정에 따르면 여순 및 대련의 할양은 청으로부터 조선의 독립을 보장받기 위한 담보로써의 의미를 갖는다. 그러나 여기에는 그 이상의 의미가 내포되어 있었음에 주의해야 한다. 무쓰는 이토에게 보낸 11월 26일자 서간에서 다음과 같이 말하였다.[54]

> '金洲半島의 점령'은 아무래도 열강의 간섭이나 시기를 초래할 수밖에 없다. 따라서 우리는 이를 점령해야만 하는 논리적 근거를 마련해둘 필요가 있다. 점령지를 확대할 것인지 하는 문제는 부차적인 문제이다. 일본이 이를 점령해야만 하는 논거, 즉 구실로는 '장래 조선의 독립을 유지하고 청국의 간섭 또는 侵陵'을 막기 위해서라는 것보다 더 좋은 것은 없다. 나아가 조선의 독립을 유지하고 청의 침릉을 막기 위해서는 바다를 제압해야 할 뿐만 아니라 '육지에서도 상당한 방어선을 구축하지 않으면 안 된다'라는 논거는 어느 정도 열강들에게 수용될 수 있을 것이다.

이 서간은 일본군이 여순에서 승리했다는 정보를 입수한 직후 작성된 것이다. 조선의 독립을 유지하기 위해서라는 말은 금주반도金洲半島를 할양받기 위해 무쓰가 생각해낸 구실임을 알 수 있다.

그러나 이러한 구실이 열강에게 받아들여진다면, 다음과 같은 열강의 의사를 확인할 수 있다. 하나는 일본에 의해 조선의 독립이 보호되어도 좋다는 점이다. 이 경우 일본은 조선에 대한 보호권을 획득해가는 정책에 박차를 가할 수 있게 된다. 다른 하나는 일본이 조선의 독립을 보호하려면 금주반도를

54 伊藤博文關係文書硏究會 編, 앞의 책 7, 1973, 311~312쪽.

할양받는 것이 당연하다는 점이다. 바꾸어 말하면 금주반도를 할양받을 수 있다면, 이는 곧 열강이 조선에 대한 일본의 보호권을 승인한다는 의미가 된다. 그러나 일본은 삼국간섭으로 인해 요동반도를 할양받는 데 실패함으로써 열강의 승인하에 조선에 대한 보호권을 획득하려던 목표를 이루지 못하였다.

한편 방어선을 금주반도에 설정한 것은 이익선의 범위를 확대시켰다는 점에서 획기적이다. 알려진 것처럼 야마가타 아리토모는 1890년에 발표한 「외교정략론」에서[55] 주권선인 일본을 보전하기 위한 이익선으로 조선을 중시하였다.[56] 그런데 무쓰는 이보다 한 걸음 더 나아가 이익선 조선을 배타적으로 보호하기 위한 방어선으로 금주반도를 중시하였다. 무쓰에 이르러 일본의 대외 팽창주의는 더욱 강화되었음을 알 수 있다.

이상에서 무쓰의 갑안에는 첫째 조선에 대한 배타적 보호권의 획득, 둘째 청·일본 간의 불평등 조약의 체결, 셋째 새로운 이익선 금주반도의 설정 등과 같은 정치적 목표가 내포되어 있음을 확인하였다.

그렇다면 일본정부가 구상하는 새로운 동아시아의 국제 질서는 어떠한 구조였을까. 강화조약안 및 통상항해조약안의 내용을 중심으로 이 문제를 검토해보자.

우선 주목되는 것은 「구화예정조약媾和豫定條約」이다.[57] 이것은 1895년 2월 청국 강화 사절 장음환張蔭桓 및 소우렴邵友濂과의 회담이 열리기 전 단계에서 기초된 것인데,[58] 1조에는 다음과 같은 내용이 적혀 있다.

---

55 大山梓 編, 앞의 책, 1966, 196～201쪽.

56 최석완, 앞의 논문, 1999.

57 『陸奧宗光關係文書』 八〇-39.

58 張蔭桓 등과의 회담은 2월 1일과 3일에 개최되었다(『日本外交文書』 28-2, 241～253쪽 ; 伊藤博文 編, 앞의 책, 1967, 122～157쪽).

청국은 조선국과 일정한 조약을 체결하기에 앞서 (互相主義) 雙務的 조건에 근거하여 청국을 여행하거나 혹은 체류하는 조선국 臣民에 대해 最惠國待遇를 沾及할 것을 약속한다. 단 이러한 (호상주의) 쌍무적 조건은 其 約(此 約定)이 청국에 대해서 효력을 발생하기에 앞서 조선국에 있어서 정식으로 이를 容納(應諾)할 것을 要하기로 한다.〔( )안은 원본에 첨가된 부분임—필자〕

여기에는 일본이 구상하던 불평등 조약 체제의 구조가 무엇이었는지가 잘 드러나 있다. 일본은 이미 1894년 7월 말 청과 조선의 종속 관계를 보장하는 모든 조약을 청에게 폐지 통고하도록 조선에 강요하고, 이를 실현시킨 바 있다.[59] 이러한 성과를 바탕으로 조선과 청의 국제적 지위를 대등하게 만들려는 것이 바로 1조의 내용이었다. 이 내용은 「구화예정조약」에 일단 기재되었다가 삭제되었지만, 그 후 강화 회의에 앞서 준비된 「각서覺書」[60]에서 다시 부활하였다. 이처럼 일본은 청의 국제적 지위를 격하시키는 문제에 집중하였다.

일본의 이러한 자세는 통상항해조약안 가운데 하나인 「일청통상항해조약안日清通商航海條約案」에서도[61] 확인할 수 있다. 이 조약안의 각 조항은 청과 열강 사이의 현행 조약을 모델로 하였는데,[62] 그중에서도 특히 치외법권과 관련된 조항들은 대부분 조영조약(1883)을 모델로 하였다. 청의 국제적 지위를 조선과 같은 수준으로 격하시키려는 일본의 의지를 읽을 수 있다.

그러면 일본이 장악하려던 조선에 대한 보호권이란 어떠한 내용을 의미하는 것이었는지, 몇 가지 자료를 이용해 검토해보자. 앞서 인용한 「구화예정조약」의 1조에서는 일본이 조선을 대신해 청과 신조약을 체결하려는 자세가

59 『日本外交文書』 27-1, 619～631쪽.
60 『陸奧宗光關係文書』 八〇-24.
61 『日本外交文書』 28-1, 201～209쪽.
62 이는 「청일강화조약」 6조의 규정(『日本外交文書』 28-2, 364～365쪽)에 근거한 것이다.

였보이며, 5조에서는 청일전쟁으로 인해 조선이 입은 손해를 일본 자신이 청으로부터 받을 배상금으로 보상해줄 뜻이 있음을 확인할 수 있다. 한편 일본 해군은 "조선의 독립을 유지시킴으로써 일본의 실익을 보전하고 조선으로 하여금 일본의 유도에 따르게 하는 것이 해군의 바라는 바이다. 따라서 청으로 하여금 조선의 독립을 인정시키고 또한 일본정부가 조선의 내정을 보조 유도하는 것을 승인케 해야 한다"[63]고 주장하였다. 뿐만 아니라 육군도 "외국이 조선에 병대를 파견하려 할 때는 먼저 일본제국의 승낙"을 받도록 만들어야 한다고 강조하였다.[64] 결국 조선에 대한 보호권 획득은 조선의 정치와 외교권에 대한 박탈로 이어질 가능성이 있었다.

이상에서 알 수 있듯이 일본정부는 청과 조선의 국제적 지위를 대등하게 만듦으로써 동아시아의 종속 관계를 해체한 다음, 이들 두 나라를 일본과의 불평등 조약 체제에 포함시키려 하였다. 그 과정에서 조선에 대한 일본의 보호권은 자연스럽게 확보되고, 아울러 일본의 이익선은 조선을 벗어나 청국 영토에 새롭게 설정될 것이었다. 이것은 조선의 보호국화와 청국 영토 분할 경쟁에의 참가를 전망하는 것이었다.

(3) 조약 체제의 성립

청의 장음환 및 소우렴이 강화조약을 체결하기 위해 히로시마에 도착한 것은 1895년 1월 31일이었다. 그러나 일본정부는 이들이 가지고 온 위임장이 전권위임장으로서의 체제를 갖추지 못하였다는 이유를 들어 회담을 도중에 결렬시켰다. 그 후 새로이 전권사절에 임명된 이홍장이 3월 19일 시모노

63 「日清平和條約ニ就テ」(1895), 『陸奥宗光關係文書』 八〇-26.

64 「混成旅團參謀報告第二號」(1894. 6. 13), 『大山巖關係文書』 48-(41)~(67), 國立國會圖書館憲政資料室.

세키下關에 도착하였다. 이에 일본정부는 이토 히로부미 수상과 무쓰 무네미쓰 외무대신을 전권대사에 임명하여 이홍장과의 회담에 임하도록 하였다. 양자 간의 회담이 진행되는 가운데 이홍장이 습격을 당하여 중상을 입는 사건이 발생하였는데, 이 사건은 국제 여론을 의식한 일본정부가 청과의 휴전조약을 서두르게 하는 데 영향을 미쳐 청국에 다소 유리하게 작용하였다.

일본정부는 3월 30일 「청일휴전정약淸日休戰定約」을[65] 체결한 다음, 4월 1일 강화조약안을 이홍장에게 제시하고 담판에 돌입하였다. 그리하여 드디어 4월 17일 「청일강화조약」이 체결되었다. 이 조약의 6조에는 조선의 독립을 비롯하여, 일본정부가 조약 개정을 통해 동아시아의 패권을 장악하려 했던 노력이 거의 결실을 거두었음을 의미하는 내용이 들어 있다. 먼저 "일본·청 양국 간의 일체의 조약은 교전으로 인해 소멸되었기 때문에, 청국은 본 조약을 비준 교환한 후에 신속하게 전권위원을 임명하여 일본국 전권위원과 통상항해조약 및 육로교통무역에 관한 약정을 체결할 것을 약속한다. 그리고 현재 청국과 구주 각국 사이에 존재하는 조약 장정을 일본·청 양국 간의 조약의 기초"로 삼아야 하고 또 강화조약이 비준된 날로부터 통상항해조약 등이 체결되어 시행되기까지 일본에 대해 최혜국대우를 부여한다는 내용이 포함되었다.[66] 한편 열강을 넘어서는 권익을 확보하는 문제는 청·일본 간의 절충 과정에서 대폭 축소되었다. 그러나 "청국에서 현재 각 외국에 대해 열고 있는 각 시와 항 이외에 일본 신민의 상업 주거 공업 및 제조업"을 위해서, 사시·중경부·소주蘇州부·항주杭州부를 열 것과 여기에 일본 영사를 둘 수 있는 권익 등을 확보하였다.

일본정부는 강화조약을 체결함으로써 청·일본 간의 국제적 지위를 상호

65 『日本外交文書』 28-2, 324~327쪽.

66 『日本外交文書』 28-2, 363~368쪽.

대등 관계에서 일본을 우위에 두는 불평등 관계로 탈바꿈시키는 데 성공하였다. 그러나 4월 23일에 일어난 삼국간섭으로 인해 11월 8일 청과 「요동환부조약遼東還付條約」을[67] 체결함으로써, 이익선의 범위를 요동반도에까지 확대하고 아울러 조선에 대한 배타적 보호권을 획득한다는 원대한 포부는 일단 단념할 수밖에 없었다.

강화조약이 체결된 후 일본정부는 이 조약의 6조에 근거하여 청과 새로운 통상항해조약을 체결하기 위한 준비에 착수하였다. 그리하여 1895년 8월에 통상항해조약안을 확정 짓고, 9월 말부터 1년여에 걸쳐 청국정부와 담판에 들어갔다. 일본 측 전권위원은 청국 주재 특명전권공사인 하야시 다다스였고, 청 측 전권위원은 이홍장(후임은 장음환)이었다. 교섭의 전제가 된 통상항해조약안은 청 측의 반론도 있었으나, 결국 일본의 조약안인 「일청양국통상항해조약안日清兩國通商航海條約案」이 채택되었다.

이 조약안은 앞서 말한 하라 다카시 통상국장의 3원칙을 반영한 것이었다. 따라서 조항의 대부분은 일본국 관리 및 국민들이 누릴 수 있는 권리에 관한 내용으로 이루어져 있는 비상호주의였다. 또 조영조약에 근거한 치외법권 관련 조항을 포함하여, 대부분이 청 및 열강 간의 현행 조약에 근거한 불평등한 내용이었다.

따라서 청은 일본과의 회담에 임하여 통상항해조약의 내용을 상호 균등주의에 입각한 것으로 만들어야 한다는 견해를 강력하게 제시하였다. 이홍장은 1895년 11월 18일에 있었던 2차 교섭에서 청국 측 조약안을 제시하였는데, 여기에는 상호 간의 치외법권 인정이나 일본에 거류하는 청국 관리 및 신민에게도 최혜국대우를 부여하는 내용이 포함되어 있었다.[68] 12월 29일에

67 『日本外交文書』 28-2, 515~521쪽.

68 『日本外交文書』 28-1, 227~242쪽.

개최된 3차 교섭에서도 이홍장은 조약 내용을 쌍무적雙務的으로 할 것을 주장했으나, 이에 대해 하야시 공사는 청국이 열강과의 사이에 체결하고 있는 "현행 조약은 모두가 편무片務 조약으로, 구주에 있는 청국 신민에게 특권 면제 등에 관한 최혜국대우를 부여하는 조관을 본 바 없다"면서 반발하였다.[69] 1896년 2월 7일에 열린 7차 교섭이 끝난 직후 이홍장이 러시아 황제 니콜라이 2세Nikolay II의 대관식에 참석하게 된 관계로, 이후 청국 측 전권은 장음환으로 교체되었다.

그러나 그 후에도 쌍무적 내용을 주장하는 청 측과 편무적 내용의 규정을 주장하는 일본, 양국 간의 대립은 계속되었다. 3월 11일에 개최된 8차 교섭에서 장음환은 "현행 구주 조약은 해외에 청국 사신은 물론 청국 신민 중에 거주하는 자가 없을 때에 체결된 것으로 오늘날의 시세에 적용하는 것은 대단히 부당하다. 청국은 일본 신민에게 최혜국대우를 부여할 것이니 일본도 똑같은 대우를 청국 신민에게 부여해줄 것을 희망한다"라고 강조하였다. 그러나 이에 대해 하야시는 "시모노세키조약 제6조는 현행 구주 조약을 기초로 한다는 규정으로, 구주 조약은 모두가 편무 조약이며 상호주의에 의거"하지 않고 있다고 반격하였다.[70] 3월 23일에 개최된 10차 교섭에서는 장음환이, "청국에 있는 일본 신민은 일본 영사의 재판관할권 아래에 있는 것처럼, 일본에 있는 청국 신민도 또한 청국 영사의 재판관할권 아래에 있는 것이 타당하다고 믿는다"라고 말하자, 하야시는 "일본이 구미 제국의 치외법권을 폐지하고 전국을 개방했음에도 불구하고, 오로지 청국에 대해 영사재판권을 허용할 때는 구미 제국은 최혜국조관에 의거하여 다시 치외법권을 청구하게 되어, 일본으로서는 얻는 것은 없고 모든 것을 잃게 될 것"이라며 반발하였다.[71]

69 『日本外交文書』 28-1, 264~265쪽.

70 『日本外交文書』 29, 415쪽.

그러나 하야시는 이러한 청의 주장에 대해 계속해서 편무적 권리만을 주장하는 것에 부담을 느끼고 있었다. 하야시는 1895년 10월 12일자 무쓰에게 보내는 서간에서 영국, 미국, 프랑스 등은 청과 체결한 조약에서 상대국에 거류하는 신민에 대한 보호 규정이나 영사 주재 규정을 두고 있으나 일본 측 조약안에는 이러한 상호 규정이 생략되어 있는 것이 문제라고 지적하였다. 하야시는 그러한 내용을 싣느냐 마느냐가 중요한 것이 아니라 그 내용을 실행하느냐 마느냐가 중요한데, 일본만 생략하여 외견상 박절하다는 느낌을 주는 것은 득이 될 것이 없다는 견해를 표명하였다.[72] 그러자 이에 대해 무쓰는 일본의 조약안은 상호주의에 근거한 것이 아니라 주로 일본이 청국에서 누려야 할 내용을 규정한 것이기 때문에 기재하지 않은 것이라고 강조하였다.[73] 그러나 그 후에도 하야시는 자신의 의견을 굽히지 않고 무쓰에게 보내는 1896년 5월 6일자 의견서에서,[74] 담판을 조기에 마무리 짓기 위해 청국 영사의 주재를 허용할 것을 주장하였다. 단, 청국 신민에게 최혜국대우를 부여하는 문제는 이것이 일본에게 큰 손실을 가져올 가능성이 높으므로 허용해서는 안 된다고 강조하였다.

결국 영사 주재 및 최혜국대우 문제는 사이온지 긴모치西園寺公望 신임 외무대신(5월 30일 무쓰가 사임)이 절충안을 하야시 공사에게 전함으로써 해결되었다. 사이온지는 1896년 6월 2일자 훈령을 통해, 청국 영사에게 영사재판권을 제외한 기타 권리를 일본 영사와 대등하게 할 것과 최혜국대우 부여 문제는 포기시킬 것 등을 지시하였다.[75] 하야시는 이를 수정안에 반영시켜

71 『日本外交文書』 29, 428쪽.

72 『陸奧宗光關係文書』 一〇五-9.

73 『陸奧宗光關係文書』 一〇五-20.

74 『日本外交文書』 29, 443~446쪽.

75 『日本外交文書』 29, 472~474쪽.

청 측에 제시하였고, 청도 이를 받아들임으로써 이 문제는 일단락되었다.[76]

한편 일본정부는 통상항해조약을 체결하기 위해 청과 교섭을 전개해가는 과정에서 여러 가지 새로운 권익을 획득하려고 노력하였다. 그 가운데 하나가 제조품에 대한 과세를 면제받으려 한 것이다. 강화조약의 6조 4항에 따르면 일본인은 청국의 각 개시장과 개항장에서 각종의 제조업에 종사할 수 있는데, 이러한 제조품에 대해서 청이 과세할 수 없다는 내용이 규정되어 있었다. 이에 대해 청이 교섭 과정에서 과세권을 주장하자, 일본정부는 반발하였다.[77] 이 문제와 관련하여 하야시는 일본정부의 훈령에 따라 제조품 비과세를 청 측에 요구하였으나,[78] 일본의 요구가 지나치다는 개인적인 의견을 표명하기도 하였다.[79] 결국 이 문제는 통상항해조약에 명기하지 않기로 함으로써 일단락되었다.[80]

이상과 같이 일본은 강화조약 6조를 근거로 청과의 불평등 조약 체제를 완성시키고 나아가 열강 이상의 권익을 획득하는 데 노력하였다. 그러나 그 과정에서 드러난 일본 측의 과도한 요구는 담판을 지연시키는 큰 요인이 되기도 하였는데, 이는 하야시 공사가 무쓰에게 보낸 1896년 4월 5일자 서간에[81] 잘 나타나 있다. 또 하야시는 일본의 조약안에는 새로운 요구가 다수 포함되어 있기 때문에 이를 관철시키기 위해 억지로 논리를 만들어낼 수밖에 없었으며, 이 때문에 청 측도 자신들의 요구를 제시할 수 있는 여지가 생겼다고 지적하였다. 즉 청에게는 강화조약 6조를 벗어나는 요구를 하지 말라

---

76 『日本外交文書』 29, 476～482 · 486～488 · 491쪽.
77 『日本外交文書』 29, 385～391쪽.
78 『日本外交文書』 29, 391～400쪽.
79 『日本外交文書』 29, 445～446쪽.
80 『日本外交文書』 29, 477～479쪽.
81 『陸奧宗光關係文書』 一〇五-24.

고 하면서 일본 자신은 그 이상의 요구를 하며 이를 수용하라고 강요하는 것은 문제가 있다는 것이었다.

총 16차에 걸친 청·일본 간의 담판은 우여곡절 끝에 1896년 7월 21일 북경에서 29개조로 구성된 「청일통상항해조약」[82]이 조인됨으로써 마무리되었다. 이로써 일본은 청국과 열강 간에 체결된 제 조약의 권리를 균점하는 데 성공함으로써 청·일 불평등 관계를 창출하였다.

그 후 1903년 10월 상해에서 14개조로 구성된 「추가통상항해조약」이[83] 체결되었다. 이로써 메이지유신 이래 일본정부가 추진하던 동아시아 패권 정책은 완성되었다. 이 가운데 다음 11조의 내용은 청일 불평등 조약 체제의 반영구화를 지향하는 일본의 본심이 그대로 드러나는 대목이라 눈길을 끈다.

> 청국정부는 사법 제도를 개정하여 일본 및 서양 각국의 제도에 적합하게 만드는 것을 열망한다. 따라서 일본은 이러한 개정에 대해 모든 원조를 다하겠다는 것을 약속한다. 또한 청국 법률의 상태와 그 시행 설비 및 기타의 요건에 대해 일본이 만족을 표시할 때는 치외법권을 철거하는 데 주저하지 않는다.

일본정부는 청국의 근대화를 평가하는 기준이 일본에게 있다는 점을 명확히 했던 것이다.

4. 맺음말

일본에게 있어 청일조약의 개정은 동아시아의 패권을 장악하기 위한 가장

---

82 外務省 編, 『日本外交年表竝主要文書 1840-1945』 上, 原書房, 1965, 176~181쪽.

83 外務省 編, 위의 책, 214~216쪽.

현실적인 정책이었다. 이러한 정책은 청의 반발 때문에 열강과의 조약 개정 이후의 과제로 밀려나기도 했으나, 청일전쟁이 발발하기 직전까지 꾸준히 추진되었다. 그러는 가운데 청·일본 간의 무력 충돌 가능성이 고조되자 일본은 동아시아 패권 정책을 더욱 적극적으로 추진하였다. 즉 영국과의 조약 개정을 조속히 마무리 짓기 위해 대폭적인 양보 끝에 「영일통상항해조약」을 체결하였고, 청일전쟁을 틈타 청·일본 간의 조약 개정 문제를 일거에 해결하려고 하였다.

청일전쟁이 유리하게 전개되자 일본정부는 「청일강화조약」 및 「청일항해통상조약」에 관한 조약안을 만들었다. 이들 조약안에는 일본정부의 향후 동아시아 정책의 성격을 가늠할 수 있는 중요한 단서가 들어 있었다. 즉 청 및 열강의 승인하에 조선에 대한 보호권을 획득하고, 청으로부터 열강 이상의 권익을 보장받으며, 청에 대한 내정 간섭권을 넘보겠다는 의지가 반영되어 있었다. 나아가 청·조선 종속 관계를 완전히 해체시켜 이들 두 나라의 국제적 지위를 대등하게 만든 다음, 일본과의 불평등 조약 체제 속에 포함시키려고 하였다. 아울러 이익선의 범위를 청국 영토에까지 확대시킴으로써 가까운 장래에 전개될 청국 분할 경쟁에서 유리한 고지를 점유하려 하였다. 단 이러한 원대한 포부는 삼국간섭 때문에 대부분 미완성으로 끝나고 말았다.

그러나 일본은 「영일통상항해조약」에 이어 「청일강화조약」과 「청일통상항해조약」을 체결함으로써 동아시아의 국제 질서를 일본을 중심으로 재편한다는 목표를 달성하였다. 더구나 이러한 청·일본 간의 불평등 조약 체제는 대등한 조약으로 개정될 가능성이 거의 없었다. 일본은 청의 근대화 가능성을 매우 낮게 평가하였을 뿐만 아니라, 청의 근대화 여부를 판단하는 기준은 자신에게 있다고 간주했기 때문이다. 이러한 양상은 조선과 일본 사이에도 그대로 적용되었다.

요컨대 일본의 동아시아 질서 재편 정책은 청일조약 개정 문제를 중심으로 전개되었으며, 청일전쟁은 이러한 노선을 적극화시키는 계기가 되었다. 그리고 이러한 정책은 「청일강화조약」 및 「청일항해통상조약」의 체결로 양국 간의 불평등 조약 체제가 수립됨으로써 일단락되었다. 그러나 청 · 조선 간의 신조약 체결, 조선에 대한 배타적 보호권의 획득, 이익선의 범위 확대, 열강 이상의 권익 확보 등과 같은 과제를 해결하는 데는 실패하였다. 일본의 입장에서 본다면 청일전쟁은 절반의 성공이었다.

* 이 글은 2003년도 한국학술진흥재단의 지원을 받아 이루어졌다(KRF-2003-044-A00002).

제3장 | 러일전쟁과 동아시아 국제질서

조명철 (고려대학교 사학과)

1. 머리말

일본은 메이지유신明治維新 이후 근대국가의 형태를 갖추면서 어느 나라보다도 많은 전쟁을 수행했는데, 대부분이 일본의 선전포고로 이루어진 일본 주도의 전쟁들이었다. 이 점에 있어서 일본이 경험한 전쟁은 외침에 대한 방어전의 형태로 치러왔던 한국의 대외전쟁과는 전혀 달랐다. 일본은 전쟁을 스스로 기도했던 만큼 전쟁에 대한 목표도 분명했고, 이러한 전쟁의 결과는 종종 애초의 목표를 초과 달성하곤 했다. 청일전쟁과 러일전쟁이 그 대표적인 예라 할 수 있다.

청일전쟁의 결과 일본은 한국에서 청국 세력을 일소시키겠다는 애초의 목표를 넘어서 덤으로 타이완을 식민지로 확보하는 수확을 올렸다. 물론 만주에 대한 권리는 삼국간섭으로 박탈당하면서 외교적으로 수치스런 오점을 남겼지만, 일본의 국제적 지위는 비약적으로 상승하여 동아시아의 국제정치에서는 구미열강도 무시할 수 없는 한 축을 형성했다. 반면에 중국은 허약함을 만천하에 드러냄으로써 그동안 자제해왔던 구미열강의 파상공격에 직면했다. 이처럼 중국은 국제사회에서 위상이 추락함과 동시에 산동山東반도와 요동遼東반도의 요충지를 구미열강에게 조차지로 빼앗기는 영토분할의 위기를 맞이했다.

러일전쟁에서도 일본은 한국을 식민지로 확보할 수 있는 지위를 얻었을 뿐만 아니라 만주에 대해서도 그 어떤 열강보다 우월한 지위를 확보했다. 비록 러시아로부터 전쟁배상금을 받아내지 못해 경제적 어려움을 겪어야 했지만, 국제적으로는 당당하게 선진열강의 대열에 오르게 되었다. 이 두 번의 성공적인 전쟁은 외교적 갈등을 전쟁이라는 방식으로 풀어내는 것이 희생은 따르지만 더 효과적이라는 확신을 일본에게 심어주기도 했다.

이 글에서는 대외 팽창주의의 전형인 청일전쟁과 러일전쟁 시기에 전개된 동아시아 국제질서의 변화를 살펴보고자 한다. 특히 러시아와의 전쟁으로까지 몰고 간 한국과 만주를 둘러싼 외교적 갈등에 주목하여 이 지역에 대한 일본의 외교적 접근이 어떠한 형태로 이루어졌는가를 살펴보고, 일본의 외교정책을 주도한 인물과 그들이 제시한 구체적인 대안들을 검토하여 전쟁의 원인을 재조명해보도록 한다.

2. 열강의 중국 분할정책과 일본의 대응

청일전쟁의 패배로 중국은 타이완을 일본의 식민지로 내주었고 3억 6,000만 엔을 전쟁배상금으로 물어내야 했다. 3억 6,000만 엔은 당시 중국 정부예산의 3배, 일본 정부예산의 거의 5배에 달하는 거액이었다. 실제로 청일전쟁에 소요된 일본의 전쟁비용이 2억 엔에 지나지 않았다는 사실만 보더라도 3

억 6,000만 엔의 규모를 쉽게 알 수 있다. 전쟁배상금을 지불할 만큼 재정의 여유가 없었던 중국으로서는 당연히 외국으로부터의 차관에 의지할 수밖에 없었다. 외국차관의 도입에 있어서도 차관이 어느 한 국가에 집중되는 것을 꺼려하는 서구열강의 견제 때문에 중국은 균형을 맞추어서 차관을 도입해야 하는 처지에 놓여 있었다. 차관 도입에는 그에 상응하는 담보 제공과 이권의 양도가 뒤따랐으므로, 중국의 주요 항구와 항구 주변 철도에 대한 권리가 외국에 넘어갔다. 중국의 주요 재정원인 항구의 관세 관할권이 외국에 넘어갈 경우 중국의 재정은 결국 외국자본의 지배하에 놓일 수밖에 없게 된다. 상황이 여기에 이르자 구미열강도 중국의 이권쟁탈에 경쟁적으로 참여하기 시작했고, 일본까지 합세하여 청일전쟁 후의 중국은 외국 세력에 의해 심각하게 잠식되어갔다. 외국 세력의 노골적인 침탈에 대해 중국 내의 여론은 당연히 민족적 색채를 띠면서 서양 세력에 대한 거부감을 드러냈는데, 특히 서양문화의 상징인 교회나 선교사는 좋은 표적이 되었다.

1895년 러시아와 프랑스가 중국에 차관을 제공하자 곧이어 영국과 독일도 경쟁적으로 중국에 차관을 제공하고 여러 가지 이권을 요구했다.[1] 차관의 제공을 약속한 프랑스가 중국으로부터 운남雲南·광동廣東·광서廣西의 광산채굴권을 받아내자, 영국은 곧바로 이 지역의 주요 도시들을 개방하고 영사관을 설치하는 협정을 체결하여 프랑스 세력의 독주를 견제했다. 조금 시간이 걸리기는 했지만 러시아는 '러청밀약'을 통해 만주를 관통하여 블라디보스토크Vladivostok에 이르는 동청철도東淸鐵道의 부설권을 얻어내어 숙원 사업인 시베리아철도를 조기에 완성시킬 수 있는 발판을 놓았다. 좀더 노골적인 영토적 침탈은 독일에 의해 촉발되었다. 1897년 11월 1일 산동 지역에서 독일인 선교사가 살해당하자 기다렸다는 듯이 독일은 산동의 교주만膠州

1 자세한 내용은 井口和起, 『日露戰爭の時代』, 吉川弘文館, 1998 참조.

灣을 점령했다. 이처럼 신속하고 기습적인 군사행동은 다른 열강을 자극하기에 충분했다. 먼저 러시아가 움직였다. 러시아는 군함을 파견하여 여순旅順 항구를 점거했고, 이어서 1898년 3월 독일이 교주만과 주변 철도와 광산개발권에 대한 권리를 99년간 획득하자 러시아도 곧바로 여순과 대련大連을 99년간 조차하는 권리와 주변의 철도부설권과 광산채굴권을 얻어냈다. 상황이 이렇게 되자 영국도 홍콩의 조차지역을 구룡반도九龍半島 전체로 확대하고 이어서 산동의 위해위威海衛를 조차하여 러시아와 독일을 견제하려 했다. 이러한 항구 조차 경쟁은 1898년 11월 프랑스가 광주만廣州灣을 99년간 조차함으로써 일단락되었다.

1898년은 중국에서 노골적인 영토분할이 진행된 기록적인 해로, 영국·프랑스·독일·러시아는 중국의 해안에서 내륙에 이르기까지 자신만의 세력범위를 형성해가고 있었다. 중국 내에서 구미열강의 세력권 쟁탈전이 심화되면 될수록 각 세력권끼리의 갈등도 예상되었다. 그래서 중국에서 구미열강이 세력권을 놓고 충돌하는 것을 미연에 방지하기 위해 구미열강 사이에는 서로 간의 세력권을 상호 인정하는 협정이 진행되었다. 1898년 9월에 영국과 독일이 양자강揚子江과 황하黃河 연안의 철도부설의 범위를 놓고 협정을 맺었고, 1899년 4월에는 영국과 러시아가 양자강과 만주에서의 철도 세력 범위를 놓고 타협을 이루었다. 이처럼 중국은 구미열강의 노골적인 제국주의적 침탈에 의해 분할 위기에 놓여 있었는데, 우연하게도 이 시기 필리핀, 보르네오, 뉴기니, 타히티, 마셜제도, 비스마르크제도 등도 구미열강의 제국주의적 팽창에 의해 식민지로 전락하고 있었다.[2]

중국이 구미열강에 의해 분점되고 있을 때 일본은 청일전쟁으로 획득한 타이완을 근거지로 새로운 대륙정책을 전개하고 있었다. 이것이 이른바 북

2 井口和起, 앞의 책, 1998, 38~39쪽.

수남진론北守南進論이다. 북수남진론은 일본이 한반도를 통해서 대륙으로 진출하려는 메이지유신 이래의 외교전략을 접어두고, 새로운 식민지 타이완을 통해서 중국의 남부로 세력을 확대해야 한다는 외교전략이었다.[3] 북수남진론은 역대 타이완 총독들의 강력한 지지와 정부 내의 폭넓은 공감을 얻으면서 청일전쟁 후 일본 대륙정책의 기조를 이루었다. 북수남진론의 일차적인 대상은 타이완에 가장 가까운 복건성福建省이었고 그 일차적인 목표는 하문항厦門港이었다. 1896년 7월 당시 타이완 총독인 가쓰라 다로桂太郎는 하문의 전략적 가치에 대해 "이전부터 교통의 요충지로서 타이완의 화물은 우선 하문항에 집결하여 사방으로 수출되는 형태를 보여왔다. 때문에 지금 하문항은 우리의 문화와 상품 유입의 새로운 관문으로서 우리의 정치 · 무역에 있어서 매우 중요한 구역"이라고 평하면서 일본이 중국 남부로 진출하기 위한 교두보로 보았다.[4]

이처럼 가쓰라 총독은 일본이 타이완의 지배에 만족해서는 안 되고 타이완을 전진기지로 삼아 대륙으로 세력을 확대해야 한다고 주장했는데, 이는 북수남진론의 내용을 함축적으로 보여주는 것이다. 하지만 일본은 구미열강이 중국 연안의 항구를 조차하고 주변의 철도부설권이나 광산채굴권을 획득한 것과 같은 구체적인 성과를 올리지는 못했다.

다만 1897년과 1898년에 중국이 프랑스와 영국에게 광동성 연안과 양자강 연안에 대해 '불할양선언不割讓宣言'을 하여 이 지역에서 프랑스와 영국의 우월한 지위를 인정해주었을 때, 일본도 중국으로부터 복건성을 다른 나라에 할양하지 않겠다는 '불할양선언'을 얻어냈다. 일본이 구미열강과 똑같

3 북수남진론에 대해서는 조명철, 「20세기초 동아시아 국제정세와 일본의 대륙정책」, 『日本歷史研究』 14, 2001 참조.

4 德富蘇峰, 『公爵桂太郎傳』 乾卷, 原書房, 1967, 710쪽.

이 중국으로부터 '불할양선언'을 얻어낼 수 있었던 데에는 청일전쟁의 배상금 지불에 대한 담보로 일본이 일시 점령하고 있던 위해위를 중국에 반환하기로 결정한 데 따른 반대급부가 작용했다. 어쨌든 1898년 4월 복건성에 대한 '불할양선언'을 공식문서를 통해 얻어내자 일본은 이번에는 복건성의 철도부설권을 다른 국가에 양도하지 않겠다는 약속까지 중국정부로부터 얻어내려 했다. 하지만 당시 회의에 참여한 이홍장李鴻章이 "이제 철도부설까지 일본에게 맡긴다면 복건성 전체를 일본에 갖다 바치는 꼴이다"라고 단호하게 반대하여,[5] 중국정부는 중국이 복건성에서 철도를 부설할 때 외국의 자본이나 기술자가 필요하면 먼저 일본정부와 교섭한다는 선에서 일본의 요구를 거절했다. 이처럼 복건성에 대한 일본의 세력 확대정책은 부분적으로 좌절되었지만, 참모본부에 의해 현지 조사가 지속적으로 이루어졌고 1900년 의화단義和團 사건이 일어나자 재차 중국정부에 철도부설권을 요구하는 상황으로까지 전개되었다.

1900년 구미열강의 노골적인 중국 분할정책에 대한 민중의 불만이 의화단사건을 통해 표출되었다. 산동에서 시작된 의화단의 소요사태는 몇 차례 중국정부의 진압행위가 있었지만 오히려 확대되어 북경北京 일대가 의화단 세력에게 장악되는 초유의 사태로 발전했다. 여전히 서태후西太后의 영향력이 강한 중국정부가 의화단 세력에 대해 일관된 태도를 취하지 못하고 결국 의화단 세력에 동조하여 구미열강에 저항하는 정책을 선택함으로써, 중국을 비롯한 동북아 국제질서는 순식간에 혼란에 빠졌다. 중국 권력의 상층부는 의화단 세력을 지지하는 보수파와 열강에 협조하여 의화단을 진압하려는 친서구 세력으로 심각하게 분열되었고, 더 이상 중국정부를 신뢰하지 않게 된 구미열강은 강경 일변도로 중국정부를 압박하여 사태를 원만하게 해결하려

5 外務省 編, 『日本外交文書』 31, 문서 444, 1965.

는 중국 관료들의 입장을 곤란하게 만들었다. 결국 중국정부는 정부대로 분열되었고 열강은 신중하지 못하게 자국의 군대를 중국의 수도에까지 끌어들임으로써 문제는 걷잡을 수 없이 확대되고 말았다.

뿐만 아니라 1년 이상 끈 의화단 사건의 사후 처리과정 중에 러시아 군대가 만주를 점령하여 러시아의 군사적 영향력이 한반도에까지 직접적으로 미치게 되었다. 한국의 지배를 노려왔던 일본으로서는 무언가 대책을 강구해야만 하는 상황이 벌어진 것이다. 이른바 '한국문제'와 '만주문제'의 등장이 그것이다(당시 구한말 조선의 정식 명칭이 대한제국이었으므로, 이후 조선 대신에 '한국'으로 사용한다). 발 빠른 일본의 외무성은 의화단 사건이 진행되는 1900년 7월을 전후하여 '만한교환론', '인천점거론', '거제도점거론' 등 다양한 대안을 내놓기 시작했다.[6] 만주와 한국을 놓고 러시아와 갈등구조에 빠져들면서 일본은 급속히 영국에 접근하기 시작했고, 영국 또한 일본과 손잡을 경우 남의 손을 빌려 러시아의 남하정책을 저지할 수 있다는 이점이 있었기 때문에 일본과의 협조에 부정적이지만은 않았다.

이처럼 의화단 사건을 계기로 일본과 영국의 접근이 적극적으로 모색되었는데, 이것이 양국에 있어서 유일한 해결책은 아니었지만 현실적으로 일본과 영국의 우호적 결합이 이 시기 동북아 국제질서의 기본 축을 형성한 것은 부인할 수 없다. 특히 영·일 간의 결합에 의한 러시아와의 대결구도는 러일전쟁 전까지 더욱 심화되었기 때문에 의화단 사건부터 러일전쟁까지 일본과 영국, 러시아 삼국이 마치 전쟁을 향해 운명적으로 달려간 것처럼 보이지만, 실제 상황은 그렇게 단선적이지만은 않았다. 여기서는 의화단 사건이 발생한 시기에 일본의 초기 대응을 중심으로 간략하게 살펴보도록 하자.

야마가타 아리토모山縣有朋 내각의 외상인 아오키 슈조青木周藏는 1900년

---

6 자세한 내용은 조명철, 「義和團事件과 일본의 외교전략」, 『日本歷史硏究』 8, 1998 참조.

5월 초에 미국 선교사로부터 의화단이 전투훈련을 하는 등 불온한 움직임을 보이고 있다는 이야기를 듣자, 5월 21일 재중국 일본공사인 니시 도쿠지로西德次郎에게 의화단에 대한 보고서를 올리라고 훈령을 내렸다.[7] 니시 공사는 원래 러시아통으로 청일전쟁 때 러시아에 대한 정확한 정보로 공을 세워 외상에까지 오른 인물이었다. 중국의 상황이 좋지 않아 1899년 11월 재중국 특명전권공사로 북경에 왔으나 초기에는 병마에 시달려 부진했고 본격적인 활동을 개시한 것은 1900년 3월 이후였다.[8] 니시 공사는 5월 22일 의화단 세력이 창궐한다는 정보가 있지만 지나치게 우려할 정도는 아니라고 외무성에 보고했다.[9] 이러한 니시 공사의 보고에 대해 아오키 외상은 훗날 적절하지 못한 보고였다고 회상했다.[10] 니시 공사는 앞서 4월 28일 외무성에 보낸 보고서에서도 의화단에 대한 소문이 과장되어 있고 중국정부가 의화단을 진압하려면 얼마든지 가능하지만 '애국주의'의 관점에서 가혹한 처벌을 회피하고 있을 뿐이라며, 따라서 의화단 소요가 커다란 문제로 확대될 가능성은 적다고 보고했다.[11]

의화단 사건을 낙관적으로 관망했다고 해서 니시 공사를 비난할 수는 없지만 중국정부 내에 의화단을 둘러싸고 의견이 분열되어 있던 상황을 감지하지 못한 것은 그의 실수였다고 할 수 있다. 결국 니시 공사는 중국정부와 구미열강의 의사소통이 불가능해졌을 때, 둘 사이에서 중재자 역할을 할 수 있는 여지를 만들어내지 못했다. 5월 28일 의화단 세력이 북경에까지 접근하여 각국의 공사관이 호위병력을 불러들이기로 결의했을 때에도 니시 공사

7 坂根義久 校注, 『青木周藏自傳』, 平凡社, 1970, 325쪽.
8 坂本辰之助, 『男爵西德次郎傳』, ゆまに書房, 2002년 복간.
9 『日本外交文書』 33, 別册 上, 문서 6.
10 坂根義久 校注, 위의 책, 325쪽.
11 『日本外交文書』 33, 別册 上, 문서 298.

는, 중국정부가 "점차 비도匪徒의 진압에 착수하면 진정되겠지만 오히려 외국 군대가 북경에 들어오는 것이 의외의 충돌을 일으킬지도 모르고 그중에서 야심을 품고 일을 만드는 국가도 있을 수 있으니, 어느 국가도 이익을 독점하지 못하게 주의를 기울이는 것이 중요하다"고 보고했다. 여전히 니시 공사는 사태를 낙관하고 있었다.

5월 25일을 전후해서 일본 외무성은 천진天津에 파견되어 있던 데이 에이쇼鄭永昌[12] 일본영사와 일본군함 아이토호愛宕號의 함장으로부터 5월 21일 일어난 내수교안淶水教案의 보고를 접했다.[13] 의화단 세력을 진압하기 위해 파견된 관군과 지휘관 양복동楊福同이 패전하여 본인을 비롯한 70여 명이 사망한 내수교안이 발생하자, 천진의 각국 영사관은 자국의 군함을 불러들여 경계를 강화하기 시작했다는 것이다.[14] 6월 8일 니시 공사는 의화단 세력을 반기독교운동이 확대되어 서양에 대한 배척운동으로 전화한 것으로 보면서 명확한 정치적 목적을 갖고 있는 것 같지는 않다고 보고했다.[15] 그러나 이날 북경과 천진 간의 철도가 차단되었고 의화단이 양촌楊村 부근까지 진출하자 니시 공사도 본국에 병력 파견을 요청할 수밖에 없었고,[16] 6월 10일에는 북경과 천진 사이의 전신선이 두절되어 더 이상 전신으로 연락하는 것이 불가능해졌다. 중국정부는 회의를 거듭했지만 사태를 수습할 만한 유일한 인물인 이홍장마저 북경에 없는 상황에서 북경으로 좁혀오는 의화단 세력에 대한 구체적인 대안을 세우지 못하고 우유부단한 태도로 일관했다. 이러는 사이에 외국 공사관은 자구책을 강구하지 않을 수 없었다. 6월 18일 항구에 있

12 明末 중국에서 渡來하여 메이지 시기에 통역 등으로 일본의 외교업무를 도왔던 데이 에이레이鄭永寧의 아들로 외교가 집안이다.

13 『日本外交文書』 33, 別冊 上, 문서 325.

14 차경애, 『의화단 운동과 제국주의 열강』, 유영사, 1997, 66～68쪽.

15 『日本外交文書』 33, 別冊 上, 문서 325.

16 『日本外交文書』 33, 別冊 上, 문서 347.

던 외국해군은 대고大沽 포대를 점령했고, 보수파의 발언이 우세해진 중국정부는 6월 19일 북경의 외국공사들에게 북경을 떠날 것을 요구하고 21일에는 선전을 포고했다.

일본군의 출병은 6월 15일, 각의에서 결정되었으나 실제로 제5사단을 중심으로 한 혼성사단의 출병이 최종적으로 결정된 것은 7월 6일이었다.[17] 이러한 각의 결정은 영국으로부터 6월 23일, 7월 3일과 5일, 세 번에 걸쳐 파병요청이 있은 후에 신중하게 이루어진 결정이었지만[18] 일본군의 주가를 올리기 위한 의도된 지연이기도 했다.[19]

중국정부가 의화단 세력과 함께 외국공사관을 공격하면서 중국은 일시적으로 무정부 상태에 빠졌다. 일본은 이러한 예측불허의 혼란상을 중국에 대한 세력 확대의 호기로 보았고, 외무성은 북수남진론의 기조에서 무엇인가 행동을 서두르고 있었다. 7월을 전후한 시기에 주한 공사와 주러시아 공사로부터 한국문제와 만주문제를 하나로 묶어서 현안들을 일괄 타결하자는 제안들이 올라오고 있었지만,[20] 일본 외무성은 중국의 남부에서 구체적인 노획물을 만들어내려 했다. 당시 수상이었던 야마가타도 "두 마리 토끼를 쫓는 자는 한 마리도 잡지 못한다고 한다. 지금 각국이 공동으로 중국에서 사냥감

17 山本四郎 編, 『寺內關係文書首相以前』, 京都女子大學, 1984, 56쪽.

18 外務省 編, 『日本外交年表竝主要文書』 上, 原書房, 1965, 193~194쪽. 영국은 6월 23일, 7월 3일과 5일, 세 차례나 일본에 군대 파견을 요청했다. 구체적인 내용은 조명철, 앞의 논문, 2001, 107~109쪽 참조.

19 伊藤博文關係文書硏究會 編, 『伊藤博文關係文書』 1, 塙書房, 1973, 78쪽. 영국의 요청을 받은 일본은 주저하는 모습을 보여 일본의 군대 동원비용을 부담하겠다는 영국의 약속을 받아낸 후에야 2만 명에 가까운 최정예 군대를 파견했다.

20 러시아에 파견된 고무라 주타로小村壽太郎 공사는 적극적인 만한교환론을 제안하여 비테S.Y. Witte 러시아 재상과 협상을 벌였지만 별다른 성과를 올리지는 못했다. 서울에 주재하고 있던 하야시 곤스케林權助 공사는 인천점거론과 거제도점령론 등 강경한 군사행동을 촉구했지만 외무성에서 받아들이지 않았다.

〈표 1〉 의화단의 북경공방전 일지

일자	내용
5월 28일	北京과 天津 사이의 철도교통 단절
6월 11일	영국제독에 의해 임시 편성된 육지 전투부대(2,000명) 북경으로 파견
6월 19일	總理衙門, 외교단에게 24시간 이내에 북경에서 철수할 것을 요구
6월 20일	오후, 청국군의 발포로 전투가 개시됨
6월 20～ 7월 6일	전투가 맹렬하게 진행됨. 양측에 사상자 다수 출현
7월 18일	반휴전 상태로 돌입
8월 6일	다시 청군의 맹렬한 공격이 개시
8월 14일	연합군의 북경 진입, 청군 북경에서 철퇴

【참고】 外務省 編, 『日露交涉史』, 原書房, 1969 ; 『日本外交文書』.[21]

을 찾고 있는 상황에서 (우리는) 먼저 남쪽의 토끼를 쫓고 이것을 잡은 후에 다시 북방의 남은 토끼를 쫓아도 늦지 않다"며 중국 남부에 대한 공략에 집중할 것을 요구했다.[22]

실제로 외무성은 1900년 4월부터 니시 공사에게 복건성의 철도부설권을 중국정부와 협상하도록 반복적으로 훈령을 보내고 있었다. 이에 대해 5월 6일 니시 공사는 「청국복건강서호북절강성淸國福建江西湖北浙江省에 있어서 철도부설양여요구鐵道敷設讓與要求에 관한 건件」이란 제목의 회신에서, 일본이 철도부설권을 양도받으려면 프랑스나 영국이 한 것처럼 압도적인 무력을 배경으로 확고한 태도를 보여주어야만 성사될 수 있다. 그렇지 않으면 "성공하지 못할 뿐만 아니라 경멸당하고 말 것이다"라고 회의적인 전망을 내놓았다.[23]

21 조명철, 앞의 논문, 1998, 43쪽에서 인용.
22 大山梓, 『山縣有朋意見書』, 原書房, 1966, 263～264쪽.
23 『日本外交文書』 33, 문서 235, 265쪽.

그럼에도 불구하고 일본 외무성은 5월 말에 중국 남부의 철도부설권을 재차 요구하도록 니시 공사에게 훈령을 보냈다. 이 요구서에는 복건성뿐만 아니라 주변의 강서성江西省, 절강성浙江省까지를 포함한 간선과 지선에 대한 지도가 첨부되어 있었다. 이러한 일본의 요구는 의화단 세력에 의해 북경과 천진 간의 통신과 교통이 차단된 지 3일 만인 6월 13일에 이미 강경한 분위기로 돌아선 중국정부에게 보기 좋게 거절되었다.[24] 의화단 세력의 확대로 배외 여론이 한창 고조되고 있던 시기에 철도부설권을 요구하라는 지시가 적절치 못했던 점도 있지만, 의화단 사건을 단지 중국에 대한 분할정책을 실행할 수 있는 호기로만 인식했던 일본 외무성의 상황 판단에도 적지 않은 문제가 있었다. 결국 일본은 구미열강 중심으로 중국이 분할되어가는 상황에서 더 늦기 전에 자신의 지분을 챙겨야 한다는 초조감에 쫓겨 무리하게 정책을 추진하게 되는 결과를 가져왔다.

주변 상황과 중국 내부의 문제를 고려하지 않고 추진된 무모한 정책은 대륙에 대한 일본의 팽창욕구를 그대로 반영하는 상징물이기도 했다. 의화단 사건 시기 이러한 일본의 팽창욕구를 대변하는 상징적인 사건이 일본군의 기습적인 하문항점령 사건이다. 8개국 연합군이 북경을 탈환한 직후에 일본은 이전부터 복건성에 진출할 교두보로서 눈독 들이고 있던 하문항을 군사점령하였다. 이 작전은 육군과 해군의 합동작전이었지만, 영국을 비롯한 구미열강의 강력한 항의와 군함을 동원한 견제로 일본은 일찌감치 철수하고 말았다. 이것이 타이완 총독이나 군 일부에서 일어난 돌출 행동이 아니라 북수남진론을 주창해온 정부 차원에서 꾸며진 사건이라는 점에서 하문항의 점령 실패는 일본정부에 적지 않은 충격을 주었다. 즉 북수남진론의 좌초를 의

24 『日本外交文書』 33, 문서 241, 269~270쪽.

미하는 사건이라고 볼 수 있다.[25]

3. 영일동맹의 성립과 대러시아 강경책

(1) 영일교섭과 한국문제

주러시아 공사 고무라 주타로小村壽太郎는 1900년 12월부터 중국공사로 임명되어 다음 해 9월까지 의화단 사건의 사후 처리에 전념했다. 고무라는 열강들과의 회의석상에서 일본의 국제적 위상을 높이고자 여러 대안들을 제시하는 등 기민하게 대처했지만 소기의 성과를 거두지는 못했다. 결국 의화단 사건으로 중국은 청일전쟁 때보다도 훨씬 많은 배상금(4억 5,000만 냥)을 열강에게 지불해야 했는데, 그 가운데 가장 많은 군대를 동원하고 혁혁한 공을 세운 일본의 몫은 9퍼센트에 지나지 않았다. 1901년 9월 귀국하여 47세의 젊은 나이에 외무대신에 취임한 고무라는 이번에는 만주를 실질적으로 점령하고 있는 러시아의 지위를 약화시키기 위해 외교력을 집중했다.

고무라를 비롯한 대러 강경파의 왕성하고 적극적인 노력으로 청국과 비밀리에 만주문제를 해결하려던 러시아의 시도는 실패로 돌아갔다. 러·청 비밀협상의 좌절은 배후에서 영국과 독일을 설득하고 중국을 어르고 독촉하여 지속적으로 러시아를 압박한 일본의 역할이 컸다. 고무라의 입장에서 볼 때 이전부터 자신이 주장해왔던 '만한교환론'을 관철시키기 위해서는 한국에서 일본의 지위를 강화하는 것도 중요하지만 러시아의 만주점령이 국제적으로 기정사실화되는 것을 막아야만 했다.

25 조명철, 앞의 논문, 2001.

의화단 사건 이후 일본의 동아시아외교는 중요한 갈림길에 서 있었다. 만주를 점령하고 있는 러시아를 지나치게 자극하여 적대적 관계를 구축해서는 곤란하다는 온건파(친러파)와 러시아를 정면으로 압박하여 일본이 한국을 선점하고 대륙으로 진출해야 한다는 강경파(친영파)가 서로 이견을 조율하지 못한 채 외교적 혼선을 일으키고 있었다. 어떤 의미에서는 대러시아 온건파와 강경파가 독자적으로 외교활동을 전개했기 때문에 외교적 혼선보다는 외교적 분열에 가까웠다. 친러파의 좌장격인 이토 히로부미伊藤博文는 정당정치를 강조하면서 야당에 대항할 새로운 정당을 만드는 바람에 한바쓰藩閥 정치가와 동지들로부터 외면당하고 정치적으로도 심각한 타격을 입었지만, 여전히 막강한 자신의 지위를 십분 활용하여 러시아와의 타협을 모색하고 있었다. 반면에 대러 강경파는 대부분 구미에서 유학한 경험이 있거나 정부의 실무를 장악하고 있는 젊은 중견층이었기 때문에 원로 중심의 친러파와 의견을 달리하고 있었다.

결국 대러 강경파는 친러파에게 정보가 새 들어가지 않는 독자적인 라인을 구축하면서 영국에 접근했다. 고무라와 전 외무대신인 가토 다카아키加藤高明, 주영국공사 하야시 다다스林董 등은 1901년 의화단 사건의 사후 처리가 한창 논의되고 있던 시기부터 영국과 물밑 작업에 들어갔다. 영국을 동맹의 파트너로 선택할지의 문제는 국가의 근본적인 외교전략과 관련된 사항임에도 불구하고 이러한 사항은 일이 거의 성사되는 단계까지 친러파에게는 거의 보고되지 않았다. 이처럼 중요한 사항이 비록 행정상 보고의무가 없다고 하더라도 원로의 수장 격인 이토 히로부미에게조차 보고되지 않았다는 것은 관행상 있을 수 없는 일이었다. 심지어 강경파는 온건파의 러시아에 대한 접근을 영국과의 협상카드로 활용하면서 동맹협상을 일본에 유리하게 전개시키려고 했다. 당시 주영 일본공사 하야시 다다스는 다음과 같이 회고하고 있다.

영국정부는 진심으로 동맹을 희망하는 동시에 일본이 러시아와 협상하는 것을 크게 우려하고 있었음에 틀림없다. 영국정부의 이러한 우려를 이용하여 혹시라도 러일협상이 성립할지도 모른다고 하는 태도를 보인다면 동맹의 성립을 촉진시킬 수 있는 좋은 분위기를 만들 수 있다고 생각했다.[26]

이런 과정을 보면 의화단 사건 이후 러시아를 견제해야 한다는 목적을 공유한 일본과 영국이 서로의 이익을 위해 접근할 수밖에 없었고 따라서 영일동맹은 피할 수 없는 결과인 것처럼 보인다.[27] 그만큼 일본에게 있어서 러시아의 위협은 일본의 팽창을 가로막는 엄청난 방해물이었다. 그렇기 때문에 의화단 사건에서 영일동맹 그리고 러일전쟁에 이르는 과정을 러시아와의 대립구도로만 서술하는 경향이 강하다. 하지만 좀더 냉정하게 보면 영국이나 일본이 러시아와 타협할 수 있는 기회가 전혀 없었던 것은 아니다.[28] 여기서는 이 점을 염두에 두고 영일동맹의 교섭과정을 살펴보고자 한다.

1902년 1월 30일 체결되어 십여 일 뒤에 세상에 공개된 영일동맹은 전세계를 경악시킬 만큼 충격적이었다. 영국의 동맹 상대가 유럽의 강국과 견주기에는 턱없이 부족한 일본이라는 점과 동맹의 성격이 러시아에 대한 세력견제의 범위를 넘어서 군사동맹의 성격을 띠고 있다는 점에서 놀라운 것이었다. 실제로 내용에 있어서도 러시아와 일본이 전쟁에 돌입할 경우 제삼국

26 林董,「日英同盟の眞相」,『後は昔の記 他-林董回顧錄』, 平凡社, 1970, 334쪽.

27 일본 연구자의 경우 메이지 시기 영국과 일본의 접근을 필연적인 과정으로 서술하는 경우가 많다. 이것은 메이지유신 이래 러시아에 대한 위기의식이 지속적으로 고조되었고 이 점에 있어서 영국도 이해를 같이하고 있다고 보기 때문이다(井上勇一,「不平等條約から同盟へ」,『日英交流史』, 東京大學出版會, 2000).

28 David Steeds,「相互の便宜による帝國主義國の結婚」,『日英交流史』, 東京大學出版會, 2000.

이 러시아 측에 가담하면 영국도 자동적으로 일본을 위해 참전해야 한다는 조건이 명기되어 있었다.[29] 영국은 일본이 러시아와의 전쟁에서 승리하더라도 러시아가 패배를 인정하지 않고 복수를 꾀할 것이기 때문에 동아시아에서 일본과 러시아의 대립은 계속될 것이고, 따라서 영국이 바라는 세력균형은 상당 기간 지속되리라는 예상을 일찍부터 하고 있었다.[30]

영일동맹 협상과정을 보면 1901년 7월경 일본과 영국이 동맹의 기본적인 성격에 합의한 후에 같은 해 11월 7일에 영국의 초안이 먼저 일본에 제시되었다. 이에 대한 일본의 수정안은 11월 28일에 영국 측에 건네졌다. 기본적인 내용에 대해 합의가 성립된 7월부터 초안이 나오기까지 4개월 이상 걸렸던 이유는 영국과 일본이 동맹에 관련된 부수적인 조건을 놓고 줄다리기를 하고 있었기 때문이다. 이는 그만큼 영일동맹에서 부수적인 조건으로 보이는 내용이 중요했다는 사실을 의미한다. 영일동맹에서 일본이 그렇게 집요하게 매달렸던 부수적인 조건은 다름 아닌 한국과 관련된 조항이었다. 동맹에 대한 기본적인 조건이 논의되고 있던 8월 1일 주영 일본공사 하야시는 랜스다운Lansdowne 외상에게 "만주에 있어서 일본의 이익은 간접"적인 반면에 한국문제는 "일본의 사활이 걸린 문제"로서 일본에게 한국은 절대로 양보할 수 없는 조건임을 명백히 했다.[31]

한국문제와 관련하여 일본은 영국에게 두 가지를 요구했다. 하나는 한국에 있어서 일본의 자유행동에 대해 영국이 확실히 보장하라는 것이었고, 다

29 1902년 7월 처음 동맹의 기본적인 성격을 논하는 자리에서는 한국문제가 전혀 거론되지 않았다. 다만 '동맹국의 한편이 적국과 전쟁을 치르는 경우에 다른 한편은 국외중립을 지킬' 것과 제삼국이 적국에 가담한 경우에 양 동맹국은 협력한다는 기본조건을 확인하는 데 머물렀다(『日本外交文書』 34, 19쪽).

30 Johan M. Goudsward, *Some Aspects of the End of Britain's "Splendid Isolation", 1898–1904*, W.L. & Brusse, 1952.

31 『日本外交文書』 34, 25 · 30쪽.

른 하나는 한국문제를 조약문의 전문이나 부칙이 아닌 본문 속에 독립된 조항으로 넣어달라는 것이었다. 이로써 일본은 스스로 한국문제가 단지 부수적인 문제가 아니라 동맹의 목적 중 하나라는 사실을 명확히 했다. 만약 한국에서 일본이 행동의 자유를 보장받게 된다면 그것은 러시아가 만주를 군사적으로 점령하고 있는 상황에 버금갈 정도의 지배력을 한국에서 행사할 수 있다는 것을 의미했다. 행동의 자유란 아무 때나 일본이 원하면 한국으로 군대를 출동시킬 수 있는 권리를 의미했기 때문이다.

영일동맹의 초안과 수정안이 나온 후에도 최종안이 만들어질 때까지는 2개월 이상이 소요되었다. 이 사이에 일본정부는 영일동맹의 존재를 전혀 감지하지 못한 이토 히로부미가 러시아와 협상하기 위해 유럽으로 건너간 상황을 압박용 카드로 활용하는 등 집요하게 영국을 물고 늘어졌지만 영국으로부터 '행동의 자유'를 얻어내는 데는 실패했다. 외교적 언사에 있어서 노골적인 표현을 극히 조심하는 일본의 정치가들이지만 영국을 설득하는 과정에서는 한국문제야말로 "일본의 사활문제다"라는 과격한 표현도 마다하지 않았다.[32] 영국은 일본의 양동작전에 시달리면서도 한국에 대한 실질적인 침략을 의미하는 '자유행동' 만큼은 조약문 속에 포함시키지 않았다. 실제로 한국문제가 '일본의 사활' 이라는 인식은 과장된 표현만은 아니었다. 일본정부 내에서도 외교정책을 논의하는 과정 중에 고무라 외상이 "청국과 한국 양국은 일본과 매우 긴밀한 관계에 있다. 그중에서도 한국의 운명은 일본의 사활문제로서 잠시라도 등한시할 수 없다"라고 역설했듯이 일본정부 내에 공유되고 있던 한국 인식의 한 형태였다.[33]

---

32 『日本外交文書』 34, 30쪽.

33 고무라 외상이 영일동맹에 관한 의견서를 元老會議에 제출했을 때도 먼저 동맹의 핵심이 한국문제에 있음을 강조했다(1901년 12월 7일, 『日本外交文書』 34, 66쪽).

결국 영국은 영일동맹을 성사시킴으로써 일본을 이용하여 러시아의 남하를 저지하는 목적을 달성하면서, 일본에게는 한국에 대한 '특별한 이익'을 인정해주는 선에서 타협하는 노련미를 발휘했다.[34] 조약에 따르면 일본이 한국에서 군사행동의 자유를 행사할 수 있는 조건은 제삼국이 한국을 침략하거나 한국에서 소요가 일어나는 경우로 한정되었다. 러일전쟁을 준비하면서 일본이 한국으로 군대를 출동시키는 문제에 대해 한국의 여론이나 국제여론을 전혀 의식하지 않았던 배경에는 유사시에 일본의 군사행동을 영일동맹이 보증해주고 있었기 때문이기도 했다.

(2) 대러시아 강경외교

1902년 1월 30일 체결된 영일동맹의 효과는 바로 나타났다. 4월 8일 러시아가 6개월 후인 10월 8일부터 3차에 걸쳐서 만주에서 철수할 것을 청국에게 약속하는 만주환부조약을 맺었다. 이것은 러시아에 대한 일본의 외교적 승리였다. 실제로 10월 8일부터 러시아는 제1차 철수에 들어갔다. 하지만 철도를 비롯하여 항만 등 만주에 이미 상당한 투자를 하고 있던 러시아로서는 만주를 포기하는 일이 쉽지는 않았다. 그것도 일본의 외교적 공세에 밀려서 만주를 떠나야 했기 때문에 러시아의 심기가 편할 리 없었다. 더구나 러

---

34 「〔前文〕大不列顚國及日本國ノ政府ハ偏ニ極東ニ於ケル現狀及全局ノ平和ヲ維持スルコトヲ希望シ, 且ッ淸帝國及韓國ノ獨立ト領土保全トヲ維持スルコト及該二國ニ於ケル商業工業ニ付, 各國均等ノ企業權ヲ享有スルコトニ關シ, 特ニ利益關係ヲ有スルヲ以テ玆ニ左ノ如ク約定セリ.

〔第一條〕大不列顚國及日本國ハ, 相互ニ淸國及韓國ノ獨立ヲ承認シタルヲ以テ, 兩國何レモ該二國ニ於テハ, 全ク何等ノ侵略的意思ヲ有スル事ナキヲ聲明ス. 尤モ日本國政府ハ韓國ニ於テ日本國カ有スル政治上竝ニ商業上ノ特別ナル利益ニ關シ英國皇帝陛下政府ノ注意ヲ喚起シ, 英國皇帝陛下ノ政府モ亦均シク淸帝國ニ於ケル大不列顚國ノ特別ナル利益ニ就キ注意ヲ喚起シタリ

依テ兩國政府ハ若シ右等ノ利益ニシテ別國ノ侵略的行動ニヨリ侵迫セラレタル場合ニハ何レモ各自ノ利益ヲ擁護スル爲メ必要缺クベカラザル措置ヲ採リ得ヘキコトヲ承認ス ……」(『日本外交文書』35, 1～2쪽).

시아에서는 새 황제 니콜라이 2세Nikolay II 체제가 정착하면서 비테S.Y. Witte 등이 정권에서 밀려나고 황제 주변의 궁정파가 등장했다. 이들은 일본에 대해 유연하고 타협적인 비테의 노선을 버리고 강경노선을 고집했다. 1903년 4월 8일은 러시아가 제2차 철수를 약속한 날이지만 만주에서 러시아 군대의 철수는 더 이상 이루어지지 않았다.

상황을 지켜보고 있던 일본은 이것을 상당히 심각한 상황으로 받아들였다. 6월 23일 이 문제로 어전회의가 열렸다는 사실이 사태의 심각성을 반증한다. 국가의 중대사를 최종적으로 결정하는 어전회의에는 이토 히로부미, 야마가타 아리토모, 오야마 이와오大山巖, 이노우에 가오루井上馨, 마쓰가타 마사요시松方正義를 비롯한 모든 원로들과 정부 측에서는 가쓰라 다로 수상, 데라우치 마사타케寺內正毅 육군대신, 야마모토 곤노효에山本權兵衛 해군대신, 고무라 주타로 외무대신이 참석했다. 이 회의가 열리기 전부터 각 관련 부처에서는 수차례 대책회의가 열려 나름대로 대안들을 정리하고 있었다. 외교 책임자인 고무라 외무대신도 당연히 의견서를 지참하고 회의에 임했는데 그 내용은 다음과 같다.

첫째, 청국과 한국의 독립, 영토보전, 상공업상의 기회 균등을 유지한다.

둘째, 러시아 · 일본 양국이 각각 만주와 한국에 갖고 있는 정당한 이익과 그 이익을 보호하기 위해 필요한 조치를 취할 것을 상호 간에 인정한다.

셋째, 러시아 · 일본 양국은 상기의 이익을 보호하기 위해 필요하거나 지방의 소요로 국제적 분쟁의 소지가 있을 때는 이것을 진압하기 위해 출병할 수 있는 권리를 인정한다. 다만 출병의 목적을 달성했을 때에는 즉시 철수해야 한다. 철도를 보호하기 위한 경찰병력은 제외한다.

넷째, 일본은 한국 내정개혁을 위해 조언 및 조력할 수 있는 전권을 갖는다.

만약 위의 원칙으로 러시아와의 협상에 성공할 경우 일본의 권리와 이익은 보장되겠지만 위의 내용을 러시아가 승낙하는 일은 매우 어렵다고 생각한다. 따라서 이 원칙을 제시할 경우 어떤 어려움을 무릅쓰고라도 우리의 목적을 관철하겠다는 결심으로 (이 일에) 착수하는 것이 중요하다고 생각한다.[35]

여기서 고무라 외무대신은 자신이 이전부터 주장해온 '만한교환론'의 논리를 정부의 기본적인 협상원칙으로 제시했다. 다만 고무라의 '만한교환론'에 의하면 철도수비대 외에는 만주에서의 군대주둔은 인정하지 않으므로, 영토보전과 군대불주둔 원칙에 동의할 경우 러시아는 이미 만주에 주둔시킨 자국 군대를 철수시켜야 했다. 만약 고무라의 주장대로 러일협상이 성립해서 러시아가 군대를 철수시킨다면 만주에서 러시아의 지배력은 현저히 약화될 것이기 때문에 러시아가 협상에서 실익을 얻을 수 없다는 것을 의미한다. 실제로 일본은 러시아와의 협상에서 군대철수 조건을 마지막까지 양보하지 않았다.

이 의견서의 마지막에 나오는 어떠한 난관이라도 불사해야 한다고 못 박고 있는 대목 때문에 고무라가 이때에 이미 러시아와의 전쟁을 염두에 두고 있었다는 견해도 있다.[36] 어쨌든 6월 23일 어전회의에서는 일본정부가 만한문제를 놓고 러시아와 교섭할 것을 결정했다. 그러나 일본도 러시아와의 협상에 있어서 어느 정도의 양보가 불가피하다는 사실을 인정하고 있었다.[37]

어전회의가 열리고 나서 10일 뒤인 7월 2일 온건파인 이토는 개별적으로

35 『日本外交文書』 36-1, 1～3쪽.

36 外務省 編, 『小村外交史』 上, 紅谷書店, 1953, 324쪽.

37 「一, 露國か約に背き, 滿州殊に遼東の兵を撤せさるに就ては, 此の機を利用し, 數年來解決し能はさりし韓國問題を, 此の機に於て解決する事.
一, 此問題を解決するに, 先つ韓國は, その一部をも如何なる事情あるに拘らす, 露國に讓與せさる事.
一, 之に反して滿州に於ては, 露國は既に優勢の位置に在るを以て, 多少之に讓步する事.
一, 談判は東京に於て開く事.」(陸軍省, 『明治軍事史』 下, 原書房, 1966, 1264쪽).

영국공사 맥도널드C. MacDonald를 만나 자신의 견해를 피력했다. 이때 이토는 만주는 러시아의 한 지방이고 또 러시아가 막대한 경비를 들여 만주철도를 건설했기 때문에 철도 보호를 위해 러시아 군대를 주둔시키는 것은 공평하다. 현재 일본은 한국에서 보다 광범위한 행동의 자유를 얻어야 하는데 만주에 대한 러시아의 지위를 일본이 인정해줌으로써 이 문제를 해결할 수 있다고 설명했다.[38] 즉 이토는 만주와 한국문제를 러시아와 일본 양국이 그 지역에 대한 각각의 권익을 상호 인정해줌으로써 해결할 수 있다는 '만한교환론'에 근거하고 있었다. 그러나 이토는 고무라와는 달리 러시아군의 만주 주둔을 용인함으로써 협상의 여지를 열어두고 있었다.

다음날인 7월 3일 맥도널드 공사가 고무라와의 회담에서 이토와의 회견 내용을 알려주자, 고무라는 이토의 의견은 개인적인 것으로 정부는 그러한 의견을 공유하고 있지 않다고 답변했다.[39] 사실 이토의 견해는 어전회의의 결정에 크게 어긋나지 않았을 뿐만 아니라 이전부터 고무라가 주장했던 '만한교환론'과 궤를 같이하고 있었다. 그러나 이 시기 고무라는 러시아와의 교섭에서 이전의 타협 가능한 '만한교환론'보다 훨씬 강경한 '만한불가분론滿韓不可分論'을 들고 나와 어전회의에서 자신이 제시한 '청국과 한국의 독립, 영토보전'이라는 제1원칙을 철저하게 밀고 나갔다. 1903년의 러일교섭에서 일본은 강경론과 온건론이 혼재하고 있었지만, 기본적으로 고무라를 중심으로 한 중견층의 강경론이 주도권을 장악하고 있었다.

1900년 의화단 사건이 일어났을 때만 해도 고무라는 러시아의 만주점령을 인정해주는 대신에 한국에 대한 일본의 특수한 지위를 인정받는 이른바

---

38 Great Britain Foreign Office, Confidential Papers, Public Record Office, London, FO405-138-76, MacDonald to Lansdowne, 2 July 1903.

39 FO405-138-118, MacDonald to Lansdowne, 3 July 1903.

'만한교환론'의 입장을 견지했다. 하지만 영일동맹을 체결한 이후 고무라의 입장은 한층 강경해져 일본은 한국에서 현재의 지위를 그대로 유지 또는 강화해야 하지만, 러시아는 만주에서 군사적 점령 상태를 종결시켜야 한다고 주장하고 나섰다. 즉 러시아가 만주를 군사점령하고 있는 한 일본은 완전한 한국지배를 달성할 수 없다고 본 고무라는, 일본의 한국지배를 위해서는 만주를 군사적으로 중립지대나 공백지대로 남겨두어야 한다는 이른바 '만한불가분론'으로 선회한 것이다.

한편 1903년 일본의 외교정책이 전쟁을 불사할 정도로 강경한 태도를 견지할 수 있었던 배경에는 러일전쟁에 대한 군의 판단이 일익을 차지한 것으로 보인다. 군의 군사전략을 수립하는 참모본부의 경우 러시아가 만주를 점령한 상황에 대해서, 영일동맹이 체결될 때까지는 기본적으로 러시아가 일본의 권익을 군사적으로 침해하지 않는 이상 일본도 공격적인 태도를 취하지 않는다는 수세적 전략을 고수하고 있었다.[40] 하지만 영일동맹이 체결되고 후속조치로 그해 7월 런던에서 영일군사협의회가 비밀리에 열리고 난 후,[41] 참모본부에서는 중견층 참모들을 중심으로 러시아에 대한 전쟁 시나리오가 검토되기 시작했다. 하지만 이때에 검토된 공격적 전략은 참모본부 내에서조차 공식적으로 인정받지 못한 시안들에 지나지 않았다. 참모본부 내에서

40 일본 육군의 수세 전략에 대해서는 조명철, 「러일전쟁기 군사전략과 국가의사의 결정과정」(『日本歷史研究』 2, 1995)을 참조.

「要するに, 以上の計畫の內容は西比利亞鐵道及び東淸鐵道の工事進捗の程度竝に露國極東兵備の狀況に應じ, 年を逐うて變化するだろうが, 根本義を守勢作戰に置き, 攻勢作戰は單に硏究に止めたのであった.」(谷壽夫, 『機密日露戰史』, 原書房, 1966, 82쪽).

41 「一, 日本は三週間に精兵二八萬の野戰軍動員可能, イギリスの海外動員兵力はまず三軍團一二萬, 長時間準備の場合はさらに一○萬.

二, ロシアはまず四二日以內に滿州に一二萬人を送り得, 事後急速に增兵しうるので, 第一次集中前に早期に決戰せねばならず, すくなくもイギリス軍一軍團の急派を希望する.

三, イギリスのフランス軍に對する對策 …… 」(防衛廳 소장, 「日英兩國軍事關係書類」, 1902).

공격적인 대러시아 전략이 힘을 받기 시작한 것은 역시 1903년 봄부터였다. 1903년 6월 어전회의가 열리기 하루 전에 참모본부의 오야마 이와오 참모총장은 러시아에 대한 군의 의견을 정리하여 정부와 천황에게 올렸다.

> 일본제국은 지금 러시아와 교섭하여 신속하게 한국문제를 해결해야 한다. 만약 지금 이 문제를 교섭한다면 반드시 병력에 호소하지 않고도 용이하게 해결할 수 있을 것이다. 불행히 개전에 이르게 된다면 현재 그들의 군비에 결점이 있고 우리의 군비도 아직 충분치는 못하지만 그들과 이쪽의 전력이 평형을 잃지 않고 있어서 대항해 싸우기에 충분하다. 이런 이유로 국가 백 년의 대계를 위해 한국문제를 해결하는 것은 오직 이 기회뿐이다. 머뭇거리다가 이 호기를 놓친다면 그들의 결점은 3, 4년 내에 해소될 뿐만 아니라 더욱 강고한 근거지를 갖고 위력적으로 압박해올 것이니, 우리가 군비를 더욱 충실히 확장하더라도 도저히 그들과 균형을 이룰 만한 정도에는 미치지 못할 것이다.[42]

천황에게 상소된 이 의견서는 참모본부에서 수차례의 논의를 거쳐 정리된 내용이었다. 오야마 참모총장은 러일교섭이 실패했을 경우 충분치는 않지만 군대를 동원하여도 무방하다는 견해를 완곡하게 제시하고 있다. 그는 시한부 주전론을 주장했는데 정확히 말하면 조기 개전론에 가깝다고도 할 수 있다.[43] 신중론 또는 수세적 전략을 고집하던 군의 원로들이 이 시기에 이르러 개전론을 주장하게 된 이유는 역시 중견 장교들의 강경론이 군 내부에서도 상당한 설득력을 지니게 되었다는 사실을 반증한다. 때문에 군의 지도부도 더 이상 그들의 의견을 무시할 수는 없었다.[44]

---

42 陸軍省, 앞의 책, 1966.

43 육군의 조기 개전론에 대해서는 조명철, 「러일전쟁기 일본 육군의 만주전략」, 『軍史』 51, 2004 참조.

44 공세적인 대러시아 작전안으로서 참모본부의 이구치 쇼고井口省吾 부장의 의견을 들 수 있다. 「事開戰と決するや, 直ちに我第十一師團. 駄馬編成を以て先ず朝鮮半島を確實に占領するを

어전회의 후 8월부터 1904년 1월까지 일본은 러시아와 8차례에 걸쳐서 교섭안을 주고받으며 협상에 임했으나 고무라가 설정한 기본적인 틀을 벗어나는 타협은 성립하지 않았다. 고무라는 만주문제에 관한 한 러시아의 군대가 철수되어야 한다는 전제를 마지막까지 양보하지 않았다. 러시아로서도 영일동맹에 이어서 또다시 굴욕적인 후퇴를 감내할 것인가 전쟁을 불사할 것인가 선택하지 않을 수 없었다. 당시 러시아의 조정은 비테가 퇴진한 후 젊은 니콜라이 2세를 중심으로 주도권을 장악한 궁정파가 강경한 태도를 고집하고 있어서 전쟁은 피할 수 없는 상황으로 치닫고 있었다. 러일교섭의 후반부는 교섭에 임하는 태도나 내용에 있어서 양국 간에 성의를 찾아보기 힘들다. 이 과정은 서로 전쟁을 의식하면서 시간 벌기 또는 명분 쌓기에 지나지 않았다.

4. 맺음말

청일전쟁 이후 진행된 서구열강의 중국 분할정책으로 중국 내에 고조된 배외감정을 조직의 세력 확대에 성공적으로 결합시킨 의화단 세력은 북경의 외국공사관을 포위·공격함으로써 동북아의 국제질서를 송두리째 흔드는

勉むべし. 之が爲成し得れば可成朝鮮西岸北部に上陸し, 速かに鴨綠江の線を占領すべし. …… 我が艦隊功を奏し, 黃海の〔制〕海權を占有するに至れば, 可成迅速の方法により陸兵を遼東の沿岸に輸送して諸點より同時に上陸し, 敵に優勝を占むるを謀るべし. 之と同時に韓國占領の部隊は滿州に進入し, …… 我が陸兵の上陸を終り, 第一次に出會すべき敵を海岸地方に擊退せば, 逐次に之を北方に壓迫し, 遼東半島に根據を堅め, 同地より淸國及朝鮮への連絡を確實にし, 根據地と本國港灣との輸送を規定すべし. …… 然るに哈爾賓は東淸鐵道線路中東西の連絡點にして要樞の戰略點たり. 我若之を占領するときは, 滿州の占領を確實にすると同時に, 浦鹽港の死命を制すべし. 故に是非とも哈爾賓迄は前進して此地を占領せざるべからず.」(谷壽夫, 앞의 책, 1966, 91~92쪽).

엄청난 파장을 몰고 왔다.

유동성이 고조되는 국제정세 속에서 자국의 팽창욕구를 충족시키려는 일본과 러시아는 가능한 수단들을 동원하여 한반도와 중국대륙으로 영향력을 확대하려 했다. 일본은 메이지유신 이후 추진해온 한반도 지배정책에 결정적 성과를 올리고자 했고, 부동항을 찾아 끊임없이 남하정책을 펴던 러시아는 만주를 장악하여 이미 확보한 요동반도의 부동항으로 진출하려 했다. 결과적으로 러시아가 의화단 사건을 빌미로 만주의 군사점령에 성공한 반면에, 일본은 복건성의 하문항을 기습 점령하려 했으나 해프닝으로 끝났고 한반도에서도 이렇다 할 만한 성과를 올리지 못했다. 오히려 러시아의 만주점령이 일본의 한반도 지배정책에 최대 위협요소로 부상하는 불리한 여건만 조성되었다.

의화단 사건은 북경이 8개국 연합군에 의해 점령됨으로써 종결되었으나 만주와 한반도를 둘러싼 러시아와 일본의 대립은 동북아 국제질서를 불안하게 하는 최대 변수로 등장했다. 여기서 일본은 러시아의 완력에 밀려 타협하기보다는 정면 돌파를 선택했다. 이러한 일본의 선택은 영일동맹의 성립으로 나타났고 이에 놀란 러시아는 만주에서 한 발 물러날 수밖에 없었다.

영일동맹으로 외교적 대결에서 우위를 점한 일본은 더욱 강하게 러시아를 몰아붙였다. 영일동맹 이전 일본의 협상논리였던 '만한교환론'은 영일동맹 이후 일본이 한국을 완전하게 장악하기 위해서는 만주에서 위협요소인 러시아 군대가 철수해야만 한다는 '만한불가분론'으로 경색되어갔다. 이러한 일본의 강경기조의 배경에는 군사적 대결도 가능하다는 참모본부의 계산이 깔려 있었다. 결국 러시아와 일본 양국의 강경파에 의해 주도된 러일협상은 타협점을 찾지 못한 채 국가의 운명을 좌우할 전쟁으로 치달았다.

러일전쟁에서 일본이 승리함으로써 동북아의 국제질서는 일본을 중심으로 새롭게 재편되어갔다. 한국의 운명은 1905년 4월 8일 내각이 한국에 대한 보호권을 확립할 것을 결정한 후, 8월 23일 맺어진 제1차 한일협정과 러일강화조약이 체결된 후인 11월 17일에 맺어진 제2차 한일협약에 의해 결정되었다.

한편 만주에서는 러시아의 철도와 항만시설, 조자치를 일본이 차지했지만 당시 일본의 자본력과 군사력으로 만주를 독점한다는 것은 거의 불가능한 일이었다. 대신에 러일전쟁을 중재한 미국이 풍부한 자본을 배경으로 만주시장에 대한 참여의사를 보여왔다. 미국의 철도왕 해리먼E.H. Harriman은 가쓰라 다로 수상과 직접 교섭하여 미국의 철도자본이 만주에 진출할 여건을 조성하려 했고, 10월 12일 가쓰라 수상과 남만주철도를 포함한 미일신디케이트에 대해 예비협정각서를 교환하기까지 했다. 하지만 전후 처리를 위해 중국에 나가 있던 강경파의 거두 고무라 주타로 외상은 귀국하자마자 가쓰라-해리먼 각서를 무효화시켰다. 고무라는 해리먼에게 각서의 무효화를 알리고 1906년 1월 15일까지 청국과 러시아를 오가며 만주에 대한 협상을 벌였다. 고무라는 힘들게 확보한 만주를 독식할 수는 없지만 그렇다고 일본보다 강한 열강에게 만주를 개방할 생각도 없었다.

고무라는 전후 처리과정을 통해 한국을 일본의 식민지로 확보하는 동시에 만주에 대해서는 다시 러시아와 손잡음으로써 다른 열강의 개입을 봉쇄하는 기민함을 보였다. 결국 전쟁 중 막대한 차관을 제공하고 강화회의를 주선하면서 일본에 호의를 보인 미국은 중국에서 마지막 남은 만주 지역에 대한 진출에도 실패하고 말았다. 이것은 미국과 일본 간의 관계를 악화시키는 새로운 불씨가 되었다.

러일전쟁을 전후하여 일본 중견 지도층의 강경외교는 메이지유신의 주역이었던 정치선배들도 엄두를 내지 못할 업적을 달성했다. 이 시기 일본은 한국에서는 확고부동한 독점적 지위를, 만주에서는 상대적으로 우월한 지위를 확보하는 데 성공했다. 이 과정에서 국내적으로 외교정책에 혼선이 없었던 것은 아니지만 결과적으로 일본의 국익을 극대화하는 데 결정적인 지장을 주지는 않았다.

제4장 | 1차 세계대전과 국제질서의 재편성

정 상 수 (서울대학교 서양사학과)

1. 러일전쟁 이후의 동아시아

(1) 일본의 외교정책과 동아시아의 세력 변화

러일전쟁 이후 유럽에서는 전쟁과 연관되어 발생한 모로코 문제를 해결하기 위해 개최된 알헤시라스 회담Algeciras Conference에서 독일이 예상외의 외교적 패배를 당했다. 이에 따라 독일은 외교적으로 고립되었고 유일한 동맹국인 오스트리아와의 결속을 강화하게 되었다. 독일의 고립은 1차 세계대전의 궁극적인 원인으로 작용했다.[1]

예상하지 못했던 러일전쟁에서 일본의 승리는 동아시아에서의 강대국체제를 크게 변화시켰다. 일본은 세계체제에서 강대국으로 인정되어 유럽 열강과 이전까지의 공사 급 외교관계에서 대사 급 외교관계로 승격했고, 대외적으로는 조선에서의 지배권을 확립했다. 러시아는 패전과 더불어 국내 혁

1 정상수, 「1차 세계대전의 원인—독일 외교정책을 중심으로」, 『서양사연구』 22, 1998, 129~162쪽.

명의 발생으로 인해 국가체제 유지에 심각한 위기에 빠져 동아시아에서의 팽창정책을 중단했다. 동맹국인 영국은 일본의 승리로 2국표준주의two-power-standard를 유지할 수 있었다. 이전까지 영국은 러시아와 프랑스 세력을 견제하는 데 중점을 두었지만 아시아에서의 러프동맹의 세력 약화와 유럽에서의 독일 해군의 성장으로 함대를 점차적으로 유럽 북해로 집중시켰다. 러시아의 약화와 영국의 해군력 철수는 동아시아에서 일본의 패권을 수립할 수 있는 기회를 제공했지만 때마침 견제세력으로 미국이 등장했다. 미국의 동아시아에서의 세력 강화는 해군력 증강과 같은 직접적인 형태로 나타나지는 않았다. 미국은 일본 해군을 제압할 만한 군사력을 동아시아와 태평양지역에서 보유하지 못했기 때문에 1899년 국무장관 헤이J. Hay의 문호개방 원칙Open-door-policy에 기반을 둔 경제적인 침투를 감행했다.

동아시아에서 일본의 세력 확대는 외교와 군사력 증강을 통해 나타났다. 일본은 1895년 청일전쟁에서 승리하고도 3국간섭을 통한 외교에서 패배하여 승리의 성과를 상실한 경험을 가지고 있었기 때문에 러일전쟁의 성과를 외교적으로 인정받으려고 했다. 일본 외교정책의 기본목표는 동아시아에서의 패권 확립이었다. 이러한 목표에 도달하는 방법으로 일본은 유럽 강대국들과의 상호 간 헤게모니 승인을 이용했다. 먼저 영국과는 러일전쟁 직후에 영일동맹을 갱신했고, 1905년 개정된 제2차 동맹에서 일본은 영국의 인도방어에 협력을 약속했고 영국은 일본의 한반도 지배를 인정했다. 프랑스와는 1907년 협정을 통해 프랑스의 인도차이나 지배를 인정했고, 프랑스는 러일전쟁의 결과, 즉 일본의 조선 지배를 승인했다. 러시아와의 외교 문제에서는 1907년부터 만주에 대한 세력권 분할이 중심 주제로 등장했다. 결국 러시아와 일본은 1907년 · 1910년 · 1912년 · 1916년 4번의 외교협정을 통해 만주를 2개의 균등한 지역으로 분할해서 양국이 각기 합병의 우선권을 상호 간에 인정했다.

이처럼 유럽 강대국들과의 협상은 비교적 순조롭게 이루어졌지만 동아시아에 본격적으로 진출하려고 하는 미국과의 협상은 쉽지 않았다. 러일전쟁 이후 동아시아에서의 세력균형이 변화하자 독일 측에서는 영국 해군의 유럽에서의 함대 집중을 방해하기 위해 일본의 팽창을 긍정적으로 인정했다. 독일정부는 일본 세력의 확대가 미국 해군의 동아시아로의 진출을 가져올 것이고, 이에 따라 미국과 영국의 마찰이 야기되어 영국 함대의 동아시아 주둔이 유지될 것으로 판단했다. 그러나 세계적 차원에서의 세력균형 설립을 외교정책의 근본 목적으로 삼았던 루스벨트T. Roosevelt는 미국과 영국의 협력이 중요하다고 파악했다.[2] 그는 러일전쟁에서 보여준 영국-미국-일본의 협력관계가 1895년 성립했던 독일-러시아-프랑스의 동아시아 3국동맹에 대응할 수 있다고 판단했다. 미국은 일본과 독일을 가상 적국으로 판단했으나 태평양과 대서양을 상대로 한 양면전에 빠지지 않기 위해 일본과 협정을 체결할 수밖에 없었다. 이러한 맥락에서 결국 1908년 루트-다카히라 협정 Root-Takahira Agreement이 체결되었다. 협정에 의해서 일본은 한반도의 지배를 인정받았고 반대급부로 필리핀에서의 미국의 안전을 보장했다. 그러나 루스벨트와 달리 영국의 지원을 받은 태프트W.H. Taft 정권은 1909년 일본의 만주점령에 제동을 걸기 시작했다. 중국을 라틴아메리카보다 경제적으로 더 유용한 상품시장으로 파악한 미국은 동아시아로의 진출을 적극적으로 모색하게 되었다.[3] 문호개방을 원칙으로 미국 국무장관 녹스P.C. Knox는 중국에서의 정치 세력권의 확보보다는 철도부설권 획득과 차관 제공을 통한 경

2 Ute Mehnett, "German Weltpolitik and the American Two-Front Dilemma: The Japanese Peril in German-American Relations 1904-1917," *The Journal of American History* 82, 1996, p.1460.

3 Ute Mehnett, 위의 논문, p.1462.

제적인 침투를 목적으로 하는 달러외교Dollar Diplomacy를 전개했다. 그러나 달러외교는 미국의 자본 부족으로 성과가 없었고 결국 1913년 윌슨W. Wilson 정부는 공식적으로 종식을 선언했다.

1911년 제3차 영일동맹이 체결되었다. 쓰시마對馬島 해전 이후에 제2차 영일동맹이 체결되어 일본의 동의와 함께 영국은 동아시아에서 5척의 경순양함을 제외한 전함을 모두 철수시켰다. 1910년 일본은 11척의 전함, 13척의 순양전함, 17척의 경순양함을 보유하고 있는 동아시아 최대의 해상강국이었다.[4] 영국 입장에서는 동아시아에서의 무역을 보호하기 위해서는 일본과의 협력이 필수적이었다. 1902년 동맹에서는 러시아라는 거대한 공동의 적이 존재했기 때문에 가능했지만 1911년에는 가상의 적에서 이견을 보였다. 영국은 독일을 가상의 적국으로 간주했지만 독일의 동아시아 함대는 일본과의 군사동맹을 필요로 할 정도로 강력하지 않았다. 이를 근거로 영국 해군부에서는 동맹 무용론을 주장하기도 했다. 독일과 친밀한 관계를 유지하고 있던 일본에게 가상의 적국은 미국이었다. 그러나 영국은 인종적인 측면에서도 미국을 적국으로 간주하려는 의도는 없었다. 영국과의 협력을 통한 경제적인 이득을 고려해서 일본 내에서는 동맹 연장에 대해 커다란 반대의사는 존재하지 않았다. 1910년 조선을 공식적으로 합병하게 됨에 따라 동아시아와 태평양에서 일본의 세력은 증대되었다. 제2차 영일동맹이 1915년에 파기될 경우 일본이 다른 강대국과 결합해서 동아시아와 태평양에서 영국에 위협적인 존재가 될 수도 있다는 두려움에서 영국 외무장관 그레이E. Grey가 먼저 동맹의 갱신을 제안했다. 일본은 잠시 보류했지만, 곧 영국과의 동맹이 유산될 경우에 1895년과 같이 외교적으로 고립 상태에 빠질 수 있다는

---

4 Ian H. Nish, *Alliance in Decline: A Study in Anglo-Japanese Relations, 1908-23*, University of London, Historical studies, Athlone Press, 1972, p.46.

우려 때문에 1911년 외무부장관 고무라 주타로小村壽太郞가 다시 제안하여, 그해 6월 유효기간 10년으로 제3차 영일동맹이 체결되었다. 그러나 영국은 이 동맹으로 미국과의 관계가 손상되는 것은 원하지 않았다. 1911년 8월 미국주재 영국대사 브라이스J. Bryce와 미국 국무장관 녹스는 영미중재조약 Anglo-American Arbitration Treaty을 체결했다.[5]

1911년 10월 중국에서 혁명이 발생하자 강대국들은 자신들의 세력을 확대할 수 있는 기회로 파악했고, 나아가 중국 분할론까지 등장했다. 영국과 러시아는 티베트와 외몽골에서 세력권을 확장했고 일본은 남만주를 점령할 수 있는 기회로 파악했다. 1913년 러일협정에서 러시아는 외몽골, 일본은 내몽골에서의 특권을 상호 간에 합의했다.

(2) 일본 군사력의 성장

러일전쟁 이후 1907년 2월에 일본은 영국의 제국방어위원회Committee of Imperial Defence를 모방해서 러시아 · 미국 · 독일 · 프랑스 등을 적국으로 하는 제국방어계획Aims of Imperial National Defence을 세우고 육군과 해군의 증강작업에 돌입했다.[6] 이 계획은 일차적으로 기존의 군사력을 150퍼센트 확대하는 것을 목적으로 했다. 세부적으로 보면 육군은 조선 지배를 위해 2개 사단 이상이 필요하고 대륙 진출을 위해서는 25개 사단을 설립해야 한다고 주장했다. 해군은 가상 적국들의 침략에 대비하고 태평양 진출을 위해 전함 8척과 순양전함 8척으로 구성된 이른바 8-8함대eight-eight-fleet를 건

5 Ian H. Nish, 앞의 책, 1972, pp.76～79.

6 John W. Hall, Marius B. Jansen, Madoka Kanai, et al., eds., *The Cambridge History of Japan: vol. 6,* in Peter Duus ed., *The Twentieth Century*, Cambridge University Press, 1989, p.276. 영국의 제국방어위원회에 대해서는 Andrew S. Thompson, *Imperial Britain: The Empire in British Politics c. 1880-1932*, Longman, 2000, pp.127～129를 참조.

설할 것을 요구했다. 그러나 당시 일본은 러일전쟁의 수행으로 재정 상태가 고갈되었고 전쟁배상금을 받지 못했기 때문에 이러한 계획을 달성할 충분한 경제력을 보유하지 못했다. 부족한 자본으로 목표를 달성해야 하는 상황은 의회에서의 육군과 해군의 예산 획득을 위한 경쟁으로 나타났다. 당시 유럽에서 진행되고 있던 영국과 독일 사이에서의 건함 경쟁의 영향으로 여론은 해군 증강을 선호했다. 그러나 육군은 강력한 정치 원로인 야마가타 아리토모山縣有朋의 지원을 받고 있었다.

결국 일본의 군사력 증강계획은 세계적인 추세에 부응해서 해군력 확대에 주력하는 것으로 결론지어졌다. 그러나 8-8함대계획은 1907~1908년 의회에서 해군 예산이 삭감되면서 1913년까지 5-7함대를 건조하는 것으로 변경되었다. 1910년 해군부는 가쓰라 다로桂太郎 내각에 전함 4척을 추가한 8-4-8함대 구성을 건의해서 의회에 상정했지만 의회의 승인을 얻지는 못했다. 1912년 해군사관학교 교장인 사토佐藤는 2개의 8-4함대 구성을 제의했지만 내각에서 부결되었다. 1913년 12월 의회는 4-4함대 건조로 해군에 6,000만 엔의 예산을 부여했다.

1918년에는 시베리아 진출을 계기로 지상군의 중요성이 여론에 부각되었고 의회 예산에서도 육군이 해군보다 다시 우세해지기 시작했다.[7] 1907년 육군 증강계획은 25개 사단의 증설이었지만 1918년 육군은 당시의 21개 사단을 33개 사단으로 확대할 것을 요구했다. 그러나 볼셰비키혁명을 일본의 적국인 러시아의 몰락으로 파악한 해군은 해군 예산증액을 강조해서 기존의 8-4함대를 8-6함대로 확대했다.[8] 1918년 가토 도모사부로加藤友三郎는 10년

7 Frederick R. Dickinson, *War and National Reinvention: Japan in the Great War, 1914-1919*, Harvard University Press, 1999, p.74.

8 1917~1918년 의회의 예산안 통과에서 해군은 삭감 없이 2억 8,000만 엔이 가결되었다. 그러나 육군은 1907년의 국가방위기본계획에 초점을 맞추어 18년간의 장기적인 육군 증강을 계획하

후인 1928년까지 새로운 8-8함대를 건조하고 기존 함대는 예비함대로 전환시킨다는 계획을 수립했다.[9] 독일의 티르피츠계획Tirpitz-Plan, 영국의 일국표준주의two-keels-to-one, 미국의 대해군법Big Navy Act계획과 비교했을 때 일본 해군의 증설이 장기적인 시간을 필요로 하고 계획대로 진행되지 못한 이유는, 전함 건조시설 미비와 자본 부족 때문이었다.

1920년 7월 의회는 전체 예산의 30퍼센트를 차지하는 8-8함대를 승인했다. 그러나 함대 건조가 제대로 이루어지지 않았고 일본보다 더 많은 함대를 건설했던 미국의 견제정책 때문에 미국 태평양함대에 대해서조차 우위를 점할 수 없었다. 이에 따라서 가토 도모사부로는 워싱턴 회담Washington Conference에서 영국 그리고 미국과 타협을 추진할 수밖에 없었다. 1927년에 목표의 40퍼센트를 달성하기는 했으나 1921~1922년 워싱턴 회담 이후에 8-8함대계획은 사실상 무산되었다.

2. 전쟁과 외교

(1) 1차 세계대전과 일본

일본이 1차 세계대전에 참여하게 된 이유는 미국과 다르다. 미국은 독일의 잠수함 공격으로 인해 일반 여론이 독일에 적대적인 성향을 갖게 되었고, 치머만 전보사건Zimmermann Telegram으로 미국을 위협하는 사태가 발생했기 때문에 참전했다. 그러나 일본은 여론이 독일에 대해 부정적이지도 않

면서 3억 엔을 상정했으나 절반으로 삭감된 1억 5,000만 엔이 배정되었다(Frederick R. Dickinson, 앞의 책, 1999, p.193).

9 Ian H. Nish, 앞의 책, 1972, p.283.

았고 전쟁기간에 보여준 바와 같이 독일이 일본을 공격하거나 위협하는 사건이 발생하지도 않았다. 오히려 일본의 여론이나 정책결정자들에게는 친독 성향이 존재했다. 일본이 참전한 근거는 영일동맹에 근거한 것이고 궁극적으로는 유럽의 전쟁을 이용해서 동아시아에서의 세력을 확대하려는 의도를 지니고 있었다.

1차 세계대전에서 연합군으로서 일본의 활약은 산둥山東반도와 태평양에 산재해 있는 독일 식민지를 공격하는 것이었다. 먼저 일본은 산둥반도에 있는 독일 해군기지 칭다오靑島를 공격했고 계속해서 북태평양으로 진격했다. 1914년 말까지 일본은 독일의 커다란 저항 없이 공략에 성공했다. 이후에 연합군 측은 일본군의 유럽 전선 파견을 요청했으나 일본은 수송비용 문제를 이유로 파견을 거절했고 소규모 함대만을 인도와 지중해로 파견했다.

유럽에서의 장기간에 걸친 대규모 전쟁은 일본에게 자신의 세력을 중국과 태평양으로 확대시킬 수 있는 기회를 제공했다. 일본은 1898년 타이완 건너편에 있는 푸젠福建지역을 세력권으로 획득했고 중국정부는 타국에게 이 지역을 조차하지 않을 것을 약속했다. 러일전쟁 이후에는 러시아로부터 남만주에서의 일본의 특권을 인정받았다. 이런 상황에서 1914년 유럽에서의 전쟁 발생은 일본이 산둥반도, 남만주, 동내몽골, 양쯔강揚子江, 푸젠지역으로 진출할 수 있는 기회가 되었다. 칭다오 공략과 독일령 태평양제도의 점령에 성공한 오쿠마 시게노부大隈重信 정권은 1915년 1월 중국정부에게 '21개조항Twenty-one Demends'을 요구했다. 이는 다음과 같은 5개의 항목으로 구성되어 있었다. 첫째, 산둥지역에서의 독일의 모든 권리를 일본에 이양한다. 둘째, 1912년 러시아와의 협정을 통해서 획득한 남만주와 내몽골에서의 일본의 특권을 보장한다. 셋째, 일본은 양쯔강 유역의 석탄과 철광석을 이용할 수 있다. 넷째, 1900년 미국이 항구 조차를 시도했던 푸젠에서의 일본의 특권을 보장한다. 다섯째, 중국정부에 일본인 재정고문과 군사고문을 두고 일본 무기를 공급받으며, 남부 중국에서도 일본의 철도부설권을 인정한다.

일본정부는 자신들의 요구를 관철시키기 위해 베이징北京 부근에 군사력을 집중시켰다.[10] 일본이 제시한 '21개조항'은 단순한 중국과의 문제에서 끝나지 않고, 동아시아에서 이권을 보유하고 있는 구미열강과도 마찰을 가져왔다. 유럽 강대국들이 전쟁에 집중하고 있는 동안에 일본이 군사력의 우위를 내세워 동아시아에서의 세력 확대에 주력하고 있다고 판단한 연합군은 일본군의 유럽 파견을 주장했다.[11] 구미열강에게 문제가 된 항목은 중국에 대한 일본의 내정간섭을 의미하는 제5항목이었다. 영국은 중국에서 자신의 세력권인 양쯔강지역으로의 일본의 진출을 못마땅하게 여기고 있었지만 유럽에서 전쟁이 종식된 후에 동아시아 문제를 논의하기로 결정했다. 영국의 압력에 의해 외무부장관 가토 다카아키加藤高明는 요구사항을 수정해서 5월 7일 48시간 최후통첩과 함께 '21개조항'의 수용을 중국정부에 요구했다.[12] 위안스카이袁世凱는 영국공사 조든J.N. Jordan과 제5항목을 삭제하고 수용하는 것에 대해 협의했으나 조든은 '21개조항'의 무조건적인 수용을 주장했다.[13] 5월 9일 위안스카이는 '21개조항'을 수락했고, 25일에는 각개 항목에

10 일본은 칭다오, 만주, 톈진에 2만 명의 병력을 집중시켰다〔Greene to Grey, 1915년 3월 15일, British Documents on Foreign Affairs(이하 BDFA로 약칭), Part II, Series E, Vol. 1, Doc. 534 ; Jordan to Grey, 1915년 3월 16일, BDFA, Part II, Series E, Vol. 1, Doc. 535〕. 당시 중국정부는 일본군의 주둔으로 상당한 압력을 받았다(Greene to Grey, 1915년 3월 15일, BDFA, Part II, Series E, Vol. 1, Doc. 563).

11 Ian H. Nish, 앞의 책, 1972, p.162.

12 Jordan to Grey, 1915년 5월 7일, BDFA, Part II, Series E, Vol. 1, Doc. 632. 당시 일본 내에서는 '21개조항'에 대해 야마가타 아리토모처럼 수정을 거부하는 강경파가 있었지만 영국과의 우호적인 외교관계를 주장하는 외무부장관 가토 다카아키는 5번째 항목을 차후 논의라는 유보사항으로 수정했다.

13 일본과 중국의 분쟁이 발생하면 영국은 영일동맹의 기본정신에 따라서 일본 측에 가담할 수밖에 없다고 주장했다(Jordan to Grey, 1915년 5월 5일, BDFA, Part II, Series E, Vol. 1, Doc. 622).

관한 조약이 일본과 중국정부 사이에서 체결되었다.[14]

이후 일본은 '21개조항'으로 중국에서 획득한 이권을 열강들과의 협정을 통해 확약받으려고 노력했다. 1차 세계대전이 장기화됨에 따라 일본은 중국에서 이해관계를 보유하고 있던 러시아 · 영국 · 미국과의 협정을 성사시킬 수 있었다. 1916년 초에 러시아는 일본으로부터 군수물자 공급을 증대시키기 위해 미하엘로비치Michaelovich 대공을 파견했다. 일본정부는 러시아의 이권과 관련되는 '21개조항'의 제2항목을 수락받기 위해, 러시아의 군수물자 지원에 대한 반대급부로 몽골과 만주에서의 일본의 특권 인정을 요구했다. 특히 하얼빈哈爾濱 남쪽의 둥칭東淸철도권을 요구했다. 이러한 일본의 요구사항에 대해 3월 러시아는 영국 측에 항의했지만, 그레이는 동맹국인 일본의 특권 요구를 당연한 것으로 수용했다. 결국 러시아는 일본의 요구를 수용했고 1916년 7월 3일 협정을 체결했다. 1916년 말 유럽에서의 전쟁이 장기화됨에 따라 외무부장관 모토노 이치로本野一郎는 중국의 완전점령을 제의하기도 했다. 그러나 일본은 일시적으로 중국을 점령하는 것은 가능하겠지만 중국인의 저항으로 장기적인 점령은 불가능하다고 판단했다. 1916년 5월 말 유틀란트Jutland 해전 이후 해군력에서 어려움을 겪은 영국은 일본 측에 지중해로 함대 파견을 요구했다. 함대 파견에 대한 대가로 일본은 '21개조항'의 제1항목에 해당하는 산둥반도와 태평양군도에서의 일본의 점유권을 인정해줄 것을 요구했다. 영국은 지중해와 인도에서의 무역보호를 위해

---

14 Jordan to Grey, 1915년 5월 9일, BDFA, Part II, Series E, Vol. 1, Doc. 655 ; Robert Joseph Gowen, "Great Britain and the Twenty-One Demends of 1915: Cooperation versus Effacement," *The Journal of Modern History* 43, 1971, p.105. 그레이는 제5항목이 완전히 삭제되기를 원했지만 일본과 중국과의 전쟁은 영국에 부담이 되기 때문에 일차적으로 중국정부가 일본 측의 요구를 수용할 것을 요구했다(Grey to Greene, 1915년 5월 8일, BDFA, Part II, Series E, Vol. 1, Doc. 650).

일본 해군이 필요했기 때문에 1917년 2월 일본과 협정을 체결했다.

치머만 전보사건으로 1917년 4월 미국이 1차 세계대전에 참전했고, 그해 11월 러시아혁명이 발생함에 따라 전쟁의 진행은 일본에게 전적으로 유리해졌다. 미국은 동아시아에서 일본을 견제할 능력을 상실했고 이를 기회로 일본 전권특사 이시이 기쿠지로石井菊次郎가 1917년 9월부터 11월까지 미국을 방문해서 국무장관 랜싱R. Lansing과 협정을 체결했다. 이시이는 캘리포니아에서의 일본인 탄압 문제를 쟁점으로 해서 중국에서의 일본의 특권을 명확히 하는 것을 외교목표로 삼았다. 랜싱-이시이 협정의 내용은 중국에서의 문호개방을 원칙으로 인정했지만, 그럼에도 불구하고 중국 일부 지역에서 일본의 특권을 인정했다. 이 협정을 통해 일본은 '21개조항'의 제4항목을 미국으로부터 승인받았다. 랜싱-이시이 협정은 일본 외교의 승리였다. 그러나 양쯔강지역에서 자신들의 특권이 인정되지 않은 것에 불만을 가지고 있던 동맹국 영국에게서 '21개조항'의 제3항목과 제5항목을 인정받는 것은 불가능했다.

(2) 독일-일본의 평화협정 체결문제

1914년 9월 전격전을 목표로 했던 독일의 슐리펜Schlieffen계획의 실패로 전쟁이 장기화 조짐을 보이자 영국 · 프랑스 · 러시아는 평화조약 분리체결에 반대하는 런던조약에 서명했다. 일본 육군의 유럽 파견을 두려워한 독일정부는 칭다오와 태평양열도를 점령당했지만 일본과 우호적인 외교관계를 지속했다. 독일은 일본의 연합군 측 이탈을 통해 영국 함대가 인도와 동아시아에 주둔하게 됨으로써 영국 북해함대를 약화시키고, 나아가 아시아에서 일본과 러시아를 대립시킴으로써 동부전선의 부담에서 벗어나기 위해 외교적인 노력을 시도했다. 1915년 1월 초에 새로이 부임한 베이징주재 독일대사 힌체Hintze가 일본 측에 평화협상을 제의했다.[15] 평화협상의 조건으로 독일은 칭다오와 태평양군도의 일본 점령을 인정했을 뿐만 아니라 중국에서 연합군보다 더 많은 특권을 승인하고 일본의 중국 진출을 위한 재정적인 지원을 약속했다. 이후에 평화협정에 대한 구체적인 논의는 중립국인 스웨덴의 스톡홀름에서 이루어졌다. 독일공사 루키우스Lucius와 일본공사 우치다 고사이內田康哉의 접촉을 통해 협상은 진행되었다. 아시아 식민지를 포기하고 차관 제공을 하겠다는 독일의 제안은 열악한 재정상황을 개선하려고 노력하던 일본에게 설득력이 있었다. 당시 일본 정계는 친독 성향의 정치가와 친영 성향의 정치가로 분리되어 있었다. 전제군주제를 찬양하는 정치원로와 육군은 친독 성향이었고, 영국의 입헌군주제를 모방해서 의회민주주의를 도입하려는 세력과 해군은 친영 성향을 보유하고 있었는데,[16] 당시 수상 오쿠마 시게노부는 친영 세력이었다. 일본정부는 독일과의 평화는 독일과 러시아의 평화를 가져오고 나아가 동맹으로 발전할 수도 있으므로 이는 궁극적으로 일본에 위협이라고 판단했다. 결국 일본은 러시아와의 원활한 관계를 지속적으로 유지하자는 결정을 내렸다.[17]

1916년 3월 스톡홀름에서 독일 측의 제안으로 평화협상이 재개되었다. 동맹국인 영국에 독일과의 협상내용을 통보할 정도로 당시 일본은 외교적으로 최대의 지위를 누리고 있었다. 영국은 일본의 평화조약을 통제했다.[18] 일본

15 러시아를 견제하고 동아시아에서의 이권을 보호하기 위해 영국은 함대를 파견해야 하기 때문에 일본과의 평화협정은 연합군의 세력을 약화시킬 수 있었다. 이러한 주장은 당시 영국과의 해전을 준비 중인 해군에 의해서 주장되었다(Ute Mehnett, 앞의 논문, 1996, p.1469).

16 커다란 영향력을 행사했던 정치원로인 야마가타는 친독 성향을 보유하고 있었고 육군의 증강을 강조했다. 그는 영일동맹보다는 러시아와의 동맹을 통해서 만주로 진출하자고 주장했다 (Frederick R. Dickinson, 앞의 책, 1999, pp.138～142).

17 Frank W. Ikle, "Japanese-German Peace Negotiation during World War I," *The American Historical Review* 71, 1965, pp.65～66.

18 Frank W. Ikle, 위의 논문, p.67 · 69.

은 이러한 영국의 입장을 고려해서 전쟁의 조기 종결을 주장했고 칭다오의 일본 소유를 인정해줄 것을 요구했다. 독일은 자신의 입장에서 칭다오의 포기는 커다란 희생이므로 여기에 대한 반대급부로 독일과 러시아의 평화를 위해서 일본의 러시아에 대한 압력을 요구했다. 독일은 연합군세력에서 러시아와 일본이 배제되고 영국과 프랑스만을 상대로 전쟁을 수행한다면 충분한 승산이 있다고 판단했다. 전쟁의 진행 상황이 평화협정에 결정적인 영향을 주었는데 1916년 2월부터 7월까지 전개된 독일의 베르됭Verdun 요새 공략의 실패는 일본이 독일 육군의 전력상의 한계를 인식하는 계기가 되었고, 이에 따라 일본정부의 친독세력도 약화되었다. 일본은 누리고 있던 외교적인 특권을 이용해서 이중외교를 구사했다. 일본정부는 연합군 측으로부터도 아시아에서의 특권을 인정받으려 했고, 러시아와는 만주와 몽골에 대한 협상을 진행시켜 7월에 러일협정을 체결했다. 독일과는 5월 초에 독일-러시아-일본 동맹안을 거론했다. 이러한 3국동맹안에 대해 독일 외무부장관 야고G. von Jagow가 반대했는데, 그는 동맹을 통해서 독일은 이득보다는 손해가 많다고 주장했다. 야고는 동맹을 배경으로 일본은 동아시아에서의 세력팽창을 확고히 하려 할 것이고 이는 일본과 중립국인 미국의 대립을 야기시킬 것으로 파악했다. 중립국인 미국을 자극하는 것은 독일에 큰 부담이었다. 독일 정부는 단지 일본의 러시아에 대한 압력만을 필요로 했다.[19] 결국 일본은 독일과의 분리평화조약에 반대를 선언했다. 1916년 평화협상에서 독일과 영국은 외교적인 패배자가 되었고, 일본은 유럽에서의 전쟁을 이용해서 동아시아에서 많은 특권을 획득한 외교의 승리자가 되었다.[20]

1917년 2월 독일 외무부장관 치머만A. Zimmermann은 일본의 동아시아

19 Frank W. Ikle, 앞의 논문, 1965, p.72.

20 Frank W. Ikle, 위의 논문, p.76.

에서의 세력 확대를 인정하면서 루키우스를 내세워 우치다에게 평화협상을 다시 제기했으나, 일본은 동아시아에서의 세력 확대를 영국과 미국과의 협상을 통해 해결하려 했다. 일본과의 협상이 실패로 끝나자 미국에 대한 견제 조처로 멕시코를 이용하려는 가운데 4월에 치머만 전보사건이 발생했고 이에 따라서 미국이 참전하게 되었다.[21]

(3) 러시아혁명과 일본

1917년 11월 혁명세력이 러시아 정권을 장악한 후, 일본의 러시아로의 군대 투입은 다른 양상으로 진행되었다. 12월 5일 러시아가 독일과의 휴전 체결을 발표한 후에, 영국에서는 시베리아횡단철도를 보호한다는 명분에서 일본군이나 미군을 블라디보스토크에 투입할 것을 요구하자는 의견이 등장했다. 윌슨은 전쟁기간 동안 일본의 행위를 아시아에서의 패권 설정으로 파악했고 그래서 일본이 주장하는 시베리아 단독 파견에 반대했다. 로이드 조지 D. Lloyd George도 러시아에서의 상황 진행을 지켜보자고 했다. 1918년 6월에 러시아 볼셰비키 정권의 몰락을 통한 혼란이 예견되고 독일군의 러시아 침략이 급속화되면서 아시아로까지의 진출이 예견되었다. 볼셰비키에 대항하는 세묘노프Semyonov와 호르바트Horvath의 시베리아 임시정부를 지원하기로 결정한 로이드 조지는 전쟁내각의 일본군의 시베리아 투입에 동의했다.[22] 1918년 여름 영국은 데라우치 마사타케寺內正毅 정권에게 러시아혁명

---

21 1차 세계대전의 발발과 함께 미국은 중립을 선언했지만, 지리적인 위치 때문에 군수물자의 공급에 있어서 연합군 측에 우호적인 태도를 취했다. 독일은 미국의 참전을 방지하고, 일본 견제를 위해 대서양의 미국 함대를 태평양으로 전환시키려고 외교적으로 노력했다. 러일전쟁에서 일본의 승리 이후에 유럽과 미국에서 황화론yellow peril이 대두했는데, 독일은 미국과 일본의 관계에 황화론과 일본 위기론Japanese peril을 적용시켜서 대립관계를 조장하려 했다(Ute Mehnett, 앞의 논문, 1996, p.1452 이하).

22 David R. Woodward, "The British Government and Japanese Intervention in Russia dur-

의 견제를 위해 시베리아로 지상군 7만 명을 파견할 것을 요청했다. 시베리아 진출로 동아시아에서 일본의 지위가 급상승할 것이라는 우려 때문에 일본군 대신에 체코 여단을 투입하자고 주장했던 윌슨은 결국 제한된 군대의 투입이라는 조건하에 영국 측의 주장에 동의했다.[23] 8월 초 미국의 지원이라는 전제조건과 러시아의 영토보존을 침해하지 않겠다는 약속과 함께 일본군은 블라디보스토크에 상륙했다.

독일을 견제하기 위해 유럽 동부전선으로의 진출을 원했던 영국 측의 기대와는 달리, 일본군은 서부 시베리아로의 진격도 자제했고 동부 시베리아에만 머무르면서 만주 북부지역으로 군대를 파견했다. 이미 5월에 중국정부와 일본군에 대한 중국의 협조와 일본의 중국 주권 존중을 내용으로 하는 중일군사협정[24]을 체결한 일본의 기본적인 정치적 외교목표는, 윌슨이 고려했던 세계체제에서의 세력균형이 아니라 동아시아에서의 패권 획득이었다. 당시 러시아의 혁명과 내전으로 권력의 공백 상태에 놓여 있던 만주 북부지역과 시베리아는 일본세력이 진출하기에 적합한 지역이었다. 일본군은 바이칼호와 중국의 신장지역까지 진격하여 태평양전쟁 시기에 획득한 것보다 더 넓은 지역을 점유했다. 역사적으로 일본 영토는 최대영역에 도달했다. 그러나 1918년 전쟁이 끝나면서 일본이 예상한 것처럼 미국을 중심으로 열강세력은 아시아에서의 일본 견제를 위해 일본에게 점령지역으로부터 철수할 것을 요구했다.[25]

ing World War I," *The Journal of Modern History* 46, 1974, p.681.
23 David R. Woodward, 위의 논문, p.682.
24 Frederick R. Dickinson, 앞의 책, 1999, p.186.
25 Frederick R. Dickinson, 위의 책, p.189.

3. 강대국의 함대정책

(1) 영국의 '10년 제한 규정'

1918년 종전으로 독일 해군의 몰락과 더불어 영국은 40척 이상의 드레드노트(거함)를 보유한 세계 최대의 해군 강대국이 되었다. 이 시기는 영국 해군의 최대 전성기이자 동시에 몰락의 시작이었다. 전쟁 직후 영국 해군은 두 가지 원칙을 보유하고 있었다. 하나는 1차 세계대전의 재정적 부담이 과중했기 때문에 향후 10년간 영국이 세계분쟁에 관여해서 전쟁에 참가하게 되는 경우를 방지한다는 것이고ten-years-rule, 다른 하나는 1909년에 성립된 일국표준주의를 유지한다는 것이었다. 이는 가상 적국, 즉 해군 2위 국가에 대해서 50퍼센트의 전함 비율을 유지하는 것을 목표로 했다.[26] 인종적 친밀감과 1차 세계대전에 대한 공헌도를 고려해볼 때 미국은 영국의 적국이 될 수 없다고 판단했다.[27] 그러나 1차 세계대전에서 독일의 패배와 러시아혁명은 영일동맹 존속의 타당성에 대해서 의구심을 불러일으켰고 영국 해군은 일본을 가상 적국으로 파악하기 시작했다. 1919년 2월부터 1년간 인도, 호주, 뉴질랜드, 캐나다를 순방한 1916년 유틀란트 해전의 지휘관인 젤리코J.R. Jellicoe 제독은 일본 해군의 위협을 감지했고 일국표준주의의 준수를 내세웠다. 그는 인도를 보호하고 일본의 세력 팽창을 견제하기 위해 싱가포르에 거점을 둔 12척의 전함과 4척의 순양전함으로 구성된 태평양함대의 설립을 주장했다.[28] 해군 총사령관 롱Long이 젤리코의 의견을 지지했다. 그러나 당시 영국은 대규모 함대를 신설할 만한 재정력을 보유하고 있지 못했다. 결

---

26 Gustav Schmidt, *Der europäische Imperialismus*, Oldenbourg, 1989, p.85 ; Ian H. Nish, 앞의 책, 1972, p.286.

27 Curzon to Grey, 1919년 9월 9일, Foreign Office 800/158.

28 Ian H. Nish, 앞의 책, 1972, p.285.

국 영국은 일본에 대한 견제와 세계패권의 유지를 해군력의 지원 없이 평화적인 외교정책으로 추진하려 했고, 이는 미국과의 협조체제와 군비 축소라는 형태로 나타났다. 이에 따라 영국 해군력은 약화되기 시작했고 동아시아에서는 미국과 일본에게 추월당했다. 군사력, 즉 해군력의 지원 없이 외교적인 방법으로 정치적인 목적을 달성할 수는 없었고, 이후 동아시아에서 나타나는 미국과 일본의 대립관계에서 영국은 미국의 입장을 옹호하게 되었다.[29]

(2) 미국의 '1916년 대해군법'

러일전쟁 이후 동아시아에서는 러시아세력이 몰락하고 영국세력이 약화됨에 따라 미국이 동아시아로의 진출을 도모하게 되었다. 이를 위해서는 해군력의 지원이 필수적이었는데, 이때 태평양에는 미국 함대가 존재하지 않았다. 당시 미국 해군은 1개의 함대만을 보유하고 있었는데, 이것은 독일의 공격에 대비해서 대서양에 주둔하고 있었다. 1차 세계대전 이전 시기에 독일은 미국의 대서양함대를 태평양으로 전환시키기 위해 외교적으로 노력했다.[30] 만약 미국 함대가 태평양으로 이주하면 세력균형이라는 차원에서 영국도 동아시아함대를 증강해야 하므로 자연스럽게 독일 해군을 견제하고 있는 본국 함대가 약화되기 때문이었다. 1차 세계대전 이전의 미국 해군은 2개의 전단squadron, 4개의 전대division 등 모두 16척의 전함으로 구성된 1개의 대서양함대fleet가 미국 동부해안을 순회하면서 방어했다.[31] 미국은 새로운 대규모의 태평양함대를 건설하기에는 재정력이 부족했고, 그래서 파나마운하 개통으로 태평양과의 연결시간을 단축시키기는 했지만 일본 해군을 견제할

---

29 Ian H. Nish, 앞의 책, 1972, p.277.

30 Ute Mehnett, 앞의 논문, 1996, p.1485.

31 Seward W. Livermore, "The American Navy as a Factor in World Politics 1903-1913," *The American Historical Review* 63, 1958, p.874.

만한 충분한 해군력을 태평양에서 보유하지는 못했다. 1차 세계대전 시기에 미국은 식량과 군수물자 공급을 통해 엄청난 경제적 이득을 취했고 이를 새로운 함대 건설에 투자했다. 미국은 새로운 함대를 태평양으로 진출시킴으로써 일본세력의 확대를 견제 · 저지하려 했고, 이를 위해 윌슨 행정부의 해군장관 대니얼스Daniels가 '1916년 대해군법'을 기획했다.[32] 대니얼스는 궁극적으로 1920년까지 48척의 전함으로 구성된 3개 함대를 보유하여 이 중 1개 함대를 태평양으로 파견할 구상을 가지고 있었다. 먼저 10척의 전함과 6척의 순양전함으로 구성된 새로운 함대를 건조하는 것이 '1916년 대해군법'의 목표였다.

1917년 영국은 밸푸어A.J Balfour를 특사로 파견해서 당시의 해군 상황을 고려해서 미국이 독일 잠수함을 감시 · 견제할 수 있는 구축함을 건조해줄 것을 요구했다. 대니얼스는 비용 문제를 감안해서 국영 조선소에서만 함대를 건조했기 때문에 시간이 지연되었고, 1차 세계대전에 참전함에 따라 기존 계획을 변경해서 잠수함을 요격하는 구축함 건설에 주력하게 되었다. 1918년 '대해군법'은 의회에 의해 한 번 더 보강되었다. 미국은 대전이 끝난 뒤인 1919년에야 비로소 태평양함대를 설립할 수 있었지만, 곧 급격한 팽창을 이룩했고 1920년 미국의 태평양함대는 일본 전체 함대에 육박하는 수준에까지 도달했다.[33] 이처럼 1916년 이후 5년 만에 미국은 세계 최강의 영국함대와 대등한 수준의 해군력을 보유하게 되었고, 1차 세계대전 이후 건함정책에 필요한 재정력과 설비 능력을 보유한 해군 강대국은 오직 미국뿐이었다.

32 William J. Williams, "Josephus Daniels and the U. S. Navy's Shipbuilding Program during World War I," *The Journal of Military History* 60, 1996, p.9.

33 Ian H. Nish, , 앞의 책, 1972, p.282.

(3) 일본의 '70퍼센트 정책'

러일전쟁 이후 1907년 드레드노트의 등장과 더불어 일본도 함대정책을 정립했다. 제국방어정책의 일환으로 가토 도모사부로가 주도하는 8-8함대 건설을 계획했으나 이를 수행할 수 있는 경제적 능력이 부족했다. 일본 건함 정책의 문제점은 독일의 티르피츠계획과 영국의 일국표준주의와 같은 기본적인 원칙이 존재하지 않은 채, 막연하게 미국 해군의 70퍼센트 비율을 유지한다는 데 있었다. 그러나 미국과 비교해보면 일본은 조선소의 부족에서 나타나는 전함 건조 능력과 재정력에서 한계를 가지고 있었다.[34]

1920년 초에 일본 정보국은 미국 측에서 일본의 태평양으로의 진출을 방지하기 위해 60퍼센트의 비율을 목적으로 한다는 것을 탐지했다. 1919년 6월 일본은 국제연맹League of Nations의 창립과 워싱턴 회담에 대비해서 군축위원회를 결성했다. 당시 해군부장관 가토 도모사부로는 비율 문제보다는 필리핀과 괌에서의 미국의 해군기지 설립이 더 위협적이라고 판단했다. 이에 대해서 1921년 7월에 가토 간지加藤莞爾의 지원을 받은 아베阿部의 보고서에 따르면 미국이 필리핀과 괌에 해군기지를 구축한다는 것을 가정으로, 일본은 8-8함대정책을 넘어서 미국에 대해서 70퍼센트 이상의 해군력을 보유해야 한다고 주장했다.

워싱턴 회담 이전에 이미 일본 해군에서는 온건파와 강경파라는 두 개의 파벌이 등장했다. 가토 도모사부로가 중심이 된 온건파는 미국의 요구를 수용함으로써 미국과의 전쟁을 회피하는 것이 당시 일본으로서는 최선책이라고 판단했다. 이에 따라 비율 문제에서는 유연성 있게 대처하기를 주장했고 비율 문제보다는 오히려 태평양에서의 요새화가 더 위협적이라고 판단했다.

34 독일의 티르피츠계획의 목표는 위험수위에 해당하는 영국함대의 3분의 2 수준에 도달하는 것이었다.

8-8함대를 주장했던 가토 도모사부로는 1차 세계대전의 관찰을 통해 온건파로 변신했는데, 그는 전체전total war에서는 해군력인 군사력보다 경제력이 중요하다는 것을 인식했다. 즉 전쟁자금 없이는 전쟁을 수행할 수 없고 러일전쟁에서 보여준 것처럼 미국은 일본에 전쟁자금을 공급할 수 있는 국가라는 것이다. 외교관계의 중요성을 인식한 가토 도모사부로는 미국과 일본의 공존과 공조체제를 주장했다. 여기에 대해서 강경파인 가토 간지는 미국과의 전쟁 가능성에 대비해야 한다고 생각했다. 그는 제국방어를 위해 일본 함대는 미국 함대의 70퍼센트를 유지해야만 미국세력이 동아시아로 진출하는 것에 대항할 수 있고, 나아가 미국은 경제적인 잠재력이 풍부하고 일본은 박약하기 때문에 장기전에 불리하다고 판단해서 속전속결을 주장했다. 이를 위해 가토 간지는 70퍼센트를 넘어서 100퍼센트의 수준에 도달할 것을 주장했다.[35]

4. 1차 세계대전 이후의 세계질서

(1) 베르사유 체제—즉흥적인 평화

1918년 11월 휴전협정이 체결되고, 1919년 1월 18일 파리 근교에 있는 베르사유Versailles에서 평화회담이 개최되었다. 로이드 조지는 회담에서 프랑스의 주도권 장악을 방지하기 위해 중립국인 스위스의 도시를 선호했지만 윌슨의 지지로 파리가 선정되었다. 처음에는 회담의 조직에 시간이 많이 지

35 일본 해군 내에서의 온건파와 강경파의 대립과 갈등은 1922년 워싱턴 회담 이후에도 계속되었다. 1922년 5월 해군의 군부 중심을 주장하는 가토 간지는 해군참모차장이 되었고 1922년 6월 해군부의 관료화를 주장하는 가토 도모사부로는 수상이 되었다.

체됐고 이후에는 로이드 조지와 윌슨의 본국 방문으로 조약문 작성이 지연되었다.

10인회담The Council of Ten, 4인회담The Council of Four, 3인회담The Council of Three을 통해서 평화조약의 결정은 승전국들에 의해 진행되었지만, 그들 사이에도 의견의 통일이 이루어지지 않았고 갈등과 마찰이 존재했다. 프랑스의 클레망소G. Clemenceau는 복수전을 예방하기 위해 독일을 정치적 · 경제적으로 철저히 억압하는 데 초점을 맞추어 영토할양과 막대한 배상금 부과에 주력했고, 로이드 조지는 유럽대륙에서 견제세력이 없는 상태로 프랑스가 새로운 패권자로 등장하는 것에 반대했다. 윌슨은 자신의 정치적 신념이었던 국제연맹의 수립에 노력을 기울였고, 이탈리아의 오를란도V.E. Orlando는 아드리아해와 오스트리아 접경지역의 영토를 획득하려 했다. 일본은 유럽 문제에는 전혀 관심을 보이지 않았고 오직 중국과 북태평양의 점령지역을 소유하기를 원했다.[36] 또한 동아시아와 태평양 서부지역에서 전쟁기간 동안에 획득한 일본의 이권을 보장받기 위해 민족평등이라는 민족자결주의에 대한 대안으로 인종평등을 제시했다.[37]

베르사유 회담에서는 새로운 세계체제 구축을 위한 원칙이 존재하지 않았다. 이러한 상황에서 많은 문제들을 보류한 채로 1차 세계대전의 직접적인 원인을 제공한 사라예보Sarajevo에서 오스트리아의 황태자 페르디난트F. Ferdinand가 암살된 지 정확히 5년이 되는 1919년 6월 28일에 베르사유 궁전 거울의 방에서 조약문이 서명되었다. 베르사유 조약Treaty of Versailles에 따라 새로이 조직된 유럽을 중심으로 형성된 세계체제를 베르사유 체제라고

36 Alan Sharp, *The Versailles Settlement: Peacemaking in Paris 1919*, Palgrave Macmillan, 1991, p.26 · 36.

37 Ian H. Nish, 앞의 책, 1972, pp.269～272.

부른다. 베르사유 체제는 처음부터 불완전하게 출발했기 때문에 1815년 메테르니히K.F. von Metternich에 의해 조직된 빈 체제나 1871년 비스마르크 O. von Bismarck에 의해 만들어진 프랑크푸르트 체제와는 다르게 평화를 유지하지 못했고, 혼란과 불안 속에서 결국 2차 세계대전으로 치닫고 말았다.

베르사유 체제의 문제점은 먼저 지역의 광범위성에서 찾아볼 수 있다. 19세기의 평화체제들은 유럽을 대상으로 형성되었지만 베르사유 체제는 비유럽지역에서도 평화를 확립해야 했다. 패전국 오스만투르크의 붕괴와 함께 근동과 중동지역에서 새로운 질서를 만들어야 했고 또 동아시아와 태평양에서는 승전국 일본의 요구를 수용하는 방법이 불확실했다.

둘째, 군사동맹의 미흡에서 체제의 불완전성을 찾아볼 수 있다. 빈 체제에서는 체제를 유지해줄 수 있는 4국동맹과 신성동맹이라는 군사동맹이 존재했고 프랑크푸르트 체제는 프랑스의 복수를 제압할 수 있는 충분한 독일의 군사력이 존재했다. 베르사유 체제를 유지하는 데 중심 역할을 수행한 것은 국제연맹이었으나 여기에 미국이 가입하지 못했고, 영국과 프랑스가 주도했지만 무력에 의한 체제 유지가 존재하지 않았다. 독일의 복수전을 두려워했던 프랑스는 영국과의 군사동맹조약을 희망했지만 성립되지 못했고, 동유럽 약소국들과의 동맹을 통해서 독일을 감시했지만 제재가 불가능했다.[38]

셋째, 승전국들 사이에서 전쟁 성과물의 불평등한 분배에서도 베르사유 체제의 불만을 찾아볼 수 있다. 전쟁 성과물인 영토 획득과 배상금은 프랑스와 영국을 중심으로 행해졌다. 미국은 전쟁을 통해서 커다란 경제적인 이득을 누렸기에 불만이 없었지만, 이탈리아와 일본은 적절한 전쟁 성과물을 획

---

38 1922년 초까지 프랑스는 영국과의 동맹체제를 요구했지만 로이드 조지는 여론의 반대를 이유로 거절했다(Anne Orde, *Great Britain and International Security 1920-1926*, Royal Historical Society, 1978, pp.12~14).

득하지 못했다.

넷째, 전쟁과 혁명으로 인해 혼란 상태에 놓여 있던 소비에트-러시아의 불참이다. 레닌V.I. Lenin이 정권을 장악하기는 했지만 혁명정부의 유지가 매우 불완전한 상태였고, 연합군진영에서는 볼셰비키혁명을 부정적인 시각에서 바라보고 있었기 때문에 혁명정부를 인정하지 않았고 따라서 회담에 참여할 자격도 부여하지 않았다.

다섯째, 독일에 대한 과도한 배상금 부과도 체제 유지에 불안정한 요인으로 등장했다. 연합군 측, 특히 프랑스는 독일이 자신의 영토 내에서 전쟁을 치르지 않아 직접적으로 전쟁의 피해를 입지는 않았기 때문에 쉽게 경제적으로 부흥할 수 있다고 판단했다. 독일의 재기는 시간 문제이고 프랑스에 대해 복수전을 행할 것이라는 두려움에서 나온 발상이지만 독일이 전혀 이행할 수 없는 과도한 배상금은 체제 유지를 어렵게 했다.

베르사유 체제가 잘 유지되지 않았던 마지막 원인으로 체제 설립 주도자들의 조기 퇴진을 들 수 있다. 빈 체제는 설립자였던 메테르니히의 30년 이상의 정권 장악에 의해, 프랑크푸르트 체제 역시 비스마르크의 20년간의 장기 집권에 의해 무난히 유지될 수 있었다. 그러나 베르사유 체제의 설립자들은 모두 체제가 안정되기도 전에 퇴진했다. 클레망소는 프랑스 제3공화국의 전통적인 군소정당 난립에 따른 내각 교체로 제일 먼저 퇴진했고 재선 상태였던 윌슨은 대통령선거에 출마할 수도 없었다. 로이드 조지가 가장 오랫동안 정권을 유지했지만 1922년 내각 교체로 퇴진했다. 이들의 후계자들이 베르사유 체제를 파괴하려고 하지는 않았지만 유지해야 한다는 의무감이 부족했다. 특히 윌슨의 계승자인 하딩W.G. Harding은 공화당 정권이었고 국제연맹과 민족자결주의 원칙을 강조하지 않았다.[39]

39 1921~1922년 워싱턴 회담에서 나타난 것처럼 하딩 정부는 미국의 패권 추구에 주력했다.

이러한 불완전한 베르사유 체제는 전면적인 재조정이 필요했다. 동아시아 문제에 관해서는 1921～1922년 워싱턴 회담에서, 유럽 체제에 관해서는 1922년 제노바 회담Conference of Genova과 라팔로 조약Treaty of Rapallo에서 재정비를 위한 노력이 나타났다.[40]

그러나 베르사유 체제 자체가 매우 불균형적으로 이루어졌고 이에 대한 보완 조처인 워싱턴 회담과 제노바 회담에서는 평화체제를 성립시키기 위한 근본적인 구조가 성립되지 않았다. 또한 1차 세계대전 이후 여전히 세계대국으로서의 지위를 유지하고 있던 영국이 워싱턴 회담에서는 미국의 이해관계를, 제노바 회담에서는 프랑스의 완고한 주장을 제압하지 못했기 때문에 세계 여러 곳에서 분쟁이 발생했고, 결국 2차 세계대전으로 가는 길을 열어 놓게 되었다.

(2) 워싱턴 회담—강요된 평화

1차 세계대전 이후 동아시아 질서의 재편성은 1921년 11월에 개최된 워싱턴 회담에서 이루어졌는데, 이때 중요한 논의대상은 기한 만료에 따른 영일동맹이었다. 1차 세계대전의 원인을 당시 정치가들은 강대국들의 군비 경쟁으로 파악했기 때문에 전쟁 재발을 방지하기 위해서는 군비 축소가, 특히 강대국들의 함대 축소가 필수적이라고 판단했다.

1차 세계대전 이후 세계체제가 개편되는 과정에서 영국이 동아시아에서 일본과 미국의 영향력이 급격히 증대하는 것에 대처할 수 있는 방안은 세 가지로 요약될 수 있다. 먼저 지속적으로 영일동맹을 유지하는 방안이 고려되었다. 그러나 영일동맹의 유지는 태평양과 동아시아지역에서 일본의 세력

40 폴 케네디Paul M. Kennedy는 1920년 초에 세계체제는 안정을 갖춘 것으로 파악하고 있다(폴 케네디 저 · 황건 역, 『강대국의 흥망』, 한국경제신문사, 1988, 384쪽).

확대를 인정해주는 것이기 때문에 미국의 강력한 반대에 직면했다. 두 번째 방안은 1921년 10년 유효기간 완료에 따른 영일동맹의 파기와 미국과의 해군협정 체결이었다. 이 방안은 미국의 먼로주의Monroe Doctrine에 입각한 고립주의정책 때문에 성사되기 어려웠다. 일본과 미국에 대한 의존에서 탈피해서 영국의 세계패권을 유지하기에 가장 적절한 방법은 해군부와 제국방어위원회의 해외방어소위원회가 주장한, 싱가포르에 기지를 둔 최대 16척 최소 8척의 전함이나 순양전함으로 구성된 태평양함대의 건설이었다. 이는 주로 해군부에서 주장되었는데, 만약 이러한 대규모 태평양함대의 설립이 어렵다면 유럽함대를 보다 강화시키고 신속하게 동아시아나 아메리카지역으로 파견하기 용이하게 하는 해외 해군기지와 연료공급지를 증대·강화하자고 주장했다.[41] 그러나 로이드 조지의 긴축재정에 따라 1922년 예산은 전년도에 비해서 20퍼센트 감축되었고 이러한 예산으로는 해군력의 강화가 이루어질 수 없었다. 결국 군사력 보강으로는 영국의 세계패권은 유지할 수 없었고 외교적인 타협만이 존재했다. 영국은 우선 영일동맹을 지속할 것인지 아니면 파기할 것인지에 대해서 논의했다. 동맹의 파기를 주장하는 측은 독일과 러시아가 몰락했으므로 군사동맹이 갖추어야 할 공동의 적이 사라졌고 미국과의 협력체제를 위해서는 부적절하다고 주장했다. 또한 중국정부가 영일동맹에 적극적으로 반대하고 있다는 점을 강조했다. 여기에 대해서 동맹에 찬성하는 측은 러일전쟁 이래 영일동맹의 전통성과 1차 세계대전 참전에서 보여준 충실한 동맹국으로서의 일본의 자세를 강조했다. 또한 극동에서 해군 증가의 필요성을 완화시켜주고 영일동맹을 통해서 동아시아의 현상유지가 이루어짐으로써 일본의 팽창을 저지할 수 있다고 강조했다. 그리고 영

41 M.G. Fry, "The North Atlantic Triangle and the Abrogation of the Anglo-Japanese Alliance," *The Journal of Modern History* 39, 1967, pp.48~58.

국이 유럽에 집중하기를 바라는 프랑스와 네덜란드가 동맹의 유지를 지지하고 있고, 자치령인 호주와 뉴질랜드가 태평양에서의 현상유지를 필요로 한다는 점을 중시했다. 무엇보다 중요한 것은 영일동맹이 태평양에서 미국세력의 팽창을 억제시킬 수 있다는 점이었다. 미국은 당시 계속해서 군사비를 증대하고 있었고 영국은 미국의 군비 감축이 있을 때까지 영일동맹을 존속시켜야 했다.[42] 그러나 영국 수상 로이드 조지는 미국과의 협력관계를 중요시했다.

결국 로이드 조지와 밸푸어는 동아시아와 태평양에서 새로운 국제질서의 확립을 위해 영일동맹에 미국을 포함시켜서 3국동맹으로 확대하는 방안을 모색했다. 그러나 영국정부 단독으로 이 문제를 결정할 수는 없었다. 1차 세계대전에서 자치령Dominion 국가들의 군사적인 지원이 커다란 역할을 수행한 것으로 입증됨에 따라 전쟁 이후 영국 외교정책의 결정에서 자치령 국가들인 캐나다와 호주의 발언권이 증대했다.[43] 1921년 6월 영국을 중심으로 한 자치령 국가들의 수상들로 구성된 제국회담Imperial Conference이 개최되었고 여기서 영일동맹 문제가 구체적으로 논의되었다. 개회연설에서 로이드 조지는 영일동맹의 문제점들을 표명했다. 제국회담에서 자치령들은 자신들의 정치적·지리적 여건에 따라 각기 대립되는 주장을 했다. 일본의 군사적 위협을 덜 받고 있고 미국의 영향력이 강한 캐나다의 수상 미언A. Meighen은 영일동맹 연장에 반대했고 파기를 위한 강대국들의 국제회담 개최를 주

42 M.G. Fry, 앞의 논문, 1967, pp.55~56.

43 1차 세계대전 초기에 중요한 기능을 수행한 독일 슐리펜계획의 실패 원인과 문제점을 규명하는 과정에서 역사가들은, 슐리펜A.G. von schlieffen 백작이 영국의 군사력을 자치령과 식민지에서의 지원군을 고려하지 않고 축소해서 파악했다는 데에서 발견하기도 한다. 실제로 1차 세계대전에서 영국은 지상군에서의 약점을 자치령인 호주와 캐나다 그리고 식민지였던 인도 지원군에 의해 보완했다.

장했다. 1차 세계대전에서 일본의 태평양 진출로 직접적인 군사적 위협을 받았던 호주의 수상 휴스W.M. Hughes는 일본과의 평화유지와 태평양에서의 현상유지를 위해 동맹의 갱신을 요구했다.[44] 미국 국무장관 휴스C.E. Hughes의 견해를 대변하는 미언의 주장은 일본에 굉장히 적대적인 방법이었다. 1905~1906년 독일이 국제회담을 개최해서 모로코의 독립을 세계적으로 승인받아 영프협상을 무력화시키려고 했던 것처럼, 영일동맹의 폐기를 단순한 영국과 일본 사이의 협약으로 처리하는 것이 아니라 국제적으로 공식적으로 파기함으로써 일본을 대외적으로 고립시키겠다는 것이었다. 로이드 조지는 대외적인 고립이 일본을 자극할 우려가 있다고 판단했기 때문에[45] 영일동맹의 존속을 선호했다.[46]

베르사유 조약 이후 일본은 국제사회에서 고립될 수 있다는 불안감에 빠졌는데, 고립은 영일동맹의 폐기로 나타날 것으로 예상했다. 동맹 유지를 위해서 일본정부는 전쟁 중 획득한 중국에서의 이권을 포기할 준비가 되어 있었다. 일본은 영일동맹이 유지되는 것을 최선으로 파악했고 대안으로 미국을 포함한 3국동맹안을 고려했다. 내각 수상인 하라 다카시原敬와 외무부장관 우치다 고사이뿐만 아니라 강경파인 정치원로 야마가타 아리토모도 영국과의 친선관계에 동의했다. 1921년 7월 영국은 10년 기한이 종료되고 있던 영일동맹을 3개월간 연장할 것을 제의했고 일본은 이를 반갑게 수용했다.[47] 회담대표자는 야마가타의 견해에 따라 우치다가 선정되었어야 했으나, 하라 수상은 영일동맹 부분은 영국과 미국에서 호감을 갖고 있는 주미대사였던

44 M.G. Fry, 앞의 논문, 1967, pp.60~63.

45 M.G. Fry, 위의 논문, p.57.

46 Raymond Callahan, "The Illusion of Security: Singapore 1919-42," *Journal of Contemporary History* 9, 1974, p.75.

47 Ian H. Nish, 앞의 책, 1972, pp.340~341.

시데하라 기주로幣原喜重郎가, 해군 문제에서는 회담대표자인 해군부장관 가토 도모사부로가 담당하도록 했다.[48]

먼저 영일동맹 문제를 영국은 회담대표인 밸푸어가 제안하고 일본이 동의한 영국·미국·일본의 3국동맹안으로 대체시키려고 했다. 영국은 기본적으로 일본을 고립시키려고 하지 않았다. 밸푸어가 제기한 3국동맹안은 현상유지와 동아시아와 태평양지역에서의 평화 정착을 목적으로 하고 있었지만, 동맹국이 제4국으로부터 위협을 받게 되면 동맹국들은 군사동맹을 체결할 수 있다는 조항을 포함하고 있었다. 밸푸어의 3국동맹안에서 미국 국무장관 휴스는 영일동맹의 존속 가능성을 발견했다. 1905년 독일이 영프협상을 폐기시키려고 했던 것처럼 워싱턴 회담에서 미국의 궁극적인 외교목표는 영일동맹의 폐지였고 국제회담에서 이를 확약받으려고 했다. 1906년 독일은 실패했지만 1921년 미국은 성공했다. 밸푸어 제안에 대한 미국의 반대에 시데하라는 대안을 제시했다. 주미대사로서의 현지경험을 통해 밸푸어의 제안을 미국이 수용하지 않으리라는 것을 잘 알고 있던 그는 군사동맹을 포기하고 자문기구로서의 결속체를 제시했다.[49] 휴스는 결속력을 더욱 약화시키기 위해 프랑스를 포함한 4국동맹을 제안했다. 결국 영일동맹은 승전국들 사이에서의 4국동맹으로 변형되어 대체되었다. 영일동맹과 4국동맹의 차이점은 군사동맹이 아니었다는 것과 중국이 전혀 언급되지 않았다는 점이다.[50]

일본이 동아시아에서 특수이권을 주장한 데 반하여 영국은 미국과 마찬가지로 문호개방을 원칙으로 하고 있었다. 로이드 조지는 일본의 침략에 대해 중국에 대한 사려심과 미국과의 공조를 강조했다.[51] 영국과 미국은 일본을

48 Ian H. Nish, 앞의 책, 1972, p.358.

49 Richard D. Burns, Edward M. Benett, eds., *Diplomats in Crisis: United States-Chinese-Japanese Relations 1919-1941*, ABC-Clio, 1974, p.209.

50 Ian H. Nish, 앞의 책, 1972, pp.378~380.

고립시키면 독일이나 소비에트-러시아와 연합할 가능성이 있기 때문에 일본의 주장을 완전히 제외시키지는 못했고, 일본은 회담을 거부하면 동맹국이 없는 외교적 고립 상태에 빠질 위험을 느꼈다. 이러한 요인들이 반영되었기 때문에 4국동맹에서 중국에 대해서는 전혀 언급되지 않았다. 4국동맹은 전적으로 미국의 의사가 반영되었는데, 영국이 자신의 의견을 관철시키지 못한 이유는 군축 문제가 관련되었기 때문이다. 영국이 미국의 4국동맹안을 반대한다면 미국은 계속해서 해군을 강화시킬 것이고 당시 영국은 재정력 부족 때문에 이를 견제할 수 있는 함대를 건설할 수가 없었다.

워싱턴 회담에서 일본은 영국과 결합한 미국의 외교적인 압력에 대해 먼로주의와 캘리포니아 거주 일본인들에 대한 인종차별 문제를 거론하면서 대응했지만 효과를 거두지 못했다.[52] 베르사유 회담에서 이미 1915년 '21개조항'과 관련된 일본과 중국정부의 조약과 1918년 중일군사협정이 유효하다고 인정하지 않은 미국과 영국은, 중국에서의 일본의 특권을 보장한 1908년의 루트-다카히라 협정과 1917년의 랜싱-이시이 협정을 폐기했다.[53] 이에 따라 중국의 독립과 통합이 인정되었고 문호개방의 원칙하에 중국에서의 무역과 산업에서 열강들에게 기회균등이 적용되었다. 워싱턴 회담에서의 외교 문제는 윌슨이 주장했던 세계에서의 권력균형 논리에 따라서가 아니라 힘의 논리인 영국과 미국의 협력관계로 해결되었고, 결과적으로 영국과 미국의 세계지배Pax Anglo-Americana가 형성되었다.

1차 세계대전을 체험한 강대국들은 군비 축소에는 동의했다. 그러나 문제는 일본과의 함대 비율이었다. 영국은 일국표준주의 원칙에 따라 50퍼센트

51 Ian H. Nish, 앞의 책, 1972, pp.333~334.

52 Sadao Asada, "Japan's 'Special Interests' and the Washington Conference 1921-22," *The American Historical Review* 67, 1961, p.64.

53 Ian H. Nish, 앞의 책, 1972, p.274.

를 주장했고, 미국의 대서양함대 사령관 존스H.P. Jones 제독은 중국 문제에서 일본을 굴복시키기 위해서는 일본이 60퍼센트 미만의 함대를 보유해야 한다고 주장했다.[54] 워싱턴 회담에서 휴스는 일본 측을 고려해서 60퍼센트를 제안했다. 휴스의 제안에서 미국의 거대제국 창출 의도를 파악한 일본의 가토 간지는 최소 70퍼센트를 주장했다. 결국 군축 문제에 있어서 미국과 일본의 회담은 강경파 대 강경파의 대립양상으로 진행되었다. 미국은 해군부 차관 루스벨트T. Roosevelt Jr.를 통해서 영국 해군총사령관 비티D. Beatty에게 호소했고 결국 영국 측의 지원을 받게 되었다. 일본의 회담대표단장인 해군부장관 가토 도모사부로는 미국과 영국의 결합으로 일본이 외교적인 고립에 처한 위기상황을 인식하고 가토 간지에 대한 설득을 시도했다. 가토 간지는 미국과 영국의 결합압력을 벗어나기 위해 노력하면서 가토 도모사부로에게 60퍼센트를 거부하면서 강력히 저항할 것을 요구했다. 가토 간지는 휴스의 60퍼센트 제안을 가혹한 것으로 간주했다. 그는 "미국과의 전쟁은 시작되었다. 우리는 복수할 것이다"라고 했다.[55] 일본 대표단 내에서의 강경파와 온건파의 대립은 결국 최종결정을 일본정부가 내리게 했다. 수상 가토 다카아키는 가토 도모사부로를 지지했고 해군참모총장 야마시타 후미오山下文夫는 70퍼센트 비율에 집착한다면 미국과의 군비 경쟁에 돌입할 것이고 일본은 이를 감당하기 어렵다고 판단했다. 해군 원로인 쓰시마 해전의 영웅 도고 헤이하치로東鄕平八郞만이 가토 간지의 입장을 지지했다. 도고는 60퍼센트는 해군 사기를 저하시키고 여론을 악화시켜서 정권이 붕괴될 수도 있다고

54 Gerald E. Wheeler, "The United States navy and the japanese 'enemy' 1919–1931," *Military Affairs* 21, 1957, p.63.

55 Sadao Asada, "Japanese admirals and the politics of naval limitation: Kato Tomosaburo vs Kato Kanji," in Arthur J. Marder, Gerald Jordan, eds., *Naval Warfare in the Twentieth Century 1900–1945*, Crane Russak & Co, 1977, p.158.

주장했다.[56] 그러나 일본정부의 결정은 60퍼센트의 수용으로 나타났다. 일본은 반대급부로 북태평양에서의 미국 해군기지 건립의 제한을 요구했고 미국이 이를 받아들여서 합의에 도달했다. 아이러니하게도 워싱턴 회담이 60퍼센트로 결정됨으로써 미국과의 전쟁 가능성은 불가능해졌지만, 워싱턴 회담에서부터 이미 진주만Pearl Harbor으로 가는 길은 시작되고 있었다. 군축회담의 결정은 일본과 영국에게 치명적인 타격을 주었다. 일본은 영일동맹의 폐지를 인정하고 느슨한 협력체제인 4국동맹을 수용했음에도 불구하고 해군비율에서 미국의 주장을 받아들여야만 했고, 영국은 1909년 이래 유지해왔던 일국표준주의를 포기할 수밖에 없었다. 그러나 미국은 자신이 제안한 60퍼센트를 관철시켰고 영국과 동일한 함대 비율을 국제적으로 획득하게 됨에 따라 세계 최고의 해상강국으로 자리 잡게 되었다.

워싱턴 회담은 1920년대 동아시아와 태평양지역에서의 평화를 유지시켜 주었지만 이는 합의에 의해서 제시된 평화가 아니라 미국에 의해 일본에 강요된 평화였다. 워싱턴 회담의 패배자는 일본이었고 승리자는 미국이었다.

(3) 제노바 회담—라팔로 조약

1921년 11월 영국과 프랑스의 동맹이 본격적으로 논의되기 시작했다. 워싱턴 회담에서 4국동맹이 구체화됨에 따라 12월 프랑스 수상 브리앙A. Briand이 영국에 일반적인 형태의 동맹을 제의했으나, 로이드 조지는 독일의 일방적인 프랑스 침공에 대한 보장만을 인정했다. 영국은 10년간 분쟁 개입유보를 외교정책의 기본으로 삼았기 때문에 당시 분쟁 가능성이 높았던 동유럽 문제에 관계하기를 회피했다. 대안으로 브리앙은 동아시아에서의 4국

56 Sadao Asada, 앞의 논문, 1977, pp.155~156.

동맹과 같은 3～4개 국가의 집단방어체제를 제시했다.[57] 칸 승전국회담Cannes Conference은 1922년 1월 초 배상금 문제와 유럽의 경제회복을 목적으로 소집되었지만, 동시에 진행되고 있던 워싱턴 회담과 동일한 맥락에서 안보가 중심주제를 형성했다. 프랑스가 희망하는 대로 회담을 통해 집단안보체제를 구성하기 위해서는 영국과의 합의가 이루어져야 했는데, 브리앙은 일반적인 평화를 위협하는 것에 대한 동맹조약을 고집했다.

칸 회담에서 합의가 이루어진 유럽의 경제회복Reconstruction을 광범위하게 논의하기 위해 패전국인 독일과 소비에트-러시아를 참석시킨 회담이 1922년 4월 초 이탈리아의 제노바에서 개최되었다. 제노바 회담의 목적은 유럽의 경제회복과 평화체제 구축이었다. 전쟁이 끝난 지 오랜 세월이 경과했지만 유럽경제는 회복의 기미를 보이고 있지 않았다. 영국의 로이드 조지는 균형예산과 긴축예산을 편성함으로써 미국에 대한 전쟁부채를 상환하고 경제회복을 모색했다. 영국을 중심으로 한 연합군 측에서는 미국의 부채상환 연장이 유럽 경제회복의 중요한 관건이라고 생각했다. 이에 대해 미국의 대외경제 담당자인 상무부장관 후버H. Hoover는 독일과 프랑스 사이에서 경제적 평화를 모색하여 전쟁배상금을 지불 가능한 수준으로 낮춘다면 전쟁부채를 유예할 수 있다고 했다.[58] 결국 후버의 주장은 수용되지 않았고 미국은 회담에 참여하지 않았다. 비록 미국이 불참하기는 했지만 제노바 회담은 전쟁 이후 대부분의 강대국이 참여한 최초의 회담이었다. 경제회복과 체제안정을 위한 유럽의 재건에서 중요한 문제는 독일의 지위 회복이었다. 케인스J.M. Keynes 같은 영국의 수정주의자들은 독일에게 배상금이 실현 불가능

57 Anne Orde, 앞의 책, 1978, pp.12～14.

58 Stephen A. Schucker, "American Policy Toward Debts and Reconstruction at Genoa 1922," in Carole Fink, Axel Frohn, Jürgen Heideking eds., *Genoa, Rapallo and European Reconstruction in 1922*, Cambridge Univesity Press, 1991, pp.106～107.

할 만큼 과도하게 책정되었고, 이는 미국과의 전쟁부채 문제와 연결되어 유럽경제를 계속적으로 침체국면에 빠지게 해서 영국경제에도 악영향을 준다고 주장했다.[59] 이러한 수정주의자들의 의견은 영국 정치가들에게 받아들여지기 시작했다.[60]

독일의 지위 회복 문제는 영국과 프랑스 사이에 커다란 견해차를 유발했다. 대외무역 의존도가 높았던 영국은 해외무역의 안정을 바라고 있었고 이를 위해서는 유럽과 독일의 경제적 안정이 필수적이었다. 그러나 프랑스는 전후 복구를 위한 배상금 문제의 해결을 중요시했고 또한 독일의 복수심리에 대한 외교적 보호와 군사적 안정을 기대했다. 독일은 전쟁을 자신의 국경선 밖에서 진행시켰고 국내 산업은 온전히 보존되어 있었으므로, 시간이 경과하면 독일이 다시 강대국 대열에 합류하리라는 것은 누구나 예측할 수 있었다. 프랑스 입장에서는 유럽의 경제재건보다는 독일이 정치적 · 경제적으로 완전히 몰락하는 것이 더 중요한 과제였다.

소비에트-러시아에 대해서는 혁명 이전 제정러시아의 부채가 문제가 되었다.[61] 일본은 러시아가 부채 문제를 해결하지 않는다면 시베리아에서 철수할 수 없다고 주장했고,[62] 프랑스 역시 소비에트정부가 제정러시아의 부채를 인정해야만 러시아에 대한 경제적 지원이 가능하다고 밝혔다. 로이드 조지는 제노바 회담에 자신의 정치 운명을 걸었다. 그는 대외적으로는 영국의 위

59 John M. Keynes, *The Economic Consequences of the Peace*, Macmillan, 1919 · 1971, p.143 이하.

60 Carole Fink, "Beyond Revisionism: The Genoa Conference of 1922," in Carole Fink, Axel Frohn, Jürgen Heideking eds., *Genoa, Rapallo and European Reconstruction in 1922*, Cambridge Univesity Press, 1991, p.11.

61 Carole Fink, 위의 논문, p.15.

62 Takako Ueta, "The Genoa Conference and Japan. A Lesson in Great-Power Diplomacy," in Carole Fink, Axel Frohn, Jürgen Heideking eds., *Genoa, Rapallo and European Reconstruction in 1922*, Cambridge University Press, 1991, p.221.

신, 유럽의 재건 그리고 평화체제의 정착이, 대내적으로는 자유당-노동당 연합정권의 지속이 제노바 회담에 걸려 있다고 생각하고 최선을 다했다.[63] 그러나 회담 전부터 좋지 않은 징조들이 보였다. 칸 회담에서 비교적 유연한 입장을 보였던 브리앙이 내각에서 퇴임하고 푸앵카레R. Poincaré가 수상이 되었다. 대통령 밀랑A. Millerand은 소비에트-러시아에 매우 적대적이었고 푸앵카레는 독일에 대해 강경한 입장을 고수했다. 영국과 프랑스의 방어동맹 체결 문제도 혼란을 가져왔다. 푸앵카레는 베르사유 조약의 내용을 관철시키는 것을 외교의 기본으로 간주했고 브리앙과는 다르게 영프 방어조약의 필요성을 인정하지 않았다.[64] 게다가 프랑스의 대독강경파 정치가는 경제회복 문제보다는 정치적으로 독일을 몰락시키는 데 주력했다.[65] 결과적으로 제노바 회담은 프랑스에 의해 5월 19일 붕괴되었다.[66] 구체적으로 말하면 푸앵카레에 의해서였는데, 그는 개인적으로 로이드 조지를 싫어했고 영국에 대해 적개심을 가지고 있었다. 그는 미국이 참여하지 않은 것이 올바른 판단이었다고 주장했다. 이처럼 제노바 회담은 유럽의 경제재건과 안정에는 거의 기여한 바가 없지만, 당시 국제사회에서 고립되어 있던 독일과 소비에트-러시아에게는 라팔로 조약의 체결로 커다란 기여를 했다.

제노바에서 합의가 불투명해지고 있던 때에 독일과 소비에트-러시아 대표단은 부활절 일요일에 제노바 남동부에 있는 라팔로에서 조약을 체결했다. 독일은 소비에트정부를 인정하고 국교를 재개하며 독일이 러시아 내에

---

63 Andrew Williams, "The Genoa Conference of 1922: Lloyd Geroge and the Politics of Recognition," in Carole Fink, Axel Frohn, Jürgen Heideking eds., *Genoa, Rapallo and European Reconstruction in 1922*, Cambridge University Press, 1991, p.41.

64 Anne Orde, 앞의 책, 1978, p.23.

65 Aufzeichnung Brockdorff-Rantzaus, 1921년 4월 24일, Akten zur deutschen Auswärtigen Politik 1918-1945(이하 ADAP로 약칭), ser. A, vol. IV, No. 255.

66 Andrew Williams, 위의 논문, p.45.

서 소유하고 있는 재산에 대한 권리를 포기하고 무역을 재개한다는 것이 조약의 내용이었다. 이에 대해 소비에트-러시아는 독일로부터 전쟁배상금을 포기함으로써 베르사유 조약의 116조를 부정했다. 라팔로 조약에서부터 베르사유 체제는 붕괴되기 시작했다.

라팔로 조약은 즉흥적으로 체결된 것이 아니었다. 1921년 봄부터 브로크도르프-란차우U.G. von Brockdorff-Rantzau가 제의하고 바이마르공화국의 초대대통령 에베르트F. Ebert가 동의했다.[67] 즉 영국과 프랑스의 봉쇄정책에 대한 탈출구로서 독일은 소비에트-러시아와의 협력관계를 추진하고 있었던 것이다. 1921년 가을부터 외무부 동유럽담당 차관보 말찬G. von Maltzan은 독일이 연합국의 통제에서 벗어나 행동의 자유를 다시 획득해서 강대국 지위를 회복하는 데 외교정책의 목적을 두었다. 말찬은 비스마르크에 의해 수행되었고 그 제자인 홀슈타인F. von Holstein에 의해 계승된 서구세력과 러시아와의 대립을 이용하는 전통적 외교방식인 등거리정책Politik der freien Hand을 취했다.[68] 등거리정책은 1871년 독일 통일 이후에 중부유럽이라는 지리적인 위치에서 기인한 것이다. 서구세력과 러시아의 협상이 불가능하다고 판단한 말찬은 "유럽은 러시아의 먹구름을 필요로 한다"고 했다.[69] 그래서 그는 제정러시아의 부채 문제와 관련해서 프랑스와 레닌 정권 사이에 협력관계가 성립될 수 있다고 주장하면서 독일과 러시아의 협력이 필요하다고 정책결정자들을 설득했다. 바이마르공화국 수상 비르트J. Wirth와 외무부장

67 Aufzeichnung Brockdorff-Rantzaus, 1921년 4월 25일, ADAP, ser. A, vol. IV, No. 257.

68 Peter Krüger, "A Rainy Day, April 16, 1922: The Rapallo Treaty and the Cloudy Perspective for German Foreign Policy," in Carole Fink, Axel Frohn, Jürgen Heideking eds., *Genoa, Rapallo and European Reconstruction in 1922*, Cambridge University Press, 1991, p.59.

69 Peter Krüger, 위의 논문, p.59.

관 라테나우W. Rathenau는 소비에트-러시아와의 협력관계를 치밀하게 계획했고 이는 여론과 지배적 엘리트 계층에게 호응을 얻고 있었다.[70] 제노바 회담 전에 소비에트-러시아 외무부장관 치체린G.V. Chicherin이 베를린을 방문해서 조약의 초안문을 작성했다. 그러나 독일은 미국의 차관을 통해 배상금 문제를 해결하려 했고, 소비에트-러시아는 경제재건에 서구열강이 참여하기를 바랐기 때문에 라테나우와 비르트가 제노바 회담 이전에 조약을 체결하는 것에는 반대했다. 제노바 회담이 개최되었을 때 독일은 국제회담에서 고립을 느꼈고 우려했던 소비에트-러시아와 프랑스의 협력 가능성을 발견함에 따라 독일과 러시아의 협력관계는 급진전되었다. 1922년 4월 16일 부활절 일요일에 제노바 남쪽에 있는 라팔로로 자리를 옮겨서 조약을 체결함으로써 1906～1907년 이후 중단되었던 전통적인 독일과 러시아의 협력관계는 다시 부활했다.

라팔로 조약은 서방연합국들에게는 놀랍고 충격적이었다.[71] 1차 세계대전 이래 연합군 측이, 특히 프랑스가 가장 두려워했던 것이 독러연합German-Russo Cooperation이었다. 군사적인 동맹은 아니더라도 경제적인 측면에서 동유럽과 러시아 시장에서의 독일의 점유를 예상할 수 있었다.[72] 나아가 소비에트-러시아는 전쟁과 혁명으로 몰락한 군수산업을 독일의 기술적인 도움으로 재건하고 더욱 발전시킬 수 있는 계기를 마련했고, 독일은 베르사유 조약에 의해 제한된 무기 실험과 개발을 러시아에서 진행시킬 수 있었다.[73] 결국 라팔로 조약은 전통적인 독러연합을 형성시켰고, 이 연합은 영국과 미

---

70 Peter Krüger, 앞의 논문, 1991, pp.51～52.

71 Andrew Williams, 위의 논문, 1991, p.43.

72 Peter Krüger, 위의 논문, p.57.

73 Karl M. Dietrich Erdamann, *Die Weimarer Republik, Gebhardt Handbuch der deutschen Geschichte*, klett-Cotta, 1989, vol. 19, p.157.

국의 세계지배에 대항하는 세력으로 등장했다.

5. 결론

브로델F. Braudel의 장기지속이론을 수용한 월러스틴I. Wallerstein의 세계체제world system이론은 지리적인 측면에 초점을 맞추어, 근대 이후에 세계패권 쟁탈전은 해상강국과 육상강국의 대립이었고 항상 해상강국이 승리했다고 해석했다. 나아가 그는 육상강국 프랑스를 격파함으로써 19세기 영국의 지배Pax Britannia가 이루어졌고, 20세기 전반에는 해상강국 미국이 육상강국 독일을 제압함으로써 20세기 후반 이래의 미국의 지배Pax Americana가 성립되었다고 주장한다. 또한 영국과 미국은 해상강국이므로 지상군에서의 약점 때문에 육상강국을 완전히 제압하기 위해서는 다른 육상강국의 도움이 필요했는데, 나폴레옹B. Napoléon과 히틀러A. Hitler가 러시아에서 몰락했다는 것을 근거로 두 번 모두 그 역할을 러시아가 수행했다고 주장한다.[74] 지나간 과거에 일어난 사건은 분명하지만 결과에 따라 여러 가지 관점에서 다르게 해석될 수 있다. 월러스틴의 세계체제이론과 다르게 폴 케네디Paul M. Kennedy는 1차 세계대전 이후의 변화를 경제적인 측면에 중심을 두고 강대국들의 개별적인 상황을 분석하는 데 주력했다.[75]

19세기 초 중세적인 전통을 보유하고 있던 신성로마제국의 몰락과 더불어

74 Immauel Wallerstein, *Geopolitics and geoculture: Essays on the changing world-system*, Cambridge University Press, 1991, pp.1～15.

75 Paul M. Kennedy, *The Rise and Fall of the Great Powers*, Vintage Books USA, 1989, pp.257～332 ; Aufstieg und Fall der Großen Mächte, Fischer, 1992, pp.416～501 ; 황건 역, 『강대국의 흥망』, 한국경제신문사, 1988, 382～452쪽.

유럽을 중심으로 한 세계체제에는 커다란 변화가 나타났다. 나폴레옹의 몰락에서 영국과 러시아의 협력이 중요한 역할을 수행했지만 보다 중요한 변화는 오늘날까지 지속되고 있는 독일과 러시아의 협력체제가 1807년 틸지트 조약Treaties of Tilsit을 통해서 탄생했다는 것이다. 이후 이 협력체제는 신성동맹이라는 형태로 강화되었다. 1870년 독일과 프랑스 사이에 전쟁이 발생했을 때 차르tsar 알렉산드르 2세Aleksandr II는 오스트리아에게 중립을 강요함으로써 독일 통일에 결정적인 역할을 수행했다. 비스마르크는 외교정책에 있어서 전통적인 독러협력체제를 유지했다. 1887년의 재보장조약Reinsurance Treaty은 비스마르크 체제의 모순이 아니라 독일과 러시아의 친밀한 유대관계의 상징이었다. 그의 외교정책을 계승한 뷜로B.F. von Bülow도 영국의 세계지배를 제압할 수 있는 유일한 방법은 독일과 러시아의 대륙동맹Kontinentalbund이라고 생각했다. 1905년 러일전쟁에서 러시아의 패배를 기회로 뷜로는 러시아와 비에르쾨Björkö 조약을 체결함으로써 자신의 정치적인 목적을 달성하는 듯 보였지만 조약은 니콜라이 2세Nikolay II의 일방적인 파기로 무산되었다.[76] 1차 세계대전에서 러시아는 독일에 대해 영국이나 프랑스가 보여준 것처럼 강한 적대적인 입장을 취하지는 않았다.

1차 세계대전 이후 세계체제는 캐나다와 호주를 포함하는 영국과 미국의 세계지배라는 형태로 등장했고 이는 오늘날까지 지속되고 있다. 1919년 베르사유 조약은 불완전한 평화였고 이후 새로운 세계체제를 안정시키려는 회담들이 개최되었다. 1921~1922년 워싱턴 회담에서 아시아를 지배하려는 일본을 영국과 미국이 제압했다. 계속해서 유럽에서 영국과 미국의 지배체

---

76 베를린은 조약 파기에 대해 국제재판소에 상정하려 했지만 모로코 위기 해결을 위한 국제회담에서 러시아의 동의가 중요했기 때문에 니콜라이 2세의 결정에 동의했다. 대륙동맹의 구체적인 내용과 성립에 대해서는 Barbara Vogel, *Deutsche Rußlandpolitik*, VS Verlag für Sozialwissenschaften, 1973, pp.216~231 참조.

제를 확립하기 위한 새로운 회담이 1922년 칸과 제노바에서 개최되었다. 그러나 그 결과는 반대로 독일과 러시아의 협력체제를 재성립시킨 라팔로 조약이었다. 베르사유 조약에 의해 엄격하게 군사력이 통제되었던 독일은 라팔로 조약으로 인해 군수산업과 신무기 실험·개발을 러시아에서 실시할 수 있었다. 이를 통해 1935년 재무장을 선언한 독일은 4년 만에 세계 최대의 전차군단과 유일한 급강하 폭격기를 보유한 국가가 되었다. 독러협력체제는 폴란드를 분할하고 프랑스를 점령함으로써 영국과 미국의 세계지배를 위협하는 듯이 보였다. 라팔로의 독러협력관계는 20년간 지속되었다. 히틀러 최대의 어리석은 결정은 러시아와의 협력체제를 붕괴시킨 1941년 독소불가침조약German-Soviet Nonaggression의 파기였다. 2차 세계대전에서의 패전 이후 독일은 분단과 함께 영국과 미국의 감시를 받았지만, 경제발전에 기반을 두고 미국과 소비에트-러시아의 냉전체제를 극복하는 데 중심역할을 수행했다. 1970년 브란트W. Brandt 수상은 동방정책Ostpolitik을 통해서 독러협력관계를 재구성했다. 1990년 소비에트-러시아의 도움으로 독일은 통일을 이룩할 수 있었다.

1차 세계대전 이후의 아시아는 워싱턴 회담을 통해 새로운 질서를 확립했다. 그러나 워싱턴 회담에서 나타난 군축협상과 4개국 조약은 승전국인 일본에게는 만족할 수 없는 내용들이었다. 이후 아시아의 패권자로 등장하려는 일본은 대동아공영권을 구상했고 이를 반대하는 영국과 미국의 세계지배에 도전할 수밖에 없었다. 1931년 만주사변과 1941년 태평양전쟁은 이미 예견된 일이었다.

결론적으로 말하면 1919년의 베르사유 조약은 불완전한 평화였고 새로운 세계체제를 확립시키지 못했다. 1921~1922년에 형성된 새로운 세계체제는 오스만투르크의 붕괴를 통한 이슬람세계의 몰락과 중국의 군벌에 의한 분열을 전제로 기본적으로는 영국과 미국의 세계지배체제라고 할 수 있지만, 유럽에서의 전통적인 독러협력체제의 형성과 일본의 대동아공영권 성립을 통한 세계의 삼분화로 파악된다. 영미지배체제에 대한 독러협력체제와 일본의 대동아공영권의 도전은 결국 2차 세계대전을 발생시켰고, 이러한 삼분화된 세계체제는 오늘날까지도 지속되는 것으로 파악된다.

제5장 | 동아협동체에서 대동아공영권으로

임성모 (연세대학교 사학과)

1. 머리말

1931년의 만주사변滿洲事變은 제1차 세계대전 이후 영미가 주도한 동아시아 세력균형의 틀인 워싱턴체제를 붕괴시키면서 동아시아에 전쟁과 파시즘의 그림자를 드리우기 시작했다. 일본제국주의는 탕구塘沽정전협정 체결 이후에도 화북분리공작華北分離工作을 통해 대륙침략의 고삐를 늦추지 않았다. 급기야 국지전은 전면전으로 확대되어 1937년의 중일전쟁으로 이어졌다. 일본의 고노에 후미마로近衛文麿 내각은 난징南京 함락 직후 '장제스蔣介石를 상대하지 않는다'는 강경방침(제1차 고노에 성명)을 표방해 전쟁의 장기화를 자초했다. 특히 1938년 일본군의 우한武漢 점령을 고비로, 시안사변西安事變(1936) 이래 제2차 국공합작으로 결집해 있던 중국 항일민족통일전선과의 지구전이 불가피해졌다.

일본 정부는 지구전 추세에 따른 난국을 타개하기 위해 1938년 말에 두 차례의 성명을 잇달아 발표했다. 제2차 고노에 성명(동아신질서東亞新秩序 성명)

은 종래의 강경방침에서 선회하여 '동아의 영원한 안정을 확보할 신질서의 건설'을 표방했다. 전쟁 해결의 방안으로 '일본 · 만주국 · 지나支那 3국'(이하 일 · 만 · 지로 표기)의 상호제휴 · 공동방공共同防共 · 경제결합을 통한 '동아시아 국제정의의 확립'을 내걸면서 중국이 '동아신질서' 건설의 임무를 분담해줄 것을 요망했다. 그 연장선상에서 '선린우호 · 공동방공 · 경제제휴'의 3원칙을 제시한 제3차 고노에 성명(3원칙 성명)이 나오게 된다.

이들 두 차례의 성명에는 기본적으로 중일전쟁이라는 지구전의 조속한 종식과 동아시아 지역질서의 '평화적' 재편이라는 지향성이 드러나는데, 이를 집약한 슬로건이 바로 '동아신질서'였다. 그러나 일본이 중일전쟁을 확대하면서 화중華中지역의 패권을 둘러싸고 영국 · 미국과의 갈등을 고조시키는 가운데 급기야 아시아태평양전쟁으로 돌입하게 되는 1941년 전후에 다다르면, 이 동아신질서의 '이상주의'적 측면은 소멸하고 지정학적 패권주의를 전면에 내세운 '대동아공영권大東亞共榮圈'의 이념이 새롭게 대두하고 만다. 전쟁의 종식이 아니라 전쟁의 확대, 지역질서의 '평화적' 재편이 아니라 '폭력적' 재편이 진행되었던 것이다.

일본이 아시아태평양전쟁으로 나아간 역사적 경과만을 놓고 볼 때, '대동아공영권' 구상이 결국 '동아신질서'론의 연장에 불과하다는 파악은 어쩌면 자명해 보인다. 그러나 필자가 주목하는 대목은 동아신질서라는 슬로건이 제시된 시점과 대동아공영권 구호가 대두한 시점, 즉 1937년에서 1941년에 걸친 시기에 서로 어긋나는 '단층'이 발견된다는 점이다. 즉 동아신질서에서 대동아공영권으로의 전개를 연속적 · 필연적이라고 일괄 규정해버리기에는 석연치 않은 사상적 모색의 지층이 발견된다는 것이 필자의 생각이다. 이 글에서는 동아신질서 논의의 다양한 스펙트럼 가운데서 특히 '동아협동체東亞協同體'론에 주목함으로써 대동아공영권론과의 연속과 단절의 양 측면을 사상사적으로 구명해보고자 한다.

종래 대동아공영권에 대한 국내학계의 연구는 그 사안의 중요성에 비해 턱없이 부족한 상황이다. 대동아공영권의 전사前史에 해당하는 동아신질서, 특히 동아협동체 논의의 경우에도 상황은 마찬가지다.[1] 거기에는 크게 두 가지 난점이 작용했던 것으로 보인다. 첫째, 대동아공영권 등의 실태에 관한 연구는 연구자에게 일국사적 틀을 뛰어넘는 총체적 시각을 요구한다는 점이다. 최근 일제말기의 '총동원체제'에 관한 실태 분석이 다양하게 제출되고 있지만, 전반적으로 한국사의 틀을 뛰어넘지 못하고 있다. 설령 동북아 삼국의 역사를 관통하는 당시의 실태에 접근하더라도, 대동아공영권의 경우 핵심적인 위치를 점하는 동남아시아에 대한 분석에서 결정적인 한계에 봉착한다. 어떤 의미에서 동남아시아 연구가 제자리를 찾지 못하는 한, 대동아공영권의 실태에 대한 연구는 정상 궤도로 진입하기 힘들다고까지 말할 수 있다. 둘째, 대동아공영권 등의 이념에 관해 종래 '연구의 필요성' 유무에 대한 암묵적인 '합의'가 존재해왔다는 점이다. 즉 대동아공영권 이념은 일제가 내건 기만적 슬로건에 불과하므로 거기서 의미 있는 논점을 찾는다는 것은 연

---

1 대동아공영권의 경우, 극히 개괄적인 논문이나 역사사회학적 접근 이외에는 아직 이렇다 할 연구가 없는 실정이다(김정현, 「일제의 '대동아공영권' 논리와 실체」, 『역사비평』 26, 1994 ; 한석정, 「대동아공영권과 세계체제론의 적용에 대한 시론」, 『한국사회학』 33-4, 1999 ; 김경일, 「전시기 일본의 대동아공영권 구상과 체제」, 『일본역사연구』 10, 1999 참조). 한편 윤건차의 「근대 일본의 이민족 지배」〔이지원 옮김, 『한일 근대사상의 교착』, 문화과학사, 2003(원저는 1993)〕는 대동아공영권 구상에 이르는 민족정책 논의를 추적하고 있다. 동아신질서론의 경우에는 일본사와 중국사 연구자들의 최근 연구가 있다. 동아협동체론에 관해서는 미키 기요시三木清에 대한 함동주의 연구(「중일전쟁과 미키 키요시의 동아협동체론」, 『동양사학연구』 56, 1996 ; 「미키 키요시의 동아협동체론과 민족문제」, 『인문과학』 30, 2000 등)와 로야마 마사미치蠟山政道에 관한 한정선의 연구(Han Jung-sun, "Rationalizing the Orient: The 'East Asia Cooperative Community' in Prewar Japan," *Monumenta Nipponica* 60-4, 2005)가 있고, 동아연맹론에 대해서는 문명기, 「중일전쟁 초기 汪精衛파의 화평운동과 화평이론」, 『동양사학연구』 71, 2000 ; 배경한, 「중일전쟁 시기 중국에서의 동아연맹운동과 汪精衛정권」, 『중국근현대사연구』 21, 2004 등이 있을 뿐이다.

목구어緣木求魚나 마찬가지라는 일종의 예단豫斷이 작용해왔다. 요컨대 부정적인 의미에서의 '이데올로기'에 불과한 대동아공영권 이념을 학문적으로 접근하려는 시도 자체가 무의미하다는 관념이 지배적이었다는 것이 필자의 판단이다. 이 글 역시 첫 번째 난점에서 자유롭지는 못하지만, 최소한 두 번째로 지적한 접근방식과는 거리를 두면서 과제에 접근할 생각이다.

이하 본문에서는 먼저 동아신질서 논의, 특히 동아협동체론의 다양한 스펙트럼을 개괄적으로 정리하면서 동아협동체 구상에서 드러나는 특징적인 면모들을 추적할 것이다. 그리고 동아협동체론의 주장이 정책상으로 배제되면서 지정학적인 대동아공영권론이 대두하게 되는 과정과 대동아공영권 합리화의 사상적 내용을 고찰함으로써 양자 사이에 드러나는 연속과 단절의 측면을 조명해보도록 한다.

2. 동아협동체 구상의 대두와 분화[2]

(1) 동아신질서론의 대두

앞서 언급했던 제2차 및 제3차 고노에 성명이 발표된 이후, 일본 사회에서는 성명에서 강령적으로만 개진된 동아신질서의 구체적인 해석과 실천을 둘러싸고 다양한 구상들이 제기되었다. 일본 사상사 연구자 하시카와 분조橋川文三의 연구를 원용하자면 '동아신질서'론의 스펙트럼은 크게 네 가지 부류로 나뉘어진다. 즉 '황아皇亞'론, '일·만·지 경제블록'론, '동아연맹東亞聯盟'론 그리고 '동아협동체'론이 바로 그것이다.[3]

---

2 이 절의 서술은 임성모, 「동아협동체론과 '신질서'의 임계」(백영서 외, 『동아시아의 지역질서』, 창비, 2005)를 골격으로 한 것이다.

3 橋川文三, 「'大東亞共榮圈'の理念と實態」, 『岩波講座日本歷史』 21(近代 8), 岩波書店, 1977,

먼저 '황아'론, 즉 '스메라 아시아すめらアジア'론은 중일전쟁 당시 사상 공작에 관여했던 언론인 가노코기 가즈노부鹿子木員信의 주장으로 대표되는 흐름이다. 그는 중국·영국·미국을 적으로 한 '아시아 대전'에 대비하여 '황국(스메라미쿠니すめらみくに)'인 일본이 '황아(스메라 아시아)' 규모로 확대된 '대륙적 황국'을 건설하는 것이 동아신질서의 목표임을 강조했다.[4] 이 주장은 극단적인 천황주의, 황국사관에 입각한 논의로서 소위 '관념우익觀念右翼'의 입장을 대변하는 흐름이었다.

한편 '일·만·지 경제블록'론은 고지마 세이치小島精一 등의 주류적 경제학자들이 개진한 정책론이다. 이들은 일본을 맹주로 한 아우타르키Autarkie(자급자족권)를 수립하는 것이 동아신질서의 내용이 되어야 한다고 주장했다.[5] 중일전쟁의 지구전화 그리고 구미 제국주의와의 갈등에 의해 빚어진 경제적 곤경에서 벗어나기 위해 당면 현실에 대한 실용주의적 접근을 내세운 이 주장은 구재벌 등 이른바 '현상유지파'의 입장을 대변하던 흐름이었다.

'황아'론과 '일·만·지 블록'론의 두 흐름은 동아신질서의 스펙트럼 가운데 우편향의 보수적 구상으로 자리매김했고, 이들은 총력전의 진행과정에서 일본의 사상전과 경제전의 영역을 각각 담당했다. 그리고 이 흐름들이 1940년대 초를 전후하여 발호하는 지정학적 '생존권Lebensraum'론, 즉 대동아공영권론으로 합류했다.

이들 논의와 길항관계를 형성하면서 이 시기 논단의 주목을 끌었던 것이 바로 '동아연맹'론과 '동아협동체'론이었다. 당시 양자는 앞의 보수적 신질

278쪽. 여기서 하시카와 분조橋川文三는 이들 가운데 '皇亞'론과 '日滿支 경제블록'론은 "현실 문제로서는 그다지 사람들의 관심을 끌지 못했던" 반면, "국내에서 영향력이 컸던 것이 바로 동아협동체론"이었다고 지적하고 있다.

4 鹿子木員信, 『すめらあじあ』, 同文書院, 1937.

5 小島精一, 『日滿統制經濟』, 改造社, 1933 ; 『鮮滿支新興經濟』, 春秋社, 1938 등 참조.

서론들과 서로 대립하는 양상을 보이고 있었다.[6] 그런 의미에서 동아연맹과 동아협동체 구상은 요컨대 보수적인 신질서론들과는 일정하게 거리를 둔 '혁신적' 신질서론이라 불러도 무방할 것이다.

먼저 '동아연맹' 구상은 본래 1933년 만주국협화회滿洲國協和會에 의해 최초로 표명되었다. 동아연맹은 만주국의 지배원리인 민족협화民族協和를 동아시아 전역으로 확대시키는 것으로 상정되었다.[7] 만주사변의 주도자이기도 했던 이시하라 간지石原莞爾의 군사적 비전, 즉 '세계최종전쟁론世界最終戰爭論'에 입각한 이 구상은[8] 그의 브레인인 만철조사부滿鐵調査部의 러시아 전문가 미야자키 마사요시宮崎正義에 의해 체계화되었다. "통일을 방해하는 외력의 중압으로부터 동아를 해방"하는 것을 표방한 동아연맹의 범위는 일본 · 만주국 · 중국을 중심으로 하고 다른 동아국가들을 그 '외곽'으로 상정했다. 또 동아연맹의 결성은 '왕도王道'를 그 지도원리로 하고 "국방의 공동, 경제의 일체화, 정치의 독립"을 조건으로 제시했다.

6 예컨대 경제블록을 주장한 고지마 세이치小島精一는 동아연맹론, 특히 동아협동체론이 " '일본을 위한 동아'가 아니라 '동아를 위한 일본'이 될 수밖에 없는" '국제 데모크라시'의 변종이라고 비판했다. 즉 국제관계의 기본원리는 두 범주로 대별되는데, 하나는 국제연맹 같은 초국가적 조직을 인정하고 그 산하에 盟約國이 무차별 평등의 의존관계를 맺는 '국제 데모크라시' 방식이며, 다른 하나는 일국의 지도 아래 맹약국이 상하관계의 상호의존을 맺는 '블록경제' 방식이라고 주장했다. 그가 보기에 동아연맹론이나 동아협동체론은 '국제 데모크라시' 방식에 해당하며 "평등 무차별이라는 사회주의적이고 경우에 따라서는 공산주의로까지 발전할지 모르는 이데올로기에 입각한 왜곡된" 논리에 불과했다(「超民族的東亞協同體論を排す」, 『日本戰時經濟論』, 春秋社, 1939, 165~171쪽). '관념우익' 쪽의 비판도 천황제적 지배원리의 강조 이외에는 고지마식의 주장과 비슷했다. 이들의 대표적인 비판으로는 簑實, 『東亞協同體思想を擊つ』, 世界創造社, 1939가 참조된다.

7 山口重次, 『滿洲建國の歷史』, 榮光出版社, 1973, 286~287쪽. 야마구치 주지山口重次는 이시하라 간지石原莞爾의 추종자로서 협화회 중앙사무국 차장을 역임했다.

8 이시하라가 동아연맹을 처음 명시한 것은 「軍事上ヨリ見タル皇國ノ國策竝國防計劃要綱」(1933. 6)(角田順 編, 『石原莞爾資料 國防論策』, 原書房, 1967, 114쪽)에서이고, 연맹 결성의 3대 원리를 구체화한 것은 「現在ニ於ケル我ガ國防」(1938. 5)(위의 책, 228쪽)에서였다.

동아연맹 구상 가운데 가장 주목을 끈 '정치의 독립'이란 구체적으로 "연맹 헌장이나 연맹국가 간 협정이 지시하는 범위 내에서 연맹 구성국들이 독립적으로 자국 주권을 행사하는 것"으로 규정되었으며, 가맹뿐 아니라 "자유로운 의지에 입각한" 탈퇴의 권리까지 보장했다.[9] 협정의 규정 범위 내에서 "연맹 전체의 이익을 위해 필요한 범위 내에서"라는 제한이 엄존했음에도 불구하고, 동아연맹론이 표방한 '정치의 독립'이라는 원칙은 왕징웨이汪精衛 정권을 비롯한 식민지 지식인들에게 상당한 호소력을 지니고 있었다.[10] 그러나 주창자 이시하라 간지의 경력과도 관련하여 동아연맹론에는 안보체제('국방의 공동')를 전면에 내세우는 군사적 성격이 두드러졌고 그 때문에 동아협동체론자들의 비판을 받기도 했다.[11]

한편 동아협동체 구상은 수상 고노에 후미마로의 싱크탱크think tank인 쇼와연구회昭和硏究會를 중심으로 제기되었다. 정치학자 로야마 마사미치蠟山政道와 철학자 미키 기요시三木淸를 필두로 한 당대 최고의 지식인 그룹 쇼와연구회는 동아협동체론을 체계화하는 데 중추적인 역할을 맡았다. 이들은 유력 잡지를 무대로 해서 동아협동체에 관한 담론을 차례차례 생산해내면서 한때 논단을 석권하는 듯한 양상까지 보였다.[12]

---

9 宮崎正義,『東亞聯盟論』, 改造社, 1938, 151~168쪽.

10 桂川光正,「東亞連盟運動史小論」, 古屋哲夫 編,『日中戰爭史硏究』, 吉川弘文館, 1984 ; 野村乙二朗,「東亞連盟と繆斌工作」,『政治經濟史學』309・310, 1992.

11 예컨대 오자키 호쓰미尾崎秀實는 동아연맹론의 특징이 "연맹의 정치조직과 경제기구, 특히 후자에 대해 상세한 안을 제시하고 있는" 데 있다고 보면서도, "이들 계획은 모두 현재의 사정을 기초로 하여 그 발전과 확충을 지향한 것이지, 연맹 구성과정에서 구조적 변화를 이끌어낼 방법은 마련되어 있지 않다. …… 동아연맹론도 직접적으로는 중일전쟁을 계기로 전개된 것이지만 동아협동체론이 이 大異變에 의해 새롭게 생겨난 것인 반면, 동아연맹론의 경우는 처음부터 준비되어 있던 대륙정책의 어떤 계획이 발동한 듯한 느낌"이라고 우회적으로 비판하고 있다(「東亞新秩序論の現在及び將來」,『尾崎秀實著作集』2, 勁草書房, 1977, 353쪽).

12 로야마 마사미치의「東亞協同體の理論」(『改造』1938. 11)을 시작으로 1939년 초까지 발표된 주요논고들만 살펴보더라도 다음과 같다. 三木淸,「東亞思想の根據」,『改造』, 1938. 12 ; 山崎靖

하시카와 분조는 동아협동체론의 공통적 특징을 다음과 같이 지적한 바 있다.

① 이른바 '일본주의', '皇道주의'에 의한 아시아 통일의 관념성과 편향성을 비판하고, 아시아 연대의 원리로서 아시아 국가들에 공통되는 보편적 정치이념을 추구한 점.

② 소위 경제블록적 사고방식을 부정하고, 그 바탕에 깔린 자본주의 이념의 극복을 국내정치와 대륙정책 양면에 걸쳐 추구한 점.

③ 아시아에서 연대 이념의 형성이 아시아의 새로운 국가연합을 가능하게 할 뿐만 아니라 '세계사의 신단계에서의 세계적 원리'를 창조하는 것으로 이어지리라는 비전을 품고 있었던 점.

④ 이 이념의 형성을 필연적으로 만든 현실적 계기로서 중국민족주의에 대한 공감 내지 긍정의 자세가 엿보인다는 점.[13]

요컨대 중국민족주의에 대한 공감에 입각한 아시아 연대 그리고 블록경제론과 같은 자본주의 원리를 극복할 보편적인 '세계사적 사상'의 모색이 동아협동체론의 특징이라는 지적이다. 이들 특징은 동아연맹론과도 상당 부분 중복되지만, 특히 나중에 살펴볼 교토학파京都學派의 '근대近代의 초극超克'론과 '세계사의 철학' 논의를 연상시키는 측면이 강하다. 실제로 동아협동체론의 이론적 중심인물인 미키 기요시는 니시다 기타로西田幾多郞와 다나베 하지메田邊元의 제자로서 '근대의 초극'론의 주도자들과 계보적인 연관성을 갖고 있었다. 동아협동체론에 대해서는 절을 바꾸어 좀더 상세히 검토

純,「長期建設の目標としての東亞協同體の根本理論」,『評論』, 1938. 12 ; 尾崎秀實,「'東亞協同體' の理念とその成立の客觀的基礎」,『中央公論』, 1939. 1 ; 三枝博音,「東亞協同體の論理」,『中央公論』, 1939. 1 ; 大澤章,「東亞協同體の理念と國際法」,『中央公論』, 1939. 2 ; 船山信一,「協同體理念の世界史的意義」,『中央公論』, 1939. 3 등.

13 橋川文三,「東亞新秩序の神話」,『近代日本政治思想史』II, 有斐閣, 1970, 362쪽.

할 필요가 있다.

(2) 동아협동체 구상의 분화

동아신질서 논의가 그랬듯이 동아협동체 구상 역시 단일한 논리구성을 가진 구상이 결코 아니었다. 그 내부에는 다양한 스펙트럼을 보이는 논의들이 전개되고 있었다. 동아협동체론의 스펙트럼에 대해서는 좀더 포괄적인 연구가 요청되지만, 여기서는 잠정적으로 ① 경제주의적 개발론, ② 문화주의적 혁신론, ③ 사회주의적 혁명론의 세 가지 지향성으로 구분해서 살펴보기로 한다.[14]

첫 번째로 경제주의적 개발론의 대표적 주창자는 로야마 마사미치였다. 일본 행정학의 태두인 도쿄제국대학 교수 로야마는 쇼와연구회의 중심멤버로서 '동아협동체'라는 용어를 가장 먼저 사용한 인물이기도 했다. 그는 일본의 '대륙경영'의 궁극적 목적이 "민족협화를 내포한 지역적 개발 계획"에 있다고 명시함으로써 '개발'을 키워드로 한 신질서를 제창했다. 로야마는 동아협동체를 "한 민족 또는 한 국가가 다른 민족이나 다른 국가를 정복하는 영토적 제국주의가 아니라, 민족의 공존협력을 가능케 하는 지역적 운명협동체"라고 규정하면서, 서양의 '영토적 제국주의'를 부정하고 '운명협동체' 형성의 인센티브를 민족 간의 '상호 이익'에서 찾으려 했다. 즉 민족 간의 '상호 이익'에 입각한 지역개발 전략으로서 동아협동체 구상을 부각시켰던 것이다. 그가 일본의 '화북분리공작'에 대해 군사적 강압 대신 문화적 기초(그의 표현으로는 '도의道義')가 필요함을 강조하면서 삼민주의를 의식하여 '민

14 이 구분은 그 이념적 지향성을 右에서 左로 펼친 편의적 구획일 수 있어서 논자에 따라 중첩되는 부분도 생겨나는 만큼 잠정적인 구분을 넘어설 수는 없다. 그러나 동아협동체론이 단일한 구상이 아니었다는 점은 분명히 드러낼 수 있을 것이다.

생'을 중시해야 한다고 주장했던 것도 그 연장선상에 있다. 로야마에게 운명협동체는 민생, 즉 '복지'의 지역화에 의해서 비로소 가능한 것이었다.[15]

경제주의적 개발론은 '앵글로색슨 자본주의'를 영토적 · 일방적 제국주의로 규정함으로써 일본 자본주의와 분리시킨 뒤, 서구적 자본주의 원리 자체에서 벗어난 새로운 '도의적道義的' 경제관계를 매개로 한 동아시아 운명공동체의 비전까지 제시하고자 했다. 따라서 서구 블록경제와 동아협동체 경제를 차별화시키는 작업이 논리구성상 필수적이 될 수밖에 없었다. 개발론의 주장에 따르면, 블록경제는 세계공황의 파고에 직면한 자본주의 제국이 일정한 경제권을 방파제로 삼으려는 '소극적'인 방어기제, 세계질서 자체에 대한 변혁을 뜻하지 않는 '현상유지' 전략이다. 반면에 동아협동체 경제는 제국주의적 세계질서 자체에 대한 '적극적'이고 공세적인 '현상 타파' 전략으로 자리매김된다. 예컨대 로야마는 "소위 동아 블록경제의 본질에는 정치적 동기가 특징을 이루고 있으며 동아의 민족 문제나 지역 상황이 중대한 요소를 점하고 있다. 그것은 서양식 블록경제 관념을 가지고는 설명할 수 없는 신체제新體制의 건설을 요청한다"고 주장했다.[16]

그러나 경제주의적 개발론의 맹점은 기존의 '일 · 만 · 지 블록경제'론과 근본적인 차별성을 드러내기 힘들다는 데 있었다. 고지마 세이치 등의 블록경제론 역시 서구제국주의와 '일본제국'의 차별성을 강조하면서 '일본적'인 블록경제를 표방하며 '차별적이고 일방적인 착취'를 부정했다. 따라서 '서구적' 여부를 떠나서 자본주의 전략 그 자체로부터 탈피하지 않는 한, '경제주의'로서의 본질을 은폐하기는 힘들었다. 그러나 이들이 표방한 '도

---

15 蠟山政道, 「東亞協同體の理論」(1938), 「東亞協同體の理論的構造」(1939), 모두 『東亞と世界』, 改造社, 1941에 재수록.

16 蠟山政道, 「東亞協同體と帝國主義」, 『東亞と世界』, 改造社, 1941, 182쪽.

의적 경제관계'가 자본주의 원리 자체를 부정하는 것은 아니었기 때문에, 아무리 '서구적 블록경제'를 비판한다고 하더라도 한계에 봉착했던 것이다. 그래서 이들의 논리에서 냉전기 미국의 근대화론과 연속되는 성격을 찾는 논자도 있다. 특히 로야마 마사미치의 개발 인센티브 주장은 "개발 독재獨裁에 의한 근대화론"의 원형으로 파악되기도 한다.[17] 요컨대 경제적 개발주의에 입각한 동아협동체론은 보수적 신질서론의 한 축이었던 '일 · 만 · 지 경제블록'론으로 접근해갈 가능성이 큰 흐름이었다.

두 번째로 문화주의적 혁신론의 대표자는 철학자 미키 기요시였다. 그는 쇼와연구회 산하 문화부의 책임자로서 동아협동체론의 사상적 기초를 구축한 장본인이다. 연구회의 강령적 문건인 「신일본의 사상원리」 등을 통해 미키는 중일전쟁의 해결이 지니는 세계사적 의미를 논하면서 '새로운 문화'의 건설을 강조했다. 즉 중일전쟁의 역사적 의미는 "시간적으로는 자본주의 문제의 해결, 공간적으로는 동아 통일의 실현"에 있는데, 동아 통일의 전제는 중국의 근대화이지만 중국은 근대화와 동시에 자본주의의 폐해를 탈피할 '새로운 문화'로 전진하지 않으면 안 된다. 이러한 새로운 문화로의 전진은 아직 봉건적 성격을 청산하지 못한 자본주의 선진국 일본의 경우에도 필요한 과제다.[18] 요컨대 미키에게 있어서 동아시아의 '자기혁신'이란 근대화와 탈근대화가 동시 진행되는 이중적 혁신이며, 그것은 궁극적으로 '문화로서의 (근대) 서양'으로부터의 탈피를 뜻했다. 그의 동아협동체론을 문화주의적 혁신론이라 명명한 것도 바로 이러한 논리 때문이다.

동서양 이분법에 충실한 미키 기요시의 서양근대 비판은 그 작동기제 중

17 酒井哲哉, 「'東亞協同體論'から'近代化論' ヘ—蠟山政道における地域 · 開發 · ナショナリズム論の位相」, 日本政治學會 編, 『日本外交におけるアジア主義』, 岩波書店, 1999.

18 三木清, 「新日本の思想原理」, 『三木清全集』 17, 岩波書店, 1968 ; 「全體と個人」, 『三木清全集 14』, 岩波書店, 1968.

하나인 내셔널리즘에 대한 비판으로도 이어졌다. 미키는 일본이 종래의 편협한 '일본주의'를 버리고 새로운 일본문화를 창출해야 하며, 중국문화의 독자성을 인정하면서도 이를 포용할 수 있는 보편적이고 차원 높은 문화로 고양시켜야 한다고 주장했다.[19] 여기서 '일본주의'란 곧 일본민족주의를 가리키는데, 미키는 1930년대 중반부터 다시 고양되는 일본민족주의가 "일본민족의 우수성만을 자각시키려 한 결과, 다른 민족을 존중하는 사고를 상실하게 하는 동시에 국민으로 하여금 자기비판을 망각하게 하여 독선적으로 만들었다"고 맹렬히 비판했다.[20] 그가 보기에 신질서의 문화 프로젝트는 "민족을 넘어서는 어떤 전체"를 요구하며 그것이 바로 동아협동체였다.[21] 이러한 미키의 보편론적 주장에 대해서는 '황아'론과 같은 '일본주의'로부터의 비판은 말할 것도 없고, 경제주의적 개발론에 입각한 동아협동체론자들로부터도 그 추상성에 대한 비판이 이어졌다.[22]

경제주의적 개발론과 비교할 때, 문화주의적 혁신론에서 주목되는 부분은 일본의 '자기혁신'에 대한 요구를 좀더 전면에 내세웠다는 점이다. 아울러 동아협동체라는 '동아 통일'의 전제로서 '자본주의의 극복'을 내걸었던 만큼, 그 원칙론적 구상이 사회주의적 변혁을 연상시키는 측면도 두드러졌다. 그러나 미키 기요시의 구상은 거기까지 이르지 못했고 결정적으로 식민지·민족 문제에 대한 접근방식에 있어서 그 맹점을 드러냈다. 대표적인 사례로서 왕징웨이에 대한 공개서신을 예로 들 수 있다. 미키는 "침략주의를 배격

19 三木清, 「政治と文化」, 『三木清全集』 14, 岩波書店, 1968.

20 三木清, 「國民性の改造」, 『三木清全集』 15, 岩波書店, 1968, 410쪽.

21 三木清, 「新日本の思想原理」, 『三木清全集』 17, 岩波書店, 1968, 517쪽.

22 예컨대 로야마 마사미치와 입장이 비슷했던 가다 데쓰지加田哲二는 다음과 같이 우회적으로 비판을 가했다. "동아협동체의 근거로서 사상의 세계성을 추상적으로 주장하기보다는 지역성에 의한 협동체의 필연적 구성을 주장하는 쪽이, 현실적인 문제로서는 이론으로서의 가치가 있다고 생각한다"(『東亞協同體論』, 日本青年外交協會, 1939, 序文 5쪽).

하지 않으면 동아신질서의 건설은 불가능함에도 불구하고, 동아신질서 건설을 의도하는 일본 스스로가 침략주의라면 그것은 자기모순"임을 스스로 인정하면서도, "중국은 독립자유를 요구하는 데 급급한 나머지, 동아협동체의 건설이야말로 중국의 독립자유를 확보하는 길임을 깨닫지 못하고 있다"라고 비판해버리는 모습을 보여주었다.[23] 결국 동아협동체론이 동아시아의 통합원리가 될 수 있는가의 여부에서 아킬레스건이 되었던 것은 식민지·민족 문제에 대한 인식의 정도였다.

이 식민지·민족 문제에 대해 가장 민감했던 흐름이 바로 세 번째의 사회주의적 혁명론이었다. 이 입장은 시종일관 동아협동체론의 '비판적 지지자'이기를 자임했던 오자키 호쓰미尾崎秀實에게서 찾아볼 수 있다. 그는 『아사히신문朝日新聞』 중국특파원 출신으로 당대 최고의 중국 문제 전문가였으며 쇼와연구회에서 중국문제연구회를 책임지고 있었다. 오자키는 동아협동체론이 "중일전쟁을 경과하면서 일본의 정치경제 및 대중국 인식을 변질시켜온 현재의 문화단계에 입각한 역사적 소산"[24]임에 주목했다. 즉 종래의 '전통적'인 '아시아주의'가 항일민족주의와의 갈등으로 유효성을 상실한 시점에서, 일본제국주의의 내부 비판과 새로운 연대의 사상적 가능성을 안고 있다고 판단했던 것이다.

그런데 오자키 호쓰미가 보기에 동아협동체론이 진정한 동아시아 연대론이 되려면 두 가지 난점을 극복해야 했다. 우선 중국의 민족 문제를 관념적으로 파악하고 있어서, 중국과의 '운명협동체'라는 주장이 자칫 제국주의적 타협론으로 뒤바뀔 가능성이 높다는 점이었다.[25] 즉 동아협동체의 전제는

---

23 三木清, 「汪兆銘氏に寄す」, 『三木清全集』 15, 岩波書店, 1968, 392~393쪽.

24 尾崎秀實, 「東亞新秩序論の現在及び將來」, 『尾崎秀實著作集』 2, 勁草書房, 1977, 352쪽.

25 尾崎秀實, 「'東亞協同體'の理念とその成立の客觀的基礎」, 『尾崎秀實著作集』 2, 岩波書店, 1968, 310~315쪽.

"동양에서 영국·미국의 자본세력을 몰아내는 것뿐만 아니라 그 민족지배의 구질서 방식까지 근절시키는 데" 있어야 하는데, 이 점에 대한 자각이 전반적으로 불충분하다는 것이 그의 판단이었다.[26] 또한 동아협동체론이 표방했던 자본주의의 '혁신'을 정책적으로 현실화시키려 했던 오자키는, 향후 현상유지적 보수파와의 결정적 대결을 수행할 강력한 추진주체, 광범위한 대중적 기반을 가진 운동주체가 아직 형성되어 있지 못한 점을 가장 우려했다. 그가 고노에 후미마로 내각의 이른바 '국민재조직운동'에 깊숙이 관여하면서 '밑으로부터의 자발성'을 강조하는 새로운 국민재조직안을 작성했던 것도 동아협동체론에 입각한 변혁주체를 조직화하려는 구상의 일환이었다. 그러나 오자키의 예상대로 기성정당과 구재벌 등 현상유지파의 반발은 즉각적이고 강도도 높아서, 그가 작성한 국민재조직안은 곧 용도 폐기된 채 내무관료 주도의 하향식 조직안으로 변경되는 운명을 맞이했다.[27]

오자키의 사회주의적 혁명론은 결국 그 자신이 1941년 10월 조르게R. Sorge 스파이 사건으로 체포된 뒤의 심문과정에서 '노예의 언어'를 걷어내고 언급한 '유라시아 블록' 구상에서 그 면모를 드러냈다. 그는 "일본 국내의 혁명적 세력이 극히 미약"할 뿐더러 "영미 제국주의와의 적대관계 가운데" 사회주의적 전환을 수행하기 위해서는 "소련과 자본주의 기구를 이탈한 일본 그리고 공산당이 헤게모니를 완전히 장악한 중국"과의 긴밀한 제휴가 필요하며 이들의 결합을 중심으로 동아시아 제민족의 민족공동체를 지향해야 한다는 유토피아적 구상을 제시했다.[28] 이 구상은 결국 오자키를 형장의

---

26 尾崎秀實, 「東亞共榮圈の基底に橫わたる重要問題」, 『尾崎秀實著作集』 3, 岩波書店, 1968, 223쪽.

27 田中悅子, 「尾崎秀實の汪兆銘工作觀」, 『日本歷史』 592, 1997, 76~77쪽.

28 尾崎秀實, 「司法警察官訊問調書 第9回調書」, 『現代史資料 2 ゾルゲ事件 2』, みすず書房, 1962, 128~129쪽.

이슬로 사라지게 만들었다.

이상에서 개관한 동아협동체론의 다양한 스펙트럼 가운데서 '고독한 단독혁명자單獨革命者'[29] 오자키 호쓰미의 사회주의적 혁명론은 침략전쟁의 동심원적 확대와 함께 역사의 무대에서 말끔히 사라지고 말았다. '비판적 지지자'를 자임한 오자키의 위상 자체가 동아협동체론의 최외곽 혹은 외접원을 이루고 있었던 데 반해, 그가 비판적으로 지지했던 동아협동체 구상의 '주류' 담론, 즉 경제주의적 개발론과 문화주의적 혁신론의 흐름은 지정학적 논리에 의해 변형된 형태를 취하면서 대동아공영권 구상으로 합류되었다. 요컨대 전자가 동아협동체론과 대동아공영권론의 단절면이라면 후자는 연속면에 해당하는 셈이다.

1940년 10월, 오자키 호쓰미는 동아시아의 '신질서'가 싹을 틔우기도 전에 '공영권'이라는 용어가 등장해버린 상황을 예리하게 비판했다. 다음과 같은 그의 발언은 위에서 지적한 단절과 연속의 측면을 분명히 가리키는 이정표와도 같은 것이었다.

> 제2차 고노에 후미마로 내각(1940~1941)은 외교정책의 중심이념으로 '동아공영권'이라는 말을 내세웠다. 제1차 고노에 내각(1937~1939)의 훌륭한 표어인 '동아신질서'가 무슨 까닭에 공영권으로 바뀐 것인지 그 의미가 자명하지만은 않다. 동아신질서의 창건은 위대한 역사적 사업이지만, 솔직히 말해서 아직 그 단서조차 만들어져 있지 않은 듯싶다. 동아신질서라는 말이 내버려질 이유가 없다. …… 고난에 찬 민족적 자각에서 생겨나 새로운 이상으로까지 고양되었던 표어가 그 목적을 전혀 달성하지 못한 채로 내팽개쳐지는 데 불만을 느낀다. 게다가 '共榮'이라는 관념은 아직 동아의 역사적 현실과는 너무나 동떨어져 있다. …… 사정이 달라졌다면 그것은 오직 유럽 정국의 이상한 발전이라는 사실뿐이다. 일본의

29 野村浩一,「尾崎秀實と中國」,『近代日本の中國認識』, 研文出版, 1981, 205쪽.

주체적 역량에는 체감이 있을지언정 증강은 없었음은 물리적으로 분명하다.[30]

3. 대동아공영권 구상의 연속과 단절[31]

(1) 지역개발론과 지정학

이처럼 동아협동체론을 비롯한 동아신질서 논의가 전반적으로 퇴조하는 가운데 대동아공영권 구상이 일본의 국책으로 확립된 것은 1940년 7월 일본 각의閣議에서 결정된 「기본국책요강基本國策要綱」부터였다. 그런데 이 요강은 "황국의 국책은 팔굉八紘을 일우一宇로 삼는 조국肇國의 대정신에 기초하여 세계평화 확립을 이룩하는 것을 근본으로 삼고, 우선 황국을 핵核으로 일 · 만 · 지의 강고한 결합을 근간으로 한 대동아의 신질서를 건설하는 데 있다"라고만 했을 뿐[32] '대동아공영권'이라는 표현 자체는 사용되지 않았다. 기존의 '동아신질서'에 '대'자만 덧붙인 요강에서의 표현이 '대동아공영권'이란 용어로 공식화된 것은 사후에 이 요강을 설명한 외무대신 마쓰오카 요스케松岡洋右의 언론 담화(1940. 8)에서였다. 국제연맹 탈퇴의 주역이자 '만몽생명선滿蒙生命線'이라는 조어의 장본인이기도 했던 마쓰오카는 "황도의 대정신에 따라 우선 일 · 만 · 지를 일환으로 한 대동아공영권의 확립"을 통해 '세계평화 수립'에 공헌할 것임을 천명함으로써 대동아공영권이란 용어의 공인 전도사가 되었다.[33]

---

30 尾崎秀實, 「新體制と東亞問題」, 『尾崎秀實著作集』 5, 岩波書店, 1968, 381쪽.

31 이 장은 임성모, 「대동아공영권 구상에서의 '지역'과 '세계'」(『세계정치』 26-2, 2005)의 3~4장을 재구성한 것이다.

32 外務省 編, 『日本外交年表竝主要文書』 下, 原書房, 1965, 466쪽.

33 安部博純, 「'大東亞共榮圈' 構想の形成」, 『日本ファシズム論』, 影書房, 1996, 382~383쪽.

'대동아공영권'이란 용어 자체는 이미 1938년 육군성과 참모본부가 비밀리에 작성한 「국방국책안國防國策案」에서도 제시되어 있었다. 그 내용을 살펴보면, 대동아공영권의 구조를 '자존권', '방위권', '경제권'으로 나누어 계층화·계열화했다. '자존권'은 일본열도와 만주, 북부 중국, 몽골을 포함하는 '야마토大和민족의 생존지역'을 가리키고, '방위권'은 시베리아, 중남부 중국, 미얀마 동부의 동남아시아 그리고 자바, 수마트라 및 북태평양 해역 도서를 포괄하는 지역이다. '경제권'은 '방위권' 외곽의 자원공급지역으로서 인도와 호주를 포괄하는 광범위한 지역으로 구성되어 있었다.[34] 이와 같은 동심원적 계층구조로서의 '공영권' 구상은 「기본국책요강」에도 반영되어, 일본은 '핵核', 일·만·지는 '근간', 그 외곽은 '지엽枝葉'이라는 동심원 구성을 보이고 있다.[35] 여기서 '지엽'이 '방위권'과 '경제권'으로서의 '남방'으로 확대되어간 추세는 '남진南進'론에 입각한 대동아공영권의 동심원적 확대와도 부합되는 것이었다. 결국 마쓰오카 요스케의 조어는 수뇌부에서 구상 중이던 이 동심원적 계층구조에 공적인 레토릭rhetoric을 부여한데 불과했던 것이다.

주목할 점은 대동아공영권 구상의 형성과정에서 나치 지정학의 영향력이 두드러졌다는 점이다. 사실 대동아공영권의 지역통합 원리에는 신·구의 잡다한 요소들이 착종되어 있었다. 낡은 원리로는 중국의 조공·책봉질서를 변형시킨 '일본형 화이질서'나 불교의 화엄華嚴철학 같은 것들이 동원되었고,[36] 이와 달리 나치 독일로부터 절대적 영향을 받은 지정학 이론이 '신시

34 安部博純, 「'大東亜共榮圈'の實體的構造」, 『日本ファシズム論』, 影書房, 1996, 362쪽.

35 주 32와 같음.

36 1940년대의 '일본형 화이질서'에 관해서는 저널리스트 무토 데이치武藤貞一의 경우를 분석한 아베 히로즈미安部博純의 연구가 있다(『日本ファシズム論』, 影書房, 1996, 443~446쪽). 화엄철학의 경우는 石井公成, 「大東亜共榮圈に至る華嚴哲學」, 『思想』 943, 2002를 참조.

대'의 '새로운' 원리로 각광을 받았다. 그리고 이 지정학이야말로 대동아공영권이라는 패권적 질서를 정당화하는 데 가장 강력한 무기가 되었다. 실제로 1938년의 「국방국책안」에서 사용된 자존권 · 방위권 · 경제권이란 용어 자체가 독일지정학의 원용이었다.

잘 알려진 바와 같이 하우스호퍼K. Haushofer로 대표되는 독일의 지정학Geopolitik은, 스웨덴의 정치학자 헬렌R. Kjellen이 국가학을 체계화하면서 도입한 지리학적 분석방법이 베르사이유체제하의 바이마르 독일에 수입되면서 획기적인 발전을 이루었다. 이는 1924년 하우스호퍼가 주재한 『지정학잡지*Zeitschrift für Geopolitik*』의 창간으로 표면화되었다.[37] 하우스호퍼에게 지정학이란 "자연적 생활공간에서의 정치적 생활형태를 그 지리적 구속성과 역사적 운동에 의한 제한이란 점에서 이해하려고 하는 과학"이었다.[38] 그것은 베르사이유체제라는 미명 아래 민족분포의 실태를 무시한 채 자의적으로 국경분할을 한 영국과 미국에 대한 문제 제기이기도 했다. 요컨대 지정학은 "지표상에서의 생활공간을 공평하게 분할하려는 노력"을 목표로 한 '투쟁의 수단'으로서 자리매김되었다.[39]

하우스호퍼 지정학의 핵심개념인 '생존권Lebensraum'은 "어떤 국민이 현재 생존하고 있는 공간이 아니라 장래 그 속으로 연장 · 확대되어야 할 공간"으로 이해되었다.[40] 생존권론은 나치의 '1민족 1국가'론, '광역경제권Grossraum'론, '자급자족권Autarkie'론과 밀접하게 결합되면서 '동방정책'을 비롯한 제국주의적 팽창에 '과학적' 근거를 부여하였다. 워싱턴체제로부터의

37 매킨더H.J. Mackinder에서 시작되는 지정학의 계보와 특히 하우스호퍼K. Haushofer의 지정학에 대해서는 曾村保信, 『地政學入門—外交戰略の政治學』, 中央公論社, 1984, 25~138쪽 참조.

38 ハウスホーファー · 玉城肇 譯, 『地政學の基礎理論』, 科學主義工業社, 1941, 27쪽.

39 ハウスホーファー · 玉城肇 譯, 위의 책, 67 · 71쪽.

40 佐藤莊一郎, 『ハウスホーファー太平洋地政學解說』, 六興出版社, 1944, 59쪽.

결정적 이탈을 지향하고 있던 일본에게 이러한 하우스호퍼 지정학은 직수입이 가능한 것이었다. 실제로 일본에서 하우스호퍼의 저작은 1940년부터 수년간 국책기구인 태평양협회太平洋協會에 의해 집중적으로 번역되었다.[41] 거기에는 아마도 나치 독일이 이른바 전격전電擊戰의 성공으로 유럽 전역에서 승승장구하고 있던 상황도 큰 요인으로 작용했을 것이다.

이처럼 나치 지정학의 생존권, 광역권론이 논단의 헤게모니를 장악해나가면서 이전의 동아협동체론자들 가운데서도 '주류 담론'인 지정학의 논리에 편승하는 움직임이 대두하기 시작했다. 이 움직임은 동아협동체론 가운데 경제주의적 개발론의 흐름을 대표했던 로야마 마사미치와 가다 데쓰지加田哲二에게서 명료한 형태로 나타났다. 앞서 언급한 바와 같이 도의로서의 민생을 강조한 개발론의 시각 자체에 블록경제론적 편향이 있었고 경제개발을 실현할 무대로서 '지역적 운명협동체'가 상정되고 있었던 만큼, 개발론은 지정학의 '생존권' 논의와 연동될 수 있는 여지가 많았기 때문이다.

로야마 마사미치는 당시 일본에서 지정학을 가장 잘 이해하고 있던 인물 중 하나로 알려져 있는데,[42] 그는 이미 1920년대에 매킨더H.J. Mackinder나 하우스호퍼의 저작을 접했다. 일본 주재 무관 경력의 소유자이기도 했던 하우스호퍼가 만주 문제를 일본·러시아·중국 세 민족 간의 국경 문제로 파악하면서 국경의 의미를 자연지리적 차원뿐만 아니라 철도, 군사, 기업 등을 포함한 일본의 대륙팽창 전체의 운동으로 고찰한 점을 로야마가 높이 평가했던 것도 그런 식견 위에서 가능한 일이었다.[43] 그러나 로야마의 '지역적

41 1938년 '학술단체'를 표방하며 창립된 태평양협회는 전향 마르크스주의자 히라노 요시타로平野義太郎 등을 중심으로 '南洋'에 대한 민족학적 조사작업을 진행하는 한편, 하우스호퍼의 주요 저작들을 편역해냈다. 주독 일본대사가 번역권 취득을 직접 알선했던 『ハウスホーファー太平洋地政學』(岩波書店, 1942)이 그 대표적 성과였다.

42 波多野澄雄, 「'東亞新秩序'と地政學」, 三輪公忠 編, 『日本の一九三〇年代』, 彩流社, 1981 참조.

43 蠟山政道, 「ゲオポリティク」, 三木清 編, 『社會科學新辭典』, 河出書房, 1941.

운명공동체' 론에 결정적 영향을 끼친 것은 하우스호퍼보다는 매킨더의 지정학 쪽이었다. 로야마의 '대동아광역권론大東亞廣域圈論' 은 매킨더가 '심장부heartland' 이론에서 이용한 '대륙세력landman-해양세력seaman' 논의에 입각해서 16세기 초 '신대륙 발견' 부터 19세기 중반 미국의 태평양 진출을 조망한다. 로야마는 유럽에서 일어난 운동이 미국을 움직였고 또 미국이 다시 태평양에 등장했는데, 동아시아는 바로 "이 두 개의 육지와 바다의 운동이 상호 결합하는 지점" 이라고 강조했다. 두 개의 운동은 동아시아에 세계정세에 대한 자각을 가져와 일본 개국과 근대국가화의 원동력이 되었고, 일본은 '태평양 주변의 나라' 이자 '아시아 주변의 나라' 라는 특수한 역사적 조건 때문에 이중과제에 직면하게 되었다. 일본의 이중과제란 아시아에서 서구제국주의와 투쟁하면서 아시아 거주 제민족과 제휴해야 한다는 것이었다. 이 이중과제의 '사명' 은 일본의 '지정학적 필연' 이며 대동아공영권의 역사적 출발점도 바로 여기서 찾을 수 있다는 것이 로야마의 해석이었다.[44]

로야마 마사미치는 지역주의가 단순한 지리적 원리의 표현이 아니라 역사적 원리에 근거한 것임을 거듭 강조했다. 그가 보기에 '지역주의' 는 일본의 '이중과제' 를 극복하기 위한 원리로서 서구열강의 식민주의 원리와는 이질적인 원리였다. 아울러 대동아공영권의 지역주의는 일본에게는 대륙의 '방위와 개발' 이 일본의 '세계사적 사명' 이라는 의식을 고취하고, 아시아민족에게는 민족의 존재를 지배하는 운명이 특정 지역과 결부되어 있다는 의식을 불러일으킬 수 있는 원리임을 강조했다.[45]

한편 가다 데쓰지의 '동아경제협동체' 론은 '지정학적 운명공동체' 론에 근거한 '아시아 사회의 회복' 이라는 논리와 더 용이하게 결합될 수 있었다.

44 蠟山政道, 「大東亞廣域圈論」, 太平洋協會 編, 『太平洋問題の再檢討』, 朝日新聞社, 1941.
45 蠟山政道, 『東亞と世界』, 改造社, 1941, 17 · 157쪽.

그는 당시 국제정세의 격변이 동아협동체론이나 동아연맹론에 수정을 요구하고 있다고 주장했다. 즉 종래 일·만·지의 지역통합을 중심으로 구성되었던 구상들은 일본의 신질서 건설이 '대동아권'으로 그 대상을 확대한 만큼 대동아지역 전체에 적용될 수 있어야 한다는 것이다. 세계신질서운동은 종래의 '독립국의 난립' 상태를 변혁시키는 것이며, 그런 의미에서 아메리카권, 소련권, 유럽권의 형성과 어깨를 나란히 할 대동아공영권의 건설은 세계사적 필연이다. 동아경제협동체는 첫째 대동아 건설의 중심 요구가 서구의 식민지 상태로부터의 해방인 만큼 당연히 '남방권'의 해방으로 확대되어야 하며, 둘째 대동아 건설의 물적 기초가 일·만·지 3국만으로는 부족하기 때문에 종래의 '대륙 영역'에서 '해양 영역'으로 확대되어야 한다.

가다는 이 두 영역이 민족적으로는 '야마토민족 선조들의 영역'이며 지정학적으로는 '지리적 운명공동체'의 필연성이 발생하는 지점이고 나아가 대동아공영권이 지정학적으로 명확히 설정된 영역이기 때문에, 역내의 개별 민족에게는 내적 통합을 거부하고 공영권 외부로 벗어날 '자유'는 존재하지 않는다는 점을 강조했다. 이제 역내 민족에게 대동아공영권의 일원이 되는 것은 선택의 문제가 아니라 지정학적 필연의 문제가 되었다.[46]

이처럼 로야마 마사미치와 가다 데쓰지 등 동아협동체론 내부의 경제주의적 개발론의 흐름은, 1940년을 전후해서 급부상한 독일 지정학의 패권주의와 결합하면서 대동아공영권의 '경제개발' 논리로서 합류하기에 이른다. 그렇다면 미키 기요시로 대표되는 쇼와연구회의 문화주의적 혁신론은 같은 시기에 어떤 '변신'을 하게 되는 것일까? 다음 절에서는 교토학파의 '세계사의 철학'을 중심으로 이 문제를 조명해보도록 하자.

46 加田哲二,「東亞建設理論の再吟味」,『太平洋經濟戰爭論』, 慶應書房, 1941, 220~249쪽.

(2) 문화혁신론과 세계사

'교토학파'라는 명칭 자체는 마르크스주의 철학자 도사카 준戸坂潤이 1932년 논문(「교토학파의 철학京都學派の哲學」)에서 처음 사용한 용어다.[47] 여기서는 "교토대학 문학부 철학과 관계자로서 니시다 기타로나 다나베 하지메 아래 모인 사제관계의 철학자에 의한 지적 네트워크"라는 뜻으로 사용한다. 이 경우 세대별로는 니시다와 다나베가 교토학파 제1세대, 고야마 이와오高山岩男, 고사카 마사아키高坂正顯, 니시타니 게이지西谷啓治, 스즈키 시게타카鈴木成高, 시모무라 도라타로下村寅太郎, 도사카 준, 미키 기요시 등이 제2세대를 이룬다. 사상적 경향별로 보면 도사카와 미키는 교토학파 좌파, 고야마 · 고사카 · 니시타니 · 스즈키 등은 우파로 분류될 수 있다.[48]

앞에서 이미 '교토학파 좌파'인 미키 기요시가 중일전쟁의 역사적 의미를 "시간적으로는 자본주의 문제의 해결, 공간적으로는 동아 통일의 실현"에서 찾으면서, 동아 통일의 전제인 중국의 근대화가 자본주의의 폐해를 탈피할 '새로운 문화'로 전진해야 한다고 주장한 것에 대해 살펴보았다. 그런데 이러한 '문화혁신'의 과제 설정은 교토학파 우파에게서도 찾아볼 수 있다. 예컨대 보통 '근대의 초극' 좌담회라고 불리는 『분가쿠카이文學界』 좌담회에서 스즈키 시게타카는 "근대의 초극이란 정치에서는 민주주의의 초극, 경제에서는 자본주의의 초극, 사상에서는 자유주의의 초극을 의미한다. …… ('진보' 이념에 입각한 서구의) 역사주의의 초극은 결국 역사학에서의 근대의 초극이다"라고 주장했다.[49] 결국 미키와 스즈키는 '서구적 근대'의 극

47 戸坂潤, 「京都學派の哲學」, 『戸坂潤全集』 3, 勁草書房, 1966.

48 町口哲生, 『帝國の形而上學ー三木清の歷史哲學』, 作品社, 2004, 15쪽.

49 鈴木成高, 「'近代の超克' 覺書」, 『文學界』, 1942년, 10월호, 42~43쪽. 히로마쓰 와타루廣松涉는 스즈키의 이 발제문을 '근대의 초극' 논의의 '課題意識의 수준'을 보여주는 지표로 중시한다〔『'近代の超克'論』, 講談社, 1989, 20쪽(김항 옮김, 『근대초극론』, 민음사, 2003, 18쪽)〕.

복이라는 문화혁신의 과제 설정에서 공통분모를 갖고 있었고, 그것은 스즈키의 표현처럼 '진보사관'으로 대표되는 서구 '역사주의'에 대한 비판으로 나아갈 수밖에 없었다. 그 귀결점이 교토학파 우파의 소위 '세계사의 철학'이었다. 미키와의 차이점이 있다면 이들은 '도의적 에너지'에 입각한 '세계사'의 구상을 논의의 전면에 클로즈업시켰다는 점일 것이다.

대동아공영권 구상의 담론화에 결정적인 역할을 했던 '교토학파 우파'의 중심인물 고야마 이와오, 고사카 마사아키, 니시타니 게이지, 스즈키 시게타카가 전원 참석한 1941년 11월의 좌담회 '세계사적 입장과 일본世界史的立場と日本'은, 아시아태평양전쟁의 서전을 장식하기라도 하듯이 『주오코론中央公論』 1942년 신년호를 통해 대대적으로 지상 중계되었다. 3차례에 걸친 이 연속좌담은[50] 나중에 『세계사적 입장과 일본』이라는 제목의 단행본으로 묶여 나왔다. 거기서 가장 체계적으로 교토학파의 입장을 요약한 인물이 바로 고야마 이와오였다.

고야마 이와오는 1942년 9월에 펴낸 『세계사의 철학世界史の哲學』에서 좌담회에서 거론된 논의의 핵심을 담아냈다. 그는 이 책의 서문에서 '대동아전쟁'의 '세계사적 의의'를 '유럽 근대의 세계질서에 대한 항의'로 규정했다. 즉 "현재의 세계대전은 결코 근대 내부의 전쟁이 아니라 근대세계의 차원을 뛰어넘어 근대와는 다른 시기를 긋는 획기적인 전쟁이다. …… 이번 유럽 대전은 근대에 종언을 고하는 전쟁이며 또 그래야 마땅하다. 이 점은 우리 일본을 주도자로 한 대동아전쟁에서는 극히 명백해서 한 치의 의문도 끼어들 틈이 없다. 만주사변, 국제연맹 탈퇴, 지나사변支那事變 등 세계사적 의의를 지닌 이 일련의 사건을 관통하는 우리나라의 의지는 곧 유럽의 근대적

50 제2회는 '동아공영권의 윤리성과 역사성東亞共榮圈の倫理性と歷史性'(1942. 4월호), 제3회는 '총력전의 철학總力戰の哲學'(1943. 1월호)이었다.

원리에 입각한 세계질서에 대한 항의"라는 것이다.[51]

유럽 근대를 기준으로 한 세계질서를 부정하는 고야마 이와오의 입장은 곧 유럽 근대가 만들어낸 세계사의 체계 자체에 대한 부정으로 이어졌다. 그가 다름 아닌 '세계사'를 문제 삼은 것도 바로 그런 연유에서였다. 고야마는 이제 기존의 유럽 중심주의적 세계가 아닌 이른바 '세계사적 세계'가 출현하기 시작했음을 강조했다. "19세기 말에서 20세기 초에 걸쳐 유럽세계로 거의 내재화되고 만 것처럼 보였던 비유럽 제국이 우리 일본을 선두로 점차 이 내재화로부터 탈각脫却하고 나아가 초월적 존재성을 보이게 되었다는 것, 그럼으로써 종래 단적으로 '세계'라고 여겨져왔던 유럽세계가 실은 하나의 근대적 세계에 불과하다는 것이 의식되기에" 이르렀다는 것이 그의 진단이다. 그러한 '의식'의 생성이야말로 "유럽세계 자체의 근대적인 내적 질서가 스스로 붕괴의 시기에 도달"했음을 보여주는 것이며, "따라서 이제 근대적 세계와는 다른 질서와 구조를 지닌 현대적 세계가, 혹은 진실한 의미에서의 '세계사적 세계'가 비로소 성립의 단서를 만들었음을 의미하는 것"이라고 주장했다.[52]

그 연장선상에서 고야마 이와오는 유럽 중심주의에서 벗어나 '유럽적' 세계관을 상대화할 수 있는 역사 자체에 대한 재규정을 시도했다. 이를 위해 그가 설정한 작업은 역사에 '공간성'을 도입하는 일이었다. 고야마가 보기에 유럽이 탄생시킨 근대역사학의 바탕에는 진보사관이 깔려 있고, 거기서 역사성은 본질적으로 '시간성'으로 파악된다. 그러나 시간성은 역사성의 필요조건일 뿐 충분조건이 아니다. 역사성의 본질은 인간의 '주체적 행동'인데, 그것은 이상주의가 주장하듯 정신적 자발성에 의해 비로소 가능한 것이

51 高山岩男, 『世界史の哲學』, 岩波書店, 1942, 序 1쪽.
52 高山岩男, 위의 책, 2~3쪽.

아니라 '신체를 매개로 한 정신과 자연의 종합'을 요구한다. 이 신체가 깃드는 요람이 바로 '공간'이다.

> 역사성을 단순한 시간성과 구별 짓는 요인은 기실 인간정신의 공간성과의 행위적 종합이라서, 역사는 항상 시간과 공간의 종합구조를 지닌다. 역사성을 특히 시간성이라고 한다면 공간성이란 일반적으로 지리성에 다름 아닐 것이다. 이런 의미에서 역사는 항상 지리와의 행위적 종합 위에 성립한다고 볼 수 있다. 그것은 단지 역사가 지역적 공간의 내부에서 혹은 지구 표면에서 이루어진다는 의미를 넘어서, 지리적 환경에 대한 주체적 정신의 행동 관련으로 성립함을 의미하는 것이다.[53]

고야마 이와오는 역사를 정신으로만 파악하는 '이상주의'(즉 관념론)를 역사의 지리성으로 비판했지만, 동시에 지리적 결정론에 대해서도 지리적 환경은 필연성이 아니라 '가능성의 체계'라며 비판을 가했다. 이처럼 공간성을 중시하는 고야마의 역사 파악이 국가론과 관련하여 광역권(공영권)으로 연장되는 것은 당연한 논리적 귀결이었다.

고야마 이와오는 1943년 8월『세계사의 철학』의 후속편으로『일본의 과제와 세계사日本の課題と世界史』라는 책을 펴냈다. 전자가 '세계사'에 대한 원리적 고찰이라면, 후자는 그 원리에 입각해서 '현대일본이 직면한 문제들을 정면으로 다룬' 실제적 고찰이다.[54] 고야마는 이 책의 서문에서 '대동아전쟁'을 '세계질서의 전환전轉換戰'이라고 주장했다. 이 전쟁은 "근대세계 내부의 하나의 세계가 아니라, 근대세계(자체)를 뛰어넘고자 하는 획기적 전쟁"이기 때문에 '대동아전쟁'은 궁극적으로 '총력전'이다. 즉 포스트근대(현대)세계를 이끌 '총력전'으로서 대동아전쟁을 파악하면서, 근대 국제질

53 高山岩男, 앞의 책, 1942, 103쪽.

54 高山岩男,『日本の課題と世界史』, 弘文堂, 1943, 序 1쪽.

서를 대신할 틀로서 대동아공영권의 위상을 자리매김하고 있는 것이다.

고야마 이와오는 무엇보다도 '현대' 국가를 '국방국가國防國家'로 규정했다. 여기서 국방국가란 군사국가나 전시국가, 군국주의국가를 의미하는 것이 아니라 '전환기에 서 있는 현대국가의 역사적 형태'로 규정된다. 즉 국방국가는 '근대국가가 전시戰時에 직면한 비상시체제非常時體制' 처럼 전쟁이 종식되면 '상시'로 복귀하는 국가가 아니라, 군수산업부터 종교에 이르기까지 전 사회자원을 국가 목적을 위해 일원적으로 통제하는 국가다. 고야마는 "국가기구의 일원적 통제와 국가권력의 절대적 발휘를 이 정도로 요구했던 경우는 사상 유례가 없다"고 보고, 이는 단순히 근대국가의 강화 차원을 넘어서는 '국가 자체의 질적 변화'라고 진단했다.

그렇다면 이처럼 세계사적 의미를 지닌 총력전을 수행할 주체가 되기 위해 현대국가, 즉 국방국가에 요구되는 것은 무엇인가? 고야마 이와오는 국방국가가 "광역권의 건설을 요구하며 광역권의 완성에 의해 완성된다"라고 주장했다. 광역권의 요구야말로 '사상 유례가 없는 현대국가의 특질'이다. 그가 보기에 국방국가와 공영권(또는 광역권)은 불가분의 관계에 있고 그 관계성 가운데 '현대국가가 탄생'하기 때문에, "현대국가에서 국방국가, 총력전, 공영권 삼자는 삼위일체의 관계를 이룬다"는 점을 거듭 강조했다.[55]

결국 고야마의 논리 속에서 대동아공영권의 등장은 '현대'의 '세계사적 필연'이었다. 그는 대동아공영권이 대두하게 된 직접적 요인 중 하나로서 대영제국의 블록경제 결성을 들었다. 블록경제권 자체가 자유무역에 입각한 세계경제의 '감속減速'을 스스로 타파하기 위한 역사적 필연이지만, 이 블록경제권의 탄생에 이어 '도의성'에 입각해 등장한 대동아공영권의 성립이야말로 결정적인 세계사적 필연성을 갖는다는 것이 그의 주장이었다.[56] 정책

55 高山岩男, 앞의 책, 1943, 104쪽.

수준에서 일본정부의 대동아공영권 구상은 어디까지나 주권국가를 구성단위로 삼는 국제질서를 전제로 하고 있었지만, 그는 어떤 의미에서 이 전제를 뛰어넘는 구상력을 보였던 것이다.

교토학파가 좌담회 '세계사적 입장과 일본'에서 펼쳤던 논의의 키워드 가운데 하나가 바로 '도의'였다. 고야마 이와오가 '환경과 주체의 호응적 합치'를 '지인地人합일'이 아니라 '천인天人합일'로 표현했던 것도 이 개념과 연관이 있다. 고야마는 '도의'를 ① 욕망·이익의 차원을 초월한 고차적 입장이며, ② 그렇기에 도리어 욕망·이익을 진정으로 실현하고 내면적으로 지도함으로써, ③ 현실의 인륜오상人倫五常 질서에 입각하되 인간의 본연·본성을 자각적 완성으로까지 이끄는 힘이라고 규정했다. 나아가 '공영권의 구성원리'가 바로 이와 같은 '진정한 도의'여야 한다고 주장했다. 즉 "공영권의 질서, 따라서 세계의 신질서는 이런 의미의 도의적 질서여야 한다. 이것이 근대 국제세계의 모순 속에서 출현한 현대의 공영권에 요청되고 있는 신질서다. 그리고 이러한 도의적 질서를 건설하는 것이 우리 일본의 세계사적 사명"이라는 것이다.[57]

따라서 고야마 이와오에게 대동아공영권의 '공영' 개념이 결코 경제적 인센티브를 우선시하는 개발론적 측면에 국한될 수 없었던 것은 당연한 일이었다. 그는 '공영共榮'의 '영榮'이 이익을 우선시하는 영미식 가치관에 입각한 'prosperity'가 아니라 '도의적 영예榮譽'임을 강조했다. 따라서 이러한 주장은 로야마 마사미치 등을 통해 살펴본 지정학적 경제개발론에 대한 우회적 비판으로 읽힐 수도 있다. 더욱이 '공영'이 단순한 co-prosperity가 아니라 '도의적 영예를 함께하는 것'을 뜻한다는 입장은 교토학파의 공론이기

56 高山岩男, 앞의 책, 1943, 108~113쪽.

57 高山岩男, 위의 책, 132쪽.

도 했다.[58]

고야마 이와오에게 '도의' 혹은 '도의적 에너지moralische Energie'는 전쟁과 불가분한 관계를 이룬다. 즉 "전쟁 속에 도의적 에네르기가 있다. 형식화된 정의감, 기실 구질서나 현상을 유지하려는 부不정의, 그런 것에 대한 건강한 생명의 반격, 그것이 바로 도의적 에네르기"라는 것이다.[59] 고야마는 대동아전쟁을 가진 나라와 못 가진 나라와의 투쟁이라거나 자원전쟁이라는 식의 틀로 이해해서는 안 되며, 그 근본적인 이유가 '전쟁의 도의적 의의'에 있음을 강조했다.[60] 그리고 이 논리는 급기야 대동아공영권에서 일본의 지도적 입장을 정당화하는 논리로서 그 효과를 발휘해나갔다. 그는 유럽전선에서 독일의 승리도 이 '도의적 에너지'의 발현이라고 보았다.

> 독일이 이겼다는 것을 나는 독일민족이 지닌 도의적 에네르기가 이긴 것으로 생각한다. …… 흔히 세계사는 세계심판이라고 말하지만 그것은 세계사의 외부에 신이 내려다보며 심판을 한다는 말이 아니다. 국민 스스로가 자기 자신을 비판하는 것, 자기 자신을 심판하는 것이라고 생각한다. 나라가 멸망하는 것은 외부로부터의 침략이나 어떤 외적 요인에 기인하는 것이 아니다. 外患 같은 것은 하나의 機會因에 불과하다. 나라가 망하는 것은 기실 국민의 도의적 에네르기가 고갈된 데 기인한다.[61]

고야마 이와오에 따르면, 랑케L. von Ranke의 도의적 에너지moralische Energie나 맹자의 호연지기浩然之氣가 모두 '도의적 생명력'에 해당하는데, 그것은 충만한 삶을 살고자 하는 강렬한 의욕이며 부정이나 파괴까지지도 억

58 高坂正顯 外 編, 『世界史的立場と日本』, 中央公論社, 1943, 358~359쪽. 니시타니 게이지西谷啓治와 고야마 이와오의 담화 부분이다.
59 高坂正顯 外 編, 위의 책, 102~103쪽.
60 高坂正顯 外 編, 위의 책, 217쪽.
61 高坂正顯 外 編, 위의 책, 104~105쪽.

누르지 않는 야성적 힘이다. 이 힘은 내용 없는 형식주의, 고답적인 문화주의, 무기력한 퇴폐주의를 배격한다. 국가의 흥망성쇠는 외부적인 원인이 아니라 내부적인 원인, 즉 도의적 생명력의 발현과 상실에 기인한다. 일본은 내적으로 도의적 생명력이 늘 왕성한 국가인 반면, 중국은 근세 이후 생명력이 발현되지 못하는 현세주의적 사회가 되어 윤리도덕이 있을 뿐 도의적 생명력은 사라져버렸다. 유럽의 잠식 이래 중국이 세계사의 추세에 자각적으로 대응하지 못한 궁극적 원인은 바로 도의적 생명력의 결핍이다. 요컨대 고야마는 도의적 생명력에서 절대적 우월성을 지닌 일본과 그것이 결핍된 중국을 대비시켜 지도와 피지도의 관계를 정당화했다.[62]

이리하여 '세계사의 철학'은 대동아공영권의 위계질서에 대한 논리적 정당화에 노골적으로 '기여'하게 되었고, 이는 다시 식민지 제민족의 반발을 불러일으키는 결과로 나타날 수밖에 없었다.[63] 결국 고야마 이와오 등의 교토학파가 구축한 '세계사의 철학'은 서구적 역사주의의 극복을 표방한 '근대의 초극'론이었지만, 그것은 일본을 맹주로 한 또 다른 역사주의의 구축에 불과한 '근대에 의한 초극'[64]으로 귀결되었던 것이다.

4. 맺음말

이상에서 중일전쟁과 아시아태평양전쟁의 발발을 전후한 시기에 '제국

62 高山岩男, 「歷史の推進力と道義的生命力」, 『中央公論』, 1942년 10월호.

63 河西晃祐, 「'帝國'と'獨立'—'大東亞共榮圈'における '自主獨立'問題の共振」, 『年報日本現代史 10—'帝國'と植民地』, 現代史料出版, 2005, 68~71쪽 참조.

64 Harry Harootunian, *Overcome By Modernity: History, Culture, and Community in Interwar Japan*, Princeton University Press, 2000.

일본'의 향방과 관련하여 제기되었던 각종 구상들을 동아협동체론과 대동아공영권론에 초점을 맞추어 개관해보았다. 중일전쟁이 아시아태평양전쟁으로 확대되면서 '생존권'과 '자원권'을 확보하기 위한 '남진' 정책이 급기야 '대동아공영권'이라는 리바이어던Leviathan으로 돌진했던 역사적 결과만을 놓고 말하자면, 대동아공영권 구상은 결국 동아신질서론의 연장에 불과했다고 볼 수밖에 없다. 나아가 '자원전쟁'으로서의 성격이 컸던 이른바 '대동아전쟁', 즉 아시아태평양전쟁을 정당화하려는 그 어떤 이념도 '이념'으로서의 내실을 갖추지 못한 프로파간다나 이데올로기에 불과했다고 하는 진단도 충분히 설득력을 갖는다.

그러나 동아연맹이나, 특히 동아협동체론의 사례에서 엿볼 수 있듯이 동아신질서의 슬로건이 제시된 시점과 대동아공영권 구상이 대두한 시점, 즉 1937년에서 1941년에 걸친 시기를 찬찬히 들여다보면 동아신질서에서 대동아공영권으로의 이행을 직선적이고 연속적인 것으로만 볼 수 없는 단속면들이 나타난다. 다시 말해서 동아신질서에서 대동아공영권으로의 전개를 연속적·필연적이라고 일괄 규정해버릴 경우 시야에서 사라질 사상적 모색의 지층이 발견되는 것이다. 필자는 최소한 오자키 호쓰미의 동아협동체론에서 분명히 그러한 '단층'을 찾아낼 수 있었다고 판단한다.

물론 이러한 판단 자체는 극히 유보적일 수밖에 없다. 왜냐하면 '사상'이란 무릇 '생산적'인 '대화'인만큼 발신자의 의도뿐 아니라 수신자의 반응이 중요하고 어떤 경우에는—특히 발신자와 수신자의 역관계가 압도적으로 불균형적인 상황에서는—후자가 결정적이라고까지 말할 수 있기 때문이다. 동아신질서론 가운데 동아연맹론이나 동아협동체론의 주장에 대한 식민지·점령지 인민의 반응이 중요한 것은 바로 그 때문이다. 따라서 '사상적 단층'으로서의 동아협동체론이 지닌 '사상의 질'을 판단하려면 이러한 상호 작용이나 의사소통의 실제를 함께 분석하지 않으면 안 된다. 대동아공영권과의 단절면보다 연속면이 농후했던 미키 기요시나 로야마 마사미치의 경우에도 식민지 측의 반응을 검토할 때, 그 사상적 한계를 훨씬 더 명료하게 파악할 수 있을 것이다. 하지만 이 글에서는 발신자 측의 구상이 어떤 계보를 형성하고 있었는지를 추적하는 데 만족해야 했다. 다만 이 지점에 관한 연구들이 최근 시작되고 있다는 것은 매우 고무적인 일이 아닐 수 없으며, 향후 연구가 축적되면 발신자와 수신자를 아우르면서 이 시기의 역사상을 재구성해낼 수 있으리라 기대한다.

근자에 '동아시아'에 관한 논의가 활발히 전개되면서 주로 경제통합에 초점을 맞춘 동아시아론들이 우후죽순처럼 나오고 있다. 특히 유럽통합을 선망하면서 동아시아통합론이 급조되는 듯한 양상마저 보인다. 유럽통합의 현재와 미래에 가로놓인 무수한 장애들에 대한 고찰은 말할 것도 없고 '동아시아통합'의 역사에 대한 성찰마저도 결여한 논의들이 난무하고 있는 형국이다. 그렇게 추진될 동아시아통합이 어떤 불협화음을 일으킬 것인가는 명약관화하다. 하지만 다른 한편으로 일본의 동아시아론을 '대동아공영권의 재판'으로 일괄 규정해버리는 반응 역시 온당치 못하다. 무엇보다도, 머리말에서도 언급했듯이, 우리에게 대동아공영권의 역사 자체에 대한 깊이 있는 분석이 얼마나 축적되어 있는지를 묻지 않을 수 없다. 아울러 대동아공영권의 등장을 전후해서 명멸했던 구상들 가운데 오늘날의 논의에 유용한 자원들이 전무하다고 볼 수도 없다. 흐르는 강물을 수없이 걸러서 사금砂金을 얻어내듯이, 동아시아 논의에서 반드시 짚고 넘어가야 할 역사적 자원들을 추출해 내는 작업이 앞으로의 과제가 되어야 할 것이다.

---

* 이 글은 2003년도 한국학술진흥재단의 지원을 받아 이루어졌다(KRF-2003-044-A00002).

제6장 | 6 · 25전쟁기 미 · 중관계

정용욱 (서울대학교 국사학과)

1. 머리말

1951년 늦봄 이후 6 · 25전쟁[1]은 교착상태에 들어갔다. 개전 이후 조선인민군(이하 북한군)과 유엔군은 낙동강과 압록강까지 남진과 북진을 주고받았

1 전쟁이 끝난 뒤 반세기가 흘렀지만 '6 · 25전쟁'은 명칭에서부터 여전히 논란이 있다. 일반적으로 영국, 미국 등 영어권에서는 'the Korean War'가 일반적이다. 전쟁 당시 미국은 'Conflict' 등의 용어를 쓰기도 했으나 최근 구미학계에서는 '한국전쟁Korean War'이라는 용어가 6 · 25전쟁을 일컫는 용어로 정착한 것으로 보인다. 이 전쟁에 대해서 한국에서는 사변, 동란, 전란이라는 용어도 자주 쓰였고, 요사이도 대중적 차원에서는 이 용어들로 호칭하는 경우가 왕왕 있으나 최근에 들어서 학계에서는 거의 사라진 것으로 보인다. 한 국어사전에 따르면 사변은 "① 중대한 변고, ② 경찰의 힘으로 막을 수가 없는 난리, ③ 상대국에 선전포고 없이 침입하는 상태"(한글학회, 『우리말 큰사전』 7판, 어문각, 1997, 2061쪽)를 말한다. 또 동란은 "폭동, 반란, 전쟁 따위로 말미암아 사회가 질서를 잃고 어지러워지는 일"(위의 책, 1106쪽)이고, 전란은 "전쟁으로 말미암은 난리"(위의 책, 3589쪽)를 뜻한다. 이러한 용어들이 가진 공통점은 전쟁이라는 용어를 피함으로써 이 전쟁이 위상이 서로 비슷한 교전주체들이 일으킨 것이 아니라, 정통성이 없는 한 교전주체가 일으킨 난리에 불과하다는 점과 전쟁으로 인한 혼란을 강조한다는 점이다. 사변이라는 용어는 미국이 유엔을 통한 논의과정에서 참전을 '치안(경찰)활동police action'으로 명명한 것과 비슷한 맥락에서 제기된 것이 아닐까 생각한다.

6 · 25전쟁이 교전 쌍방 간에 연인원 수백만 명의 군대가 동원된 극한적인 군사적 대결, 충돌이

지만, 중국인민지원군(이하 중국군)의 참전으로 다시 전선은 38도선 부근에서 형성되었다. 유엔군·남한군과 중국군·북한군은 전선을 따라 일진일퇴를 거듭했고, 이때부터는 양측 모두 군사적으로 상대를 압도할 수 없다는 것이 명확해졌다. 전선이 고착된 상황에서 유엔주재 소련대표 말리크Y.A. Malik가 1951년 6월 23일 한 라디오방송 연설에서 정전을 제안하였고,[2] 미국이 이 제안을 수용함으로써 7월 10일부터 휴전협상이 시작되었다. 주지하다시피 휴전협상 의제는 군사적인 문제에 국한하고 정치적인 문제는 일체 배제하였으나, 2년 이상 지루하게 계속되었고 그사이 양측은 진지전과 참호전을 수행하면서 소모적인 전투를 지속하였다. 협상을 난항에 빠트리고 지연

었다는 점을 염두에 둔다면 이것을 전쟁으로 부르는 것에 주저할 필요는 없을 것이다. 문제는 이 전쟁을 '한국전쟁'으로 부를 것인가인데, 미국의 남북전쟁을 '미국전쟁'이라고 부르지 않는 것과 마찬가지로 6·25전쟁을 한국전쟁으로 부르는 것은 어색해 보인다. 이 용어는 한국에서 일어났던 고래의 수많은 전쟁과 이 전쟁을 구분할 수 없게 한다(조동걸, 『현대한국사학사』, 나남출판, 1998, 481쪽 ; 강만길, 『20세기 우리 역사』, 창작과 비평사, 1999, 246쪽). 6·25전쟁이라는 용어는 개전일을 전쟁의 명칭으로 사용함으로써 6·25전쟁의 내전적 성격이나 국제전적 성격 등 전쟁의 성격을 전혀 드러내지 못할 뿐만 아니라 개전의 책임을 어느 일방에 전가하려는 혐의가 있다는 비판이 있을 수 있다. 하지만 학계의 공통의 합의에 따라 다른 적당한 용어로 대체되기까지 잠정적으로 '6·25전쟁'이라는 용어를 쓸 수밖에 없다는 것이 필자의 입장이다.

6·25전쟁의 호칭문제는 전쟁 책임을 둘러싼 논쟁, 전쟁의 성격을 둘러싼 논쟁과 결합되어 있어서 쉽게 해결할 수 있는 성질의 것이 아니다(이 전쟁의 명칭문제를 둘러싼 다양한 논의에 대해서는 김학준, 「6·25전쟁에 관한 몇 가지 예비적 토론」, 한국전쟁연구회 편, 『탈냉전시대 한국전쟁의 재조명』, 백산서당, 2000). 북한은 '조국해방전쟁'이라는 용어를 고수하고 있으며, 중국은 여전히 이 전쟁을 항미원조抗美援朝전쟁으로 호칭한다. 미국은 한국전쟁이라는 용어를 쓰고 있지만 공식 전사나 공식 기념물에서는 전쟁의 주체를 철저하게 유엔군으로 묘사하고 있다. 예를 들어 워싱턴 디씨Washington D.C.의 몰Mall 한 켠, 베트남전 기념조형물 맞은편에 자리한 한국전쟁 기념 조형물에 쓰여진 부상자, 실종자 등 전쟁으로 인한 군인 희생자 숫자는 모두 미군 아니면 유엔군으로 처리되어 있으며, 한국군은 전쟁의 명칭과 상관없이 유엔군의 일원으로서만 통계 처리되었다. 이 기념조형물이 상징하는 의미체계 내에서는 어쩌면 '한국전쟁'보다는 '제1차 유엔전쟁'이 더 적당할지도 모르겠다. 전쟁의 호칭문제는 분단상황의 해소와 같은 결정적인 사태 변화나 오랜 기간 학계의 논의를 통해서야 해결할 수 있는 문제가 아닌가 생각한다.

2 Walter G. Hermes, *Truce Tent and Fighting Front*, Center of Military History, 1966(월터 G. 허미즈, 『(유엔군전사 제2집) 휴전천막과 싸우는 전선』, 육군본부, 1968, 20쪽).

시킨 가장 큰 문제는 의제 3항 포로송환문제였다. 포로의 자동송환(강제송환) 원칙을 주장하는 북한군·중국군과 자원송환(자유송환) 원칙을 주장하는 유엔군 원칙이 팽팽하게 맞섰고, 양측은 전선과 후방에서 불필요한 인적·물적 손실을 감수하면서까지 자신의 주장을 고집하였다. 그중에서도 협상을 더욱 복잡하게 만든 것은 북한군 포로보다는 중국군 포로문제였다.

6·25전쟁은 한반도에서 이루어졌지만 전쟁의 국면과 전황은 모두 외국 군대의 참전에 의해 획기적으로 변화하였다. 남한군이 북한군의 침공에 대해 어느 정도 억제력을 가질 것이라는 미국의 전쟁 이전과 개전 초기 예상을 깨고 남한군은 전쟁 발발 이후 급속히 와해되어 낙동강 방어선까지 후퇴하였고, 미군의 지원과 제공권 장악에 의지해 가까스로 방어선을 유지하였다. 또 유엔군의 인천상륙작전 성공 이후 패주를 거듭하던 북한군이 다시 전열을 정비하고 반격을 가함으로써, 남한군과 유엔군이 서울을 다시 내주고 북위 37도선까지 후퇴할 수밖에 없었던 소위 '1·4후퇴'는 중국군의 참전이 아니었다면 일어날 수 없었다. 주목할 것은 미군과 중국군의 참전으로 전쟁은 명백히 국제전의 성격을 띠게 되었음에도 불구하고, 미국과 중국은 상대방에 대해 선전포고를 하지 않았다는 점이다. 즉 양국은 공식적으로는 전쟁 상태에 돌입하지 않은 상태에서 전쟁을 치렀다. 미국은 유엔의 이름을 빌려 자국 군대의 군사활동을 '치안 활동police action'의 일환으로 규정하였고, 중국은 '인민지원군'의 형식으로 참전함으로써 중국 정부가 전쟁에 공식적으로 연루되는 것을 피하였다.

포로송환 협상의 진행과정이나 미국과 중국의 상대방에 대한 태도는 전쟁의 추이가 사실은 6·25전쟁의 전황 자체보다는 양국 관계에 의해 영향을 받았고, 또 역으로 6·25전쟁이 양국 관계에 영향을 주었음을 암시한다. 이 글은 이러한 점에 착안하여 6·25전쟁을 매개로 이 시기 미·중관계의 전개

과정을 추적하고자 한다. 미 · 중관계와 관련한 이전의 연구들은 중국의 6 · 25전쟁 개입 배경, 만주로의 확전 문제를 둘러싼 맥아더D. MacArthur와 트루먼H.S. Truman의 갈등 등 단편적이고 일면적인 주제에 한정된 경우가 많았다. 이러한 주제들이 다루는 내용은 전쟁의 추이에 큰 영향을 준 사건들임에는 틀림없으나 6 · 25전쟁에 대한 미국과 중국의 입장과 태도를 전체적으로 해명하기에는 부족하고, 전쟁의 전체 과정을 시야에 두지 못한 한계를 가진다. 하지만 소련, 중국 측의 자료가 공개되기 시작하면서 자료 활용 범위가 한층 확대되었고, 최근 6 · 25전쟁기 미 · 중관계에 관한 연구성과의 축적도 활발한 편이다.[3] 이 글에서 필자는 6 · 25전쟁기 미 · 중관계에 대한 기존

3 중소관계, 미중관계 등 전쟁기 국제관계, 6 · 25전쟁에서 중국의 역할 등 6 · 25전쟁과 중국의 관련성 전반에 관한 최근의 활발한 연구는 탈냉전 이후 소련, 중국의 새로운 자료 공개와 6 · 25전쟁 연구에 대한 중국의 적극적 자세에 기인한 바 크다. 1990년대 이후 공간된 中共中央文獻硏究室 編, 『建國以來毛澤東文稿』, 中央文獻出版社, 1987 ; 中共中央文獻硏究室 · 軍事科學院 編, 『毛澤東軍事文集』 第6卷, 中央文獻出版社, 1993 ; 中共中央文獻硏究室 · 軍事科學院 編, 『周恩來軍事文選』 第4卷, 人民出版社, 1997 ; 『黨的文獻』 第5期(2000. 10) ; 逄先知 · 李捷 著, 『毛澤東與抗美援朝』, 中央文獻出版社, 2000 등에는 중국 최고지도자들의 인식과 중국 당국의 주요 결정을 알 수 있는 전보, 문건 등 6 · 25전쟁 관련 문서가 다수 수록되어 있다. 行政自治部 政府記錄保存所 編, 『韓國戰爭과 中國』 1-2(행정자치부 정부기록보존소, 2002)는 공개된 중국 측 문서들을 선별하여 번역한 것이다.

중국에서 나온 최근의 6 · 25전쟁 관련 대표 저작들로는 다음과 같은 책들이 있다. 軍事科學院 軍事歷史硏究部, 『抗美援朝戰爭史(항미원조전쟁사)』, 軍事科學出版社, 2000 ; 沈志華, 『毛澤東, 斯大林與韓國戰爭(마오쩌둥, 스탈린과 한국전쟁)』, 天地圖書有限公司, 1988 ; 沈志華, 『中蘇同盟與朝鮮戰爭硏究(중 · 소동맹과 조선전쟁 연구)』, 黃西師範大學出版社, 1999 ; 齊德學, 『巨人的較量(거인의 힘 겨루기)』, 中共中央黨校出版社, 1999 ; 逄先知 · 李捷 著, 『毛澤東與抗美援朝』, 中央文獻出版社, 2000 ; 楊奎松, 『毛澤東與莫斯科的恩恩怨怨(마오쩌둥과 모스크바 간의 은혜와 원한)』, 江西人民出版社, 1999 ; 林利民, 『遏制中國—朝鮮戰爭與中美關係(봉쇄중국—한국전쟁과 중 · 미관계)』, 時事出版社, 2000. 또 최근 중국 학계의 6 · 25전쟁 연구동향에 대한 소개로는 李捷 · 李敦球, 「최근 중국의 한국전쟁 연구동향」, 『한국전쟁 중 중국의 참전전략과 포로문제』(한 · 중국제학술세미나), 2001. 10. 25 ; 洪冕基, 「중국의 한국전쟁에 대한 인식변화」, 『戰史』 4(2002. 6), 2002를 참고할 수 있다. 한국 측 연구성과로는 박두복 편, 『한국전쟁과 중국』, 백산서당, 2001 ; 이완범, 『한국전쟁—국제전적 조망』, 백산서당, 2000 ; 이종석, 『북한—중국관계, 1945-2000』, 중심, 2000 ; 국방부 군사편찬연구소 편, 『한국전쟁의 새로운 이해』 I, 2001 등을

의 연구를 토대로 6 · 25전쟁기 미 · 중관계 변화의 주요 계기에 대한 논의 지점을 살펴보고, 그것에 필자 나름의 생각을 덧붙이고자 한다.

이 글은 일차적으로 미 · 중관계의 전개과정을 전체적으로 시야에 넣고 양국의 입장과 대응이 시기별로 어떻게 나타나는지를 살펴볼 것이다. 특히 쌍방의 정세인식, 양측 지도자의 전쟁전략과 외교전략, 정치적 · 외교적 대응 양상을 교차적으로 살펴볼 것이다. 1970년대 초반 중국과 미국의 국교정상화 교섭과정에서 한반도문제는 중요한 의제 중의 하나였고,[4] 최근 '북핵위기'를 둘러싼 북 · 미 간 대치과정에서 중국이 중요한 중재자로 부각되었다. 이러한 사정은 한반도문제가 동북아시아 질서의 재편에서 핵심적 위치를 차지할 뿐만 아니라 미 · 중관계에서도 중요한 위치를 차지함을 의미한다. 6 · 25전쟁에 나타난 초기 미 · 중관계의 전개양상을 살펴본 이 글은 그런 의미에서 미 · 중관계의 위상과 성격에 대한 역사적 이해의 폭을 넓히는 데 기여할 수 있을 것이다.

2. 6 · 25전쟁 이전의 미 · 중관계

6 · 25전쟁 발발 이전 미 · 중관계에서 중심적으로 살펴보아야 할 문제는

참고할 수 있다. 특히 『한국전쟁과 중국』은 이 주제에 대한 한국 학자들과 중국 학자들 사이의 인식차 또 한국 학자들 내부의 시각차를 잘 보여준다. 구미에서는 Zhang Shuguang, *Deterrence and Strategic Culture: Chinese-American Confrontation, 1949-1958*, Cornell University Press, 1992 ; Chen Jian, *China's Road to the Korean War: The Making of the Sino-American Confrontation*, Columbia University Press, 1994 ; *Mao's China and the Cold War*, The University of North Carolina Press, 2001 등이 논의를 이끌고 있다.

4 1970년대 전반 미국과 중국 간의 국교 정상화 교섭과정에서 한국문제 논의는 홍석률, 「1970년대 전반 동북아 데탕트와 한국 통일문제—미 · 중간의 한국문제에 대한 비밀협상을 중심으로」, 『역사와현실』 42, 2001 참고.

중화인민공화국(이하 중국) 수립 이후 나타난 미국 대중對中정책의 변화이다. 이와 관련해 많은 논란을 불러일으킨 것이 이른바 '애치슨 라인Acheson line'의 해석 문제이다.

제2차 세계대전 종전 이전 미국이 전후의 아시아정책을 구상하는 과정에서 중국은, 전후 미국의 아시아정책에서 중심적 위치를 차지하였다. 미국이 태평양전쟁 기간 중 마련한 전후 기획안에서 전후 동북아시아 지역문제 해결의 축으로 삼은 것은 지역중심으로서 중국의 경제적 부흥과 정치적 안정이었다. 또 일본에 대해서는 군국주의적 기반을 철저히 파괴하여 다시는 미국을 위협하거나 이 지역의 안정을 해치지 못하게 만들되, 경제적으로는 자급을 유지하고 지역 부흥에 어느 정도 기여할 수 있게 하겠다고 구상하였다.[5] 즉 일본 패전 이후 미국의 아시아정책의 근본은 장제스蔣介石의 국민당 정부가 지배하는 중국과의 우호관계를 기본으로, 아시아 본토에서 미국의 영향력을 확대함으로써 아시아에서 패권적 지위를 확립하는 것이었다. 하지만 일제 패망 이후 중국 대륙은 국민당군과 공산당군의 내전의 소용돌이에 휘말렸고, 미국은 국민당을 군사적 · 재정적으로 지원하여 국민당군이 군사적으로 우세한 지위를 차지하도록 돕는 한편, 이후 국무장관이 되는 마셜 G.C. Marshall을 파견하여 국민당과 공산당의 합작을 원조함으로써 중국대륙의 정치적 안정을 도모하는 이중 전략을 구사하였다. 이 시기만 해도 미국은 중국 정세의 안정을 위해서는 국민당의 정치 · 군사적 우위하에 공산당이

---

5 태평양전쟁기 미국 전후기획의 산파 역할을 한 외교협회Council on Foreign Relations의 다음과 같은 자료들은 이 시기 미국의 대중국 구상을 잘 보여준다.

Records of the Council on Foreign Relations, 「G-70, 1941 C. Do Bases for a Real Peace Exist between the United States and Japan?」, University Publications of America, 1991 ; 「T-A28, China and Southern Asia/China and Russia」, 1942. 8. 19 ; 「T-A32, China, Pacific War, Nationalism in Southern Asia」, 1942. 12. 15 ; 「T-A42, Russia and China/Future of Manchuria/Future Role of China/Chinese Frontier Question」, 1942. 12. 14.

중국 내정에 일정한 지분을 가지고 참여하는 것이 필요하다고 생각하였다.

국민당 정부는 내전에서 패배를 거듭하여 1949년 12월 8일 타이완으로 퇴각하였고, 결국 공산당 정권이 대륙을 장악함으로써 미국의 대중정책과 동북아시아정책은 전환을 강요받게 되었다. 한편 1949년 10월 중화인민공화국이 수립될 때까지 미국은 국민당에 대한 지원을 지속하면서도 중국공산당에 접근하는 양면작전을 구사하였다. 즉 이른바 중국의 '티토J.B. Tito화' 정책을 추구했던 것이다.[6] 1947년부터 1949년까지 국무장관을 역임했던 마셜과 그의 막료들은 중국 공산당의 승리가 불가피하다고 보고, 미국의 목표를 중국이 소련과 동맹을 맺는 것을 방지하는 데 두어야 한다고 결론 내렸다. 중국과 소련의 분리라는 정책 목표는 1949년 1월 11일 문서 NSC 34/1 「미국의 대중정책United States Policy toward China」에서 더욱 구체화되는데, 이 문서는 미국 외교정책의 기본 목표를 중국의 소련 종속국화 방지에 두었다. 1949년 국무장관이 된 애치슨D. Acheson은 중국국민당 정부가 무너질 것이라고 판단하였다. 애치슨 국무장관은 "마오쩌둥毛澤東은 아시아의 티토이며 소 · 중 간의 대립 가능성이 존재한다"고 관찰하였다. 중소연합전선의 형성은 유라시아 대륙의 광활한 지역을 공산진영이 지배하는 것이기 때문에 이것은 기필코 막아야 했다. 따라서 애치슨은 마오쩌둥 정권과 분규를 피하기 위해 국민당 정부를 포기하자고 트루먼 대통령을 설득하였다.[7] 잠시 동안이지만 중국 공산당에 대한 포용정책을 추구하였던 것이다.

중국 상실 직후 미국 국무장관 애치슨은 1950년 1월 12일 내셔널 프레스

6 유고슬라비아의 초대 대통령. 제2차 세계대전 중 독일 · 이탈리아군이 점령한 유고슬라비아의 민족해방운동을 이끌었다. 그는 전후 비동맹 중립외교 원칙을 선택함으로써 소련으로부터 수정주의라는 비판을 받았고 1948년 코민테른Comintern에서도 제명되었다.

7 이완범, 「중국군의 참전 이전 미 · 중관계」, 『한국전쟁사의 새로운 연구』 1, 국방부 군사편찬연구소, 2001, 422~427쪽.

클럽National Press Club에서 '아시아의 위기—미국 정책의 시험대Crisis in Asia—An Examination of U.S. Policy'라는 연설을 하였다.[8] 이 연설에서 애치슨은 "우리의 방어선 변경은 알류산 열도에서 일본을 지나 오키나와까지 연장된다. …… 그리고 다시 오키나와에서 필리핀 군도까지 이어진다"라고 하였다. 그가 제시한 태평양상의 미국 방위선은 흔히 '애치슨 라인'으로 불리었고, 그가 설정한 도서방어선에서는 한국과 타이완이 모두 제외되었다. 그런데 그가 연설을 한 지 채 6개월이 지나기도 전에 방어선에 포함되지 않은 한반도에서 전쟁이 발발함으로써 그의 연설은 당대는 물론 후대에까지 커다란 논쟁을 불러일으켰다. 한편에서는 애치슨의 연설을 북한의 남침을 초래한 초대장 또는 남침을 위한 청신호로 비판하는가 하면, 다른 한편에서는 애치슨 선언과 북한의 남침은 뚜렷한 관련성이 없다고 주장한다. 이처럼 애치슨의 연설을 두고 이를 한국문제에 대한 불개입 선언으로 볼 것인가 아니면 한국에 대한 지원을 강화하기 위한 신호로 볼 것인가에 대해서 논란이 있지만, 중국과 타이완 간의 양안관계와 관련해서도 해석의 차이가 존재한다.[9]

미국 대통령 트루먼은 1950년 1월 5일에 타이완문제에 관한 성명에서

---

8 트루먼 행정부의 신임 국무장관이었던 애치슨D. Acheson은 관례적으로 신임 국무장관들이 자신의 철학과 정책을 발표하는 내셔널 프레스클럽 연설에서 이례적으로 아시아에 관한 주제를 선택했다. 그는 일반적으로 유럽중심주의자로 알려져 있다. 그의 내셔널 프레스클럽 연설은 취임한 지 1년이나 지난 뒤에 이루어졌다.

9 전통주의자들은 애치슨의 연설을 한국에 대한 지원의 철회로 해석하면서 북한의 남침을 불러온 전략적 오류라고 평가한다. 반면 커밍스B. Cumings는 그러한 견해를 비판하고, 북한이 애치슨 라인의 선언을 격렬히 비난하면서 오히려 미국의 전쟁 위협에 대한 경계를 강화했다는 점을 지적했다(Bruce Cumings, *The Origin of the Korean War Vol II: The Roaring of the Cataract, 1947-50*, Princeton University Press, 1990, pp.429~435). 한편 김명섭은 애치슨 선언은 트루먼 행정부가 소련과의 냉전에서 대서양지역은 물론 태평양지역도 양보할 수 없다는 확고한 개입 의지를 공식화한 것이라고 평가하였다(「6 · 25전쟁 직전의 '애치슨선언'에 대한 재해석—서유럽에서 동아시아로 확장되는 미국의 전략적 관심」, 박두복 편, 『한국전쟁과 중국』, 백산서당, 2001, 81~110쪽).

"1943년 12월 카이로 선언에서 일본이 빼앗은 중국영토 타이완은 중국에 귀속한다고 공표하였고, …… 일본이 항복하면서 타이완은 이미 중국에 귀속하였다. 현재 미국은 타이완에서 특별한 권리를 획득하거나 군사기지를 건설할 의사가 없고, 미국은 현재 상황에 대해 무력을 통한 간섭을 하지 않을 것이다"라고 선언하였다. 그러나 트루먼 대통령의 무력불간섭 선언이 곧바로 남한의 이승만 정권과 타이완의 장제스 정권에 대한 포기를 의미한 것은 아니었다.

1949년 12월 30일 트루먼 대통령이 비준한 미국 국가안보위원회 문서 NSC 48/2「아시아에서 미국의 지위The Position of the United States with respect to Asia」에 의하면 도서방어선은 "미국의 제1방어선일 뿐만 아니라 제1공격선이 되어야만 하며, 미국은 이 선에서부터 공산주의 지배지역을 축소시킬 것"이라고 되어 있다.[10] 1950년 4월 7일 트루먼 대통령에게 보고된 NSC 68에서는 만약 우세하면서 수시로 동원할 수 있는 군사력이 없다면 봉쇄정책은 공갈정책에 불과하다는 점을 지적하고, 군사력으로 봉쇄정책을 추진할 것을 지지하였다. 애치슨 연설 자체에 대해서는 이를 타이완에 대한 개입 철회로 볼 것인가 지원 강화로 볼 것인가 또는 중국의 대소對蘇 접근을 막기 위한 일종의 쐐기전략으로 볼 것인가에 대해 여전히 논란이 많다.[11]

한 가지 확실한 것은 미국은 중국 공산화 이후 제2차 세계대전 시기에 구상한 중국을 근거로 한 아시아정책에서 일본을 근거로 한 아시아정책으로 옮겨갈 수밖에 없었고, 중국 신정부에 대한 정책적 태도를 결정하고 새로운 대응책을 마련하지 않으면 안 되었다는 사실이다. 미국은 밖으로는 중국의

10 Thomas H. Etzold & John Lewis Gaddis, *Containment: Documents on American Policy and Strategy, 1945–1950*, Columbia University Press, 1978, p.264.

11 도진순, 「1950년 1월 애치슨의 프레스클럽 연설과 하나의 전쟁 논리」, 『한국사연구』 119, 2002 참고.

현실을 인정하고 전략방어선에서 타이완을 제외시킨다는 정책적 태도를 표출했지만, 안으로는 유동적 정세에 따라 군사적 개입에서부터 중국 신정부와 비밀교섭[12]에 이르기까지 다양한 대응책을 검토하였다.

중국공산당은 1949년 가을 중화인민공화국을 수립하였다. 하지만 신생국 중국의 국내 · 외 정세는 그리 안정적이지 않았다. 특히 국제정세의 측면에서 중국의 지도자 마오쩌둥은 미국이 국민당을 구제하기 위해 중국에 개입할 가능성은 적지만, 그렇다고 중국과 미국의 관계를 낙관할 수 있다고 보지도 않았다. 마오쩌둥은 오히려 미국의 잠재적인 위협에 대하여 더 큰 비중을 두었다. 따라서 중국은 소련과 더 밀접한 관계를 맺을 필요가 있었다. 정부 수립 직후 신생국의 국가 기반을 다져야 할 시점인 1949년 12월에 마오쩌둥은 소련을 방문하여 2개월이나 체류하면서 소련과의 동맹 체결을 성사시키려고 노력하였다. 이것은 마오쩌둥이 소련과의 관계를 얼마나 중시했는가를 잘 보여준다. 마오쩌둥은 미국과 관계를 개선하는 것보다 소련과 동맹을 맺음으로써 중국의 안보문제를 해결하는 것이 더 가능성이 높다고 생각한 듯하다. 마오쩌둥은 무엇보다 소련의 '안보공약'을 절실히 원했는데, 그런 맥락에서 12월 16일 스탈린I.V. Stalin과의 첫 만남에서 중국 사람들은 "아름답고 멋있는" 결과를 기대한다고 말하였다.

하지만 스탈린은 마오쩌둥의 기대에 완전히 부합하는 대답을 준비하고 있지는 않았다. 스탈린은 중국 공산주의자들을 '마가린 공산주의자'라고 했을 정도로 중국의 공산주의 혁명을 대단한 것으로 여기지 않았으며, 한편으로 중국공산당 정부에 대하여 소련의 의무가 무거워지는 것을 바라지 않았다. 특히 스탈린은 중국이 아시아지역에서 소련에 순응하는 파트너 이상의 존재

12 「몰로토프, 비신스키와 마오쩌둥의 대화」, 1950. 1. 17(*Cold War International History Project Bulletin*, No. 8 · 9, Winter 1996 · 1997, p.233).

가 되는 것을 원치 않았다. 스탈린의 입장에서 중국을 돕는다는 것은 호랑이 새끼를 키우는 일이 될 수도 있었다. 마오쩌둥이 후에 사석私席에서 밝힌 것처럼 당시 스탈린은 중국사람(특히 마오쩌둥)을 제2의 티토 같은 존재가 될까 두려워하면서 의심에 찬 눈초리로 바라보았다.

이러한 양자의 복잡한 입장으로 인하여 협상은 2개월이나 지속되었고, 중소우호동맹상호지원조약은 1950년 2월 14일이 되어서야 조인되었다. 협상은 일단 마오쩌둥의 바람대로 이루어진 듯하다. '중소우호동맹상호지원조약'의 제1항에 의하면 양국은 어느 한 측이 일본 또는 그 동맹국으로부터 공격받을 경우 다른 측은 전력을 다하여 군사적 · 비군사적 원조를 제공하도록 되어 있다. 또한 중국은 소련으로부터 실질적인 군사원조를 약속받았다. 중국은 소련으로부터 비행기를 구매하기로 하였고, 소련은 중국군의 현대화 지원을 위해 소련 군사 고문단과 지원단을 파견하기로 하였다.[13]

중국은 소련과 우호동맹조약을 체결한 이후 소련에 대한 접근을 가속화하였고, 미국은 이러한 상황 변화를 지켜보면서 점차 타이완에 대한 개입과 중국에 대한 적대정책을 강화해갔다. 여기에는 미국 국내정치도 한몫했는데, 미국 공화당은 타이완에 대한 트루먼의 입장을 대중유화정책이라고 비난하면서 민주당 정권에 보다 강경한 대중정책과 장제스 정권에 대한 지원을 요구하였다. 그리고 미국 군부는 타이완에 대한 트루먼의 1월 5일자 성명을 수정해야 한다고 주장하기 시작하였다. 맥아더는 1950년 6월 14일 국방부 장관과 합동참모회의 의장에게 보낸 비망록에서 타이완을 미국의 '불침 항공모함'으로 표현하였고, 타이완을 절대로 공산주의 수중에 떨어지게 놔둘 수

13 박창희, 「마오쩌둥의 한국전쟁 개입전략 분석—군사전략적 목표를 중심으로」(한국국방경영분석학회 추계 학술대회 발표문), 2000, 25~29쪽. 중소우호동맹 협상과정에서 스탈린과 마오쩌둥의 정세 인식 및 대응, 협상 체결의 논리에 대해서는 도진순, 앞의 논문, 2002, 209~217쪽 참고.

없다고 주장하였다.[14]

3. 전쟁 발발에서 중국 참전에 이르는 시기의 미 · 중관계

6 · 25전쟁의 개전은 미국의 대중정책에 커다란 변화를 가져왔다. 전쟁이 발발하자 미국은 바로 해군과 공군을 한국으로 출격시키는 한편, 미 7함대를 타이완 해협에 파견하여 중국이 타이완을 점령하는 것을 무력으로 저지하겠다고 선언하였다. 중국은 미국이 타이완 해협에 해군을 파견하여 타이완을 중국으로부터 분리한 것을, 한국문제와 중국의 주권문제를 하나로 연결하기 위한 조치이자 중국에 대한 내정간섭으로 받아들였다. 7월 6일 중국의 저우언라이周恩來 외교부장은 유엔 사무총장 리T. Lie에게 전문을 보내 "타이완은 중국과 분리할 수 없는 중국의 일부분이며 미국 정부가 어떤 형태의 군사적 방해를 하더라도 중국 인민은 반드시 타이완을 해방시킬 것"이라고 선언하였다.[15]

중국의 저우언라이는 7월 12일 전쟁을 중지시키고 극동지역문제를 평화적으로 해결하기 위한 다섯 가지 조건을 제시하였다. 첫째 한반도에서 모든 외국군대가 철수할 것, 둘째 미군은 타이완 해협과 타이완에서 철수할 것, 셋째 한반도문제는 한민족 스스로 해결할 것, 넷째 유엔에서 중국의 합법적 지위를 회복하고 장제스 대표를 쫓아낼 것, 다섯째 소련 · 미국 · 영국 · 프랑

---

14 *Foreign Relations of the United States*(이하 *FRUS*), 1950, Vol. VII, Korea, pp.161~165.

15 「안전보장이사회가 6월 27일 조선에 대한 무장간섭에 관한 결의를 통과시킨 것에 대해 저우언라이 외교부장이 국제연합 사무총장 리에게 보낸 전보」, 1950. 7. 6(『한국전쟁관련 중국자료선집—한국전쟁과 중국』 I, 행정자치부 정부기록보존소, 2002, 12~13쪽). 이하 『한국전쟁과 중국』 I로 약칭.

스 4개국 외무장관이 회의를 열어 대일 강화조약을 사전에 기획 준비할 것 등이었다. 이 조항들은 전쟁과 동북아시아문제에 대한 중국 정부의 기본입장이었다.[16]

중국은 한국과 타이완에 대한 미국의 개입을 트루먼 정부가 중국에 직접적인 군사적 위협을 조성하기 위한 것이라고 생각하였다.[17] 중국은 7월에 들어 동북지역 국경방위를 강화하고 유사시 북한을 지원하기 위해 동북변방군을 조직하여 병력과 군비를 확충하고 훈련을 강화하였다.[18] 중국은 또한 미국의 타이완 및 한반도 침략에 반대하는 대규모 군중동원운동을 전개하였다. 이것은 곧 있을 항미원조抗美援朝운동을 위해 사상적 기초를 다지는 역할을 하였다.[19] 이러한 움직임으로 보건대 중국 정부는 전쟁 발발 직후부터 미군의 개입이 전쟁 확대로 이어질 것을 경계하면서 내부적으로 대비책을 마련하였음을 알 수 있다.

미국은 타이완 해협을 분리함으로써 타이완을 포기하지 않겠다는 의지를 명확히 했지만 이러한 조치를 중국에 대한 전면적인 적대행위로 확대하지는 않았다. 타이완의 장제스 정권이 6월 29일 2개 장갑연대 총 3만 3,000명의 병력을 파견하여 한국에서 진행될 미국의 군사작전에 협력하겠다고 제안했지만 미국은 국민당군의 참전에 반대하였다. 국민당군이 참전을 하게 되면 반드시 중국군이 한국 또는 타이완에 대해 간섭하거나 심지어 양쪽 모두를 간섭하게 될 것이라는 게 반대 이유였다.[20] 또 중국 역시 당시 현안이었던 중

16 중국 군사과학원 군사역사연구부, 『중국군의 한국전쟁사』 1, 국방부 군사편찬연구소, 2002, 79쪽.

17 「제국주의 강도 트루만의 불법적인 성명을 배척한다」, 『인민일보』 1950. 6. 29(『한국전쟁과 중국』 I, 9~11쪽).

18 중국 군사과학원 군사역사연구부, 위의 책, 97~114쪽.

19 중국 군사과학원 군사역사연구부, 위의 책, 72~78쪽.

20 중국 군사과학원 군사역사연구부, 위의 책, 54쪽.

국의 유엔 가입문제와 한국문제는 분리해서 처리해야 한다는 입장을 표명함으로써 중국 정부가 한국문제에 직접 연루되는 것을 피하였다.[21]

유엔군의 인천상륙작전이 성공함에 따라 전세는 역전되었고, 전황의 근본적 변화는 미·중관계에도 영향을 미쳤다. 북한군은 유엔군의 인천상륙으로 주력부대가 38도선 이남지역에서 고립되었고, 유엔군의 북진을 저지할 힘을 상실하였다. 이에 북한은 1950년 9월 28일 조선노동당 중앙정치국 긴급회의를 열고 소련과 중국에 직접적인 군사원조를 요청하였다. 한편 중국 정부는 1950년 10월 3일 주중 인도대사 파니카르K.M. Panikkar를 통해 미군이 38도선을 넘어 전쟁을 확대한다면 수수방관하지 않겠다고 경고하였다.[22] 당시 미국을 포함하는 서방국가들과 중국 사이에는 외교적 통로가 전혀 존재하지 않았으므로 중국 정부는 전쟁 기간 동안 중국의 중요한 입장과 태도를 인도 정부를 통해 서방국가들에 전달하였다. 그러나 중국의 경고는 미국에 의해 무시되었다.

미국 정부는 7월부터 북한군의 침공을 물리친 후 군사행동을 38도선 이북으로 확대할 것인가를 연구하기 시작하였다. 여기서 주된 고려사항은 만약 미 지상군이 38도선을 넘는다면 소련군 또는 중국군이 이를 빌미로 전쟁에 개입하지 않을까 하는 점이었다. 그렇게 된다면 새로운 전쟁이 시작될 것이고 심지어 그것은 세계대전으로 확대될 수도 있었다. 하지만 미국 정부와 군부 내 논의는 38도선 이북으로 군사활동을 확대하는 것으로 귀결하였고, 트루먼은 9월 27일 맥아더에게 38도선 이북지역에서 군사행동을 수행할 것을 명령하였다.[23] 이때 미국은 소련이 아직 북한을 위해 모험을 걸고 세계대전

21 「저우언라이, "중국의 국제연합 가입 문제와 조선문제는 반드시 분리하여 해결해야 한다"」, 『한국전쟁과 중국』 I, 17쪽.

22 「저우언라이 총리의 중국 주재 인도대사 파니카와의 담화」, 『한국전쟁과 중국』 I, 39~42쪽.

23 *FRUS*, 1950, Vol. VII, Korea, p.781.

을 일으킬 준비를 하고 있지 않으며, 중국은 단독으로 군사개입을 할 수 있는 능력을 가지고 있지 않다고 판단하였다.

미군의 38도선 이북 진입은 중국공산당과 중국 정부 내부에 심각한 논란을 일으켰다. 중국공산당 중앙정치국은 1950년 10월 보름 동안 마오쩌둥 주재하에 여러 차례 회의를 열어 북한에 병력을 투입하여 군사적 원조를 단행할 것인가를 놓고 토의를 벌였다. 회의에서는 중국 정부가 수립된 지 얼마 되지 않은 시점에서 참전하는 것은 인명과 재산의 손실은 물론이고 사회경제적 발전을 지체시켜 국민경제 회복을 지연시킬 것이며, 가뜩이나 진정되지 않은 국내정세를 더욱 불안하게 만들 것이라는 소극적 방어론과 파병 유보론이 팽팽히 맞섰다. 유보론의 근거는 첫째 신중국 성립과정에서 겪은 전쟁의 상처가 아직 아물지 않았고, 둘째 토지개혁 사업이 아직 완성되지 않았고, 셋째 국내의 반란군 잔여세력과 간첩이 아직 확실하게 제거되지 않았고, 넷째 군대의 장비와 훈련이 아직 충분하지 않고, 다섯째 일부 군민들 사이에 염전厭戰사상이 확산되어 있어 출병을 위한 모든 준비가 완벽하게 이루어지지 않았다는 것이다.[24] 하지만 마오쩌둥은 "이런 중대한 시기에 결심을 내리지 않으면 북한이 미국에 의해 점령될 뿐만 아니라 중국의 건설 자체도 불가능하게 될 것"이라고 주장하였고, 결국 중앙정치국 회의는 10월 5일 '항미원조抗美援朝, 보가위국保家衛國'의 전략적 정책결정을 내렸다. 중국은 참전을 결정했지만 형식적으로 중국인민해방군의 명의가 아닌 '중국인민지원군'의 명의로 참전하여 미국이 중국에 대해 선전포고를 할 수 있는 가능성을 차단하려 했다.

미국이 중국의 참전을 사전에 인지했는가 하는 문제는 맥아더의 중국으로의 확전 의지와 관련해 여전히 논란거리이다. 굴든J.C. Goulden은 1982년에

24 중국 군사과학원 군사역사연구부, 앞의 책, 2002, 235쪽.

출판된 『한국전쟁비사*Korea, the untold story of the war*』에서 맥아더가 파면된 진정한 이유는 맥아더가 중국이 강대국이 되기 전에 전면전으로 때려눕힐 수 있는 기회이기 때문에 어떻게든 워싱턴을 유도해 장제스의 재집권을 돕겠다는 결심을 공공연하게 내비쳤고, 면종복배面從腹背하는 맥아더의 불충한 태도에 트루먼이 격노했기 때문이라고 썼다. 1996년에 나온 『정일권 회고록』에서는 맥아더가 웨이크섬으로 트루먼을 만나러 가기 직전 이승만과 교환한 편지에서, 맥아더가 중국군의 개입을 예상하였으나 이를 방치하였다는 기록이 있다. 맥아더는 10월 15일 트루먼을 만나 중국군의 개입은 없을 것이라고 단언하였다.[25]

4. 중국 참전 이후 휴전협상 개시 이전의 미 · 중관계

중국군 본진은 1950년 10월 19일 압록강을 건너 북한의 구성, 태천, 구장, 덕천, 영원, 오로리 등지로 진출하였다. 중국은 평양과 원산 철로선 이북과 덕천과 영원 도로선 이남에서 방어전을 수행한다는 초기 전략에 따라 병력을 전개하였다. 즉 첫 번째 시기는 방어전만 하면서 소수의 적을 섬멸하고 각 방면의 상황을 상세히 이해하는 한편, 소련의 무기가 도착하기를 기다렸다가 무장을 완비한 이후 북한군과 함께 반격하여 미군을 섬멸하는 것이 기본 작전지침이었다. 이러한 전략방침에 따라 중국군은 덕천 일대의 산악지역에 은거하였다가 입북한 지 한 달여가 지난 11월 24일에야 총반격에 나섰다. 중국군 총사령관 펑더화이彭德懷는 이미 10월 16일 개최된 사단장 급 이상 고급간부회의에서 전쟁의 지도방침을 확정하였다. 그 내용은 "영토 방어

25 방선주, 「맥아더 음모설」, 『대한매일』, 1999. 10. 11.

가 중국군의 임무이지만 적의 병력을 약화시키는 것이 더 중요하고, 따라서 대량으로 적을 살상하고 진지를 공고히 해야만 영역을 수호할 수 있다. 즉 적도 살상하고 영토도 지키는 것이 가장 좋다"라는 것이었다.[26]

중국군은 참전 초기 1950년 11월 1일에서 12월 7일에 걸쳐 두 차례 전역을 모두 승리로 이끌어 미군과 남한군을 38선 아래로 밀어냈다. 이에 마오쩌둥은 승리에 대한 자신감을 얻고 더욱더 강력한 공격으로 전략적 우위를 확보하기를 희망하여 38선 이남으로 진출할 것을 중국군에게 지시하였다. 즉 마오쩌둥은 평화적으로 한반도문제를 해결하기보다는 유리한 상황을 최대한으로 이용해 군사적인 승부를 보려고 했던 것이다. 1950년 12월과 1951년 1월 중국군의 대공세는 유엔군을 한강 이남까지 밀어붙였고, 미군은 맥아더의 언급에 의한다면 '완전히 새로운 전쟁'에 직면하였다. 유엔군이 수세적 위치에 몰리자 영국은 12월 초 중국에게 유엔 의석을 제공하고 타이완 관할권을 부여하는 조건으로 휴전할 것을 미국에 제안하였다. 이러한 접근방식에 인도가 이끄는 다른 유엔회원국들이 동조하였다. 12월 5일 인도를 선두로 하는 11개 중립국가들이 함께 베이징 측에 중국과 북한 군대가 38도선상에서 전쟁을 중지하고 전쟁을 종결할 것을 호소하였다.[27]

중국은 인도를 비롯한 중립국의 정전 호소에 대한 소련의 의중을 탐색했으나, 모스크바 당국은 지금의 정전 제의는 미국이 전쟁에서 실패 국면을 전환시키고 나아가 지원군을 받고자 하는 계책이라는 입장을 취하였다.[28] 중국도 휴전회담이 "미군에게 숨 쉴 공간을 줄 뿐"이라며 거부하였다. 미국 역시

26 중국군의 초기 전투구상에 대해서는 중국 군사과학원 군사역사연구부, 앞의 책, 2002, 297~309쪽 참고.

27 양쿠이숭, 「중국군의 정전협상 전략」, 『한국전쟁사의 새로운 연구』 1, 국방부 군사편찬연구소, 2001, 524쪽.

28 양쿠이숭, 위의 논문, 524~525쪽.

38선 휴전이 "군사적으로 최선이지만 정치적으로는 전혀 받아들일 수 없다"라고 천명하였다. 미국은 군사적으로 수세에 몰려 있을 때 평화를 간청하는 것은 치명적 약점을 보이는 것이라 생각하였고, 중국이 주장하는 휴전의 조건, 즉 유엔군 철수, 타이완 해협에서 7함대 철수, 중국의 유엔 의석 확보, 일본평화조약 체결에 중국 참여는 그 정치적 대가가 너무 크다고 생각하였다.

중국은 정전을 위한 중립국들의 노력에도 불구하고 1950년 12월 31일부터 1951년 1월 8일에 걸친 3차 전역을 통해 38선을 돌파하였다. 그리고 서울과 인천을 다시 수복하고 거의 37도선 근처까지 미군과 남한군을 후퇴시켰다. 미국은 수세에 몰렸으며 중립국의 정전 호소로 더욱 난처한 상황에 빠졌다. 그러나 중국은 전쟁 상황을 너무 낙관한 나머지 유리한 조건을 관철시키며 정전할 수 있는 기회를 놓쳐버리고 말았다. 1951년 1월 13일 유엔은 새로운 평화계획을 제출해 교전국들이 합의를 보도록 종용했는데, 이 계획은 중국 측이 제시한 다섯 가지 조항을 상당 부분 포함하는 중국에 유리한 것이었다. 그러나 1월 17일 중국은 이를 거부했고, 이에 1월 25일 미국은 그동안 준비했던 대반격을 개시하였다.

미국의 대반격에 대해, 중국은 1월 27일부터 3월 14일까지 4차 전역을 강행했으나 참전 이래 처음으로 군사적 실패를 맛봐야만 했다. 이 시점에 이르러서야 마오쩌둥은 무력으로 미군을 완전히 제압할 수 없음을 깨닫고 정전협상에 관심을 가지게 되었다. 게다가 소련의 무기 지원을 받아 철저히 준비해왔던 4월 22일에서 6월 10일까지의 5차 전역마저 완패로 돌아가자 정전은 어쩔 수 없는 현실이 되고 말았다.[29]

트루먼 대통령은 12월 초 영국 수상 애틀리C. Attlee를 만났을 때 휴전을

29 양쿠이숭, 앞의 논문, 2001, 530~537쪽.

위해 중국에 아무것도 지불하지 않겠다는 결정을 알렸다. 중국은 군사적 성공을 통해 정치적 목표를 달성하려고 한 반면, 미국은 휴전 합의에 정치적 조건을 달기를 거부하였다. 오히려 미국은 1951년 1월 유엔총회에서 중국을 한국에 대한 침략자로 규정하려는 노력을 강화했고, 마침내 2월 1일 유엔총회에서 결의안을 통과시킴으로써 조기 휴전과 정치적 해결의 가능성은 한층 멀어졌다. 유엔총회 결의 시점에서 미국은 불리하던 전황을 어느 정도 개선하였다.[30]

중국은 1951년 4월 22일 5차공세를 펼쳤으나 5월 중순경에 이르면 1만 7,000여 명이 항복하는 전례 없는 일이 일어났고, 사상자가 증가하면서 공세가 실패했음이 드러났다. 이 무렵 미국 국무장관 러스크D. Rusk와 중앙정보부장 덜레스A.W. Dulles는 성명을 내고, "현재의 중국 지도자들과 앞으로 어떠한 타협도 하지 않을 것"이며, 이 "소련의 식민정부, 슬라브족의 만주국"을 전복시킬 것을 촉구하였다.[31]

전선이 교착상태에 빠짐으로써 어느 쪽도 자신의 정치적 목표를 군사력으로 달성할 수 없다는 것이 명백해졌고, 미국은 중국을 마치 소련의 꼭두각시로 취급하거나 독립적인 세력으로 대우하지 않음으로써 중국의 위신을 감소시키려 하였다. 이 시기 이후 미국은 전선과 후방 그리고 국제사회를 향하여 '소련의 꼭두각시 중국'이라는 이미지의 선전을 확대 강화하였고, 중국의 정권적 정통성이나 중국을 교전주체로 인정하지 않겠다는 태도를 분명히 하였다.

---

30 윌리엄 스툭William Stueck 저 · 김형인 외 공역, 『한국전쟁의 국제사』, 푸른역사, 2001, 299~307쪽.

31 *Department of State Bulletin* 24, 1951. 5. 28, pp.846~848.

5. 휴전협상 개시 이후 미 · 중관계

휴전회담은 회담 개시 이전부터 북한과 중국이 추구했던 정치적 목표를 원천적으로 봉쇄한 상태에서 시작되었다는 점에서 중국이나 북한에게는 매우 불만족스러운 것이었다. 1951년 6월 23일 말리크의 제안은 "휴전은 엄격히 군사적 정전이며, 정치적 · 영토적 문제에 관한 조항 없이 군지휘관들 사이에서 이루어져야 한다"라고 못 박았다. 중국은 전쟁에서 군사적 성공을 거둠으로써 중국의 안보를 지키고 미국으로부터 정치적 실체를 인정받으려고 했으나 휴전회담 개최 시점에 이르러 후자의 목표는 달성되지 않았고, 휴전회담에서도 성사될 가망성이 없어 보였다. 북한과 중국은 휴전협상 체결 후 3개월 이내에 정치회담을 개최한다는 막연한 가능성을 협정 조항에 추가할 수 있었을 뿐이었다.

중국은 소련과 정전협상 여부에 대한 사전 조율을 마친 뒤, 본격적으로 6월에서 8월에 걸쳐 정전협상에 임하였다. 그러나 이 시점에서 중국은 타이완문제나 유엔에서의 지위문제 등에 대한 발언권을 포기할 수밖에 없었다. 정전협상에 큰 걸림돌로 작용했던 것은 군사분계선을 38선으로 정하는 문제였다. 이 시기 미군과 남한군이 북위 38도선 이북에서 차지한 영토가 중국군과 북한군이 38도선 이남에서 차지한 영토보다 넓었기 때문이다. 중국 입장에서는 군사분계선문제에 대해 쉽사리 양보할 수 없었는데, 군사적으로 수세에 몰려 있는 상황에서 정전에 적극적으로 임하는 자세를 보이는 것은 이쪽의 약점을 쉽게 노출하는 결과를 낳기 때문이었다. 협상이 실패로 돌아가면 쌍방은 치열한 전투를 벌이고 나서 다시 협상에 임하는 짓을 반복하였다. 결국 이 문제는 1951년 11월 27일 현재 대치하는 전선을 기준으로 분계선을 설치하는 것으로 합의되었다.

37개월간의 전쟁 중 휴전협상은 25개월간이나 계속되었는데, 휴전협상 지연의 가장 큰 원인은 포로송환 방법과 관련한 양측의 대립이었다. 북한과 중국의 입장은 1949년 조인된 제네바협정 118조 원칙에 따라 포로 전원을 자동송환하자는 것이었고, 미국은 포로들의 선택에 따라 송환을 원하는 자들만을 돌려보내는 자원송환 원칙을 주장하였다. 북한 측은 제네바협정에 따른 양쪽 포로의 전체 송환을 당연시하였다. 초기만 해도 북한 측은 포로문제는 수월하게 해결될 것이라고 예상하였다. 그러나 미국이 자원송환 원칙을 들고 나옴에 따라 포로송환문제는 협상의 최대쟁점으로 부각되었다.

미국 측에서 자원송환 원칙을 최초로 제기한 사람은 미 육군 심리전처 처장 매클루어R.A. McClure 준장이었다. 1951년 7월 매클루어는 전국부군前國府軍 소속 포로에게 선택권을 준다면 그들 대부분이 타이완을 택할 것이며, 동시에 만일 적이 생포되었을 때 그들의 바람에 따라 강제송환되지 않을 수 있다는 자신감을 갖게 되면 더 많은 적군이 투항할 것이므로 차후 이러한 심리전을 강화시켜야 한다고 제안하였다.[32] 지적해두어야 할 것은 자원송환 원칙이 휴전회담이 개시된 첫 시기부터 제안되었고, 협상전략보다는 심리전의 차원에서 제안되었다는 점이다. 미국 정부와 군부의 고위층 가운데에는 포로송환이 제네바협정에 입각해 이루어져야 한다는 의견이 없지 않았으나, 협상 진행과정에서 자원송환 원칙이 차츰 협상전술로서 효과를 인정받기에 이르렀고 또 '자유세계'의 체제적 우월성과 인도주의적 원칙을 과시하는 이념적 상징물로 중요하게 부각되었다. 그리하여 1952년 2월에 트루먼이 자동송환 반대 입장을 공식적으로 승인하기에 이르렀다.[33]

포로송환문제에 대한 미국 측의 완강한 주장에 대해 마침내 북한 측이

32 월터 G. 허미즈, 앞의 책, 1968, 101쪽.

33 윌리엄 스톡 저 · 김형인 외 공역, 앞의 책, 2001, 514쪽.

1952년 3월 21일 중요한 양보를 함으로써 포로송환문제는 타결의 실마리가 보이는 듯했다. 북한 측은 '의용군'으로 재분류된 사람들을 포함하지 않은 유엔군사령부 명단을 수락하겠다고 밝혔고, 그 다음날에는 최종명단에 대한 조정도 가능하다는 것을 시사하였다.[34] 이는 포로 명단에서 전쟁 발발 이전에 남한에 거주하던 사람들을 삭제할 수 있는 가능성을 열어준 조치일 뿐만 아니라, 남한 출신으로 북한에 거주하기를 원하는 포로까지 묶어둘 수 있게 함으로써 미국 측에는 대단히 유리한 제안이었다. 4월 초 북한은 양측이 최종명단을 만들기 위해 일단 휴회에 들어가자고 제안했고, 미국은 북한이 선별작업을 암묵적으로 인정하는 것을 만족스러워했다.

그러나 미국 측 선별 결과는 4월 초에 북한에 잠정적으로 제시했던 11만 6,000명의 송환자 숫자와는 상당히 달랐다. 4월 19일 양측 참모장교 회의에서 미국은 민간인 피수용인 7,200명, 남한군 포로 3,800명, 북한군 포로 5만 3,000명, 중국군 포로 5,100명 등 모두 7만 명가량이 송환에 응할 것이라고 북한 측에 통고하였다. 1952년 4월 북한과 중국 측 포로 숫자는 북한군 11만 2,826명, 중국군 2만 728명, 민간인 3만 6,410명 합계 16만 9,964명이었으므로, 미군이 제시한 숫자는 북한군의 47%, 중국군의 24.6%, 전체의 41.2%에 해당하였다. 실제 포로 숫자를 감안한다면 미군이 제시한 숫자는 치밀한 조사에 입각했다기보다 주먹구구식으로 무성의하게 작성되었거나, 어떤 정치적 의도를 가지고 제시되었을 것이다. 참고로 전쟁 전 기간 동안 북한군, 중국군 및 민간인 피수용인의 월별 통계를 표로 제시하면 〈표 1〉과 같다.

이 숫자를 전달받자 북한과 중국 측, 특히 중국 대표는 충격에 말문이 막히고 감정을 억제해야 했다.[35] 이러한 추정치는 미국 측 포로관리의 부실을

34 월터 G. 허미즈, 앞의 책, 1968, 122쪽.

35 월터 G. 허미즈, 위의 책, 124쪽.

〈표 1〉 북한군 · 중국군 포로 및 민간인 수용일 월별 통계

	북한군	중국군	포로 합계	민간인	총계
1950. 7			39		
8			1,753		
9			10,829		
10			62,697		
11			98,176		
12	135,930	1,245	137,175		
1951. 1	136,090	1,360	137,450		
2	138,247	1,550	139,797		
3	142,400	1,672	144,072		
4	142,217	3,423	145,640		
5	143,929	8,643	152,572		
6	145,122	17,182*	162,304		
7	145,206	17,605	162,811		
8	145,749	17,711	163,460		
9	147,723	18,214	165,941		
10	148,693	19,741	168,434		
11	115,949**	20,505	136,454	33,149	169,603
12	111,392	20,674	132,066	37,934	170,000
1952. 1	111,485	20,773	132,217	37,867	170,084
2	111,484	20,775	132,259	37,764	170,023
3	111,490	20,794	132,281	37,740	170,021
4	112,826	20,728	133,517	36,410	169,927
5	112,844	20,740	133,584	36,378	169,962
6	112,846	20,800	133,646	36,292	169,938
7	112,958	20,880	133,827	20,730	154,557

8	112,983	20,905	133,793	10,413	144,206
9	112,956	20,903	133,996	9,957	143,953
10	102,744	20,985	123,732	12,155	135,887
11	101,702	21,088	122,791	9,897	132,688
12	101,557	21,102	122,659	9,736	132,395
1953. 1	101,620	21,106	122,726	9,666	132,392
2	101,598	21,063	122,661	9,638	132,299
3	101,539	21,063	122,599	9,633	132,232
4	98,762	20,369	119,131	9,563	128,694
5	96,367	20,031	116,398	9,089	125,487
6	69,072***	20,071	89,143	9,348	98,491
7	69,018	20,109	89,127	9,453	98,580

【출전】 미국 국립문서보관소(NA II), RG 554 Records of General HQ, Far East Command, Supreme Commander Allied Powers, and United Nations Command, Assistant Chief of Staff, G-1 Provost Marshall, 상자번호 1, Entry 222, "Statistical Reports Relating to Enemy POW, 1950-53."

* 중국군 5차 전역(춘계대공세)의 실패를 반영하여 급증.

** 남한 출신 민간인을 따로 계산한 결과 급감.

*** 반공포로 석방의 결과 급감.

나타내주는 한편 전쟁의 성격과 참상을 반영한 것이었다. 우선 미국은 이 시점까지도 정확한 포로통계를 갖고 있지 않았다. 또 전선이 남북으로 심하게 요동하면서 남한 주민 가운데 북한군 의용군으로 끌려간 사람들이 적지 않았고, 심지어 민간인 가운데 피복과 양식을 좇아 스스로 포로수용소로 들어간 사람들도 적지 않았다. 특히 중국 대표는 2만여 명의 중국군 포로 가운데 4분의 3이 송환을 원치 않는다는 미국의 주장에 충격을 받았다. 북한 측 제안은 남한 출신 의용군 포로들과 민간인 가운데 수용소에 휩쓸려 들어간 포로들을 제외한다는 양보였지 중국군 포로들을 제외한다는 양보는 아니었다. 중국군 포로 중에는 과거 국민당 군대에서 종사하다 전향한 자들이 많이 있었고, 그중에는 굳이 중국 본토로 송환되기를 원하지 않는 자들이 많았다. 따라서 이 문제는 공산주의와 자본주의 양 체제의 우월성을 시험하는 잣대로까지 발전했으며 중국은 이에 민감하게 반응할 수밖에 없었다. 그래서 중국은 조속한 정전을 원하는 북한의 의견을 묵살하고 협상을 더 오래 끌었다.

결국 포로 선별을 둘러싸고 회담은 다시 1년 이상 지연되었다. 그러나 중국의 강경 자세를 지지해오던 스탈린이 1953년 3월 5일에 세상을 떠나자 소련의 입장도 조속한 정전으로 선회하였다. 결국 송환을 원하지 않는 자는 중립국위원회로 이송되며 북한과 중국 측이 3개월간 전쟁포로를 설득할 수 있는 기간을 가질 수 있도록 허락하는 선에서 6월 8일에 포로문제가 타결되었고, 곧이어 7월 27일에 정전이 합의되었다. 이후 미국은 휴전회담에서 자원송환 원칙을 관철시킨 것을 '공산주의에 대항해 자유세계가 성취한 가장 위대한 심리적인 승리들 중의 하나'로 묘사하였다.[36] 포로송환문제가 휴전협상의 최대쟁점으로 부각됨으로써 휴전회담은 정전의 수단과 방법을 찾기 위한 자리가 아니라 심리전의 무대가 되어버렸고, 제2차 세계대전 이후 자본주의 진영과 사회주의 진영으로 분화되어가던 당시의 국제질서를 반영하는 상징물이 되었다.

앞에서도 살펴보았지만 1951년 5월 이후 전쟁은 교착상태에 빠졌고 이러한 군사적 교착상태가 '휴전회담'의 직접적인 이유가 되었다. 그러나 다른 한편으로 중국과 미국의 '휴전회담' 결정은 모두 본질적인 측면에서 양측의 '국지전화' 전략방침의 결과였다고도 할 수 있다. 미국은 자기들의 전략적 이익과 당시 양측의 군사력을 감안해 전쟁을 중국에까지 확대할 수 없다고 보고, 한반도를 무력으로 통일시키려는 정책을 포기하지 않을 수 없었다. 중

36 Rosemary Foot, *A Substitute for Victory: The Politics of Peacemaking at the Korean Armistice Talks*, Cornell University Press, 1990, p.190.

국은 중국 본토의 안전에 대한 직접적인 군사적 위협을 방지하는 것을 생사와 관련된 이익으로 간주하고, 본토가 공격받지 않도록 보호하고 국경지대에 적대적인 군사력이 존재하는 것을 허용하지 않았으며, 나아가 국경지대에서 전쟁이 치뤄지는 것을 막을 수 있었다.[37]

6. 맺음말

1950년부터 1953년 사이에 한국에서 일어난 전쟁은 한반도 자체의 급격한 정세변동을 반영했을 뿐만 아니라 지구적 차원에서 국제정세의 변화를 초래하였다. 6 · 25전쟁은 중국 대륙의 공산화 이후 미국 대아시아정책의 전환과 확립에 큰 영향을 끼쳤다. 또 이 전쟁은 신생 중국이 제2차 세계대전 이후의 국제질서에 자신을 적응시키는 계기가 되었다. 아편전쟁 이후 근대 중국은 반半식민지 형태로 세계체제에 편입되었고 조선은 청일전쟁과 러일전쟁을 거치면서 일제의 식민지로 세계체제에 편입되었으나, 6 · 25전쟁을 거치면서 중국과 북한은 모두 미국에 의해 '냉전의 적'으로 규정되었고 공산세계의 일부가 되었다.

전쟁 이전 미국의 대중국정책이 대소對蘇기정책의 가능성을 모색하던 시기와 중국의 대소 일변도 정책이 가시화되기 이전의 시점에서는 미국과 중국간에 외교적 협상과 타협을 통한 양국관계의 설정 가능성이 존재했을지 모르겠으나, 6 · 25전쟁의 발발과 미국 · 중국의 참전은 그러한 가능성을 제거해버리고 말았다. 전쟁 발발 이후 양측은 군사력을 통한 정치적 목표의 해결

37 우훈, 「한국전쟁에서 중 · 미 양국 결정에 대한 비교연구」, 『한국전쟁과 중국』, 백산서당, 2001, 417쪽.

에 매진하였고, 외교적 협상은 그것을 보조해주는 수단에 불과하였다.

미국과 중국은 전장戰場을 한반도로 제한하는 데 주의를 기울였으나 다른 한편으로 한반도에서 상대방의 정치적 · 군사적 영향력을 감소시키는 데 전쟁의 목표를 두고 군사적 · 외교적 노력을 경주하였고, 이 전쟁에서 타이완의 처리, 중국의 유엔 의석문제 등 나름대로 추구하는 목표를 가지고 있었다. 미국은 한반도의 전쟁을 계기로 타이완에 대한 방관정책을 탈피하고, 이를 한국문제와 연결시켰다. 중국 역시 전쟁에 참여함으로써 유엔 안보이사회 의석 확보와 타이완문제의 해결을 기도하였지만, 1951년 5월 이후 전선이 교착상태에 빠지면서 군사력을 통해 그러한 목표를 달성하려던 양측의 의도는 모두 좌절되었다.

휴전회담은 이와 같이 양국 모두 정치적 목표의 관철이 불가능해진 상황에서 개최되었다. 중국과 북한은 휴전협상을 그 이후의 정치회담으로 연결시켜 한반도문제의 정치적 해결을 도모하겠다는 의지를 휴전협상과정과 이전, 이후에 계속 피력하였으나 휴전협상 자체는 그 의제를 엄격히 군사적 정전에 한정하여 개최되었다. 휴전협상에서 포로송환문제는 그런 상황에서 미국이 중국과 북한을 '냉전의 적'으로 만들어 '자유세계'와 자본주의 세계체제의 저편으로 떠미는 데 상징적 역할을 담당하였다. 미국은 북한과 중국을 소련의 꼭두각시로 취급했고, 냉전의 틀 속에서만 사태를 해결하려 했다. 이후 미국이 중국과 국교를 정상화하기까지는 중 · 소 이념분쟁과 영토분쟁을 거치면서 20년이라는 시간을 기다려야 했고, 미국과 북한의 관계는 냉전 해체 이후에도 여전히 정상화되지 않고 있다.

제7장 | 동서냉전체제와 한국전쟁

—한국 분단체제 · 동북아 질서의 재편을 중심으로

정병준 (목포대학교 역사문화학부)

1. 머리말

제2차 세계대전의 수행과정에서 미국과 소련은 1945년 2월 얄타회담Yalta Conference 이래 소위 '얄타체제'로 불리는 국제협력관계를 유지했다. 추축국을 향한 연합국의 동맹관계는 전후 그리스 · 터키 · 독일 등 유럽과 중국 · 한국 등 아시아에서 대결상황이 전개되면서 균열을 가져왔다.

국제냉전이 미국과 소련 중 어디로부터 기원되었는가 하는 점은 국제 외교사학계의 오랜 관심사이자 쟁점이 되어왔다. 지역적으로 유럽이 냉전의 출발지라는 학설이 일반적이지만, 1945년 4월부터 12월 사이 아시아에서 냉전이 시작되었다는 주장이 있을 정도로 논란이 되고 있다.[1] 특히 1945년 8월 한반도의 분단, 9월 미군의 한반도 진주 등이 이미 미국 냉전정책의 구체적 표현으로 대소 봉쇄Containment 혹은 공격적인 정책의 산물이었다는 지

1 Marc S. Gallicchio, *The Cold War Begins in Asia: American East Asian Policy and the Fall of the Japanese Empire*, Columbia University Press, 1988.

적이 있다.[2]

이러한 국제냉전의 흐름은 한반도에도 영향을 미쳤다. 일본 패망 이래 한반도는 미·소의 협력하에 38선으로 분할되었고, 1945년 12월 모스크바 3상회의의 결과에 따라 '임시정부 수립을 위한 미소공동위원회 개최 및 5개년간의 신탁통치'를 통해 독립하도록 되어 있었다. 그러나 '얄타체제'하의 구체적 협력방안이었던 미소공동위원회는 미·소 양측의 대결이 본격화되는 와중에서 무산되었다.

한반도에서 냉전의 출발은 미·소 간의 국가적 이해 관철이라는 국제적 대립의 산물이었지만 점차 한반도 내의 남북 간, 좌우 간의 국내냉전을 통해 격화되었다. 특히 1950년의 한국전쟁은 국제냉전과 국내냉전을 본격적인 열전을 통해 한반도 내에 고착화시키는 계기로 작용했다. 한반도 내에서는 분단체제가 형성되었고, 동북아시아 차원에서는 대립적인 공산주의 3각동맹체제 대 반공 3각동맹체제가 형성되었다. 국제냉전이 국내냉전으로 전환되는 과정에서, 국제냉전은 무매개적으로 한반도에 직접 적용된 것이 아니라 국내의 상황과 질서에 맞춰 변용되었다. 여기에 영향력을 행사한 집단·개인이 존재했다.

이 연구는 해방 이후 1953년 한국전쟁의 휴전까지를 대상으로 하고 있다. 이 글의 주요 목적은 첫째 국제냉전의 영향 속에서 한국 분단의 기원, 분단체제의 형성과정·체제내화·특징을 정리하고, 둘째 국제냉전과 한반도 내 냉전의 두 조류가 어떻게 상호 영향을 미치며 변화·변용되어 정착되었는지를 분석하는 것이다. 마지막으로 국제냉전과 국내냉전이 한국전쟁이라는 열전을 통해 새로운 동북아시아 질서를 생산해내는 과정을 분석할 것이다. 특

2 브루스 커밍스 저·김주환 역, 『한국전쟁의 기원』 상, 1~2장, 청사, 1986.

히 제2차 세계대전과 한국전쟁의 전간기戰間期의 동북아시아 질서가 한국전쟁을 통해 재편되는 과정과 의미를 분석할 것이다.

2. '얄타체제'와 한반도의 분할

연합국이 한국문제에 관심을 갖기 시작한 것은 태평양전쟁 발발 이후였다. 격렬했던 한국인들의 독립승인 외교가 아무런 성과를 얻지 못했지만, 태평양전쟁이 발발하면서 상황은 변화했다. 동서 양 진영의 대표인 미국과 소련을 중심으로 연합국은 한국에 대한 각자의 정책을 정리하고, 국제회담을 통해 상호 이익의 절충을 시도했다. 소위 '얄타체제'로 대표되는 미 · 소의 협력시기 동안 미국 · 소련 · 영국 · 중국 등의 4개 강국은 한국의 전략적 가치 평가와 대한정책을 입안하고 구체적으로 적용하기 시작했다.[3]

(1) 미국의 대한정책과 신탁통치 구상

태평양전쟁기 미국의 대한정책 구상은 루스벨트F.D. Roosevelt 대통령으로부터 비롯되었다. 국제주의의 신봉자였던 그의 대한정책은 신탁통치와 국제기구를 통한 지배였다. 루스벨트는 '초국가적 · 통합적 · 전세계적'인 범주를 내세우며 국제주의적 논리를 강조했는데, 그 핵심은 공산주의 · 자본주의 · 반식민지적 민족주의 등 여러 세력을 포용 · 통합하는 것이었다.[4] 한국에 대한 국제주의적 정책의 시금석은 1943～1946년까지 다국적 신탁통치

3 구대열, 『한국국제관계사연구』 1, 역사비평사, 1995.

4 브루스 커밍스, 앞의 책 하, 7장, 1986 ; Bruce Cumings, "Introduction: The Course of Korean-American Relations, 1943-1953," Bruce Cumings, ed., *Child of Conflict: The Korean-American Relationship, 1943-1953*, University of Washington Press, 1983(브루스 커밍스,

를 실시하려는 시도와 1947~1950년에 한국문제 해결을 위해 유엔을 이용한 데서 가장 잘 드러났다. 루스벨트가 구상한 다국적 신탁통치란 기존의 일국에 의한 식민주의를 대체하여 점차적으로 독립에 이르는 길이 열리게 한다는 것으로, 루스벨트식 제국주의라는 별명을 지니고 있었다. 이러한 루스벨트의 구상은 '둘 중 하나'라기보다는 '둘 다'를 추구하고 크게 생각함으로써 작은 이익이 저절로 따라온다고 믿는 일종의 팽창주의로, 20세기의 문호개방정책Open Door Policy에 뿌리를 두고 있었다.[5]

루스벨트가 한국에 대한 신탁통치 실시 가능성을 처음 제기한 것은 1943년 3월 워싱턴회담Washington Conference에서였다. 그는 영국외상 이든A. Eden에게 전후 신탁통치가 필요한 곳으로 한국과 인도차이나를 지목했다. 이후 식민지를 보유하고 있던 영국·프랑스의 반대에도 불구하고 미국 국무부 정책입안자들은 신탁통치 구상을 구체화하기 시작했다. 그 결과는 1943년 12월 1일 카이로회담Cairo Conference에서 미국·영국·중국 3국이 '적절한 시기in due course'에 한국을 독립시키겠다는 선언으로 구체화되었다. 적절한 시기는 루스벨트의 다자간 국제신탁통치를 의미하는 것이었는데, 연합국은 물론 미국·중국의 한국 독립운동가들도 이것이 즉시독립이 아님을 알고 있었다.[6]

1943~1944년 동안 미국은 대한정책과 관련해 주목할 만한 결론에 도달했다. 대한정책 입안에서 국무부 정책입안자들이 가장 중요하게 고려한 점은 한국이 소련의 수중에 들어갈 가능성이었다.[7] 1944년 초 이후 국무부는

「서론 : 한미관계의 경과, 1943~1953」, 브루스 커밍스 외 저·박의경 역, 『한국전쟁과 한미관계 1943~1953』, 청사, 1987) 참조.

5 브루스 커밍스, 위의 논문.

6 미주의 이승만과 재미한인들은 이것이 즉시독립과 상치되는 것임을 알고 반대했다. 중경의 한인들 역시 신탁통치를 國際共管論·國際共營論이라고 부르며 격렬히 반대했다.

한반도를 부분 혹은 완전점령하는 계획을 수립했다. 국무부 내 국간지역위원회Inter-Divisional Area Committee: Interdivisonal Country and Area Committee가 제출한 보고서는 다음과 같은 판단을 갖고 있었다. 첫째, 한국은 전후 미국의 안보에 아주 중요하다. 둘째, 한국이 소련의 지배하에 들어가면 미국안보에 커다란 위협이 된다. 셋째, 일본이 물러간 후 한국은 자치할 수 없다. 넷째, 미국이 한반도에서 우세하지 못하다면 한국에 대한 다국적 통치가 일국에 의한 지배보다 유리하다. 다섯째, 신탁통치 협정은 전후 한국에 대한 강대국의 마찰을 조절할 수 있는 좋은 수단이지만 미국이 발언권을 얻기 위해 한국을 군사적으로 부분 또는 완전점령하는 것이 필요하다.[8] 결론은 한국에서의 어떤 군사작전이라도 미국이 참가해야 하며, 군정과 국제신탁을 실시한다는 것이었다. 즉 군사점령-군정 실시-국제신탁이라는 3단계 방침이 결정되었다.[9]

유럽전선이 정리되고 소련의 대일참전이 임박해지자 미국과 소련은 동아시아에서 대일연합전선에 합의했다. 1945년의 얄타회담과 포츠담회담Potsdam Conference은 이러한 합의의 정점이었다. 1945년 2월 8일 루스벨트는 스탈린I.V. Stalin과의 비공식 회담에서 "한국은 20년 내지 30년간의 신탁통치가 필요"하다고 제안했고, 스탈린은 즉시독립이 필요하다고 발언했지만

7 메트레이J.I. Matray는 루스벨트가 신탁통치안을 제출한 것은 한반도에 대한 지배욕이 아니라, 한국에 대한 장제스蔣介石정부의 야망과 스탈린의 경각심이 불러올 갈등을 배제하고 한국의 독립을 보장하려는 목적 때문이었다고 주장했다(James I. Matray, *The Reluctant Crusade: American Foreign Policy in Korea, 1941-1950*, Chapter 1, University of Hawaii Press, 1985(제임스 메트레이 저 · 구대열 역, 『한반도의 분단과 미국』 제1장, 을유문화사, 1989).

8 NARA, RG 59, Notter File, "Possible Soviet Attitudes toward Far East Questions," October 2, 1943 ; "Korea: Occupation and Military Government: Composition of Forces," March 29, 1944 ; *FRUS*, 1944, vol.5, p.224 · 228.

9 정용욱, 「해방이전 미국의 대한구상과 대한정책」, 『한국사연구』 83, 1993, 99~100쪽 ; 「1947년의 철군논의와 미국의 남한 점령정책」, 『역사와현실』 14, 1994, 194쪽.

루스벨트의 견해를 반대하지는 않았다.

1945년 4월 루스벨트가 사망하고 트루먼H.S. Truman이 승계했지만, 한반도 신탁통치에 대한 미국의 입장은 변하지 않았다. 미국은 5월부터 7월 사이에 소련과 중국, 영국의 동의를 획득했다. 포츠담회담을 위해 준비된 미국측 계획서는 미국이 한국문제를 통제할 수 있어야 하며, 이를 위해 필요한 세 가지 수단으로 군사정부의 설치(점령 후), 신탁통치, 미국의 정치적 목표를 달성하기 위해 곧 탄생할 유엔의 이용방안을 제시했다.[10] 이러한 계획은 1945~1948년에 적용되었는데 처음에는 군사점령, 다음은 신탁통치의 제기, 마지막으로 유엔으로의 이전이란 방법순으로 현실화되었다.

(2) 소련의 대한정책과 우호적 정부수립 구상

태평양전쟁 이후 소련의 대한정책은 한반도에 비적대적인 정권 수립에 초점이 있었다. 한국인들의 이해와 요구는 부차적이었다는 점에서 이는 미국의 대한정책과 일치했다. 그러나 소련은 미국이 생각한 국제적 우위보다는 한반도 내부의 혁명적 상황, 즉 좌익세력의 우세에 주목했다. 때문에 한반도의 즉시독립 또는 한국인들의 참여가 보장된 다자간 후견제를 중시했다.[11] 소련이 선택한 후견제적 성격은 이후 모스크바 3상회의를 통해 영어로는 Trusteeship(신탁), 러시아어로는 опека(후견)의 차이를 가져왔다. 그러나 이것이 즉시독립 방안이 아님은 분명했다.

---

10 구대열, 『한국국제관계사연구』 2, 6장, 역사비평사, 1995 ; 정용욱, 『1942~47년 미국의 대한정책과 과도정부형태 구상』, 서울대학교 국사학과 박사학위논문, 1996, 12~42쪽.

11 소련의 대한정책에 대해서는 다음을 참조할 수 있다. 박재권, 「해방직후 소련의 대북한정책」, 『해방전후사의 인식』 5, 한길사, 1990 ; Erik Van Ree, *Socialism in One Zone: Stalin's Policy in Korea, 1945-1947*, Berg Publishers Ltd, 1989 ; 안드레이 란코프, 『북한현대정치사』, 오름, 1995 ; 徐東晩, 『北朝鮮のおける社會主義體制の成立—1945~1961』, 東京大學 博士學位論文, 1996 ; 이완범, 「소련의 대일전 참전과 38선 수락」, 『정치외교사논총』 14, 1996.

소련은 대일참전 이전부터 한반도를 군사전략적으로 중요한 지역으로 설정했다. 소련이 대한정책에 대해 체계적인 자료 수집과 정책 구상을 개시한 것은 1942년 7월경부터였다.[12] 미국의 대한정책이 구체화되기 시작한 것과 동일한 시기였고, 유럽전장에서 여유를 갖게 된 시점이었다. 대일전쟁에 대비해 동북항일연군교도려를 편성한 것이 1942년 7월이란 점도 이때가 소련의 본격적인 전후 극동전략이 수면 위로 떠오른 시점임을 반증한다.[13]

소련이 공식적으로 동북아문제에 구체적 이해관계를 표명하기 시작한 것은 1945년 2월 얄타회담부터였지만, 이때 한국문제에 대한 논의 및 결정은 없었다. 소련의 대한정책 구상과 관련해 가장 주목되는 것은 소련공산당 중앙위원회 정보국이 편집한 『공보公報』에 게재된 「한국의 국내외 정세에 대하여」라는 보고서(1945. 8. 1)이다.[14] 『공보』는 소련의 외교문제에 대한 자료들을 싣는 잡지였다. 이 보고서에 따르면 소련은 첫째 미국이 구상하고 있는 공식 대한정책인 다자간 국제신탁통치가 미국의 영향력 보장을 위한 제도라고 판단하고 있었고, 둘째 중국국민당 정부의 한국문제 개입에 대해서도 부정적인 인식을 갖고 있었으며, 셋째 그럼에도 불구하고 소련의 독자적인 대한 구상을 제시하지 못한 채 신탁통치 구도 속에서 소련의 입지를 상실하지 않겠다는 결론만을 갖고 있었다.

이러한 판단에 따라 소련 역시 두 가지 측면에서 대한정책의 원칙을 수립했다. 첫째는 미국의 공식 대한정책인 다자간 국제신탁통치에 소련이 참여

12 김성보, 「소련의 대한정책과 북한에서의 분단질서 형성, 1945~1946」, 『분단50년과 통일시대의 과제』, 역사비평사, 1995, 54~55쪽.

13 와다 하루키, 『김일성과 만주항일전쟁』, 창작과비평사, 1992, 266쪽.

14 **Бюро Иеформации ЦК ВКП**(б)(소련공산당 중앙위원회 정보국), "**О Внутрреннем И Международном Положении Корей**(한국의 내외정세에 대하여)," **Бюллетень**(공보) No.15, 1945. 8. 1, **РЦХИДНИ, Фонд** 17, **Опись** 128, **Дело** 49, c.159.

함으로써 한반도에 수립될 정부가 친소적인 성격을 지니도록 해야 한다는 원칙이었고, 둘째는 일종의 안전판으로 한반도의 상당 지역까지 소련군이 진출 · 점령하는 방안이었다.[15] 이에 기초한 소련의 대한정책의 기본구상은 한국에 대한 다자간 국제신탁통치 참여를 기본전제로 군사주둔 방안도 함께 고려하는 것이었다.[16]

(3) 38선 분할과 미 · 소 양군의 한반도 진주

1945년 8월 한반도는 북위 38도선으로 분할되었다. 이는 본질적으로 분단체제의 첫 출발이었다.[17] 국토의 분단과 함께 미 · 소로 대표되는 자본주의 · 사회주의 간의 진영대립과 이데올로기의 대립이 한반도에 유입되었다.

얄타회담에서 소련군과 작전관할구역을 정했던 미국은 원자폭탄 실험이 완성됨으로써 1945년 7월 포츠담회담에서 한국문제에 대해 소련과의 명확한 합의를 도출하지 못했다. 즉 일본의 무조건 항복과 일본 · 한국 단독점령 가능성을 염두에 둔 '외교의 지연'이었다. 그러나 소련군은 이미 1945년 4월경 대일전투 준비에 착수해서, 만주를 세 방향으로 타격할 계획을 수립했다. 7월 30일에는 바실리예프스키A.M. Vasilievsky 원수가 극동소련군 최고사령관에 임명되었고, 히로시마와 나가사키에 원자폭탄이 투하된 직후인 8월 9일 대일 선전포고를 했다. 일본이 무조건 항복을 선언한 8월 15일 한반도 점령을 담당한 치스차코프I.M. Chistiakov 휘하의 제25군은 청진에서 전

---

15 김성보, 앞의 논문, 1995, 61쪽.

16 기광서, 「소련의 대한반도 · 북한 정책관련 기구 및 인물분석—해방~1948. 12」, 『현대북한연구』 창간호, 1998.

17 여기서 사용하는 분단체제라는 용어는 남북 간의 국토분단뿐만 아니라 각 지역이 독자적인 국가기구로 재생산구조를 갖고 있으며, 나아가 각자의 사회 · 국가가 상대방에 대한 적대의식과 분열의식으로 작동하는 체제를 의미한다. 즉 국토의 물리적 분단, 민족 내부의 이데올로기적 대립, 적대성에 기초한 국가기구의 수립과 운영 등을 통칭하는 의미로 사용되었다.

투 중이었다. 소련의 한반도 진격에 당황한 미국은 몇 가지 중요한 전제들을 확인했다. 그것은 첫째 소련군의 전 한반도 점령 저지, 둘째 한국독립 약속 준수를 위한 강력한 지역방어, 셋째 일본의 안보 및 주일미군의 안전 도모, 넷째 공산지배지역의 제한이었다.[18]

가장 가까운 미군이 오키나와에 주둔하고 있던 상황에서 미국은 한반도의 절반 이상을 포함하며, 수백 년간 정치 · 경제의 중심인 수도 서울과 부산 · 인천 · 군산 · 목포 등 중요 항구를 가질 수 있고, 인구의 3분의 2를 포함하는 북위 38도선 분할안을 제출했고, 소련은 이에 동의했다. 미군 선발대는 1945년 9월 5일 제물포에 도착했는데, 이때 이미 소련군은 해주에 도달해 있었다.

38도선 분할 제안과 관련해 미국의 공식해명은 일본군의 무장해제를 돕기 위한 임시적인 조치였다는 소위 '군사적 편의주의'설이다. 그러나 최근 연구에 따르면 38도선 분할의 발안자는 헐C. Hull 중장과 링컨G.A. Lincoln 준장이었으며, 특히 전략정책단장이었던 링컨 준장이 실질적으로 38선 분할을 준비했다. 링컨은 이미 1944~1945년에 한반도에 대한 미국의 군사전략적 이해라는 관점에서 한반도 분할안을 준비해왔다.[19] 즉 미국의 38선 분할과 진주는 1945년 8월 초순의 시점에 불현듯 제기되고 결정된 것이 아니라 최소한 수년간 준비되어온 정책의 발현이었다. 특히 소련의 한반도 석권 방지를 위한 38선 분할안과 미군의 진주는 대소봉쇄와 반공정책을 염두에 둔 전

18 이완범, 「미국의 한반도분할선 획정에 관한 연구(1944~1945)」, 연세대학교 정치학과 박사학위논문, 1994 ; 김기조, 『38선 분할의 역사—미 · 소 · 일간의 전략대결과 전시외교 비사』, 동산출판사, 1994.

19 38선 분할의 결정문제와 관련해 몇 가지 이설들이 있다. 그중에서도 포츠담회담에서 미 · 소가 38선 분할에 합의했다는 포츠담밀약설(신용하)과, 전후 한반도에 대한 영향력 행사와 소련의 전 한반도 점령을 두려워한 일본의 공작과 군대 작전배치에 따라 38선 분할이 이루어졌다는 일본음모설(고준석, 김기조) 등이 대표적인 견해이다.

후 냉전정책의 표본과 같은 것이었다. 소련은 얄타체제에 대한 의존, 미국과의 정면대결에 대한 스탈린의 우려, 유럽에서의 기득권 유지, 일본의 분할점령 참여 등의 이유로 38선 분할을 수락했다.[20]

일본군 무장해제라는 군사적 편의를 이유로 한반도에 설정된 38선은 일본군 무장해제와 함께 철폐되어야 했지만, 38선 분할의 이유가 사라진 상태에서도 미·소 양군은 이 경계선을 일종의 국경선으로 활용했다. 38선의 국제법적 근거가 없는 상태에서 미·소는 한국인과 물자의 자유로운 38선 이동을 제한했고, 결국 미·소 양군의 점령 3년 동안 38선은 이데올로기의 장벽이자 분단의 실체로 굳어져갔다. 특히 미·소 양측은 각자의 지배영역에서 자신들에게 우호적인 이데올로기와 체제 이식에 노력했다. 이처럼 분단체제의 첫 출발은 강대국에 의한 국토분단이었다.[21]

3. 국제냉전과 분단정부·분단체제의 수립

남북한은 각각 미국과 소련에 의해 군사점령되었고, 최소 3년 이상 군정의 지배를 받았다. 미·소 점령기 동안 국제적 수준에서는 미·소 협조에서 냉전으로의 전환이 이루어졌으며, 국내적 수준에서는 남북대립·좌우대립이라는 두 가지 요소가 상호 작용했고, 그 결과 분단정부가 수립되었다.

한반도 내부의 역학관계는 미·소의 대한정책 방향과 조응·대치하는 과정에서 분단의 내적 동력이 되었다.[22] 특히 1946년 신탁통치 국면에서 전개

20 이완범, 앞의 논문 7장 「소련의 한반도 진공과 분할점령 수락의도」, 1994.

21 정병준, 「1945~48년 미·소의 38선정책과 남북갈등의 기원」, 『중소연구』 27-4, 한양대학교 아태지역연구센터, 2004, 200~202쪽.

된 극한적 반탁 · 찬탁논쟁의 대립이 좌우익 대립과 상이한 국가건설 방략으로 이어지면서 외삽적 분단질서가 민족 내부로 삼투했다. 1946년 중반부터 남한에서는 우익의 임시정부 확대 · 강화를 통한 정부수립론(임정 계열), 자율정부 수립을 표방한 남한단정론(이승만 · 한민당), 좌우합작 · 남북연합을 통한 임시정부 수립론(중도 좌우파), 미소공위를 통한 임시정부 수립론(좌익) 등이 제기되었다. 북한에서는 미소공위를 통한 임시정부 수립론이 국가수립 방략으로 제출되었다.[23]

1946년 2월 북한에는 북조선임시인민위원회가, 남한에는 남조선국민대표민주의원이 조직되었다. 이는 분단정부를 지향한 것이었다.[24] 미국과 소련이 지원하는 각각의 조직은 단기적으로는 미소공위에 의해 수립될 정부의 기본형태를 선점하려는 의도에서 비롯된 것이었고, 장기적으로는 단정에 의한 분단정부 수립에도 유용했다.

(1) 미 · 소의 점령정책과 국제냉전의 전개

미 · 소 양 점령군은 표면적으로는 현상유지를, 내용적으로는 우호적인 정권수립을 목표로 노력했다. 미국은 국제적인 다수결의 확보를 중시했다. 신탁통치 구상(1943～1945, 고등판무관, 미국 · 소련 · 영국 · 중국 4대국 통치), 모스크바 결정(1945, 미국 · 소련 · 영국 · 중국 4대국의 5년간 신탁통치), 한국문제의 유엔 이관(1947) 등은 미국이 동원할 수 있는 국제적 영향력에 의지한 국제주의적 정책이었다. 현지의 주한미군은 주한미군정United States Army Mil-

---

22 도진순, 「총설— '분단'과 '통일'의 한국현대사」, 한국역사연구회 편, 『한국역사입문』 3(근대 · 현대 편), 풀빛, 1996 ; 박태균, 「미소의 분할점령과 군정」, 같은 책.

23 정병준, 「해방직후 각정파의 정부수립 구상과 그 특징—제2차 미소공위 답신안 분석을 중심으로」, 평화연구소, 『통일문제연구』 10-2(통권 제30호), 1998.

24 정병준, 『우남이승만연구』 제12장, 역사비평사, 2005.

itary Government in Korea을 통한 직접통치 방법을 취했다. 한국인들의 주권정부는 부인되었고, 미군정이 주권정부는 물론 명목상의 정부 · 사실상의 정부의 기능을 모두 수행했다.[25] 1946년 말 이후 과도입법의원의 설립, 과도정부의 수립 등을 통해 군정의 한인화Koreanization of Military Government를 추진했지만 한국인들의 통치권한은 부정되었다.

주한미군은 북한의 '민주기지' 노선에 대응하는 공세적인 정책을 구사했는데, 이는 '자유기지' 노선이라 불릴 만한 것이었다. 민주기지 노선은 북한을 혁명의 '책원지策源地'로 하여 혁명을 공고히 한 후 이를 전국적 혁명, 즉 대남혁명으로까지 연결시킨다는 것이었다.[26] 미군정의 국가수립 구상 역시 미국식 자유민주주의 국가를 수립하고 이를 북한에 강제시키겠다는 점에서는 북한의 '민주기지' 노선과 동일한 것이었다. 미군정은 1945년 10월 고문위원회, 1945년 11월 정무위원회(독립촉성중앙협의회), 1946년 2월 민주의원, 1946년 중반 좌우합작운동, 1946년 12월 과도입법의원으로 이어지는 일련의 시도를 통해 공세적인 '과도정부' 수립계획을 추진했다.[27]

남한에서는 1946년 5월부터 이승만의 단정론이 발표되면서 단정 움직임이 구체화되었다. 이는 실질적으로 군정 내에서 제출된 일종의 과도정부 구상을 부분적으로 반영한 것이었지만 현실정치에서는 성공할 수 없었다. 북한에서는 이미 1946년 2월부터 사실상의 단독정권이 수립되었다. 1946년 2

---

25 미군정 법률견해국의 프랑켈E. Frankel의 견해에 따르면 미군정은 주권정부, 군사정부, 사실상의 정부 · 명목상의 정부 등 삼위일체의 역할을 수행했다. 영토병합을 금지한 헤이그협약 이후 군정의 주권정부 기능 행사는 불법이었다(고지훈, 「주한미군정의 점령행정과 법률심의국의 활동」, 『한국사론』 44, 서울대학교 국사학과, 2000).

26 김광운, 『북한정치사연구』 I, 선인, 2004, 109 · 172쪽.

27 정병준, 「주한미군정의 '임시한국행정부' 수립구상과 독립촉성중앙협의회」, 한국역사연구회, 『역사와현실』 19, 1996 ; 정병준, 「남한진주를 전후한 주한미군의 대한정보와 초기점령정책의 수립」, 한국사학회, 『사학연구』 51, 1996 ; 정병준, 「해방직후 이승만의 귀국과 '동경회합'」, 우송조동걸선생정년기념논총간행위원회, 『한국민족운동사연구』, 나남출판, 1997.

월 북조선임시인민위원회는 정권기구이자 권력체였으며, 분명한 단독정부였다. 이 시기 소련 대한정책의 핵심은 현지화·한인화였고, 한반도의 혁명적 정세를 중시했다. 소련은 군정을 실시하지도 않았고 한국인들의 주권을 부정하지도 않았다. 소련주둔군은 평남건국준비위원회·평남인민정치회의·북조선5도행정국을 사실상의 정권기관으로 인정했고, 김일성·최용건·김책 등 공산주의자들이 민족주의자 및 국내파 공산주의자들과의 대결에서 승리할 수 있도록 후원했다. 소련군은 사실상의 결정권을 지녔으나 표면상 권력은 한국인들이 갖고 있었다. 그러나 크렘린Kremlin은 소련공산당·외무성·국방성 등에서 파견된 인적 자원과 조직을 통해 북한을 지배했고 한국 내에 일고 있던 혁명적 정세를 최대한 활용하고자 했다. 이 정책은 오랜 식민통치로 인해 한국 내 노동자·농민 등 기층세력의 반제국주의·반자본주의적 경향이 강한 데다, 공산주의자들이 장기간의 항일투쟁으로 호소력과 조직력을 갖고 있다는 판단에서 비롯되었다.[28] 이러한 소련의 대한정책은 표면적으로는 한국의 즉시독립을 선호하는 것처럼 나타났다. 1945년 2월 얄타회담에서 스탈린의 한국 즉시독립 선호 발언, 같은 해 12월 모스크바회담에서 한국인들의 참여 속의 임시정부 수립 방안, 1947년 2차 미소공동위원회 결렬 후 미·소 양군의 한반도 동시철군 주장 등은 모두 이런 대한정책의 소산이었다. 이처럼 미국과 소련은 자신의 우세를 보장할 수 있는 국제적·국내적 환경을 최대한 활용하려 했고, 이에 기초해 대한정책을 추진했다.

이 시기 미국과 소련은 각자가 점령한 지역에서 자신의 정치체제를 이식하고 대중적 지지기반 강화를 위해 노력했다. 이는 일단 점령지역의 체제를

---

28 김남식, 『조선노동당연구』, 국토통일원, 1987 ; 「해방전후 북한현대사의 재인식」, 『해방전후사의 인식』 5, 한길사, 1989 ; 유길재, 「북한정권의 형성과정—인민위원회 조직과 활동에 관한 연구」, 『북한체제의 수립과정 1945～1948』, 경남대학교 극동문제연구소, 1989.

자국에 유리한 방식으로 구축한다면 미소공위 협상과정뿐만 아니라 미소공위 결렬 후에도 유용할 것이란 판단에 기초한 것이었다. 1946년 제1차 미소공동위원회와 1947년 제2차 미소공동위원회는 1945년 2월 형성된 얄타체제라는 국제협력의 시험대이자 붕괴의 현장이었다. 공동의 적을 향한 정치 · 군사적 연대는 고사하고 최소한의 신뢰나 협의도 불가능했다. 협상의 권한과 책임을 현지 군인들에게 맡겨놓은 점 역시 실패의 중요 요소가 되었다. 이미 남북 양 점령지역에서 우호적 정부 수립을 위해 현지화 · 조직화에 전념하고 있던 양자의 대면은 실패와 결렬을 향한 질주였다.[29] 이 시기 남북 내부에는 분단정부 수립을 지향하는 세력과 그들의 정치적 · 물질적 기초가 확보되어 있었고, 미소의 정책도 전 한반도 차원에서 영향력 확대가 불가능할 경우 확보한 반쪽에 대한 온전한 지배력 장악으로 기울어져 있었다.[30]

미소공위의 진행과정에서 국제냉전이 분명해졌다. 1947년 트루먼 독트린Truman Doctrine의 발표로 2차 세계대전 이래 지속되어오던 소위 '얄타체제'는 붕괴되었다. 유명한 1947년 첫 15주 동안 미국의 봉쇄정책이 수립되었다. 세계적 규모에서 미국의 대외정책을 재정립한 이때 미국의 강력한 역할, 미 · 소 간의 갈등, 유럽 국가의 피폐 등을 타개하기 위해 독일 · 일본의 경제부흥이 결정되었다. 세계체제적 시각에서는 소련을 국제체제로 끌어들이려던 루스벨트의 구상이 기각된 반면, 소련의 '팽창'을 저지하기 위한 방벽과 보루의 건설이 중요시되었다. 국민국가 단위에서는 미 · 소라는 강국의 갈등이 정치 · 군사 · 이데올로기적 갈등으로 발전했고, 양 강대국의 헤게모니적 통제와 동맹의 확산으로 발전했다. 봉쇄정책은 국제주의와 민족주의를

29 제2차 미소공위의 진행과정과 이후 분단정부 수립에 대해서는 다음을 참고. 제임스 메트레이 저 · 구대열 역, 앞의 책 5 · 6장, 1989 ; 정용욱, 앞의 논문, 1996 ; 정해구, 「남북한 분단정권 수립과정 연구」, 고려대학교 정치외교학과 박사학위논문, 1995.

30 정병준, 앞의 논문, 1998.

결합시켰고 유럽과 동아시아지역에서 지역경제통합Regional Economic Integration을 촉구했다.

(2) 남북 분단정부의 수립과 국내냉전의 격화

5·10선거로 구성된 제헌국회는 헌법을 제정했고 간선제로 이승만을 대통령에 선출했다. 신생 대한민국은 1948년 8월 15일 정부수립식을 가졌지만 안팎의 시련 속에서 스스로의 존립 가능성을 증명해야 했다. 정치적인 측면에서는 선거에 불참한 우익진영의 김구·김규식은 물론, 남한 내부의 좌익진영과 북한의 도전을 극복해야 했다. 권력분점을 요구하는 한민당과의 불화도 정권의 내부적 취약성으로 작용했다. 반민특위의 해산과 국회프락치 사건, 김구의 암살과 국가보안법 제정 등은 내부 균열과 남한 내의 도전, 북한의 위협을 극복하기 위해 이승만정권이 억압적 정치체제를 강화했음을 보여주는 지표였다.[31]

경제적인 측면에서 남한의 경제위기의 대부분은 해방 이후 종속적 식민지 산업구조의 유지 및 식민모국과의 결합 해체, 남북분단에서 비롯된 것이었다. 나아가 경제위기의 고조는 미군정 시절로부터 이월된 것이었고, 체제의 존립을 위협하는 중요요인이었다.

소련의 철군과 남한정부의 수립, 남한의 군사전략적 가치 평가 저하, 전반적 군사예산의 감축 속에서 미국은 주한미군을 철군시킬 수밖에 없었다. 이승만은 강력하게 방위공약 내지 상호방위조약을 요구했고, 미국은 당시 세계에서 가장 큰 규모인 500명의 주한미군사고문단을 잔류시켰다. 미군사고문단은 무기·지휘체계·편성·훈련을 미국식으로 진행했다.

31 이하의 서술은 정병준,「분단정권의 수립과 한국전쟁」, 김인걸 외 편저,『한국현대사강의』, 돌베개, 1998 참조.

5 · 10선거 후 북한 역시 단독정부 수립에 나섰다. 해주인민대표자대회에서 남한 '대표'를 선출한 북한은 최고인민회의를 구성하고 9월 9일 조선민주주의인민공화국을 수립했다. 북한정권은 자신만이 남북한을 대표하는 유일 합법정권임을 주장했다. 정치적인 측면에서 1949년 6월 남북노동당이 합당함으로써 노동당의 일당독재가 강화되었다. 경제적으로 북한은 2개년 계획경제를 필두로 사회주의 경제체제를 구축하기 위한 초보적 단계에 접어들었다. 소련의 강력한 영향력하에 놓인 북한은 1949년 3월 김일성이 소련을 방문해서 조소경제문화협정을 맺었는데, 동일 시점에서 비밀군사협정이 맺어졌다는 의혹이 제기되었다. 소련은 차관 형식으로 북한에 경제지원과 군수물자를 제공했고, 그 대가로 청진 · 원산항 등을 수십 년간 사용한다는 불평등계약을 체결하기도 했다.[32] 군사적인 측면에서 중시해야 할 점은 국공내전 과정에서 북한과 중공이 맺은 협력과 지원관계였다. 국공내전이 중공의 승리로 종결된 1949년 중반 이후 한국 출신 중공군 병사들이 대거 입북해 북한군을 강화해나갔다.

정치위기와 군사반란 · 위협 등 내우외환에 봉착한 남한은 실지회복의 차원에서 북진통일을 주장하며 공격적인 대북정책을 표방했지만, 실제로는 허세에 지나지 않았다. 주한미군사고문단이 남한군의 장비와 보급을 장악하고 있었고, 미국은 남한이 외부의 적이 아닌 내부의 전복활동을 제어하는 수준에서 무장되기를 희망했다. 미국은 남한의 북진을 우려했고, 공격용 무기를 제공하지 않았다. 그러나 선제공격이 아닌 도발받는 '반공격'은 선호했다.[33] 주한미대사와 주한미군사고문단장은 남한군부와 지도부의 대북 공격 시도

32 정병준, 『한국전쟁—38선충돌과 전쟁의 형성』, 돌베개, 2006, 295~300쪽.

33 NARA, State Department Decimal file, 895.00file, box 7127, 「무초가 국무부에 보낸 1949년 10월 7일자 전문」; 정병준, 위의 책, 240~248쪽.

를 억제하는 역할을 담당했다. 남한군의 공격 가능성을 낮추기 위해 경제·군사원조 중단 위협을 동원한 이들은, 다른 한편으로 남한이 요청하는 군사원조 증액과 군비증강을 강력히 지지했다.

북한은 소련·중국과 긴밀한 동아시아 공산주의 3각동맹을 구축해갔고, 소련으로부터는 군수물자와 고문단을, 중국으로부터는 전투에서 단련된 정예병력을 인계받아 군비증강에 나섰다. 소련은 200명 이상의 군사고문단을 파견했으며,[34] 무기를 제공했고,[35] 지휘체계, 편성, 훈련도 소련식으로 이루어졌다. 결정권을 지닌 스탈린은 북한의 선제공격을 제어했고 남한의 북침 시기를 노려 반공격하라고 지시했다. 즉 도발받은 정의의 반공격전 시나리오였다. 이는 김일성을 비롯한 북한 지도부가 한국전쟁을 바라보는 핵심적인 전쟁관이 되었다.[36] 소련대사 슈티코프T. Shtykov는 김일성과 박헌영의 무모한 대남 선제공격을 반대하고 제어했지만, 다른 한편으로 이들의 대남 부분공격의 타당성을 인정할 정도로 현지에 동화되어 있었다. 북한은 전쟁 준비에 박차를 가하는 한편, 1949년 6월 평화통일공세를 펼쳤다. 화전양면 작전의 이러한 위장 평화통일공세는 전쟁 발발 직전인 1950년 6월에도 재차 반복되었다.

유일합법정권을 자부하는 두 체제의 충돌은 격화될 수밖에 없었다. 남한은 유엔의 감시와 지지를 이유로, 북한은 지하선거를 통한 전국적 대의성을 강조하며 배타적인 정통성을 갖는다고 주장했다. 남북은 서로 무력으로 상

34 기광서, 「소련의 한국전쟁관과 개입과정」, 한국역사연구회 한국전쟁50주년 학술심포지엄, 『한국전쟁의 재인식—분단을 넘어 통일로』, 2000a.

35 「슈티코프가 비신스키에게 보내는 1949년 6월 22일자 암호전문」, 외교부 외교사료과 소장, 『한국전쟁관련 소련외교문서』 4, 34~37쪽.

36 정병준, 「1949~50년 38선 충돌과 북한의 한국전쟁 계획」, 한국역사연구회 한국전쟁50주년 학술심포지엄, 『한국전쟁의 재인식—분단을 넘어 통일로』, 2000.

대방을 흡수하거나 '점령'하려 했다. 이승만의 북진통일론 · 실지회복론이 남한에 관한 것이라면 민족해방론 · 국토완정론은 북한에 관한 것이었다. 특히 1949~1950년 시기 남북한의 정치 · 군사적 대립은 38선상에서의 국경선 충돌과 무장봉기, 유격대 파견, 테러 등의 물리력을 동원하는 한편, 정치적으로 상대 체제를 전복시키기 위한 시도들로 이어졌다.

1949년 5월부터 본격화된 38선에서의 국지적 무력충돌은 남북고위층의 정치적 의도와 38선상에서 유리한 고지를 점령하기 위한 현지 지휘관의 승부욕, 우발적 충돌 격화 등이 복합적으로 작용했다. 개성에서 발화된 38선 충돌은 옹진지역에서 북한의 보복으로 확전되었고, 이어 춘천 · 양양 등지로 번져나갔다. 미군 철수 완료(1949. 6), 조국전선 결성(1949. 6), 9월 공세, 장제스蔣介石의 진해 방문 등이 연대 급까지 동원된 38선 충돌에 영향을 끼쳤고, 충돌과정에서 북한군의 무력적 우위가 확인되었다. 1949년 말 이후 한국전쟁 시까지 38선 충돌은 소강상태를 유지했지만, 정찰과정에서의 소규모 충돌과 도발은 끊이지 않았다.[37]

(3) 전후 분단체제의 고착화

1950년 6월 25일 이른 새벽 북한군의 대규모 침공이 개시되었다. 옹진에서 발화한 전투는 곧바로 개성 · 춘천 등 38선 전역으로 확대되었다. 선전포고도 없는 개전과 함께 북한은 남한군이 북침을 했다고 주장했다.[38] 그러나 구체적으로 북침지역으로 거론한 해주 방향 서쪽, 금천, 철원, 양양은 38선을 동서로 정확히 4등분한 지역이었으며, 전면적인 불의의 침공을 받은 북한

---

37 정병준, 앞의 책 III부, 2006 ; Bruce Cumings, *The Origins of the Korean War, Volume II: The Roaring of a Cataract 1947-1950*, chapters 13 · 16 · 17, Princeton University Press, 1990.

38 『로동신문』, 1950년 6월 26일자.

측이 반격 개시 몇 시간 만에 도리어 38선 전역에서 수킬로미터씩 전진했다는 사실은 이것이 전면 남침이었음을 반증했다. 남침을 결정적으로 증명하는 수많은 문서들이 존재하며, 가장 대표적인 것이 '공격작전용 조선인민군 정찰계획'(1950. 6. 20, 인민군총참모장)이라는 제목으로 작성된 3단계 공격계획이다.[39]

미국의 참전과 유엔의 한국전쟁 개입은 전쟁을 내전에서 국제전의 차원으로 전환시켰다. 미국과 유엔은 북한을 침략자로 규탄했고, 소련과 중국은 북한을 옹호했다. 유엔군의 참전과 인천상륙작전의 성공으로 낙동강까지 밀렸던 전선은 38선으로 원상 회복되었다. 38선 이북 북진은 전쟁의 양상을 바꾸어놓았다. 맥아더D. MacArthur의 원폭 투하 위협에도 불구하고 체제위기에 직면한 중국이 전격적으로 한국전쟁에 개입함으로써, 전쟁은 자본주의진영 대 사회주의진영이라는 국제전의 양상을 명확히 했다. 1951년 3월 전선이 38선 인근에서 교착되었을 때 이미 전쟁은 끝난 것과 다름없었다. 그 후 2년 이상 지리한 공방전이 벌어진 끝에 1953년 7월 휴전이 성립되었다.

한국전쟁은 정치 · 경제 · 사회 · 문화 등 거의 모든 차원에서 이후 한국현대사에 영향을 끼쳤다. 전쟁의 직접적인 결과 군인과 민간인을 합쳐 남북한 약 280만 명에서 369만 명가량(전체 인구대비 10%)의 인명피해가 발생했고, 남한에서 북한으로 월북 · 납치된 인사가 약 30만 명 북한에서 월남한 인사가 45만 명 내지 100만 명가량 되었다.

---

39 이 문서는 러시아어로 된 8매의 대형도표로 미국립문서기록관리청에 소장되어 있다. 영어 번역문의 제목은 「Handwritten file, in chart form containing intelligence plan for an attack operation by the North Korean Army, dated 20, June 50, classified "Soviet Secret"」이다(RG 242, Captured Enemy Documents no.200686 ; 방선주, 「미국 국립공문서관 소장 RG 242 내 '선별노획문서' 조사연구」, 『미국소재 한국사 자료 조사보고 NARA 소장 RG 242 '선별노획문서' 외 III』, 국사편찬위원회, 2002). 이 문서의 한글본은 정병준, 앞의 책, 2006, 755~760쪽에 소개되어 있다.

한국전쟁을 통해 비로소 분단질서와 분단체제는 한반도에 고착화되었고, 상대방에 대한 적개심은 상이한 각각의 체제를 움직이는 내부 동력으로 전환되었다. 또한 전쟁을 통해 분단질서가 대중 속에서 체험과 의식을 통해 내재화되어,[40] 이로써 미 · 소 양국에 의해 시작된 한반도의 분단은 분단체제로 고착화 · 내면화되었다. 분단체제의 몇 가지 특징들을 정리하면 다음과 같다.[41]

첫째, 남북한 내부에 각각 상대 체제 · 정부에 대한 적대의식이 공유 · 일반화되었다. 한국전쟁 이전 시기에는 양 정권 상층부의 적대의식과 호전성에도 불구하고 사회체제 전반이 적대적 지향을 갖지는 않았다. 그러나 전쟁을 통해 상대 체제 · 정부에 대한 적대의식이 상부엘리트뿐만 아니라 일반 사회구성원에게까지 확산되었고, 체험을 통해 동의를 획득하게 됨으로써 한 사회 · 체제의 기본노선이 되었다. 사상적으로 한국사회에서 반공이데올로기가 내면화되기 시작한 것은 미군정 시기부터이지만 신념화의 수준으로 내면화된 것은 한국전쟁에 의해서였다.[42] 이 같은 반공 · 반북이데올로기는 군 · 경찰 · 행정력 등의 강요에 기인한 것이었지만, 한 표본조사에 따르면

---

40 이하의 서술은 정병준, 「한국분단체제의 형성과정과 특징」, 가톨릭대학교 인문과학연구소, 『인문과학연구』 5, 2000, 200~204쪽 참조.

41 여기서의 분단체제는 백낙청이 세계체제론적 관점에서 설명하는 분단체제와는 다른 것이다. 백낙청은 세계체제의 역사에서 특정 시기와 동북아시아라는 특정 지역에 자리 잡은 독특한 체제로서 '분단체제'를 제기했다. 그는 분단체제가 본질적으로 다른 두 개의 분단사회를 망라하는 복합적 존재라고 규정했다. 그의 분단체제론은 첫째 세계체제와의 관련, 둘째 남북한의 상호 의존성, 셋째 베트남 · 독일 등 다른 분단사회와의 차이 등에 기초하고 있다〔백낙청, 「분단체제의 인식을 위하여」, 『창작과비평』 78(겨울호), 1992 ; 「분단시대의 최근 정세와 분단체제론—손호철교수의 비판에 답하며」, 『창작과비평』 85(가을호), 1994〕. 그러나 분단체제가 냉전체제의 하위개념이 될 수 없다는 점, 남북한의 비민주성 · 비자주성이 은폐되고 있다는 점 등이 문제점으로 지적되었다〔서중석, 「분단과 통일」, 『창작과비평』 77(가을호), 1992 ; 강정구, 「세계사적 전환과 통일운동의 접합」, 같은 책 ; 손호철, 「'분단체제론' 재고—백낙청교수의 반비판에 대한 답변」, 『창작과비평』 86(겨울호), 1994〕.

42 모리 요시노부, 「한국 반공이데올로기 형성과정에 관한 연구」, 『한국과 국제정치』 5-2(여름호), 1989.

한국전쟁 중 월남자의 월남동기가 정치 · 사상적 이유 38.7%, 농지개혁 등 재산몰수 19% 국군의 피난 권유 25%, 기타 17.3%로 나타났을 정도로 월남민과 전쟁경험자들의 영향을 받았다.[43]

둘째, 배타적 이데올로기적 지배가 전면화되었다. 한국전쟁 이전 좌우 · 남북 간의 진영대립은 강대국과 각 지역 정치지도자의 수준에서 그쳤고 남북한 내부에는 다양한 사상 · 이론적 경향이 존재했다. 그래서 좌우 양극단이 아닌 중간적 노선을 추구하는 정치세력과 지향이 존재할 수 있었다. 그러나 한국전쟁은 사회 · 국가의 모든 구성원들에게 중립이 존재할 수 없는 진영 · 체제 · 이데올로기의 극단을 강요했다. 전쟁이라는 공포와 극한상황의 공동학습을 통해 한국민 속에 분단의식, 즉 상대 체제에 대한 적대감과 호전성, 이데올로기적 반대가 사회 · 국가 속에 내면화되었다. 남한은 반공 이데올로기가 전면화되었고, 북한은 공산주의 · 사회주의 이데올로기가 전면화되었다.

셋째, 적대의식 · 이데올로기가 사회 · 국가의 정당성의 원천으로 기능하게 되었다. 사회 · 국가 전 구성원들이 단일한 적개심으로 뭉치게 되었고, 한 체제의 운영의 정당성은 그 체제의 민주성이나 대의성 여부가 아닌 상대 체제에 대한 대극성의 여부에서 찾게 되었다. 또한 이러한 적대성은 일반 국민들에 의해 용인되고 동의를 통해 내면화되었다.

넷째, 민족의식이 부정되고 무력통일 방안이 전면화되었다. 식민지시대 이후 강력하게 제기되었던 단일민족의식과 민족공동체의식은 대극적인 이데올로기와 상대 체제에 대한 적대의식이 전면화되면서 부정되고 해체 위기에 몰렸다. 전쟁 이후 민족공동체의식이 파괴되고 분단의식이 내면화되었으

43 서주석, 「한국전쟁의 전개과정연구—미국의 전쟁 제한정책 결정과정과 그 원인을 중심으로」, 서울대학교 석사학위논문, 1986.

며, 상대 체제에 대한 부정적인 상황 인식과 상대방에 대한 비타협적인 태도가 심화되었다.[44] 이처럼 한국전쟁의 영향으로 체제와 이데올로기의 구분이 우선되었다. 그 자연스러운 귀결이 무력통일 방식의 대두였다.

결국 한반도에서는 외세에 의해 국토가 분단되고, 이들의 대립 속에 국제냉전이 국내냉전으로 전환되었다. 그에 상응하는 내부 동력에 의해 분단질서가 형성·격화되었고, 한국전쟁을 통해 분단체제가 자기 관성을 갖는 체제로 정립되었다.

4. 한국전쟁과 동북아시아 질서의 재편

(1) 전간기의 동북아시아 질서

한국전쟁은 한반도 내에 분단체제의 정착을 가져온 한편, 2차 세계대전 이후 형성되었던 동북아시아 질서를 재편시켰다. 2차 세계대전과 한국전쟁 사이의 전간기戰間期 동안 형성된 동북아시아의 새로운 질서는 구제국주의의 몰락과 사회주의세력의 신장으로 요약할 수 있다. 일본의 패전은 제국의 붕괴와 정치·경제·군사적 영향력의 몰락으로 이어졌다. 제국에서 해방된 (반)식민지 국가들의 위상은 유동적이었고 헤게모니 질서와 동맹관계는 불투명했다. 제국주의 대 반제국주의의 대립구도가 사라진 뒤, 공산주의 대 반공산주의의 대립구도가 정립되기 시작했다. 제국은 영토병합으로 유지된 반면, 새로운 질서는 이데올로기적·정치경제적 동맹과 연대를 기초로 유지되었다.

---

44 이영호, 『한국인의 가치관』, 일지사, 1975 ; 김학준, 『한국전쟁』, 박영사, 1989.

일본을 주축으로 한 대동아공영권 대 반제국주의세력의 대립을 대체해 미국과 소련을 중심으로 한 동맹체제가 대립하게 되었다. 미국을 중심으로 미국-남한, 미국-타이완 간의 동맹체제가 형성되었으나 이는 불안정하고 과도적인 성격을 띠었다. 또한 미국-일본, 남한-일본, 타이완-일본관계는 구래의 적대적인 성격에서 크게 벗어나지 않았다. 1947년 트루먼 독트린 이후 일본에서 역코스Reverse Course가 취해졌으나, 미 · 일관계는 적대적 점령이 유지되었고, 일본과 여타 동북아시아 국가 간의 관계 역시 적대적 대치관계를 벗어나지 못했다.

한편 소련을 중심으로 소련-중국, 소련-북한, 중국-북한 간의 공산주의 3각동맹체제가 형성되었다. 한국전쟁 이전 이들은 이념과 투쟁노선, 투쟁경험 등에 기초해 동맹을 유지했다. 그러나 이는 평등한 관계가 아니라 스탈린의 압도적 권위하에 김일성과 마오쩌둥毛澤東이 자발적으로 복속된 상태였다. 북한과 중국은 독자적 정권을 자부했지만 여전히 소련의 영향력에서 자유로울 수 없었다. 무력통일을 위해 스탈린의 '허가'가 필요했던 김일성은 1950년 1월 슈티코프에게 "나는 공산주의자이고 규율을 지키는 사람이며, 스탈린의 지시는 나에게 있어 법이기 때문에 마음대로 공격을 시작할 수 없다"라고 밝힐 정도였다.[45] 소련의 도움 없이 국공내전에서 승리한 마오쩌둥은 1949년 12월부터 이듬해 2월까지 모스크바를 방문해 스탈린과 회담했는데, 혁명의 승리로 자신만만하던 마오쩌둥 역시 스스로를 '스탈린의 제자'로 자처해야 했다.[46]

전간기 동북아시아 질서 형성의 전환점은 미국의 동아시아정책이었는

45 「슈티코프가 비신스키에게(1950. 1. 19)」, 『한국전쟁관련 소련외교문서』 4, 60쪽.

46 АПРФ, Ф.45, оп.1, д.329, лл.9~17 ; АПРФ, Ф.45, оп.1, д.329, лл.29~38(기광서, 「소련의 한국전 개입과정」, 『국제정치논총』 40-3, 2000b에서 재인용).

데,[47] 이는 1948년을 기점으로 현저한 변화가 나타났다. 국민당의 패배와 마오쩌둥의 승리는 동아시아 전역에 엄청난 충격을 주었고, 애치슨D. Acheson과 케넌G.F. Kennan 등 미국의 전략가들은 동북아에서 미국의 강경정책을 요구하게 되었다. 이승만과 장제스는 낙담하고 절망한 반면, 김일성과 그 동맹자들은 환호했다. 한편 일본에 대한 역코스가 수립되어, 미국은 일본에게 강력한 공약을 제공했고 일본의 오랜 숙적들에게는 공포를 불러일으켰다.

한편 일본 역시 이 시점에서 맹렬한 대미로비를 시도했다. 일본의 로비활동은 미국대일협회American Council on Japan가 조직적으로 매개했으며, 비숍M. Bishop, 그루J. Grew, 밸런타인J. Ballantine, 앨리슨J. Allison 등 국무부 외교관들이 로비스트로 개입했다. 일본의 목적은 미국의 일본에 대한 민주화・탈군국주의화정책 저지, 대륙과의 연계 도모, 일본의 경제회복과 한국의 경제발전 연계 등이었다.[48]

1947년 이래 미국의 정책기획자들은 일본을 동북아시아 질서의 중심으로 설정한다는 구상을 제출하였다. 1947년 봉쇄정책의 논리가 수립된 이후 애치슨은 거대한 초승달Great Crescent을 긋고 한국을 봉쇄정책으로 끌어들였다. 그는 소련 견제를 위해 한국에서 선을 확고히 그어야 하며 한국에서의 후퇴는 곧 세계적 차원에서의 후퇴로 연결된다고 판단했다. 일명 애치슨의 '제한된 봉쇄Limited Containment' 에서 가망성이 없는 중국은 제외되었지만 가망성 있는 한국은 포함되었다. 애치슨이 한국을 강조한 중요한 이유는 일

47 이하는 Bruce Cumings, "The Origins and development of the Northeast Asian political economy: industrial sectors, product cycles, and political consequences," Frederic C. Deyo ed., *The Political Economy of the New Asian Industrialism*, 1987 참조.

48 Howard Schonberger, "The Japan Lobby in American Diplomacy, 1947-1952," *Pacific Historical Review*, vol.46, no.3(August 1977) ; John G. Roberts, "The 'Japan Crowd' and the Zaibatsu Restoration," *Japan Interpreter*, vol.12(Summer 1979), pp.384~415 ; 브루스 커밍스, 앞의 논문, 1987, 각주 24에서 재인용.

본과의 연관 때문이었다. 세계경제의 논리 속에서 애치슨은 일본-동남아-일본으로 이어지는 아시아에서의 큰 초승달과 일본 주도의 지역경제구축계획을 구상했다. 일본과 한국을 연관시켜 미국의 극동정책을 구상하는 시도는 케넌에 의해 보다 명백히 표출되었다. 냉전의 기획자라 할 수 있는 케넌은 4대 강국이 한국을 식민지화하는 것을 당연시하면서 다른 한편으로는 일본의 한국 재지배를 주장했다. 기본적으로 미국의 대외정책가들은 한반도의 봉쇄를 일본의 안정과 연계해 고려했다. 한반도의 적화는 동북아에서 미국의 축출을 의미했기 때문에 일본을 동북아시아에서 공산주의에 대항하는 주요 거점으로 상정해 경제회복을 추진하는 것이 주요 목표로 상정되었다. NSC 48 중 아시아의 대영역Grand Area 부분에서는 경제적 분업체계 구상의 중요성을 강조하고 있는데, 여기서 핵심은 첫째 회복된 일본 중심의 계획, 둘째 남한 · 타이완 · 동남아시아 방어였다.

세계체제적 관점에서 NSC 48은 미국 · 일본 · 서남아시아의 3각 구도가 위계적 경제권역을 구축하는 데 관심을 보였다. 미국은 중공업, 일본은 경공업과 일정 수준의 중공업, 서남아시아는 천연자원을 공급하는 일종의 강력한 무역지대 건설이었다.

(2) 한 · 미 반공동맹과 한 · 일관계

한국전쟁 이후 대립적인 두 개의 동맹체제는 더욱 날카로운 대립각을 형성하게 되었다. 미국 주도하에 한국 · 미국 · 일본의 반공동맹이 형성되었고, 한 · 일관계의 개선을 통한 지역통합전략이 미국의 동북아 정책목표의 주요 핵심으로 부각되었다. 반면 소련 주도하의 북한 · 소련 · 중국의 공산주의동맹은 소련이 동맹의 지도자로서 전쟁수행 의지 · 능력을 과시하지 않아 그 주도권이 약화된 반면, 조 · 중 간의 동맹이 중심축을 형성하게 되었다.

한국전쟁으로 가장 중요하게 부각된 것은 타이완과 일본이었다. 미국은 1949년 중국백서, 1950년 1월 애치슨의 내셔널 프레스클럽National Press club 연설 등으로 타이완 포기를 선언했다. 1950년 5~6월 트루먼과 애치슨은 타이완정권을 방어하려 하지 않았고, 오히려 장제스를 제거하는 쿠데타를 계획하기도 했다. 이때 마오쩌둥의 군대는 장제스를 공격할 만반의 태세를 갖추고 있었다. 그러나 한국전쟁의 발발로 상황은 변화했다. 전쟁이 발발하자마자 미국이 군대를 파견한 곳은 다름 아닌 타이완해협이었다. 타이완은 1948년까지는 미국의 태평양지역전략에서 중요한 가치를 지녔을 뿐만 아니라, 자본주의 삼각체제의 한 거점으로 일본-남한-타이완 간의 분업적 국제교역이 상정된 바 있었다.

한국전쟁은 동북아시아에서 미국 중심의 반공동맹체제를 형성했다. 한국전쟁을 계기로 미·일관계는 적대적 점령에서 동맹관계로, 한·미관계는 불확실한 동반관계에서 '혈맹'관계로, 한·일관계는 적대적 대치관계에서 원치 않는 반공동맹관계로 변화되었다.

먼저 미·일관계를 살펴보자. 양국이 적대관계를 청산하고 동맹을 회복한 것은 1951년 샌프란시스코평화회담San Francisco Conference이었다. 한국전쟁을 계기로 미국은 소련을 배제한 단독 대일강화조약 체결, 일본의 전쟁 배상책임·청구권 소멸을 전제로 회담을 추진했는데, 그 목적은 일본을 동북아시아에서 경제부흥과 반공의 중심축으로 설정하는 것이었다. 1940년대 후반 이후 미국은 중국·소련의 힘에 대항해 미국의 영향력이 보장될 수 있는 아시아에서의 군사·경제적 세력 배치·형성을 중시하였고, 여기에서 한국과 일본의 역할이 중요했다. 이는 구체적으로 미국에 의존하는 일본의 공업화와 일본의 원조를 통한 한국의 근대화를 완성하여 양국이 극동지역에서 강력한 반공보루 역할을 수행토록 하는 지역통합전략Regional Integration Strategy

으로 표출되었다.[49] 일본을 극동의 중심에 놓는 미국의 지역통합전략은 일본 제국주의의 침략 경험을 갖고 있는 아시아 국가들에게는 또 다른 '대동아공영권'으로 받아들여져서 반발을 불러일으켰다.[50]

이종원에 따르면 2차 세계대전 이후 세계 지역 경제질서 재편성과 관련한 미국의 정책 구상은 글로벌리즘 · 지역주의 · 민족주의라는 3가지 동력학에 의해 규정되었다.[51] 전후 유럽을 대상으로 생겨난 통합이론은 상대적으로 대등한 위치에 있는 주권국가 간에 주권의 점진적인 위양委讓을 통한 수평적인 결합과정을 상정하는 것인 데 반해, 아시아에서 지역통합의 논리는 미국 냉전전략의 일환으로 진행된 수직적 경제관계의 부활 또는 강화라는 측면이 강했다는 것이다. 여기서 말하는 '지역통합'은 2차 세계대전 중인 1940년대부터 미국정부 내에서 활발히 논의되어 1947년경부터 특히 아시아에 대한 경제정책의 키워드 중 하나가 된 개념으로, 당시 '지역통합', '지역경제통합', '지역주의' 또는 '지역 내 경제협력' 등으로 불린 여러 가지 말을 총칭한다. 이 의미가 반드시 동일한 것은 아니지만, 세계대전 중에 대두했던 의미는 미국의 전후 질서 구상의 기본개념이었던 다각주의의 지역적 표현, 즉 정치적 국경을 초월한 자유무역체제의 구축이라는 의미가 강했다.[52] 유럽에서는 내셔널리즘에 대한 반성으로 주권국가체제를 초월하는 지역통합의 지

49 Herbert Bix, "Regional Integration: Japan and South Korea in America's Asian Policy," in Frank Baldwin, ed., *Without Parallel: The American Korean Relationship since 1945*, Random House, 1973(「지역통합전략 미국의 아시아정책에서의 한국과 일본」, 『1960년대』, 거름, 1984, 208쪽).

50 홍인숙, 「한일회담에 대한 미 · 일의 구도와 대응」, 『역사비평』 28, 1995, 24쪽.

51 李鍾元, 「戰後米國の極東政策と韓國の脫植民地化」, 『近代日本と植民地—アジアの冷戰と脫植民地化』 8, 岩波講座, 1993.

52 1940년대 이래 미국정부 및 학계에서 논의되어온 경제통합개념의 역사적 변천 등에 대해서는 Fritz Machlup, *A History of Thought on Economic Intergration*, chaps. 6~8, Macmillan, 1977 참조.

역주의가 대두했고, 탈식민지 아시아에서는 '일종의 왜곡된 아시아지역주의'로서의 '대동아공영권'으로부터 정치 · 경제적 탈피가 역사적 요청이었으므로 내셔널리즘이 대두했다.[53]

미국이 일본의 부활을 결정했을 때 당면한 두 가지 과제는 해당 지역의 헤게모니문제와 일본을 위한 배후지문제였다. 헤게모니는 미국과 미국 통제하의 대리인 일본으로 정리되었다. 경제 · 군사적으로 독자 생존이 불가능한 일본을 위해 설정된 배후지는 한국전쟁 이후 미국의 영향력이 관철될 수 있는 타이완과 한국 정도였다. 이들 세 나라는 이후 공통적으로 산업개발을 이뤄냈고, 이는 점진적으로 재창출된 중심부 · 준주변부 · 주변부라는 위계질서 속에서 일어난 지역적 현상이었다.[54] 한편 동남아시아가 일본의 생존을 위해 주로 원료공급지 및 시장 기능을 하는 전형적인 배후지로서의 경제적 가치에서 주목받았던 반면, 한국은 '일본의 방위를 위한 앞마당'으로서 정치 · 군사전략적 고려가 중시되었다.[55] 그러나 실제 일본의 경제적 부활 · 부흥은 한국 · 동남아시아의 경제적 연관이라는 전략적 구상대로 추진되지는 않았고, 한국전쟁기 미국과의 직접 연관 속에서 실현되었다.

한 · 미관계 역시 변화했다. 미국은 1948년 대한민국 정부를 수립하는 데 결정적 기여를 했으며, 경제 · 군사적인 원조를 통해 실질적으로 한국을 생존케 했다. 그리스 · 터키보다 훨씬 많은 500명의 군사고문단이 체류했고, 중국을 포기하는 대신 한국에는 6억 달러의 경제원조가 계획되었다. 그러나 미국은 분명한 방어공약도 없이 1949년 6월 철군했고, 1950년 1월 미국무장

---

53 油井大三郞, 「未完の占領政策」, 東京大學出版會, 1989, 288~291쪽 ; 이종원, 앞의 논문, 1993에서 재인용.

54 브루스 커밍스, 앞의 논문, 1987.

55 Ronald McGlothlen, "Acheson, Economics, and the American Commitment in Korea, 1947-1950," *Pacific Historical Review*, vol.58, 1989 ; 이종원, 위의 논문.

관 애치슨은 내셔널 프레스클럽에서 행한 연설에서 한국은 미국이 반드시 방어해야 할 방어선의 외곽에 위치해 있다고 발표했다. 이는 후에 남침의 청신호를 보낸 것으로 비난받았지만, 실제로는 중국대륙의 포기와 남한에 대한 지원, 중국우선주의자들의 무마와 호전적인 이승만의 제어라는 다중적 목표를 지닌 것이었다.[56] 전쟁이 발발하자마자 미국은 즉각 개입해 한국을 지원했고, 한국전쟁기 한·미관계는 분명한 '혈맹'의 관계로 전환되었다. 이는 미국의 일방주의에 기초한 '동맹'이었다. 이와 관련해 몇 가지 중요한 측면들이 존재했다.

첫째, 한국전쟁 기간 내내 미국은 한국을 구원하기 위해 인적·물적 지원을 아끼지 않았지만, 반면 전쟁수행에 방해가 되는 시점에서는 이승만의 제거계획을 추진하기도 했다. 미8군과 대사관 등의 현지기관은 물론 국가안전보장회의와 백악관·국무부에서도 이승만 제거 및 후속 대비책을 여러 차례 추진했다. 1951년의 부산정치파동, 1953년 휴전 반대 및 반공포로 석방 등의 국면에서 미국은 이승만 제거계획을 추진했다. 이승만 제거가 중단된 중요한 이유는 그를 대체할 안정적 반공지도력의 확보가 불가능했다는 점 때문이었다.[57]

둘째, 한미상호방위조약의 체결(1953)이었다. 한미상호방위조약은 이승만의 최대 공적으로 꼽히기도 하지만,[58] 실질적으로는 미숙한 외교정책의 결과였다. 한국전쟁의 발발과 함께 미국은 즉각 태평양지역 방위체제의 점검

---

56 브루스 커밍스, 앞의 책 13장「연설—프레스클럽에서 애치슨식 억제」, 1990.

57 李鍾元,「米韓關係における介入の原型」(1)(2),『法學』58·59, 1994·1995 ; John B. Kotch, "United States Security Policy toward Korea 1945-1953: The Origins and Evolution of American Investment and the Emergence of a National Security Commitment," Ph.D Dissertation, Columbia University, 1976.

58 차상철,「이승만과 한미상호방위조약」,『한국과 6·25전쟁』, 연세대학교출판부, 2002.

에 나섰다. 일본과의 평화협정 체결(1951)을 필두로 필리핀, 오스트레일리아, 뉴질랜드 등과 함께 상호방위조약을 체결했다. 1953년 휴전을 앞둔 미국은 동맹국 한국과 한미상호방위조약을 체결한다는 원칙적 입장을 갖고 있었다. 한미상호방위조약 체결의 최대 걸림돌은 역설적으로 이승만과 그의 휴전 반대 · 북진통일론이었다. 미국은 한미상호방위조약이 이승만에게 북진통일의 허가장으로 오인되길 꺼려했고, 협정 체결을 지체시켰다. 이승만은 반공포로의 석방으로 휴전협정 조인에 저항하는 한편, 한미상호방위조약을 요청하는 모순된 태도를 취했다. 미국은 한국이 휴전협정 체결을 묵인하는 전제 위에서 상호방위조약 체결에 동의했다.[59]

셋째, 한국전쟁의 와중에서 한국군의 군사작전지휘권이 미군에게 이양되었다. 1950년 7월 14일자 이승만의 편지 한 장으로 한국군의 작전지휘권은 유엔군사령관에게 이관되었다.[60] 이승만은 북한군의 공격이 임박한 대전에서 떨리는 손으로 "한국 내 또는 한국 근해에서 작전 중인 국제연합의 모든 군대는 귀하의 통제하에 있으며 또한 귀하는 그 최고사령관에 임명되어 있음에 감鑑하여, 본인은 현 작전상태가 계속되는 동안 일체의 지휘권을 이양하게 된 것을 기쁘게 여기는 바"라고 썼다.[61] 이승만은 국가주권의 주요 구성요소인 군사주권을 전시라는 이유로 미군에게 양도했다. 그러나 이에 대한 국회의 사전 심의 · 동의는 물론 사후 국회의 심의 · 비준절차가 없었다. 이

---

59 홍석률, 「한국전쟁 직후 미국의 이승만 제거계획」, 『역사비평』 26, 1994.

60 NARA, RG 84, Entry 2846, Korea ; Seoul Embassy ; Classified General Records, 1953-1955, box no.5, folder 320.1, Subject: Transmittal of Original Documents Concerning Assignment of Command Authority over ROK Armed Forces to the UN Command. copy Despatch no.217, January 22, 1952. restricted. 한국어 번역본은 국방부 전사편찬위원회, 『국방조약집—1945-1980』 1, 1981 참조.

61 「이승만대통령이 맥아더장군에 보낸 편지」(서명 1950년 7월 14일, 발송 1950년 7월 15일), 『국방조약집』, 국방부 전사편찬위원회, 1981, 629~630쪽 한글 · 영문 수록.

것은 국가 간 협정이나 조약이 아니었고, 미국 측에서도 이에 대한 법률적 근거를 검토하거나 요구하지 않았다. 전쟁 중 이승만에 의해 넘겨진 한국군의 작전지휘권 이양은 성립할 수 없는 '불법적인 상태'로 지금까지 지속되고 있는 것이다.

한편 작전지휘권 이양은 '전시'에 한정된 문제였으므로, 한국전쟁이 끝나면 당연히 반환되어야 했다. 한국전쟁이 휴전에 접어들었을 때 이승만은 휴전에 반대하며 미국에 북진통일과 한국군 증강·무기를 요청했다. 그때 그가 사용한 무기가 "한국군의 작전지휘권을 유엔군으로부터 찾아오겠다"는 위협이었다.[62] 1953년 6월 방한한 미대통령 특사 로버트슨W. Robertson은 "한국군의 지휘권을 유엔군 산하에 계속 둔다"고 보장한다면 미국·필리핀 상호방위조약과 유사한 한미상호방위조약 체결이 가능하다고 제안했다. 이승만은 즉각 비망록을 썼고, 한국군의 지휘권은 계속 유엔군(미군)에게 넘겨졌다.[63] 이때도 역시 한국국회와 미국국회에서 심의·동의·비준·보고가 없었다. 국가주권의 이양에 대한 국제법적 근거가 부재한 상황을 우려한 미국의 주도로 1954년 11월 17일 「경제 및 군사문제에 관한 한미합의의사록 Agreed Minute Relating to Continued Cooperation in Economic and Military Matters」이 채택되었다. 이 의사록에 "유엔군사령부가 대한민국의 방위를 책임지는 한 그 군대를 유엔군사령부의 작전통제하에 둔다"는 '작전통제권' 이양조항이 삽입되었다.[64] 이승만의 전시작전지휘권 이양이 '교환공문'으로

62 "Memorandum of Conversation by the Assistant Secretary of State for Far Eastern Affairs (Robertson)," 24 April 1953, *FRUS 1952~54, XV: Korea*, part 1, p.935 ; "Rhee Syngman to Eisenhower," 30 May 1953, ibid., pp.1124~1126.

63 "Robertson to Dulles," 27 June 1953, ibid., pp.1278~1279 ; "Rhee to Robertson," 28 June 1953, ibid., pp.1283~1284.

64 *FRUS 1952~1954*, vol. *XV: Korea*, part 2, 1984 pp.1876~1882.

유효성을 지닌다는 주장도 있지만,[65] 국가주권의 주요 구성요소인 군지휘권이 사전 · 사후에도 국가적 논의 · 검토 · 합의 없이 넘겨진 것은 법률적으로 많은 문제점을 갖는다.[66]

마지막으로 한 · 일관계를 살펴보자. 이미 1950년에 들어 한 · 일 간의 경제적 연관관계는 고조되고 있었다. 국무부와 육군부의 관리들은 한국과 일본을 연계해 정책을 수립했고, 심지어는 대동아공영권의 부활이 일본경제의 재건에 필요하다는 주장을 서슴지 않았다.[67] 이 시기 경제관리들은 미곡과 텅스텐 등 일부 광물의 대일수출을 통해 한 · 일 경제관계를 회복하는 것이 한국 및 일본의 경제재건 · 부흥에 필수적이라고 생각했다. 1950년 초 한일통상협정이 체결되었고, 같은 해 봄 일본에 수출할 미곡을 검사하기 위해 일본정부 관리들이 해방 후 처음으로 부산항에 발을 디뎠다. 북한은 근심 어린 눈으로 이 광경을 지켜보았다.[68]

한편 군사적 · 정치적 반공동맹이라는 측면에서 이승만은 일본과의 연계를 중시했다. 스탈린은 1950년 1월 28일 남한의 첩자가 보고한 한국정부 국무회의 기록을 받았는데, 여기에는 한 · 일관계 재건에 대한 이승만의 강한 의지가 잘 묘사되어 있었다.[69] 이승만은 남한문제가 일본문제와 직결되어 있으며 미국이 일본우선정책을 취하고 있음을 분명히 알고 있었다. "일본문제가 우리들에게 유리하게 해결되지 않으면 한국정세가 또다시 악화될 수 있

65 김명기, 「국제법상 국군의 작전지휘권 이양공한의 유효성」, 『육사논문집』 15, 육군사관학교, 1976 ; 「작전지휘권 환수시 대한민국에 대한 휴전협정의 효력」, 『국제문제』 18-11, 국제문제연구소, 1987.

66 최창동, 『법학자가 본 통일문제』 1, 제2장, D&C미디어, 2002.

67 이종원, 앞의 논문, 1993.

68 『한성일보』 1950년 4월 1일자 ; 「리승만 도당은 미제의 지휘하에 일제와의 결탁을 강화하고 있다」, 『순간통신』 1950년 2월 중순호 5(No.48).

69 「슈티코프 비신스키」(1950. 1. 28), 『한국전쟁관련 러시아외교문서』 4, 44~45쪽.

다. 그렇기 때문에 일본문제가 특별히 우리의 관심을 끌고 있다. 우리는 앞으로 일본정부와 미국과 함께 반공운동을 광범하게 전개하여야 한다"라고 했다. 1950년 한국전쟁이 아니었다면 미국의 전략적 필요에 따라 한・일 간의 관계 개선은 보다 급속한 방식으로 진행되었을 것이다.

최근 연구들이 지적하듯이 한일회담 또는 한・일관계는 한・일 양국의 차원에서뿐만 아니라 미국의 동아시아정책 속에서 조율되고 추진되었다.[70] 즉 한일회담은 한・일관계가 아닌 한・미・일 관계 속에서 전개되었기 때문에, 한・일 두 나라는 미국의 동북아시아전략이라는 틀 속에서 제한된 선택을 할 수밖에 없었던 것이다. 한・일관계 정상화는 기본적으로 1940년대 후반 이래 미국이 취한 지역통합전략의 파생물이었다. 미국의 지역통합전략에서 가장 중요한 과제는 동북아시아지역 내에서 미국의 가장 중요한 두 우방국가인 한국과 일본의 관계를 정상화시키는 것이었다. 그러나 1951년 미국의 주도로 개시된 한・일간의 국교수립을 위한 회담은 15년간의 긴 협상과 논의과정을 거쳐야 했다.

1951년 연합국과 일본 간의 샌프란시스코평화협정의 체결은 한・일관계를 원치 않는 잠정적 반공동맹관계로 묶어놓았다. 샌프란시스코협정은 한・일 간의 상호 이익과 관련해 중요한 쟁점들을 포함하고 있었는데, 그것은 첫째 한국의 연합국지위 획득 및 회담참가문제, 둘째 일본의 전쟁 및 식민통치에 대한 배상・피해보상, 청구권문제, 셋째 재일한인의 법적 지위문제, 넷째 독도문제로 대표되는 한・일 간의 영토・영해문제 등이었다. 일본정부의 반한적이고 자국 이익 중심의 적극적인 대미로비의 성공, 영국정부의 냉랭한 대한對韓 태도, 미국정부의 표류하는 정책 및 정책 담당자의 친일 경향, 한국

70 허버트 빅스, 앞의 논문, 1984 ; 이종원, 앞의 논문, 1993 ; 이종원, 『東アジア冷戰と韓米日關係』, 東京大學出版會, 1996.

정부의 무능과 방관 등의 요소들이 결합되어 샌프란시스코회담에서는 일본에게 일방적으로 유리한 방향으로 결정되었다.[71]

일본은 지역통합전략의 성공 때문이라기보다는 전적으로 한국전쟁을 통해 전범국가의 모든 부채를 탕감받았고, 전후 복구 · 부흥의 길에 들어섰다. 1950년대 일본의 대한정책은 일본이 샌프란시스코협정에 서명함으로써 한국을 합법적으로 인정한 정도로 충분하다는 데 그쳤다. 일본 방위와 관련하여 한국의 존재가 필수적임은 분명했으나, 주한 · 주일미군이 한국을 방위하고 있었기 때문에 일본은 한국과의 국교수립을 서두를 이유가 없었다.[72] 전전 대일관계 정상화에 적극적이었던 이승만정부는 미국의 대한방위공약과 원조를 확보했기 때문에 정치적 위험성을 지닌 일본과의 관계정상화에 큰 미련을 갖지 않았다. 역설적으로 한국전쟁은 한 · 미관계, 미 · 일관계의 진전에는 결정적 기여를 했지만, 한 · 일관계의 개선 · 재편에는 큰 역할을 하지 못했다. 그러나 샌프란시스코회담에서 나타났듯이 한 · 일관계의 핵심적 결정권을 미국이 보유했다는 사실은, 이후 한 · 일관계의 전진에 결정적인 영향을 끼쳤다.

(3) 조 · 중관계와 조 · 소관계의 전환

한국전쟁 개전을 앞두고 북한 · 중국 · 소련의 지도부는 미국과 일본의 개입 가능성을 집중 검토했다. 미국과 관련해 중공군이 양쯔강을 도하하면

71 "Korea and the Peace Treaty," April 23, 1951, NARA, RG 59, Bureau of Far Eastern Affairs, Lot 54 D 423, Japanese Peace Treaty files of John Foster Dulles ; 김태기, 「1950년대초 미국의 대한 외교정책—대일강화조약에서의 한국의 배제 및 제1차 한일회담에 대한 미국의 정치적 입장을 중심으로」, 『한국정치학회보』 33-1, 1999 ; 정병준, 「윌리암 시볼드William J. Sebald와 '독도분쟁'의 시발」, 『역사비평』 71, 2005.

72 박진희, 「한일국교수립과정에서 '한 일인맥'의 형성과 역할」, 『역사문제연구』, 2003.

(1949. 4) 미국이 개입할지도 모른다는 우려가 팽배했다. 그러나 미국은 개입하지 않았고 오히려 중국백서를 간행해(1949. 8) 중국대륙의 포기 및 중국의 티토화를 천명했다. 이러한 미국의 불개입은 1950년 한국전쟁의 개전과 관련해 중요한 의미를 지닌다. 그것은 김일성에게 미국의 불개입에 대한 확신을 주었고, 김일성은 1950년 3~4월 모스크바 방문 시 스탈린에게 이를 근거로 개전 허가를 받아낼 수 있었다.[73] 한편 김일성과 마오쩌둥은 항일전에서 일본군에게 쫓긴 두려움을 가지고 있었기 때문에 한국전쟁을 개전할 경우 미국보다는 일본의 개입을 더 두려워했다. 그래서 김일성 · 김일 등 북한지도부와 마오쩌둥 · 저우언라이周恩來 등은 일본군의 재무장과 한반도 · 중국 진출에 대해 여러 차례 대책을 논의했다.[74] 반면, 스탈린은 지속 · 반복적으로 미국의 개입을 두려워했다. 한국전쟁기 스탈린의 가장 중요한 정책목표는 소련이 한국전쟁의 개전과 무관함을 강조하는 것이었다.

한국전쟁의 개전 주체와 최고결정권자에 대한 논란은 끊임없이 제기되어 왔다. 스탈린 음모설 내지 주도설부터 마오쩌둥 주도설, 김일성 주도설까지 많은 논란들이 존재한다.[75] 그럼에도 불구하고 스탈린이 전쟁의 결정권을 지

---

73 김일성은 박헌영과 함께 1950년 3월 30일부터 4월 25일까지 모스크바를 방문했다. 바자노프 E. Bajanov에 따르면 김일성은 스탈린과 3차례 회담을 했고, 이 자리에서 중공군의 양쯔강 도하와 미국의 불개입이 지니는 의미를 강조했다〔전연방공산당 중앙위원회 국제부, 「김일성의 소련 방문(1950. 3. 30~4. 25)에 관한 보고」, 러시아대통령실 문서고 ; 예프게니 바자노프 · 나딸리아 바자노바 저 · 김광린 역, 『소련의 자료로 본 한국전쟁의 전말』, 열림, 1997, 52~55쪽 ; Kathryn Weathersby, "New Evidence on the Korea War," *Cold War International History Project Bulletin*(CWIHPB), Issue 6-7(Winter 1995 · 1996), p.38〕.

74 「슈티코프 지도자각하」(1949. 5. 15), 『한국전쟁관련 소련외교문서』 3, 18~20쪽 ; 「코발료프→필리포프」(1949. 5. 18), 『한국전쟁관련 소련외교문서』 3, 21~22쪽 ; 『한국전문서요약』, 12쪽 ; 「로신→필리포프」(1950. 5. 15), 예프게니 바자노프 · 나딸리아 바자노바 저 · 김광린 역, 위의 책, 66~67쪽.

75 Sergei N. Goncharov, John W. Lewis, and Xue Litai, *Uncertain Partners: Stalin, Mao, and the Korean War*, Stanford University Press, 1993, p.142 · 145 ; 소진철, 『한국전쟁의 기원—국제공산주의의 음모』, 원광대학교출판국, 1996 ; 김영호, 『한국전쟁의 기원과 전개과정』, 두레,

냈다는 점에 대해서는 이론의 여지가 없다. 그러나 전쟁의 전개과정에서 스탈린은 대내외적으로 소극적인 태도로 일관했으며, 용의주도하지도 체계적이지도 못했다. 김일성에게 무기를 제공하고 전쟁 개전을 승인했지만, 유엔 안보리를 보이콧했고, 미국의 대규모 파병을 방치했다. 전투계획조차 작성할 수 없었던 북한군에게 반드시 필요했던 소련군사고문단의 38선 이남 월경 및 전선 접근을 원천적으로 봉쇄했고, 인천상륙작전 이후 파병과 무기 제공을 요구하는 김일성의 간절하고 긴급한 요구를 중국공산당에 미루었고, 심지어는 북한정권의 포기까지도 고려했다.

스탈린이 제공한 것은 항공력과 일부 무기에 불과했다. 전쟁의 전 기간 동안 소련 비행편대의 손실은 격추된 비행기 335대, 희생당한 조종사 120명에 이르렀다. 소련군의 전체 손실을 살펴보면, 총 사망자 수는 299명이며, 이 가운데 장교는 138명, 하사관과 병사가 161명이었다.[76] 그러나 이 경우에도 스탈린은 전쟁의 승리보다는 정해진 구역 내에서 방어적인 임무에 치중하도록 했다.

결국 한국전쟁 과정을 통해 자연스럽게 소련과 스탈린의 영향력은 북한에서 감소될 수밖에 없었다. 소극적이고 방어적인 스탈린의 한국전쟁 태도는 이후 조·소관계에 심각한 영향을 미쳤다. 국제공산주의운동의 최고결정자로서 스탈린은 북한지도부의 전쟁 개시 청원을 승인했고, 주요 군사·정치적 결정에 주도권을 행사했다. 그러나 스탈린은 결정권을 쥐고 있었지만, 결정적 순간에 최고결정권자로서의 책임과 의무를 다하지 못했다. 특히 1953

1998 ; 송종환, 「한국전쟁에 대한 소련의 전략적 목표에 관한 연구」, 『국제정치논총』 39-2, 한국국제정치학회, 1999, 205쪽 ; 기광서, 앞의 논문, 2000b.

76 Гриф секретности снят. Потери вооруженных сил СССР в вой нах, боевых дей ствиях и военных конфликтах. Статистическое исследование(비밀해제. 전쟁, 전투행동, 군사적 갈등에서 소련군의 손실. 통계연구). M., 1993, c. 395. 기광서, 앞의 논문, 2000b에서 재인용.

년 스탈린의 사망은 조·소관계가 수직적 동맹관계에서 수평적 관계로 변화하는 결정적 계기가 되었다.[77]

반면 북한과 중국 간의 관계는 형제애적 동맹으로 확인되었다. 북한과 중국지도부들은 중국공산당의 당원으로 동북항일연군에서 함께 항일투쟁을 한 역사적 경험을 공유했으며, 1946～1948년에 걸친 국공내전 시기에 북한은 국민당군에 밀리던 중공군을 위해 후방기지와 전략적 교통로 제공, 전략물자 등의 지원을 했다.[78] 한편 북한군 병력이 국공내전에 투입되었다는 주장도 있으나,[79] 실제로 투입된 것 같지는 않다. 국공내전에서 단련된 중공군 출신 한인 사병과 장교들이 북한인민군에 편입되어 정예사단을 형성했다.[80] 이미 개전 결정과정에서부터 노회한 스탈린은 전쟁 승인의 전제조건으로 중국의 지원 및 참전 약속을 내걸었고, 마오쩌둥은 이에 흔쾌히 동의했다. 해남도작전에 뒤이어 타이완 해방을 목전에 두고 있던 중국지도부는 북한 '형제당'의 전쟁 개시를 위해 피해를 감수해야 했다. 1950년 9월 유엔군의 인천상륙작전 이전에 이미 마오쩌둥 등 중국 수뇌부는 길어진 병참보급선과 병력분산 상태를 통해 미군이 인천이나 원산에 상륙할 것을 예상하고 있었다.

77 백준기, 「1950년대의 북한·러시아 관계」, 역사문제연구소 편, 『1950년대 남북한의 선택과 굴절』, 역사비평사, 1998.

78 이종석, 『북한·중국관계 1945-2000』, 중심, 2001, 59～77쪽 ; 김진경, 「한국전쟁 직전 중국 동북지역과 북한과의 관계」, 『전사』 3, 국방부 군사편찬연구소, 2000.

79 백학순은 주한미군사고문단 정보를 이용해 1947년 6월부터 1948년 6월 사이 약 10만 명으로 추산되는 북한병사들이 만주에 파병되었고, 그중 사상자도 3만여 명으로 추정했다(「중국내전시 북한의 중국공산당을 위한 군사원조 북한군의 파병 및 후방기지 제공」, 『한국과국제정치』 봄·여름호, 1994). 커밍스도 만주 파병 북한병사의 숫자를 10만 명 내지 15만 명으로 추정했다(브루스 커밍스, 앞의 책, 1990, 363쪽).

80 강재언, 「전후 만주에서의 조선의용군 중국혁명으로부터 한국전쟁에로」, 『오세창교수화갑기념 한국근현대사논총』, 신흥인쇄사, 1995 ; 염인호, 「중국내전기 만주 지방 조선의용군 부대의 활동(1945. 8～1946. 8)—목단강 지구의 초기 조선인 부대 활동을 중심으로」, 『역사교육』 86, 2003 ; 김중생, 『조선의용군의 밀입북과 6·25전쟁』, 명지출판사, 2000.

10월 1일 유엔군이 38선을 넘어 북진을 개시하자 중국의 참전은 이미 결정된 것과 다를 바 없었다. 유엔군의 북진 이후 중국의 참전을 둘러싼 중국공산당 내부의 논쟁이 있었지만, 항미원조抗美援朝 · 보가위국保家衛國의 기치하에 중국의 대규모 참전이 결정되었다.[81]

한국전쟁기 조 · 중관계를 보여주는 시금석은 두 가지였다. 첫째는 1950년 12월 구성된 조중연합사령부였고, 둘째는 1950년 11월 말부터 이듬해 1월 말까지 전개된 중국인민지원군의 제2차 전역과정이었다. 이승만이 맥아더에게 지휘권을 이양한 것과 마찬가지로 북한군 역시 지휘권을 중국인민지원군에게 이양했다.[82] 이러한 지휘권 이양은 마오쩌둥의 직접 요청으로 이뤄졌으며, 펑더화이彭德懷가 사령관 및 정치위원을, 인민군 총참모장 김웅이 부사령관을, 박일우가 부정치위원을 담당했다. 철저한 비밀 속의 조중연합사령부는 북한의 상황을 보여주는 것이었다. 김일성은 지휘권에서 배제되었고, 박일우는 이후 중국인민지원군을 등에 업고 호가호위했다는 이유로 숙청되었다. 조중연합사령부의 해체시기는 명확하게 드러나 있지 않으나, 상당 기간 지속된 것으로 추정된다. 휴전 이후 중국인민지원군은 총 34개 사단 이상이 북한에 주둔했으며 1958년에 이르러서야 완전 철군했다. 아마도 북한은 이 시점에서 군사주권을 회복했을 것이다.

중국인민지원군은 1951년 1월 서울을 재점령했다. 유엔군은 허둥댔고 공산군을 상대로 휴전 제의를 하는 한편, 한국정부를 제주도로 이전시킬 계획

---

81 이종석, 앞의 책, 2001, 123~160쪽 ; 牛軍, 「중국군의 38선 남진 배경」, 국방부 군사편찬연구소, 『한국전쟁사의 새로운 연구』 1, 2001 ; 박두복, 「중국의 한국전쟁 개입원인 · 개입결정의 피동적 · 능동적 측면」 ; 章百家, 「위기처리 시각에서 본 항미원조 출병결정」 ; 이완범, 「중국인민지원군의 한국전쟁 참전 결정과정」 ; 沈志華, 「중국의 한국전쟁 참전결정에 대한 평가 50년 후 한국전쟁 역사에 대한 고찰과 회고」(이상 한국전쟁연구회, 『한국전쟁과 중국』, 백산서당, 2001 수록).

82 이종석, 위의 책, 169~174쪽.

을 검토할 정도로 다급한 상황이었다. 김일성과 주평양 대사관은 이 기회에 유엔군을 부산까지 밀어붙여 무력통일을 해야 한다고 주장했다. 그러나 펑더화이는 유엔군의 공습, 병참보급선의 지연, 전투부대의 피로 및 휴식 필요 등을 이유로 더 이상의 진격을 중단했다. 이 시점에서 조·중-중·소 간에 심각한 갈등의 간극이 발생했다.[83] 그러나 중국의 참전 목적이 북한군의 무력통일을 보증하는 것이 아니라 38선의 원상 회복과 한반도 내 완충지대 설정이었기 때문에 펑더화이의 결정은 일관성이 있는 것이었다.[84]

한국전쟁으로 중국은 많은 것을 잃었다. 개전 당시 소련은 유엔안보리에서 타이완을 축출하고 중국으로 대체할 것을 주장하고 있었지만, 중국은 한국전 참전으로 최소 20년 이상 국제사회로부터 격리되었다. 그러나 다른 한편으로 중국은 국제공산주의운동의 유력한 지도세력으로 등장할 수 있었고, 미국 등 유엔군의 공격을 한반도 내에서 저지함으로써 중국본토와 공산혁명을 보위할 수 있었다. 또한 거의 전적으로 중국과의 연대에 사활적 이해를 건 형제국가 북한을 자신의 영향력하에 두게 되었다.

김일성은 전쟁의 개전과 패전의 책임을 져야 할 당사자였고 지휘권마저 중국군에 이양한 상태였지만, 역설적으로 한국전쟁을 통해 권력강화에 성공했다. 소련파로 당조직을 장악했던 허가이의 자살을 시작으로 박헌영·남로당에 대한 대대적 숙청과 연안파 숙청이 계속되었다. 이러한 숙청작업이 소련과 중국의 영향력이 강력한 상태에서 이루어짐으로써 김일성은 이후 배타

83 「1950-53년 한국전쟁과 휴전협상에 대해」(1966. 8. 9), Foreign Ministry report, "On the Korean War, 1950-1953, and the Armistice Negotiations," 9 August 1966, Storage Center for Contemporary Documentation, Moscow, Fond 5, Opis 58, Delo 266, Listy 12~131, translated by Kathryn Weathersby, "New Findings on the Korean War," *CWIHP Bulletin* 3(Fall 1993), pp.1·14~18. *CWIHP Bulletin* 5(Spring 1995), p.9, footnote 3.

84 楊奎松, 「중국의 조선출병 시말」, 『현대북한연구』 3, 경남대학교 북한대학원, 2000.

적 권력보유자가 될 수 있었다.

5. 맺음말

2차 세계대전과 한국전쟁은 한국현대사는 물론 동북아시아 질서 전반을 변화시켰다. 미·소의 38선 분할에서 출발한 남북한의 분단은 1945~1948년 시기 미·소의 진영대결과 남북·좌우의 대결 속에서 분단정부 수립으로 이어졌다. 1948~1950년 시기 남북 간의 적대의식 고조와 38선 충돌로 고조된 무력통일 욕구는 국제적인 이데올로기·체제 대립과 결합되어 한국전쟁으로 귀결되었다. 한국전쟁의 전개과정 속에서 사회구성원들이 분단의식과 분단질서에 대해 체험하고 이를 경험적으로 수용함으로써 분단체제가 내재화되었다.

2차 세계대전 종전으로 해체되었던 '대동아공영권'은 1947년 이후 국제냉전과 1950~1953년간의 한국전쟁을 통해 적대적 동북아시아체제로 재편되었다. 양 전쟁 사이의 전간기 동안 대립구도는 공산주의 대 자본주의, 구제국주의 대 반식민지의 대립이었다. 미·소의 대립은 냉전으로 표출되었으나 명확한 계선이 그어지지는 않았다. 남북한의 분단정부 수립, 중국내전에서 공산군의 승리 이후, 한국·미국·일본·타이완의 느슨한 반공동맹체제와 북한·중국·소련의 강력한 동북아시아 공산주의 동맹체제가 대립했다.

한국전쟁이라는 열전을 통해 국제냉전과 국내냉전은 동북아시아 차원에서 이후 수십 년간 지속된 지역질서를 창출했다. 한반도는 국내냉전·열전의 전장이기도 했지만, 국제냉전과의 교감 속에서 새로운 질서가 만들어지는 용광로이기도 했다. 한국전쟁을 통해 타이완·일본이 구원받았다. 한국전쟁의 승리자는 역설적으로 일본이었다고 해도 과언이 아니다. 위기의 이승만정부도 전쟁을 통해 재기할 수 있었다.

한국전쟁을 겪으면서 적대적 동화를 기본으로 하는 분단체제가 한반도에 정착되었다. 한국전쟁을 통해 한미반공동맹의 강화, 미·일의 적대관계 청산과 동맹관계 형성, 한·일 간의 내키지 않은 잠재적 반공동맹관계가 형성되었다. 한·미·일 3국을 통해 구현되는 동북아시아 질서는 반공동맹을 기축으로 한 위계적 지역경제통합을 지향하는 것이었다. 특히 미국이 역내 헤게모니를 장악하고 이후 질서의 주역으로 등장함으로써 그 하부에 편입된 한·일 간의 문제 역시 이에 종속되는 방향으로 재편되었다.

한편 전쟁을 겪으면서 조·소관계와 조·중관계도 새롭게 재편되었는데, 소련 주도하의 북한·소련·중국의 공산주의동맹은 소련이 동맹의 지도자로서 전쟁수행 의지·능력을 과시하지 않음으로써 그 주도권이 약화된 반면, 조·중 간의 동맹이 중심축을 형성하게 되었다. 소련은 1945~1950년까지 북한에 대한 결정적 권한을 갖고 있었으나 한국전쟁을 통해 동북아시아는 물론 북한에 대해서조차 주도권이 약화되었다. 반면 신생 중국은 막대한 대가를 치름으로써 동북아시아의 최대 강자로 부상할 수 있었다. 북한은 개전의 어리석음을 대가로 김일성 권력체제의 강화와 이후 중·소 논쟁의 와중에서 독자노선을 채택하는 역사적 경험을 얻게 되었다.

결국 한국전쟁 이후 동북아시아는 미·소의 진영대결이라는 양극적 역학구도에서 다극적 대립구도로 변화했다. 특히 일본의 부흥·부활, 중국의 등장은 이후 동북아시아에서의 기본구도를 제공했으며, 미일동맹·한미동맹을 한 축으로 조중동맹·조소동맹을 또 다른 축으로 하는 대결구도가 본격화되었다.

---

* 이 글은 2003년도 한국학술진흥재단의 지원을 받아 이루어졌다(KRF-2003-044-A00002).

찾아보기

나

다

라

마

바

사

아

자

차

카

타

파

하

전쟁과 동북아의 국제질서

1판 1쇄 펴낸날 2006년 6월 30일
1판 2쇄 펴낸날 2007년 10월 1일

엮은이 | 역사학회
펴낸이 | 김시연

펴낸곳 | (주)일조각
등록 | 1953년 9월 3일 제300-1953-1호(구 : 제1-298호)
주소 | 110-062 서울시 종로구 신문로 2가 1-335
전화 | 734-3545 / 733-8811(편집부)
733-5430 / 733-5431(영업부)
팩스 | 735-9994(편집부) / 738-5857(영업부)
이메일 | ilchokak@hanmail.net
홈페이지 | www.ilchokak.co.kr

ISBN 978-89-337-0501-8 93910
값 30,000원

* 이 도서의 국립중앙도서관 출판시도서목록(CIP)은 e-CIP 홈페이지
(http://www.nl.go.kr/cip.php)에서 이용하실 수 있습니다.
(CIP제어번호 : CIP2006002051)